司法鉴定经典案例

第一辑

主　编　霍家润　陈新山
副主编　何新爱　杨　帆　王伟国　李妙霞
编　委（以姓氏笔画排序）
　　　　王伟国　史肖倩　冯陆成　毕　洁　江凌娟
　　　　杨　帆　李　强　李妙霞　何新爱　张蕴宏
　　　　陈新山　郭静松　曹　磊　雷金水　霍家润

科学出版社
北京

内 容 简 介

本书分7章，共81个案例，内容包括司法鉴定概述、法医临床鉴定案例、医疗损害鉴定案例、法医病理鉴定案例、法医物证鉴定案例、文件检验案例和痕迹检验案例。每个案例不仅包括基本情况、基本案情、鉴定（检验）过程、分析说明和鉴定意见，还附有科学精辟的专家点评，图文并茂，可读性强。

本书既可供医学和政法院校教学使用，也可为法医、文件检验和痕迹物证等司法鉴定人员及律师、法官和当事人提供参考。

图书在版编目（CIP）数据

司法鉴定经典案例. 第一辑 / 霍家润，陈新山主编. —北京：科学出版社，2018.8

ISBN 978-7-03-058443-4

Ⅰ. ①司… Ⅱ. ①霍… ②陈… Ⅲ. ①司法鉴定-病案-中国 Ⅳ. ①D918.9

中国版本图书馆CIP数据核字（2018）第177248号

责任编辑：车宜平　沈红芬 / 责任校对：郭瑞芝
责任印制：肖　兴 / 封面设计：黄华斌

科学出版社 出版
北京东黄城根北街16号
邮政编码：100717
http://www.sciencep.com

北京汇瑞嘉合文化发展有限公司 印刷
科学出版社发行　各地新华书店经销

*

2018年8月第 一 版　　开本：787×1092　1/16
2018年8月第一次印刷　　印张：27
字数：640 000

定价：168.00元
（如有印装质量问题，我社负责调换）

主编简介

霍家润　1956年10月生，湖北省黄冈市团风县人，主任法医师，高级法官。1978年毕业于湖北黄冈医师专科学校医疗专业，先后在湖北医学院、武汉大学中南医院、武汉陆军总医院、华中科技大学同济医学院附属同济医院进修学习。从事医学影像学及介入医学工作10余年，历任住院医师、主治医师。1989年调入法院系统工作，历任湖北省黄冈市团风县人民法院副院长、鄂州市中级人民法院司法鉴定处处长、主任法医师、高级法官。2006年9月提前退休，于2007年年初创办北京明正司法鉴定中心。现为北京明正司法鉴定中心法定代表人、机构负责人，兼任中国合格评定国家认可委员会评审员、中国卫生法学会常务理事、北京卫生法学会常务理事。

1986年荣获湖北省科技进步二等奖，1991年被最高人民法院授予二等功。在国家级和省级期刊发表论文40余篇；副主编《法医与影像医学》《胃肠气钡双重造影操作规范》。

陈新山　1954年7月生，湖北黄冈市团风县人，博士，博士生导师。1978年7月毕业于武汉医学院（现华中科技大学同济医学院）医疗系，并留该院病理学教研室工作。现为北京明正司法鉴定中心病理室主任，兼任中国法医学会医疗损害鉴定专业委员会副主任委员、北京医学会鉴定专家、国际法医科学学会（IAFS）会员，《中国法医学杂志》、Forensic Medicine and Anatomy Research、International Journal of Forensic Science & Pathology 等杂志编委。

主要从事心血管疾病猝死病理、医疗纠纷、损伤与疾病关系和道路交通事故等方面的研究。先后赴德国、加拿大和美国进修学习（高级访问学者）4次。参加或承担国家自然科学基金、国家教委和湖北省科委等课题20余项。培养博士和硕士研究生30名。主编 Forensic Medicine（英文版法医学教材）、《中国法医学史》、《〈洗冤集录〉今释》、《话说大宋提刑官》、《宋慈说案》等专著，副主编《法医现场学》（全国统编教材），参编《法医病理学》（第2～5版，全国统编教材）、History of Forensic Medicine 等专著20余部。发表论文100余篇。在美国、加拿大、法国、德国、丹麦、韩国及中国香港等地的国际学术会议交流论文30余篇。

序

我国司法鉴定体制改革的不断深入，对司法鉴定提出了更高的要求。鉴定意见及鉴定质量的高低不仅与案件当事人的切身利益密切相关，而且还直接影响社会和谐和司法公正。我国已开展的各种司法鉴定工作，为人民法院审理民事和刑事等各类案件作出了不可替代贡献。由北京明正司法鉴定中心霍家润、陈新山主编的《司法鉴定经典案例 第一辑》是一本较为系统的鉴定案例选编。该书精选的案例基本涵盖了法医类和物证类的各项业务，其所选案例均为真实案例，并附有案例点评，图文并茂、实用性强。该书可以供有关医学和政法院校教学使用，也可为法医、文件检验和痕迹物证等司法鉴定人及相关人员如律师、法官和当事人提供参考。

该书顺应了以审判为中心的司法制度改革需求和广大人民群众日益增长的法制意识与维护自身权益的需要的趋势，也为法医学及其他司法鉴定的教学、科研和检案提供了鉴定参考模式。相信该书对我国的法医学、文检和痕迹物证的教学及其司法鉴定工作均具有重要的参考价值。

全国人大常委会委员
全国人大宪法和法律委员会副主任
中国工程院院士

2018 年 5 月

前　言

　　司法鉴定是指在诉讼活动中鉴定人运用科学技术或者专门知识对诉讼涉及的专门性问题进行鉴别和判断并提供鉴定意见的活动，也是为各种民事案件和部分刑事案件的调处和审判提供科学证据和"辨证据真伪"的一种重要手段。司法鉴定活动既是诉讼的参与活动，又是科学技术的实证活动。鉴定意见（结论）是一种法定证据。无论是在人民法院依法作出裁判的活动中，还是公民维护自己合法权益的诉讼过程中，司法鉴定在对案件事实的认定和保证司法公正方面都具有十分重要的意义。

　　党的十八大以来，我国对司法鉴定制度的改革提出了更高的要求。司法鉴定的地位和作用日益凸显。中央全面深化改革领导小组第三十七次会议明确指出："司法鉴定制度是解决诉讼涉及的专门性问题、帮助司法机关查明案件事实的司法保障制度。"司法鉴定行业由此跨入了新的阶段。第三方司法鉴定机构发展的面貌和发挥的作用，也是社会鉴定机构发展的一个缩影。一些案例堪称里程碑式的鉴定，如2007年"丈夫不签字致母子双亡案"、2016年"雷洋死亡案"、2016年小儿"补牙"死亡医疗纠纷案例和2011年"黄胄书画案"等。在此形势下，在北京明正司法鉴定中心成立十周年之际，我们编撰出版集理论性、学术性和操作性为一体的《司法鉴定经典案例 第一辑》，既符合当今社会以审判为中心的司法制度改革的要求，又满足广大人民群众日益增长的法制意识和维护自身权益的需要，对广大司法鉴定工作者也具有重要的指导意义。

　　司法鉴定涉及的领域非常广泛，横跨社会科学和自然科学等多个学科。本书按照2005年《全国人大常委会关于司法鉴定管理问题的决定》规定的业务范围分类，内容基本涵盖了法医类和物证类的各个专业领域，包括法医临床鉴定、法医病理鉴定、法医物证鉴定、文件检验和痕迹检验鉴定，共81个案例。

　　书中案例均按各专业的鉴定文书体例编排。考虑到医疗损害案例的特点，专列"医疗损害鉴定案例"一章。为求文字简洁，各案例附录中的图表移入正文相应处，故大部分图片不再另附图注说明。因缩略语较多，专列"缩略语表"附书末备查。扫描封底"本书在线资源获取"二维码，可获得司法鉴定文书相关论文，供读者延伸阅读。书中有关临床法医和医疗纠纷鉴定案例由张玲莉教授点评，法医病理和部分医疗纠纷案例由陈新山教授点评，法医物证鉴定案例由余纯应教授点评，文件检验案例由中国刑警学院白晓峰教授点评，痕迹检验案例由北京市刑事科学技术研究所朱翔高级工程师点评。

《司法鉴定经典案例 第一辑》的出版，是北京明正司法鉴定中心的专家、学者和全体工作人员共同努力的结果，是与中华人民共和国司法部、北京市司法局领导和有关同行的支持和帮助密不可分的；也为需要了解和掌握司法鉴定知识的鉴定人、管理工作者和广大读者提供一个理论和实务指导的有效途径。我们将以党的十九大会议精神和司法鉴定体制改革重要思想为指导，不忘初心，认真总结司法鉴定工作中的经验教训，不断地推进司法鉴定理论创新和制度创新，努力做好司法鉴定工作，保障当事人合法权益，维护司法公平和正义，为我国司法鉴定事业的发展作出新贡献。

本书在编写和出版的过程中，得到北京市公安局刑事科学技术研究所白培元教授和上述参与点评的各位教授的大力支持，在此一并致谢！

由于本书编写仓促、编者水平所限，若有不足之处，诚请广大同行和读者批评指正。

霍家润　陈新山
2017 年 12 月

目　　录

第一章　司法鉴定概述 …………………………………………………………… 1
第一节　司法鉴定的概念、分类、作用和意义 ……………………………… 1
第二节　法医类司法鉴定 ……………………………………………………… 1
第三节　物证类鉴定 …………………………………………………………… 9
第四节　声像资料鉴定 ………………………………………………………… 13
第五节　环境污染损害鉴定评估 ……………………………………………… 15

第二章　法医临床鉴定案例 ……………………………………………………… 16
案例1　外伤性颅内出血 ……………………………………………………… 16
案例2　多发伤并脑梗死复核鉴定 …………………………………………… 21
案例3　新鲜与陈旧性眶壁骨折鉴别 ………………………………………… 28
案例4　视神经撕裂伤合并视网膜中央动脉阻塞 …………………………… 33
案例5　眼损伤程度与影像学片同一性认定 ………………………………… 37
案例6　伪聋的法医学鉴定 …………………………………………………… 40
案例7　听觉障碍与交通事故的因果关系 …………………………………… 43
案例8　骶丛神经损伤致下肢肌力下降 ……………………………………… 47
案例9　多发性肋骨骨折合并呼吸功能障碍 ………………………………… 52
案例10　活体骨龄法医学鉴定 ………………………………………………… 56
案例11　阴茎勃起功能障碍 …………………………………………………… 59
案例12　肺栓塞、右下肢静脉栓塞与交通事故因果关系 …………………… 63
案例13　主动脉夹层与交通事故因果关系 …………………………………… 67
案例14　股骨颈骨折与交通事故因果关系 …………………………………… 70

第三章　医疗损害鉴定案例 ……………………………………………………… 74
案例1　怀疑颅骨修复术后骨板塌陷医疗纠纷 ……………………………… 74
案例2　含服降压药诱发脑梗死 ……………………………………………… 77
案例3　子宫肌瘤剥除术后并发蛛网膜下腔出血 …………………………… 79
案例4　胆脂瘤行乳突根治术后发生周围性面瘫 …………………………… 83
案例5　白内障术后并发眼内炎致视力下降 ………………………………… 86
案例6　下唇癌术后发生唇皮肤臃肿 ………………………………………… 88
案例7　拔牙时器械使用不当损伤恒牙 ……………………………………… 91
案例8　急诊未及时完善检查延误诊断心肌梗死 …………………………… 92
案例9　心脏瓣膜置入术后主动脉夹层破裂 ………………………………… 95
案例10　经内镜逆行性胰胆管造影术术后并发胰腺炎 ……………………… 99

案例 11　术前未完善检查切除双侧睾丸 ………………………………………… 104
　　案例 12　分娩后造成臂丛神经损伤 ……………………………………………… 107
　　案例 13　全身麻醉术后臂丛神经损伤 …………………………………………… 110
　　案例 14　下肢大隐静脉术中遗漏激光光纤异物 ………………………………… 112
　　案例 15　剖宫产术后左下肢神经损伤 …………………………………………… 116
　　案例 16　下肢静脉曲张血栓形成 ………………………………………………… 121
　　案例 17　骨关节炎误诊误治 ……………………………………………………… 125
　　案例 18　骨髓移植 ………………………………………………………………… 128
　　案例 19　血小板减少性紫癜 ……………………………………………………… 131
　　案例 20　新生儿重度窒息 ………………………………………………………… 135
　　案例 21　脐带扭转并脐动脉血栓胎死宫内 ……………………………………… 138
　　案例 22　先天性腹壁裂合并法洛四联症等畸形产前超声未检出 ……………… 142
　　案例 23　先天性心脏病畸形产前超声未检出 …………………………………… 148
　　案例 24　先天性肾畸形异位并发育不良产前超声未检出 ……………………… 153
　　案例 25　酒后外伤急诊延误治疗死亡 …………………………………………… 157
　　案例 26　植入心脏起搏器术后感染致死亡 ……………………………………… 159
　　案例 27　去分化软骨肉瘤死亡医疗纠纷 ………………………………………… 163

第四章　法医病理鉴定案例 …………………………………………………………… 167
　　案例 1　生前异物吸入窒息死亡 …………………………………………………… 167
　　案例 2　补牙中棉球进入气道致窒息死亡 ………………………………………… 175
　　案例 3　主动脉夹层破裂出血死亡 ………………………………………………… 179
　　案例 4　心脏支架介入手术致急性失血性休克死亡 ……………………………… 186
　　案例 5　重度肥胖者肺动脉血栓栓塞死亡 ………………………………………… 191
　　案例 6　髌骨骨折脂肪栓塞死亡 …………………………………………………… 195
　　案例 7　孕晚期母子双亡 …………………………………………………………… 200
　　案例 8　手足口病引起脑炎和脑膜炎死亡 ………………………………………… 205
　　案例 9　肺羊水吸入致新生儿死亡 ………………………………………………… 211
　　案例 10　意外电击死亡 …………………………………………………………… 216
　　案例 11　交通事故致颈椎骨折死亡 ……………………………………………… 220
　　案例 12　交通事故死亡案件中骑行关系鉴定 …………………………………… 225

第五章　法医物证鉴定案例 …………………………………………………………… 230
　　案例 1　汽车前风挡玻璃上人体组织的个体识别 ………………………………… 230
　　案例 2　驾驶室血斑的个体识别 …………………………………………………… 236
　　案例 3　排除父权的亲子鉴定 ……………………………………………………… 245
　　案例 4　通过全同胞关系确定无名氏身份 ………………………………………… 251
　　案例 5　姑侄亲缘关系鉴定 ………………………………………………………… 265
　　案例 6　祖孙亲缘关系鉴定 ………………………………………………………… 303
　　案例 7　通过亲子鉴定认定尸源 …………………………………………………… 318
　　案例 8　半同胞关系鉴定 …………………………………………………………… 327

案例 9　有突变的亲子鉴定 ………………………………………………… 340
　　案例 10　流产胎囊的亲子鉴定 ……………………………………………… 352

第六章　文件检验案例 …………………………………………………………… 357
　　案例 1　盖印签名并伪造笔痕案件的检验 ………………………………… 357
　　案例 2　互相代写签名案件的检验 ………………………………………… 360
　　案例 3　套摹笔迹的检验 …………………………………………………… 362
　　案例 4　"借条"添加字迹的检验 …………………………………………… 365
　　案例 5　自动消色笔签名字迹的检验 ……………………………………… 368
　　案例 6　激光打印文件的检验 ……………………………………………… 370
　　案例 7　执行案件中变造文件的系统检验 ………………………………… 372
　　案例 8　通过丝网印刷检验解决知识产权纷争案 ………………………… 376
　　案例 9　黄胄书画检验 ……………………………………………………… 379

第七章　痕迹检验案例 …………………………………………………………… 383
　　案例 1　通过制作透视图和图像叠加方法鉴定两车是否发生接触 ……… 383
　　案例 2　通过确定碰撞点和应用透视图方法准确判断事故车辆是否越线行驶 … 386
　　案例 3　通过痕迹形成机制排除嫌疑车辆碰撞 …………………………… 389
　　案例 4　通过对受害人尸体损伤痕迹推断逃逸车辆车型 ………………… 393
　　案例 5　应用建立坐标系方法对修复后事故车辆碰撞痕迹的认定 ……… 395
　　案例 6　误读道路交通事故现场图导致鉴定结论错误 …………………… 397
　　案例 7　单方道路交通事故中肇事司机的鉴定 …………………………… 399
　　案例 8　纠正指位判断错误 ………………………………………………… 402
　　案例 9　协议上指纹复核鉴定 ……………………………………………… 404

附录 ………………………………………………………………………………… 406
　　附录 A　全国人民代表大会常务委员会关于司法鉴定管理问题的决定 … 406
　　附录 B　司法鉴定程序通则 ………………………………………………… 408
　　附录 C　司法部关于印发司法鉴定文书格式的通知 ……………………… 413

缩略语 ……………………………………………………………………………… 416

第一章　司法鉴定概述

第一节　司法鉴定的概念、分类、作用和意义

一、司法鉴定的概念

司法鉴定是一类特殊的鉴定，是指在诉讼活动中，鉴定人运用科学技术或者专门知识对诉讼涉及的专门性问题进行鉴别和判断并提供鉴定意见的活动。司法鉴定除具有鉴定的一般属性外，还具有法律性、科学性、较高的权威性和公信力。

二、司法鉴定的分类

根据 2005 年 2 月 28 日通过的《全国人民代表大会常务委员会关于司法鉴定管理问题的决定》，基于司法体制改革和诉讼活动的需要，将司法鉴定分为三大类：法医类鉴定、物证类鉴定和声像资料鉴定。目前又增加了环境损害类鉴定，共四大类。其他如知识产权、会计、建筑工程等的鉴定暂未纳入司法鉴定分类之中。

三、司法鉴定的作用和意义

司法鉴定的目的是为解决诉讼涉及的专门性问题、帮助司法机关查明案件事实提供科学依据，或者是为了查清事实，解决案件中的专门性问题；但更广义地讲是为调解、仲裁和审判各种民事案件、行政案件和刑事案件提供科学依据。因此，司法鉴定在刑事案件的量刑定罪、民事案件和行政案件的调处和诉讼活动中具有十分重要的作用，对维护涉案人及涉案双（多）方的合法权益，保障诉讼活动顺利进行，促进司法公正，以及维护社会的公平正义和安定团结均具有十分重要的意义。

司法鉴定学是因司法实践的需要，并随着自然科学和社会科学的发展而产生的一门新学科，是研究诉讼和其他执法活动中各种专门性问题鉴定的理论和技术方法的系列学科的总称。

第二节　法医类司法鉴定

法医学（forensic medicine，legal medicine）是应用医学、生物学及其他自然科学

的理论与技术，研究并解决法律实践中有关医学问题的一门医学科学。在刑事案件侦查、量刑定罪及民事和行政案件的调解处理和审判中具有十分重要的作用。法医学既与其他医学学科密切相关，又具有明显差异；是介于医学和法学之间的一门边缘学科，但其本质是医学。法医学研究对象有人体、尸体，书证（文证）和物证。主要的工作内容包括八种：①案情调查；②现场勘查；③活体检查；④尸体解剖；⑤辅助检查；⑥文证审查；⑦物证检验；⑧出庭作证。法医学主要分支学科包括法医病理学、法医临床学、法医物证学、法医毒理学、法医毒物分析、法医精神病学和法医人类学等。

根据2005年2月28日全国人大常委会的决定，法医类鉴定包括五种：法医临床鉴定、法医病理鉴定、法医物证鉴定、法医毒物鉴定和法医精神病鉴定。经过十余年的发展，法医类鉴定在实际工作中，又增加了法医人类学鉴定和法医赔偿学鉴定。随着我国医疗纠纷案件的不断增多，医疗损害的法医学司法鉴定也呈日益增多趋势。

一、法医临床鉴定

法医临床（forensic clinic，medicolegal clinic）鉴定又称人体活体鉴定，是指运用法医临床学的理论和技术，对涉及法律的医学问题进行鉴定和评定。法医临床鉴定主要内容包括以下几个方面：

（一）损伤程度和伤残等级鉴定

损伤及伤残的鉴定在临床法医鉴定中占有重要地位。在争吵、推拉、斗殴、道路交通事故、工伤事故，以及医疗等过程均可对人体组织结构完整性造成不同程度的破坏或导致功能障碍。鉴定的目的是确认损伤事实，判断损伤性质、损伤类型和特征、损伤时间、致伤工具、致伤方式、损伤对生命和健康的影响及后遗功能障碍等，从而确定损伤的程度或（和）构成伤害及其等级、分清外力作用与损伤、判断损伤与功能障碍和疾病之间的因果关系，判断医疗行为是否存在过错及其责任程度等问题。

（二）误工期、营养期和护理期鉴定

即根据相关法律法规对受伤人员在需要诊疗的过程中所需的误工时间、营养时间和护理时间等"三期"进行客观的评定。这里的护理期指的是住院期间暂时性护理，不同于下述的护理依赖的终身性护理。

（三）护理依赖程度评定

依据国家护理依赖评定相关标准对被鉴定人在日常生活中所需帮助的依赖程度进行鉴定。护理依赖程度为终身的、不同于一般意义上的住院护理期。护理依赖的程度分为三级：①完全护理依赖；②大部分护理依赖；③部分护理依赖。

（四）后续治疗费评定

后续治疗费评定是指对被鉴定人损伤经治疗后需继续治疗的后期治疗费用的鉴定。

（五）伤病关系鉴定

伤病关系鉴定又称因果关系鉴定，是根据损伤在疾病后果中的作用力大小确定因果关系的不同形式，可依次分别表述为完全作用、主要作用、同等作用、次要作用、轻微作用和没有作用。判断损伤"没有作用"的，不应进行致残程度鉴定。

（六）骨龄鉴定

骨龄鉴定又称实际年龄鉴定。通常人们所说的年龄是指出生以后所经历的时间，是与出生时间有关并按日历来计算的，它能准确反映个体生命存在的时间。所以有人称这种年龄为"实际年龄"，还有人称之为"时间年龄"。如某人出生日期为1969年8月20日，到2000年11月8日，该人的实际年龄或时间年龄为31岁2月19天。

鉴定的方法是根据正常人体生理学和解剖学的发育状态所能推断出来的年龄，表示正常人体组织结构和生理功能的实际状态，称为"生物学年龄"（biological age），如月经初潮年龄、牙齿和骨龄等。生物学年龄是在人体生长过程中，下丘脑及有关细胞、器官上的生物钟所表明的时间或成熟的年龄。

（七）医疗损害鉴定

医疗损害司法鉴定是指人民法院和民调组织为了查明医疗行为与患者的损害后果之间是否有因果关系及关联程度的一项特殊的法医学司法鉴定。此类鉴定对鉴定机构及鉴定人的要求较高。因为医学问题本身就是一种疑难复杂的问题，很多疾病的病因仍不清楚，这就需要鉴定人具有较高的医学和法医学的理论知识与实践经验，正确地判断医疗行为是否正确，从而保护医患双方的合法权益，也可以促进医学的进步和发展。除在活体上发生的不同程度的医疗损害外，医疗损害致人死亡的，或者说涉及死亡的医疗损害，是最严重的医疗损害，需要及时进行尸体解剖，做法医病理鉴定，以查明死因及相关问题，从而保护医患双方的合法权益，为调解处理或（和）审判医疗纠纷提供科学依据。

（八）其他活体鉴定

如医疗费用是否合理的评价、是否需要伤残辅助器具及其相关问题、是否存在医疗依赖及其程度和成伤机制等鉴定。

此外，赔偿医学在我国仍处在初级阶段，时至今日仍无具体适用的赔偿标准颁布。

二、法医病理鉴定

法医病理（forensic pathology）鉴定是指运用法医病理学的理论和技术，通过尸表检查、尸体解剖、大体标本检查和病理切片检查，结合案情调查、现场勘查、毒物化验等辅助检查和文证审查结果，对涉及死亡的与法律有关的医学问题进行检验鉴定。主要内容包括死亡原因鉴定、死亡方式鉴定、死亡时间推断、致伤（死）物认定、损伤和疾病与死亡的关系认定、生前伤和死后伤的鉴别、道路交通事故中有关伤亡问题的鉴定、涉及死亡的医疗纠纷鉴定，以及死后个体识别等问题的鉴定。常见的案件类型主要包括公安机关排除他杀后家属仍存怀疑的案例、争吵或斗殴过程中死亡的案例、人身保险理赔中涉及死亡的案例、医疗纠纷中涉及死亡及有关问题的案例、公安交警委托的交通事故死亡案例，以及对在监狱、派出所等监管场所和抓捕过程中死亡的案例。其中最常见的是死亡原因的鉴定。

（一）死亡原因

死亡原因（the cause of death）简称死因，是指导致死亡的具体疾病或损伤。法医病理鉴定死因的主要任务在于确认是暴力死还是非暴力死。前者又称非自然死，主要包括机械性损伤、机械性窒息、中毒及其他各种物理性损伤等导致的死因，如电击死等；后者又称自然死，主要是由各种疾病引起的死亡，特别是因患潜在性疾病而发生的猝死，或者是在争吵、斗殴或医疗过程之中或其后发生的猝死等。

（二）死亡方式

死亡方式（the manner of death）指导致死亡的暴力行为方式，包括他杀、自杀和意外死亡。判断死亡方式有时比确定死亡原因更复杂，必须结合案情调查和现场勘查进行全面分析而定。

（三）死亡时间和损伤时间

人死亡后至尸体检验时经历的时间称死亡时间（time since death），又称死后经过时间（postmortem interval，PMI）。损伤时间是指从受伤到死亡的时间。推断损伤时间包括两个内容：一是确定损伤是死前形成（生前伤）还是死后形成（死后伤），二是推测受伤者伤后经过时间。

（四）致伤（死）物的推断

通常所说的致伤物是指引起机械性损伤的器物。广义来说，凡能引起人体暴力性损害的器物均为致伤物。主要根据尸体上暴力作用后形成损伤的形态表现和辅助检查结果进行推断。

（五）损伤和疾病与死亡的关系

损伤和疾病与死亡的关系是指一个死亡案例中，既发现疾病又检见损伤，两者在死因中所起的作用问题；或者说其死亡究竟是损伤造成、疾病引起，还是二者共同作用所致，如是后者，其是以损伤为主还是疾病为主引起。

（六）生前伤与死后伤的鉴别

生前伤与死后伤的鉴别即推断死者尸体上的损伤是生前造成还是死后形成。

（七）道路交通事故中有关伤亡问题

因道路交通事故导致的死亡案例中，除要鉴定死亡原因外，有些还涉及损伤形成机制、一次损伤或二次损伤、驾驶员与副驾驶室乘客二者关系（驾乘关系）的认定、驾驶员发病与交通事故之间关系的认定，以及他杀伪装交通损伤等问题。

三、法医物证鉴定

法医物证（forensic physical evidence）鉴定是指运用免疫学、生物学、生物化学、遗传学、分子生物学等的理论、技术和方法，利用遗传学标记系统的多态性对生物学检材的种类、种属个体来源或亲缘关系进行鉴定。其鉴定的业务范围中最常见的是亲子鉴定。法医物证鉴定要注意检材标本的提取、包装、储存和转运，以及检材标本提取的合法性等问题。

（一）亲子鉴定（DNA）

亲子鉴定是指利用法医学、生物学和遗传学的理论和技术，从子代和亲代的形态构造或生理功能方面的相似特点，分析遗传特征，判断父母与子女之间是否是亲生关系，是法医物证鉴定的重要组成部分。常规的亲生血缘关系鉴定是亲权关系鉴定，包括父母子三方（又称为三联体）、父子（或母子）双方（又称为二联体）的亲权鉴定。这类鉴定的准确率大于 99.99%。

亲子鉴定中，根据鉴定案件的案情与原因又可分为：

1. 司法亲子鉴定 这类亲子关系鉴定包括涉及遗产继承纠纷要确定是否为亲生关系，强奸犯的认定，认领被拐卖儿童，未婚先育落户，超生落户无法提供出生证明者，遇难者（空难、海啸等）身份无法辨认，以及抚养权纠纷等。

2. 个人亲子鉴定 例如怀疑子女不是亲生，怀疑医院产房或育婴室调错新生儿，失散家庭成员认亲，其他涉及个人或家庭隐私的亲缘关系鉴定等。

（二）亲缘鉴定

目前法医物证学专业开展的亲缘关系鉴定包括以下几类：

1. 隔代亲缘关系鉴定 这类鉴定是指要确定祖父母与孙子（孙女）之间的亲缘关系。还包括单纯的父系亲缘关系鉴定，如要确认祖父与孙子之间的亲缘关系；以及单纯的母系亲缘关系鉴定，如要确认外祖母与外孙女之间的亲缘关系。

2. 疑难的亲缘关系鉴定 除上述两类外，还有一些比较疑难的亲缘关系鉴定，如父母皆疑（无）的同胞（兄弟、兄妹、姐弟、姐妹）关系的鉴定，叔侄之间、姨和外甥女之间、舅与外甥（外甥女）之间的亲缘关系鉴定等。

（三）个体识别

个体识别，或称个人识别，是以同一认定理论为指导原则、通过对物证检材的遗传标记做出科学鉴定，依据个体特征来判断前后两次或多次出现的物证检材是否同属一个个体的认识过程。个人识别是法医物证的两大任务之一，用来确定个体身份。如在多人死亡的交通事故或灾害事故中的个人识别等。

（四）种属认定

种属认定是一种区分动物与人类的鉴定。例如毛发或血迹是人类的，还是某种动物的。

四、法医毒物鉴定

法医毒理学（forensic toxicology）是应用毒理学及相关学科的理论和技术，研究与法律有关的自杀、他杀和意外或灾害事故引起中毒的一门学科。法医毒物分析（forensic toxicological analysis）主要研究涉及法律问题的生物检材或其他检材中毒物的分离与鉴定，为确认是否中毒或中毒致死提供科学依据。有时也涉及药物瘾癖和处理毒物违章造成的公害以及违反食品卫生法造成的食物中毒等。法医毒物鉴定的范围主要是酒精、毒品、药物、农药及杀鼠剂等。常见案件有交警查处酒后驾车及交通事故责任认定、突然死亡者，怀疑中毒死者，以及其他死因不明的案件。法医毒物鉴定要特别注意检材标本的提取、包装、储存和转运，以及检材标本提取的合法性和数量等问题；一般应进行定性和定量检测。

五、法医精神病鉴定

法医精神病鉴定是指法医精神病学鉴定人员接受有关单位或个人委托对涉案当事人、证人等的精神状态进行检查鉴定，以确定是否患有精神病疾病，疾病的种类、性质和严重程度，并根据疾病与案情的关系评定相关的法定能力和对其行为应承担的责任程度。

（一）法医精神病鉴定的特点

法医精神病学既是精神病学的一个分支，也是法医学的一个分支，属于一门边缘学科，涉及精神病学、法医学、法学、犯罪学、心理学和社会学等学科。精神病学是法医精神病学的基础。从事法医精神病鉴定的鉴定人必须具备丰富的精神病学的理论知识和实践经验，相对来说，与临床精神病学相比，应该具有更高的要求；不但要有精神病学专业知识，还要有相关的法律和司法鉴定的知识。所以临床精神病医师担任正式的法医精神病鉴定人前，必须经过一定时期的司法鉴定的理论学习和工作实践。法医精神病鉴定与临床精神科工作的不同之处主要表现在以下几个方面：

1. 特定对象　临床精神科工作的对象是精神疾病患者或有某种心理异常的人，患者或家属对医生的要求是疾病诊治或回答咨询，其背景和动机比较单纯。而法医精神病鉴定的对象都是涉案当事人，处于特殊的环境或诉讼压力，主观上又都有特殊的心理背景（如准备接受法律判决，具有试图解脱责任的动机，有疾病获益心理，考虑对个人前途和家属影响等）。这些复杂的主客观条件可使原来精神症状收敛，或在原来疾病基础上染上不同的背景色彩，表现夸张、做作，或出于某种动机有意识地伪装疾病等。

2. 特定条件　临床精神科采集的病史来源于患者本人或家属，一般比较可靠，医生完全可以根据自己的经验，独立地对患者做出诊断和进行治疗，很少会受到外界干扰。

法医精神病鉴定工作却有很大不同，其调查材料由委托鉴定的司法机关进行收集，来源于案件的当事人及有关证人。在取证过程中，被调查人的态度与办案人员对案件的认识和态度等都会影响调查材料的公正性、可靠性及全面性。有时案件发生后，有关当事人对案件处理的态度、时间、后果、社会舆论或者是"长官意志"等都会对鉴定人造成精神压力，影响鉴定结论的客观性。

3. 特定时间　临床精神科大多要求明确患者或咨询者当时的精神状态，并据此提出处理意见。法医精神病鉴定的大部分工作内容是对刑事案件的有关当事人或民事案件当事人进行鉴定，所需鉴定的事实大都是回顾性的，所涉案件可能是在几个月前，甚至是几年以前的，有时所要鉴定的仅是行为发生瞬间的精神状态。鉴定时有的被鉴定人的精神症状可能已经消失，要调查过去的事，被调查人不仅有回忆困难，而且还会受到环境干扰而影响证言的客观性，这些都会对鉴定工作带来很大的困难。

有些司法办案人员对回顾性鉴定存在误解，他们认为鉴定人员只能对被鉴定人的当前状况进行了解，而对于已经过去了几个月，甚至几年之前所发生的事实进行推测的做法是缺乏科学性的。但是，刑事案件法医精神病鉴定的特点必然是这样，总是在案件发生之后，办案部门或有关当事人家属怀疑到被鉴定人可能有精神病而提出鉴定要求的，这种回顾性分析一般还是较为科学的。这种科学性体现在以下几个方面：

（1）根据全面收集到的被鉴定人作案前的精神状况资料，包括其平日的言行、情绪及智能表现，有关病史及治疗资料，其作案前后特别的精神状态表现，案前或案后的书写材料，如与被害人的关系、作案动机、预谋、过程、案后表现、受审期间表现及有关的审讯记录等。

（2）鉴定时虽然只能了解被鉴定人当前的精神状态，但一般精神疾病患者都能详细地回忆过去发病时的精神状态体验，而且发生时间一般也回忆得相当正确。例如，发病当时有什么异常感觉，接下来又如何发展，产生作案行为与精神异常感受有何联系，作案后是如何认识的，目前的精神体验如何等等。真正的精神疾病患者都能对过程如此进行回忆，即使鉴定当时疾病仍然未愈的患者通常也能如实叙述过程。

（3）根据以上调查及检查发现，经鉴定人员核实，直到资料充分、能够做出合理的回顾性分析结论为止。通过这样严密的工作，回顾性分析结论应该是可靠的、科学的。有时会遇到一些伪装精神病的案例，虽然被鉴定人可以表现某些精神症状，但经不起以上严格的调查和核实过程，会显出漏洞。也有些案例出于自我保护动机，陈述反复不定，一般最初几次的陈述可信（有逼供现象者例外）。

实践证明，案件发生日期与进行法医精神病鉴定相间隔的日子越长，推断的难度也越大。因此司法部门应尽可能早地委托鉴定。

4. 特定时限 临床精神科工作经常会遇到许多一时难以明确诊断的患者，需要经过一段时间的随访，可长达几个月甚至数年。也有些患者或家属因为就医心切，辗转于多位医师进行诊断，即使诊断意见出现分歧，一般也无大碍，至多拖延一段确诊时间。但法医精神病鉴定却不同，办案单位需等待鉴定结论出来后结案，不能长时期等待。鉴定过程结束就要出具鉴定意见书，个别疑难案例可以进行一段时期的住院观察，但也有一定时限性。

5. 特定要求 临床精神科工作的主要任务是明确患者或咨询者的诊断和制订治疗方案。法医精神病鉴定结论除了要明确疾病诊断外，还需要提出法定能力的评定意见或明确因果关系，法医精神病鉴定结论一旦被司法机关质证确认就成为一种重要的法律证据，决定着被鉴定人的命运或权益，其社会责任大。因此要求进行法医精神病鉴定的鉴定人要有严谨的科学作风、公平公正，对法律负责、对被鉴定人负责。

综上所述，法医精神病鉴定工作是一项时间紧、任务重、要求高、责任大的特殊工作，担任鉴定的人员既要有扎实的精神病学功底，还要有认真负责的态度和一丝不苟的作风。

（二）法医精神病病鉴定的任务

根据我国法医精神病鉴定现状，目前司法精神鉴定工作主要承担下列任务：

1. 为劳动争议仲裁提供依据 我国有关法律规定，出于对精神病患者权益的保护，在聘用合同期间不能任意解退精神病患者。《中华人民共和国劳动法》第29条规定，精神劳动者在患病期间，在规定的医疗期内，用人单位不得解除劳动合同。第77条规定，用人单位与劳动者发生劳动争议，当事人可以依法申请调解、仲裁、提起诉讼，也可以协商解决。因此，精神病患者如果被单位辞退时处于发病期，则此辞退决定是无效的。发生劳动争议不能调解解决的，需要通过法医精神病鉴定程序，确定当事人在被辞退时是否处于精神病发病期；如果是精神病患者主动提出辞职被批准的，此种情况也需要通过法医精神病鉴定程序，确定疾病诊断，提出辞职时是否处于发病期，以及对辞职行为是否具有行为能力，以作为劳动争议仲裁委员会仲裁及法院判决的依据。

2. 为刑事案件的侦审处置提供证据　这种鉴定占法医精神病鉴定案例的大多数。主要鉴定要求是对被鉴定人作案时的精神状态做出鉴定，并评定刑事责任能力。

在刑事诉讼过程中，当发现被鉴定人有精神活动异常时，需要进行受审能力的鉴定。在服刑过程中，发现犯罪有精神异常时，需要进行服刑能力的鉴定。

此外，当涉及犯罪嫌疑人对女性精神疾病患者或智能低下者实施性侵犯时，为了确定犯罪嫌疑人是否犯有强奸罪，需要对女性精神疾病患者的精神或智能状况做出鉴定，并评定（性）自我防卫能力。

3. 为民事案件的审理提供科学依据　民事案件的法医精神病鉴定通常是由法院提出鉴定委托，其中大多数是离婚案件中有无隐瞒精神病或民事行为能力的鉴定，其他还有遗嘱纠纷、签订合同等案件，近年来也有增多趋势。主要鉴定要求是确定被鉴定人在进行民事活动时的精神状态，根据其对民事行为的辨别能力和意思表达能力状况，评定民事行为能力。

在民事诉讼过程中，当发现被鉴定人有精神活动异常时，需要进行诉讼行为能力的鉴定。

4. 评定有关的法定能力　在诉讼过程中，当怀疑控告人、检举人、证人等有精神活动异常时，需要对被鉴定人的作证能力状况进行鉴定。

对接受劳动教养人员或者被裁决受治安处罚的人，怀疑有精神活动异常时，需要对被鉴定人进行受劳动教养能力或者受处罚能力的鉴定。

5. 法律关系鉴定　法律关系鉴定又称因果关系鉴定，是当个体遭受精神的、理化的、生物的伤害后产生精神障碍后果，为确定与伤害的因果关系需要追究加害人的刑事责任或者民事赔偿责任时所进行的司法鉴定。目前接受的鉴定案例大多数属于与道路交通事故、被殴打事件及遭受精神创伤相关的精神障碍。这类案件的鉴定内容是：①鉴定是否有精神障碍；②阐明与伤害因素的因果关系；③明确精神障碍的性质、程度和预后；④治疗建议。

例如，遭受车祸损伤的案件，首先要鉴定被鉴定人是否存在精神障碍（包括智能、人格及精神病症状等）；然后明确该精神障碍的发生是否确实与车祸有关，抑或是事发前就是如此，或者有其他病理因素掺杂其间；再后明确精神障碍的性质、程度和预后，为人身伤害程度是"重伤"或"轻伤"、是否构成伤残及其等级鉴定提供证据资料。

第三节　物证类鉴定

物证类鉴定包括文书鉴定、痕迹鉴定和微量物证鉴定等三大部分。

一、文书鉴定

文书鉴定（documentation identification）又称可疑文件鉴定，指运用专门知识，根据鉴定人的经验，并结合测量、检测的结果，通过综合分析评断，对各类可疑文件的书写人、制作工具、制作材料、制作方法、性质、态度、形成过程等进行的专业判断。文书鉴定的任务是揭示文书物证与特定人以及可疑客体之间的关系，为进一步判断文书物证是否为伪造、变造提供客观依据。

（一）笔迹鉴定

笔迹鉴定指根据人的书写技能习惯特性在书写的字迹、符号、绘画中的反映，通过检材与样本笔迹的比较、鉴别，从而确定文件物证书写人的专门技术。笔迹鉴定的任务是对可疑文书物证上争议笔迹或签名的书写人做出科学判断，进而为判断文书物证是否伪造、变造提供客观依据。

（二）形成时间鉴定

一般指手写字迹和印文形成时间两项鉴定。手写字迹时间鉴定是指根据手写文字的老化特性及其变化规律，对可疑文件上手写字迹的制作过程、顺序和形成时间进行鉴别的专门技术。书写时间鉴定的任务是对可疑文书物证上手写字迹的形成时间进行检验，判断其与该文件上其他系统要素之间是否存在矛盾，进而为判断文书物证的真实性、有效性提供客观依据。印文时间鉴定是指根据印迹的老化特性及其变化规律，对可疑文件上印迹的制作过程、顺序和形成时间进行鉴别的专门技术。印文时间鉴定的任务是对可疑文书物证上印迹的形成时间进行检验，判断其与该文件上其他系统要素之间是否存在矛盾，进而为判断文书物证的真实性、有效性提供客观依据。

（三）印章印文鉴定

印章印文鉴定简称印文鉴定，是指根据印章在制作、使用、保存过程形成的印面材料和结构特性在印文中的具体反映，通过检材与样本印文的比较、鉴别，从而确定文件物证上印章印文真伪的专门技术。印文鉴定的任务是对可疑文书物证上争议印文与真实印文是否由同一枚印章盖印形成做出科学判断，进而为判断文书物证是否伪造、变造提供客观依据。

（四）书画鉴定

书画鉴定是指根据书写符号系统在文字、符号、图形、绘画中的反映，通过与标准样本的比较、鉴别，对书画作品的创作人、制作工具、制作材料、制作方法、性质、状态、形成过程等进行鉴别的专门技术。书画鉴定的任务是对书画作品进行全方位的分析与研究，进而为发掘其内在价值提供客观依据。

（五）印刷／打印文件鉴定

印刷文件又称机制文件，是指采用各种印刷技术形成的文件的总称，包括打印／复印文件、传真文件、制版印刷文件、特种印刷文件等。印刷文件鉴定指利用专业知识，通过对可疑文件进行分析、比较和鉴别，确定文件物证的印刷工具、印刷方法、印刷过程及来源、关系等专门技术。印刷文件鉴定的任务是对可疑文件的来源、关系等做出科学判断，进而为判断文书物证是否伪造、变造提供客观依据。印刷文件鉴定主要用于以下几个方面：①检验合同是否被换页变造；②检验一段打印文字是否是被添加打印上去的；③检验一份文件是否是传真原件；④检验一份传真文件是否经过篡改；⑤检验一份复制文件是否经过篡改；⑥分析可疑印刷品的来源；⑦印刷器具的同一认定；⑧特种印刷品，如证件是否伪造、假冒他人产品包装的检验。

（六）涂改、添改、篡改文件鉴定

篡改文件鉴定狭义上又称变造文件鉴定。篡改的定义通常为在真实文件的基础上，采用涂改、添改、挖补、拼凑、移植、刮擦等方式，改变、歪曲文件真实内容、形态的行为。篡改文件鉴定就是判断文件是否被篡改的技术。篡改文件鉴定的任务是对可疑文书物证是否被篡改、变造做出科学判断，进而为判断文书物证的真实性、有效性、完整性提供客观依据。

（七）朱墨时序鉴定

朱墨时序鉴定指对印文与文字形成的先后顺序进行判断的专门技术。印文与文字先后顺序鉴定的任务是对印文与文字先后顺序做出判断，进而为判断文件物证的真实性、有效性提供客观依据。

（八）特种文件鉴定

特种文件鉴定包括邮票和钱币鉴定等。例如，人民币鉴定是指通过与标准样品的比较、鉴别，从而确定送检人民币是否伪造、变造的专门技术。人民币检验的任务是对受检人民币是否为伪造、变造做出科学判断，进而为处置、管理、量刑提供客观依据。

二、痕迹鉴定

痕迹（trance）是指由于人、动物或者其他物体的运动，在物质性客体上形成的物体的移动、物质增减、形态结构改变等物质变化的反映。痕迹鉴定（trance identification）是指运用痕迹学的原理和技术，对有关人体、物体形成痕迹的同一性，以及分离痕迹与原整体相关性等问题进行鉴定，包括运用枪械学、弹药学、弹道学的理论和技术，对枪弹及射击后的残留物、残留物形成的痕迹、自制枪支和弹药及杀伤力进行鉴定。痕迹鉴定在各种诉讼活动中广泛运用，几乎所有的现场都会涉及痕迹的鉴定问题。常见的痕迹鉴定主要是指纹鉴定和车辆交通痕迹鉴定。

（一）指纹鉴定

指纹鉴定是指利用人类指纹稳定性和独特性的生理特征，通过与样本的比较、鉴别，对文件上指印的遗留人、形成方式等进行鉴别的专门技术。虽然指印鉴定属于痕迹鉴定范畴，但经常在文件物证中发挥重要作用。指印鉴定的任务是对可疑文书物证上争议指印的遗留人做出科学判断，进而为判断文书物证的真实性、有效性提供客观依据。

（二）交通行为方式鉴定

交通行为方式鉴定是根据对事故现场多方面证据的分析、鉴别，从而判断道路交通事故发生时人车是否碰撞、刮蹭、碾轧，车体的翻滚、坠落状况，以及人车相对位置、行人相对位置、行人运动状态等的专门技术。交通行为方式鉴定的任务是对交通事故发生时涉案者所处的行为状态做出科学判断，进而为判断事故成因、责任划分等提供客观依据。

（三）驾驶人/乘坐人关系鉴定

驾驶人/乘坐人关系简称驾/乘关系，其鉴定是根据人体损伤、血迹和车辆痕迹、现场痕迹，结合其他信息，通过多方面的比较、鉴别，从而确定驾驶人与乘坐人关系的专门技术。驾/乘关系鉴定涵盖汽车驾驶人与乘坐人关系、摩托车驾驶人与乘坐人关系以及自行车驾驶人与乘坐人关系等三个方面。驾/乘关系鉴定的任务是对涉案人在交通事故中的行为方式做出科学判断，进而为事故追究、责任划分提供客观依据。

（四）交通事故过程重建

交通事故过程重建是指根据现场遗留的各种证据，尽可能对事故现场重建的专门技术。交通事故过程重建的任务是尽可能还原事故发生时涉案者的运动状态，进而为判断交通事故的诱因和造成人员伤害的原因等提供客观依据。

（五）肇事车辆鉴定

肇事车辆鉴定是根据现场遗留痕迹、人体损伤及其他信息，对肇事车辆同一认定的专门技术。肇事车辆鉴定的任务是认定交通事故的肇事车辆，进而为事故追究与责任划分提供客观依据。

（六）致人成伤物与致伤方式推断

致人成伤物与致伤方式推断是指根据人体体表损伤，结合事故现场环境，通过人体伤痕与现场痕迹的比较、鉴别，对交通事故造成人体损伤的车体部位以及致伤的方式做出合理性推断的专门技术。其是为后续的事故处置、责任划分、赔偿和量刑提供客观依据。

（七）车速计算技术

车速计算是指根据事故现场的证据，再结合其他信息，对涉案车辆事发当时行驶速度进行推算的专门技术。车速计算的任务是为后续的事故处置、现场重建和责任划分提供客观依据。

（八）油漆鉴定

油漆鉴定是指通过理化检验，对油漆的种类、性质等进行检验、鉴别的专门技术。

油漆鉴定的任务是对案中可疑油漆的来源做出科学判断，进而为认定肇事车辆、责任划分、事故追究提供客观依据。

（九）车辆改装鉴定

车辆改装鉴定是指通过全面检查，识别伪造、拼装、组装、盗抢、走私车辆的专门技术。车辆改装鉴定的任务是为后续的处置、理赔和量刑提供客观依据。

（十）车辆起火原因鉴定

车辆起火原因鉴定是指利用车辆技术，根据对车辆检验，推断车辆起火部位、原因等的专门技术。车辆起火原因鉴定的任务是为后续的理赔和责任划分提供客观依据。

三、微量物证鉴定

微量物证鉴定（trance material evidence identification）是指有资质的司法鉴定机构和鉴定人受司法机关或当事人的委托，运用物理学、化学和仪器分析等方法，通过对有关物质材料的成分及其结构进行定性、定量分析，对检材的种类、检材和嫌疑样本的同类性和同一性进行鉴定，并提供检测分析结论的活动。其鉴定范围较广，主要包括以下几个方面：

（一）油漆、涂料等物证的检验鉴定

根据油漆及涂料中的树脂、颜料及填充料等成分的组合情况，确定油漆及涂料的种类，从而综合判断各种涂有油漆或涂料的载体的接触情况，包括树脂漆、天然树脂漆、酚醛漆、醇酸漆及硝基漆等。

（二）塑料、橡胶等物证的检验鉴定

针对各种遗留在犯罪现场的微量塑料、橡胶等高分子材料，使用现代化分析手段，判断其种类，包括其中的聚乙烯（PE）、聚氯乙烯（PVC）、聚丙烯（PP）、聚苯乙烯（PS）、聚甲基丙烯酸甲酯（PMMA）等各种常见的塑料，以及各种天然橡胶与合成橡胶。

（三）金属、玻璃、陶瓷、泥土、植物等物证的检验鉴定

针对各种案件中遗留的微量样品及泥土中上述物质的混合物，进行对比分析，为侦查提供线索，为判案提供证据。

（四）纤维、皮革等物证的检验鉴定

针对遗留在盗窃现场出入口、杀人现场凶器表面及交通肇事现场车体表面及内部的微量纤维和皮革，进行种类鉴别及比对分析。此外，还有针对日常生活中常见的纤维及皮革种类进行分析。

（五）油类物证的检验鉴定

包括对各种动物油、植物油、矿物油（如汽油、煤油、柴油及润滑油等）及香精油的分析和检验。

（六）灯丝熔断方式鉴定

针对交通肇事案件中灯丝冷热熔断方式进行鉴定，为推断事故真相、划清事故责任提供证据。

（七）炸药、射击残留物种类检测

包括对各种单质炸药、混合炸药，射击残留物中的发射药残留物、击发药残留物及金属残留进行分析检验。

（八）纸张、墨水、黏合剂等文书材料化学成分比对分析

针对各类案件及纠纷中所涉及的书写材料，对其纸张、墨水、黏合剂等物质的化学成分进行鉴别和比对分析。

第四节　声像资料鉴定

声像资料（audio/video materials）是指运用现代科学技术手段，以录音、录像、照相等方式记录并储存的有关案件所涉客体的声音和形象的证据。具体分为录音资料、录像资料和相片资料。

声像资料鉴定（forensic audio/video examination）简称声像鉴定，是指运用现代科学技术手段结合专业经验知识，对录音带、录像带、磁盘、光盘、存储卡、图片等载体上记录的声音、图像信息的真实性、完整性及所反映的情况过程进行的鉴定和对记录的声音、图像中的语言、人体、物体做出种类或者同一认定进行的科学判断。

一、录音资料鉴定

录音资料鉴定（forensic examination of audio recordings）具体内容有录音资料真实性（完整性）鉴定、语音同一性鉴定、录音同源性鉴定、录音内容辨听、录音处理、录音设备分析等。

1. 录音资料真实性（完整性）鉴定　又称录音资料剪辑鉴定，指通过听觉感知、声谱分析、元数据分析、数字信号分析等技术手段，对录音资料的原始性、连续性和完整性所进行的科学判断，以确定其是否经过后期加工处理。

2. 语音同一性鉴定　又称声纹鉴定、话者识别/鉴定、说话人鉴定和嗓音鉴定，是指通过比较、分析，对声像资料记载的语音的同一性问题所进行的科学判断。

3. 录音内容辨听　是指通过听辨，必要时借助录音处理技术手段，书面整理录音资料所反映的对话内容。

4. 录音处理　是指通过数字信号处理，降低录音中不希望的声音成分，增强需要的声音成分，改善听觉或声谱效果。

5. 检材语音　又称检材语声、需检语音和需检语声，是指检材中需要鉴定的说话人语音。

6. 样本语音 又称样本语声，指样本中供比较和对照的说话人语音。
7. 原始录音 是指事件发生时用特定设备和介质记录生成的录音资料。

二、录像资料鉴定

录像资料鉴定（forensic examination of video recordings）的具体内容有录像资料真实性（完整性）鉴定、人像鉴定、物像鉴定、录像同源性鉴定、录像/图像处理、录像设备分析等。

1. 录像资料真实性（完整性）鉴定 又称录像资料剪辑鉴定，指通过视觉辨识、成像分析、音频信号分析、视频信号分析、元数据分析、数字信号分析等技术手段，对录像资料的原始性、连续性和完整性所进行的科学判断，以确定其是否经过后期加工处理。

2. 人像鉴定 是指通过比较、分析，对声像资料记载的人体的同一性问题所进行的科学判断。

3. 物像鉴定 是指通过比较、分析，对声像资料记载的物体的同一性问题所进行的科学判断。

4. 录像过程分析 是指通过观察，必要时借助图像处理等技术手段，对录像资料记载的人、物的状态和变化情况所进行的辨别。

5. 图像处理 是指通过数字信息处理，对照片、录音记载的图像进行增强、校正、去模糊等处理，突出、复原需要的画面，改善视觉效果。

6. 同源性鉴定 是通过比较、分析，对不同声像资料记载的语音、音乐等声音及人体、物体等形象是否出自同一次的记录所进行的科学判断。

7. 检材 是指声像资料鉴定中特指需要进行鉴定的录音、录像、照片/图片资料。

8. 样本 是指声像资料鉴定中特指供比较和对照的录音、录像、照片/图片资料。

9. 检材人像 又称需检人像，是指检材中需要鉴定的人体的形象。

10. 检材物像 又称需检物像，是指检材中需要鉴定的物体的形象。

11. 样本人像 是指样本中供比较和对照的人体的形象。

12. 样本物像 是指样本中供比较和对照的物体的形象。

13. 原始录像 是指事件发生时用特定设备和介质记录生成的录像资料。

14. 声称的原始声像 是指声像资料提交方（录制/拍摄方）声称的原始录音、录像、照片资料。

15. 声像资料复制件 是指采用转录、采集、扫描、计算机拷贝等方式复制的录音、录像、照片/图片资料。

16. 检材录制/拍摄设备 是指录制/拍摄原始检材录音、录像、照片资料的设备。

17. 声称的检材录制/拍摄设备 是指检材提交方（录制/拍摄方）声称的录制/拍摄检材的设备。

三、相片/图片资料的鉴定

相片/图片资料鉴定（forensic examination of photographs）的具体内容有图像真实性（完整性）鉴定、人像鉴定、物像鉴定、图像同源性鉴定、图像处理、照相设备分析等。

1. 照片/图片资料真实性（完整性）鉴定 又称图像篡改鉴定，指通过视觉辨识、成像分析、元数据分析、数字信号分析等技术手段，对照片/图片是否经过后期加工处理所进行的科学判断。

2. 原始照片 是指事件发生时用特定设备和介质记录生成的照片资料，一般表现为底片和图像文件。

第五节 环境污染损害鉴定评估

一、环境污染鉴定概述

环境污染鉴定与前述三大类鉴定一样，也是鉴定人运用科学技术或专门知识对有关专门性问题进行鉴别和判断并提供鉴定意见的活动。环境污染鉴定是根据鉴定活动目的、活动领域，通过开展各种调查取证工作，对环境污染损害涉及的专门性问题进行鉴别和判断；以及对环境污染所造成的经济损失进行评估，并提供技术意见的活动，统称为环境污染损害鉴定评估。

二、环境污染鉴定目的

鉴定的目的主要是为解决环境污染单位争议问题提供技术意见，即为环境污染责任追究、损害赔偿、补偿等问题的处理提供技术咨询服务。结合解决环境污染相关争议问题的途径，环境污染损害鉴定评估主要目的包括以下几个方面：

1. 为司法诉讼服务 环境污染损害鉴定评估是解决环境纠纷的必要技术环节。通过对污染源、污染途径的调查，对污染范围、程度的检测分析，以及对损害事实的调查，判断环境污染与损害之间的因果关系，将损失进行货币化评估，并出具鉴定评估结论。在保证鉴定评估结果的客观、公正和透明的基础上，鉴定评估报告经法庭质证后产生证据效力，作为司法机关辨明事实真相、做出裁决的科学依据。

2. 为环境行政管理服务 环境污染损害评估是行政执法的重要技术支撑。通过对环境污染事件中的污染现状、程度、范围和损失大小的调查，对污染危害和损害修复及修复效果的评估等，为加强环境管理、追究污染者责任提供执法依据；也可以为环境污染纠纷的行政调解等提供技术支持。

3. 为其他社会性咨询服务 相关专业人员和业务单位委托的非诉讼案例的环境污染损害鉴定评估工作，可以为有关单位、企业、社会团体或个人了解环境污染及损害事实提供技术性支持；也可作为环境保险业务的技术支持，为环境保险、理赔等提供服务。

第二章 法医临床鉴定案例

案例 1 外伤性颅内出血

关键词 法医临床学；损伤程度；颅内出血；鼻骨骨折；法医影像学

一、基本情况

1. 委托鉴定事项 损伤程度鉴定。
2. 鉴定材料 ①首家医院住院病案复印件1份；②第二家医院住院病案复印件1份；③门诊病历、笔录复印件1份；④光盘1张；⑤电子扫描影像学摄片1份。
3. 被鉴定人 某女，55岁。

二、基本案情

某年5月14日被鉴定人被他人打伤头部和鼻部。本中心受某派出所委托就上述委托鉴定事项进行法医学司法鉴定。

三、资料摘要

（一）首家医院住院病案摘要

入院日期：5月15日。出院日期：6月8日。

入院时情况：主因外伤后头痛、头晕、头面部及肢体疼痛1h余入院，患者缘于1h前因打架受伤，头面部及肢体着力，伤后即感头痛、头晕，鼻梁部及肢体多处局部疼痛，鼻腔出血，无恶心、呕吐，无心悸、气短。伤后即来院，急诊查头颅CT，显示鼻周皮下血肿，左侧鼻骨骨折。急诊以"鼻骨骨折"收入院治疗。

查体：神志清楚、言语流利，能自动睁眼、正确回答问题、按吩咐进行肢体活动，头颅、五官无畸形，瞳孔正大、等圆，对光反射灵敏，额面部及鼻梁部局部肿胀触痛明显，少量表皮剥脱；双上肢及双膝关节多处少量表皮剥脱，局部肿胀触痛，无明显功能障碍。

头颅CT检查：左侧鼻骨可疑骨折；鼻周皮下血肿伴积气。

X线检查：右侧第4肋骨质欠光滑。

诊疗经过：入院后依据外伤史、症状、查体，综合舌苔脉象，完善检查，诊断明确，给予营养支持及对症治疗，患者头痛、头晕症状仍无明显缓解。5月26日复查头颅CT

提示左顶部颅内出血，之后转去某医院会诊，报脑挫裂伤（？）。因无手术指征，未予特殊处理，遂回院继续观察，对症治疗，但患者头部症状仍时好时重，建议去北京会诊。患者于住院24天后转北京治疗。

出院诊断：脑外伤后综合征，鼻骨骨折，面部软组织损伤，肢体多发软组织损伤，高血压，左顶部颅内出血。

（二）北京会诊医院手术记录摘要

某日在局部麻醉下行左鼻骨整复术。以鼻骨整复器挑起左鼻背，可闻及骨折复位音。术中出血量小，鼻腔填膨胀海绵。诊断：鼻骨骨折（左）。

（三）第二家医院住院病案摘要

入院日期：6月8日。出院日期：7月1日。

入院情况：患者主因"外伤致头痛、恶心20余天"急诊入院。

查体：神志清楚，言语切题；左侧枕部可触及皮肤隆起，压痛明显；双侧瞳孔等大直径3.0mm，对光反射均灵敏；四肢肌张力正常，肌力5级；双侧腹壁反射正常引出，双侧肱二头肌反射、肱三头肌反射、桡骨膜反射正常，双侧膝腱反射、跟腱反射均正常，髌阵挛、踝阵挛均未引出；双侧霍夫曼征阴性，双侧巴宾斯基征阴性，颈软，凯尔尼格征阴性。

辅助检查：头颅CT提示鼻骨左侧翼可见骨质断裂，断端移位。鼻周软组织肿胀，所见双侧上颌窦、筛窦内黏膜增厚。头颅CT提示左侧顶骨内板下方可见条形稍高密度影，CT值约为65HU。脑室系统未见明显扩张。脑沟、脑裂、脑池未见明显增宽、加深；中线结构居中无移位，骨窗未见明显骨折征象。

出院诊断：脑外伤后综合征，硬膜下出血（左侧颞顶部），脑挫裂伤，高血压3级、极高危组，鼻骨骨折复位术后。

四、鉴定过程

1. 鉴定依据和方法 按照中华人民共和国司法部《司法鉴定技术规范——法医临床检验规范》（SF/Z JD0103003-2011）进行体格检查，并根据《人体损伤程度鉴定标准》进行鉴定。

2. 体格检查 被鉴定人自行步入检查室，神志清楚，言语流利，查体合作，答话切题。头颅外观无畸形，无明显外伤痕迹，双侧瞳孔等大、等圆，对光反射灵敏。鼓腮、示齿、伸舌正常，面瘫（-）。鼻部外观无外伤痕迹遗留，鼻梁正中、无歪斜，双侧外鼻道通气畅。四肢肌力、肌张力正常，双侧生理反射对称引出，病理反射（-）。余未见明显异常。

3. 阅片意见 5月15日鼻部CT片（图2-1-1）：左侧鼻骨骨折，骨折远端内凹，可见两条骨折线，骨折部可见皮下积气并软组织肿胀。

5月18日鼻部CT片（图2-1-2）：左侧鼻骨骨折，骨折远端内凹，可见两条骨折线，骨折线锐利，骨折部皮下积气较前片已大部分吸收，软组织肿胀较前片减轻。

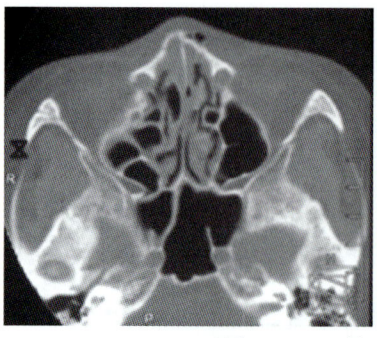

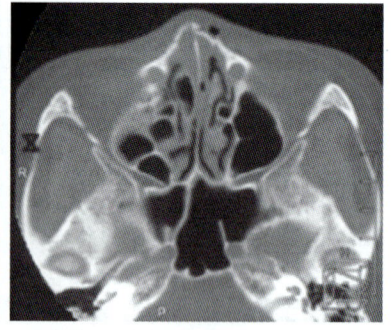

图 2-1-1　5 月 15 日鼻部 CT 片

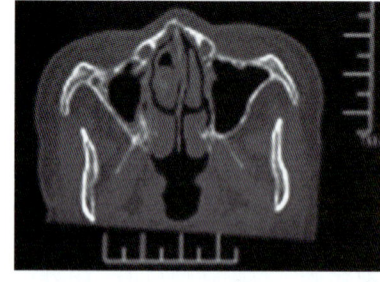

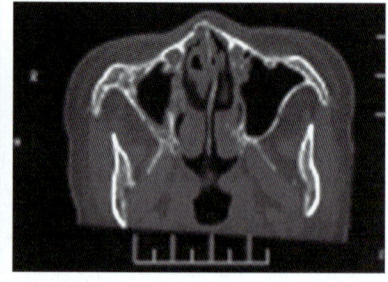

图 2-1-2　5 月 18 日鼻部 CT 片

5 月 26 日颅脑 CT 片（图 2-1-3）：左侧额颞部颅内颅板下出血。

5 月 29 日颅脑 CT 片：左侧额颞部出血密度减低。

6 月 15 日颅脑 CT 片（图 2-1-4）：左侧额颞部出血部位与周围脑实质呈等密度表现。

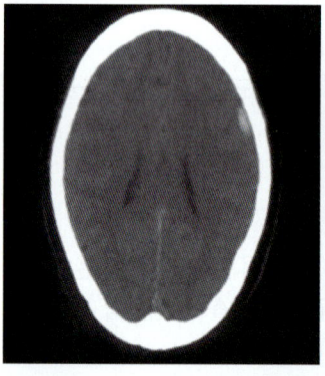

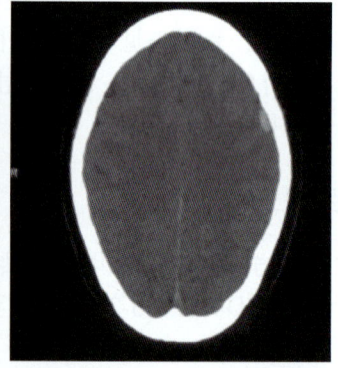

图 2-1-3　5 月 26 日颅脑 CT 片

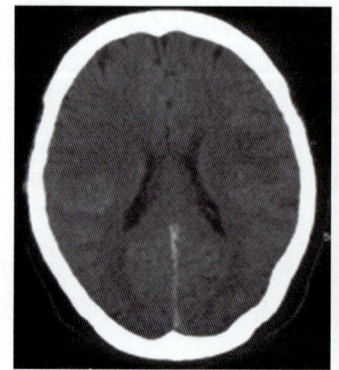

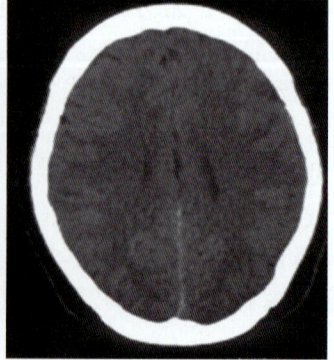

图 2-1-4　6 月 15 日颅脑 CT 片

5月31日颅脑MR成像（图2-1-5）：左侧额颞部颅内出血，呈内凸、与颅板呈广基底、边界清的形态，考虑为硬膜外出血。

8月7日颅脑MR成像（图2-1-6）：与前片对比，原片出血部位本次MR片上未见异常信号，磁敏感加权序列相应部位未见低信号改变。考虑为左额颞交界部硬膜外出血吸收后改变，可排除脑挫裂伤。

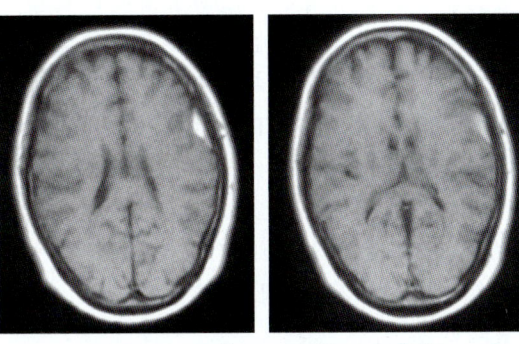

图2-1-5　5月31日颅脑MR成像

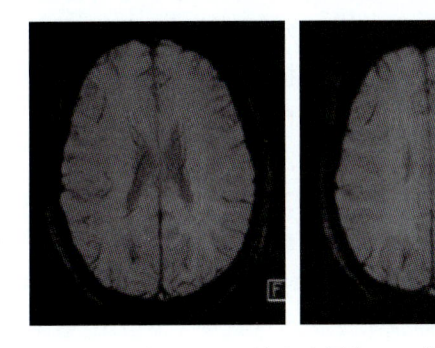

图2-1-6　8月7日颅脑MR成像

五、分析说明

根据体格检查所见和委托人提供的鉴定材料，综合分析如下：

某年5月14日被鉴定人头面部外伤史存在，根据其入院时临床症状和体征、伤后一系列时间段影像学片所示内容动态演变特点，结合专家会诊意见，认为被鉴定人鼻骨粉碎性骨折（两处骨折线）、左额颞部颅内出血（硬膜外出血）为外伤所致。

被鉴定人鼻骨粉碎性骨折，依据《人体损伤程度鉴定标准》第5.2.4 o条之规定，构成轻伤二级。被鉴定人硬膜外出血（颅内出血），依据《人体损伤程度鉴定标准》第5.1.3 e条之规定，构成轻伤一级。综上，被鉴定人的损伤程度构成轻伤一级。

六、鉴定意见

某年5月14日被鉴定人被他人殴打致伤头面部等处，其损伤程度构成轻伤一级。

（杨　帆　曹　磊）

点评 本例鉴定要点主要有两处：①鼻骨骨折；②颅内出血。其中，鼻骨骨折主要鉴别点有：①是否存在新鲜鼻骨骨折；②鼻骨骨折的类型（单纯、粉碎）。认定鼻骨新鲜、陈旧骨折的主要依据为伤后临床表现及影像学的动态演变过程。本例被鉴定人伤后病历载"额面部及鼻梁部局部肿胀触痛明显，少量表皮剥脱"，提示存在鼻面部外力作用史。伤后次日鼻部CT提示左侧鼻骨骨折，骨折远端内凹，可见两条骨折线，骨折部可见皮下积气并软组织肿胀，伤后第4日鼻部CT片提示骨折部皮下积气及软组织肿胀较前片均已明显减少或减轻。上述影像学复查内容提示被鉴定人鼻骨骨折线锐利，骨折部位与软组织肿胀、皮下积气等间接征象的发生部位相吻合，骨折间接征象演变过程符合急性损伤愈合特点，可以认定本例鼻骨骨折符合新鲜损伤，骨折线两处以上。

关于颅内出血，由于本例临床表现并不典型且可疑病灶较小，故主要依靠现代影像学技术对其性质（脑挫裂伤、硬膜外或硬膜下出血）进行鉴别。本例伤后当日颅脑CT并未发现颅内损伤灶，可能与损伤早期CT检查敏感性较低有关。因当事人头痛持续不缓解，伤后12天（5月26日）临床给予颅脑CT复查，发现左侧颞部小片状高密度影，面积小、边界不清，故仅能据此定位为颅板下出血。5月29日颅脑CT提示出血密度较前片减低。5月31日颅脑MR检查提示颅内出血呈现"内凸，与颅板呈广基底、边界清的形态"，故考虑为硬膜外出血。8月7日加做颅脑MR磁敏感加权序列检查，提示"与前片对比，原片出血部位本次MR片上未见异常信号，磁敏感加权序列相应部位未见低信号改变"。上述影像学演变特点提示本例符合外伤后硬膜外出血逐渐吸收，未遗留软化灶等异常改变的病理生理学特点，据此排除脑挫裂伤（MR可遗留信号异常）。

进行本例司法鉴定时，双方主因被鉴定人伤后当日颅脑CT未检出损伤灶且不同医疗机构影像学诊断不同（颅内出血、脑挫裂伤）产生了较大争议。故鉴定人在司法鉴定过程中，需要对损伤不同时期、不同影像学技术所产生的图像进行分析、判断，并了解现代影像学的新技术和新进展，合理运用，以期解决法医临床学鉴定中的焦点和难点问题。本例采用颅脑MR磁敏感加权成像技术（SWI），利用其成像原理（利用不同组织间磁敏感的差异成像并将其放大，通过检测病灶中的静脉分布、出血灶和矿物质沉积等，完善诊断。理论上，只要组织间存在磁化率差异，就可以通过SWI显示出组织对比）对"脑挫裂伤""硬膜外出血"进行了鉴别。此外，通过本案例，仍然可以看出法医临床学鉴定需要注重损伤演变过程及其动态复查、固定证据，以反推、追溯源头（原始损伤）的主旨和精神。

案例 2　多发伤并脑梗死复核鉴定

关键词　法医临床学；损伤程度；机械性损伤；多发伤；外伤后脑梗死

一、基本情况

1. 委托鉴定事项　损伤程度鉴定重新鉴定。
2. 鉴定材料　①某院住院病历复印件1份；②某公安局案件调查相关材料及司法鉴定中心法医学人体损伤程度鉴定书复印件各1份；③被鉴定人伤情照片原件1份（共12页）；④影像学片32张。
3. 被鉴定人　某女，69岁。

二、基本案情

某年10月2日被鉴定人被他人殴打伤致全身多处，伤后入院。10月4日，某公安局为其进行了司法鉴定，意见为暂定轻伤一级，待病情稳定后再具体评定损伤程度。次年4月1日，该公安局司法鉴定中心出具补充鉴定意见书，仍为轻伤一级。某公安局委托本中心对被鉴定人的损伤程度进行重新鉴定。

三、资料摘要

（一）某医院住院病历摘要

入院日期：某年10月2日。出院日期：次年2月13日。

主诉：外伤后头面部、颈部及四肢伤处疼痛5h。

现病史：患者及家属诉5h前被人打伤后感头晕、头痛，颈部及四肢疼痛，功能活动障碍，无昏迷，无肢体瘫痪，无恶心、呕吐，无胸闷气短，急来我院就诊。

既往史：平素健康状况良好，否认高血压史、糖尿病史、心脏疾病史、脑卒中史；否认传染病史；否认手术史。

家族史：无传染病史，无家族性遗传病史。

体格检查：T 36.0℃，P 70次/分，R 20次/分，BP 151/121mmHg（1mmHg=0.133kPa）。发育正常，营养良好，神志清楚，语言正常，表情痛苦，强迫体位，平车推入病房，查体合作。

头部：头颅大小正常，无畸形，无压痛。眼睑无水肿，无下垂；双侧瞳孔等大、同圆，直径约3.0mm，对光反射存在。未见鼻翼翕动、阻塞、分泌物、出血，口唇正常。

胸部：胸廓正常，两侧大致对称，呈椭圆形。胸壁无压痛，无静脉曲张，胸部无握雪感，乳房正常，呼吸频率20次/分，节律规整，呼吸深度正常。呼吸运动两侧一致，肋间隙正常。

专科检查：发育正常，神志清楚，言语流利，查体合作；头颅散在多处肿胀、压痛，颜面部及颈部见多处划伤痕；右腕部肿胀、压痛，功能活动受限；左手背部青肿、压痛，功能活动受限；双臀部、双大腿及双小腿大面积皮下淤血、青紫、肿胀、压痛，功能活动受限。

辅助检查：DR 示左腓骨骨折，左手第 4 掌骨骨折，左手第 3 掌骨骨折（？），右侧尺骨骨折；CT 示头颅右额叶脑梗死灶，肺内条片影，请结合临床。

初步诊断：①左尺骨骨折；②左手第 4 掌骨骨折；③右侧尺骨骨折；④左腓骨骨折；⑤头面部软组织伤；⑥颈部软组织伤；⑦双臀部软组织伤；⑧双下肢软组织伤。

最后诊断：①左尺骨骨折，双侧腓骨骨折，左尺桡骨远段骨折，左手第 3、4 掌骨骨折，骶 5 椎体骨折，腰椎横突骨折；②颈部软组织损伤，双臀部软组织损伤，双下肢软组织损伤，头面部软组织损伤；③失血性贫血，胸部外伤，左侧多发肋骨骨折，肺感染，胸腔积液；④脑梗死；⑤骨盆骨折。

10 月 4 日 10 时 34 分会诊记录：半日前患者出现言语迟钝，左侧肢体活动障碍。神经系统查体：神志清楚，言语欠流利，左侧鼻唇沟浅，示齿口角右歪，伸舌左偏，左侧偏身感觉减退，左上肢肌力 1 级，左下肢肌力 2 级，左侧巴宾斯基征阳性。头颅 CT 示双侧多发脑梗死。会诊意见：脑梗死，右侧大脑半球（大面积）治疗上加用扩血管改善循环药物，调脂稳定斑块，使用抗血小板药物治疗。

10 月 19 日手术记录：术前/术中诊断为双侧腓骨及右尺骨骨折；手术名称为切开复位内固定术＋植骨术；手术经过为纵行切开腓骨骨膜，剥离骨膜显露骨折端，清理骨折端软组织后，用复位钳复位骨折端，选用合适的接骨板固定。采取同样方式处理另一侧腓骨骨折，再处理尺骨骨折，显露尺骨及骨折端，见骨折端成角错位并有小骨折片，清理骨折端软组织后，复位钳复位骨折端。

10 月 19 日麻醉前访视记录单：有高血压史；BP 150/90mmHg，HR 75 次/分，R 20 次/分，T 36.9℃。身高 158cm，体重 60kg。

体温单记载血压情况：10 月 2 日 151/121mmHg，10 月 4 日 147/65mmHg，10 月 5 日 135/64mmHg，10 月 6 日 123/78mmHg，10 月 7 日 165/75mmHg，10 月 8 日 148/83mmHg，10 月 9 日 131/67mmHg，10 月 10 日 153/70mmHg，10 月 11 日 106/55mmHg，10 月 12 日 142/71mmHg，10 月 13 日 137/77mmHg，10 月 15 日 144/69mmHg。

10 月 2 日生化检验报告（括号内为化验指标正常范围）：血糖 9.81（3.9～6.1）mmol/L，同型半胱氨酸 16.5（4.0～15.4）μmol/L，二氧化碳 19.7（22～30）mmol/L，肌酐 95（40～88）μmol/L，尿酸 442（90～420）μmol/L，总蛋白 62.6（40～55）g/L，白蛋白 37.7（115～150）g/L。

10 月 6 日 生化检验报告单：血糖 6.01（3.9～6.1）mmol/L，肌酐 37（40～88）μmol/L，总胆红素 65.4（2～20.4）μmol/L，直接胆红素 22.2（0～6.8）μmol/L。

10 月 7 日 血气检验报告单：钾 3.3（3.5～4.5）mmol/L，葡萄糖 7.4（11.5～17.4）mmol/L，血红蛋白 90（115～174）g/L。

10 月 9 日 生化检验报告：血糖 7.20（3.9～6.1）mmol/L，尿素 4.89（2.9～8.2）mmol/L，肌酐 38（40～88）μmol/L。

10 月 10 日 血气/生化检验报告：葡萄糖 7.7（11.5～17.4）mmol/L，血红蛋白 99（115～174）g/L；D-二聚体 4.4（0～1.0）mg/L。

次年 7 月 1 日彩色超声诊断报告单：检查部位为颈动脉及椎动脉；超声可见双侧颈动脉结构尚清晰，内膜欠光滑，右侧颈动脉附壁见多发强回声团，后伴声影，较大者范围约 1.48cm×0.38cm，致使颈内动脉狭窄，狭窄率约 76.82%，CDFI 可见条状血流信号通过。左侧颈动脉附壁见多发强回声团，后伴声影，较大者范围约 0.51cm×0.35cm。CDFI：斑块处血流信号充盈缺损，血流频谱尚正常。双侧椎动脉走行略弯曲，管腔通畅，未见明显狭窄，血流频谱形态未见明显异常。超声提示双侧颈动脉多发斑块形成；右侧颈内动脉狭窄（狭窄率约 76.82%）。

（二）某公安局司法鉴定中心法医学人体损伤程度鉴定书摘要

检验日期：某年 10 月 4 日。

检验所见：伤者卧于床上，意识模糊，呼唤可睁眼，左侧鼻唇沟浅。左面部有 15cm×10cm 青紫肿胀，颈部有点条状擦伤，腹部有 6cm×5cm 青紫肿胀。左上臂有 10cm×8cm 青紫肿胀，左肩部有 15cm×10cm 青紫肿胀，左前臂有 10cm×8cm 青紫肿胀，左手背有 10cm×8cm 青紫肿胀。右上臂有 6cm×5cm 青紫肿胀，右前臂有 10cm×8cm 及 12cm×10cm 青紫肿胀。左臀部及髂部有 30cm×25cm 青紫肿胀，右臀部有 25cm×20cm 青紫肿胀。左大腿及小腿后侧有 60cm×20cm 青紫肿胀。左膝部有 12cm×10cm 青紫肿胀。右大腿有 20cm×18cm 青紫肿胀，右小腿有 25cm×20cm 青紫肿胀。

四、鉴定过程

1. 鉴定依据和方法　按照中华人民共和国司法部《司法鉴定技术规范——法医临床检验规范》（SF/Z JD0103003-2011）进行体格检查，并根据《人体损伤程度鉴定标准》进行鉴定。

2. 体格检查　一般情况：神志清楚，对答切题，言语流利，查体合作。双侧瞳孔等大、正圆，对光反射灵敏，双侧眼球各向活动正常，双侧额纹、鼻唇沟对称，鼓腮可，示齿口角略右偏，伸舌居中，闭目有力。右上肢肌张力可，肌力 5 级，肱二头肌、肱三头肌腱反射（++），桡骨膜反射（-），霍夫曼征（-）。左上肢肌张力增高，左上臂肌力 2 级，前臂及手部肌力 0 级，垂腕、垂指畸形，肱二、三头肌腱反射（+++），桡骨膜反射阳性，霍夫曼征（+）。右下肢肌张力可，肌力 5 级，膝腱反射（++），跟腱反射（-），跖反射（++），巴宾斯基征（-），踝阵挛（-）。左下肢肌张力略高，肌力 2^+ 级，膝腱反射（+++），跟腱反射（-），巴宾斯基征（+），踝阵挛（-）。上臂周径（肩峰下 10.0cm）：左 27.5cm，右 28.0cm。前臂周径（尺骨鹰嘴下 10.0cm）：左 19.0cm，右 21.0cm。大腿周径（髌上 15.0cm）：左 40.0cm，右 42.5cm。小腿周径（髌下 15.0cm）：左 26.5cm，右 29.0cm。右侧腕关节活动度：背伸 55°，掌屈 50°，桡偏 15°，尺偏 35°。右侧踝关节活动度：背伸 0°，跖屈 70°。

胸廓对称，双侧呼吸动度一致，胸廓挤压试验（±）。右前臂尺侧 6.7cm 线性手术瘢痕。左小腿下段腓侧至外踝处纵行长 11.8cm×0.2cm 手术瘢痕，条形，皮下无粘连。右小腿下段腓侧至外踝 9.9cm×0.4cm 手术瘢痕，皮下局部粘连。右踝关节主动活动屈伸可。骨盆挤压分离试验（-）。双下肢相对长度（脐至内踝底）：左=右=87.0cm。绝对长度（髂前上棘至内踝底）：左=右=78.0cm。

3. 阅片意见

（1）颅脑：10 月 2 日颅脑 CT 片（图 2-2-1）示右侧额叶可见片状低密度灶，左侧外囊区细小低密度灶。

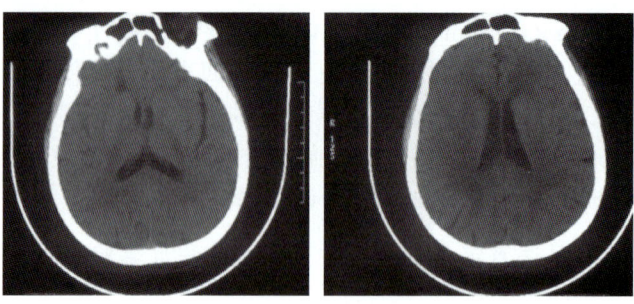

图 2-2-1　10 月 2 日颅脑 CT 片

10 月 4 日颅脑 CT 片（图 2-2-2）与前片比较，示右侧基底核区及右侧额顶叶新出现大片状稍低密度灶，边界模糊。

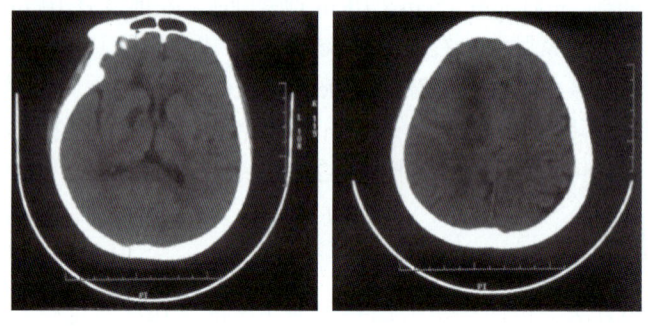

图 2-2-2　10 月 4 日颅脑 CT 片

10 月 8 日、10 月 14 日颅脑 CT 片（图 2-2-3）2 张与前片比较，示右侧基底核区、额顶叶新发病灶面积增大。

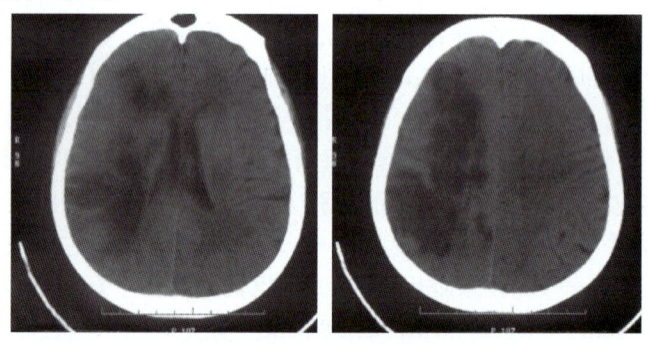

图 2-2-3　10 月 8 日颅脑 CT 片

次年 1 月 22 日、2 月 8 日、4 月 11 日颅脑 CT 片（图 2-2-4）3 张与前片比较，示新发病灶边界较前变清晰，密度更低，为软化灶形成改变，相邻脑室较对侧扩张。

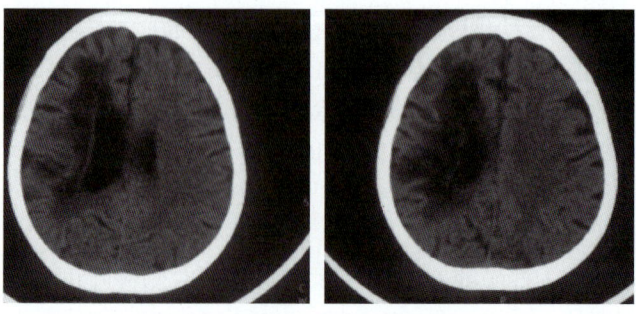

图 2-2-4　次年 4 月 1 日颅脑 CT 片

（2）颈和胸部：10月2日颈部X线片、10月4日颈部CT片2张，示颈椎曲度异常，颈部诸椎体未见明确骨折、脱位。

10月2日、10月8日胸部CT片4张，示双侧胸腔积液。

10月14日胸部CT片2张，示双侧胸腔积液量较前片减少。

10月16日肋骨、腰椎CT片并三维重建（图2-2-5，图2-2-6）2张，示左侧第9、10、11肋骨骨折，其中第10肋骨可见两处骨折线；第3腰椎右侧横突骨折。

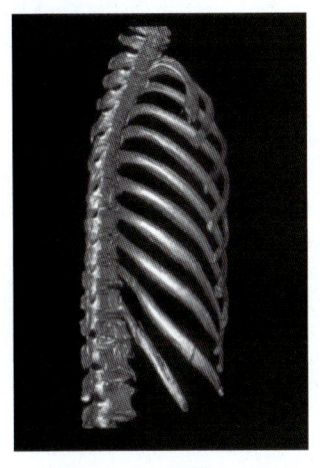

图2-2-5　10月16日左侧肋骨CT三维重建图像

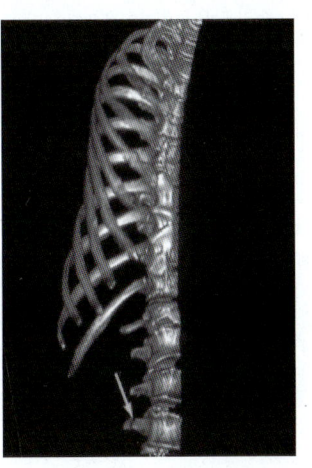

图2-2-6　10月16日右侧肋骨及腰椎CT三维重建图像

（3）腰部及骨盆：10月2日骨盆X线片示耻骨联合左侧部较对侧骨皮质稍紊乱，耻骨上、下支移行处骨小梁紊乱。

10月2日骨盆、双侧膝关节X线片（图2-2-7）示左侧腓骨上段骨折，左侧耻骨上、下支移行处可见骨质连续性中断。

10月4日骨盆CT片（图2-2-8）示第5骶骨骨折，折端错位。

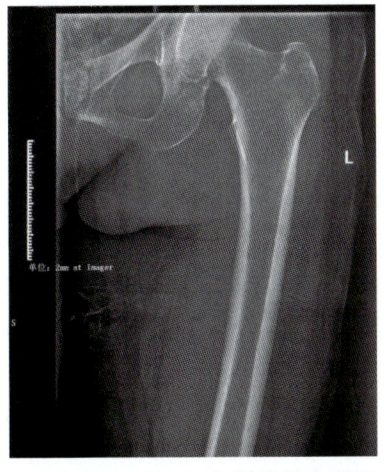

图2-2-7　10月2日左髋关节X线片

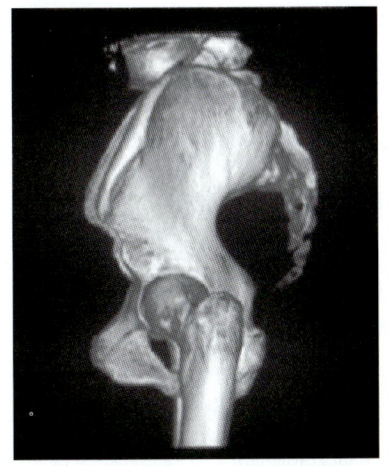

图2-2-8　10月4日骨盆CT三维重建图像

10月18日腰部X线片示腰部生理曲度稍变直，第5骶骨骨折，折端移位。

次年1月10日骨盆X线片示左侧耻骨上、下支移行处骨折，断端错位，骨折线稍模糊，双侧闭孔欠对称。

（4）四肢：10月2日双侧前臂X线片（图2-2-9）示左侧尺骨茎突骨折，左手第3、4掌骨基底部骨折；右侧尺骨远段骨折。

10月4日双侧小腿X线片2张，示左侧腓骨上、下段骨折，右侧腓骨下段骨折。

10月8日双侧踝关节X线片（图2-2-10）示双侧腓骨粉碎性骨折。

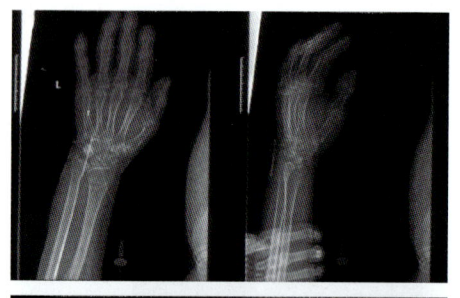

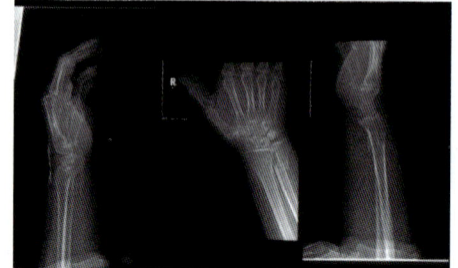

图 2-2-9　10月2日双侧前臂X线片
上图为左前臂，下图为右前臂

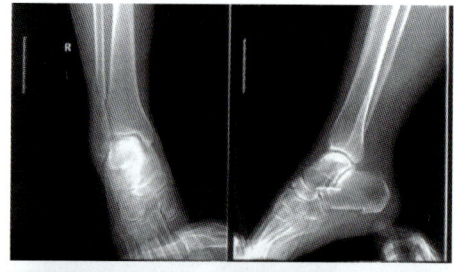

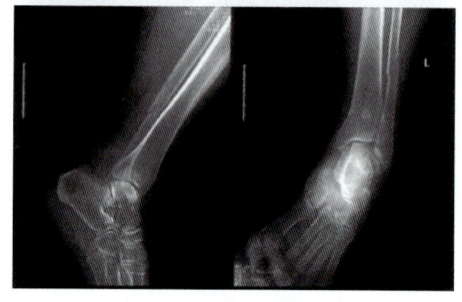

图 2-2-10　10月8日双侧踝关节X线片
上图为右踝关节，下图为左踝关节

10月14日双侧前臂CT片平扫并三维重建2张，示左侧桡骨远端骨折，双侧尺骨骨折。

10月22日双侧前臂、右小腿X线片2张，示右侧尺骨远段骨折内固定术后，石膏外固定在位；左侧尺骨茎突骨折、左侧第3、4掌骨基底部骨折石膏外固定在位；右侧腓骨下段骨折内固定术后，骨折对位对线可，骨折线较前模糊。

11月8日右前臂、右小腿X线片2张，示右尺骨远段骨折内固定、石膏外固定术后，右腓骨下段骨折内固定术后，骨折对位对线可。

五、分析说明

根据体格检查所见和委托人提供的鉴定材料及相关辅助检查情况综合分析如下：

某年10月2日，被鉴定人被他人殴打致伤身体多处，伤后入院。根据其伤后临床症状、体征及临床辅助检查所见，本次法医学复阅其伤后影像学及查体，明确其伤后主要损伤为四肢长骨骨折（左侧桡骨骨折、双侧尺骨骨折、双侧腓骨骨折），多发肋骨骨折（左侧第9、10、11肋骨骨折），第3腰椎右侧横突骨折，骨盆骨折（左侧耻骨、第5骶椎骨折），左手第3、4掌骨骨折，多发软组织挫伤等；伤后第2日出现左侧肢体偏瘫、言语迟钝等临床表现。

1. 关于原发损伤的评定　被鉴定人四肢长骨骨折（左侧桡骨骨折、双侧尺骨骨折、双侧腓骨骨折），根据《人体损伤程度鉴定标准》第5.9.3 e条之规定，评定为轻伤一级；被鉴定人骨盆骨折（左侧耻骨、第5骶椎骨折），根据《人体损伤程度鉴定标准》第5.8.3 a条之规定，评定为轻伤一级；被鉴定人左手第3、4掌骨骨折，根据《人体损伤程度鉴定标准》第 5.10.4 d 条之规定，评定为轻伤二级；被鉴定人第 3 腰椎右侧横突骨折，根据《人体损伤程度鉴定标准》第 5.9.4 d 条之规定，评定为轻伤二级；被鉴定人多发肋骨骨折（左侧第 9、10、11 肋骨骨折），根据《人体损伤程度鉴定标准》第 5.6.4 b 条之规定，评定为轻伤二级。

被鉴定人多发软组织挫伤，限于目前距受伤时间较久（伤后 8 个月余）、原始损伤已消退，且被鉴定人家属本次鉴定时通过委托机关补充提交的伤后彩色照片无比例尺标注，无法计算，故此次鉴定仅能依据委托单位提供的原鉴定意见书法医学查体记载内容及病历记载被鉴定人身高（158cm）、体重（60kg）进行测算。计算公式：

$$S(m^2)=0.0061 \times 身长（cm）+ 0.0128 \times 体重（kg）- 0.1529$$

结果为被鉴定人有记载的体表挫伤面积累计达其体表面积的 10% 以上（未达 30%），根据《人体损伤程度鉴定标准》第 5.11.2 a 条规定，评定为轻伤一级。

2. 关于脑梗死的评定 被鉴定人为老年女性，某日被他人殴打致伤后入院，其入院后的临床症状和体征及影像学等辅助检查结果提示：①被鉴定人除了头皮血肿、颜面及颈部多处划伤痕及全身多发骨折并多处软组织挫伤，未见严重原发颅脑损伤（如颅骨骨折、蛛网膜下腔出血、脑挫裂伤等）和失血性休克的临床表现；②被鉴定人伤后检验报告单等内容提示其血压、血糖水平偏高及高同型半胱氨酸水平等脑血管病变的危险因素，且被鉴定人伤后当日颅脑 CT 所见提示其存在右侧额叶、左侧外囊区陈旧梗死灶，复查提示双侧颈动脉斑块形成，以右侧颈内动脉狭窄为著；③ 10 月 4 日晨，被鉴定人出现言语迟钝、左侧肢体活动障碍等脑血管病变的临床表现，复查颅脑 CT 提示右侧基底核区、右侧额顶叶大面积新发低密度灶（脑梗死），与左侧肢体偏瘫相吻合，且血供与原陈旧病灶为同一血管系统；④被鉴定人目前伤后 8 个月余，伤情稳定，仍遗留左侧肢体偏瘫等神经系统症状和体征。

综上所述，本例被鉴定人系老年女性，头颈部原始损伤较轻，但同时合并全身多处骨折、多发软组织损伤，外伤后第 2 天出现新发脑梗病灶，不排除外伤在被鉴定人原有脑梗死危险因素基础上对其新发脑梗起到不利作用，二者作用相当，目前仍遗留左侧肢体偏瘫等神经系统症状和体征，根据《人体损伤程度鉴定标准》第 5.1.2 i 条之规定，被鉴定人目前情况符合重伤二级，但由于伤病共存，根据该标准第 4.3.2 条之规定，降级评定为轻伤二级。

六、鉴定意见

被鉴定人四肢长骨骨折评定为轻伤一级；骨盆骨折评定为轻伤一级；左手第 3、4 掌骨骨折评定为轻伤二级；第三腰椎右侧横突骨折评定为轻伤二级；多发肋骨骨折评定为轻伤二级；体表软组织挫伤评定为轻伤一级；脑梗死及其后遗症评定为轻伤二级。

（杨　帆　史肖倩　杜建芳）

点评 关于外伤性脑梗死的判定，主要考量以下几点：①明确的颅脑损伤，存在引起脑部缺血的损伤基础，如脑挫裂伤伴有血管壁损伤；或者颅内血肿形成致脑组织移位、脑疝发生，使得邻近脑血管受牵拉、受压；或者血管直接受压而致狭窄；

②广泛蛛网膜下腔出血导致脑血管痉挛;③伤后休克或补液不足;④外力致颈部过伸或过屈时造成颈部血管内膜损伤、血栓形成,栓子脱落致脑部血管堵塞等。

在损伤基础明确的情况下,同时被鉴定人年龄较轻,既往无高血压、动脉硬化病史,一般在头、颈部外伤后数小时至48h,不超过2周内出现偏瘫等神经系统损害的临床表现,经颅脑CT、MR或脑血管造影检查证实有梗死灶,可以诊断外伤性脑梗死。判定损伤与脑梗死之间存在直接因果关系。

反之,临床上常见的动脉硬化性脑梗死的鉴别要点主要有:①可能有前驱短暂脑缺血发作史;②安静休息时发病者较多,常在晨间睡醒后发现;③症状常在几小时或较长时间内加重(但数天到1周内进展至高峰者极为少见);④意识多保持清醒,但偏瘫、失语等局灶性神经功能损害较为明显;⑤发病年龄较高;⑥有脑动脉硬化和其他器官的动脉硬化;⑦常伴高血压、糖尿病等全身性疾病;⑧脑脊液压力不高。

当然,外伤与脑梗死临床症状和体征出现时间的顺序和间隔有一定参考价值,但发病机制不同,其时间间隔亦有不同。如脑血管痉挛血栓形成者,损伤和疾病的发生时间可有重叠,但外伤性脑血管血栓形成者多有一定时间间隔,而动脉粥样硬化斑块脱落者则可在伤后即刻发生,各种情况的关键是分析血栓形成或血管闭塞的启动因素是外伤还是自身疾病。

进行本例鉴定时,虽然被鉴定人存在多发软组织挫伤、多发骨折,但临床并无严重颅脑损伤,也未出现失血性休克的临床症状和体征,伤后短时间内也未出现以呼吸困难为主要表现的脂肪栓塞的全身性表现,排除低血容量性、脂肪栓塞性脑梗死的可能。此外,由于本例被鉴定人年龄较高,存在血压、血糖、同型半胱氨酸水平较高和颈动脉粥样硬化等动脉硬化性脑梗死的多种高危因素;且颅脑CT影像学检查证实,既往同侧脑梗死陈旧病灶且供血系统一致,颈部血管超声提示同侧颈内动脉严重狭窄;本次外伤两日后晨起出现以失语、对侧肢体运动障碍为主要临床表现的脑梗死症状和体征,意识清楚,无严重颅脑损伤后以意识障碍为主的临床表现;综合上述各因素,考虑其伤病共存,认定外伤性脑梗死的依据不充分,故予以降级评定。

伤病关系分析是法医临床学鉴定的精髓所在,分析时需要全面了解伤后与损伤和疾病相关的各种危险因素,结合多种临床主、客观检查方法及结果,综合分析,重点判断。

案例3 新鲜与陈旧性眶壁骨折鉴别

关键词 法医临床学;损伤程度;钝器伤;眶壁骨折;陈旧骨折

一、基本情况

1. 委托鉴定事项 损伤程度鉴定(右眼视力情况及后退情况除外)。

2. 鉴定材料 ①受案登记表及简要案情1页;②两次询问笔录复印件6页;③证人询问笔录复印件2页;④首家医院住院病案复印件1份;⑤第二家医院眼

科病历复杂件1份；⑥第三家医院门诊出诊病历摘要；⑦影像学片扫描件6张。

3. 被鉴定人 某男，58岁。

二、基本案情

某年12月27日10时40分许，被鉴定人与他人发生肢体冲突后眼部受伤。现受某公安局委托就上述委托鉴定事项进行法医学司法鉴定。

三、资料摘要

（一）首家医院住院病历摘要

入院日期：某年12月27日。出院日期：次年1月17日。

入院情况：主因拳击伤后肿胀疼痛伴视物不清2h入院。

查体：神志清楚，言语流利。全身查体未见明显阳性体征。

辅助检查：CT检查示右侧眶上壁、下壁、内壁形态不规则，骨质不连续，局部内凹，脂肪组织疝入。右侧内直肌增粗。

专科检查：视力，左眼0.5（矫正）、右眼0.1（矫正）。左眼睑无红肿，结膜无充血，角膜透明，前房中深，无渗出，瞳孔直径3mm，对光反射灵敏，晶状体轻混浊，眼底视盘界清、色可，血管走行正常，视网膜未见出血及渗出，黄斑区中心凹反射可见。右眼睑中度肿胀，可见长约1cm和0.5cm创口已缝合，缝线在位，局部对合良好，结膜充血，角膜透明，前房中深，无渗出，瞳孔直径4mm，瞳孔缘见撕裂，对光反射迟钝，晶状体轻度混浊，眼底窥不清。眼压为左眼16mmHg、右眼16mmHg。

入院诊断：右眼钝挫伤，右眼上睑皮肤裂伤，脑外伤神经症反应，高血压2级。

诊疗经过：患者主因右眼拳击伤后肿胀疼痛伴视物不清2h入院，完善相关检查后，根据病史及眼部检查诊断明确。

CT回报：右侧眶上壁、下壁、内壁形态不规则，骨质不连续，局部内凹，脂肪组织疝入。右侧内直肌增粗。给予复方骨肽静脉滴注、银杏叶滴丸口服、罗红霉素口服、单唾液酸营养神经等对症治疗。经过对症治疗，目前病情好转，但视力仍然较低，建议去外地就诊。

出院诊断：右眼钝挫伤，右眼上睑皮肤裂伤，脑外伤神经症反应，高血压2级。

出院情况：视力，左眼0.2、右眼0.2（矫正）。右眼睑无肿胀，结膜无充血，角膜透明，前房中深，无渗出，瞳孔直径3.5mm，对光反射迟钝，晶状体轻度混浊，眼底视盘边界清，色丹红，C/D 0.3，视网膜动静脉走行比例正常，黄斑中心凹反射不明显。左眼睑无肿胀，结膜无充血，角膜透明，前房中深，无渗出，瞳孔直径3mm，对光反射灵敏，晶状体轻度混浊，眼底视盘边界清、色可，血管走行正常，视网膜未见出血及渗出，黄斑中心凹反射欠清。眼压，右眼16mmHg、左眼15mmHg。

（二）次年2月20日第二家医院眼科病历摘要

右眼视力下降2个月。12月27日右眼被拳击伤，曾行眼睑皮肤缝合术。外院诊断：右眼眶内壁骨折。VOD 0.07#0.2，VOS 0.2#0.9。IOP：右眼13.4mmHg，左眼17.0mmHg。体格检查：右眼向外运动受限，角膜透明，前房中深，瞳孔缘撕裂，瞳孔不圆，长径 5mm、短径 4mm，晶状体密度增高；左眼晶状体密度增高。眼底大致正常。右眼球内陷，右外转受限。诊断：右眶壁骨折，视力下降原因待查。医嘱：后节 OCT 检查，视觉诱发电位双项。

次年 2 月 23 日 OCT 检查报告单：双黄斑区结构未见明显异常。2 月 28 日双眼 F-VEP、P-VEP 大致正常（已矫正双眼屈光不正）。

（三）次年 6 月 14 日第三家医院门诊初诊病历摘要

主诉：右眼被拳击伤视力下降、视物成双 6 个月。

现病史：6 个月前右眼被他人拳击伤，自觉右眼视力下降，双眼视物成双，于外院就诊，诊断为"右眼眶骨折"。

体格检查：视力，左眼 0.12、右眼 0.06。右眼眉弓部可见皮肤瘢痕，右眼上眶区凹陷，右眼球内陷，结膜无充血，角膜透明，前房中深、清，瞳孔直径 4.5mm，欠圆，对光反射迟钝，晶状体未见混浊。眼底，视盘界清色略淡，视网膜未见出血及渗出，黄斑中心反射未见。右眼球向外运动受限。眼压，左眼 20mmHg、右眼 19mmHg。眼球突出度，左眼 20mm、右眼 17mm。眶距 106mm。眼屈光，左眼矫正后 0.8、右眼矫正后 0.15。

辅助检查：眼 B 超，双眼玻璃体混浊。OCT，双眼黄斑区未见异常。VEP，左、右眼 P100 潜伏期延长，波幅正常（右眼较左眼低）。眼眶 CT，右眼眶骨折。

初步诊断：右眼钝挫伤，右眼眶骨折，右视神经挫伤，右眼外伤性散瞳。

四、鉴定过程

1. 鉴定方法 按照中华人民共和国司法部《司法鉴定技术规范——法医临床检验规范》（SF/Z JD0103003-2011）进行体格检查，并根据《人体损伤程度鉴定标准》进行鉴定。

2. 体格检查 一般情况：神志清楚，言语流利，步行入室，对答切题，查体合作。自诉右眉弓部麻木，天气变化时右眼眶疼痛，右眼迎风流泪，视物有遮挡感。右眼球运动时疼痛，右眼花眼，无其他不适。主观视力：右眼 0.12（自戴镜矫正），左眼 1.0（自戴镜矫正）。双眼眼压指测正常。右眼上睑隐见两处细小瘢痕，长度分别为 0.8cm、0.5cm。右眼上睑外眦处略有下垂，未见遮盖瞳孔、眼睑外翻、睑球粘连等畸形，闭合有力。双眼第一眼位正，各向运动基本对称，运动时双侧睑裂大小基本对称。左眼角膜清、透明，瞳孔圆，直径 3mm，对光反射灵敏。右眼角膜清、透明，瞳孔欠圆，直径 4mm，对光反射灵敏。右眼球较左侧后退。双眼底视盘界清、色红，动静脉比例正常，未见网膜出血、渗出等异常。

3. 阅片意见 某年 12 月 28 日胸部 X 线片示胸部未见明显异常；12 月 27 日眶部 CT（图 2-3-1）示右眶内侧壁广泛凹陷性骨折，累及眶底壁移行区，骨折面较平滑，右侧内直肌局部增粗、变形，边界较清；骨折邻近筛窦内未见明显液体渗出，眶内未见明显积气影；双侧筛窦内黏膜增厚。

12 月 28 日眶部 CT（图 2-3-2）示与前片无显著变化。

12 月 29 日眶部 CT（图 2-3-3）示与前片无显著变化。

次年 6 月 13 日眶部 CT（2 张）（图 2-3-4），示双侧筛窦内黏膜增厚影消失。

图 2-3-1　12 月 27 日眶部 CT 片

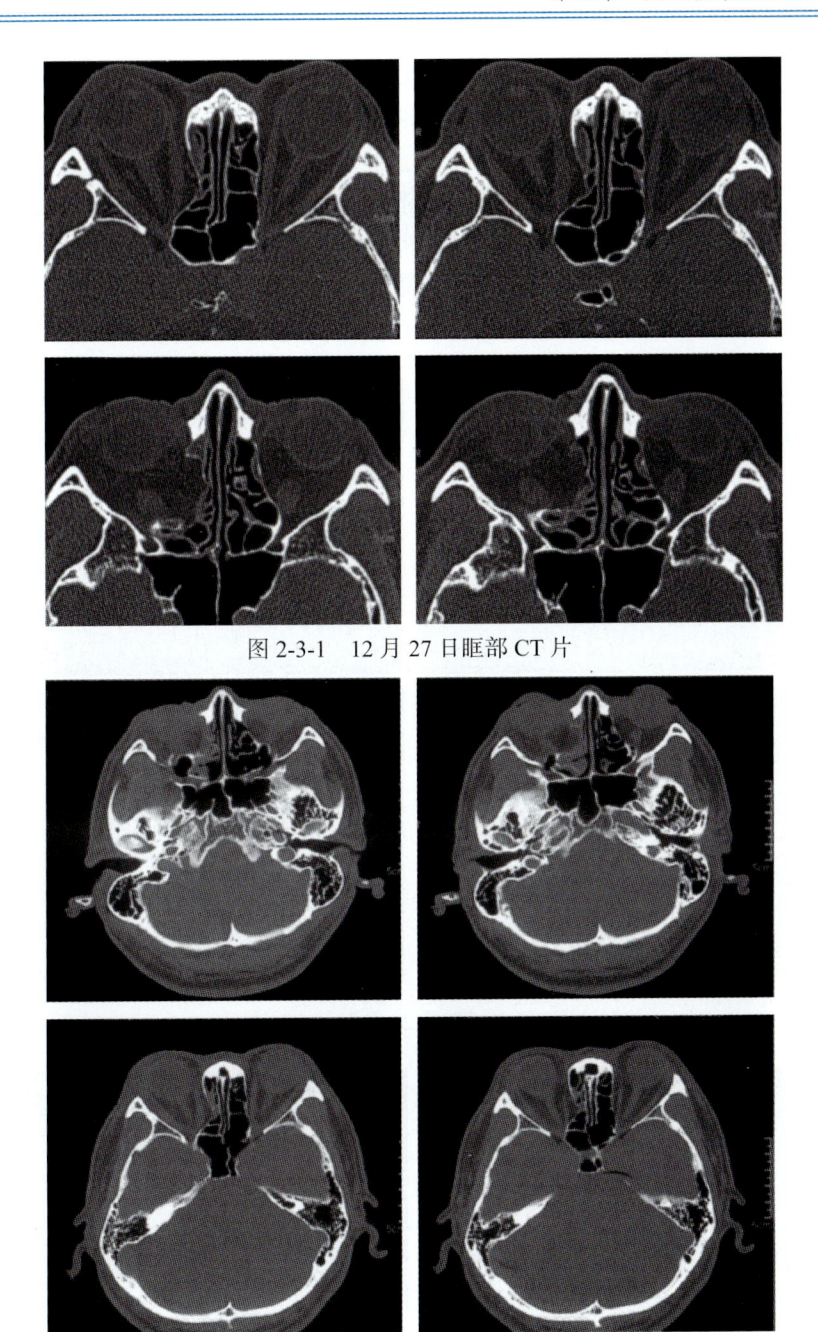

图 2-3-2　12 月 28 日眶部 CT 片

五、分析说明

根据体格检查所见和委托人提供的鉴定材料及相关辅助检查情况，综合分析如下：

某日，被鉴定人被他人拳击致伤右眼，伤后入院，临床诊断为右眼钝挫伤、右眼上睑皮肤裂伤、右眼眶壁骨折和外伤性散瞳等。

根据其伤后临床症状、体征及辅助检查，法医学查体、复阅其伤后连续多张影像学片并综合专家会诊意见，分析认为：①伤后早期眼眶 CT 示其右眼眶内壁广泛凹陷性骨折（累及眶底壁移行区），骨折形态呈弧形凹陷，骨折面较平滑，未见新鲜骨折典型成角折曲的影像学直接征象；②伤后早期眼眶 CT 示其右眼眶内壁广泛凹陷性骨折（累及眶底壁移行区），毗邻内直肌虽有增粗、变形，但边界清晰，未见明显新鲜损伤后肿胀、渗出等改变，未见骨折部位毗邻筛窦内有明显液体渗出及眼眶内积气等新鲜骨折的影像学间接征象；③伤后连续多次影像学复查，未见新鲜骨折典型动态演变特点。综上所述，被鉴定人右眼眶壁新鲜骨折认定依据不充分，不宜据此及其并发症或后遗症评定其损伤程度。

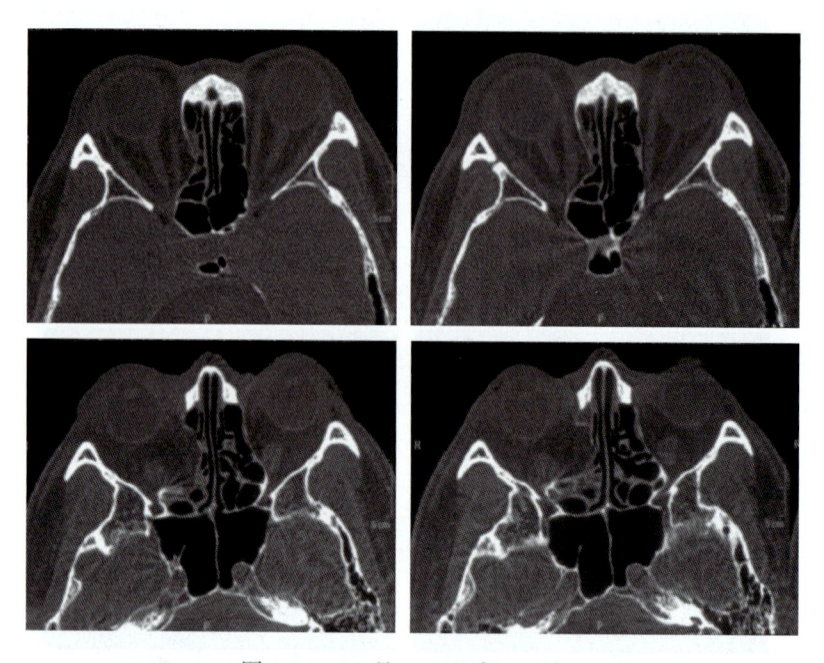

图 2-3-3　12 月 29 日眶部 CT 片

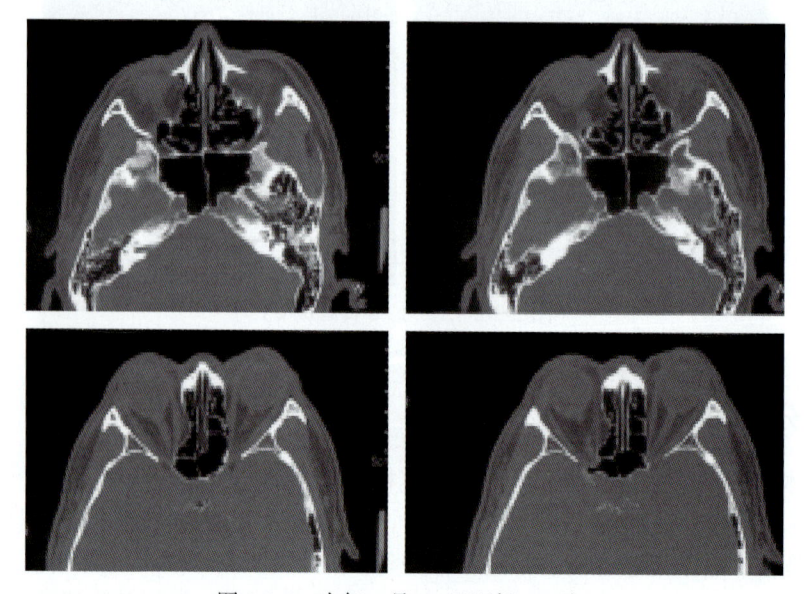

图 2-3-4　次年 6 月 13 日眶部 CT 片

根据现有材料和法医学查体结果，被鉴定人右眼被他人拳击致眼睑皮肤裂伤、肿胀等右眼钝挫伤事实存在，根据《人体损伤程度鉴定标准》第 5.2.5 e 条之规定，评定为轻微伤。

六、鉴定意见

被鉴定人被他人拳击致右眼钝挫伤，评定为轻微伤。

（杨 帆 史肖倩）

> **点评** 在本例司法鉴定过程中，被鉴定人曾到当地进行损伤程度司法鉴定，当地鉴定机构以不具备眼球突出度测量仪器为由不予受理。在对当事人的询问和查体过程中，被鉴定人主要焦点放在"眼球内陷2mm以上"，鉴定机构是否具备相关检查设备和能力上。
>
> 在司法鉴定实践过程中，鉴定人应当保持清晰的鉴定思路主线，而不能被当事人所左右，此情况在本例非常典型。鉴定人在仔细审核送检病历及影像学资料时，发现被鉴定人伤后虽然有右眼睑肿胀及皮肤裂伤等眼表损伤和瞳孔缘不圆，但球结膜、角膜、前房等眼球前节结构并未明显损伤性改变。此外，被鉴定人伤后连续3日进行了眼眶CT扫描，但所示眼眶内壁广泛凹陷性骨折呈弧形凹陷，骨折面光滑，而并无新鲜骨折较为锐利或折曲成角的形态特征；骨折邻近部位内直肌虽有局部增粗、变形，但边界较清晰，密度较均匀，并未见明显出血或水肿的受压、嵌顿的急性损伤性改变；邻近筛窦内也未见明显液体渗出，眶内未见明显积气，上述骨折的间接征象与其"眶内壁广泛凹陷性骨折"的程度均不匹配。出于科学和审慎的态度，鉴定人嘱其再次复查，进一步比对确认，无论伤后3日还是伤后半年，上述影像学表现并无明显变化，再次验证了初步意见的正确性。
>
> 综上所述，本例不论从骨折自身形态特征抑或邻近部位的间接征象，均难以支持其为急性创伤性改变，伤后一段时间复查亦未见损伤愈后改变，新鲜骨折的认定依据不充分，不能据其评定损伤程度。

案例 4 视神经撕裂伤合并视网膜中央动脉阻塞

关键词 法医临床学；损伤程度；视神经撕裂伤；视网膜中央动脉阻塞；成伤机制

一、基本情况

1. 委托鉴定事项 依照《人体损伤程度鉴定标准》及原鉴定标准（《人体轻伤鉴定标准（试行）》或《人体重伤鉴定标准》）对被鉴定人的损伤程度分别进行司法鉴定。

2. 鉴定材料 ①案情经过1页；②询问笔录及检察院起诉书复印件各1份；③首家、第二家、第四家医院门诊病历复印件各1份；④第三家医院住院病例复印件1份；

⑤第三家医院眼科检查报告单原件17页。

3. 被鉴定人 某女，28岁。

二、基本案情

某年9月20日16时许，被鉴定人与他人发生冲突后互殴，造成被鉴定人左眼受伤，当地曾评定为重伤。现受某法院委托对被鉴定人的损伤程度进行法医学司法鉴定。

三、资料摘要

（一）首家医院门诊病历摘要

9月20日17时4分记载：左眼外伤1h。患者于1h前左眼外伤后出现胸闷、气短、大汗，未处理，无胸痛、无咯血、咳痰。既往体健。查体：BP 80/50mmHg，P 45次/分。神志清楚，言语流利，双肺呼吸音清，HR 45次/分，心律整齐，心音有力。心电图：窦性心律过缓。诊断：左眼外伤，心律失常。

9月20日17时30分记载：患者胸闷、气短稍好转。查体：P 85次/分，BP 120/75mmHg，SPO_2 100%。

（二）第二家医院眼科门诊病历摘要

9月20日：左眼被人打伤，眼肿胀，视物不见4h。患者于4h前左眼被人打伤，眼肿胀，视物不见伴头晕，当时情况记忆不清。PE：左眼高度肿胀，眼球突出，球结膜充血水肿，角膜清，瞳孔中度散大，对光反射消失，其余无法查清。VOS无光感。左上睑长约1cm皮肤裂口。右眼角膜清，瞳孔约2.5mm，对光反射灵敏，小瞳下眼底窥不清。印象：左眼球钝挫伤，左眼视神经挫伤，左上睑皮肤裂伤。

10月23日：VOS无光感。左眼底：视网膜水肿减轻，其余同前。

11月23日：VOS无光感。眼底像及OCT：视网膜萎缩，视网膜前膜。

（三）第三家医院出院记录摘要

入院日期：9月20日。出院日期：9月29日。

入院情况：主因左眼被人用手指抠伤视物不见4h入院。既往体健。查体：P 76次/分，R 19次/分，BP 126/62mmHg。VOD 0.4^{+2}，OS无光感。左眼上、下睑肿胀，上睑近内眦部可见长约1cm皮肤裂口，深达肌层，眶压高，眼球突出，球结膜充血水肿，角膜清，前房深浅正常，瞳孔中度散大，对光反射消失，视盘充血，上方见约1/2 PD大小裂洞，周围见出血，棉絮斑，后极部视网膜灰白水肿。

出院情况：VOD 0.4，OS无光感。左眼上睑皮肤伤口已愈合，缝线在位，上、下睑皮肤肿胀已消退，皮肤青紫，颞侧球结膜下出血，瞳孔中度散大，对光反射消失，眼底视盘及后极部视网膜隆起视神经入口处缺损，黄斑中心凹反光消失。

入/出院诊断：左眼视神经撕裂伤合并视网膜中央动脉阻塞，左眼球钝挫伤，左眼外伤性视网膜脉络膜病变，左眼外伤性虹睫炎，左眼外肌挫伤，左眼上、下睑挫伤，左眼上睑皮肤裂伤。

9月21日眼科OCT报告：左眼视神经撕裂，视盘周围、后极部视网膜水肿增厚，以视神经纤维层和丛状层为主，玻璃体混浊，视网膜前团状高反射信号（图2-4-1）。

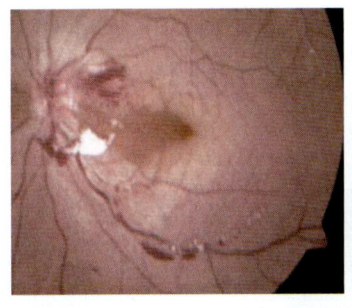

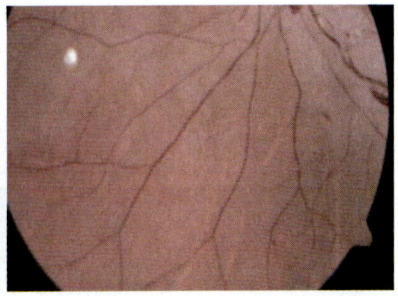

图 2-4-1　9 月 21 日眼底相

图示左眼后极部网膜广泛水肿（缺血性）伴黄斑区舌状正常网膜，视盘周围出血

9 月 21 日某眼科检查报告：左眼外伤性视神经撕裂合并视网膜中央动脉阻塞。

9 月 24 日双眼 F-VEP：各波潜伏期右眼均正常范围，左眼均延长，振幅降低。

伤后次年 2 月 22 日眼科检查报告：左眼外伤性视神经撕裂合并视网膜中央动脉阻塞。左眼视网膜前膜（图 2-4-2）。

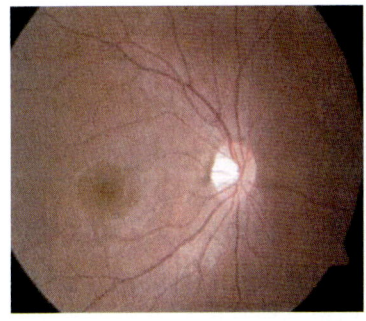

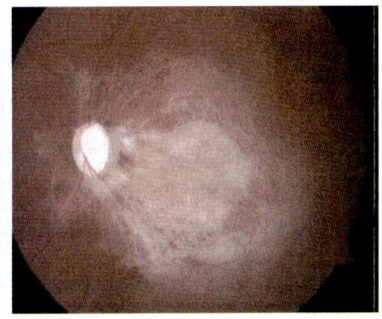

图 2-4-2　伤后次年 2 月 22 日双眼眼底相

图示左眼晚期广泛视网膜视神经萎缩，视网膜前膜

（四）第四家医院门诊病历摘要

伤后隔年 3 月 28 日眼科检查：视力，右眼 0.4，左眼无光感；眼压，左眼 13.1mmHg，右眼 17.6mmHg；矫正视力，右眼 1.0，左眼无光感。

超声检查报告：左眼晶状体回声尚可，晶状体囊后膜回声、房水及玻璃体暗区清晰，视盘前方可见强回声光带，与视神经相连，球后未见明显异常回声。右眼晶状体回声尚可，晶状体囊后膜回声、房水及玻璃体暗区清晰，球后未见明显异常回声。

双眼 F-VEP：左眼 P2 波幅不明显，右眼 P2 潜伏期正常，波幅正常。双眼 P-VEP：左眼无明显波幅，右眼 P100 潜伏期正常，波幅正常。

四、鉴定过程

1. 鉴定依据和方法　按照中华人民共和国司法部《司法鉴定技术规范——法医临床检验规范》（SF/Z JD0103003-2011）对被鉴定人进行体格检查。

2. 体格检查　被鉴定人步入室，神志清楚，言语流利，对答切题，查体合作。自述左眼无光感。裸眼视力：右眼 0.4⁺，左眼无光感。双眼球外观无明显异常，双眼睑未见下垂、外翻等畸形，双眼第一眼位正，眼球各向运动正常。右眼瞳孔圆形，直径 3mm，对光反射灵敏。左眼瞳孔较右侧散大，直接对光反射（-）。右眼底视盘色正边清，黄斑中心凹反光可见，左侧视盘及视盘颞侧可见大片状灰白色区域，黄斑中心凹反光未及（图2-4-3）。余未见明显异常。

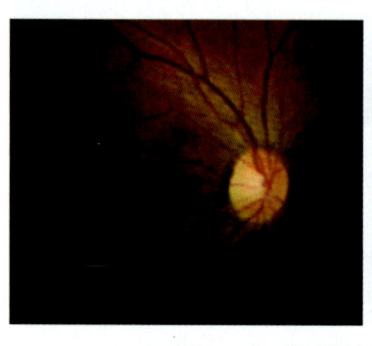

图 2-4-3　伤后隔年 3 月 28 日双眼眼底相
图示左侧视盘及视盘颞侧可见大片状灰白色区域

五、分析说明

根据委托人提供的现有鉴定材料，结合体格检查情况综合分析如下：

某年 9 月 20 日，被鉴定人与他人发生互殴，外力作用史存在；同日首次病历记载及相关客观检查结果证实其左眼部外伤史明确，其主要损伤为左眼视神经撕裂伤合并视网膜中央动脉阻塞，左眼球钝挫伤，左眼外伤性视网膜脉络膜病变，左眼外伤性虹睫炎，左眼上、下睑挫伤，左眼上睑皮肤裂伤等。上述损伤特点符合钝性外力作用所致。

被鉴定人上述损伤经临床治疗，现伤情稳定。根据临床客观检查结果，证实其损伤后遗留左眼盲目 4 级，根据《人体重伤鉴定标准》第十九条（一）款之规定，构成重伤；根据《人体损伤程度鉴定标准》第 5.4.2 a 款规定，构成重伤二级。

六、鉴定意见

（1）根据《人体重伤鉴定标准》相关条款规定，被鉴定人左眼损伤程度为重伤。
（2）根据《人体损伤程度鉴定标准》相关条款规定，被鉴定人左眼损伤程度为重伤二级。

（杨　帆　杜建芳　霍家润）

点评　视网膜中央动脉是颈内动脉的分支，它和供应脑部的动脉一样，彼此之间无吻合支，属于终末动脉，一旦发生阻塞，血流中断即成为视网膜中央动脉阻塞，被供应区的视网膜立即缺氧、坏死、变性。血流中断发生 2h 后，即使恢复了血供，视力也会遭受严重损害，很难恢复。临床上，视网膜中央动脉阻塞是导致突然失明的急症之一，原因可主要归纳为栓塞、血管痉挛、动脉管壁改变与血栓形成及从外部压迫血管等；多见于老年人，多伴有高血压、动脉硬化、糖尿病等全身性疾病。

本例被鉴定人系青年女性，既往体健，眼部钝性外力作用史明确，伤后眼表及前、后节段眼球结构存在明确外伤（眼睑肿胀，上睑近内眦部 1cm 皮肤裂口，深达肌层，眶压高，眼球突出，球结膜充血水肿，瞳孔中度散大，对光反射消失，视盘充血，上方见约 1/2PD 大小裂洞，周围见出血，棉絮斑，后极部视网膜灰白水肿），视网膜中央动脉阻塞伴视神经撕裂的临床表现典型，同时伴有胸闷、气短、大汗及窦性心动过缓等眼心反射的临床表现，均提示被鉴定人眼部钝挫伤作用力较大，可以认定被鉴定人视网膜中央动脉阻塞系本次外伤造成（其后由警方提供的询问笔录中证实，原告称被告用手指抠其左眼，被告称原告用重物砸其头部时把指甲折断）。后期多次眼底照相及眼底荧光造影的动态演变过程也符合视网膜中央动脉阻塞伴视神经撕裂的临床演变特点（视网膜广泛缺血，视盘局部撕裂出血后，视网膜视神经广泛萎缩）。

本例系重新鉴定，被告方主要针对被鉴定人伤情的严重程度存疑，故鉴定时被告方陪同原告进行了眼科客观视力检查。根据眼科电生理客观检查结果及眼科 B 超、检眼镜等客观结果，提示被鉴定人左眼视神经萎缩、视网膜前膜等后遗症及其严重程度可以用其原始损伤病变基础（左眼视网膜中央动脉阻塞伴视神经撕裂）解释，可以导致其目前左眼盲目 4 级的损害后果，二者之间存在直接因果关系，据此后果评定损伤程度无疑。

案例 5 眼损伤程度与影像学片同一性认定

关键词 法医临床学；损伤程度；眼外伤；影像学；同一性认定

一、基本情况

1. 委托鉴定事项 ①被鉴定人受伤时与复查时影像学片同一性认定（是否为同一人）；②损伤程度重新鉴定。

2. 鉴定材料 ①某医院住院病案复印件 1 份；②光盘 1 张（内含现场电子录像 4 个和伤后电子照片 7 张）；③案情经过材料 1 份；④电子扫描影像学片 1 份（7 月 18 日、7 月 20 日、8 月 6 日眶部 CT 片等，共 8 张，含指定某医院复查影像学片）。

3. 被鉴定人 某男，35 岁。

二、基本案情

某年 7 月 18 日 17 时 50 分许被鉴定人与他人发生厮打，伤及面部后至某医院眼科住院治疗，7 月 27 日某法医鉴定中心司法鉴定意见书给出鉴定意见是左眼眶下壁骨折，为轻伤二级。现某公安局委托就上述委托鉴定事项进行法医学司法鉴定。

三、资料摘要

入院日期：7 月 18 日。出院日期：7 月 22 日。

入院情况：主因左眼被拳头打伤2h。缘于入院前2h患者被拳头打伤左眼部及唇部，即感左眼部疼痛，视物模糊，眼红、异物感；唇部出血、疼痛，未曾诊治，急来院。门诊考虑"钝挫伤"并给予眼眶CT检查，口腔科门诊给予清创缝合，门诊以"左眼钝挫伤"收入院。

眼科检查：右上唇可见一长约1cm皮肤裂伤口，已缝合，伤口闭合良好，相对应口内黏膜水肿，黏膜挫伤。查矫正视力：左眼0.2、右眼1.5。左眼睑青紫肿胀，结膜充血明显，角膜水肿，前房深浅可，前房内壁下处可见少量积血，房水混浊，KP阳性；瞳孔圆形，直径约3mm，对光反应存在，晶状体透明，小瞳孔眼底未见明显异常，眼压Tn（指测正常）。右眼上方球结膜下可见片状出血，角膜透明，前房深浅可；瞳孔直径约3mm，圆形，对光反应存在，晶状体透明，小瞳孔眼底未见异常，眼压Tn。

辅助检查：眼眶CT示左侧眼眶下壁骨折，部分眶内脂垫坠入上颌窦腔内。

诊疗经过：入院后给予抗感染、改善循环、营养神经等局部及全身治疗，共住院观察4天，病情稳定出院。

出院诊断：左眼钝挫伤，左眼前房积血，左眼眶下壁骨折，右眼球结膜下出血，右上唇皮肤裂伤缝合术后，双眼屈光不正。

出院情况：未诉不适，精神可。眼科情况：查矫正视力，左眼0.8、右眼1.5。右上唇可见一长约1cm皮肤裂伤口，已缝合，伤口闭合良好，相对应口内黏膜水肿，黏膜挫伤。左眼睑无肿胀，稍青紫，结膜充血，角膜透明，前房深浅可，瞳孔圆形，直径约3mm，对光反应存在，晶状体透明，眼压Tn。检影验光：左眼 -5.25DS（球面镜度数）→0.8。右眼上方球结膜下可见片状出血，角膜透明，前房深浅可，瞳孔直径约3mm，圆形，对光反射存在，晶状体透明，眼压Tn。

四、鉴定过程

1. 鉴定依据和方法　按照中华人民共和国司法部《司法鉴定技术规范——法医临床检验规范》（SF/Z JD0103003-2011）对被鉴定人进行体格检查。

2. 体格检查　被鉴定人自行步入检查室，神志清楚，言语流利，查体合作，答话切题，双眼外观无明显外伤痕遗留，双侧瞳孔等大、等圆，各向运动正常，左眼球、睑结膜无明显充血，右眼角膜外缘充血。双眼直接、间接对光反射灵敏。

3. 阅片意见　7月18日、7月20日眶部CT片（图2-5-1，图2-5-2）示左侧眼眶后下壁骨折，眶内结构变形，球后脂肪部分下移，疝出骨折部外，下直肌肿胀，向内移位；

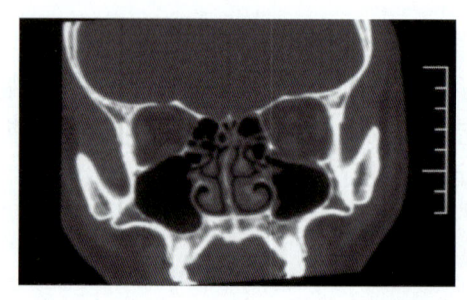

图2-5-1　7月20日眶部CT片 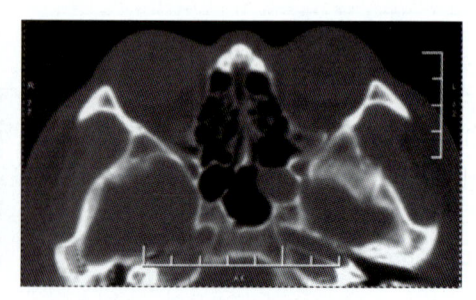　　　　图2-5-2　7月18日眶部CT片

蝶窦左侧部可见软组织密度影，考虑为蝶窦囊肿；左侧上颌窦内壁黏膜增厚，小囊肿；鼻中隔偏，凸向左侧。

8月6日眶部CT片（图2-5-3，图2-5-4）示左侧眼眶后下壁骨折，骨折形态与前片相似，眶内下直肌肿胀减轻，脂肪组织疝出骨折部外无显著变化；鼻中隔偏曲，蝶窦左侧部囊肿，左侧上颌窦内壁黏膜增厚及小囊肿与前片比较无显著变化。

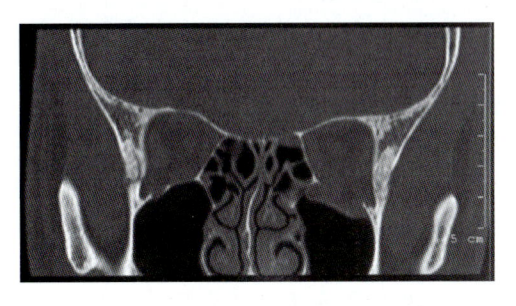

图 2-5-3　8月6日眶部 CT 片① 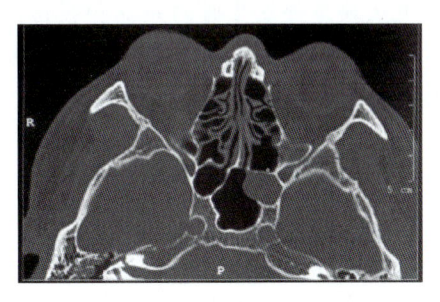　　　图 2-5-4　8月6日眶部 CT 片②

五、分析说明

根据体格检查所见和委托人提供的鉴定材料综合分析如下：

1. 被鉴定人受伤时影像学片与复查影像学片同一性认定（是否为同一人）　据送检材料载，某年7月18日17时50分许被鉴定人被他人打伤面部，伤后被鉴定人于7月18日和7月20日行眶部CT检查，提示左侧眼眶后下壁骨折，眶内结构变形，球后脂肪部分下移，疝出骨折部外，下直肌肿胀，向内移位；蝶窦左侧部可见软组织密度影，考虑为蝶窦囊肿；左侧上颌窦内壁黏膜增厚，小囊肿；鼻中隔偏，凸向左侧。同年8月6日被鉴定人在某医院行眶部CT复查，复查结果提示左侧眼眶后下壁骨折，骨折形态与前片相似，眶内下直肌肿胀减轻，脂肪组织疝出骨折部外无显著变化；鼻中隔偏曲，蝶窦左侧部囊肿，左侧上颌窦内壁黏膜增厚及小囊肿与前片比较无显著变化。对比8月6日复查影像学片与7月18日、7月20日伤后影像学片，骨折形态、部位及周围软组织形态具有一致性。

综上所述，可以认定8月6日复查影像学片与7月18日、7月20日伤后影像学片为同一人。

2. 损伤程度　根据被鉴定人7月18日被人打伤面部后临床检查、治疗情况，本次查体所见及审阅送检材料并复阅影像学资料，明确其所受的主要损伤为左眼钝挫伤，左眼前房积血，左眼眶下壁骨折，右眼球结膜下出血，右上唇皮肤裂伤。

被鉴定人左眼眶下壁骨折，依据《人体损伤程度鉴定标准》第5.2.4 f 条之规定，构成轻伤二级；其左眼钝挫伤，依据《人体损伤程度鉴定标准》第5.2.5 e 条之规定，构成轻微伤；其右上唇皮肤裂伤，依据《人体损伤程度鉴定标准》第5.2.5 a 条之规定，构成轻微伤。

六、鉴定意见

（1）某年8月6日复查影像学片与某年7月18日、7月20日伤后影像学片为同一人。

（2）被鉴定人损伤程度为轻伤二级。

（杨　帆　曹　磊　霍家润）

> **点评**　由于医学影像学资料可以固定病变或损伤部位的形态学变化特征，能够客观反映事件发生时的疾病和损伤情况，从而可以影响、甚至对鉴定意见起决定性作用。司法鉴定实践过程中，常常由于原告、被告双方争议较大，对案件鉴定材料尤其客观鉴定材料的真实性产生疑义的情况也较为普遍。
>
> 影像学资料同一性认定的核心思路为：需要初步评估并确定前后医学影像学资料中有价值的识别点，详细比对识别点及影像学资料所承载的病变演变是否符合规律，进而得出肯定或否定的结论。首先，需要确定与存疑医学影像资料进行比对的同一影像资料类型与摄片体位；其次，要根据多处识别点综合判断。而识别点的选择可以有多种，如自身唯一性特征、骨骼自身结构的变异或发育畸形、疾病或退行性变、创伤后的病理变化、医疗后果和正常形态的多处一致。
>
> 本案审理过程中，被告方即以原告伤后自行入院、伤后影像学片真实性存疑为由要求进行重新鉴定。鉴于此，鉴定人要求被告陪同原告到医疗机构进行同类影像学检查，并根据双方认可的复查影像学资料特征与伤后存疑的影像学资料进行比对。发现被鉴定人两组影像学资料所示蝶窦及其旁软组织情况（蝶窦囊肿）、上颌窦内壁黏膜增厚、上颌窦小囊肿及鼻中隔偏曲等自身唯一性特征和疾病特征表现一致；骨折形态特征及损伤的间接征象病理变化符合急性创伤愈合的特点。故综合判断认为本例两组影像学资料属于同一人，损伤程度鉴定也就迎刃而解。

案例6　伪聋的法医学鉴定

关键词　法医临床学；损伤程度；拳击伤；听力减退；伪聋

一、基本情况

1. 委托鉴定事项　对当事人耳部损伤程度进行鉴定。

2. 鉴定材料　①首家医院住院病历复印件1份；②第二家医院听觉诱发电位（ABR）、40Hz相关电位检查报告单复印件1份；③第三家医院纯音测听、ABR、耳声发射记录表复印件1份，鼓膜照相原件1份。

3. 被鉴定人　某男，49岁。

二、基本案情

某年4月8日，被鉴定人因琐事被他人用拳击伤头面部，当时感觉头晕、双耳"嗡嗡响"，次日到某医院治疗。现委托人委托本中心就其耳部损伤程度进行法医学司法鉴定。

三、资料摘要

（一）首家医院住院病历摘要

入院日期：4月9日。出院日期：4月21日。

主诉：主因头外伤后头痛、头晕、恶心、呕吐1天入院。现病史：入院前1天被他人打伤，头部受创，头晕、头痛、恶心、呕吐，无意识障碍。头部CT：未见明显颅内血肿。体格检查：左颞枕部头皮血肿，面积约4cm×4cm。后背于第9、10肋水平轻压痛。住院治疗经过：入院后予营养神经，改善循环等对症支持治疗。患者诉耳鸣伴听力下降，行纯音测听及阻抗等检查，考虑耳外伤。出院时情况：神志清楚，言语流利，左颞枕部头皮下血肿大部分吸收。病情平稳，头痛、头晕改善。出院诊断：急性轻型闭合性颅脑损伤，昏迷指数（GCS）评分15分，头皮血肿，耳外伤，背部外伤。

4月12日电测听检查：左耳气导500Hz为25dBnHL、1kHz为25dBnHL、2kHz为50dBHL，高频听力降低；右耳气导500Hz为55dBnHL、1kHz为55dBnHL、2kHz为70dBnHL，高频听力降低。

4月13日某医院诊断证明：患者主因左耳外伤诉双耳鸣伴听力下降于4月9日会诊。查体：双外耳（-），耳道畅，鼓膜完整，无充血。纯音测听+声阻抗测试：左耳PTA 33.3dB，高频下降，右耳PTA 60dB，鼓室图为A型。左耳声反射引出，右耳声反射未引出。脑干诱发电位（ABR）：左耳反应阈20dBnHL，右耳反应阈100dBnHL，刺激未引出ABR波形。诊断：耳外伤。

（二）第二家医院检验报告摘要

4月15日诱发电位及耳声发射测试报告：ECochG，左SP/AP 0.54、右SP/AP 0.57。ABR结果，左耳ABR各波潜伏期及波间期正常，右耳100dBnHL刺激未引出ABR波型。

4月20日ABR结果：左耳反应阈20dBnHL，右耳100dnBHL未引出ABR波型；40Hz结果，左耳反应阈20dBnHL，右耳反应阈80dBnHL。

5月18日门诊病历记录：电测听示双耳听力下降，左耳约55dB，右耳约70dB。声阻抗示双耳A型图。双耳镫骨肌反射未引出。ABR示左耳反应阈40dBnHL，右耳50dBnHL；40Hz诱发电位反应阈，左耳气导500Hz为45dBnHL、1kHz为35dBnHL；右耳气导500Hz为45dBnHL、1kHz为35dBnHL。

（三）第三家医院检验报告摘要

6月3日某医院耳鼻咽喉头颈外科多媒体检查报告结论：左耳鼓膜完整，右耳鼓膜增厚、完整。

8月6日某医院临床听力学中心听力记录如下：上午左耳纯音测听500Hz为70dBHL，1kHz为60dBHL，2kHz为70dBHL；上午右耳纯音测听500Hz为120dBHL，1kHz为110dBHL，2kHz为115dBHL；备注，反应欠佳。下午左耳纯音测听500Hz为50dBHL，1kHz为55dBHL，2kHz为65dBHL；下午右耳纯音测听500Hz

为 80dBHL，1kHz 为 85dBHL，2kHz 为 95dBHL。

听觉（ABR）阈值：左耳 60dBnHL，右耳 103dBnHL。ABR 潜伏期：右耳未引出波形。40Hz-AERP 反应阈值：左耳 70dBnHL，右耳 100dBnHL。EcochG：左侧 SP/AP（%）34，右侧 SP/AP（102dBHL）未能测出。DPOAE：左耳全频幅值下降，右耳未记录到 DPOAE。

四、检验过程

1. 检验依据和方法　按照中华人民共和国司法部《司法鉴定技术规范——法医临床检验规范》（SF/Z JD0103003-2011）进行体格检查。

2. 体格检查　被鉴定人步入检查室，神志清楚，言语流利，对答切题，查体合作。自述双耳听力下降、耳鸣，以右耳为著。检查可见头颅无畸形，五官端正。面部及双耳未见明显损伤性改变，双乳突无压痛。双外耳道通畅、干燥，双耳鼓膜完整，余未见异常。

五、分析说明

1. 检验说明　根据被鉴定人伤后入院病历记载，检查见其"左颞枕部头皮血肿，面积约 4cm×4cm"，说明某年 4 月 8 日外力作用史存在。

2. 被鉴定人外伤后双耳听力变化的特点

（1）被鉴定人伤后诉"双耳鸣伴听力下降"，且同时存在"头痛、头晕、恶心、呕吐"等临床症状，先后多次进行主、客观听力检查。根据被鉴定人某年 4 月 9 日至 8 月 6 日期间的 ABR、40Hz-AERP、EcochG 及 DPOAE 等客观听力检查结果，提示双耳感音神经性聋，该种类型的耳聋多由内耳损伤所致。

（2）被鉴定人伤后一系列时间顺序的客观听力检查结果提示其双耳听力变化特点为：左耳，伤后（4月）听力正常→中间（5月）中度聋→目前（8月）中度聋；右耳，伤后（4月）极度聋→中间（5月）中度聋→目前（8月）极度聋。

（3）由于感音神经性耳聋损伤的部位为内耳毛细胞至听觉中枢听神经链中某一个或多个环节，故一般表现为伤后听力障碍程度最重，当损伤因子去除后，听力障碍程度可有一定的恢复或难以恢复的临床特点。结合被鉴定人外伤后双耳呈现的上述听力变化的临床表现，难以用本次外伤后内耳病变导致的感音神经性耳聋解释。因此，认定被鉴定人双耳听力下降与本次外伤之间具有因果关系的依据不足，故不宜据其双耳听力障碍程度进行损伤程度评定。

六、鉴定意见

被鉴定人双耳听力下降与本次外伤之间因果关系的认定依据不足，不宜据其听力下降程度进行损伤程度评定。

（杨　帆　杜建芳　张美英　霍家润）

点评 外伤后听力减退，由于其易于伪装，检查手段有限且仅能定性和定量但仍无法准确定位，故一直是法医临床学鉴定中的重点和难点。目前司法鉴定实践中，仍存在根据"外伤后听力减退"事实结果进行伤残甚至损伤程度鉴定的案例。

本例司法鉴定过程中，被鉴定人头面部受外伤，但伤后未见鼓膜穿孔，颅脑CT检查也未见听骨链骨折或脱位、颞骨骨折、颞部颅内出血等可能引起听力减退的损伤性改变，其损伤基础不明确。

此外，根据其伤后多次听力检查，提示其伤后同阶段的主客观听力检查结果不相吻合，不同阶段的主客观听力演变特点与外伤性听力减退的损伤、愈后过程不一致，同一天不同时间点（上午、下午）的主观听力检查结果可重复性也很差。

综上所述，本例损伤基础不明确，外伤后双耳听力变化的主客观检查结果并不能相互印证，甚至可以说矛盾之处甚多，存在夸大、伪装的情况，故不能据其"双耳听力减退"的某次检查结果进行损伤程度鉴定。

通过本例可以看出，"外伤后听力减退"是否可以确定为"外伤性听力减退"，除了损伤基础这一亘古不变的前提条件外，多种主、客观听力检查手段的综合运用，及反复多次的复查是检验其"可重复性"的利器，万万不可以点概面、以偏概全。

案例 7 听觉障碍与交通事故的因果关系

关键词 法医临床学；伤残等级；交通事故；外伤性听觉障碍；伤病关系

一、基本情况

1. 委托鉴定事项 对被鉴定人双耳听力受损与交通事故的因果关系及伤残等级进行鉴定。

2. 鉴定材料 ①首家医院住院病案复印件1份；②第二家医院住院病案复印件1份；③检查报告单复印件1份；④鉴定意见书复印件1份；⑤重新鉴定申请书1份；⑥电子扫描影像学资料1份。

3. 被鉴定人 某男，67岁。

二、基本案情

某年9月21日被鉴定人因交通事故受伤。因案件处理需要，现某法院委托本中心就上述委托鉴定事项进行法医学司法鉴定。

三、资料摘要

（一）首家医院住院病案摘要

入院日期：9月21日。出院日期：9月22日。

入院情况：患者于入院1h前骑电动自行车与汽车相撞不慎摔伤头部，伤后枕部破伤出血，伴躁动、左耳道活动性出血，神志模糊，无恶心、呕吐，无胸、腹痛及二便失禁。未做治疗而来诊，抬入病房。

查体：神志模糊、躁动，检查欠合作，双瞳孔等大、等圆，对光反射灵敏，枕部可见一处长约 2cm 纵行不规则伤口，内可见泥沙，边缘不齐，深达骨质，有轻度污染及活动性出血，伤口周围肿胀。颈部抵抗，心、肺、腹未见阳性体征。生理反射存在，病理反射未引出。头颅 CT 示蛛网膜下腔出血，右侧颞区薄层硬膜下血肿，枕骨骨折，颅底骨折；胸腹部 B 超未见明显液性暗区。

诊疗经过：立即给予伤口清创缝合及脑外科一级护理，应用止血等对症药物治疗，必要时复查头颅 CT 或手术治疗。

出院情况：患者神志模糊，生命体征平稳。患者家属要求转上级医院治疗。

出院诊断：脑挫裂伤，右侧颞区硬膜下血肿，枕骨骨折，颅底骨折，枕部皮肤挫裂伤。

（二）第二家医院住院病案摘要

入院日期：9 月 22 日。出院日期：10 月 22 日。

入院诊断：以"头外伤后意识不清伴左外耳道流血 1 天"为主诉入院。

体检：昏睡状，唤之睁眼，偶可完成简单指令动作，查体不合作。枕部头皮明显肿胀，见一约 3cm 裂伤口（外院已缝合），无红肿及渗出，双侧眼周青紫肿胀，结膜水肿，右侧为重，双瞳孔等大、正圆，直径 2.5mm，对光反射灵敏，眼球可动，面纹基本对称，伸舌居中。双肺呼吸音粗，可闻及哮鸣音及痰鸣音，左侧肢体肌力Ⅲ级，肌张力正常。右侧肢体肌力Ⅱ级，肌张力略低。左侧巴宾斯基征阴性，右侧阳性。背部及四肢多处皮肤擦伤。头部 CT 示左侧颞枕骨骨折，颅内积气，少量硬膜外血肿，左侧额颞顶枕硬膜下积液，双额颞脑挫裂伤伴部分脑沟及纵裂池高密度影。中线结构基本居中。头皮肿胀明显。9 月 21 日胸部 CT 示创伤性湿肺、肺炎及陈旧性肺结核表现。

诊疗经过：入院后完善相关检查及化验，并予以止血、营养脑神经、改善微循环、给予激素、抑酸、抗感染等对症支持治疗措施，患者神志转清，病情好转，复查头部 CT 示脑挫裂伤及颅内血肿吸收期改变，双侧硬膜下血肿。

出院诊断：脑挫伤伴蛛网膜下腔出血，创伤性硬膜外血肿（左侧）；硬脑膜下积水（左侧硬膜下积液）；颅骨骨折（多发），颅底骨折（颅内积气），脑脊液耳溢（左侧，伴脑脊液鼻漏），眼球挫伤（右侧伴结膜水肿）；头皮裂伤，头皮血肿；皮肤挫伤（多处）；肺炎（创伤性湿肺），肺结核（陈旧性）；高血压 1 级（高危）。

（三）第三家医院（次年 3 月 31 日）诱发电位/肌电图报告摘要

检查意见：左耳高频听阈 80dB，右耳高频听阈 65dB。

（四）第四家医院（次年 3 月 31 日）听觉诱发电位报告单摘要

ABR 示双耳 60dBnHL 能引出 V 波，分化可。ASSR 示平均听阈右耳 50dB，左耳 70dB。

四、鉴定过程

1. 鉴定依据和方法 按照中华人民共和国司法部《司法鉴定技术规范——法医临

床检验规范》（SF/Z JD0103003-2011）进行体格检查，并根据《道路交通事故受伤人员伤残评定》（GB 18667-2002）鉴定标准进行鉴定。

2. 体格检查 被鉴定人步行入室，神志清楚，对答切题，但因听觉障碍反应较迟钝，查体合作。头颅无畸形，面瘫（-）。自诉左耳听力障碍为重，右耳听力较差。右耳鼓膜完整，未见穿孔等异常，左耳鼓膜穿孔已愈合。

3. 阅片意见 9月21、22日颅脑CT片（图2-7-1～图2-7-4）示双侧额颞叶多发脑挫伤伴蛛网膜下腔出血；左颞区硬膜下血肿；左侧硬脑膜下积液；双侧顶枕部多发颅骨骨折；颅底骨折，颅内积气；左侧颞骨骨折，双侧鼓室内混杂密度影，左侧为重。10月4日颅脑CT片示右侧额叶片状低密度灶，双侧额颞部硬膜下积液；双侧脑室较前扩张。

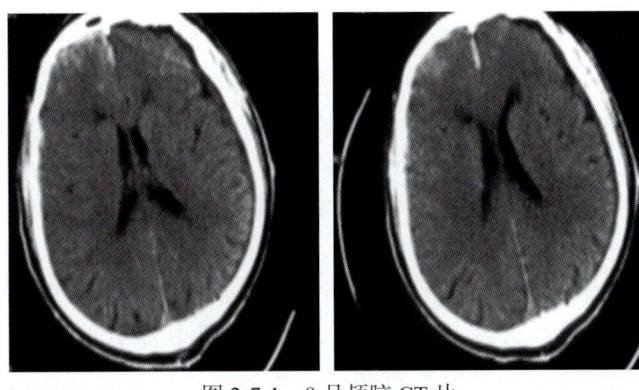

图 2-7-1　9月颅脑CT片

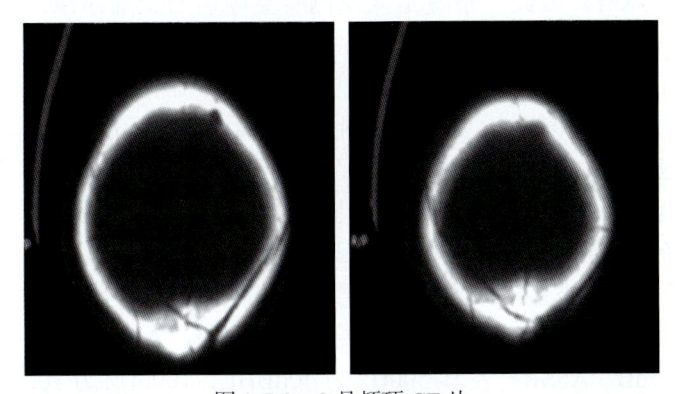

图 2-7-2　9月颅顶CT片

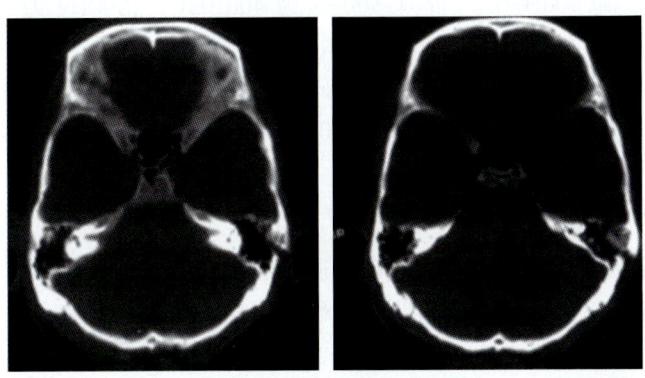

图 2-7-3　9月颅底CT片①

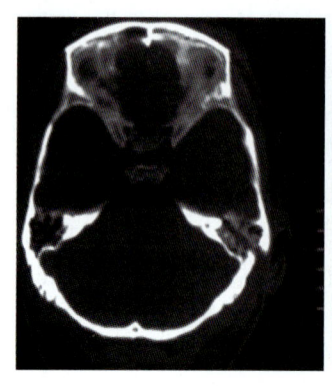

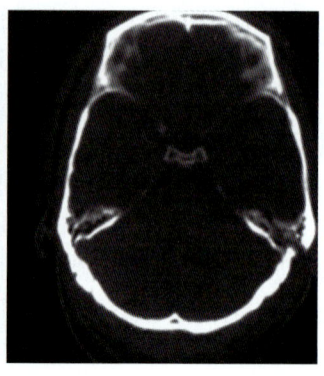

图 2-7-4　9 月颅底 CT 片②

五、分析说明

根据体格检查所见和委托人提供的鉴定材料综合分析如下：

1. 关于因果关系　被鉴定人因交通事故受伤，经临床检查、治疗，本次复阅其影像学片，明确其主要诊断为双侧额颞叶多发脑挫伤伴蛛网膜下腔出血、硬膜下血肿、硬脑膜下积液，多发颅骨骨折，颅底骨折，左侧脑脊液耳漏伴脑脊液鼻漏等。

被鉴定人因交通事故致重型颅脑损伤，交通事故暴力作用史明确。经复阅伤后影像片及审查临床治疗经过，提示被鉴定人颅底骨折伴脑脊液耳漏、左侧颞骨骨折，明确存在导致左侧听神经损伤的病理基础，相关电生理学客观检查结果进一步证实其存在左侧听觉障碍。因此，被鉴定人左侧听觉障碍与交通事故之间存在直接因果关系。

根据现有送检材料，被鉴定人交通事故受伤后，虽然影像学上未明确右侧颞骨骨折，但伤后 CT 示存在鼓室积液等改变，且双侧多发颅骨骨折，不能完全排除上述暴力作用对迷路、毛细胞等听力听器造成一定影响，致右耳听力受损。目前客观检查结果提示右耳听力下降程度较左耳小，亦与其损伤基础较轻相互印证。因此，不能排除被鉴定人右耳听力下降与交通事故之间存在一定因果关系。

2. 关于伤残等级　被鉴定人为中老年男性，伤后双耳听力下降，伤后半年余临床行电生理学客观检查，符合评残时机。相关检查结果如下。ABR：左耳高频听阈 80dB；右耳高频听阈 65dB。ASSR：左耳 500Hz 为 40dBHL，1000Hz 为 70dBHL，2000Hz 为 80dBHL，4000Hz 为 90dBHL；右耳 500Hz 为 40dBHL，1000Hz 为 50dBHL，2000Hz 为 50dBHL，4000Hz 为 60dBHL。平均听阈：左耳 70dB，右耳 50dB。结合其年龄，进行相关修正后，左耳符合中等重度听觉障碍，右耳符合轻度听觉障碍。依据《道路交通事故受伤人员伤残评定》（GB 18667-2002）第 4.10.2.1 条之规定，构成十级伤残。

六、鉴定意见

（1）被鉴定人双耳听力受损与此次交通事故之间存在因果关系。
（2）被鉴定人交通事故致双耳听力障碍程度构成十级伤残。

（杨帆 曹磊）

点评 本例被鉴定人交通事故外伤史明确，伤后根据临床检查及影像学资料所示，证实其主要损伤有双侧额颞叶多发脑挫伤伴蛛网膜下腔出血、硬膜下血肿、硬脑膜下积液，多发颅骨骨折，颅底骨折，左侧脑脊液耳漏伴脑脊液鼻漏等。

被鉴定人左侧颞骨骨折、鼓室积液，损伤基础存在。由于其左侧颞骨骨折属于纵行骨折，故理论上对听神经的损伤较横行骨折为轻，与其临床左耳中等重度听觉障碍的后遗症亦相匹配，二者之间存在直接因果关系。

本例系交通事故民事案件，被鉴定人虽未见右侧颞骨骨折的影像学直接征象（颞骨骨折线），但由于存在双侧多发颅骨骨折及右侧鼓室积液，根据因果关系的盖然性学说，结合临床确实存在迷路震荡、内耳毛细胞损伤等影像学证明方法有限的病例，且目前客观检查结果提示右耳听力下降程度较左耳小，亦与其损伤基础较轻相互印证。故不能排除被鉴定人右耳听力下降与交通事故之间存在一定因果关系。

最后，本例进行听觉功能障碍程度评定伤残等级时，还应注意进行年龄修正，根据修正后的结果得出最终结论。

案例 8　骶丛神经损伤致下肢肌力下降

关键词　法医临床学；损伤程度；骶丛神经损伤；肌电图；重新鉴定

一、基本情况

1. 委托鉴定事项　损伤程度（重新鉴定）。
2. 鉴定材料　①首家医院住院病案复印件1份；②首家医院磁共振（MR）诊断报告复印件1份；③第二家、第三家医院肌电图及诱发电位报告复印件各1份；④首家医院肌电图报告单复印件1份；⑤影像资料电子扫描件1份（34张）；⑥某司法鉴定中心法医临床鉴定意见书复印件1份；⑦某司法鉴定中心司法鉴定意见书及补充鉴定意见书复印件各1份。
3. 被鉴定人　某女，50岁。

二、基本案情

据送检材料记载：被鉴定人于某年9月4日因交通事故受伤，伤后到某医院住院治疗，后到多家医院门诊复诊。曾鉴定为轻伤后补充鉴定为重伤二级，因事故对方对原鉴定意见有异议，要求重新鉴定。现由委托人委托本中心就上述委托鉴定事项进行法医学司法鉴定。

三、资料摘要

（一）首家医院住院病案摘要

入院日期：某年 9 月 4 日。出院日期：次年 1 月 20 日。

主诉：交通事故后全身疼痛伴胸闷憋气 14h。体格检查：四肢，无畸形，活动正常；神经系统，浅反射存在，腱反射正常，病理反射阴性。专科情况：右侧颞顶部可见一长约 7cm 裂伤，皮缘整齐，急诊已缝合；胸廓无明显畸形，胸壁无静脉曲张，胸式呼吸存在，胸廓挤压试验阳性，双侧胸廓压痛明显，未触及骨擦感，双肺呼吸可，肋间隙无异常；双侧语颤正常，双肺部叩诊清音，肺界、肺下缘移动度无异常；未闻及干、湿性啰音及胸膜摩擦音，语音传导正常。左臀部可见红肿，压痛明显，骨盆挤压试验阳性。左足背可见一长约 6cm 弧形裂伤，急诊已缝合；左下肢外侧感觉异常，活动正常。肋骨三维重建＋胸部平扫：左侧第 3 肋骨骨折，右侧第 6～9 肋骨及第 11 肋骨骨折，右肺见陈旧病灶。诊断：左侧第 3 肋骨骨折，右侧第 6～9 肋骨及第 11 肋骨骨折，头皮及左足裂伤，左臀部、右上肢软组织损伤，骶丛神经损伤，头外伤后神经症反应。补充诊断：腰 5 左侧横突骨折，骶骨左翼粉碎性骨折（9 月 25 日），右侧尺神经炎（10 月 7 日）。

治疗经过：完善入院常规检查，给予一级护理，输液抗炎，止痛，止血，促进骨折愈合治疗，胸部护板外固定改善呼吸，复查 X 线，骶骨左翼及腰 5 横突骨折，骶丛神经损伤，给予营养神经治疗；骨盆挤压试验阴性，左下肢外侧感觉异常，电击样疼痛，肌力正常，活动正常；于 11 月 14 日在全身麻醉下行右侧尺神经松解前移术。

出院情况：左下肢、右上肢活动受限伴疼痛，下地活动障碍，右小指末节感觉麻木，夹纸征阳性，肌力 4 级；左臀部压痛减轻，下肢外侧感觉异常，左下肢活动受限，肌力 1 级。

12 月 18 日某医院肌电图检查报告单：检查印象，所检运动神经中右胫神经远端潜伏期延长；所检感觉神经中右胫神经传导减慢，波幅偏低。

次年 1 月 9 日某医院肌电图及诱发电位检查报告单：检查印象，所检运动神经中左坐骨神经近端波幅降低（患者欠合作）。提示未见特征性改变。

（二）次年 4 月 8 日第二家医院肌电图及诱发电位报告

双胫神经 F 出现率为 100%。结论：左侧腓肠神经感觉运动电位波幅、胫神经复合肌肉动作电位波幅较对侧下降。余下肢神经传导检测未见异常。

（三）伤后 3 年 1 月 15 日第三家医院肌电图报告单

检查结果：MCV，左胫神经 MCV 正常、波幅较对侧下降，右胫神经、双腓总神经 MCV 波幅正常；SCV，双腓肠神经 SCV 波幅正常；H 反射，双胫神经 H 反射潜伏期正常；EMG，左胫前肌安静时可见 1～2 处正锐波、纤颤电位，大力收缩呈单纯相；左股四头肌、左腓肠肌安静时未见失神经电位，大力收缩呈无力收缩。结论：左胫神经 CMAP 波幅较对侧下降。左胫前肌、左腓肠肌、左股四头肌可疑神经源性损害。

四、鉴定过程

1. 鉴定依据和方法 按照中华人民共和国司法部《司法鉴定技术规范——法医临床检验规范〉》（SF/Z JD0103003-2011）进行体格检查，并根据《人体损伤程度鉴定标准》进行鉴定。

2. 体格检查 一般情况：被鉴定人乘轮椅由他人推入检查室，神志清楚，言语流利，可遵嘱完成部分指令性动作。

检查所见：双下肢未见明显肌肉萎缩。双大腿周径（髌上10.0cm）：左44.0cm、右44.0cm。双小腿周径（髌下10cm）：左35.0cm，右35.0cm。右髂腰肌肌力Ⅴ级，右股四头肌肌力Ⅳ～Ⅴ级，股二头肌肌力Ⅳ～Ⅴ级，半腱肌半膜肌肌力Ⅴ级，右侧小腿三头肌肌力Ⅲ～Ⅳ级，胫前肌Ⅳ～Ⅴ级。左髂腰肌肌力Ⅱ～Ⅲ级，股四头肌肌力不明确，股二头肌肌力Ⅱ级，半腱肌半膜肌肌力Ⅰ$^+$级，左小腿三头肌肌力Ⅰ～Ⅱ级，胫前肌肌力Ⅲ～Ⅳ级。双膝反射、跟腱反射（++），双侧巴宾斯基征（－）。腹壁反射阳性，肛门反射（±），肛门括约肌指诊肌力可。会阴部鞍区触痛觉：左侧较右侧减退。左小腿内外侧麻木，踝周麻木，感觉明显下降，足底感觉下降。

3. 阅片意见 9月4日骨盆正位片及9月7日腰骶部正侧位片和9月24日腰骶部CT片示腰5左侧横突骨折（图2-8-1），骶骨左翼粉碎性骨折（图2-8-2）。

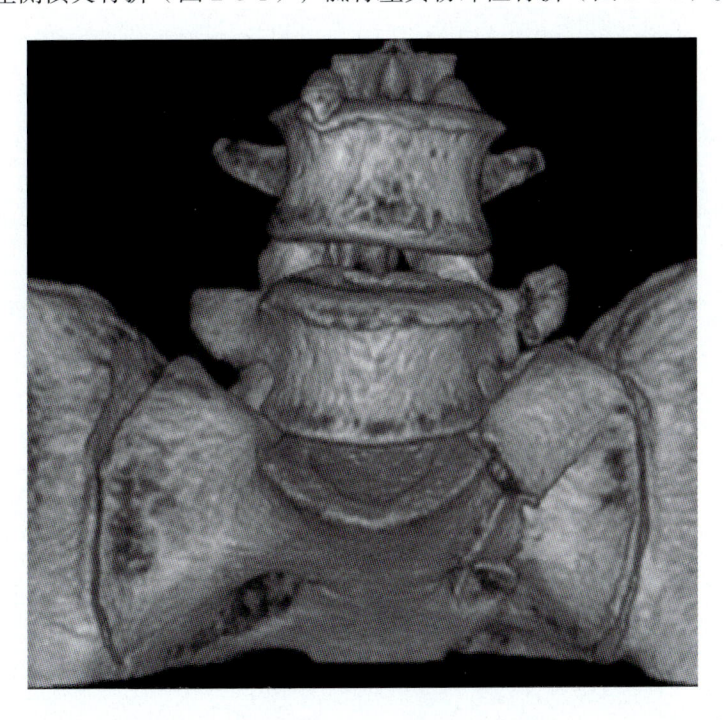

图2-8-1　9月24日腰骶部CT三维重建图像

9月4日胸部CT及三维重建和9月24日胸部CT片：左侧第3肋骨陈旧性骨折，前后片对比无明显变化（图2-8-3）；右侧第3～9、11肋骨新鲜骨折（图2-8-4）。

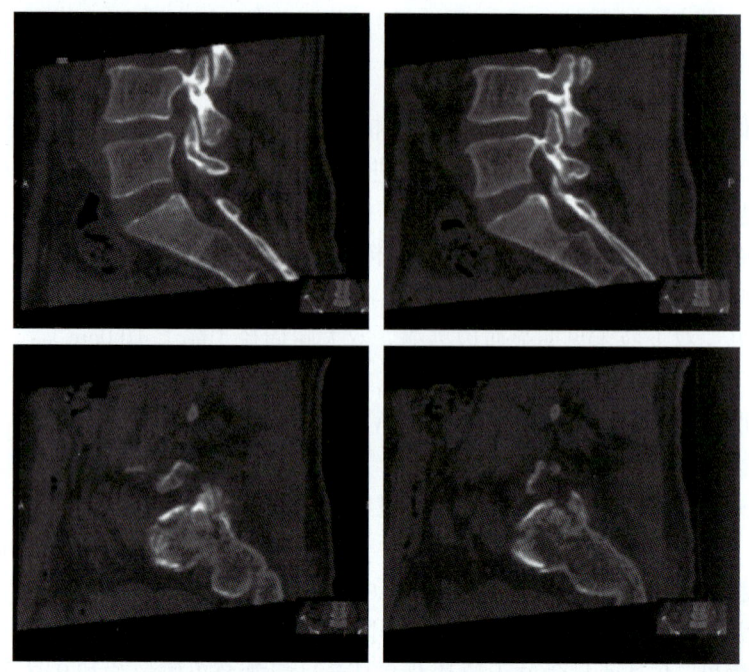

图 2-8-2　9 月 24 日腰骶部 CT 片

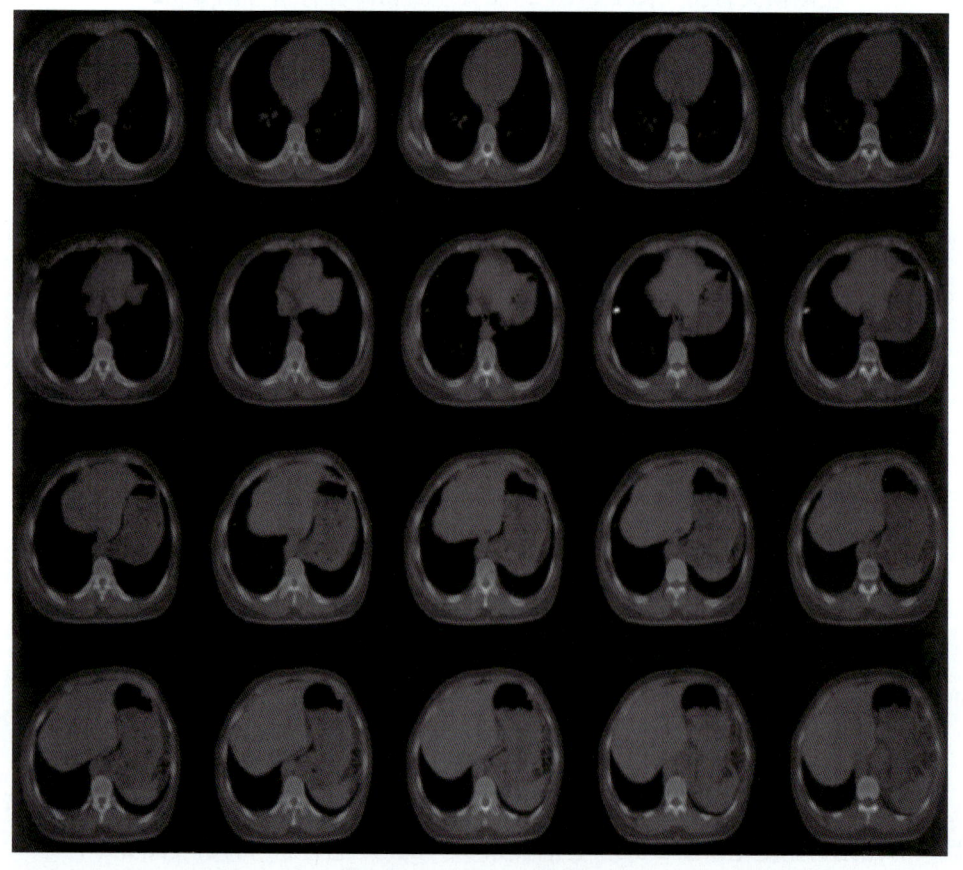

图 2-8-3　9 月 24 日胸部 CT

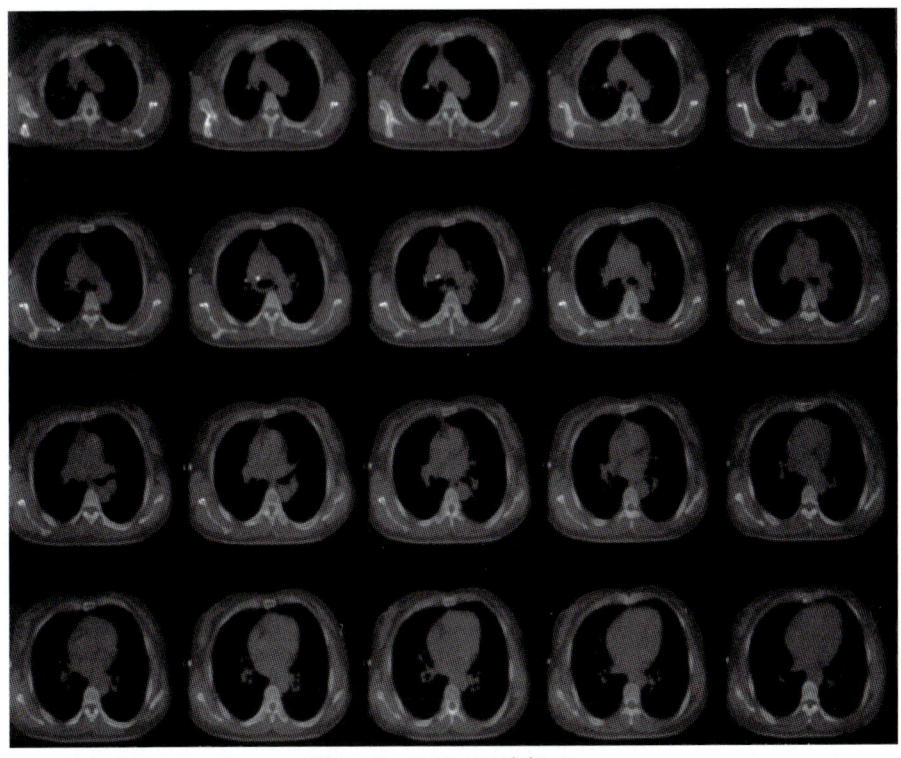

图 2-8-4　9 月 4 日胸部 CT

五、分析说明

根据委托人提供的鉴定材料，结合体格检查及相关辅助检查情况，综合分析如下：

被鉴定人于某年 9 月 4 日因交通事故受伤，伤后经体格检查及影像学摄片，诊断为头皮及左足裂伤、多发肋骨骨折、腰 5 左侧横突骨折、骶骨左翼粉碎性骨折、骶丛神经损伤等，住院行保守治疗。现已伤后两年余，伤情稳定。

依据本次法医学查体所见，结合复阅被鉴定人伤后影像学片及其全部病历、电生理学客观检查报告综合分析，认为被鉴定人交通事故外伤史明确，致其腰 5 左侧横突骨折、多发肋骨骨折（右侧第 3～9、11 肋骨新鲜骨折）、骶骨左翼粉碎性骨折，伤后诊断骶丛神经损伤正确；多次肌电图检查提示其左下肢神经源性损伤，考虑神经损伤诊断成立。

根据被鉴定人先后数次多家医院肌电图客观检查提示左下肢骶丛分支神经：坐骨神经、胫神经、腓总神经均引出明确波形，且传导速度接近正常，腓肠神经亦可引出波形，提示其为不完全性神经损伤。根据上述肌电图报告，有的提示左胫神经波幅低，有的提示右胫神经传导速度减慢，有的提示左腓总神经轻度异常，此种神经损伤的肌电图表现与其临床查体（左下肢肌力 3 级以下）不相符合，结合目前临床检查情况：左下肢肌容量与右侧基本对称，腱反射对称引出，左下肢肌力呈普遍性下降，考虑其左侧骶丛神经损伤属轻度损伤范畴，尚不支持其左下肢骶丛神经损伤遗留肌力 3 级以下的情况。

综上所述，被鉴定人多发肋骨骨折（右侧第 3～9、11 肋骨骨折）、腰 5 左侧横突骨折、骶骨左翼粉碎性骨折、骶丛神经损伤，依照《人体损伤程度鉴定标准》第 5.6.3 c、5.9.4 d、

5.8.3 a、5.9.4 b 条之规定，分别构成轻伤一级、轻伤二级、轻伤一级、轻伤二级。综合评定被鉴定人的损伤程度构成轻伤一级。

六、鉴定意见

被鉴定人因交通事故致身体多处损伤程度构成轻伤一级。

（杨　帆　霍家润　孟武庆）

> **点评**　周围神经损伤后肌力损失程度的评价是法医学活体检查中的一个难点。该鉴定书检查所见部分，分别描述了左下肢胫神经、腓总神经所支配肌每一块肌肉的肌力及感觉状况。其检查结果与被鉴定人后期肌电图检查结果基本相符，因此能够较好地排除病历中干扰伤情分析的因素，在具备充分依据的情况下，客观地评价了被鉴定人的肌力损失程度。以上说明，清晰的鉴定思路和规范的活体检查方法是鉴定人必备的基本功。但肌力损失程度的检查方法尚需进一步系统总结提高，使其更完善和接近客观。

案例 9　多发性肋骨骨折合并呼吸功能障碍

关键词　法医临床学；伤残等级；护理依赖；多发肋骨骨折；呼吸功能障碍

一、基本情况

1. 委托鉴定事项　伤残等级、护理依赖评定。
2. 鉴定材料　①首家医院住院病历复印件 1 份；②第二家医院肺功能检查报告单复印件 2 份；③影像学片 13 张。
3. 被鉴定人　某女，60 岁。

二、基本案情

某年 8 月 3 日被鉴定人因交通事故受伤。因案件处理需要，现由某法院委托本中心就上述委托鉴定事项进行司法鉴定。

三、资料摘要

（一）首家医院住院病案摘要

入院日期：8 月 3 日。出院日期：12 月 13 日。

入院情况：主因头、胸、四肢外伤伴疼痛、气短 30min 入院。查体：神志清楚，右额部见长约 2cm 伤口，边缘整齐，深达皮下，活动出血，右眶周肿胀、青紫，触痛，双侧瞳孔等大、等圆，对光反射灵敏，耳、鼻无异常分泌物，颈软无抵抗，双侧胸壁触痛，可触及骨擦感，右侧可触及皮下气肿，右胸壁近腋窝处见长 4～6cm 两处伤口，深达皮下，边缘不规则，活动出血，右大腿内侧见长约 4cm 伤口，右胫前见长约 5cm 伤口。

诊疗经过：予止血营养神经、化痰、止痛、抗炎等治疗。

出院情况：患者未诉特殊不适。查体：生命体征平稳，双侧瞳孔正大、等圆，对光反射灵敏，心肺腹未见异常，双下肢无水肿。

出院诊断：闭合性胸部损伤，左肺上叶肺挫伤，右侧液气胸，左侧气胸，双侧多发肋骨骨折，右胸皮下积气，右胸皮肤裂伤；头右额部皮肤裂伤；右眼眶外壁骨折，右颧弓骨折；右锁骨骨折；右下肢多发皮裂伤四肢多发擦伤。

（二）第二家医院肺功能检查报告单摘要

11 月 6 日肺活量正常，肺总量正常，残气量正常，残气/肺总量增高，FEV_1 降低，FEV_1/FVC 降低，MEF25%、MEF50% 均降低，弥散量正常，肺泡弥散量正常。提示阻塞型通气功能障碍，弥散量正常。最大通气量 46.5%，通储百分比 84%。

次年 9 月 10 日肺活量正常，肺总量正常，残气量增高，残气/肺总量增高，FEV_1 降低，FEV_1/FVC 降低，MEF25%、MEF50% 均降低，弥散量正常，肺泡弥散量正常。提示阻塞型通气功能障碍，弥散量正常。最大通气量 51.8%，通储百分比 81%。

四、鉴定过程

1. 鉴定方法和标准　接受鉴定委托后，本中心对送检病历材料进行了文证审查，依照《法医临床影像学检验实施规范》（SF/Z JD0103006-2014）对送检影像学片进行审核，确定送检材料作为鉴定依据。某日在本中心法医临床检查室由鉴定人对被鉴定人进行了询问和体格检查。

按照中华人民共和国司法部《司法鉴定技术规范——法医临床检验规范〉》（SF/Z JD0103003-2011）进行体格检查，并依据《道路交通事故受伤人员伤残评定》（GB18667-2002）、《人身损害护理依赖程度评定》（GB/T31147-2014）进行鉴定。本次鉴定所使用仪器设备有钢直尺、眼科手电筒和医用观片灯等。

2. 体格检查　被鉴定人为老年女性，由他人扶助入室，营养良好，体型偏胖，神志清楚，言语流利，对答切题，查体合作。右额部见 3.0cm×2.0cm 色素改变。双眼未见眼睑下垂、睑外翻等畸形，双眼瞳孔圆，直径 3mm，对光反射灵敏，双眼球各向运动可。气管居中，静坐时呼吸平稳，未见明显气喘气促。双侧胸廓外观未见明显凹陷、隆起等，胸廓挤压试验（±），双侧呼吸动度基本一致。右侧腋中线见斜行 3.0cm 增生性瘢痕，左胸背部见片状瘢痕，大小为 16.0cm×10.0cm、5.0cm×3.0cm。左腰部见 4.0cm×1.0cm 浅表瘢痕，左膝下胫前见 1.5cm×0.7cm 瘢痕，右膝上内侧见 2.5cm×1.0cm 瘢痕，双前臂未见明显损伤痕迹遗留。余未见异常。

3. 阅片意见　复阅某年 8 月 3 日、8 月 8 日和 8 月 28 日胸部 CT 片（图 2-9-1～图 2-9-3）示胸骨骨折；右侧锁骨骨折；右侧第 1～11 肋骨骨折；左侧第 2～8 肋骨骨折；左肺上叶肺挫伤，右侧液气胸，左侧气胸；胸膜粘连。次年 8 月 14 日胸部 X 线片（图 2-9-4）示胸廓畸形。

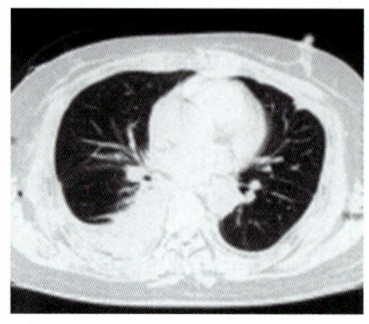

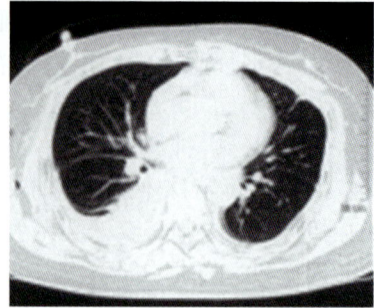

图 2-9-1　8 月 8 日胸部 CT 片
图示左肺上叶肺挫伤，右侧液气胸

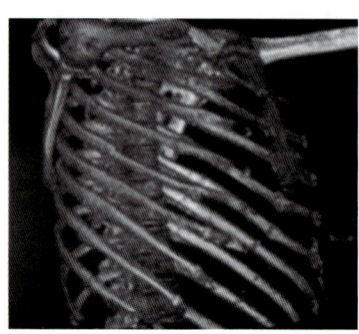

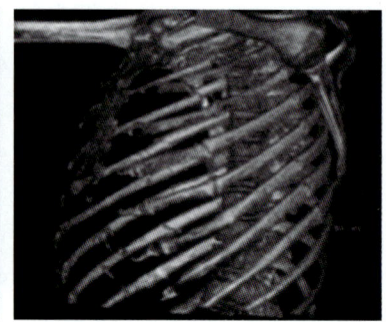

图 2-9-2　8 月 28 日胸部 CT 三维重建图像
图示右侧第 1～11 肋骨骨折；左侧第 2～8 肋骨骨折

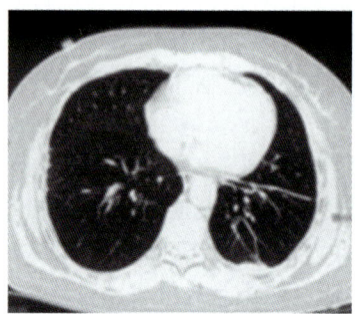

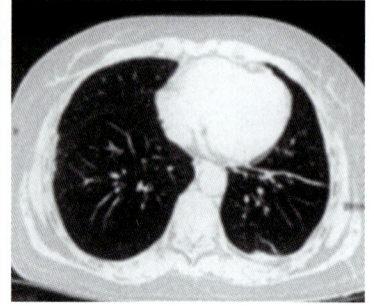

图 2-9-3　8 月 28 日胸部 CT 片
图示胸膜粘连

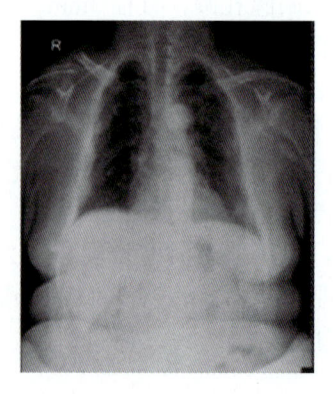

图 2-9-4　8 月 14 日胸部正位 X 线片

五、分析说明

根据体格检查所见和委托人提供的鉴定材料综合分析如下：

1. 关于伤残等级 被鉴定人因交通事故受伤，经临床检查、治疗并本次复阅其影像学片，明确其主要诊断为闭合性胸部损伤：左肺上叶肺挫伤，左侧气胸，右侧液气胸，双侧多发肋骨骨折，右胸皮下气肿，右胸皮裂伤；头右额部皮裂伤；右眼眶外壁骨折，右颧弓骨折；右锁骨骨折等。经临床治疗，目前病情稳定。

肺通气功能障碍主要分为限制性通气功能障碍、阻塞性通气功能障碍及混合性通气功能障碍。限制性通气障碍多出现于肺部无病变而胸廓活动度受限的病例，胸廓畸形、胸腔积液、胸膜增厚或肺切除术后均可呈现限制性通气损害。阻塞性通气功能障碍是因为气管本身受阻或狭窄变得不通畅所致。

老年慢性阻塞性肺疾病（COPD）是阻塞性通气功能障碍的常见病因，慢性阻塞性肺疾病是一种具有气流受限特征的、可以预防和治疗的疾病，气流受限不完全可逆、呈进行性发展。COPD与慢性支气管炎和肺气肿有密切关系。慢性支气管炎是指支气管的慢性非特异性炎症，临床上以慢性咳嗽、咳痰或伴有喘息为特征。肺气肿指肺终末细支气管以远气腔出现异常持久的扩张，并伴有肺泡壁和细支气管正常结构的破坏，而无明显的肺组织纤维化。虽然慢性支气管炎和肺气肿是两种不同的疾病，但两者常可发生于同一患者。在慢性支气管炎或（和）肺气肿的早期，大多数患者虽有慢性咳嗽、咳痰症状，但肺功能检查尚无气流受限，此时不能诊断为COPD；当患者病情严重到一定程度，肺功能检查出现气流受限并且不能完全可逆时，即应诊断为COPD。在临床上，慢性支气管炎和肺气肿是导致COPD的最常见的疾病。

因此，根据目前送检材料，被鉴定人的确存在多发肋骨骨折、肺挫伤、气液胸等复合外伤，原发损伤较为严重和复杂，但根据目前肺功能复查结果，提示其部分检查指标异常，存在阻塞性通气功能障碍、弥散量正常。但根据被鉴定人的原发损伤基础，无法完全解释其目前检查所见的阻塞性通气功能障碍，二者之间相关性较差，不宜据此呼吸功能障碍程度进行评残。

综上所述，被鉴定人胸部闭合性外伤（胸骨骨折、锁骨骨折、多发肋骨骨折、肺挫伤、液气胸等）现遗留双侧多发肋骨骨折伴胸廓畸形、胸膜粘连：其多发肋骨骨折（左第2～8肋、右第1～11肋），累计达20根，依据《道路交通事故受伤人员伤残评定》（GB 18667-2002）第4.8.5 b条之规定，构成八级伤残；其胸廓畸形及胸膜粘连，依据《道路交通事故受伤人员伤残评定》（GB 18667-2002）第4.10.5 d条之规定，均评定为十级伤残。余损伤后遗症依据上述同一标准之规定，尚不构成伤残。

2. 关于护理依赖评定 被鉴定人交通事故多发复合伤，根据其损伤基础及目前查体情况，参照《人身损害护理依赖程度评定》（GB/T31147-2014）之相关规定，被鉴定人十项日常生活能力：进食、床上活动、穿衣、修饰、洗澡、床椅转移、行走、小便始末、大便始末、用厕评分总计61分以上，日常生活活动基本自理，无需护理依赖。

六、鉴定意见

（1）被鉴定人因交通事故致胸部闭合性外伤致多发肋骨骨折、后遗胸廓畸形并胸膜粘连，分别构成八级、十级和十级伤残。

（2）被鉴定人目前情况无需护理依赖。

（杨　帆　曹　磊）

> **点评**　本例分析说明层次清晰，理由充分，重点突出。在分析说明中着重论述了多发性肋骨骨折伤残鉴定时，常常需要进行鉴别的问题：①是否存在通气功能障碍；②通气功能障碍的类型；③通气功能障碍与损伤之间是否存在因果关系。
>
> 鉴定紧扣鉴定事项和当事人争议要点，详细阐述了通气功能障碍的分类及各自病理生理机制，通过多次肺功能检查数据及其可重复性综合判断被鉴定人通气功能障碍的类型及其客观性，以及被鉴定人通气功能障碍是否可以用多发肋骨骨折原发损伤解释及其相关性。最终，排除了被鉴定人目前通气功能障碍与原发损伤之间的关联性，根据被鉴定人客观存在的多发肋骨骨折原发损伤及胸廓畸形愈合、胸膜粘连等并发症和后遗症做出鉴定意见，结果客观、公正。

案例 10　活体骨龄法医学鉴定

关键词　法医人类学；法医临床学；活体骨龄鉴定

一、基本情况

1. 委托鉴定事项　对被鉴定人摄片时的骨龄进行法医学鉴定。
2. 鉴定材料　影像资料电子扫描件一份（8张）。
3. 被鉴定人　某男，年龄待查。

二、基本案情

被鉴定人及其家长称其实际出生日期为2001年，但户籍出生日期为1998年。现因升学需要，委托要求本鉴定中心对其摄片时的骨龄进行法医学司法鉴定。

三、资料摘要

本例只有影像资料，无文证资料。

四、检验过程

1. 检验依据和方法　按照司法部《司法鉴定技术规范——法医临床检验规范》》（SF/Z JD0103003-2011）及《法医学骨龄鉴定规范》（SJB-C-7-2010）对被鉴定人进行检验。
2. 体格检查　被鉴定人神志清楚，步入检查室，查体合作，对答切题。营养中等，发育可，一般情况佳。牙列整齐，共见萌出28颗牙齿，双侧第3磨牙均未萌出。未扪及明显喉结，未见腋毛，阴毛分布浓密，长约6.0cm、阴茎发育如常。身高：167cm。体重：56kg。

3. 阅片意见 复阅 2015 年摄双侧锁骨胸骨、双肩关节正位、双肘关节正侧位、双腕关节及双手正位、骨盆及双髋关节正位、双膝关节正位、双踝关节正位、双侧跟骨侧位、双足背正位 X 线片共 8 张。片示双侧锁骨胸骨端骨化中心尚未出现；双侧肩胛骨肩峰端骨骺未闭合（图 2-10-1）；双侧肱骨近端骨骺尚未完全闭合；双侧肘关节诸组成骨骨骺已闭合（图 2-10-2），双侧尺桡骨远端骨骺未闭合；双手各腕骨骨骺已出齐，双手各掌、指骨骨骺尚未完全闭合，双手第 1 掌骨远端籽骨已出现（图 2-10-3）；双侧髂嵴骨化中心长径增加，全长占髂嵴上缘长的 1/2～2/3，仍以锯齿状缘互相对应（三浦，中沢分期 3～4 期）；双侧坐骨结节骨化中心长度向下方增长，达坐骨结节（三浦，中沢分期 3～4 期）；双侧股骨头、小转子骨骺尚未完全闭合，双侧大转子骨骺均未闭合（图 2-10-4）；双侧膝关节、双侧股骨下端骨骺未闭合；双侧胫腓骨上端骨骺未闭合（图 2-10-5）；双侧踝关节、双侧胫腓骨下端骨骺尚未完全闭合（图 2-10-6）；

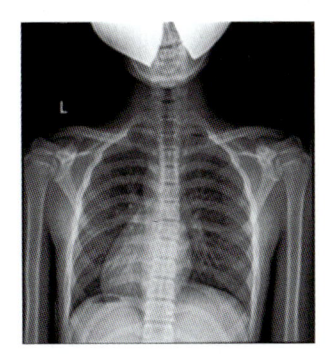

图 2-10-1　2015 年胸部 X 线片

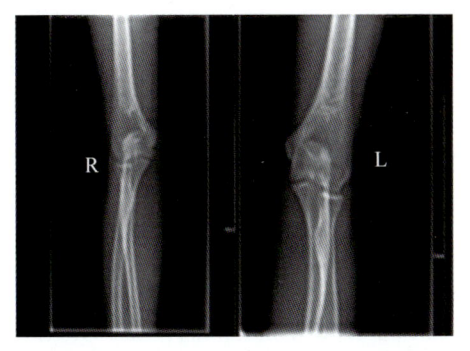

图 2-10-2　2015 年双肘关节 X 线片

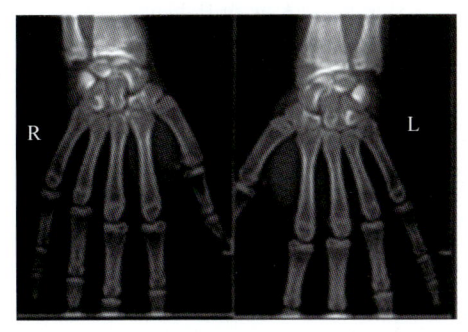

图 2-10-3　2015 年双手掌 X 线片

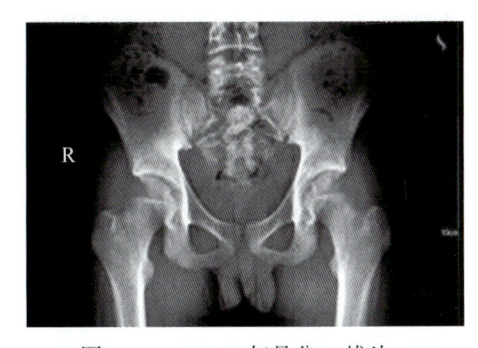

图 2-10-4　2015 年骨盆 X 线片

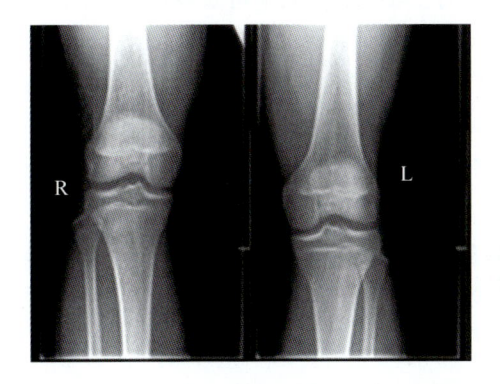

图 2-10-5　2015 年双膝关节 X 线片

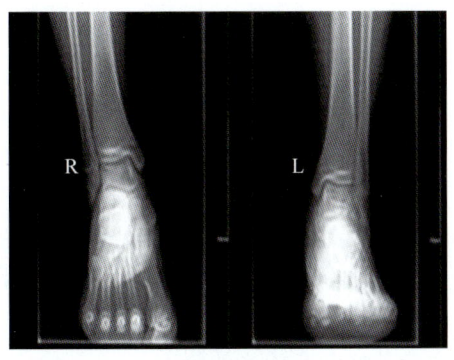

图 2-10-6　2015 年双踝关节 X 线片

双足跟骨骨骺尚未完全闭合，各跖、趾骨骨骺尚未完全闭合（图2-10-7）。

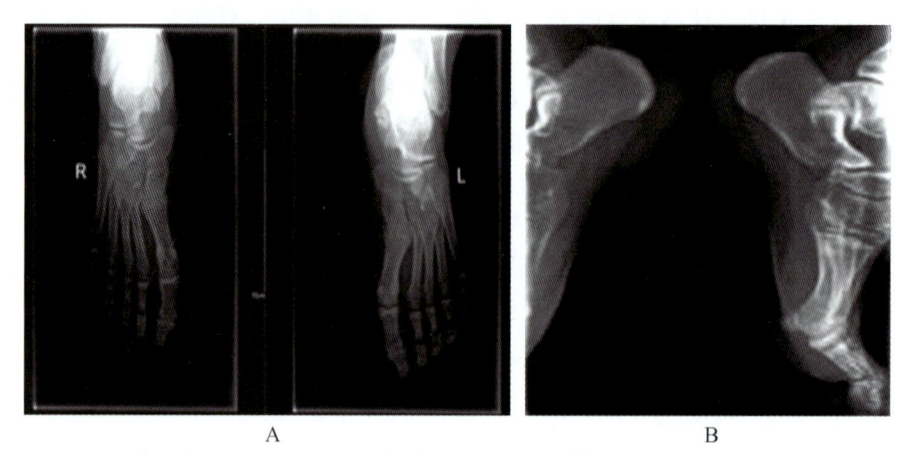

图 2-10-7　2015年双足正位（A）及侧位（B）X线片

五、分析说明

根据体格检查所见及委托人提供的鉴定材料，结合专家会诊意见，综合分析如下：

被鉴定人于2015年所摄X线片示双侧锁骨胸骨端骨化中心尚未出现；双手第1掌骨远端籽骨已出现；双侧髂嵴骨化中心长径增加，全长占髂嵴上缘长的1/2～2/3，仍以锯齿状缘互相对应（三浦，中沢分期3～4期）；双侧坐骨结节骨化中心长度向下方增长，达坐骨结节（三浦，中沢分期3～4期）；全身各长骨骨骺未闭合，部分短骨骨骺已闭合。根据人体骨骺发育的规律推断，被鉴定人本次摄片时的骨龄在14周岁以上、16周岁以下，中间值为15周岁。

六、鉴定意见

被鉴定人本次摄片时的骨龄在14周岁以上、16周岁以下，中间值为15周岁。

（杨　帆　霍家润　杜建芳）

点评　法医学活体年龄鉴定是司法鉴定的重要内容，也是司法鉴定的难点之一。目前在研究的活体年龄鉴定方法较多，但比较可靠的，尤其在法医学活体年龄鉴定中使用较为普遍的仍然是骨龄鉴定方法，即利用骨骼发育程度与生活年龄之间的关系推断活体年龄。本例骨龄鉴定的主要依据被鉴定人肢体六大关节、胸锁关节和骨盆正位X线片，通过对此24个不同部位骨化中心和骨骺发育程度进行分级，并与骨龄标准图谱进行比较分析，依据骨化中心出现及骨骺闭合的时间顺序来推断活体年龄。鉴定过程中需要鉴定人熟悉各骨化中心及骨骺发育不同阶段的影像学表现和特点，准确分级；且由于各骨化中心及骨骺发育可能存在不均衡状态及个体变异导致同一个体各部位分级提示的骨龄差异较大，故需要对所有部位统一分级后综合评估方能最终判定活体骨龄。

案例 11　阴茎勃起功能障碍

关键词　临床法医学；骨盆骨折；尿道狭窄；勃起功能障碍；伤残

一、基本情况

1. 委托鉴定事项　伤残等级。
2. 鉴定材料　①某医院住院病案复印件 3 份；②某医院住院病历复印件 1 份；③门诊病历、诊断证明、病情介绍、转诊证等复印件 1 份；④膀胱镜检查报告单复印件 1 份；⑤某医院男科中心勃起功能障碍临床诊断证明书复印件 1 份；⑥影像学片扫描件 17 张。
3. 被鉴定人　某男，33 岁。

二、基本案情

某年 5 月 5 日被鉴定人崔某因交通事故受伤。因案件处理需要，现受某法院委托，就上述委托鉴定事项进行法医学司法鉴定。

三、资料摘要

（一）某医院 6 月 14 日转诊证摘要

主要病情：骨盆骨折、尿道断裂会师术后、排尿困难、尿道瘘。

（二）某医院住院病历（伤后 25 年 12 月 9 日～伤后 26 年 1 月 8 日）摘要

入院情况：患者 6 个月前出现尿急尿细，伴针刺样疼痛，排尿后疼痛缓解，排尿费力，自阴囊下方瘘口处漏尿，未经系统治疗，自服消炎药未见缓解。患者昨日于某医院摄骨盆正位片示骨盆陈旧性骨折。今为求进一步诊治入院，患者发病以来精神状态可，无发热，无恶心、呕吐，饮食睡眠好，大便无异常，发病以来体重无明显变化。既往史：患者 25 年前车祸后骨盆粉碎性骨折，于某医院治疗；20 年前于某医院行尿道修复术；12 年前于某医院行尿道结石激光碎石术；10 年前于某医院行尿道修复术。专科情况：双肾区无叩痛，双侧输尿管走行区无压痛，膀胱区无压痛。阴囊下方见一瘘管，瘘管口处有一 0.5cm×0.5cm 大小结节，有滴尿。阴囊底部可触及一大小约 2cm×2cm 结节，质硬、有触痛。辅助检查：骨盆正位片（12 月 8 日）示骨盆陈旧性骨折。

治疗经过：入院完善辅助检查，明确诊断后，于 12 月 15 日于 CSEA 下行经会阴尿道切开取石术、会阴部尿道造瘘术。手术过程顺利。术中出血约 200ml，未输血。术后应用抗感染、止血、膀胱冲洗等对症治疗。患者目前生命体征平稳，无不适主诉，切口愈合良好，无感染，无渗出，观察病情变化。

出院诊断：球部尿道结石、球部尿道会阴皮肤瘘、尿道狭窄、泌尿系感染、膀胱憩室、尿潴留、膀胱炎性增厚、骨盆骨折术后、尿道狭窄术后。

(三)某医院住院病历摘要

入院日期:次年4月3日。出院日期:次年4月30日。

入院情况:主诉尿道造口术后3个月。患者3个月前行尿道会阴造瘘术,术后恢复良好,目前排尿尚可,无血尿,有尿频,夜尿多,2次/夜,未经治疗,今为求进一步诊治,遂入院。门诊以"尿道会阴造口术后"收入科。专科检查:会阴部可见造瘘口。

治疗经过:入院完善辅助检查,明确诊断后,于次年4月9日在CSEA下行尿道成形术,手术过程顺利。术中出血较少,未输血。术后于抗炎、止血、留置导尿等处理,目前患者生命体征平稳。排尿顺畅,无不适主诉。

出院诊断:尿道会阴造瘘术后,膜部尿道狭窄,骨盆骨折术后,尿道多次手术史,泌尿系感染,膀胱憩室。

(四)某中心伤后31年7月9日勃起功能障碍临床诊断证明书摘要

主诉:外伤后31年,发现阴茎勃起功能消失16年余。

现病史:患者31年前因车祸致"失血性休克、骨盆骨折、尿道断裂",就诊于当地医院,急诊予抢救治疗,行尿道修补术,术后3个月拔除导尿管。术后曾多次出现尿瘘,因尿瘘数次行尿道修补术,现尿瘘已治愈,因尿道结石数次行尿道结石取出术。患者自受伤后,尿线细,排尿费力,伴尿频,偶伴尿痛,日间排尿4～8次,夜尿3～4次,每次尿量约150ml,无尿急、发热等不适。患者约16年前(青春期)发现阴茎短小,自觉无勃起功能,受性刺激时无勃起反应,无晨勃,性欲消失,无遗精。为求进一步诊治来医院就诊,门诊以"男性勃起功能障碍、骨盆骨折、尿道断裂术后"收入院。患者自发病以来,精神、食欲、睡眠可,大便正常,小便如前述,无消瘦、乏力。

体检:一般情况可,心肺无明显异常。脊椎侧弯,骨盆两侧不对称。下腹部皮肤可见约5cm陈旧性手术瘢痕。阴茎长约2cm,阴毛呈正常男性分布。包皮不长,尿道口位于龟头下方,尿道外口无红肿及异常分泌物流出。左侧睾丸体积16ml,右侧睾丸体积约15ml,双侧附睾及输精管未见异常。双侧精索静脉未见明显曲张。直肠指诊:肛门括约肌收缩无力,前列腺4cm×3cm,中央沟存在,无压痛,退指指套无血迹。提睾反射、球海绵体反射未引出。

特殊检查评估结果:①IIEF-5评分,0分。②性腺功能内分泌检查,各项在正常范围。③尿流率检查,最大尿流率3.2ml/s。平均尿流率2.9ml/s,达峰时间10.9s,2s时的尿流率2.5ml/s。④NPT检查结果,连续3晚监测未见有效勃起。Rigiscan检查,服用万艾可100mg后,未引出勃起。⑤阴茎神经肌电图检查结果,SEP检查,未引出。球海绵体肌反射(BCR)左侧35.2ms,右侧33.7ms。坐骨海绵体肌反射(ICR)左侧35.8ms,右侧33.7ms。⑥阴茎海绵体彩色多普勒检查,阴茎勃起未引出。左侧阴茎海绵体根部PSV 18.8cm/s,EDV 5.1cm/s,RI 0.73,双侧海绵体深动脉直径>0.7mm;右侧阴茎海绵体根部PSV 12.8cm/s,EDV 4.0cm/s,RI 0.69。⑦阴茎海绵体造影,阴茎海绵体静脉漏。⑧尿道造影,尿道膜部、球部管腔狭窄影响,尿道前列腺部下端后下侧盲端瘘管影像,尿道中后段管壁形态毛糙、不规则。

临床诊断：①原发病，骨盆骨折、尿道狭窄、尿道断裂修补术后、腰椎侧弯、尿道下裂。②阴茎勃起功能障碍；勃起功能障碍程度，重度 ED；勃起功能障碍类型，器质性 ED（血管性、神经性）。

（五）某医院住院病历摘要

住院日期：伤后 32 年 2 月 25 日。出院日期：3 月 6 日。

入院情况：主诉尿道狭窄术后半年，排尿困难 10 天。患者半年前因尿道狭窄行手术治疗，术后自觉排尿功能尚可，10 天前无诱因出现排尿困难，尿线细，约 2mm，伴尿频，夜尿 3～4 次/天，无尿急尿痛，未见明显肉眼血尿，无发热，半年前行"尿道造影"检查提示"尿道狭窄"，未行相关治疗。现患者为求进一步诊治来院，门诊以"尿道狭窄"为诊断收治入科室。病程中患者饮食正常，睡眠正常，近期体重无明显变化。专科情况：双侧输尿管走行区未及明显压痛，膀胱区可见大面积瘢痕，约 4cm，未及包块，无压痛，叩诊无浊音。阴茎较小，尿道外口未见狭窄，于会阴部可见 4.0cm×1.5cm 瘢痕，阴囊未见异常，双侧睾丸及附睾未见异常，阴毛分布正常。辅助检查：尿道造影示经尿道外口向内注射造影剂，尿道形态欠规整，后部局部略狭窄，其后方似见一不规则形充盈缺损，大小约 23mm×13mm，周围见造影剂环绕，排泄后高密度影仍隐约显影。膀胱见少量造影剂显影。阴囊区见造影剂影。膀胱镜示进镜约 10cm，可见尿道内假道及可疑狭窄尿道，镜身无法通过狭窄尿道。尿道内较多絮状物。盆腔 CT：膀胱腹壁疝；膀胱憩室；膀胱内小结石；膀胱壁增厚，炎性改变（？），尿道结石（？），骨盆畸形。

治疗经过：患者入院后完善相关检查，盆腔 CT 示膀胱腹壁疝；膀胱憩室；膀胱内小结石；膀胱壁增厚，炎性改变（？），尿道结石（？），骨盆畸形。3 月 2 日行尿道狭窄内切开术、经尿道结石气压弹道碎石术，术后患者恢复良好。

出院诊断：创伤后尿道狭窄。

（六）某医院伤后 32 年 10 月 22 日膀胱镜图文报告摘要

膀胱镜所见：直视下进入尿道，尿道球部狭窄，镜身无法通过，球部尿道可见毛发，表面覆盖结石，直视下钳夹取出。膀胱镜诊断：尿道狭窄（球前、膜部）。

四、鉴定过程

1. 鉴定依据和方法 接受鉴定委托后，鉴定人对送检病历材料进行了文证审查，依照《法医临床影像学检验实施规范》（SF/Z JD0103006-2014）对送检影像学片进行审核，确定送检材料作为鉴定依据。某日在鉴定中心法医临床检查室由鉴定人对被鉴定人进行询问和体格检查。本次鉴定所使用仪器设备有：钢直尺、医用观片灯等。

按照中华人民共和国司法部《司法鉴定技术规范——法医临床检验规范》（SF/Z JD0103003-2011）进行体格检查，并依据《道路交通事故受伤人员伤残评定》（GB18667-2002）进行鉴定。

2. 体格检查 被鉴定人自行步入检查室，神清语利，查体合作，答话切题。发育正常，营养中等。耻骨上膀胱造瘘术后瘢痕形成。脊柱腰椎右侧侧弯。阴毛呈正常男性分布，尿道外口无红肿及异常分泌物。双侧提睾反射及球海绵体反射未引出。会阴部可见尿瘘愈合后瘢痕。会阴部可见尿垫在位。

3. 阅片意见 某年 12 月 8 日骨盆部 X 线片（图 2-11-1）示骨盆骨折严重畸形愈合。10 月 22 日尿道造影（图 2-11-2）示尿道球前部及膜部狭窄，尿道壁不光滑。

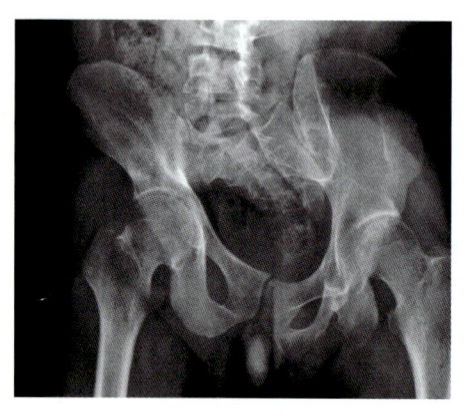

图 2-11-1　12 月 8 日骨盆部 X 线片 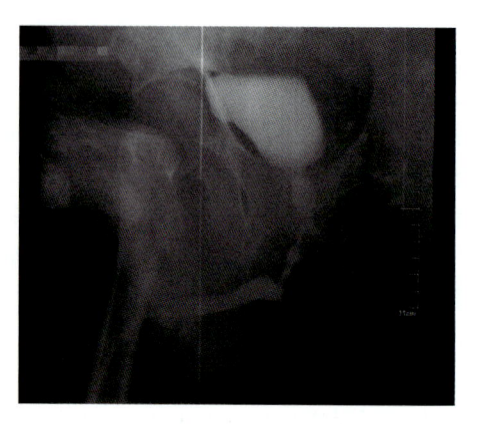　　　图 2-11-2　10 月 22 日尿道造影

五、分析说明

根据体格检查情况和委托人提供的鉴定材料综合分析如下：

被鉴定人于某年因交通事故受伤，经临床检查、多次手术治疗并本次复阅其影像学片，明确其主要诊断为骨盆骨折、尿道断裂等。经临床多次手术治疗，目前病情稳定。现经住院系统检查提示性腺功能内分泌各指标在正常范围、NPT 检查连续 3 晚监测未见有效勃起、阴茎神经肌电图检查 SEP 未引出、阴茎海绵体彩色多普勒阴茎勃起未引出、阴茎海绵体造影示阴茎海绵体静脉漏等，其阴茎勃起功能障碍程度符合重度 ED；勃起功能障碍类型为器质性 ED（血管性、神经性）。现被鉴定人遗留重度 ED（阴茎勃起功能完全丧失）、创伤后尿道狭窄、骨盆骨折严重畸形愈合。

被鉴定人重度 ED（阴茎勃起功能完全丧失），依据《道路交通事故受伤人员伤残评定》（GB 18667-2002）第 4.4.1 e 条之规定，构成四级伤残；其创伤后尿道狭窄，依据《道路交通事故受伤人员伤残评定》（GB 18667-2002）第 4.8.7 c 条之规定，构成八级伤残；骨盆骨折严重畸形愈合，依据《道路交通事故受伤人员伤残评定》（GB 18667-2002）第 4.9.7 b 条之规定，构成九级伤残。

六、鉴定意见

被鉴定人因交通事故致重度 ED（阴茎勃起功能完全丧失）构成四级伤残；其创伤后尿道狭窄构成八级伤残；其骨盆骨折严重畸形愈合构成九级伤残。

（曹　磊　杨　帆）

点评 性功能障碍法医学鉴定过程很复杂，需要对其性功能障碍的性质和程度进行评定。因为需要检查的项目较多，且根据不同的损伤原因指导被鉴定人做针对性的检查。因此要求鉴定人对性功能障碍的发生原因和机制有较全面的认识，否则难以完成鉴定。如何进行规范的检查和评价，司法部出台了相应的鉴定技术规范标准。

本例为一因交通事故致骨盆骨折、尿道断裂后，继发严重器质性阴茎勃起功能障碍、尿道狭窄、骨盆畸形愈合的典型案例。该案例鉴定资料完整，图像显示清晰，其性功能障碍的鉴定，严格按照司法部《司法鉴定技术规范——法医临床检验规范》》（SF/Z JD0103003-2011）的规定进行检查判断。首先通过NPT检查（异常情况下连续测三晚）定性，然后进行性功能内分泌、血管、神经功能筛查和定量分析，最后确诊为因交通事故所致的血管、神经功能异常性阴茎勃起功能障碍（完全性）。鉴定依据充分，结果可信。

案例 12　肺栓塞、右下肢静脉栓塞与交通事故因果关系

关键词　法医临床学；肺栓塞；下肢静脉栓塞；交通事故；因果关系

一、基本情况

1. 委托鉴定事项　对被鉴定人肺栓塞、右下肢静脉栓塞与交通事故之间的因果关系进行鉴定。

2. 鉴定材料　①某市人民医院住院病历复印件两份；②某大学附属医院报告单复印件1页；③道路交通事故认定书复印件1份；④影像学片扫描件16张。

3. 被鉴定人　某女，26岁。

二、基本案情

据道路交通事故认定书记载：某年11月20日被鉴定人因驾驶电动自行车行驶至某市与一重型半挂车相撞发生交通事故受伤，电动自行车损坏。现委托人要求就上述委托事项进行法医学司法鉴定。

三、资料摘要

（一）某市人民医院住院病历（11月20日~12月7日）摘要

现病史：患者于入院前3h，被汽车撞伤，伤及髋及双下肢，当即觉伤处疼痛剧烈，右髋不能活动，不能站立行走，被他人救起未行特殊处理，急送某医院二院就诊，拍片、CT检查、下尿管、建液路补液1000ml后来我院。门诊检查后以"骨盆骨折、右髋关

节脱位"收入院。伤后患者无昏迷，无口渴大汗，无胸腹痛，无恶心呕吐，无二便失禁。

既往史：否认高血压、心脏病、糖尿病和脑血管病病史。

体格检查：发育正常，营养中等，无贫血貌及脱水貌，表情痛苦，被动体位。会阴区皮肤擦伤，少许渗血。

专科情况：骨盆挤压分离试验阳性，右侧髋部轻度肿胀，右髋屈曲内收外展畸形。右髋外侧及后侧局部压痛明显，耻骨联合处压痛，髋关节活动受限，双下肢散在肿胀、压痛，双踝足活动好，无感觉异常，足背动脉搏动可触及，末梢血运良好。

辅助检查：骨盆片示，右侧骶骨、双侧耻骨下支骨折，右髋关节对位不正常，股骨头移位至髋臼内下。

诊疗经过：入院后急行右髋手法复位，右下肢骨牵引，完善检查，消肿止痛治疗，情况稳定后，进一步行骨盆及右股骨内髁骨折手术，术后对症治疗，病情平稳后出院。

出院诊断：①骨盆骨折（Tile C12型）；②右侧髋关节前脱位；③右股骨内侧髁骨折（Hoffa骨折）；④双下肢软组织损伤；⑤外阴皮肤裂伤；⑥会阴区软组织损伤；⑦右膝内侧副韧带、后交叉韧带不全损伤；⑧头痛原因待查。

出院情况：一般情况好，无胸闷及呼吸困难，右下肢支具制动，右髋、右膝局部皮温正常，小腿腓肠肌区无压痛，足趾活动无受限，末梢血运好。

出院医嘱：继续卧床休养，避免不适当活动；继续抗凝治疗3周，2周后门诊复查；继续右膝伸直位支具制动，右下肢防旋鞋制动，加强双下肢踝泵及股四头肌等长收缩练习，右下肢禁负重，预防下肢静脉血栓形成，多饮水，深呼吸，预防卧床并发症。

11月28日某市人民医院彩色多普勒超声检查报告单摘要：超声提示双下肢深静脉未见明显异常。

（二）某市人民医院住院病历（12月17日～12月31日）摘要

入院情况：主因右侧胸痛1天入院。

查体：腹软，无压痛，右下肢水肿，左下肢无水肿。双下肢周径：左侧髌骨上缘以上15cm周径41cm，左侧髌骨下缘以下10cm周径29cm，右侧髌骨上缘以上15cm周径43cm，右侧髌骨下缘以下10cm周径31cm。

辅助检查：心电图（12月17日 急诊科）示窦性心律，大致正常。

既往史：入院前27天诊断为"①骨盆骨折（Tile C12型）；②右侧髋关节前脱位；③右股骨内侧髁骨折（Hoffa骨折）"，并行骨盆及右股骨内髁骨折手术，院外未抗凝治疗。一直家中卧床休养，现患肢无明显疼痛。

诊疗经过：双下肢静脉彩超示，右下肢股浅静脉远心段及腘静脉管腔内可见异常中低回声充填，探头加压后管腔不完全消失，考虑静脉血栓形成。心脏彩超，静息状态下心内结构及血流未见明显异常。肺动脉CTA示右肺动脉主干、右肺上叶、两肺下叶及部分段级肺动脉管腔内见不规则充缺影，局部呈漂浮状，部分呈偏心性，部分见轨道征。目前修正诊断：肺栓塞，右下肢深静脉血栓形成（混合型），入院后给予抗凝、制动改善循环等治疗后好转。下腔静脉彩超示下腔静脉未见明显异常；髂静脉彩超示双侧髂静脉未见明显异常；下肢静脉彩超示左下肢股总静脉、股浅静脉、腘静脉及胫前后静脉管腔显示清晰，内壁光滑、薄、连续性好，管腔为无回声，探头挤压后管腔消失。肺动脉CT示两肺部分肺动脉管腔内充盈缺损已消失，肺动脉充盈良好，管腔通畅，远侧分支未见明显减少及缺失。结合临床肺动脉栓塞复查，病变基本吸收。

出院诊断：①肺栓塞；②右下肢静脉血栓形成（混合型）；③骨盆骨折术后；④右股骨内侧髁骨折术后。

12月17日某市人民医院彩色多普勒超声检查报告单摘要：超声提示右下肢深静脉内异常回声，考虑静脉血栓形成。CT检查报告单摘要：诊断意见为肺动脉CTA示两肺动脉栓塞。

四、鉴定过程

1. 鉴定依据和方法　接受鉴定委托后，鉴定人对送检病历材料进行了文证审查，依照《法医临床影像学检验实施规范》（SF/Z JD0103006-2014）对送检影像学片进行审核，确定送检材料作为鉴定依据。本次鉴定所使用仪器设备：钢直尺、医用观片灯等。

2. 阅片意见　某年11月23日右膝CT片（图2-12-1）示右股骨内侧髁骨折；11月23日骨盆X线片（图2-12-2）示两侧骶骨翼、右侧髂骨翼、右侧耻骨体、右侧耻骨坐骨支、左侧耻骨上下支骨折；11月29日骨盆X线片示骨盆多发骨折内固定术后改变；12月17日胸部CT片（图2-12-3）示双肺动脉栓塞；次年2月5日骨盆CT片示骨盆多发骨折内固定术后改变；次年2月5日右膝X次片示右股骨内侧髁骨折内固定术后改变，内固定物在位，愈合可。

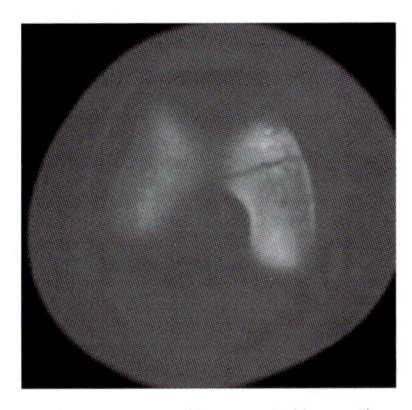

图2-12-1　11月23日股骨CT片 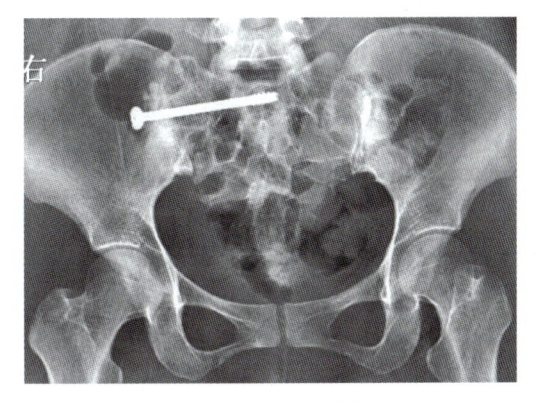　　　图2-12-2　11月23日骨盆X线片

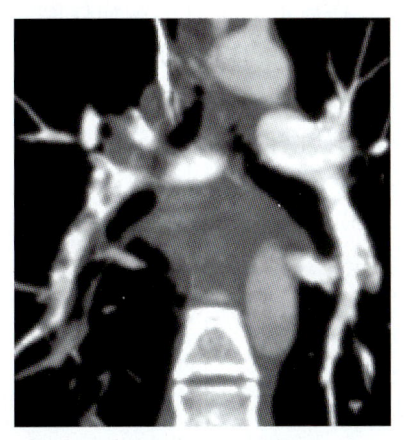

图2-12-3　12月17日胸部CT片

五、分析说明

根据委托人提供的鉴定材料，结合相关辅助检查及专家会诊情况综合分析如下：

被鉴定人于某年 11 月 20 日因交通事故受伤，伤后急诊就诊于某院二院，当日转某市人民医院门诊检查，以"骨盆骨折、右髋关节脱位"住院治疗，入院后行右髋手法复位、手法整复、胫骨结节牵引术及骨盆、右股骨内髁骨折内固定术。期间于 11 月 28 日彩超提示"双下肢深静脉未见明显异常"。出院诊断为"骨盆骨折，右侧髋关节前脱位，右股骨内侧髁骨折，双下肢软组织损伤，外阴皮肤裂伤，会阴区软组织损伤，右膝内侧副韧带、后交叉韧带不全损伤"。出院时右下肢支具制动，医嘱要求"继续卧床休养，避免不适当活动，右下肢禁负重"。12 月 17 日查下肢静脉彩超提示"右下肢静脉血栓形成"，查肺动脉 CTA 提示"肺动脉栓塞"。

深静脉血栓是因血液在深静脉内不正常凝结引起。引起深静脉血栓形成的三个主要因素为静脉血流滞缓、静脉壁损伤和血液高凝状态。而年龄因素及动脉粥样硬化、高血压、糖尿病等心血管疾病与血栓形成也密切相关。本例被鉴定人外伤致骨盆骨折、右髋关节前脱位、右股骨内侧髁骨折，临床行骨盆及右股骨内侧髁骨折内固定手术，术中和术后可因组织损伤引起血小板黏聚能力增强，术后血清前纤维蛋白溶酶活化剂和纤维蛋白溶酶两者的抑制剂水平均有增高，从而使纤维蛋白溶解减少，血液呈高凝状态。被鉴定人外伤后右下肢支具制动、卧床休养，致使其下肢肌肉泵功能减弱或消失，缺乏下肢肌肉对静脉的挤压作用，可导致其静脉血流滞缓。且被鉴定人系青年女性，既往无"高血压、心脏病、糖尿病、脑血管病"等病史，不存在影响血栓形成的自身因素。结合其损伤特点、血栓的分布和形成过程及自身条件等因素分析，其右下肢深静脉血栓符合此次外伤后形成的发展规律。故认为其右下肢静脉血栓形成与此次交通事故之间存在直接因果关系。

肺栓塞是以各种栓子阻塞肺动脉系统为其发病原因的一组疾病或临床综合征的总称，包括肺血栓栓塞症、脂肪栓塞综合征、羊水栓塞、空气栓塞等。通常所称的肺栓塞即指肺血栓栓塞症，占肺栓塞中的绝大多数。引起肺血栓栓塞症的血栓主要来源于深静脉血栓形成，最常见于下肢静脉及盆腔静脉。深静脉血栓形成与肺血栓栓塞症实质为一种疾病过程在不同部位、不同阶段的表现，两者合称为静脉血栓栓塞症。本例被鉴定人因交通事故致骨盆骨折、右股骨骨折，临床予以内固定手术、支具固定及卧床静养等治疗，伤后近一个月因胸痛住院，其静脉彩超提示右下肢静脉血栓形成，D-二聚体检查呈阳性，且肺动脉 CTA 检查提示肺动脉栓塞。结合其损伤特点及右下肢静脉血栓、肺栓塞的治疗情况分析，被鉴定人肺栓塞符合此次外伤后右下肢深静脉血栓发生发展所致。故分析认为，其肺栓塞与此次交通事故之间存在直接因果关系。

综上所述，被鉴定人右下肢静脉血栓形成及肺栓塞与此次交通事故之间存在直接因果关系，其因果关系类型为全部。

六、鉴定意见

被鉴定人右下肢静脉血栓形成及肺栓塞与此次外伤之间存在直接因果关系，其因果关系类型为全部。

（韩 岭 李 琳）

> **点评** 本例因交通事故发生骨盆骨折、右髋关节脱位、右股骨内髁骨折、双下肢软组织损伤等，骨折进行了手术治疗。因外伤、手术、卧床等因素导致其下肢静脉血栓形成，又因血栓脱落引起肺栓塞。该例的外伤史明确，与不良后果的直接因果关系成立。
>
> 根据病历资料记载，本例还具备两个重要鉴别点：①伤后第一次住院，11月28日B超检查双下肢深静脉未发现异常，说明其血栓是伤后形成的，排除伤者自身的原因；②伤后第一次住院期间，一直在行抗凝治疗及适当的功能锻炼，说明伤者住院期间，医院履行了预防下肢静脉血栓形成的职责，排除了医疗过错原因。因此进一步说明该例鉴定意见的合理性。

案例 13　主动脉夹层与交通事故因果关系

关键词　法医临床学；主动脉夹层；交通事故；因果关系；CTA

一、基本情况

1. 委托鉴定事项　被鉴定人主动脉夹层与此次交通事故之间的因果关系进行鉴定。

2. 鉴定材料　①某医院门诊病历复印件2页；②某工人医院门诊病历复印件2页；③某医院住院病历复印件23页；④某中西医结合急诊抢救中心住院病历复印件21页；⑤道路交通事故认定书复印件1份；⑥某大学附属医院报告单复印件4页；⑦影像学片扫描件25张。

3. 被鉴定人　某男，53岁。

二、基本案情

据道路交通事故认定书记载：某年1月18日，被鉴定人因交通事故致伤。现委托人要求就上述委托事项进行法医学司法鉴定。

三、资料摘要

（一）1月18日某医院门诊病历摘要

主因：头胸部车祸致伤约20min。查体：左眉弓外有一长约3cm的伤口，深及皮下，有渗血，污染不重。胸部对称，左侧胸壁压痛，可触及骨擦感，胸部挤压试验阳性。DR：左侧第3~8肋骨连续性中断。初步诊断：颅脑闭合性损伤，左眉弓皮肤裂伤，左侧第3~8肋骨骨折。

（二）1月18日某工人医院门诊病历摘要

患者交通伤后7h来院。伤后胸痛，立即到当地医院就诊，查胸CT+强化可见降主动脉边界不清，伴有内血肿，左侧胸腔积液，左侧多发肋骨骨折。

（三）1月19日～1月20日某医院住院病历摘要

主诉：车祸伤26h，CTA示主动脉夹层B型。既往病史：否认高血压、冠心病、糖尿病史。体格检查：脉搏70次/分，呼吸16次/分，血压130/80mmHg。住院经过：急诊局麻+强化下行TEVAR术，术中主动脉夹层破口封堵确实。介入手术记录：造影示弓降部血管瘤样扩张，局部血肿形成。出院诊断：主动脉夹层B1S，髂骨骨折，车祸伤，胸腔积液，复合伤，多处肋骨骨折。

（四）1月20日～1月23日某中西医结合急诊抢救中心住院病历摘要

入院情况：患者入院前3天行走时被汽车撞倒，具体受伤部位、机制不详，当即感胸壁疼痛，同时有胸闷、憋气症状，不敢大口喘气。

辅助检查：胸片示"胸廓对称，左侧第3～7肋骨皮质不连，断端稍有错位；左肺密度均匀增高，肋膈角欠锐利。双肺未见明显实变影，左肋膈角掩盖"。胸部CT示"左侧胸壁软组织肿胀，多发肋骨骨折，胸腔可见积液，肺叶压缩、萎陷，边缘密度不均匀，边缘模糊"。

诊疗经过：行左侧胸腔闭式引流术，术后给予药物对症治疗，并积极辅助患者功能锻炼、患处理疗，效果好。现患者一般情况好，双肺呼吸音清，未闻及干湿性啰音，四肢活动灵活。

出院诊断：多发肋骨骨折（左侧），双侧胸腔积液，双侧肺挫伤，主动脉夹层术后。

（五）某大学附属医院辅助检查报告单摘要

6月9日某大学附属医院CT检查报告单提示：主动脉弓-第9胸椎水平网格状支架影，管腔通畅。胸廓对称，气管、纵隔居中，两肺门影稍乱，两肺纹理稍多，未见实质性病变，主动脉内可见金属网状支架影，心影大小正常，两膈面光整，肋膈角锐利。6月21日彩色超声检查报告单摘录：EF，60%。6月21日检验报告单摘录：N末端B型钠尿肽前体检验结果134.47pg/ml，参考值<450pg/ml。

四、鉴定过程

1. 鉴定依据和方法　按照《司法鉴定技术规范——法医临床检验规范》（SF/Z JD01030032011）对被鉴定人进行体格检查。

2. 检验过程　鉴定人对送检材料进行审核，对被鉴定人进行相关询问，并向申请人、被申请人明确需要补充的鉴定材料，至相关鉴定材料补充完整后，与委托人明确依据目前送检材料进行此次鉴定。

3. 体格检查　一般情况：步行入室，神志清，精神可，生命体征平稳。

检查所见：左侧额部可见2.6cm×0.2cm瘢痕。胸廓对称，双侧呼吸动度一致，胸廓挤压征（±）。左侧胸部可见 1.6cm×0.2cm 瘢痕。左大腿根部内侧可见 3.1cm×0.8cm 瘢痕。四肢肌力、肌张力正常。

4. 阅片意见　1 月 20 日胸部三维 CT 片（图 2-13-1）示，左侧第 2～7 肋骨骨折，断端未见明显移位。1 月 19 日主动脉 CTA 片（图 2-13-2）示降主动脉夹层。6 月 9 日主动脉 CTA 片（图 2-13-3）示主动脉弓第 9 胸椎水平可见网格状支架影，管腔通畅。胸部 X 线片示可见主动脉支架影，双侧肺纹理可，肋膈角锐利。

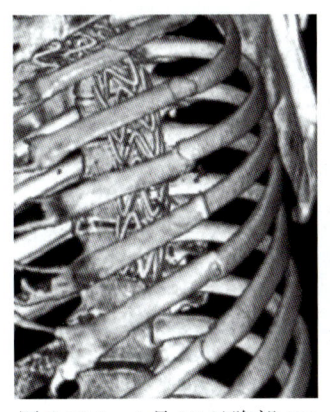

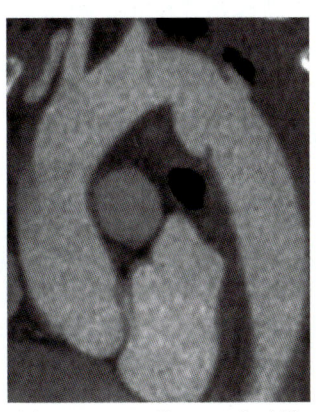

图 2-13-1　1 月 20 日胸部 CT 三维重建图像　　图 2-13-2　1 月 19 日主动脉 CTA 片　　图 2-13-3　6 月 9 日主动脉 CTA 片

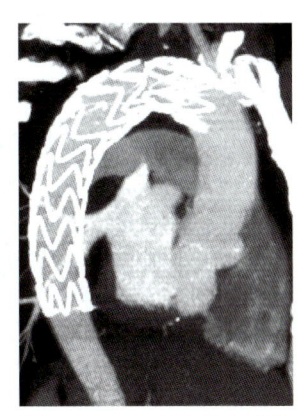

五、分析说明

根据委托人提供的鉴定材料，结合相关辅助检查及专家会诊情况综合分析如下：

被鉴定人某年 1 月 18 日交通事故受伤后在某医院门诊就诊，影像学片提示左侧肋骨多发骨折，胸部 CT 可见降主动脉边界不清。一天后就诊某大学附属医院，CTA 示主动脉夹层 B 型，当日行 TEVAR 术。否认既往存在高血压、冠心病、糖尿病病史。出院诊断为"左侧多发肋骨骨折，双侧胸腔积液，主动脉夹层 B1S"。

主动脉夹层是指人体主动脉内的血液到达主动脉中层和外膜之间而导致主动脉血管纵向撕裂。其发生大多数与主动脉结构薄弱不能承受高速高压的血流冲击有关，常见的病因有高血压、动脉粥样硬化、遗传性因素、主动脉炎症、特发性中层纤维退变等高危因素。外伤性主动脉夹层患者往往并不具备这些危险因素。外伤性主动脉夹层是由于多种作用力直接或间接共同导致的结果，这些力量可引起受伤局部及远处的主动脉内膜广泛撕裂，造成一个或多个裂口的主动脉夹层。本例被鉴定人交通事故受伤事实明确，伤后胸壁疼痛，同时伴有胸闷、憋气症状，CT 检查提示左侧多发肋骨骨折，CTA 检查提示主动脉夹层 B 型。手术中造影示弓降部血管瘤样扩张，局部血肿形成，说明被鉴定人主动脉夹层损伤部位局限。且目前送检材料中无被鉴定人既往存在高血压、冠心病、糖尿病史的相关记录，可排除主动脉自身疾病所致损伤因素，故其主动脉夹层符合外伤所致。因此，结合被鉴定人外伤部位、临床相关治疗情况及既往史综合分析认为，被鉴定人主动脉夹层与此次交通事故之间存在直接因果关系。

六、鉴定意见

被鉴定人主动脉夹层与此次交通事故之间具有直接因果关系。

（韩 岭 于 辉）

> **点评** 随着我国高血压、动脉粥样硬化、糖尿病发病率的升高，病理性主动脉夹层动脉瘤的发病率也在逐年增加，由于该病病情险恶，治疗费用高，外伤后发现主动脉夹层对其发生原因往往引起争议。本例被鉴定人因交通事故受伤后出现主动脉夹层，其发生原因经鉴定认定与交通事故有直接因果关系。
>
> 本例的鉴定依据有：①明确的胸部外伤史；②受伤当日 CT 检查已明确诊断主动脉夹层；③血肿呈局部瘤样扩张符合外伤性主动脉夹层动脉瘤的特点；④排除了自身疾病因素。上述内容基本包含了外伤性夹层动脉瘤的诊断要素，因此与此次外伤的直接因果关系成立。

案例 14　股骨颈骨折与交通事故因果关系

关键词　法医临床学；因果关系；股骨颈骨折；交通事故

一、基本情况

1. 委托鉴定事项　被鉴定人的左下肢伤情与交通事故的因果关系。
2. 鉴定材料　①委托书原件 1 份；②某医院门诊病历复印件 1 份；③某医院住院病历复印件 2 份；④道路交通事故认定书复印件 1 份；⑤影像学片扫描件 5 张。
3. 被鉴定人　某女（甲），27 岁。

二、基本案情

据道路交通事故认定书记载：某年 10 月 3 日 8 时 50 分，甲因乘坐的小客车被后面另一辆小客车追尾后受伤。现委托人要求就上述委托事项进行法医学司法鉴定。

三、资料摘要

（一）10 月 3 日某医院门诊病历摘要

车祸致伤 2h。查体：左膝前表皮擦伤，局部稍肿，外侧压痛，反常活动不明显，足趾活动、感觉好，末梢血运好。X 线检查：未见明显骨折。

（二）10 月 20 日～11 月 23 日某医院住院病历摘要

主诉：车祸致胸部、左髋关节及左膝关节疼痛 17 天余，加重伴左髋关节活动受限

1周余。

现病史：患者于17天前坐车时发生车祸，当即感胸部、左髋关节及左膝关节疼痛，无晕厥及意识障碍，无恶心、呕吐，皮肤无破溃，就诊于骨科医院；左膝关节X线示骨骼未见明显骨折及脱位；给予对症处理后好转，12天前患者为求进一步诊治就诊于我院。胸部X线示心肺膈未见明显异常，左髋关节X线示骨骼未见明显骨折及脱位。1周前感左膝关节疼痛明显加重，左下肢活动不能，休息后疼痛无缓解，未做任何牵引及固定治疗。为求进一步诊治，今再次来我院就诊，左髋部X线片检查示，左股骨颈骨折（Garden Ⅱ），双髋关节MR显示左股骨颈骨折，门诊以"左股骨颈骨折"收入我科。

专科查体：被动平卧位，平车推入病房，左髋关节压痛明显，活动不能，左大腿纵向叩击痛阳性，左膝关节肿胀，浮髌试验阳性，膝关节屈伸时疼痛、踝关节活动度正常，左足诸趾感觉、血运及活动未见明显异常。脊柱及余肢体未见明显异常，生理反射存在，病理反射未引出。

其他检查：左髋部X线片检查示左股骨颈骨折（Garden Ⅱ），双髋关节MR显示左股骨颈骨折。

出院小结：2008年10月22日在硬膜外麻醉下行"左股骨颈骨折切开复位空心钉内固定术"。

出院诊断：①左股骨颈骨折（Garden Ⅱ）；②胸部软组织损伤；③左膝关节外伤性积液。

四、检验过程

1. 鉴定依据和方法 按照《司法鉴定技术规范——法医临床检验规范》（SF/Z JD01030032011），结合本中心《法医临床鉴定作业指导书》（TJMZZY1）对被鉴定人进行体格检查。

2. 案情及病史调查

（1）同车乙：10月3日"甲和我乘坐朋友的车，她坐后排右侧座位，在高速上发生追尾，整个车发生变形，我们两人均被夹在车厢内，后被人拉出来"。甲左侧膝部受伤，膝部衣物破损，下车后被人搀扶着行走到医院，诉膝部疼痛，拍片未发现膝部骨折；当天觉髋部不适，但未引起重视；8号以后肿胀明显，这几天在家扶着架子活动。

（2）甲：10月3日因交通事故受伤，当时坐车后排右侧座位，车被撞后旋转180°，车头向后，期间感副驾驶座位倒下，左膝与椅背撞击致伤；两车撞击后，车后备厢被撞扁，基本变成两厢车，后排向前移位。撞击后感左腿部疼痛，有撕裂感，整个大腿都疼痛。

3. 体格检查 次年1月20日对被鉴定人进行了体格检查。

一般情况：步行入室，步态尚可。神志清楚，言语流利，精神好。生命体征平稳。

检查所见：左大腿上段外侧见2处手术瘢痕，大小分别为4.0cm×0.3cm和4.0cm×0.3cm，色浅、平整、见缝合痕；左膝部未见明显外伤痕，左下肢活动部分受限。

4. 阅片意见 10月8日左髋关节X线片（图2-14-1）示左股骨颈外侧骨皮质不连续，张力骨小梁形态紊乱；10月20日左髋关节X线片（图2-14-2）示左股骨颈骨折，骨折线自原骨皮质不连续处向下斜行，断端稍移位。

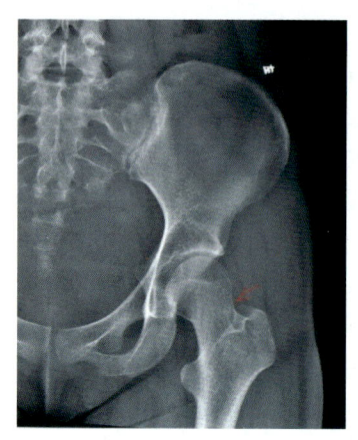

图 2-14-1　10月8日左髋部 X 线片 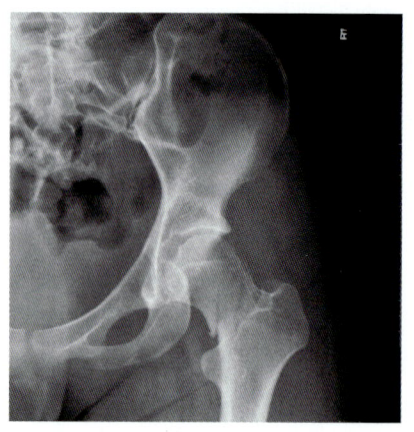　　　图 2-14-2　10月20日左髋部 X 线片

五、分析说明

根据案情调查、体格检查和相关辅助检查情况，结合鉴定材料和专家意见，综合分析如下：

某年10月3日，被鉴定人乘坐的小客车被后车追尾，其受伤当天病历记载"左膝前表皮擦伤，局部稍肿"，审阅其伤后5天影像学片可见左股骨颈外侧骨皮质不连续且张力骨小梁紊乱，伤后半月影像学片提示左股骨颈自原骨皮质不连续处斜行向下骨折。故认为，追尾事故发生后，由于人体惯性及（或）座位前移，被鉴定人左臀部和左膝部与前后障碍物接触，造成其左膝部软组织受损；同时因力的传导，左股骨颈外侧张力增强，可引起受力部位的骨折。因此，根据被鉴定人左股骨颈骨折形态、部位及形成机制，结合其受伤经过，以目前的鉴定材料，分析认为被鉴定人为乘车人，其左下肢处于屈髋屈膝位，被鉴定人左股骨颈外侧骨折为此次交通事故所致。

被鉴定人因"车祸致胸部、左髋关节及左膝关节疼痛17天余，加重伴左髋关节活动受限1周余"入院后，影像学检查提示左股骨颈自原骨皮质不连续处斜行向下骨折且断端移位，与首次左髋关节影像学检查结果相比，其左股骨颈骨折程度进行性加重，因此，被鉴定人左下肢的伤情与此次交通事故之间存在直接因果关系。

六、鉴定意见

被鉴定人左下肢损伤与此次交通事故之间存在直接因果关系。

（孙克纲　于　辉）

> **点评**　本例涉及成伤机制鉴定，是法医学鉴定中的重点、难点之一。人体不同部位的骨骼因受外力作用力的大小、方向的不同，导致骨折形态、严重程度各不相同。因此要求鉴定人对常见部位骨折的发生原因和机制有较全面的认识，否则难以完成鉴定。

鉴定资料显示，被鉴定人有明确的受伤过程，根据受伤相应部位的临床表现以及影像学片提示骨折特征，动态分析受伤经过，从力的传导来分析股骨颈外侧骨折，鉴定客观、科学。

本例鉴定提示，对成伤机制鉴定，一要熟悉受伤经过及损伤发生机制，二要了解相应骨折特点，排除自身疾病，三要注意医疗因素对损害后果的影响，在综合分析的基础上结合案情调查得出正确结论。

第三章 医疗损害鉴定案例

案例1 怀疑颅骨修复术后骨板塌陷医疗纠纷

关键字 *医疗纠纷；颅骨修复术；骨板塌陷*

一、基本情况

1. 委托鉴定事项 患者颅骨修复术后骨板塌陷与医院手术是否有关，医方是否存在医疗过错及与患者骨板塌陷的因果关系和参与度。

2. 鉴定材料 ①委托书原件1份；②某人民医院住院病案复印件1份，CT检查报告单原件1页；③医患双方陈述材料各1份；④影像学片10张。

3. 被鉴定人 某男，40岁。

二、基本案情

据送检材料载：某年3月26日被鉴定人以"开颅术后9个月"入住某医院，于同月29日行左侧颅骨缺损修补术。术后不久，患者发现左侧颅骨骨板塌陷，并形成明显沟状。患方认为医方在诊疗过程中存在过错，故诉至法院。现受某法院委托，就上述委托鉴定事项进行法医学司法鉴定。

三、资料摘要

某医院住院病历（3月26日~4月24日）摘要

入院诊断：颅骨缺损。

入院情况。主诉：开颅血肿清除术后约9个月。患者约9个月前因颅内血肿行开颅血肿清除术，术后恢复良好，今为行颅骨修补来我院。既往史：9个月前行开颅手术，否认药敏史，否认肝炎结核病史，否认高血压、糖尿病史。查体：T 36.9℃，BP 130/80mmHg，神志清楚，精神良好，双瞳孔等大、正圆，对光敏感，左颞部颅骨缺损，心肺腹查体无明显阳性体征，四肢活动可，双侧巴宾斯基征（-）。辅助检查：无。

3月29日手术记录。手术名称：左侧颅骨缺损修补术。手术步骤和经过：沿原左侧颞顶部术创切口切开头皮，上头皮夹，用电刀游离皮瓣，止血，游离过程中注意保持硬膜完整、无脑脊液漏、充分止血，连同颞肌一连游离至骨窗下缘，显露四周骨缘，因皮瓣小于骨窗，显露骨窗两个骨缘困难，故向皮瓣切口两上角延长切口约2.0cm，充分显露骨窗及骨缘，骨窗约10cm×9cm，将已消毒并修整合适的国产肽网放在骨窗上，四周超过骨缘约有 1.5cm，四周用 10 个肽钉固定，固定后符合原颅骨生理外形，冲洗见皮瓣及硬膜无活动性出血，缝合头皮。

出院诊断：颅骨缺损。

四、鉴定过程

1. 鉴定依据和方法 依据中华人民共和国司法部《司法鉴定程序通则》（中华人民共和国司法部令第 132 号）及《北京司法鉴定业协会关于办理医疗过失司法鉴定案件的若干意见》（京司鉴协发〔2009〕5 号）相关条款之规定，结合《中华人民共和国执业医师法》（中华人民共和国主席令第 5 号）、《中华人民共和国侵权责任法》（中华人民共和国主席令第 21 号），参照临床相关专业书籍、论文及临床诊疗护理操作规范和指南等进行鉴定。

2. 审核受理情况 经本中心审查，符合受理条件，于次年 3 月 13 日发出听证会通知。

3. 听证会情况 次年 3 月 18 日鉴定人在本中心召开了有医患双方及相关临床专家参加的鉴定听证会，告知本案的鉴定人、鉴定目的、用于此次鉴定的材料及鉴定风险事项等，医患双方分别签字确认并陈述了各自意见，回答鉴定人和专家的相关询问。现将医患双方的观点归纳如下：

（1）患方主要观点。术后发现左侧颅骨骨板塌陷，形成明显沟状；颅骨缺损行修补手术必须要有骨板三维塑形，医院没有按照操作规程进行三维塑形，而是采用原始方法——人工修剪贴补；左侧颅骨顶部出现大面积塌陷形成沟状，造成这样的后果是由于院方在手术时将骨板修剪过小，又将一块骨板贴补在缺损部位，所以才在两块骨板接缝处出现这样的沟状，影响整体形象及功能。

（2）医方主要观点。医方诊断明确，有手术适应证，无禁忌证，手术适合；医方充分行使了告知义务，手术无过失，愈合良好；住院治疗过程中，医院对患者诊断明确，颅骨修复手术处理符合医疗规范和操作程序，充分行使了告知义务和全心全意尽医疗义务，没有违犯医疗规范，以及相关法律、法规，故医疗行为与患者主张的所谓"颅骨未修复好"，不存在因果关系。

五、分析说明

依据委托人提供的现有文证资料，结合鉴定听证会所了解的情况，综合分析如下：

1. 医方的医疗行为是否存在过错

（1）审阅送检材料及根据听证会了解的情况，被鉴定人二次就诊该医院，其"颅骨缺损"诊断明确，具有手术适应证，无禁忌证，医方行"左侧颅骨缺损修补术"符合医疗护理技术操作常规及临床技术操作规范。

（2）根据送检材料和听证会了解情况，并结合术后 CT 检查结果分析：两次 CT 检查未发现被鉴定人所述的钛网变形、塌陷的情况；因此认为医方在行"左侧颅骨缺损修补术"符合诊疗常规，无原则错误。

（3）关于被鉴定人所述"颅骨塌陷"的原因，根据被鉴定人二次入院行"左侧颅骨缺损修补术"术前及术后 CT 检查结果分析认为，被鉴定人所述"颅骨塌陷"不是钛网塌陷，而是头皮软组织局部塌陷所致（图 3-1-1～图 3-1-3）。分析其软组织局部凹陷的原因，可能与外伤后血肿机化、炎症、增生等有关，与医方是否采用三维塑形无关。

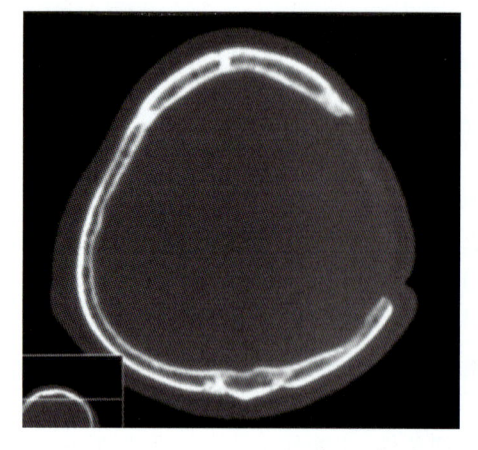

图 3-1-1　3月27日头部CT片
图示左侧颅骨缺损

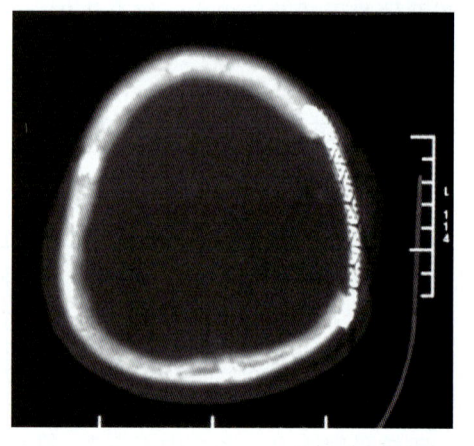

图 3-1-2　4月16日头部CT三维重建图像
图示左侧颅骨缺损钛网修补术后改变，钛网位置正常，无滑脱移位，无明显变形；左侧颞顶部软组织欠规整，局部凹陷

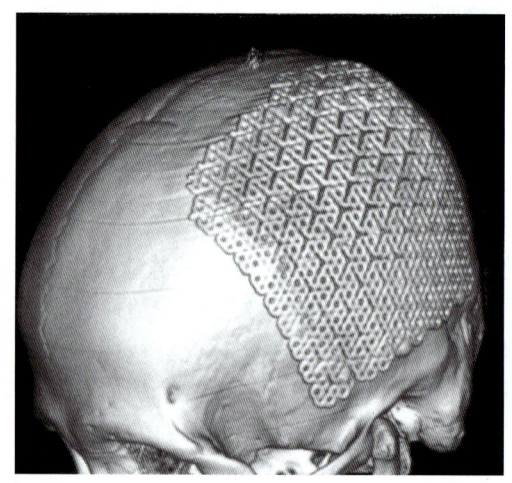

图 3-1-3　某年4月20日头部CT三维重建图像
图示左侧颅骨缺损钛网修补术后改变，钛网位置正常，无滑脱移位，无明显变形

（4）关于告知，审阅送检材料及根据听证会了解的情况，医方虽对被鉴定人术前告知手术目的、手术风险、术后可能的并发症，但未对具体塑形方法进行告知，即被鉴定人失去了知情选择权，但与被鉴定人目前损害后果（软组织局部凹陷）无因果关系。

2. 损害后果、因果关系及因果关系类型（参与度）　被鉴定人自述的损害后果为颅骨塌陷，但结合送检CT检查结果，被鉴定人所述"颅骨塌陷"不是钛网塌陷，而是头皮软组织局部塌陷所致。软组织局部塌陷的原因可能与外伤后血肿机化、炎症、增生等有关，与医方是否采用三维塑形无关。虽然医方存在告知义务不足，但与被鉴定人目前损害后果无因果关系。

六、鉴定意见

某人民医院在对被鉴定人的诊疗过程中存在告知义务不足，但与被鉴定人目前损害后果无因果关系。

（曹　磊　龙青春）

> **点评**　该案通过术前及术后的影像学图片资料，明确显示了颅骨修补后其钛网的大小、位置正常，分析了左顶部头颅凹陷的原因，充分说明被鉴定人存在对"左顶部颅骨骨板塌陷"发生原因的误解。虽然认定医方存在告知不足之过错，但与被鉴定人目前损害后果无因果关系的鉴定意见合理，有说服力。

案例2　含服降压药诱发脑梗死

关键词　医疗纠纷；高血压；脑梗死

一、基本情况

1. 委托鉴定事项　医院诊疗行为是否存在过错，过错与损害后果之间的因果关系及因果关系类型。

2. 鉴定材料　①某省医疗机构门（急）诊通用病历复印件2份；②某市中心医院住院病案复印件2份；③某大学附属医院住院病案复印件1份；④影像学片16张；⑤某市中心医院脑电图报告复印件1份、某省医疗机构门（急）诊通用病历复印件2份。

3. 被鉴定人　某男，42岁。

二、基本案情

被鉴定人于某年7月15日因"腹痛、腹泻1周，脱水2日"至某市中心医院门诊部就诊，初步诊断为"胃炎、高血压"，予输液治疗，输液过程中出现呕吐、狂躁等症状，转至外院，诊断为脑梗死、高血压3级。因被鉴定人对医院的医疗行为提出异议，起诉到法院。现受某法院委托，就上述委托鉴定事项进行法医学司法鉴定。

三、资料摘要

（一）某省医疗机构门（急）诊通用病历（7月15日15时30分）摘要

主诉：腹痛、腹泻1周，脱水2日。既往史：高血压。体检：BP 150/110mmHg，神志清楚，精神差，腹部饱满，肝胆肋下未触及，脐周压痛（++），余（-）。初步诊断：胃炎，高血压。治疗意见：请会诊排除外科情况，建议进一步检查，输液。

16时患者输泮托拉唑钠约10min后出现烦躁、呕吐（呕吐物呈黑色黏液），请会诊疑脑血管病、消化道出血，停止输液，加甘露醇注射液静脉滴注，并联系120急救中心。

（二）医院住院病历（7月15日）摘要

主诉：腹痛一天，神志不清，失语，左侧肢体无力 2h。现病史：于当地医院测血压 150/110mmHg，给予降压药含服并输液治疗，途中患者突然出现呕吐，呕吐物为胃内容物，非喷射性，无咖啡色物质，随后不能言语，左侧肢体活动欠佳，烦躁不安。曾患疾病：心脏病、高血压。入院体检：BP 150/84mmHg，昏睡状，躁动，双侧瞳孔等大、等圆，直径 3mm，对光反射存在，脑神经检查不能配合，右侧肢体可见自主活动，肌张力正常，左上肢无自主活动，左下肢疼痛刺激稍有回缩，肌张力高，左侧巴宾斯基征阳性。头部CT示左侧基底核区脑梗死。入院后告知病危，入NICU行重症监护综合治疗；完善相关检查；给予改善循环、醒脑护脑、降纤维蛋白原治疗，预防应激性溃疡，抗血小板聚集以及对症支持治疗；告知患者家属其病情危重。复查头部CT示大面积脑梗死。出院诊断：右侧大面积脑梗死，高血压3级、极高危组，肺部感染，腹痛待查。

四、鉴定过程

1. 鉴定依据和方法　依据中华人民共和国司法部《司法鉴定程序通则》（中华人民共和国司法部令第132号）及《北京司法鉴定行业协会关于办理医疗过错司法鉴定案件的若干意见》（京司鉴协发〔2009〕5号）相关条款之规定，结合相关法律法规、临床诊疗护理操作规范和指南等进行鉴定。

2. 审核受理情况　经鉴定人审查，认为符合受理条件，并发出听证会通知。

3. 听证会情况　鉴定人在本中心召开了有医患双方及相关临床专家参加的鉴定听证会，告知本案的鉴定人、鉴定目的、用于此次鉴定的材料及鉴定风险事项等，医患双方分别签字确认并陈述了各自意见，回答鉴定人和专家的相关询问。现将医患双方的主要观点归纳如下：

（1）患方主要观点。①美洛西林钠注射液未行皮试，美洛西林钠与地塞米松配伍属禁忌，配伍可产生微栓子，导致微小血管栓塞，且地塞米松不能用于高血压患者；②硝苯地平不属于紧急降压药物，使用可以产生靶器官缺血缺氧坏死；③脑血栓患者使用甘露醇，可导致脑血流灌注不足，增加血液黏稠度；④目前情况系医方诊疗行为所致，应为全部责任。

（2）医方主要观点。①医院门诊在为患者的诊疗过程中诊断正确，治疗得当，处置及时，医疗行为符合规范和医疗原则，患者病情突然变化所致的客观后果系其自身疾病发展的结果，与医院的医疗行为无关；②不存在隐匿、伪造、销毁病历资料。

五、分析说明

根据委托人提供的现有文证资料，结合鉴定听证会了解的情况，综合分析如下：

1. 医方的医疗行为是否存在过错

（1）门诊给予抗炎、保护胃黏膜、抑酸、解痉止痛、降压等治疗措施符合患者病情的客观需要，但降压采取硝苯地平舌下含服降压快，方式欠妥，存在过错。

（2）患者发病以后，医方给予甘露醇脱水降颅压，预防脑疝发生，符合病情需要。

（3）根据美洛西林钠及地塞米松药品说明书，未见两者存在配伍禁忌；同时本例影像资料示一侧大面积脑梗死，对侧未见受累，且后续检查未提示存在血管内异物栓塞，故现有资料不支持药物反应产生异物引起的脑栓塞。

2. 损害后果、因果关系及因果关系类型（参与度） 被鉴定人最终经影像学摄片诊断为右侧脑梗死。发病当日影像示陈旧脑梗死灶，说明被鉴定人存在脑血管疾病基础，该类患者发生再次脑梗死的概率明显高于正常人群。结合其病史及治疗经过，考虑本例脑梗死发病原因为自身基础疾病未予规范治疗，同时患者在本次发病后腹泻1周、脱水2日，导致血容量下降、血液黏稠度增高，不排除医方降压快诱发脑梗死的可能。因此，其自身基础疾病未予规范治疗，本次腹泻导致血容量下降、血液黏稠度增高为发生脑梗死的病理基础和主要原因；医方在被鉴定人就诊期间采用舌下含服硝苯地平降压，短时间内血压下降也可能是诱发脑梗死的原因之一。综上所述，医方的医疗过错与被鉴定人发生脑梗死及其后遗症之间存在次要因果关系。

六、鉴定意见

医方在对被鉴定人诊疗过程中有降压方式欠妥的过错，医疗过错与其发生脑梗死及其后遗症之间存在次要因果关系。

（史肖倩　杨　帆）

> **点评** 本例患者病情复杂，尤其是患有高血压、血管硬化狭窄，具有脑梗死高风险的病理基础。当其因腹泻脱水，血容量下降、血液黏稠度增高时更易发生脑梗死。此时降压和补液是一对矛盾，如何进行合理的临床处理，适度的降压和补液对医生的综合业务能力是一个考验。
>
> 该病例的教训是：医生在处置患者时仅仅考虑了疾病的一方面，及时快速降压，但没有想到高血压血管硬化狭窄患者，在脱水血容量下降、血液黏稠度增高的情况下，如果血压快速下降可能会促发脑缺血而致脑梗死，这值得临床工作者注意。

案例 3　子宫肌瘤剥除术后并发蛛网膜下腔出血

关键词　医疗纠纷；子宫肌瘤剥除术；蛛网膜下腔出血

一、基本信息

1. 委托鉴定事项　医院诊疗行为是否存在过错，过错与损害后果之间的因果关系及因果关系类型。

2. 鉴定材料　①某医院住院病案复印件1份；②询问笔录、身份证复印件各1份；③医患双方陈述各1份。

3. 被鉴定人　某女，25岁。

二、基本案情

据送检材料所载：被鉴定人因"月经量多 4 年，发现下腹包块 4 天"于某年 2 月 29 日入住某医院。入院诊断：子宫肌瘤、失血性贫血（中度）。入院后于同年 3 月 2 日 10 时 25 分行腹腔镜下子宫肌瘤剥除术。术后当晚出现昏睡等症状，转 ICU，后经行颅脑 CT 检查提示为蛛网膜下腔出血，给予相关对症治疗，后经抢救治疗无效后于同年 3 月 16 日死亡。因患者家属对该院的诊疗行为提出异议，起诉至法院，现某法院委托本鉴定中心就上述委托事项进行法医学司法鉴定。

三、资料摘要

入院时间：2 月 29 日。死亡时间：3 月 16 日。

入院情况：因"月经量多 4 年，发现下腹包块 4 天"于 2 月 29 日入院。入院时情况：T 36.9℃，P 90 次/分，BP 106/65mmHg。青年女性，生长发育正常，营养良好。神志清楚，精神良好，查体合作。专科情况：外阴发育正常，阴道通畅，宫颈光滑，子宫前位，增大如 3$^+$ 月妊娠大小，形态失常，轻压痛，双侧附件区未触及明显异常团块，无压痛。辅助检查：2 月 25 日子宫双附件彩超示子宫增大，形态失常，于子宫后壁探及大小约 7.86cm×6.47cm×7.70cm 的偏低回声团块，边界清晰，形态规则，内回声较均匀，CDFI 示其内及周边均见血流信号显示。余宫壁回声均质。子宫内膜厚约 0.5cm。双侧附件区未见明显异常。超声：宫腔内实性团块，考虑子宫肌瘤。2 月 29 日血常规：血红蛋白 61.00g/L。

入院诊断：子宫肌瘤；失血性贫血（中度）。

诊疗经过：入院后完善相关检查，给予输血纠正贫血，于 3 月 2 日 10 时 25 分行腹腔镜下子宫肌瘤剥除术，手术顺利，术中出血 20ml。术后 8h 余患者精神略差，自诉下腹痛，轻度恶心，未呕吐，于 21 时 25 分出现昏睡，呼吸低弱，心率突然增快，最快达 240 次/分左右。心电监护基线紊乱，血压 101/55mmHg，血氧饱和度 96% 左右，双侧瞳孔等大、等圆，直径约 5mm，对光反射消失。会诊后，转 ICU 治疗，转入途中出现呼吸停止，给予胸外心脏按压。转入后立即给予心肺复苏，并给予高级生命支持；纠正酸中毒，纠正电解质紊乱，血管活性物质维持血压；气管插管接呼吸机辅助呼吸，平喘化痰，抗生素应用控制感染；请心内科及神经内科会诊协助诊疗；完善相关检查明确诊断；经过 25min 抢救，患者于 3 月 2 日 22 时 2 分恢复窦性心律，心率约 150 次/分，血压 110/70mmHg 左右。于 3 月 3 日行颅脑 CT 检查，提示蛛网膜下腔出血，弥漫性脑肿胀。应家属要求，请某附属医院重症医学科和神经内科联合会诊，根据患者病情及实验室检查，考虑诊断为蛛网膜下腔出血。蛛网膜下腔出血原因主要考虑为脑动脉畸形及动脉瘤破裂出血。在治疗过程中患者出现高钠血症，血钠最高达 200mmol/L，给予鼻饲温水处理。军团菌抗体阳性，给予红霉素抗感染治疗。某医院重症医学科会诊考虑原因不明确，首先考虑颅内原因所致，存活希望渺茫，主要以器官支持治疗为主。后患者出现贫血，给予输血纠正。3 月 9 日请全院多学科会诊协助诊疗，患者病情持续无好转。3 月 16 日 2 时 30 分体温达 43.0℃，考虑中枢性高热，给予异丙嗪 + 氯丙嗪肌内注射，冰块物理降温。于 2 时 35 分突发心率进行性下降，心电监护示无正常波形，立即给予胸外心脏按压，肾上腺素、阿托品等血管活性药物静脉注射，血气分析提示代谢性酸中毒，给予碳酸氢钠纠正酸中毒，706代血浆、参附注射液扩容升压，地塞米松 10mg 静脉注射。于 2 时 55 分恢复窦性心律，70 次 / 分，极不稳定，间断肾上腺素、阿托品静脉注射，给予多巴胺、去甲肾上腺素联合泵入维持血压，血压 80/40mmHg，脉氧饱和度 100%。于 3 时 55 分再次出现心率下降，再次胸外心脏按压，血管活性药物应用，效果不佳，患者心率始终无恢复，双瞳孔散大固定，对光反应消失，颈动脉搏动消失，无尿，停止按压后心电图示直线。于 4 时 20 分宣布死亡。

死亡原因：中枢性循环衰竭。

死亡诊断：脑干功能衰竭，蛛网膜下腔出血，中枢性高钠血症，呼吸、心搏骤停，心肺复苏术后，缺血缺氧性脑病，心律失常，神经源性肺水肿，肺部感染，子宫肌瘤术后，失血性贫血（中度）。

四、鉴定过程

1. 鉴定依据和方法 依据中华人民共和国司法部《司法鉴定程序通则》（中华人民共和国司法部令第 132 令）及《北京司法鉴定行业协会关于办理医疗过失司法鉴定案件的若干意见》（京司鉴协发〔2009〕5 号）相关条款之规定，结合相关法律法规、临床诊疗护理操作规范和指南等进行鉴定。

2. 审核受理情况 本中心预受理后，经鉴定人审查相关文证资料，发出听证会通知医患双方来本中心参加本次医疗纠纷鉴定听证会。

3. 听证会情况 鉴定人在本中心召开了有医患双方参加的鉴定听证会，告知本案的鉴定人、鉴定目的、用于此次鉴定的材料及鉴定风险事项等，医患双方分别签字确认并陈述了各自意见，回答鉴定人的相关询问。现将医患双方的主要观点归纳如下：

（1）患方主要观点。术前对患者检查不全面，手术前并未全面检查；手术室方案有问题；手术过程草率；值班医生和护士护理不到位，没有尽到护理监护义务；抢救会诊不全面。总之，该院在对该患者的诊疗过程中，存在医疗过错行为，是导致患者死亡的原因，医方应当承担全部责任。

（2）医方主要观点。医院对该患者入院诊断明确，术前检查较完善，手术顺利，患者发病突然，病情危重且发病为该年龄极少见的疾病。患者发病后抢救、会诊全面、及时，因病情突发、少见、危重等原因导致患者预后差、死亡，为不可避免的意外情况。

五、分析说明

依据委托人提供的现有文证资料，结合鉴定听证会所了解情况，综合分析如下：

1. 医方的医疗行为是否存在过错

（1）该患者因"月经量多 4 年，发现下腹包块 4 天"于某年 2 月 29 日入住某医院，入院后医方依据其主诉、查体情况，结合有关辅助检查结果，初步诊断为"子宫肌瘤，失血性贫血（中度）"成立，患者具有明确的手术适应证，入院后经完善相关检查及输血对症治疗后，患者无明显手术禁忌证，医方术前向患者及家属履行了手术风险告知义务并征得其签字同意后，于 3 月 2 日 10 时 25 分医方对其行腹腔镜下子宫肌瘤剥除术，符合手术操作规范。

（2）据该院 3 月 2 日 20 时 50 分病程记录所载，患者术后于 20 时 35 分自述腹部疼痛，轻度恶心，查体见其嗜睡，给予物理降温、氧气吸入、静脉滴注706代血浆。此期间患者嗜睡、进入睡眠状态后鼾声明显。但医方对患者术后出现的该异常情况未引起高度重视，病情分析不足，未及时完善相关辅助检查及邀请相关科室会诊，存在过错。

（3）患者于3月2日21时35分出现呼吸减弱、心率增快、心电监护提示基线紊乱，出现昏睡状态、牙关紧闭等症状，医方急请心内科、ICU科会诊，建议即刻转入ICU治疗。转入途中，患者突然出现呼吸停止，医方给予胸外心脏按压；入室后患者出现心跳停止，医方给予心肺复苏、呼吸机辅助呼吸等抢救后患者恢复窦性心律，但呼吸未恢复，病情稳定后经行颅脑CT及腰穿检查，提示患者蛛网膜下腔出血。其后给予脱水降颅压、营养脑神经等治疗，但患者病情未见好转，又出现高钠血症、军团菌感染等并发症，终因抢救无效于3月16日死亡。死亡诊断：脑干功能衰竭；蛛网膜下腔出血；中枢性高钠血症；呼吸、心搏骤停；心肺复苏术后；缺血缺氧性脑病；心律失常，神经源性肺水肿；肺部感染；子宫肌瘤术后；失血性贫血（中度）。

2. 损害后果、因果关系及因果关系类型（参与度）

（1）医方对患者术后出现异常情况未重视及处理过错在一定程度上延误了患者疾病早期发现、早期诊断的时机，与其疾病发展及不良后果的发生之间存在一定的因果关系。

（2）患者所患蛛网膜下腔出血，其原因多考虑为脑血管畸形或脑血管动脉瘤破裂引起，但患者入院时病史中未提示其存在脑血管畸形或脑血管动脉瘤的高危因素及家族史，也未出现相关临床症状和体征，其颅脑CT或造影检查也非子宫肌瘤剥除术的常规术前检查项目，故该疾病早期诊断存在一定的难度。患者发病后疾病进展迅速、预后差，易出现各种严重并发症，且疾病本身存在较高的诊治风险，因此认为，患者所患疾病自身的特点及诊治中本身所具有的高风险性与其死亡后果之间存在主要因果关系。

综上所述，某医院在对患者的诊治过程中存在术后病情分析不足、未及时完善相关辅助检查及邀请相关科室会诊的医疗过错，该过错在一定程度上延误了患者疾病早期发现、早期诊断的时机，与其疾病发展并死亡之间存在一定的因果关系，其过错程度为次要因果关系。

六、鉴定意见

某医院在对被鉴定人的诊治过程中存在医疗过错，该过错与被鉴定人的死亡后果之间存在一定的因果关系，其过错程度为次要因果关系。

（王伟国　王津平）

> **点评** 非脑部手术患者，术后发生脑出血的病例在临床上并不少见，大多数与自身基础疾病有关。本例患者因子宫肌瘤行腹腔镜下子宫肌瘤剥除术，手术顺利。术后因自身存在的脑动脉畸形动脉瘤破裂出血致死。根据病情发生发展过程，分析脑出血的原因应与手术刺激有关，术后发生破裂属于难以完全避免的并发症。同时因脑动脉畸形动脉瘤术前没有临床症状，亦非术前常规检查项目，使其难以发现，故本例脑动脉畸形动脉瘤术前未予以明确诊断和破裂均不能认定医院有错。本例医

院的过错在于患者术后在麻醉清醒后又出现神志异常的情况下未引起医生的重视，延误了病情，影响了后期治疗效果。

本例的教训是：手术科室的医生除了重视手术操作和术前准备外，应同样重视术后对患者病情的观察，尽早发现异常，及时检查、及时处理，否则会延误治疗，错失良机。

案例4　胆脂瘤行乳突根治术后发生周围性面瘫

关键词　医疗纠纷；胆脂瘤；乳突根治术；面神经；周围性面瘫

一、基本情况

1. 委托鉴定事项　医院诊疗行为是否存在过错，过错与损害后果之间的因果关系及因果关系类型。

2. 鉴定材料　①某职工医院住院病案复印件1份；②某大学第一附属医院住院病案原件、复印件各1份；③影像学片4张；④纯音听力图1张、肌电图1份、BAEP报告1份和影像学报告单1份。

3. 被鉴定人　某男，53岁。

二、基本案情

被鉴定人于某年3月13日因"左耳反复流脓20年，加重半年"到某职工医院就诊，住院行抗炎、对症治疗，同年3月16日转上级医院。3月24日因"左侧外耳道溢液37年"到某大学第一附属医院住院，完善术前检查后，26日行"乳突根治术+鼓室成形术+面神经减压术"，术后出现左侧面瘫。被鉴定人对医院的医疗行为提出异议，起诉到某法院，现受该法院委托，就上述委托鉴定事项进行法医学司法鉴定。

三、资料摘要

（一）某职工医院住院病历（3月13日～3月16日）摘要

主诉：左耳反复流脓20年，加重半年。查体：耳廓正常，左侧耳道狭窄，有较多脓性分泌物，清洗后见有暗黄色胆脂样新生物，鼓膜可见大穿孔，乳突区无压痛。乳突CT：怀疑左侧颈静脉球区占位。入院诊断：颈静脉球体瘤（左）。诊疗经过：入院后完善检查，给予抗炎、对症治疗，转上级医院。

（二）某大学第一附属医院住院病历（3月24日～4月8日）摘要

主诉：左侧外耳道溢液37年。现病史：37年前因中耳乳突炎、胆脂瘤行手术治疗，2个月前出现外耳道流血性液体。专科检查：左侧外耳道畸形，外耳道右侧上方可见瘘口，双耳余（−）。头部CT：左静脉球区占位。初步诊断：颈外静脉瘤。

术前小结：术前诊断，颈外静脉瘤（？），乳突炎（？）。拟施手术名称和方式：乳突根治术＋鼓室成形术（备颈静脉球体瘤切除术）。

手术名称：乳突根治术＋鼓室成形术＋面神经减压术。手术经过：暴露乳突，见乳突腔呈术后改变，其内可见胆脂瘤组织，味臭，将胆脂瘤充分取出后，再次扩开乳突腔及鼓窦，修剪外耳道皮片，削低面神经嵴，暴露面神经，见听骨链破坏无存，上鼓室和中下鼓室均充满胆脂瘤，清理病变组织，以生理盐水冲洗术腔，检查无病变组织残留后，以碘仿纱条行术腔填塞，间断缝合切口，加压包扎，结束手术。

术后查体：左侧面瘫。给予营养神经药物。

（三）肌电图与诱发电位检查报告

肌电图示左面神经支配肌额肌、口轮匝肌呈神经源性改变。茎（经）乳突刺激左面神经颞支潜伏时正常，左侧较对侧波幅降低。茎（经）乳突刺激左侧面神经颊支潜伏时较对侧延迟，波幅较对侧降低。结论：考虑左面神经不全性损害可能（轴索合并脱髓鞘）。

四、鉴定过程

1. 鉴定依据和方法　依据中华人民共和国司法部《司法鉴定程序通则》（中华人民共和国司法部令第132号）及《北京司法鉴定行业协会关于办理医疗过错司法鉴定案件的若干意见》（京司鉴协发〔2009〕5号）相关条款之规定，结合相关法律法规、临床诊疗护理操作规范和指南等进行鉴定。

2. 审核受理情况　经鉴定人审查，认为符合受理条件，并发出听证会通知。

3. 听证会情况　鉴定人在本中心召开了有医患双方及相关临床专家参加的鉴定听证会，告知本案的鉴定人、鉴定目的、用于此次鉴定的材料及鉴定风险事项等，医患双方分别签字确认并陈述了各自意见，回答鉴定人和专家的相关询问。现将医患双方的主要观点归纳如下：

（1）患方主要观点。①咽喉头颈外科的医生做了耳科手术，是跨科、超范围手术，手术不专业造成目前结果；②术中损伤面神经，目前结果与操作有关。

（2）某职工医院主要观点。鉴于医院技术和设备条件，无法对患者进一步诊断和治疗，及时转上级医院诊断治疗，未给患者病情及治疗造成延误和损失，不存在过失。

（3）某大学第一附属医院主要观点。①诊断正确，医疗措施符合原则；②出现面瘫后，医疗措施符合患者的病情及医疗规范；③目前出现的问题系病情自身发生、发展的结果，不是医院医疗行为不当所致；④手术医生执业范围为耳鼻咽喉头颈外科，不存在超范围执业、手术的问题；⑤面瘫是乳突根治手术术后常见的并发症。

五、分析说明

根据委托人提供的现有文证资料，结合鉴定听证会了解的情况，综合分析如下：

1. 医方的医疗行为是否存在过错

（1）某职工医院。医方根据被鉴定人入院时主诉、查体及影像学所见，结合医院实际情况，及时建议转诊上级医院治疗，未见明显过失。

（2）对某大学第一附属医院

1）医院对患者入院时的体格检查不够仔细、诊断不明确，术前讨论未针对本例的特殊情况进行分析，未就可能出现的问题及对应措施进行讨论，存在过错。但术前未见明显手术禁忌证，术式选择"乳突根治术"符合医疗护理技术操作常规和患者病情需要。

2）病历记录无三级医师检诊、部分记录前后不一致，说明病历不规范。

3）术中未见明确面神经管侵犯、面神经周围严重粘连等记载。虽然记载术程顺利，但术后出现面神经损伤考虑为术中操作不当所致；出现面瘫后未及时明确面神经损伤情况，处理措施不当（未规范使用激素、不应加压包扎），存在过错。

2. 损害后果、因果关系及因果关系类型（参与度） 被鉴定人术后发现左侧面瘫，目前查体及肌电图检查示不全性面瘫。

面瘫是乳突根治术术后常见的、可预见但不能完全避免的并发症，与手术损伤或者术中清理病变操作有直接关系。本例数年前曾进行过乳突手术，局部粘连、解剖结构变异，存在副损伤发生的客观因素。但该院术前检查不仔细、诊断不明确、术前讨论无针对性、术中操作不当、术后发生并发症后处理不当等是其发生面神经损伤及目前后遗功能障碍的主要原因。某大学第一附属医院的医疗过错与被鉴定人目前面瘫之间存在因果关系，应为主要责任。

六、鉴定意见

（1）某职工医院对被鉴定人的医疗行为未见明显过错。

（2）某大学第一附属医院对被鉴定人的医疗行为存在过错；其过错与被鉴定人左侧面瘫之间存在因果关系，应为主要责任。

（史肖倩 杨 帆）

> **点评** 乳突根治术是治疗胆脂瘤中耳炎、慢性化脓性中耳炎的有效办法。尽管该技术成熟，手术并发症已大为减少，但面神经损伤仍是临床医生最常遇到的并发症之一。其原因多与病变复杂、解剖变异、操作不规范等因素有关。为了预防面神经的损伤，术前应完善相关检查，明确手术范围和注意回避风险。
>
> 本例患者因中耳乳突炎、胆脂瘤行"乳突根治术+鼓室成形术+面神经减压术"，术后出现左侧面神经瘫痪。分析其原因，认为某大学第一附属医院实施面神经减压术前应行颞骨高分辨薄层CT检查，来了解胆脂瘤的部位、破坏范围、面神经的走行和面神经骨管的完整性，以尽可能地避免术中发生操作不当而损伤面神经。但该病例因为医方在术前没有完善相应检查，未明确诊断的情况下手术，发生面神经瘫痪的不良后果，就难以完全用手术并发症来解释，属于未尽高度注意义务之过错，应引起临床医师重视。

案例 5　白内障术后并发眼内炎致视力下降

关键词　医疗纠纷；白内障；眼内炎；医院管理

一、基本情况

1. 委托鉴定事项　医院诊疗行为是否存在过错，过错与损害后果之间的因果关系及因果关系类型。

2. 鉴定材料　①某市中心医院住院病案复印件 1 份；②某附属医院住院病案复印件 1 份；③某市中心医院住院病案原件 1 册（听证会上由医方提交，患方无异议）；④询问笔录复印件 2 份；⑤门诊病历及检查报告单复印件 2 份。

3. 被鉴定人　某男，50 岁。

二、基本案情

被鉴定人于某年 11 月 13 日因"右眼无痛性视力渐进行（性）下降一年"到某市中心医院住院治疗，入院行"右眼白内障囊外摘除联合人工晶状体植入术"，术后发生眼内感染，行相关处理，12 月 30 日出院。被鉴定人对该医院的医疗行为提出异议，起诉到法院。现受某法院委托，就上述委托鉴定事项进行法医学司法鉴定。

三、资料摘要

医院住院病历（11 月 13 日～12 月 30 日）摘要

主诉：右眼无痛性视力渐进行（性）下降一年。眼科查体：左眼 0.1，右眼光感。左眼晶体密度增加，余未见异常；右眼晶状体白色混浊，玻璃体及眼底窥不清。初步诊断：左眼屈光不正，右眼老年性白内障（过熟期）。

入院完善检查，行右眼白内障囊外摘除、人工晶状体植入术。术后给予患者抗炎对症治疗。术后第 3 日约 23 时在院外出现右眼痛，疼痛较剧烈，自服去痛片，于次日 8 时 30 分返院。眼部查体：右眼角膜全层混浊，前房纤维渗出，下方积脓约 2mm，灰白色，可流动性，瞳孔约 3mm×3mm，对光反射迟缓。补充诊断右眼眼内炎，立即眼内注射头孢他啶及万古霉素，向患者及家属交代病情，并局部麻醉下行"右眼前房冲洗、人工晶状体取出、玻璃体腔注药术"，术后给予患者抗炎对症治疗。同日中午在局部麻醉下行"右眼玻切 + 虹膜周边切除 + 气液交换 + 巩膜外冷凝 + 硅油填充术"，术后行抗炎对症治疗。

房水细菌培养结果：革兰氏阳性球菌生长。

四、鉴定过程

1. 鉴定依据和方法　依据中华人民共和国司法部《司法鉴定程序通则》（中华人民共和国司法部令第 132 号）及《北京司法鉴定行业协会关于办理医疗过错司法鉴定

案件的若干意见》（京司鉴协发〔2009〕5号）相关条款之规定，结合国家、部门相关法律、法规、临床诊疗护理操作规范、指南等进行鉴定。

2. 审核受理情况　经鉴定人审查，认为符合受理条件，并发出听证会通知。

3. 听证会情况　鉴定人在本中心召开了有医患双方及相关临床专家参加的鉴定听证会，告知本案的鉴定人、鉴定目的、用于此次鉴定的材料及鉴定风险事项等，医患双方分别签字确认并陈述了各自意见，回答鉴定人和专家的相关询问。现将医患双方的主要观点归纳如下：

（1）患方主要观点。①白内障术后感染眼内炎，患者严格按照医方要求进行护理，考虑医方手术创口过大，伤到视网膜；②目前畏光、流泪、无视力。

（2）医方主要观点。①术前、手术过程中、术后严格按照诊疗规范，发生眼内炎以后处理及时，术前进行过术前告知，医方诊疗不存在违反诊疗常规；②同批次其他患者无感染，应与医方手术器械环境无关；③患者术后第一天，视力恢复良好，眼部症状平稳，考虑在术中直接感染可能性极小。

五、分析说明

根据委托人提供的现有文证资料，结合鉴定听证会了解的情况，综合分析如下：

1. 医方的医疗行为是否存在过错

（1）根据被鉴定人入院时主诉、眼科专科检查所见，医方诊断"右眼老年性白内障（过熟期），左眼屈光不正"成立，存在手术适应证，无明显禁忌证；医方选择行"右眼白内障囊外摘除、人工晶状体植入术"符合医疗护理技术操作常规及患者病情的客观需要，手术操作未见明显违规。术前行剪除睫毛、泪道、结膜囊冲洗，抗生素点眼等预防术后感染的措施，未见明显过错。

（2）医方术前小结、手术知情同意书均记录手术方式为"右眼白内障超声乳化摘除、人工晶状体植入术"，实际施行术式为"右眼白内障囊外摘除、人工晶状体植入术"，两者之间不一致，存在过错。

（3）听证会获知被鉴定人术后返家，没有留院，现有材料未见医方针对住院患者离院风险及相应治疗的告知，存在对住院患者管理不当的过错。

（4）医方在明确被鉴定人发生眼内炎后处理及时，未见明显过错。

2. 损害后果、因果关系及因果关系类型（参与度）　被鉴定人右眼手术后出现眼内炎（革兰氏阳性球菌感染），经手术治疗目前右眼视力下降。

眼内炎属于内眼手术后较为罕见、能够预见但不能完全避免的并发症，国内外大多数统计报道发生率为0.04%～0.13%，一旦发生，后果非常严重。白内障术后眼内炎发生的危险因素包括：①局部因素，眼球及其附属器的感染，导致眼表带菌量增高；②Ⅱ期人工晶状体植入术；③眼内异物取出术后；④术中晶状体后囊破裂；⑤切口延迟愈合；⑥手术时间长；⑦年龄；⑧糖尿病和全身疾病等。研究表明以上因素与术后内眼感染存在一定相关性。

本例被鉴定人右眼术后感染革兰氏阳性球菌，该类菌在人体眼部正常菌群中较为常见，一般条件下不致病，属于机会性致病菌。医方术前已经给予剪睫毛、冲洗泪道、冲洗结膜囊等常规预防术后感染的护理，手术前后也给予抗生素点眼的医嘱，采取了预防措施。但被鉴定人术后未留院，院外抗生素滴眼医嘱执行情况无法确定。同时，由于被鉴定人一直在院外，发现眼部异常（16日晚间）后未能及时找医生明确原因，对疾病治疗有一定延误。综合医疗风险及医院的医疗过错等因素分析，认为医方对住院患者管理不当的医疗过错与被鉴定人右眼眼内炎及其遗留后果之间存在次要因果关系。

六、鉴定意见

医方对被鉴定人的诊疗过程中存在住院患者管理不当等过错，该过错与其右眼眼内炎及其遗留后果之间存在次要因果关系。

（史肖倩　杨　帆）

> **点评**　白内障囊外摘除联合人工晶状体植入，术后继发眼内感染的情况难以完全避免，但并不常见。本例术前准备充分，术式选择及手术操作符合相关医疗规范，但术后的管理存在过错，导致术后必要的抗感染治疗无法保证，是眼内炎发生的原因之一。
>
> 本例应吸取的教训是，医疗过错不仅仅发生在诊断和治疗活动中，医院规章制度的严格管理和执行也很重要，尤其是住院患者的院内管理与医疗质量密切相关。住院患者的自行离院是医院管理的难点之一，住院患者在住院期间回家或外出，出现意外或病情恶化很容易引起医疗纠纷，所以住院患者的管理应引起医院的高度重视。本例由于医务人员没有坚持对患者术后留院治疗，违反了医院的规章制度，存在管理失误，应引以为戒。

案例6　下唇癌术后发生唇皮肤臃肿

关键词　医疗纠纷；下唇癌；皮瓣移植

一、基本情况

1. 委托鉴定事项　医院诊疗行为是否存在过错，过错与损害后果之间的因果关系及因果关系类型。

2. 鉴定材料　①质证笔录、民事起诉状、鉴定申请书等复印件各1份；②首家医院住院病案复印件2份（医患双方各1份）；③次年3月13日质证笔录复印件1份；④第二家医院门诊病历复印件4页。

3. 被鉴定人　某男，37岁。

二、基本案情

被鉴定人因"左下唇发现肿物伴肿胀疼痛"到某医院就诊，住院期间行手术等治疗后出院。被鉴定人自觉唇部外形臃肿、皮厚、皮瓣色泽与周围皮肤不一致。现受某法院委托,就上述委托鉴定事项进行法医学司法鉴定。

三、资料摘要

(一)首家医院住院病历(某年10月15日～11月10日)摘要

主诉:左下唇发现肿物伴肿胀疼痛。现病史:约4个月前发现左下唇"黄豆粒"大小肿物,无明显自觉症状。近1个月来左下唇肿物逐渐增大,现为"鹌鹑蛋"大小,并有肿胀疼痛等症状,偶有麻木刺痛感,表面偶发破溃。专科检查:左侧下唇可见一约2.0cm×1.5cm大小肿物,质地中等,边界不清,活动度差,基底弥漫不清,触痛(+),波动感(-),余未见明显异常。入院诊断:下唇肿物。

手术经过:于下唇肿物与正常组织交界范围切取一块约1.0cm×0.5cm大小组织送做术中冰冻切片检查。回报:鳞癌。行"下唇癌灶扩大切除+邻近瓣转移修复"术。术后查体面型对称,无畸形缺损,开口型正常,开口度约2.5cm。左侧下唇术区创口愈合可,转移瓣颜色正常、弹性可,创口有少量渗出,无活跃性出血,橡皮引流条在位良好,缝合线在位可。

(二)第二家医院门诊病历摘要

主诉:左下唇肿物术后2年,外形不佳,流口水。

体格检查:左下唇及口角处矩形皮瓣转移修复后,口唇变形,皮瓣臃肿,外形不协调。诊断:左下唇术后畸形。处理意见:可以考虑手术修复。

四、鉴定过程

1. 鉴定依据和方法 依据中华人民共和国司法部《司法鉴定程序通则》(中华人民共和国司法部令第132号)及《北京司法鉴定行业协会关于办理医疗过错司法鉴定案件的若干意见》(京司鉴协发〔2009〕5号)相关条款之规定,结合相关法律法规、临床诊疗护理操作规范和指南等进行鉴定。

2. 审核受理情况 经鉴定人审查,认为符合受理条件,并发出听证会通知。

3. 听证会情况 鉴定人在本中心召开了有医患双方及相关临床专家参加的鉴定听证会,告知本案的鉴定人、鉴定目的、用于此次鉴定的材料及鉴定风险事项等,医患双方分别签字确认并陈述了各自意见,回答鉴定人和专家的相关询问。现将医患双方的观点归纳如下:

(1)患方主要观点:当时因下唇肿物入院,诊断为下唇癌,行"下唇癌灶扩大切除+邻近瓣转移修复术",目前下唇臃肿,皮厚,色泽与周围不一致,诊疗存在过错。

(2)医方主要观点:①诊断明确,存在手术适应证,无禁忌证,术后3个月无复发转移,手术效果较好;②术前进行过告知,得到知情同意签字;③外形臃肿是由于其癌症治疗术式所决定的,符合诊疗规范。目前结果发生考虑与瘢痕收缩、淋巴渗出、脂肪堆积等有关;④局部外形不佳,在目前医疗水平下不可能在第一次手术就一定达到要求,可能需要二次或三次整形手术。

五、分析说明

根据委托人提供的现有文证资料，结合鉴定听证会了解的情况，综合分析如下：

1. 医方的医疗行为是否存在过错

（1）医方初步诊断"下唇肿物"，补充诊断"鳞状细胞癌（中分化）"正确，存在手术适应证，无明显禁忌证，术式选择符合诊疗规范，手术操作未见明显不当。

（2）术前告知缺乏针对本次术式的专门性风险，尤其是术后局部外形方面的告知，存在告知不充分的过错。

2. 损害后果、因果关系及因果关系类型（参与度） 转移皮瓣修复是被鉴定人下唇癌手术必需的操作步骤，临床供皮瓣选择部位、方式较多，本例缺损范围较大，约相当于下唇1/2，为了最大程度保障下唇完整和功能恢复，选择鼻唇沟皮瓣符合要求，术后皮瓣恢复良好。皮瓣臃肿考虑与周围瘢痕收缩、局部脂肪堆积和淋巴回流不畅等有关，也可能与皮瓣厚度有一定关系，但皮瓣厚度不够可能会发生皮瓣坏死，需再次手术修复，厚度需要根据术中情况决定。患者目前后果属于该类手术术后常见症状，手术风险是目前结果产生的根本原因。但医方在术前针对术后可能发生的不良结果告知不充分，是本次医疗纠纷发生的原因，与其目前不良后果无因果关系。

六、鉴定意见

医方对被鉴定人的医疗过程中存在告知不充分的医疗过错，医方过错是本次医疗纠纷发生的原因，但与其目前不良后果无因果关系。

（史肖倩 杜建芳）

点评 医院在患者下唇部鳞癌经病理学检查确诊后，行"下唇病灶（肿物2.0cm×1.5cm）扩大切除（切除下唇约1/2）+邻近瓣转移修复术"，术前予以手术风险告知，术后所表现的下唇皮瓣臃肿、外形不协调等不适，是该类手术常见并发症。尽管医院存在术后局部外形方面的告知不充分之过错，该过错与不良并发症发生之间无因果关系，但该过错是本次医疗纠纷发生的主要原因。

医方的教训：为了避免医疗纠纷的发生，医院履行的告知义务应贯穿于整个医疗服务过程中的各个环节，即从入院至出院的整个医疗、护理全部过程。包括：①入院后的一般告知，即规章制度、病情程度、治疗措施；②手术相关告知，即术前告知、术中告知、术后告知、冰冻病理告知；③住院期间一般告知，即病情变化、转院建议、院外会诊；④检查告知，即特殊检查、病情必须性检查；⑤用药告知，即输血告知、特殊用药、特殊体质患者用药告知；⑥出院告知，即定期复查具体化、疾病治疗用药、指导功能锻炼计划等。

该病例除术前告知手术风险、手术方式外，根据手术结果，患者还会面临肿瘤是否会复发及手术创伤对容貌的影响问题。因此，应重点告知其癌症病情的预后，以及手术创伤对容貌所产生的难以避免的不良后果，即需履行特殊告知义务。

案例 7 拔牙时器械使用不当损伤恒牙

关键词 医疗纠纷；乳牙；拔牙

一、基本情况

1. 委托鉴定事项 医院诊疗行为是否存在过错，过错与损害后果之间的因果关系及因果关系类型。

2. 鉴定材料 ①某医院门诊病历原件 1 册；②某医院门急诊病历手册原件 1 册；③影像学片 1 张。

3. 被鉴定人 某男，9 岁。

二、基本案情

被鉴定人于某年 1 月 25 日因"下前牙不掉，要求拔除"到某医院门诊就诊，后碰伤 $\overline{1|}$。被鉴定人家长对医院的医疗行为提出异议，起诉到法院，现受某法院委托，要求对上述委托鉴定事项进行法医学司法鉴定。

三、资料摘要

（一）某医院门诊病历摘要

主诉：下前牙不掉，要求拔除。

检查：$\overline{|2}$ 于 $\overline{|II}$ 舌侧萌出，$\overline{|II}$ Ⅰ度松动，叩痛（-）。

诊断：$\overline{|II}$ 滞留乳牙。

处理：$\overline{|II}$ 局部麻醉下拔除。拔除中碰伤 $\overline{|1}$ 未露髓，与家属解释病情，建议观察，春节后随诊。

（二）某医院门急诊病历手册摘要

主诉：下前牙折断 3 天。

检查：$\overline{|1}$ 牙齿横行折断约 1/3，断面未露髓，叩痛（-）。Ⅰ度松动，龈未见异常。$\overline{1|}$ 生理动度，叩痛（-）。X 线片：$\overline{1|}$ 发育 9 期，根尖部呈喇叭口状。

诊断：$\overline{|1}$ 牙本质折断。

处置：①交代病情，先护髓充填，定期复查牙髓活力及拍片检查，若出现牙髓症状治疗。②$\overline{|1}$ 清洁，纳米树脂充填修复，冠较 $\overline{1|}$ 恢复略低，殆 0.5～1mm，嘱发生脱落及时治疗。

四、鉴定过程

1. 鉴定依据和方法 依据中华人民共和国司法部《司法鉴定程序通则》（中华人民共和国司法部令第 132 号）及《北京司法鉴定行业协会关于办理医疗过错司法鉴定

案件的若干意见》(京司鉴协发〔2009〕5 号)相关条款之规定，结合相关法律法规、临床诊疗护理操作规范和指南等进行鉴定。

2. 审核受理情况　经鉴定人审查，认为符合受理条件，并发出听证会通知。

3. 听证会情况　鉴定人在本中心召开了有医患双方及相关临床专家参加的鉴定听证会，告知本案的鉴定人、鉴定目的、用于此次鉴定的材料及鉴定风险事项等，医患双方分别签字确认并陈述了各自意见，回答鉴定人和专家的相关询问。现将医患双方的观点归纳如下：

（1）患方主要观点。由于科室没有乳牙钳，给患儿使用的是成人的拔牙钳，在拔除乳牙过程中打滑，误伤其旁边健康的恒牙（下齿门牙），将其从中间横行折断。

（2）医方主要观点。拔除十ᴎ过程中由于滑动导致十₁横折，但未露髓，牙齿没有变色，是活髓牙。

五、分析说明

依据委托人提供的现有文证资料，结合鉴定听证会了解情况，综合分析如下：从听证会获知，医方在给被鉴定人拔牙过程中使用的器械是持针器，操作过程中未有效保护周围牙体，未尽到高度注意义务，存在过错；医方注意义务履行不足、器械使用不当是被鉴定人牙齿损伤的直接原因，应为全部因果关系。

六、鉴定意见

医方对被鉴定人诊疗行为过程中存在的注意义务履行不足、器械使用不当的过错，与被鉴定人牙齿损伤之间存在全部因果关系。

（史肖倩　杜建芳）

> **点评**　医疗活动中的注意义务应该体现在整个医疗过程中，严格按照医学规范实施医疗行为。该例为滞留乳牙，临床处理不难，但由于经治医生缺乏高度注意义务的行医观念，拔牙时存在器械使用不当之过错，使其出现本不应该发生的损伤健康牙的不良后果，为完全因果关系，值得临床医生吸取此教训。

案例 8　急诊未及时完善检查延误诊断心肌梗死

关键词　医疗纠纷；心肌梗死；急诊；心电图

一、基本情况

1. 委托鉴定事项　医院诊疗行为是否存在过错，过错与损害后果之间的因果关系及因果关系类型。

2. 鉴定材料　①某法院卷宗 1 册；②封存病历材料 1 袋（拆封物：某医院检验报

告单 1 页；门诊收费结算清单、门诊号条各 1 页）；③公函 1 份；④光盘 1 张。

3. 被鉴定人 某男，29 岁。

二、基本案情

被鉴定人于某年 1 月 22 日因突然发现头晕、胸闷到某医院门诊就诊，行血常规、血糖等检查后离院。同日下午到他院门诊就诊，17 时入院，完善检查后行"冠脉造影，予右冠中段狭窄处植入支架 1 枚"，同年 2 月 1 日出院。现受某法院委托，就上述委托鉴定事项进行法医学司法鉴定。

三、资料摘要

（一）首诊医院门诊收费结算清单（结算日期：1 月 22 日）摘要

名称：全血细胞分析（5 分类），静脉抽血，绿管，采血针，干化学血糖快速定量。

（二）第二家医院住院病历（1 月 22 日～2 月 1 日）摘要

主诉：突发头晕、胸闷 7h。

现病史：患者凌晨 2 时入睡，晨起 8 时空腹打篮球，于 10 时突感头晕，随即胸闷，位于胸骨后上段，范围手掌面积，伴颈部紧缩感，休息后未好转，无头痛，无晕厥，无意识不清，无恶心、呕吐，无咯血，无呼吸困难，无腹痛，于 12 时正常进食后口服 10 粒速效救心丸症状仍未缓解，急入某医院就诊。14 时 22 分心电图示窦性心律，Ⅱ Ⅲ AVF 导联 ST 段抬高 0.2mV，心室率 56 次 / 分。行血生化检查 CK 205U/L，CKMB 34U/L，予静脉滴注硝酸甘油 5mg，症状有好转，为进一步诊治急入院。

既往史：发现高血压 1 个月，最高 135/95mmHg，间断口服缬沙坦治疗。

体格检查：心前区无隆起，心尖冲动位置于第五肋间左锁骨中线内 0.5cm，未触及震颤，心包摩擦感未触及。心界正常，心率 60 次 / 分，心律整齐，心音正常，各瓣膜听诊区未闻及杂音，心包摩擦音未闻及。初步诊断：急性冠脉综合征（？）。最后诊断：冠状动脉粥样硬化性心脏病，急性下壁心梗。1 月 22 日急诊冠状动脉造影+PCI 术。手术经过：造影结果，左主干、回旋支远段未见明显狭窄，前降支心肌桥，右冠中段血栓闭塞 100%。根据冠脉造影结果决定对右冠行介入治疗。

检验报告单：1 月 22 日 23 时 3 分，肌钙蛋白 0.283μg/L（正常值 0～0.1），肌酸激酶 794.7U/L（正常值 2200），肌酸激酶同工酶定量测定 67.79U/L（正常值 0～6.5），脑利钠肽前体 184.7pg/ml（正常值 0～150）；1 月 23 日 1 时 56 分，肌钙蛋白 6.20μg/L，肌酸激酶 2914.2U/L，肌酸激酶同工酶定量测定 244.7U/L，脑利钠肽前体 598.1pg/mL。

四、鉴定过程

1. 鉴定依据和方法 依据中华人民共和国司法部《司法鉴定程序通则》（中华人民共和国司法部令第 132 号）及《北京司法鉴定行业协会关于办理医疗过错司法鉴定案件的若干意见》（京司鉴协发〔2009〕5 号）相关条款之规定，结合国家、部门相关法律、法规、临床诊疗护理操作规范、指南等进行鉴定。

2. 审核受理情况　经鉴定人审查，认为符合受理条件，并发出听证会通知。

3. 听证会情况　鉴定人在本中心召开了有医患双方及相关临床专家参加的鉴定听证会，告知本案的鉴定人、鉴定目的、用于此次鉴定的材料及鉴定风险事项等，医患双方分别签字确认并陈述了各自意见，回答鉴定人和专家的相关询问。现将医患双方的观点归纳如下：

（1）患方主要观点。①医院没有履行其应尽的注意义务，违反诊疗规范及常规，存在明显的过错；②医疗机构未按照规定为患者书写病历。

（2）首诊医方主要观点。①医院诊疗行为符合门急诊初诊常规，不存在过错；②患者入院时未主诉"胸痛及颈部紧缩感"，即使在他院的住院病历里，患者的主诉亦没有"胸痛"；③该病例有特殊性，患者年轻，症状不典型，经过多次转诊，最后经过有创的冠脉造影检查才确诊；④没有任何一条相关法律、法规规定必须一次确诊。

五、分析说明

根据委托人提供的现有文证资料，结合鉴定听证会了解的情况，综合分析如下：

1. 医方的医疗行为是否存在过错

（1）针对患者运动时出现头晕、乏力、出汗，自行下蹲并休息后上述症状缓解，医方仅安排血常规、血糖检查，未进行心电图检查不符合临床诊疗常规。

（2）关于医患双方争执的焦点分析。根据患者有头晕、乏力，下蹲休息后缓解的症状，无论患方初诊时主诉有无"胸痛及颈部紧缩感"均应进行心电图检查。

2. 损害后果、因果关系及因果关系的类型（参与度）　根据患者到第二家医院进行的心肌酶检查示肌钙蛋白、肌酸激酶等从1月22日23时3分（距患者于10时发病已超过12h）开始均呈上升趋势，结合心肌酶出现时间规律，考虑患者在门诊就诊时已经发生心肌梗死的可能性较小。冠状动脉粥样硬化病变的发生需要较长时间，并非短时间内形成。冠状动脉粥样硬化是否需要支架植入，主要取决于硬化血管的狭窄程度及供血范围。本例右冠状动脉中段血栓闭塞100%，支架植入手术适应证明确，其基础疾病是导致支架植入的根本原因。

首诊医院在患者初诊时未进行心电图检查的医疗过错，可能延误患者诊断及治疗，延长病程，不排除在此期间狭窄加重的可能，与患者进行支架手术之间存在轻微因果关系。

六、鉴定意见

首诊医院在患者的诊疗过程中存在未进行心电图检查的医疗过错，该过错与患者进行支架手术之间存在轻微因果关系。

（史肖倩　杜建芳）

点评　冠状动脉粥样硬化性心脏病（简称冠心病）是危害人们健康的常见心血管系统疾病，往往起病急骤，进展迅速，部分病例可继发新鲜血栓形成和（或）心肌梗死，危及生命。当患者到门急诊就诊时，医生应检查全面，以免遗漏重要诊断，错过治疗的最佳时机，从而发生严重损害后果。

> 本例患者发病后到医院首诊时已有胸闷伴颈部紧缩感,提示其患有冠心病的可能,但医院未行相应的检验排查,不符合临床诊疗常规,存在过错,致其延误心肌梗死的诊治,给患者造成一定损害,值得临床医师和人们注意。

案例 9　心脏瓣膜置入术后主动脉夹层破裂

关键词　医疗纠纷;心脏瓣膜置入术;主动脉渐狭窄;主动脉夹层破裂

一、基本情况

1. 委托鉴定事项　医院诊疗行为是否存在过错,过错与损害后果之间的因果关系,因果关系类型。

2. 鉴定材料　①某医院住院病历原件 1 份;②相关影像学片 10 张,超声报告单 3 张、检验报告单 4 张、X 线报告单 1 张;③光盘 1 张。

3. 被鉴定人　某女,78 岁,某年 10 月 22 日死亡。

二、基本案情

患者于某年 10 月 12 日以"发作性胸闷、憋气 10 个月,加重 3 个月"为主诉第二次入住某医院住院治疗,入院(初次)诊断为"心脏瓣膜病,主动脉瓣重度狭窄、二尖瓣轻度关闭不全、心脏扩大;心律失常,频发性房性期前收缩、短阵房性心动过速、室性期前收缩、完全性右束支传导阻滞;心功能Ⅱ~Ⅲ级(NYHA 分级);冠状动脉粥样硬化性心脏病;高血压 3 级(极高危);高脂血症;腔隙性脑梗死;白细胞减少;反流性食管炎",入院后完善相关检查于同月 22 日行冠状动脉支架置入术+经导管主动脉瓣置入术(TAVI),手术后患者循环维持困难,超声示心脏压塞,遂急诊开胸探查,探查见创面广泛渗血,主动脉根部血肿并累及弓部,心包内大量积血,清除血块及积血,常规止血关胸,术后转入恢复室继续治疗,但患者逐渐出现循环衰竭,经抢救治疗无效后于同日 20 时 40 分死亡。

因该患者家属对该院的诊疗行为提出异议,起诉至法院,现某法院委托本鉴定中心就上述委托事项进行法医学司法鉴定。

三、资料摘要

(一)8 月 11 日某医院心脏超声报告摘要

印象:左房增大,主动脉瓣钙化,左室舒张功能减低,二尖瓣反流(少量),心包积液(少量)。

(二)某医院住院病历第 2 次入院记录摘录

入院日期:10 月 12 日。

主诉：发作性胸闷、憋气10个月，加重3个月。

现病史：患者自年底开始间断出现憋气、胸闷症状，与活动有关，多于快步行走时、上楼时及情绪变化时出现，无晨起后发作，无胸痛，无放射，无出汗，无乏力，无头晕、晕厥及意识丧失，无心悸，无恶心、呕吐，无咯血，无咳嗽、咳痰，每次持续约数分钟，休息后缓解，未在意。从3个月前开始，患者于感冒后上述症状加重，伴咳嗽，曾于外院就诊，完善超声心动图等检查后，诊为"心脏瓣膜病、主动脉瓣重度狭窄"，建议手术治疗。患者遂就诊于医院门诊，8月21日行超声心动图提示瓣膜性心脏病，主动脉瓣重度狭窄，二尖瓣少量反流，平均跨瓣压差约85mmHg。后住院治疗。查胸片：两肺淤血，未见实变；升主动脉及主动脉弓宽；肺动脉段平直；左房室大；主动脉瓣区钙化。心胸比为0.63。超声心动图示主动脉瓣二瓣化畸形，主动脉瓣重度狭窄，二尖瓣少量反流，左室壁肥厚。左室舒张末径53mm，LVEF 63.9%，连续方程计算有效瓣口面积约0.3cm^2，主动脉瓣收缩期压差174.4mmHg，收缩期流速6.6m/s，跨瓣平均压差约115mmHg。动态心电图提示窦性心率，频发房性期前收缩、部分成对、部分呈二联律，短阵房性心动过速，室性期前收缩、部分呈间位性，右束支阻滞。颈动脉超声提示双下肢动脉斑块形成。下肢动脉超声示双侧颈动脉硬化并多发斑块形成。呼吸功能：肺容量和通气功能未见明显异常，小气道功能明显减退。肺弥散量轻度下降，气道阻力偏高，弹性阻力增大，肺顺应性在正常范围内。头颅CT示双侧基底核区腔隙性脑梗死。主动脉+冠脉CT示RCA中段50%狭窄；主动脉瓣三叶瓣，瓣叶增厚，较多钙化；心肌广泛肥厚；小膜部瘤（约10mm）。主动脉粥样硬化性改变，弓部管壁大量钙化；升主动脉扩张。给予降压、减轻心脏负荷及对症治疗。建议择期行TAVI手术治疗。出院后患者规律服用氯比格雷、氨氯地平、氯沙坦钾、托拉塞米片、枸橼酸钾颗粒、盐酸曲美他嗪、泮托拉唑、利可君及匹伐他汀药物治疗，症状有所改善。今患者为行进一步治疗收入病房。

入院（初次）诊断：心脏瓣膜病，主动脉瓣重度狭窄、二尖瓣轻度关闭不全、心脏扩大；心律失常，频发性房性期前收缩、短阵房性心动过速、室性期前收缩、完全性右束支传导阻滞；心功能Ⅱ～Ⅲ级（NYHA分级）；冠状动脉粥样硬化性心脏病；高血压3级（极高危）；高脂血症；腔隙性脑梗死；白细胞减少；反流性食管炎。

诊疗及抢救经过：入院后完善相关检查，患者于10月14日行冠脉造影提示LAD中段80%狭窄，RCA中段斑块，予10月22日行冠状动脉支架置入术+TAVI手术，术后患者循环维持困难，超声示心脏压塞，遂急诊开胸探查，探查见创面广泛渗血，主动脉根部血肿并累及弓部，心包内大量积血，清除血块及积血，常规止血关胸，术后转入术后恢复室。但患者逐渐出现循环衰竭，经抢救无效后于10月22日20时40分死亡。

死亡诊断：先天性心脏病，主动脉瓣二瓣化、主动脉瓣重度狭窄、二尖瓣轻度关闭不全、心脏扩大；心律失常，频发房性期前收缩、短阵房性心动过速、室性期前收缩、完全性右束支传导阻滞、心功能Ⅱ～Ⅲ级（NYHA分级）；冠状动脉粥样硬化性心脏病；高血压3级（极高危）；高脂血症；腔隙性脑梗死；白细胞减少；反流性食管炎。

死亡原因：循环衰竭。

四、鉴定过程

1. 鉴定依据和方法　依据中华人民共和国司法部《司法鉴定程序通则》（中华人民共和国司法部令第 132 令）及《北京司法鉴定行业协会关于办理医疗过失司法鉴定案件的若干意见》（京司鉴协发〔2009〕5 号）相关条款之规定，结合相关法律法规及心脏外科学的有关临床诊疗护理操作规范、指南等进行鉴定。

2. 审核受理情况　本中心收到法院委托后，经鉴定人审查相关文证资料，发出听证会通知医患双方于某日来本中心参加本次医疗纠纷鉴定听证会。

3. 听证会情况　某日鉴定人在本中心召开了有医患双方参加的鉴定听证会，告知本案的鉴定人、鉴定目的、用于此次鉴定的材料及鉴定风险事项等，医患双方分别签字确认并陈述了各自意见，回答鉴定人的相关询问。现将医患双方的观点归纳如下：

（1）患方主要观点。医方病情告知不充分，患方未能实现选择权；医方术前准备不充分，与患者死亡有直接因果关系；医方术中操作不当，造成心脏压塞，大量出血；患者病情危重，医方未予积极救治，导致患者死亡。

（2）医方主要观点。医院术前对该患者进行了完备的检查，并经心内科、心外科、放射科、麻醉科等多科室的综合评估，疾病诊断明确，完全符合国际通用的 TAVI 手术适应证，没有明确的禁忌证，并经过了医院伦理委员会的批准，医院在术前与患方进行了详细沟通，充分告知了 TAVI 手术的风险，在征得患方理解和同意、签署了知情同意书的情况下才实施 TAVI 手术。术中为规范的常规操作，术后即刻发现患者循环不稳定后，立即实施了外科开胸探查，考虑为自身主动脉瓣瓣膜严重钙化，在人工瓣膜释放过程中造成升主动脉的撕裂，引起主动脉出血、血肿。医院尽最大的努力对患者进行了救治，立即实施了开胸探查，引流止血，但手术复杂、转机时间长，再加上患者本身高龄、合并多器官疾病，最终因抢救无效后死亡，医院对患者的死亡表示遗憾，主动脉撕裂夹层为 TAVI 手术的少见但最为凶险的并发症，一旦发生死亡率较高。医院认为对该患者术前评估、术中操作均符合国际上 TAVI 手术相关的诊疗规范，术后抢救及时规范，患者出现手术并发症及死亡，自身疾病为主要因素，并发症是正规手术操作即可出现的、难以预料和避免的，医院不承担责任。

五、分析说明

依据委托人提供的现有文证资料，结合鉴定听证会了解的情况，综合分析如下：

（1）患者于某年 10 月 12 日以"发作性胸闷、憋气 10 个月，加重 3 个月"为主诉第二次入某医院住院治疗，入院后医方根据其病史、临床查体，结合相关辅助检查结果，入院（初次）诊断为"心脏瓣膜病，主动脉瓣重度狭窄、二尖瓣轻度关闭不全、心脏扩大；心律失常，频发性房性期前收缩、短阵房性心动过速、室性期前收缩、完全性右束支传导阻滞；心功能 Ⅱ～Ⅲ 级（NYHA 分级）；冠状动脉粥样硬化性心脏病；高血压 3 级（极高危）；高脂血症；腔隙性脑梗死；白细胞减少；反流性食管炎"成立，患者所患主动脉瓣重度狭窄有行经导管主动脉瓣置入术（TAVI）的手术适应证。但根据超声心动检查所示，患者存在主动脉瓣二瓣化畸形，对于主动脉瓣二瓣化畸形的主动脉瓣重度狭窄患者，TAVI 的手术风险高、术后易出现人工瓣膜变形、移位、主动脉破裂、夹层、大出血等并发症，手术的安全性及临床效果目前尚存在争议，医方术前应充分评估手术风险并就该风险向患方做出明确告知，经审阅医方 TAVI 临床应用知情同意书，医方在该告知书中未就上述问题向患方履行充分告知义务，影响了患者的知情选择权，存在过错，该过错与该患者的死亡后果之间存在一定的因果关系。

（2）关于本例 TAVI 手术操作的问题，经审阅手术光盘，医方在行人工瓣膜置入前给予了球囊扩张，右心室起搏达到了手术要求，手术操作流程正确。患者术后出现循环难以维持后，医方给予了紧急开胸探查，术中见主动脉根部广泛血肿，探查未见明显活动性出血，创面广泛渗血，给予充分止血后关胸，其后返回恢复室给予预防感染、调节循环、监测血气、维持水和电解质平衡等治疗，符合诊疗规范。但患者病情危重，其后出现血压下降，虽经肾上腺素静脉注射、胸外按压等抢救，患者仍于手术后当天死亡。

（3）因该患者死亡后未做尸检，其准确的死亡原因不明，但根据该患者疾病的发生、发展情况，结合有关辅助检查结果、开胸探查术中所见，考虑其死亡原因为主动脉瓣置入术后主动脉夹层破裂、广泛渗血引起心脏压塞致循环衰竭而死亡，属于目前难以完全避免的手术并发症，与患者所患疾病自身的特点及诊治过程中本身所具有的高风险性有关。

综上所述，某医院在对患者的诊治过程中存在术前风险评估不足、手术风险告知不足的医疗过错，该过错与该患者的死亡后果之间存在同等因果关系。

六、鉴定意见

某医院在对患者的诊治过程中存在术前风险评估不足、手术风险告知不足的医疗过错，该过错与该患者的死亡后果之间存在同等因果关系。

（王伟国　李妙霞）

点评　本例被鉴定人患有主动脉瓣重度狭窄及其他多种疾病，由于身体素质差，为了延续生命有行经皮主动脉瓣置入术（TAVI）指征。术后因发生手术难以避免的并发症，TAVI 术后主动脉夹层破裂、广泛渗血引起心脏压塞、循环衰竭而死亡。但本例医院因为存在术前对手术严重并发症、手术的安全性及临床效果未行全面告知的过错，影响了患者的知情权，而需承担一定的责任。

TAVI 是一项技术含量要求极高、风险很大的手术，实施该手术对患者的生命和医生的技术都是一个严峻的考验，一旦出现并发症则后果严重，容易产生医疗纠纷。对于这类临床操作技术难度大、风险高、并发症严重的手术，医生应该高度重视手术并发症严重性的风险告知，建议采取"特殊告知"或"重点告知"的方式，并在病历中记载，否则便违反了侵权责任法的相关规定，需要承担相应的责任，值得临床工作者重视。

案例 10 经内镜逆行性胰胆管造影术术后并发胰腺炎

关键词 医疗纠纷；ERCP；胰腺炎；并发症

一、基本情况

1. 委托鉴定事项 ①医院诊疗行为是否存在过错，过错与损害后果之间的因果关系及因果关系类型；②患者在某市第一医院第二次住院，在某省医院、某军区医院住院及门诊治疗的医疗费用合理性；③对患者的伤残等级及误工期、护理期和营养期。

2. 鉴定材料 ①某法院卷宗3册；②医患双方陈述材料各1份。

3. 被鉴定人 某男，44岁。

二、基本案情

据送检材料所载：患者于某年5月26日以"右上腹疼痛1月余"为主诉入住某市第一医院，初步诊断为胆囊结石伴胆囊炎、胆总管结石、胆囊息肉。医院于6月2日为患者行"经内镜逆行性胰胆管造影术"（ERCP），镜下观察示胆总管结石位置较高，近胆囊管，镜下无法取石。术后患者出现剧烈腹痛伴恶心及呕吐，行腹部CT示胰腺炎，经对症治疗后患者腹痛症状逐渐好转，于6月11日出院。

6月19日患者因"反复发作上腹痛伴恶心呕吐5天"再入该院，经禁食、禁水、补液、止吐、抗感染、胃肠减压等处置后，患者恶心呕吐情况好转，6月30日转入某省医院，其后多次入外院继续治疗。

因该患者及家属对该院的诊疗行为提出异议，起诉至法院，现某法院委托本鉴定中心就上述委托事项进行法医学司法鉴定。

三、资料摘要

（一）某市第一医院患者第一次住院病案出院记录摘要

入院日期：5月26日。出院日期：6月11日。

入院情况：因右上腹疼痛1月余入院。5月10日腹部CT示胆囊结石伴胆囊炎，胆囊息肉，胆总管结石。

入院诊断：①胆囊结石伴胆囊炎；②胆总管结石；③胆囊息肉。

诊疗经过：入院后完善相关检验、检查。腹部MR检查：①脂肪肝；②胆囊结石、胆囊炎；③胆总管结石。患者胆总管结石，遂于6月2日行ERCP术，镜下观察示胆总管结石位置较高，近胆囊管，未见肿瘤占位病变，镜下无法取石。术后患者出现剧烈腹痛伴恶心呕吐，血淀粉酶（急诊）134U/L，尿淀粉酶60U/L。不排除急性胰腺炎，给予抗炎、补液、禁食对症治疗。6月4日腹部CT检查：①不均匀脂肪肝；②胆囊结石、胆囊炎；③胰腺炎，较前片新发；④腹水，较前片新发。患者胰腺炎明确，积极给予补液、抗炎等治疗，患者腹痛症状逐渐好转，无恶心呕吐等。复查腹部CT检查：①不均匀脂肪肝；②胆囊腔内造影剂存留，胆囊炎；③胰腺炎，较前片CT周围渗出相仿。检验结果回报：血淀粉酶45U/L，尿淀粉酶442U/L。患者无腹痛腹胀，无发热等不适，经上级医师查房，嘱患者今日出院。

出院情况：现患者病情稳定，一般情况可，自诉腹胀较前缓解。查体：全腹无压痛及反跳痛，腹正中剑突下可触及肿大包块，大小约5cm×5cm。

出院诊断：①胆囊结石伴胆囊炎；②胆囊管结石；③胆囊息肉。

（二）某市第一医院患者第二次住院病案出院记录摘录

入院日期：6月19日。出院日期：6月29日。

入院情况：因反复发作上腹痛伴恶心呕吐5天入院。6月8日腹部CT示胆囊结石、胆囊炎、脂肪肝、胰腺炎、腹盆腔积液。

入院诊断：①胆囊管结石伴胆囊炎；②脂肪肝；③胰腺炎；④ERCP术后。

诊疗经过：患者入院后完善急诊相关检验检查。结果回报：白细胞15.15×10^9/L，中性粒细胞比例82.40%，尿淀粉酶1069U/L，钠133mmol/L，淀粉酶59U/L。考虑患者为胰腺炎、胃蠕动情况差，恶心呕吐等情况严重，继续给予禁食水、补液、止吐及抗生素抗感染等治疗，并行胃肠减压处置。患者恶心呕吐情况略好转，并请中医门诊及针灸理疗科会诊，协助诊治以促进胃功能恢复。6月27日化验结果回报：尿淀粉酶261U/L，白细胞8.95×10^9/L，淀粉酶66U/L，胰腺炎征象消失，停止抗生素静脉滴注。现患者自行拔除胃管后连续针灸理疗治疗中，症状较前好转，与患者交代病情，患者要求转入中医院继续治疗，向患者交代出院后相关注意事项，嘱患者今日出院。

出院诊断：①胆囊管结石伴胆囊炎；②脂肪肝；③胰腺炎；④ERCP术后；⑤腹水。

（三）某省医院患者住院病案出院记录摘录

入院日期：6月30日。出院日期：8月5日。

门诊收治诊断：胆源性胰腺炎。

临床确定诊断：胆源性胰腺炎伴胰周渗出，胆总管结石，右侧腹腔局限性积液，胆囊结石，胆囊息肉，脂肪肝（重度），高脂血症，高尿酸血症，大肠多发息肉，直乙状结肠炎，胃息肉，慢性萎缩性胃炎伴淋巴组织增生。

入院时情况：患者，男，41岁，以间断腹痛1月余为主诉入院。

治疗经过：入院后给予抑制胰酶抗炎、保肝等对症治疗。

（四）某省医院患者第二次住院病案出院记录摘录

入院日期：10月29日。出院日期：11月13日。

门诊收治诊断：胆总管结石，慢性胰腺炎，右上腹混合性包块，胆囊结石，胆囊息肉，脂肪肝。

临床确定诊断：胆总管结石，慢性胰腺炎，右上腹混合性包块，胆囊结石，胆囊息肉，脂肪肝。

入院时情况：患者，男，41岁，以发现胆管结石3月余为主诉入院。

治疗经过：入院后完善检查后行ERCP取石，术后拟行胃肠镜检查，但患者急性胆囊炎发作，行抗炎对症治疗。

（五）某军区医院患者住院病案出院记录摘录

入院时间：某年12月23日。出院日期：次年1月5日。

入院情况：以"间断腹痛7月余，加重1周"为主诉入院。

入院诊断：胆石症，右上腹混合性包块（炎症可能）。

治疗过程：入院给予抑酸、利胆、保护肠黏膜、调节肠道菌群等治疗，患者症状缓解，目前病情稳定好转出院。

出院诊断：胆石症，右上腹混合性包块，慢性胃炎，回盲部糜烂，直肠炎。

四、鉴定过程

1. 鉴定依据和方法 依据中华人民共和国司法部《司法鉴定程序通则》（中华人民共和国司法部令第132令）及《北京司法鉴定行业协会关于办理医疗过失司法鉴定案件的若干意见》（京司鉴协发〔2009〕5号）相关条款之规定，结合相关法律法规、临床诊疗护理操作规范和指南等进行鉴定。

2. 审核受理情况 本中心预受理后，经鉴定人审查相关文证资料，发出听证会通知，医患双方于某日来本中心参加本次医疗纠纷鉴定听证会。

3. 听证会情况 某日鉴定人在本中心召开了有医患双方参加的鉴定听证会，告知本案的鉴定人、鉴定目的、用于此次鉴定的材料及鉴定风险事项等，医患双方分别签字确认并陈述了各自意见，回答鉴定人的相关询问。现将医患双方的主要观点归纳如下：

（1）患方主要观点。被告医院的诊断虽然没有过错，但本可以采取其他方案治疗而不告知患者，直接采用了ERCP手术，侵犯了患者的知情权；被告医院在手术过程中存在过错致使结石未取出，诱发了极其少见的手术并发症急性胰腺炎；被告医院在患者急性胰腺炎出现的围术期治疗过程中又不积极治疗以治愈，却在未治愈的情况下为推卸责任让患者出院，延误了治愈时间，增加了治疗难度，同时增加了治疗费用，因此被告医院的医疗行为存在过错。

（2）医方主要观点。医院对该患者的诊疗行为没有过错，该患者的损害后果与医院的医疗行为之间不存在因果关系。

4. 对该患者的查体情况 自行入室，神志清楚，言语流利，查体合作，诉右腹部疼痛、腹泻、呕吐，目前定期去医院检查。查见腹平软，无肌紧张及反跳痛，右腹部压痛（+）。余未见异常。

五、分析说明

依据委托人提供的现有文证资料，结合鉴定听证会所了解的情况，综合分析如下：

1. 某市第一医院诊疗行为是否存在过错、过错与损害后果之间因果关系及因果关系类型（参与度） 患者于某年 5 月 26 日以"右上腹疼痛 1 月余"为主诉入住某市第一医院，入院后医方依据其主诉、查体情况，结合影像学检查结果，初步诊断为"胆囊结石伴胆囊炎、胆囊管结石、胆囊息肉"成立。入院后行 MR 及 MRCP 检查诊断：①脂肪肝；②胆囊结石、胆囊炎；③胆总管结石。医方讨论后决定行 ERCP 检查，若为结石，行 EST 取石，术前履行了手术风险告知义务，包括术后并发胰腺炎等并征得患者签字同意，但医方对该疾病的替代治疗方案未履行告知义务，存在不足。

该院于 6 月 2 日给该患者行 ERCP，镜下观察示胆总管结石，近胆囊管，镜下无法取石，术毕。患者返病房后诉上腹疼痛、恶心呕吐，经查血尿淀粉酶，不排除急性胰腺炎，给予抗炎、补液、禁食水及止痛等对症治疗。经治疗，复查腹部 CT 提示其胆囊周围脂肪间隙模糊、胰腺钩突部形态不规整、周围脂肪间隙模糊；6 月 10 日查房记录提示患者腹正中剑突下可触及肿大包块；血气分析氧分压仅为 58mmHg；同日 16 时患者体温升高至 38.9℃，另考虑患者存在离子紊乱、腹泻、难以入睡、精神状态差等症状，说明患者病情状况明显不符合出院指征。6 月 11 日晨查血常规提示白细胞显著升高（19.27×10^9/L），医方 6 月 11 日病程记录"患者目前胰腺征象消失、一般状况良好，嘱患者今日出院"与上述病程记录中所载病情不相符，嘱其出院不妥。病历中虽有患者签字，但没有签字日期，不能视为有效告知。患者 6 月 11 日出院后仅 8 天又因"反复发作上腹痛伴恶心呕吐 5 天"再次入院也证明医方出院指征掌握欠妥当。

6 月 19 日该患者以"反复发作上腹痛伴恶心呕吐 5 天"再次入住该院，入院后医方依据其主诉、查体情况，结合相关辅助检查结果，初步诊断为"①胆囊管结石伴胆囊炎；②脂肪肝；③胰腺炎；④ERCP 术后"成立。入院后完善相关检查并给予禁食水、补液、止吐、抗感染、胃肠减压等对症治疗，上述处置符合诊疗规范。患者症状好转，其后转入某省医院及某军区医院继续治疗。

综上所述，某市第一医院在对该患者的诊治过程中存在治疗方案告知不足、出院指征掌握不妥的医疗过错，上述过错与该患者术后并发胰腺炎未及时治愈及所引起的损害后果（右侧腹腔积液、腹部包块形成）之间存在一定因果关系；同时需要考虑到 ERCP 术后并发胰腺炎在临床诊治过程存在一定的发病率，属于目前难以完全避免的手术并发症，医方在术前做了相关风险告知，故认为患者所患疾病自身的特点及诊治过程中本身所具有的风险性与其损害后果之间也存在一定的因果关系；综合以上因素考虑该院的过错参与程度为同等因果关系。

2. 医疗费用合理性

（1）某市第一医院第二次住院（某年 6 月 19 日～同年 6 月 29 日）的住院病历及费用清单：该患者本次住院期间，医方主要是针对其 ERCP 术后所患胰腺炎及其相关病情的对症治疗，上述治疗与该医院的医疗过错所致损害后果具有相关性，有其合理性。

（2）某省医院第一次住院（某年 6 月 30 日～同年 8 月 5 日）的住院病历及费用清单：该患者本次在该院治疗期间的治疗主要是针对 ERCP 术后并发的胆源性胰腺炎给予的抑制胰酶、抗炎及相关辅助治疗，上述治疗与某市第一医院的医疗过错所致损害后果具有相关性，有其合理性。

（3）某省医院第二次住院（某年10月29日～同年11月13日）的住院病历及费用清单：该患者本次在该院的治疗，包括针对其ERCP术后并发的胰腺炎的对症及辅助治疗，与某市医院的医疗过错所致损害后果具有相关性，有其合理性。另行ERCP取石术，是针对患者自身所患疾病的治疗，术后患者并发急性胆囊炎，给予对症治疗，是针对患者所患疾病在该院所行ERCP取石术后并发症的治疗，与某市第一医院的医疗过错所致损害后果不具有相关性。

（4）某军区医院住院期间（某年12月23日～次年1月5日）的住院病历及费用清单：该患者本次住院期间的治疗主要是针对其在某第一医院所行ERCP术后并发胰腺炎所致右上腹混合性包块及其相关病情的对症治疗，上述治疗与某市第一医院的医疗过错所致损害后果具有相关性，有其合理性。

（5）某市第一医院门诊治疗的相关票据及门诊医疗手册：患者在该院门诊就诊主要是对某市第一医院所行ERCP术后并发胰腺炎及所致右上腹混合性包块及其相关病情的检查、治疗，这与某市第一医院的医疗过错所致损害后果具有相关性，有其合理性。

3. 伤残等级及误工期、护理期和营养期的评定　该患者在某市第一医院所行ERCP术后并发胰腺炎并致右侧腹腔积液、腹部包块形成，经对症治疗后，近期所行MR检查仍提示胰头周围有炎性病变伴肝内外胆管、胰管扩张，肝酶升高，后续仍需要继续观察、定期检查，目前尚不宜评定伤残等级及误工期、护理期和营养期。

六、鉴定意见

（1）某市第一医院在对该患者的诊治过程中存在治疗方案告知不足、出院指征掌握不妥当的医疗过错，上述过错与该患者术后并发胰腺炎并未及时治愈及所引起的损害后果（右侧腹腔积液、腹部包块形成）之间存在一定因果关系，该院的过错参与程度为同等因果关系。

（2）该患者在某市第一医院第二次住院（某年6月19日～同年6月29日）、在某省医院第一次住院（某年6月30日～同年8月5日）、在某军区医院住院期间（某年12月23日～次年1月5日）及在某市第一医院门诊的治疗与某市第一医院的医疗过错所致损害后果具有相关性，有其合理性；该患者在某省医院第二次住院（某年10月29日～同年11月13日）的治疗包括针对其ERCP术后并发的胰腺炎的对症及辅助治疗，与某市第一医院的医疗过错所致损害后果具有相关性，有其合理性；另行ERCP取石术，是针对患者自身所患疾病的治疗，术后患者并发急性胆囊炎，给予对症治疗，是针对患者所患疾病在该院所行ERCP取石术后并发症的治疗，与某市第一医院的医疗过错所致损害后果不具有相关性。

（3）该患者目前状况仍需要继续观察、定期检查，目前尚不宜评定伤残等级及误工期、护理期和营养期。

（王伟国　王黎娜）

> **点评** 经内镜逆行性胰胆管造影术（ERCP）已成为胆胰疾病的重要治疗手段，但存在一定的并发症，其中急性胰腺炎是术后最常见的并发症。根据病历资料记载，被鉴定人胆源性胰腺炎诊断成立，与 ERCP 治疗术有关。因医方在术前做了相关医疗风险告知，故属于难以完全避免的手术并发症而不属于医疗过错。
>
> 但遗憾的是，医方在术后治疗中对出院的指征掌握有误，在临床复查结果不符合出院条件下办理出院，存在过错。因必要的临床治疗中断，导致患者出院后病情加重而在短时间内再次住院，产生其病程延长、增加患者痛苦等不良后果，则是应该吸取的教训。

案例 11　术前未完善检查切除双侧睾丸

关键词　医疗纠纷；前列腺癌；睾丸；活检

一、基本情况

1. 委托鉴定事项　某市医院诊疗行为是否存在过错，过错与损害后果之间因果关系及因果关系类型。

2. 鉴定材料　①两家医院住院病历复印件各 1 份；②首家医院检验报告单复印件 1 张；③第二家医院检验报告单复印件 1 张；④影像学片 8 张；⑤医患双方陈述材料各 1 份。

3. 被鉴定人　某男，58 岁。

二、基本案情

据送检材料载：被鉴定人因"进行性排尿困难 2 年加重 10 余天"，于某年 11 月 2 日入该医院住院治疗。初步诊断：前列腺增生；急性尿潴留；双肾积水；右肾囊肿；2 型糖尿病；高血压。11 月 17 日在腰硬联合麻醉下"行双侧睾丸切除术＋膀胱穿刺造瘘术"。11 月 24 日出院。出院诊断：前列腺癌、急性尿潴留；双肾积水；右肾囊肿；2 型糖尿病；高血压。出院后被鉴定人又去多家医院住院检查及治疗，提示前列腺增生。

患方认为该医院在诊疗过程中存在过错，故诉至某法院。现受某法院委托，要求就上述委托鉴定事项进行法医学司法鉴定。

三、资料摘要

（一）首家医院住院病历（11 月 12 日～11 月 24 日）摘要

入院情况：主因进行性排尿困难 2 年加重 10 余天入院。患者于约 2 年前无明显诱因出现排尿困难，表现为尿线变细、射程变短、尿后滴沥、尿不尽感；伴有尿频，以夜尿次数增多为著，多达每晚 10 余次；间断伴尿急、尿痛，无肉眼血尿等。2 年以来，患者上述症状逐渐加重，间断出现不能自行排尿，行导尿治疗，间断口服盐酸坦洛新及非那雄胺治疗，有所好转。10余天前，患者排尿困难症状加重，未予诊治。患者为进一步治疗就诊，彩超示双肾积水、右肾囊肿、前列腺增生伴钙化、膀胱壁增厚、尿潴留，门诊以"前列腺增生"收入院。专科情况：双肾区无隆起，无叩击痛；双输尿管走行区无压痛；耻骨上膀胱区充盈，压痛。阴茎尿道外口无红肿及分泌物。肛门指检：肛门括约肌不松弛，前列腺大小约5.5cm×5.0cm、质地较硬、表面欠光滑、中央沟变浅，前列腺右侧似可触及不规则结节，轻度压痛，指套无红染。

诊疗经过：患者入院后，根据患者老年男性、进行性排尿困难2年加重10余天病史、发病以来症状及诊治情况、既往糖尿病史3年、体征及彩超检查结果，诊断为前列腺增生、急性尿潴留、双肾积水、右肾囊肿、2型糖尿病、高血压。给予保留导尿、抗炎、解痉等治疗。肛门指检：肛门括约肌不松弛，前列腺大小约5.5cm×5.0cm、质地较硬、表面欠光滑、中央沟变浅，前列腺右侧似可触及不规则结节，轻度压痛，指套无红染。完善相关检查。心电图示窦性心律、大致正常心电图。胸片示两肺纹理增强。尿11项：尿糖+3 Large mmol/L、潜血+1 Small、镜检红细胞0～4。糖化血红蛋白：6.80%。前列腺抗原组合：总前列腺特异抗原29.22ng/ml、游离前列腺抗原2.58ng/ml。前列腺MR检查：考虑前列腺癌，侵及精囊，左侧耻骨联合骨转移不排除，神经源性膀胱。综上，诊断为前列腺癌多发骨转移。完善术前准备后，于11月17日在腰硬联合麻醉下行"双侧睾丸切除术＋膀胱穿刺造瘘术"。术后给予抗炎、补液、内分泌等治疗，切口常规换药拆线。患者于术后第七天无特殊不适出院。

出院情况：一般情况可，未诉特殊不适。查体：神志清楚，心肺腹未见明显异常。腹部平坦，全腹软，无明显压痛。膀胱造瘘管通畅，保留尿管通畅，尿色正常。阴囊无明显水肿，换药见阴囊切口无红肿、渗出，为其拆线。术后病理检查示双侧睾丸、附睾及输精管无著变。

出院诊断：前列腺癌，急性尿潴留，双肾积水，右肾囊肿，2型糖尿病，高血压。

（二）第二家医院住院病历（次年7月7日～7月14日）摘要

入院情况：主诉尿频、尿急伴排尿不畅8个月。患者于8个月前无明显诱因出现尿频尿急，伴有排尿费力，不伴发热，无肉眼血尿。就诊于某医院，行盆腔MR示前列腺癌骨转移（患者自诉），诊断"前列腺癌伴骨转移"。后于11月17日行"双侧睾丸切除术＋膀胱造瘘术"，术后睾丸病理检未见异常，期间规律口服比卡鲁胺片50mg 1次/日。6个月前造瘘脱落，恢复自行排尿，尿频及排尿费力症状缓解。复查膀胱、前列腺超声示前列腺体积增大。5个月前复查血PSA结果示T-PSAY 0.1ng/ml。4个月前于某院住院治疗，行前列腺穿刺活检病理示前列腺组织增生伴慢性炎症，T-PSAY 0.078ng/ml。全身骨显像示左侧耻骨部位可见异常放射性浓聚，污染（？）。余骨目前未见明显异常，建议进一步检查。期间给予抗感染等治疗，后停用比卡鲁胺抗肿瘤治疗，患者无明显不适。为进一步复查就诊，门诊以"前列腺增生"收入院，患者自发病以来，精神可，睡眠饮食可，二便无明显异常，体重无明显增减。

治疗经过：患者完善各项入院常规检查后行前列腺穿刺活检。病理回报：（左、右叶）少许穿刺组织，前列腺增生伴慢性炎。

出院情况：患者精神可，睡眠饮食佳，未诉明显不适。查体：心肺腹未见明显异常，阴囊可见手术瘢痕愈合良好，两侧睾丸缺如。

出院诊断：前列腺增生，双侧睾丸切除术后，高血压，2型糖尿病。

四、鉴定过程

1. 鉴定依据和方法 依据中华人民共和国司法部《司法鉴定程序通则》（中华人民共和国司法部令第132号）及《北京司法鉴定行业协会关于办理医疗过错司法鉴定案件的若干意见》（京司鉴协发〔2009〕5号）相关条款之规定，结合相关法律法规、临床诊疗护理操作规范和指南等进行鉴定。

2. 审核受理情况 经本中心审查，符合受理条件，于某年6月14日发出听证会通知。

3. 听证会情况 某年6月20日鉴定人在本中心召开了有医患双方及相关临床专家参加的鉴定听证会，告知本案的鉴定人、鉴定目的、用于此次鉴定的材料及鉴定风险事项等，医患双方分别签字确认并陈述了各自意见，回答鉴定人和专家的相关询问。现将医患双方的主要观点归纳如下：

（1）患方主要观点。医生告知患者患有前列腺癌，并有多发性骨转移。需要做去势术，并解释去势术就是切除双侧睾丸、附睾，防止癌症扩散；术后多家医院诊断为前列腺增生；医院诊断错误，是由于未按充分检查之规定，没有进行前列腺活体穿刺病理检查。

（2）医方主要观点。患者入院后行肛门指检，肛门括约肌不松弛，前列腺大小约5.5cm×5.0cm，质地较硬，表面欠光滑，中央沟变浅，前列腺右侧似可触及不规则结节，轻度压痛，指套无红染。完善相关检查，前列腺抗原组合回报，总前列腺特异抗原29.22ng/ml、游离前列腺抗原2.58ng/ml。前列腺MR检查考虑前列腺癌，侵及精囊，左侧耻骨联合骨转移不除外，神经源性膀胱。结合以上检查考虑患者为前列腺恶性肿瘤。且患者行睾丸切除术去势手术时，医生已向家属充分告知注意事项及后果，患者及家属表示理解并签字；患者的现行诊断都是在行去势手术及抗雄激素药物治疗之后进行的，存在去势手术抑制癌细胞生长和癌细胞变小，此时行穿刺活检有假阴性的存在，患者目前检查结果说明在医院治疗效果良好，虽已做去势手术，但仍不能排除前列腺癌变及癌转移的可能。

五、分析说明

依据委托人提供的现有文证资料，结合鉴定听证会了解的情况，综合分析如下：

1. 医方的医疗行为是否存在过错

（1）被鉴定人因"进行性排尿困难2年加重10余天"于某年11月12日入住该医院（以下简称医方）。肛门指检：肛门括约肌不松弛，前列腺大小约5.5cm×5.0cm，质地较硬，表面欠光滑，中央沟变浅，前列腺右侧似可触及不规则结节，轻度压痛，指套无红染。前列腺抗原组合、总前列腺特异抗原29.22ng/ml、游离前列腺抗原2.58ng/ml。前列腺MR检查：考虑前列腺癌，侵及精囊，左侧耻骨联合骨转移不排除。术前诊断为前列腺癌，急性尿潴留，双肾积水，右肾囊肿，2型糖尿病，高血压。于11月17日行"双侧睾丸切除术＋膀胱穿刺造瘘术"。医方术前未行前列腺穿刺活检以明确诊断，因此医方诊断"前列腺癌"依据不足，存在术前未完善关键检查之过错。

（2）虽然医方术前已行告知签字程序，但在未获得明确诊断前即行"双侧睾丸切除术+膀胱穿刺造瘘术"，过于草率，医方存在未尽谨慎注意义务之过错。

2. 损害后果、因果关系及因果关系类型（参与度）　被鉴定人目前损害后果主要为双侧睾丸切除。虽然被鉴定人目前的损害后果是自身疾病特点、医方因素、患方因素等多种原因形成（即多因一果）。但被鉴定人最终的损害后果主要为医方术前未完善关键检查、未尽谨慎注意义务，与被鉴定人的损害后果之间存在因果关系，故综合医方的过错、资质及其他因素，其因果关系类型为主要因果关系。

六、鉴定意见

该医院在对被鉴定人的诊疗过程中存在医疗过错；该过错与被鉴定人的损害后果之间存在因果关系，综合医方的过错、资质以及其他因素，建议因果关系类型为主要因果关系。

（曹　磊　杜建芳）

> **点评**　本例医疗纠纷的原因主要是术前临床诊断和术后病理诊断不相符，患者认为因医院误诊误治导致双侧睾丸缺失。临床上，有些疾病因为病情复杂、受诊断技术局限性的影响，发生术前临床诊断和术后病理诊断不相符的情况并不少见，但不一定都构成医疗事故，是否为医疗事故取决于在疾病的诊治过程中是否存在违反医疗规范或常规的现象。本例在术前检查时，在发现前列腺特异性抗原异常、前列腺MR检查考虑前列腺癌的情况下，没想到这仅仅只是前列腺癌诊断的初筛方法，规范的确诊必须行前列腺穿刺活检；另外从高度谨慎注意义务的角度，医院在行去势术治疗准备切除双侧睾丸前，也应该进行前列腺穿刺活检进行确诊。但医方违反了相关检查诊断规范，导致不必要的器官缺失，所以存在过错，且过错与后果存在主要因果关系。

案例 12　分娩后造成臂丛神经损伤

关键词　医疗纠纷；分娩；臂丛神经损伤

一、基本情况

1. 委托鉴定事项　①医院诊疗行为是否存在过错，过错与损害后果之间的因果关系及因果关系类型；②患者的护理时限和营养时限。

2. 鉴定材料　①某中医医院住院病案复印件1份；②某附属医院门诊病历、康复科病历及检查报告单复印件1份；③影像学片6张；④医患双方陈述材料各1份；⑤听证会后补充材料：某人民法院通知1份、某附属医院患者诊断及病程介绍复印件1份。

3. 被鉴定人 某女，3 岁。

二、基本案情

据送检材料所载：某产妇于某年 12 月 26 日因孕足月第二胎无产兆入住某中医医院，入院诊断为宫内孕 39 周第二胎臀位、瘢痕子宫、妊娠期高血压。医方于 12 月 27 日为其行子宫下段剖宫产术，以臀位娩一足月女婴；但该新生儿右腕关节偏向尺侧、不能伸直，后至某附属医院就诊。临床诊断为右臂丛神经损伤。

因该患儿家属对某医院的诊疗行为提出异议，起诉至法院，现某法院委托本鉴定中心就上述委托事项进行法医学司法鉴定。

三、资料摘要

（一）某医院患者住院病案出院记录摘要

入院日期：12 月 26 日。出院时间：12 月 31 日。

入院情况：因孕足月第二胎，无产兆入院。入院诊断：①宫内孕 39 周第二胎、臀位；②瘢痕子宫；③妊娠期高血压。

诊疗经过。完善检查：①孕 4 产 1，剖宫产娩出一足月新生儿；②平素月经规律，7 天/30 天，末次月经不详，6 月 5 日行超声检查提示宫内早孕，如孕 9^+ 周大小，推算预产期为次年 1 月 4 日；③查体，腹膨隆，于下腹正中可见一长约 12cm 的纵行手术瘢痕，肝脾触及不满意。产科情况：宫高 34cm，腹围 105cm，未触及宫缩。胎位：臀位，未入盆，胎心 137 次/分。消毒内诊：外阴已婚未产型，阴道畅，宫颈长约 1.5cm，质软，居中，宫口未开，胎膜未破，先露臀，S-5，BP 142/90mmHg，尿蛋白（-）。超声检查：脐绕颈一周。初步诊断：①宫内孕 39 周第二胎、臀位；②瘢痕子宫；③妊娠期高血压。行胎心监护，于 12 月 27 日 8 时 50 分在连续硬膜外麻醉下行子宫下段剖宫产术，术中以臀位娩一足月女性新生儿，羊水清，脐绕颈 1 周，新生儿右侧腕关节偏向尺侧，不能伸直，阿氏评分 1 分钟 9 分，体重 3200g。

出院情况：①宫内孕 39^{+1} 周第二胎、臀位、手术娩；②瘢痕子宫；③妊娠期高血压；④足月女新生儿；⑤新生儿腕部畸形（？）。

（二）某附属医院患者肌电图检查报告单摘录

次年 6 月 11 日检查结论：肌电图示右上肢神经源性损伤。

（三）某附属医院次年 1 月 9 日患者诊断及病程介绍摘要

临床诊断：右臂丛神经损伤。

四、鉴定过程

1. 鉴定依据和方法 依据中华人民共和国司法部《司法鉴定程序通则》（中华人民共和国司法部令第 132 令）及《北京司法鉴定行业协会关于办理医疗过失司法鉴定案件的若干意见》（京司鉴协发〔2009〕5 号）相关条款之规定，结合相关法律法规、临床诊疗护理操作规范和指南等进行鉴定。

2. 审核受理情况 本中心预受理后，经鉴定人审查相关文证资料，发出听证会通知医患双方来本中心参加本次医疗纠纷鉴定听证会。

3. 听证会情况 鉴定人在本中心召开了有医患双方参加的鉴定听证会，告知本案的鉴定人、鉴定目的、用于此次鉴定的材料及鉴定风险事项等，医患双方分别签字确认并陈述了各自意见，回答鉴定人的相关询问。现将医患双方的观点归纳如下：

（1）患方主要观点。医方实施剖宫产手术操作不当，导致新生儿臂丛神经损伤；医方涉嫌伪造病历；医方产后误诊；患儿臂丛神经损伤是医方分娩过程中暴力牵引所致，医方手术过程中的错误操作是患儿臂丛神经损伤的原因，医方的误诊是造成患儿病情加重的重要因素，医方应承担全部责任。

（2）医方主要观点。医院医务人员资质符合要求，对该患者的诊疗符合常规；术前准备充分，术中严格按照技术操作进行，新生儿出生后给予了相关检查；履行了告知义务。医院在诊疗过程中无过错过失行为，不应承担责任。

五、分析说明

依据委托人提供的现有文证资料，结合鉴定听证会所了解的情况，综合分析如下：

1. 医方的医疗行为是否存在过错 该产妇于某年12月26日主因孕足月第二胎、无产兆入住某中医医院，入院后医方依据其病史、产科检查情况，结合有关辅助检查结果，初步诊断为"宫内孕39周第二胎、臀位、瘢痕子宫、妊娠期高血压"是正确的，该产妇具有剖宫产的手术适应证，无明显手术禁忌证，医方于12月27日为其行子宫下段剖宫产术符合诊治规范。但医方手术记录不详细，不能详细反映术中情况，故不排除医方术中操作欠谨慎导致新生儿臂丛神经损伤的可能性；胎儿娩出后，医方新生儿检查记录提示新生儿右侧腕关节偏向尺侧、不能伸直，医方对此异常情况未尽到高度注意义务及指导义务，仅在12月29日请外科会诊，外科亦未给出明确诊治建议，在一定程度上使其丧失了早期诊断、早期治疗的机会，存在过错。

2. 损害后果因果关系及因果关系类型（参与度） 该患儿从某中医医院出院后，多次去某附属医院就诊，被该院诊断为右侧臂丛神经损伤并给予相关治疗。

如上所述，某中医医院在对该产妇及该患儿的诊疗过程中存在手术记录不详细、未尽到指导新生儿治疗义务的医疗过错，该过错与患儿臂丛神经损伤之间存在一定的因果关系；另外，该产妇存在子宫畸形（纵隔子宫），对胎儿发育存在一定的影响，不排除宫内受压导致臂丛神经麻痹、损伤的可能性；医方在剖宫产术前亦履行了相关风险告知义务，故此认为，孕妇自身的特点及诊治过程中本身所具有的风险性与该患儿臂丛神经损伤之间亦存在一定的因果关系，该院的医疗过错参与度为同等因果关系。

3. 对患儿的护理时限和营养时限的评定 该患儿右侧臂丛神经损伤经多次康复治疗，目前有一定的恢复，但后续仍需进行针灸、按摩等康复治疗，依据GA/T 11932014《人身损害误工期、护理期、营养期评定规范》10.8.1条及A.6、A.8条之规定，患儿本次所受损伤护理期评定为24个月、营养期评定为24个月。

六、鉴定意见

（1）某中医医院在对该产妇及患儿的诊疗过程中存在手术记录不详细、未尽到指导新生儿治疗义务的医疗过错，该过错与患儿臂丛神经损伤之间存在一定的因果关系，医疗过错参与度为同等因果关系。

（2）被鉴定人本次所受损伤护理期评定为 24 个月、营养期评定为 24 个月。

（王伟国　李妙霞）

> **点评**　医疗诊治行为是否规范，法医鉴定时病历记录是最重要的评价依据。本例患儿并非巨大儿，并非阴道分娩。剖宫产分娩新生儿检查记录提示新生儿右侧腕关节偏向尺侧、不能伸直，目前诊断为臂丛神经损伤，其臂丛神经损伤的原因是先天性的还是产伤所致，鉴定时需要医方提供医疗过程中没有过错的证据来排除产伤，才能认定为先天性的原因所致。
>
> 该患儿是臀位剖宫产，属于胎位不正，分娩时医务人员操作是否规范，具有造成其臂丛神经损伤的可能。由于医院手术记录中没有详细记录切开子宫后取出胎儿过程的记录，导致医院不能证明其医疗行为规范，因此不能排除为产伤所致，故鉴定推断医院存在因操作失误导致臂丛神经损伤的过错。
>
> 该案例提示，在医疗活动中，不仅诊断治疗工作重要，病历书写同样重要，应引起医务工作者的高度重视。

案例 13　全身麻醉术后臂丛神经损伤

关键词　医疗纠纷；全身麻醉；臂丛神经损伤

一、基本情况

1. 委托鉴定事项　医院诊疗行为是否存在过错，过错与损害后果之间的因果关系及因果关系类型。

2. 鉴定材料　某医院住院病案复印件 1 份，原件 1 册（听证会上由医方提交，患方无异议）。

3. 被鉴定人　某男，41 岁。

二、基本案情

被鉴定人于某年 7 月 30 日因"膀胱肿瘤术后 1 年余，无痛性肉眼血尿 5 天"到某医院住院治疗。完善术前检查后，医方于同年 8 月 20 日在全身麻醉下对其行"腹腔镜下膀胱全切回肠膀胱术"。术后被鉴定人出现左上肢麻木、活动不好。医方于 8 月 24 日发现被鉴定人左上肢肌力下降，经各科室会诊明确为左臂丛神经损伤，并行相应治疗及康复。因患者对医院的医疗行为提出异议，起诉到法院，现受法院委托要求对上述委托鉴定事项进行法医学司法鉴定。

三、资料摘要

主诉：膀胱肿瘤术后 1 年余，无痛性肉眼血尿 5 天。体格检查：四肢肌力、肌张力正常，双侧腱反射正常存在。泌尿系超声检查：膀胱多发实质性占位性病变。初步诊断：膀胱肿瘤术后复发。

病程记录记载：患者术后第 4 天，诉左侧肢体活动差，以左上肢为著。查体：左上肢活动差，痛觉差。术后第 5 天，骨伤科会诊考虑臂丛神经部分损伤，给予营养神经及康复治疗。

四、鉴定过程

1. 鉴定依据和方法　依据中华人民共和国司法部《司法鉴定程序通则》（中华人民共和国司法部令第 132 号）及《北京司法鉴定行业协会关于办理医疗过错司法鉴定案件的若干意见》（京司鉴协发〔2009〕5 号）相关条款之规定，结合相关法律法规、临床诊疗护理操作规范和指南等进行鉴定。

2. 审核受理情况　经鉴定人审查，认为符合受理条件，并发出听证会通知。

3. 听证会情况　鉴定人在本中心召开了有医患双方及相关临床专家参加的鉴定听证会。告知了本案的鉴定人、鉴定目的、用于此次鉴定的材料及鉴定风险事项等，医患双方分别签字确认并陈述了各自意见，回答了鉴定人和专家的相关询问。现将医患双方的主要观点归纳如下：

（1）患方主要观点。手术台支架是造成左、右肩部皮肤红肿的主要原因，手术前和手术过程中对患者病情变化和束带支架等松紧度观察不仔细，造成长时间局部压迫，这是造成臂丛神经损伤的原因。

（2）医方主要观点。医方诊断、治疗、操作无过错，目前肌力基本恢复，预计经过一段时间治疗不会有明显后遗症。

五、分析说明

根据委托人提供的现有文证资料，结合鉴定听证会了解的情况，综合分析如下：

1. 医方的医疗行为是否存在过错

（1）医方的诊断成立，存在手术适应证，无禁忌证，手术及麻醉方式选择符合临床技术操作常规，术前进行了手术及麻醉知情同意告知，并征得患方知情同意签字，未见明显过错。

（2）术后查体及麻醉访视过程中均未见对四肢活动及感觉情况的记载，说明未及时发现被鉴定人左上肢肌力下降、感觉减退并及时处理，存在过错。

2. 损害后果、因果关系及因果关系类型（参与度）　被鉴定人术后发现臂丛神经损伤，分析其损伤发生在麻醉后意识不清的过程中。

全麻过程中发生臂丛神经损伤常见的可能原因包括：①患者手术期间双上肢在托手架上呈外展外旋位，特别是左上肢外展大于 90°，且长时间处于该体位；②手术医师因手术需要，站位不当，使臂丛神经受牵拉，而巡回护士未及时发现，导致神经局部缺血；③托手架上未放置软垫，引起前臂长时间与硬物体表面接触受压；④自动血压仪累计测压次数增多，导致上臂神经受压时间延长；⑤术中使用肩托，增加了神经受损的风险；⑥麻醉开始后一过性上肢下坠、过屈牵拉神经致伤。以上因素，均与医护人员未尽到高度注意义务相关。

本例手术过程中患者上肢摆放体位未见明确记载，不排除医方未尽到高度注意义务，造成体位性损伤的可能。另外，麻醉记录未见有创动脉血压监测记录，应为袖带测血压，麻醉手术时间较长（7小时31分），反复测压（一般3～5min一次）也可能是被鉴定人最终发生臂丛神经损伤的因素。综合考虑医院级别、医疗风险及医院过错，医院过错与被鉴定人左臂丛神经损伤之间存在同等因果关系。

六、鉴定意见

医方对该患者的医疗过程中存在未尽到高度注意义务的过错，建议该过错与被鉴定人左臂丛神经损伤之间存在同等因果关系。

（史肖倩　霍家润）

> **点评**　全麻手术患者发生臂丛神经损伤在临床很少见，临床医护人员在手术期间如尽到注意义务可以避免发生，即在手术过程中对肢体保护、适时对袖带等进行松绑、改变体位，避免长时间过度牵拉造成神经损伤，麻醉复苏过程中应注意观察患者四肢活动情况，及时发现和处理副损伤。
>
> 本例患者为全麻下手术，自身无法及时反映上肢感觉及运动异常情况；而医方在给患者全麻时辅以双上肢托手架，以便手术。因手术时间长，术中可能未注意肢体保护、未适当改变体位及袖带测血压时间过长，从而导致发生臂丛神经损伤的严重后果，值得临床医务工作者引以为戒。

案例14　下肢大隐静脉术中遗漏激光光纤异物

关键词　*医疗纠纷；血栓性静脉炎；异物残留*

一、基本情况

1. 委托鉴定事项　医院诊疗行为是否存在过错，过错与损害后果之间因果关系及因果关系类型。

2. 鉴定材料　①某医院住院病历复印件3份；②某附属医院住院病历复印件2份；③质证笔录复印件2份，起诉状、鉴定申请书复印件各1份；④三方陈述材料各1份；⑤影像学片6张。

3. 被鉴定人　某男，55岁。

二、基本案情

据送检材料载：被鉴定人因"双下肢浅静脉曲张8年，酸困胀痛1年"于某年5月26日入某医院住院治疗，同月29日行双下肢大隐静脉经皮静脉内激光闭合术。于6月6日出院。出院诊断：双下肢大隐静脉曲张；肝破裂修补术后状态。术后患者感到恢复不佳，于同年7月27日以"右下肢红肿、疼痛2月"再次入住该医院住院治疗，同年8月3日出院。出院诊断：右下肢血栓性静脉炎。出院后仍感恢复不佳，9月12日以"右下肢疼痛4月余"入住某附属医院住院治疗，同月16日行双下肢曲张静脉剥脱+异物取出术，术中取出细丝样物，长约35cm。

患方认为两家医院在诊疗过程中存在过错，故诉至法院，现受某法院委托，要求就上述委托鉴定事项进行法医学司法鉴定。

三、资料摘要

（一）某医院住院病历（5月26日～6月6日）摘要

入院情况：因"双下肢浅静脉曲张8年，酸困胀痛1年"入院。查体：脊柱及四肢无畸形，各棘突无压痛；左大腿内侧、后侧可见节段性迂曲扩张浅静脉，质软，无红肿、触痛，皮温正常，指陷性水肿阴性；右大腿内侧及小腿内侧、后侧可见节段性迂曲扩张浅静脉，质软；双侧股动脉、足背动脉搏动存在，末梢循环佳。双侧 Trendelenburg Ⅰ阳性，Trendelenburg Ⅱ 25s，Perthes 阴性。生理反射存在，病理反射未引出。

该医院大隐静脉高位结扎剥脱术知情同意书的疾病介绍和治疗建议：医生已告知患者双下肢患有大隐静脉曲张，需要在腰硬联合麻醉下进行双侧大隐静脉高位结扎加剥脱手术。

诊疗经过：入院后完善术前相关辅助检查，予5月29日在腰硬联合麻醉下行"双侧大隐静脉主干及曲张静脉激光闭合手术"，手术顺利，术后病情稳定。

出院情况：生命体征平稳，心肺腹无明显异常，双侧腹股沟处切口换药可见切口愈合良好，局部稍肿胀，无渗液，局部轻压痛，右下肢切口稍肿胀，局部压痛，左下肢切口未见明显异常，双下肢活动正常，左、右足背动脉搏动良好。

出院诊断：双下肢大隐静脉曲张；肝破裂修补术后状态。

（二）某医院住院病历（7月27日～8月3日）摘要

入院情况：患者因"右下肢红肿、疼痛2个月"入院，2个月前因大隐静脉曲张行手术治疗，痊愈出院，术后右下肢间断红肿、疼痛，活动后加重，无发热、肢体活动障碍，复查彩超提示右下肢浅静脉血栓形成，社区诊所间断给予改善微循环、抗感染等对症处理，症状无明显改善，现为继续治疗，以"右下肢血栓性静脉炎"收住院，患者发病以来，神志清楚，精神尚可，饮食及二便可，体重无明显变化。2个月前因双侧大隐静脉曲张行手术治疗，查体：脊柱、四肢无畸形，活动自如。生理反射存在，病理反射未引出。四肢肌力正常，右下肢小腿外侧可触及长约8.0cm条索状硬结，活动度差，可见点状红肿、压痛明显，周围皮温略高。

诊疗经过：患者入院后积极抗感染、补液、溶栓等对症处理后，右下肢疼痛、肿胀较前缓解明显，与患者及家属沟通后要求今日出院，已充分告知血栓性静脉炎存在症状反复发作，患者理解，并要求出院。

出院情况：脊椎、四肢无畸形，活动自如。生理反射存在，病理反射未引出。四肢肌力正常，右下肢小腿外侧可触及长约4.0cm条索状硬结，活动度差，无明显红肿，皮温可，轻压痛。

出院诊断：右下肢血栓性静脉炎。

（三）某附属医院出院记录（9月12日～9月23日）摘要

入院情况：主诉右下肢疼痛4个月余。4个月前因静脉曲张于某医院行"双下肢大隐静脉经皮静脉内激光闭合术"，术后诉右下肢疼痛伴局部红肿，有压痛，无明显发热、胸闷等，2个月余前再次就诊于该医院，给予降纤消肿、扩血管、抗感染等治疗，效果欠佳。今为求进一步治疗，遂至医院就诊，门诊以"双下肢慢性静脉功能不全并血栓性浅静脉炎"收入院。自发病以来，食欲正常，精神可，睡眠欠佳，二便正常，体重正常。专科检查：双下肢等长无畸形，可见术后刀口，双下肢轻度肿胀，双下肢可见浅表静脉曲张，无明显色素沉着、溃疡等。双下肢皮温稍高，双下肢足背动脉搏动可触及，双侧末梢血运可。超声（某医院8月14日）检查：①右侧大隐静脉曲张术后；②右下肢内细条状强回声；③右侧大隐静脉内低回声。

诊疗经过：入院后行相关检查，明确诊断，完善术前准备，无明显手术禁忌，于9月16日在全麻下行"双下肢曲张静脉剥脱+异物取出术"，术后给予抗凝、降纤、改善循环及消水肿、营养神经等对症支持治疗，手术伤口定期消毒，更换无菌敷料，术后恢复顺利，伤口愈合好。现患者生命体征平稳，一般情况可，病情稳定，给予出院。

出院情况：患者一般情况可，神志清楚，精神可，生命体征平稳，术后恢复顺利，手术切口愈合可。

出院诊断：双下肢慢性静脉功能不全并血栓性浅静脉炎。

四、鉴定过程

1. 鉴定依据和方法　依据中华人民共和国司法部《司法鉴定程序通则》（中华人民共和国司法部令第132号）及《北京司法鉴定业协会关于办理医疗过失司法鉴定案件的若干意见》（京司鉴协发〔2009〕5号）相关条款之规定，结合《中华人民共和国执业医师法》（中华人民共和国主席令第5号）、《中华人民共和国侵权责任法》（中华人民共和国主席令第21号），参照临床《外科学》等专业书籍、论文及临床诊疗护理操作规范和指南等进行鉴定。

2. 审核受理情况　经本中心审查，符合受理条件，于某年7月3日发出听证会通知。

3. 听证会情况　7月13日鉴定人在本中心召开了有医患三方及相关临床专家参加的鉴定听证会，告知本案的鉴定人、鉴定目的、用于此次鉴定的材料及鉴定风险事项等，医患双方分别签字确认并陈述了各自意见，回答鉴定人和专家的相关询问。现将医患双方的主要观点归纳如下：

（1）患方主要观点

1）某医院。患者所患静脉曲张，在现有的医疗技术条件下，手术治疗也属于普通手术。在诊断明确的情况下，接受手术治疗却造成意想不到的损害后果，手术中遗留长达35cm的细丝状物体在患者右下肢静脉内，复查仍没有发现，直到在上级医院检查治疗才发现原因。该医院严重违反操作规范、常规，负有不可推卸的责任。

2）某附属医院。该医院在为患者实施静脉血管内异物取出术中，取出不完全，造成患者术后恢复效果差，对患者的损害后果负有一定的过错责任。9月16日在该医院接受手术治疗后，住院一周，同月23日出院。但是出院后仍然感觉不舒服，仍然感觉还有异物在腿内，行走不方便，恢复不佳。某附属医院手术不彻底，异物没取净，应有一定的责任。

（2）医方主要观点

1）某医院。医院对患者的"双下肢浅静脉曲张"诊断正确，入院后完善各项检查均未发现明显手术禁忌证；医院诊疗符合患者的病情及医疗规范；患者目前出现的问题系不可避免的并发症或自身疾病发生、发展的结果或患者及家属原因，不是医院医疗行为不当所致。医院认为在患者的治疗过程中，医疗行为没有违反医疗原则，医务人员已经尽到谨慎的注意义务。

2）某附属医院。医院对患者的诊断正确，采取的医疗措施符合原则。患者诊断明确，外院彩超提示右下肢有异物存在，本院深静脉造影提示双下肢深静脉瓣膜功能不全并交通支开放、小腿浅静脉曲张。结合患者病史，考虑右下肢可能存在激光光纤断裂残留可能。手术适应证明确，手术中将异物完整取出也证实了这点。医院认为在患者的治疗过程中，医疗行为没有违反医疗原则，医务人员已经尽到了谨慎的注意义务。

五、分析说明

依据委托人提供的现有文证资料，结合鉴定听证会了解情况，综合分析如下：

1. 医方的医疗行为是否存在过错

（1）某医院

1）被鉴定人因"双下肢浅静脉曲张8年，酸困胀痛1年"于某年5月26日入住该医院，医方根据被鉴定人现病史、体格查体典型的临床表现及下肢彩超，对被鉴定人考虑"双下肢浅静脉曲张"的诊断明确，具有手术适应证，无明显手术禁忌证，手术方式选择无原则错误，手术风险告知明确。因此针对"双下肢浅静脉曲张"的诊断、手术选择、手术风险告知等，医方不存在过错。

2）医方行术前告知并签署手术同意书时，选择手术方式为"双侧大隐静脉高位结扎加剥脱"手术。但根据手术记录及听证会了解情况，医方实际实施的手术为"双下肢大隐静脉经皮静脉内激光闭合术"。因此，医方手术名称不符，存在侵犯被鉴定人知情选择权之过错。

3）根据送检材料及听证会了解情况，医方在行"双下肢大隐静脉经皮静脉内激光闭合术"过程中，出现光纤断裂在被鉴定人体内事实存在。虽然在手术过程中发现光纤断裂属意外事件，但根据手术室管理制度，手术前后应对手术器械、敷料等进行核对。但医方在术后并未发现，且第二次住院亦未发现，因此医方存在未尽谨慎注意义务之过错。

（2）某附属医院：根据送检材料及听证会了解情况，某附属医院在对被鉴定人的诊疗过程中没有违反诊疗原则，诊疗过程符合医疗护理技术操作常规，不存在过错。

2. 损害后果、因果关系及因果关系类型（参与度）　被鉴定人损害后果主要为增加痛苦、延长病程、增加经济负担等。被鉴定人目前的损害后果与某医院手术过程中未尽谨慎注意义务存在直接因果关系，该过错导致激光光纤断裂在被鉴定人体内术后未能及时发现，其因果关系类型为主要因果关系。某附属医院在该例诊疗过程中不存在过错。

六、鉴定意见

（1）某医院在对被鉴定人的诊疗过程中存在过错。该过错与患者的损害后果之间存在直接因果关系，其因果关系类型为主要因果关系。

（2）某附属医院在该案诊疗过程中不存在过错。

（曹　磊　孟武庆）

> **点评**　本例因果关系明确，即因医方存在手术异物存留之过错，导致再次手术，造成患者增加痛苦、延长病程、增加经济负担之不良后果。
>
> 医院应吸取的教训：①不能忽视患方对治疗方法选择知情权的告知，因为在没有准确告知其手术方案的情况下手术，即使本例没有发生激光光纤异物存留，也可能因手术方案告知不足，如后期静脉内激光治疗并发深静脉血栓而产生医疗纠纷；②术中发生不应该的异物残留事件，属于低级医疗失误，所以为医疗过错鉴定中的理由充分。因此医务工作者在手术结束后除了注意检查器械的数量还要注意检查器械的完整性，以避免此类医疗过错的发生。

案例 15　剖宫产术后左下肢神经损伤

关键词　医疗纠纷；剖宫产；硬膜外麻醉；下肢神经损伤

一、基本情况

1. 委托鉴定事项　医院医疗行为是否存在过错，过错与损害后果之间的因果关系及因果关系类型。

2. 鉴定材料　①某医院住院病历 1 份；②某医院门诊病历手册 1 份；③影像学片 3 张；④医患双方陈述材料及相关材料复印件等；⑤肌电图检查报告 4 份。

3. 被鉴定人　某女，33 岁。

二、基本案情

据委托人提供的材料记载：某年 12 月 21 日，被鉴定人因宫内孕 9 个月余、第一胎、不规律宫缩 10h 余就诊某医院妇产科，于次年 1 月 7 日在连续硬膜外麻醉下行"剖宫产术"，娩一 3000g 男婴，术后产妇带止痛泵安返病房。术后被鉴定人出现左下肢麻木、股痛、无力等症状，左下肢肌力下降，经肌电图检查为左下肢股神经、闭孔神经受损，左下肢腓总神经、胫神经不全损伤。现委托人要求就上述委托鉴定事项进行医疗损害过错责任鉴定。

三、资料摘要

（一）某医院住院病历（某年 12 月 21 日～次年 2 月 22 日）摘要

入院情况：主因宫内孕 9 个月余、第一胎、不规律宫缩 10h 余，已见红，未破水入院。12 月 21 日入院记录："否认药物及其他过敏史"，查体："脊柱四肢无畸形，活动自如"。产科情况：宫高 29cm，腹围 93cm，胎位 LOA，胎心 145 次/分。消毒内诊：颈管软，未消失，宫口开大 1cm，先露头 S^3。骨盆外测量：24-27-20-7-8cm。双下肢无水肿，双侧肱二头肌、肱三头肌、跟腱反射两侧对称，无增强或减弱。双侧 Korning 征、巴宾斯基征及霍夫曼征均未引出。

入院诊断：①宫内孕 36 周余，一胎，LOA 有产兆；②先兆早产；③出口狭窄；④脐绕颈。

诊疗经过：入院后给予保胎、促肺治疗。1 月 7 日因"出口狭窄""脐绕颈"在连续硬膜外麻醉下行"剖宫产术"，12 时 15 分以 LOA 助娩一 3000g 男婴，阿氏评分 1min 9 分，5min 10 分，手术顺利。子宫收缩好，出血约 300ml。术后第 2 天患者诉左下肢股痛、麻木无力，肌内注射地塞米松 10mg 3 天，后口服"甲钴胺"，针灸治疗，稍好转。2 月 4 日外院诊断为腰骶神经病，静脉滴注"辅酶 A、甲钴胺、丹参"15 天，肌力增加，嘱其 1 周后再次药物治疗。

出院诊断：①出口狭窄；②脐绕颈；③腰骶神经病；④宫内孕 38^{+4} 周，一胎，LOA 已娩；⑤足月新生儿。

出院情况：患者一般情况好。查体：T 36.2℃，P 88 次/分，BP 110/70mmHg。腹软，肝脾未触及，下腹无压痛、反跳痛，左下肢活动可，肌力增加，大腿内侧感觉差。

麻醉术后诊视记录：1 月 8 日 8 时 30 分患者术后第 1 天，双下肢活动正常，无麻木，腰部穿刺处无红肿及渗出，镇痛效果满意，未见麻醉并发症。

1 月 8 日 16 时 50 分检查患者，左下肢麻木、无力，腰部穿刺处无异常，无腰、背疼痛，右下肢活动自如，感觉无异常，建议将镇痛泵撤除。但患者要求继续观察，嘱其按摩，适当活动，严密观察，必要时将镇痛泵撤除。

1 月 9 日 8 时 30 分术后第 2 天访视患者，镇痛泵已撤，腰部穿刺处无红肿及渗出，未诉腰背痛；仍诉左下肢麻木、无力，左足感觉无明显异常。嘱其按摩、适当活动以促恢复，继续观察。

1 月 10 日 8 时 20 分术后第 3 天访视患者，患者诉左下肢无力较昨日稍有好转。查体：左下肢肌力减弱，感觉麻木。给予激素治疗，嘱其按摩，适当活动，以促进恢复。

1月15日16时30分术后第8天访视,仍诉左下肢麻木、无力,但较前有所好转。请某院麻醉科主任会诊:考虑局麻药毒性反应引起的周围神经损伤。同意目前治疗方案,给予针灸辅助治疗,促进治疗。择期行MR检查。3周后行肌电图检查,以助确诊。遵嘱执行。

麻醉知情同意书记载:第4条椎管内麻醉可能有头痛、腰痛、神经损伤、硬膜外血肿或感染、截瘫;第10条其他难以预料的并发症或意外、异常神经反射等。

1月16日某医院MR检查报告单记载:骶管囊肿。

1月28日某医院神经内科肌电图检查报告单记载:①左下肢股神经受损;②左下肢腓总神经、胫神经不全受损,波幅均降低,感觉神经腓浅、腓肠神经未见明显异常;腓总神经F波出现率降低;③左下肢H反射未见明显异常。

2月4日某医院肌电图检查报告单记载:左下肢肌电图检查示腰骶丛神经根及其支配区受损,其中股神经及闭孔神经支配区呈完全受损,余均呈不全受损表现。

(二)某医院门诊病历记录摘要

2月4日,左下肢麻木、无力1个月。右下肢正常,左下肢股四头肌、胫前肌、腓肠肌、臀肌、股二头肌肌力较对侧减低,Ⅲ$^+$~Ⅳ$^-$,左膝腱反射消失,两侧跟腱反射正常,对称存在,左侧腹股沟以下感觉异常,巴宾斯基征(-)。

2月21日,前症,肌力较前有恢复。PE:自行走路,左下肢轻微跛行。足尖走可,足跟走左侧稍费力。左腿股四头肌肌力Ⅲ~Ⅳ级。"燕飞"动作可。余查体(-)。

9月11日肌电图检查报告单记载:左下肢肌电图检查,原腰3~骶1神经根及支配区受损,股神经及闭孔神经呈完全性受损表现。此次检查与2月4日比较,股神经仍呈完全性受损表现,其余均有恢复征,呈陈旧性损伤。

四、检验过程

1. 鉴定依据和方法 依据中华人民共和国司法部《司法鉴定程序通则》(中华人民共和国司法部令第132号)相关条款之规定,结合国家相关法律、法规、规章、规定及临床诊疗护理操作常规规范、指南等进行鉴定。

2. 审核受理情况 本中心受理后,经鉴定人审阅委托人提供的相关材料后认为符合受理条件,于某日向委托人发出听证会通知。

3. 听证会情况 鉴定人于某日会同相关临床专家召开鉴定听证会,并告知本案的鉴定人、鉴定目的、用于此次鉴定的材料及鉴定风险事项等,医患双方签字确认并陈述意见,回答鉴定人和专家的相关询问。现将双方的主要观点归纳如下:

(1)患方主要观点。患者于1月7日在硬膜外麻醉下行剖宫产术后即出现了左下肢无力、麻木,经行肌电图检查左下肢神经损伤,目前左下肢麻木感加重,左腿抬不起来,时有阵发性股痛,丧失知觉。这些应属于麻醉师操作不当直接造成神经损伤的后果,不是药物的毒副作用,也不是麻醉并发症,医院应当承担全部责任。

(2)医方主要观点。①操作规范,没有违反操作常规。麻醉穿刺过程平稳、无异感，硬膜外导管置入顺利，注药无疼痛等异感，术中药物使用符合常规；②对患者处理及时；③患者自诉在麻醉过程中无任何不适的感觉，不能断定神经损伤为硬膜外穿刺造成；患者经肌电图检查诊断为腰骶神经丛损伤，这种损伤多为压迫性损伤，故考虑为胎头压迫所致；患者所用局麻药浓度、剂量均在规定范围内，若是局麻药神经毒性反应，也应该考虑患者的个体原因，与医疗操作无关。综上所述，医方不认为患者神经损伤为硬膜外穿刺造成。

4. 体格检查 某日在本鉴定中心对被鉴定人进行体格检查。步态异常，神志清楚，言语流利，对答应题，查体合作。头颅无畸形，五官端正。胸廓对称，呼吸运动一致。双上肢活动自如。脐下 8.5cm 有一 11.5cm 横行手术疤痕。腰 3 棘旁压痛（＋）。自腰 2 以下左侧肢体触觉存在，痛觉减弱，温觉减弱，尤以内侧为重。双下肢等长。双大腿周径（髌上 10cm）：左侧 35.1cm，右侧 41.5cm。双小腿周径（髌下 10cm）：左侧 31cm，右侧 31.4cm。左股四头肌肌力Ⅲ级，胫前肌、腓肠肌Ⅲ$^+$级。右下肢肌力Ⅴ级。左膝腱反射消失，右膝腱反射正常；双跟腱反射存在。病理征未引出。

五、分析说明

根据委托人提供的现有文证资料，结合听证会所获情况，鉴定人会同有关临床专家进行分析讨论后，综合分析如下：

1. 医方医疗行为是否存在过错

（1）关于剖宫产及麻醉：本例麻醉术前诊室记录："既往体健，各项辅助检查未见异常，无麻醉禁忌证。"医方采用硬膜外麻醉下行剖宫产的术式选择正确，手术过程符合诊疗常规；采用硬膜外麻醉，腰 1～2 间硬膜外穿刺以及术中用药合理。但医方对于麻醉穿刺过程及结果、麻醉平面记录不详，生命体征记录时间间隔过长，麻醉记录单上"麻醉、手术纪要"一栏空白，违反诊疗常规，存在过错。

被鉴定人剖宫产术后使用镇痛泵，但医方对镇痛泵药物的名称、剂量、浓度及镇痛效果、导管质地、置管的状态观察、有无移位打结或折断及拔管情况等均无记载，违反麻醉药品使用操作常规规范，医方存在过错。

（2）关于神经损伤

1）经阅腰 MR 片未见脊髓有明显损伤灶，结合其体征改变集中在左下肢，故可以排除麻醉穿刺对脊髓的损伤，但不排除麻醉穿刺过程中对脊神经的损伤。次年 1 月 6 日麻醉术前诊室记录："既往体健，各项辅助检查未见异常，无麻醉禁忌证。"由于被鉴定人的症状是在剖宫产术后出现的，经鉴定人和临床专家会诊，认为被鉴定人左下肢运动感觉障碍的原因不排除是麻醉操作和麻醉药物的损伤。

2）椎管内麻醉剖宫产术后产妇出现下肢感觉异常现象时应引起高度重视，临床上出现超出预期时间和范围的运动阻滞或感觉阻滞的再现，应立即考虑是否有神经损伤的发生。而硬膜外麻醉后发生神经损伤，迅速地检查、诊断和治疗至关重要。本例医方在患者术后出现左下肢麻木、胺痛、无力等改变后第 7 天、第 9 天才开始分别进行上级医院麻醉科、神经内科会诊；第 8 天即次年 1 月 16 日始做 MR 检查，第 20 天即次年 1 月 28 日始做第一次肌电图（去神经电位出现于神经损伤后 2～3 周，发现术后神经损伤及时做肌电图，可鉴别其损伤是发生在麻醉前还是麻醉后）。根据查体结果及肌电图检查报告，考虑为原腰 2～骶 1 神经根及支配区受损，股神经及闭孔神经呈完全性受损。医方延误了检查鉴别诊断及治疗时机，存在过错。

3）被鉴定人术后在使用镇痛泵的情况下，发生左下肢麻木、感觉、运动障碍和间歇性、有时是强烈的疼痛，提示硬膜外导管留置引起的不良刺激可能是造成脊神经损伤的原因之一。在临床上置管时如伴有明显的疼痛或发生其他神经损伤症状，应立即拔出导管。医方未能及时拆除镇痛泵，医方存在过错。如果医方有告知患者及家属需及时拆除镇痛泵，应在充分告知后让患者或家属签字，但病历中并无记载，说明医方告知不充分，医方存在过错。

本例被鉴定人硬膜外麻醉剖宫产术后发生的原腰 2～骶 1 神经根及支配区受损、股神经及闭孔神经呈完全性受损经近 8 个月治疗，尚无恢复征，这类损害后果较少见，这与医方镇痛泵操作和术后处理存在过错有关。

（3）关于腰骶神经瘤：因骶 3 神经囊肿所处位置的神经支配区域与患者目前体征不相符合，故二者之间无关。

（4）关于病历：本例医方病历中"2 月 22 日 16 时 30 分左下肢活动自如"，与被鉴定人体格检查实际情况不符；术后镇痛泵的导管置管情况与镇痛效果无观察记录。医方违反诊疗常规规范及病历书写规范，存在过错。

2. 损害后果、因果关系及因果关系类型（参与度） 被鉴定人在硬膜外麻醉下剖宫产术后出现左下肢肌力下降、感觉麻木，据目前查体情况，经鉴定人和临床专家会诊，认为造成被鉴定人目前左下肢运动感觉障碍的原因，除镇痛泵操作和术后处理存在医疗过错外，不排除医方麻醉操作失误和麻醉药物的损伤。医方的医疗过错和不排除因素与被鉴定人左下肢神经损害后果之间存在因果关系，其因果关系类型为同等因果关系。

六、鉴定意见

某医院在对被鉴定人的诊疗过程中存在过错和不排除因素，与其损害后果之间存在因果关系，其因果关系类型为同等因果关系。

（于 辉 张云林）

> **点评** 怀孕及分娩是自然现象，一般认为不可避免地与"安全"或"零风险"及没有任何严重并发症等同起来。虽然近来人们逐步接受怀孕与分娩均可造成不同程度的、暂时的或永久性神经损伤，但产妇不明白产程本身引起神经损伤，一旦产后出现神经症状往往归因于区域阻滞麻醉。因此，临床麻醉工作者务必警惕和注意。椎管内麻醉的脊神经并发症尤其是严重并发症虽不多见，但影响严重；规范化的操作技术和全面的用药知识有助于预防和尽早确诊并治疗其并发症。

案例 16　下肢静脉曲张血栓形成

关键词　医疗纠纷；静脉曲张；滤器植入；血栓形成

一、基本情况

1. 委托鉴定事项　①医院医疗行为是否存在医疗过错，过错与损害后果之间因果关系及因果关系类型；②伤残等级和误工期。
2. 鉴定材料　①某医院住院病历 1 份；②影像学片 2 张；③光盘 1 张。
3. 被鉴定人　某女，45 岁。

二、基本案情

据送检材料所载：某年 3 月 28 日，被鉴定人因左腿疼痛就诊于某医院，并以"左大隐静脉曲张，血栓性浅静脉炎"住院治疗。入院后分别行"下腔静脉滤器植入术""左大隐静脉高位结扎分段剥脱术，左股静脉取栓术"。术后下腔静脉滤器未取出，被鉴定人出现右下肢深静脉血栓。患方对医方的诊治过程提出异议，遂起诉至法院。现法院委托本中心就上述委托事项进行法医学司法鉴定。

三、资料摘要

入院日期：3 月 28 日。出院日期：5 月 8 日。

入院情况：患者以"左下肢蚓状肿物 1 年，伴红肿、疼痛 3 天"为主诉入院。入院查体：左下肢沿大隐静脉走行可见静脉迂曲扩张，以左下肢内侧为著，左下肢大腿内侧、左小腿内后方局部可触及条索样肿物，压痛（++），周围皮肤显著红肿，皮温增高，足靴区未见皮肤色素沉着。Trendelenburg 试验示大隐静脉瓣膜功能不全。Perthes 试验示深静脉回流通畅。辅助检查：超声示左下肢深静脉通畅，左大隐静脉内血栓形成。

住院经过：患者入院后完善检查，明确诊断。先于 4 月 2 日在局麻下行"下腔静脉滤器植入术"，再于 4 月 3 日在联合阻滞麻醉下行"左大隐静脉高位结扎分段剥脱术和左股静脉取栓术"。术后行改善循环、对症治疗。术后患者出现皮下出血，经治疗后患者皮下出血缓解。4 月 7 日拟行"下腔静脉滤器取出术"，但因下腔静脉滤器中血栓形成，强行取出有出现肺栓塞危险，放弃取出下腔静脉滤器。4 月 16 日患者出现右下肢肿胀，行彩超检查诊断为右下肢深静脉血栓形成。现给予抗凝、消肿治疗。

左下肢深静脉 RF 造影检查：左侧胫前静脉、胫后静脉、腘静脉、股静脉均显影良好。未见明显充盈缺损及狭窄，左侧深静脉瓣膜显示良好，嘱患者做乏氏试验，造影剂未见明显迟流，左小腿周围见迂曲的浅静脉影。影像诊断及建议：左下肢静脉曲张，随诊。

下腔静脉滤器植入术手术经过、术中出现情况及处理：于右股静脉表面皮肤做小切口，以Seldinger法穿刺右股静脉成功，导丝引导下置入血管鞘，造影见右髂静脉通畅，送入猪尾导管，头端置于腰3椎体下缘水平；高压造影见右髂总静脉、下腔静脉通畅，管壁未见充盈缺损，双侧髂总静脉于腰4锥体下缘水平汇入下腔静脉，肾静脉开口位于腰1椎体下缘水平。导丝引导下送入长鞘，经鞘送入临时滤器，定位于腰2椎体上缘，退鞘释放滤器。再次造影见滤器形态、位置满意，位于双侧肾静脉开口水平下方，双侧肾静脉显影好。

左大隐静脉高位结扎分段剥脱术、左股静脉取栓术手术经过、术中出现情况及处理：于左侧腹股沟下方卵圆窝表面做一纵行切口，长约7cm。逐层切开皮肤、皮下组织，显露左侧股静脉及大隐静脉主干，见大隐静脉主干内根部血栓形成，延伸至股静脉内，寻找主要分支（阴部外静脉、股外侧静脉、股内侧静脉、腹壁浅静脉、旋髂浅静脉）并切断结扎，仔细分离大隐静脉主干近端，游离至根部，以Santisky钳阻断骨静脉，距汇入部约2cm处，切断大隐静脉，钳取其内血栓，开放股静脉，回血良好，未见血栓溢出，双重结扎大隐静脉根部，远端钳夹待剥脱。于内踝前内方1cm做一横行切口，找到大隐静脉后远端结扎，近端插入剥脱器至大隐静脉全程，将左大隐静脉主干血管拔脱。于左小腿局部曲张严重处切开数个0.5cm小口，剥除病变血管。以50可吸收线关闭腹股沟切口，50可吸收线缝合左小腿切口。

下腔静脉造影手术经过、术中出现情况及处理：Seldinger法穿刺右股静脉，置入5F导管鞘，沿泥鳅导丝置入猪尾导管，行下腔静脉造影示下腔静脉通畅，下腔静脉滤器内可见明显充盈缺损影，考虑为血栓。强行回收滤器可能有肺栓塞风险，考虑可行介入吸栓或溶栓治疗，但患者目前血红蛋白低、贫血、手术创面有活动性渗血可能，溶栓治疗出血风险高，术中决定试行介入吸栓治疗，置入10F血管鞘及指引导管，送至滤器内反复抽吸后吸出部分血栓团块，滤器形态略出现偏移，滤器下端贴腔静脉右侧壁，尝试以导丝圈套滤器牵拉使其向左侧移动，但未能使滤器位置发生有效改变。复查腔静脉造影示下腔静脉滤器其远近端血流均通畅，未见血管腔外出血，下腔静脉滤器内仍有明显充盈缺损，回收滤器有肺栓塞风险，放弃回收滤器，撤出导丝导管及血管鞘，穿刺点压力止血带加压包扎。

出院诊断：①左大隐静脉曲张；②血栓性浅静脉炎；③下腔静脉滤器植入术后；④右下肢深静脉血栓形成。

四、鉴定过程

1. 鉴定依据和方法 依据中华人民共和国司法部《司法鉴定程序通则》（中华人民共和国司法部令第107号）及《北京司法鉴定行业协会关于办理医疗过失司法鉴定案件的若干意见》（京司鉴协发〔2009〕5号）相关条款之规定，结合相关法律法规、临床诊疗护理操作规范和指南等进行鉴定。

2. 审核受理情况 本中心审核受理案件后，详细审查了相关资料，认为符合受理条件，并发出了医疗损害鉴定听证会通知。

3. 听证会情况 某日鉴定人在本中心召开有医患双方及相关临床专家参加的鉴定听证会。会上告知本案的鉴定人、鉴定目的、用于此次鉴定的材料及鉴定风险事项等；医患双方分别签字确认并陈述各自意见，回答鉴定人和专家的相关询问。现将医患双方的主要观点归纳如下：

（1）患方主要观点。医院没有履行告知义务，对病情和手术方案的备选和确定没有做出说明，选择风险高、超出该院诊疗水平的手术方案，侵害了患者的知情权；术中操作不当，致使手术失败；术后用药不当，加速右下肢深静脉血栓的形成；为隐瞒因其过错行为造成的"右下肢深静脉血栓形成"的损害后果和手术失败而篡改病历；对患者身体造成了不可逆的、永久性的损伤，需要终身服用抗凝药物。该院应当对其过错行为承担责任。

（2）医方主要观点。在患者疾病的诊疗过程中，医方所采取的医疗方案及具体的实施过程科学、严谨，完全依据相关的医疗规范和医疗原则，没有任何违规操作。同时，依据国家相关规定，尽到了各种告知义务。在目前的医疗技术条件下，下肢深静脉血栓形成及滤器无法回收在各治疗中心均有报道，属于常见并发症，无法完全避免，并非医疗过失造成。

4. 体格检查及相关辅助检查情况　被鉴定人步行入室，神志清楚，言语流利，精神可，对答切题，查体合作。查体：左腹股沟区可见一长约 7.5cm 纵行手术瘢痕，左小腿后侧正中可见 4 处长约 1.0cm 手术瘢痕，内侧可见 2 处长约 1.0cm 手术瘢痕。

五、分析说明

依据委托人提供的现有文证资料，结合鉴定听证会所了解情况，综合分析如下：

1. 医方的医疗行为是否存在过错　大隐静脉曲张是一种常见的周围血管疾病。其发病机制为大隐静脉瓣膜功能不全，导致下肢浅静脉交通支及深静脉瓣膜失去"单向阀门"作用，下肢血液回流障碍，表现出大隐静脉迂曲、扩张、下肢疼痛等临床症状和体征。主要的临床检查方法为大隐静脉瓣膜功能试验（Brodie Trendelenburg 试验）和下肢深静脉通畅试验（Perthes 试验），下肢静脉造影可提供整个患肢静脉系统的清晰图像，是诊断大隐静脉曲张的"金标准"。

经详细查阅病历资料及相关辅助检查结果后分析认为：①某年 3 月 28 日，被鉴定人因"左下肢蚓状肿物 1 年，伴红肿，疼痛 3 天"在某医院就诊。经专科检查显示"Trendelenburg 试验示大隐静脉瓣膜功能不全，Perthes 试验示深静脉回流畅通"。辅助检查："超声检查示左下肢深静脉通畅"。3 月 29 日医方给予被鉴定人左下肢深静脉造影检查示"左侧胫前静脉、胫后静脉、腘静脉、股静脉均显影良好，未见明显充盈缺损及狭窄；左侧深静脉瓣膜显示良好，嘱患者做乏氏试验，造影剂未见明显迟流，左小腿周围见迂曲的浅静脉影。影像诊断及建议：左下肢静脉曲张，随诊"。医方诊断："左侧大隐静脉曲张，血栓性浅静脉炎"成立，存在手术治疗的适应证，无禁忌证，术式选择"左大隐静脉高位结扎分段剥脱术"符合医疗护理技术操作常规和患者当时病情的客观需求。但上述临床及辅助检查均未发现左下肢深静脉血栓存在，因此术式选择"左股静脉取栓术"缺乏支持证据，手术记录中也未对此项手术相关操作进行描述。②医方为了防止手术导致栓子脱落肺栓塞可能，行"下腔静脉滤器植入术"是允许的。目前公认的滤器取出时间窗口为 21 天左右，主要目的是拦截滤器远心端脱落的血栓，等待急性期两周后，急性血栓基本稳定、溶解、消失或机化后再考虑回收滤器，此时滤器也与血管壁形成稳定支撑。然而本例被鉴定人滤器置入仅 5 天，在未进行 B 超等检查以了解滤器形态、位置及下腔静脉有无血栓阻塞等情况下，医方就给予"下腔静脉滤器取出术"的治疗措施，导致术中滤器变形、移位、滤器无法取出等并发症的发生。因此医方存在"下腔静脉滤器取出术"手术时机选择欠妥当、手术操作欠规范的过错。③关于被鉴定人右下肢深静脉血栓形成原因。血栓形成的主要因素是血管内膜损伤、血液黏滞度增加和血液流动减缓等。本例被鉴定人短期内3次经右股静脉穿刺，并曾使用"10F"导管鞘，造成右股静脉壁多次创伤，加之术后卧床制动、大量失血、血容量不足、浓缩致血流变缓和血液黏滞度增加等综合因素，因此医方的诊疗活动与被鉴定人右侧下肢深静脉血栓形成之间存在一定的因果关系。④关于知情选择书及患者授权书上签字是否本人书写为事实认定问题，不属于此次技术鉴定范围，请法官予以裁定。如果上述签字为本人书写，那么医方尽到了相关风险告知义务；否则医方存在未尽到相关风险告知过错。

2. 损害后果、因果关系及因果关系类型（参与度） 综上所述，医方在对被鉴定人的诊疗活动中存在术式选择"左股静脉取栓术"缺乏支持，病历书写欠规范，"下腔静脉滤器取出术"时机选择欠妥当、手术操作欠规范的过错；该过错与被鉴定人下腔静脉滤器无法取出、右下肢深静脉血栓形成的损害后果之间存在主要因果关系。

3. 伤残等级和误工期 被鉴定人目前下腔静脉滤器无法取出的损害后果，根据《道路交通事故受伤人员伤残评定》（GB18667—2002）之规定尚不构成伤残。根据《人身损害误工期、营养期、护理期评定规范》GA/T11932014之规定，被鉴定人本次损伤的误工期为180天。

六、鉴定意见

（1）医方在对被鉴定人的诊疗活动中存在术式选择"左股静脉取栓术"缺乏支持，病历书写欠规范，"下腔静脉滤器取出术"时机选择欠妥当、手术操作欠规范的过错；其过错与被鉴定人下腔静脉滤器无法取出、右下肢深静脉血栓形成的损害后果之间存在主要因果关系。

（2）被鉴定人目前下腔静脉滤器无法取出的损害后果，根据《道路交通事故受伤人员伤残评定》（GB18667—2002）之规定尚不构成伤残。根据《人身损害误工期、营养期、护理期评定规范》（GA/T11932014）之规定，被鉴定人本次损伤的误工期为180天。

（郭静松　孟武庆）

> **点评** 本例医疗纠纷根据患方提出的不良后果"下腔静脉滤器未取出、出现右下肢深静脉血栓"，结合患者自身所患疾病"左大隐静脉曲张，血栓性浅静脉炎"，从临床诊断、手术适应证、手术方式、下腔静脉滤器取出时机及深静脉血栓形成原因和机制进行了全面分析，事实清楚、观点明确。对医疗行为的评价采用与所规定的相关医疗规范相比较的方法，指出医院的过错，并说明错误的原因。其经验教训对医院的医疗工作有一定的帮助。鉴定意见依据充分，说服力强。

案例17　骨关节炎误诊误治

关键词　医疗纠纷；股骨头缺血坏死；骨关节炎；误诊误治

一、基本情况

1. 委托鉴定事项　某医院在对被鉴定人的诊疗活动中是否存在过错，若存在，与其损害后果之间是否具有因果关系及其参与度。

2. 鉴定材料　①某医院住院病案1份；②某部队医院住院病案1份；③相关影像学片电子扫描件28张。

3. 被鉴定人　某男，17岁。

二、基本案情

据送检材料介绍：某年3月30日，被鉴定人因"左髋部疼痛、活动受限半年，加重1个月"就诊于某医院，诊断为"左侧股骨头缺血坏死，左侧髋关节半脱位（先天性）"，于4月1日行Salter骨盆截骨术治疗。因患者对医方的诊治过程提出异议，遂起诉至法院。现法院委托本中心就上述委托事项进行法医学司法鉴定。

三、资料摘要

（一）某医院住院病案摘要

入院时间：3月30日。出院时间：4月26日。

主诉：患者主因左髋部疼痛、活动受限半年，加重1个月来诊入院。

专科情况：左下肢明显短缩，周径变小，局部压痛，纵向叩击痛。艾利氏征阳性，蛙氏试验阳性，望远镜征阳性，内拉通氏线示大粗隆上移，余（−）。

辅助检查：骨盆平片示沈通氏弧不连续。双髋关节CT示左股骨头缺血性坏死。心电图示窦性心动过缓，右束支传导阻滞。

4月1日手术名称：Salter骨盆截骨术。手术经过（术中出现的情况及处理）：顺左髂骨外侧缘做弧形皮肤切口，逐层切开皮肤、浅筋膜、深筋膜，行髂骨内外侧钝性分离，锐性切开髂骨缘内、外侧附着点，于髂骨中1/3行楔形截骨，截段梯形骨块，暴露左髋臼上、后侧缘，于髂前上棘近端向左髋臼上后缘方向截骨，梯形骨块横植于髋臼上、后侧缘处，骨块向外侧出髂骨约0.8cm，行2枚克氏针交叉固定，用骨蜡骨面止血，用生理盐水冲洗伤口，查无活动性出血。

出院诊断：①左侧股骨头缺血坏死；②左侧髋关节半脱位（先天性）。

（二）某部队医院住院病案摘要

入院日期：10月26日。出院日期：11月22日。

入院情况：少年男性，慢性起病。主要症状为左侧髋关节疼痛，伴跛行。专科情况：双下肢主要肌力基本正常。左髋各向活动范围明显受限。辅助检查：骨盆正位片示左侧髋关节术后改变，可见左侧髂骨截骨线，截骨断端基本愈合，截骨线周围可见 2 枚克氏针内固定。左髋半脱位，左髋臼发育不良。左侧髋关节间隙消失，左股骨头轮廓完整，大小适中，无 Sagging rope 征，股骨颈短，大转子相对高突。左 Ménard Shenton 线不连续，外侧 CE 角 20°、臼顶倾斜角 14.3°。外展内旋位：颈干角 124°，股骨头与髋臼的对合程度差。假斜位：左前 CE 角 28°，两股骨头间的距离是 1～2 个股骨头。全长正位片：双下肢长度（臼顶至踝穴）为右下肢 74.8cm、左下肢 72.8cm，差 2cm。大转子尖至踝穴为右下肢 72.2cm、左下肢 72.2cm，差 0cm。小转子至踝穴为右下肢 67.2cm、左下肢 67.4cm，差 0.2cm。

诊疗经过：在全身麻醉下行"左侧髋部畸形矫治术及内固定物取出术"。

出院诊断：左髋骨关节炎术后。

四、鉴定过程

1. 鉴定依据和方法　依据中华人民共和国司法部《司法鉴定程序通则》（中华人民共和国司法部第 107 号）及《北京司法鉴定行业协会关于办理医疗过失司法鉴定案件的若干意见》（京司鉴协发〔2009〕5 号）相关条款之规定，结合相关法律法规、临床诊疗护理操作规范和指南等进行鉴定。

2. 审核受理情况　本中心审核受理案件后，详细审查了相关资料，认为符合受理条件，并发出医疗损害鉴定听证会通知。

3. 听证会情况　某日鉴定人在本中心召开有医患双方及相关临床专家参加的鉴定听证会，告知本案的鉴定人、鉴定目的、用于此次鉴定的材料及鉴定风险事项等，医患双方分别签字确认并陈述各自意见，回答鉴定人和专家的相关询问。现将医患双方的主要观点归纳如下：

（1）患方主要观点。①医方未在医疗机构诊疗科目项下医疗技术登记先天性髋关节脱位手术，擅自在临床应用先天性髋脱位手术医疗技术，系非法行为。某市卫生局已对医方予以行政处罚，故应认定其存在医疗过错。②"手术记录"中的某中西医结合医师未参加手术，而"手术记录"出现其签名是明显违反了病历书写制度。行政处罚决定书可以证明医方安排非卫生技术人员独立从事先天性髋关节半脱位手术，因此，医方存在重大医疗过错。③医方使用非卫生技术人员独立为被鉴定人从事检查活动，其检查方法、操作步骤均应认定不符合检验规程。检验方法、操作步骤不符合医疗技术常规必将影响检验结果的准确性。④医患双方持有的"手术记录"签字不一致，医方有义务证明某中西医结合医师签字的添加变造时间。在签字时间未能明确的情况下，应做出对医方不利的解释。⑤医方将髋关节炎误诊误治为股骨头坏死、髋关节半脱位，其医疗措施完全违反了髋关节炎的诊疗规范，存在医疗技术过错。⑥髋关节炎与股骨头坏死、髋关节半脱位属于不同的疾病，其病症、体征完全不同。医方对上述疾病认识不足，观察护理也不仔细，其记录的病症、体征必然与被鉴定人症状体征存在差异，其病历书写存在过错。⑦医方将髋关节炎告知为股骨头坏死、髋关节半脱位，属于恶意诱骗被鉴定人住院治疗，存在告知过错。

（2）医方主要观点。①患者系先天性髋臼发育不良，股骨头覆盖率低，造成股骨头无菌坏死，髋关节半脱位。医方采取骨盆内移截骨、2 根骨圆针内固定术以增加股骨头的覆盖率，防止股骨头继续脱位。医方认为诊断明确，术式选择适当，所做的手术是关节外手术，没有打石膏，也没有牵引，诊治无过错。患者左下肢活功受限、九级伤残，在入院治疗前就已形成，系先天性疾病，与在医方治疗无关。②其在医方治疗后，自称仅在某部队医院住院治疗，但是某部队医院病案手术记录明确记载：手术取出 6 颗螺丝钉和 1 块接骨钢板。说明患者隐瞒了做 6 颗螺丝钉和 1 块接骨钢板手术的病史和治疗史。患者经几家医院治疗，目前的治疗结果不是医方的治疗结果。医方做的手术是关节外手术，不影响关节活动。患者左下肢活动受限、九级伤残，与其在本院治疗无关。

五、分析说明

依据委托人提供的现有文证资料，结合鉴定听证会所了解的情况，综合分析如下：

1. 医方的医疗行为是否存在过错

（1）关于诊断：某年 3 月 30 日，被鉴定人以"左髋部疼痛、活动受限半年，加重 1 个月"为主诉到该医院就诊。被诊断为"左侧股骨头缺血坏死，左侧髋关节半脱位（先天性）"。但根据某部队医院病案记载及患方的影像学资料证实，医方诊断依据不够充分，存在误诊的过错。

该院 3 月 30 日影像学片示其左侧髋关节外侧缘唇样变，间隙窄，股骨头密度稍显不均，股骨颈变宽，压力骨小梁结构正常，小粗隆明显大，呈现左下肢外旋位，大粗隆骨小梁结构有改变（图 3-17-1）。

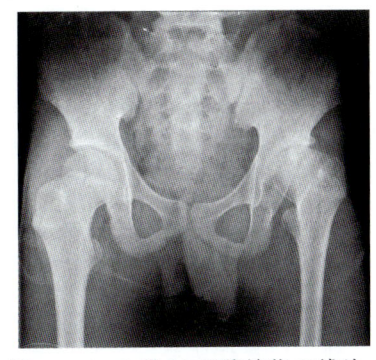

图 3-17-1　3 月 30 日髋关节 X 线片
图示左髋骨关节炎

（2）关于治疗：存在误诊就必然会影响治疗，即使医方诊断髋关节半脱位成立，所选用的术式也不具备手术适应证。某医院手术记录及术后影像学片示医方所使用的术式为 Salter 骨盆截骨术，该术式适用于 6 岁以下、髋臼指数在 45°以下、以前缘缺损为主的髋臼发育不良。被鉴定人入院时年龄为 14 周岁，显然与手术适应证不符（图 3-17-2，图 3-17-3）。

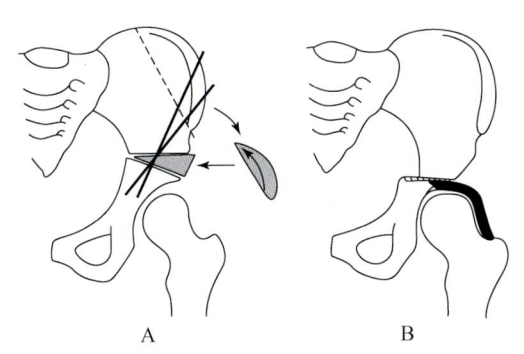

图 3-17-2　截骨术治疗示意图
（摘自：陈孝平，汪建平.外科学.8 版，北京：人民卫生出版社，2014.）

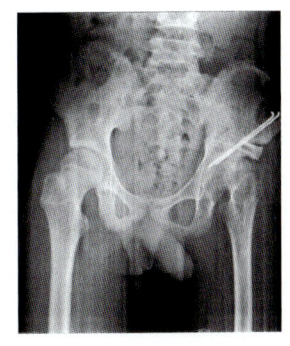

图 3-17-3　6 月 5 日髋关节 X 线片
图示 Salter 骨盆截骨术后

2. 损伤后果、因果关系及因果关系类型　医方在对被鉴定人的诊疗活动中存在误诊、误治的过错,该过错与被鉴定人病程延长、痛苦增加和经济负担加重的损害后果之间存在主要因果关系。

六、鉴定意见

医方在对被鉴定人的诊疗活动中存在误诊、误治的过错,该过错与被鉴定人病程延长、痛苦增加和经济负担加重的损害后果之间存在主要因果关系。

（郭静松　孟武庆）

> **点评**　医疗事故和医疗过错法医学司法鉴定工作对规范医疗行为有重要的促进作用。关于医疗行为的规范,国家出台了一系列的文件和规定,供医疗机构和医务工作者参照执行。
>
> 本例髋关节脱位与股骨头坏死的诊断和鉴别诊断并不难,但医方将左髋臼发育不良及关节炎误诊为"左侧股骨头缺血坏死、左侧髋关节半脱位（先天性）"而行错误手术治疗。分析该例由于诊断错误导致治疗错误发生的根本原因在于医生的业务水平有限。另外医患双方的争议还涉及医疗机构的手术资质、手术医生的手术资质、检查医生的行医资质、手术告知、病历书写不规范等非技术性问题,说明该院从医院管理到医生的业务能力均有待于规范和提高。也提醒医疗机构自身和有关管理部门应切实履行工作职责,加强医院的规范管理、提高医疗质量。

案例 18　骨髓移植

关键词　医疗纠纷；白血病；造血干细胞移植

一、基本情况

1. 委托鉴定事项　患者死亡与医院非血缘关系异基因造血干细胞移植术是否有因果关系。

2. 鉴定材料　某医院住院病案复印件 10 份（共 8 次住院）；第一医院住院病案复印件 1 份；案件争议要点及相关材料。

3. 被鉴定人　某女,18 岁。

二、基本案情

被鉴定人于某年 11 月 12 日因"左下肢麻木疼痛,伴活动受限 1 周"入住某医院,诊断为"急性非淋巴细胞白血病（M2）,中枢神经系统白血病,心律失常（房性期前收缩）,右股神经损害并皮神经炎"。经化疗后达完全缓解,于次年 8 月 11 日行非血缘关系异基因造血干细胞移植术。术后半年白血病复发，后转往外院治疗，终因病情恶化而死亡。被鉴定人家属对该医院的医疗行为提出异议，起诉到法院。现受该法院委托，对上述委托事项进行法医学司法鉴定。

三、资料摘要

（一）某医院住院病案摘要

某年11月12日～12月31日。主诉：左下肢麻木疼痛，伴活动受限1周。11月13日骨髓象：骨髓增生明显活跃；全片仅见巨核细胞2枚，血小板罕见；原始粒细胞大量出现，占75%。11月15日心电图报告：窦性心动过速，房性期前收缩。确定诊断：急性非淋巴细胞白血病（M2）。治疗经过：给予支持、对症治疗，纠正贫血和化疗（HA、DA方案各1个周期）。12月9日骨髓象：AMLM2CR。出院诊断：急性非淋巴细胞白血病（M2），中枢神经系统白血病，心律失常（房性期前收缩），右股神经损害并皮神经炎。

次年1月17日骨髓象：AMLM2a化疗后PR；给予MA方案化疗。

3月2日骨髓象：AMLM2CR；给予DA方案化疗。

3月30日～4月4日诊断：急性粒细胞白血病（M2a），牙周炎。治疗经过：给予抗炎对症治疗。

4月11日骨髓象：M2、CR；给予MA方案化疗。

5月30日骨髓象：AMLM2CR。7月28日签订移植前讨论及家属同意移植记录：移植可能出现的合并症及预防措施为化疗毒性、感染、出血、间质性肺炎、复发等。

8月1日进净化室。8月11日行非血缘关系异基因造血干细胞移植术。9月21日骨髓象：AMLM2移植后，大致正常骨髓象。9月30日染色体检查：共计数18个中期分裂象，46=18，核型分析为46，XY。隔年1月16日骨髓象：M2移植后，骨髓象大致正常。1月25日染色体检查：共计数19个中期分裂相，46=19，核型分析为46，XY。2月13日病程记录：原粒细胞5%，建议骨穿，以排除复发，但家属暂不同意。2月16日病程记录：白细胞$8.3×10^9$/L，血红蛋白117g/L，血小板$156×10^9$/L，原始细胞29%，考虑复发，故骨穿。骨髓回报M2移植后骨髓复发，原粒细胞57.5%，向其父交代病情，要求静脉滴注1次三尖杉酯碱5mg，明日带三尖杉酯碱及阿糖胞苷一个疗程，建议在医生指导下用药，家属要求明日出院。同意出院（被鉴定人父亲签字）。

4月12日～4月18日：诊断，急性粒细胞白血病（M2a），非血缘关系异基因造血干细胞移植术后复发。治疗经过，HA方案化疗及对症治疗。

（二）第一医院住院病案（4月18日～5月6日）摘要

诊断：急性非淋巴细胞白血病（M2）。治疗经过：抗感染，输血及成分血，阿克拉、阿糖胞苷化疗。死亡前病情变化，抢救经过：患者突然发生呼吸停止，其监护人拒绝任何形式的抢救。患者于12时48分呼吸心跳停止，双瞳散大固定，血压下降为零，宣布临床死亡。死亡原因：呼吸衰竭。

四、鉴定过程

1. 鉴定依据和方法　依据中华人民共和国司法部《司法鉴定程序通则》（中华人

民共和国司法部令第 107 号）及《北京司法鉴定行业协会关于办理医疗过失司法鉴定案件的若干意见》（京司鉴协发〔2009〕5 号）相关条款之规定，结合相关法律法规、临床诊疗护理操作规范和指南等进行鉴定。

2. 审核受理情况　本中心审核受理案件后，详细审查了相关资料，认为符合受理条件，并发出医疗损害鉴定听证会通知。

3. 听证会情况　某日鉴定人在本中心召开有医患双方及相关临床专家参加的鉴定听证会，告知本案的鉴定人、鉴定目的、用于此次鉴定的材料及鉴定风险事项等，医患双方分别签字确认并陈述各自意见，回答鉴定人和专家的相关询问。现将医患双方的主要观点归纳如下：

（1）患方主要观点。①医方隐瞒其没有做此类手术的条件和能力；②在进仓后才签订手术协议；③复发过程中，医方不告知患者病情，反而极力隐瞒，导致患者错过最佳治疗时间；④在第一次缓解期进行移植是最佳时机，而医方是在第 7 次化疗后进行移植的；⑤复发后应再次植入供者骨髓以缓解病情，争取治疗时间，但医方没有做。综上所述，认为患者死亡与医方有直接因果关系。

（2）医方主要观点。①医方具有非血缘造血干细胞移植资质；②移植协议书于进仓前签订，进仓后因资金未到位再次交代有关风险；③患者是在第 6 个疗程后进仓，之前的身体状况不符合进仓条件；④复发后及时向患者家属告知病情；⑤复发后输注供者细胞的治疗效果不确定，且并非必须进行的治疗方法。总之，患者于白血病移植后复发死亡是其自身疾病所致。

五、分析说明

通过查阅病历资料和询问诊疗经过后，结合专家会诊意见，综合分析如下：

1. 医方的医疗行为是否存在过错　被鉴定人于某年 11 月 12 日主因"左下肢麻木疼痛，伴活动受限 1 周"入住该医院，其急性非淋巴细胞白血病（M2）诊断明确。给予化疗诱导缓解，并于完全缓解后继续化疗、行非血缘关系异基因造血干细胞移植术，符合白血病的治疗原则。

由于恶性血液病经化疗达到完全缓解之后，患者体内仍残留有大量恶性细胞，需要再进行巩固或强化化疗进一步降低肿瘤负荷，以延长缓解时间、降低复发率。完全缓解后需要再进行几次化疗才能进行移植，国内外目前尚无统一规范，有的文献认为在第 1 次化疗完全缓解后即应进行造血干细胞移植，但国内多家权威移植单位在缓解后继续 2～5 疗程之后进行移植。故医方于完全缓解后巩固 5 个疗程的操作不存在明确的违规行为。

移植术前，医方履行了风险告知义务。术后半年内，骨髓穿刺显示为大致正常骨髓象，染色体检查为 46，XY，提示移植成功。白血病复发后，医方及时向被鉴定人家属告知了病情，并给予化疗。由于第 2 次供者细胞输注并非逆转预后的必须手段，故医方于化疗后未进行供者细胞输注不构成延误治疗。

2. 损伤后果、因果关系及因果关系类型（参与度）　被鉴定人于移植复发后约 3 个月突发死亡系其自身疾病的自然转归（恶性血液病移植后复发的患者预后差，生存时间短、存活率低），未发现医方在对被鉴定人的诊疗过程中存在医疗过失，其医疗行为（包括非血缘关系异基因造血干细胞移植术）与被鉴定人死亡之间无明确因果关系。

六、鉴定意见

某医院的医疗行为（包括非血缘关系异基因造血干细胞移植术）与被鉴定人的死亡之间无明确因果关系。

（毕　洁　杜建芳）

> **点评**　临床上因治疗效果不理想而引起的医疗纠纷不少。本例患者因白血病行"非血缘关系异基因造血干细胞移植术"，术后半年白血病复发后经治疗无效死亡。该鉴定书针对患方的质疑对医方的医疗行为在风险告知、移植时机、移植手术结果的评估、病情复发后所采取的治疗措施等，用规范的医疗行为要求作为对照，逐一进行分析。尤其是对患方提出的移植时机的选择、病情复发后再次植入供者骨髓能否缓解病情的问题，予以有理有据的充分说明，条理清晰、语句简洁，鉴定意见依据充分，具有说服力。

案例 19　血小板减少性紫癜

关键词　医疗纠纷；血小板减少性紫癜；达那唑

一、基本情况

1. 委托鉴定事项　医院医疗行为是否存在过错，过错与损害后果之间因果关系及类型。
2. 鉴定材料　某医院住院病案复印件 2 份、急诊病历复印件 1 份及其他文证材料。
3. 被鉴定人　某男，78 岁。

二、基本案情

患者因"双下肢皮肤瘀点 2 天"于某年 1 月 14 日到某医院就诊，以免疫性血小板减少性紫癜入院。经甲泼尼龙、重组人血小板生成素注射液（特比澳）、达那唑等治疗后，被鉴定人病情持续进展，于 2 月 24 日治疗无效死亡。被鉴定人家属对某医院的医疗行为提出异议，起诉到法院。现受该法院委托，对上述委托事项进行法医学司法鉴定。

三、资料摘要

（一）某医院住院病案（1 月 24 日～1 月 31 日）摘要

主诉：双下肢皮肤瘀点 2 天。

现病史：患者入院前 2 天，无明显诱因出现双下肢皮肤瘀点，于医院门诊就诊，血常规示白细胞 $8.84 \times 10^9/L$，血红蛋白 161g/L，血小板 $2 \times 10^9/L$。

1月24日血生化报告：肌酐126.5µmol/L（参考值：53～115µmol/L）。

诊断：免疫性血小板减少性紫癜，高血压3级（极高危组），陈旧性脑梗死，高血压肾病（肾小球硬化症、慢性肾功能不全、氮质血症期）。

诊疗经过：予甲泼尼龙0.2g/d治疗5天，后改为泼尼松1mg/（kg·d）口服维持，同时连用血小板生成素提升血小板，并辅以抗Hp治疗，血小板迅速恢复，未见严重治疗并发症及合并症。

长期医嘱：1月27日～1月31日达那唑胶囊（200mg），200mg/d，每日2次。临时医嘱：（出院）达那唑胶囊（200mg×30粒）3盒，200mg/d，每日2次。

（二）某医院急诊中心病历（2月8日～2月10日）摘要

主诉：喘憋3天，加重1天。诊断：呼吸困难待查，肺部感染，心功能不全，肾功能不全。

（三）某医院住院病案（2月10日～2月24日）摘要

主诉：双下肢皮肤瘀点20余天，咳嗽5天。

诊断：免疫性血小板减少性紫癜，双侧肺炎（细菌、真菌混合感染），高血压3级（极高危组），慢性肾功能不全（氮质血症期，低蛋白血症）。

诊疗经过：患者入院经甲泼尼龙、重组人血小板生成素治疗后，血小板由入院时$11×10^9$/L升至$75×10^9$/L，给予患者补充白蛋白、氨基酸、脂肪乳支持治疗，应用头孢唑肟联合氨曲南抗感染治疗，患者喘憋症状经抗感染、吸氧治疗后缓解。

辅助检查：2月10日血生化报告肌酐259.7µmol/L。2月15日血生化报告，肌酐188.9µmol/L。

长期医嘱：2月12～2月23日达那唑胶囊（0.2g），0.2g/d，每日2次。

病程记录：2月19日下午5时30分，患者出现喘憋、腹胀、吞咽困难。2月20日，双上肢肌力5级，双下肢近端4级，远端3级，四肢腱反射低，肌张力适中，双侧巴宾斯基征阴性。2月21日，双上肢肌力5级，双下肢近端4级，远端3级，四肢腱反射低，肌张力适中，左下肢肌力3级，右下肢肌力4级，双侧巴宾斯基征阳性。2月23日，患者14时0分较烦躁，无胸闷、憋气，无头痛、头晕，未吸氧状态下急查血气分析示pH 7.455，PCO_2 26.4mmHg，PO_2 49.3mmHg。存在Ⅰ型呼吸衰竭，予面罩吸氧，患者烦躁状态较前减轻。15时0分再次出现烦躁，存在多器官功能不全，但基础疾病仍不明确。2月24日5时0分患者突发呼之不应，查心电图较前无明显变化，请神经内科、心内科会诊，考虑患者目前意识障碍，考虑急性脑血管病变可能性大，暂不考虑心源性因素。5时45分突发四肢抽搐，持续30s自行缓解；5时59分再次发作四肢抽搐，立即给予地西泮10mg静脉注射，持续约45s自行缓解。2月24日11时20分患者呼吸停止，心率降至21次/分，给予尼可刹米、洛贝林兴奋呼吸中枢，肾上腺素强心治疗，家属拒绝气管插管，已签字。11时52分宣布临床死亡。

出院诊断：免疫性血小板减少性紫癜，双侧肺炎Ⅰ型呼吸衰竭，高血压3级（极高危组），陈旧性脑梗死，慢性肾功能不全（氮质血症期），低蛋白血症多浆膜腔积液，肾病综合征，多发性肌炎，急性左心功能衰竭。

（四）《中华人民共和国药典》2005年版二部达那唑胶囊说明书摘要

适应证：也可用于自发性血小板减少性紫癜。禁忌证：血栓症病患者、心肝肾疾患者、异常性生殖器出血患者禁用。

老年用药：一般老年患者生理功能低下，应减量服用（如100～200mg/d）。

四、鉴定过程

1. 鉴定依据和方法 依据中华人民共和国司法部《司法鉴定程序通则》（中华人民共和国司法部令第107号）及《北京司法鉴定行业协会关于办理医疗过失司法鉴定案件的若干意见》（京司鉴协发〔2009〕5号）相关条款之规定，结合相关法律法规、临床诊疗护理操作规范和指南等进行鉴定。

2. 审核受理情况 某年3月13日鉴定人组织医患双方对封存材料的拆封，医患双方对所封存材料未提出异议并认可；经鉴定人审查，认为符合受理条件，于某年3月26日发出听证会通知。

3. 听证会情况 某日鉴定人在本中心召开有医患双方及相关临床专家参加的鉴定听证会，告知本例的鉴定人、鉴定目的、用于此次鉴定的材料及鉴定风险事项等，医患双方分别签字确认并陈述了各自意见，回答鉴定人和专家的相关询问。现将医患双方的主要观点归纳如下：

（1）患方主要观点。①医院的错误用药是导致患者死亡的直接原因，在患者存在达那唑胶囊禁忌证的情况下，持续使用该胶囊，造成患者心、肝、肾及神经系统的伤害。②由于上述症状过重，患者第2次入住某医院，医方再次连续使用该药十余天，不仅加重了上述症状，还出现了下肢瘫痪、口齿不清、不能吞咽等现象，最终造成患者多脏器功能衰竭而死亡。

（2）医方主要观点。①患者1月24日入院时符合特发性血小板减少性紫癜诊断标准，在治疗上符合该病国内外诊疗指南。②患者因"咳嗽、喘憋、不能进食5天"于2月10日再次入院，医院在治疗其原发病的同时，针对其肺炎进行积极的抗感染治疗，在2月19日病情出现变化后，积极请相关科室会诊及进行全院专家会诊指导治疗。③患者死亡与达那唑应用无关，达那唑的应用符合ITP诊疗指南及相关规范，在排除患者血栓性疾病的前提下使用该药，并在使用过程中未发生新发血栓，且最终死亡原因并非血栓引起，而是感染等多器官功能衰竭所致。综上所述，患者ITP本身属于危重症型，并有较多基础疾病，病情变化快，医院在诊疗上严格遵循血液病诊疗常规，无缺陷或失误，患者病情的转归、死亡与诊疗无关。

五、分析说明

依据委托人提供的现有文证资料，结合鉴定听证会所了解的情况，综合分析如下：

1. 医方的医疗行为是否存在过错 医方对被鉴定人特发性血小板减少性紫癜（ITP）诊断明确，甲泼尼龙用药规范；被鉴定人因"咳嗽、喘憋、不能进食5天"再次入院，医方对其肺炎诊断明确，处理得当。

被鉴定人入院时诊断"高血压肾病（肾功能不全、氮质血症期）"，按达那唑药品说明书规定，属于达那唑使用的禁忌证（心肝肾疾患者），故医方在治疗被鉴定人血小板减少性紫癜时使用达那唑存在一定的医疗过失。因为达那唑的代谢产物是 α- 羟甲基乙炔睾酮和乙炔睾酮，由于乙炔睾酮有促进蛋白质分解、增加尿素氮排泄的作用，而大量蛋白质从尿中丢失会造成肾小球高虑过，加重肾小管间质损伤，促进肾小球硬化，故已知肾功能不全的患者禁用该药。

另外，该药品说明书明确指出老年人由于生理功能低下，应减量服用，如 100～200mg/d，而住院期间及出院带药的医嘱均为 200mg/d，每日 2 次，故亦存在达那唑使用过量的医疗过失。

2. 损害后果、因果关系及因果关系类型（参与度） 被鉴定人死亡后未做尸检，具体死亡原因难以明确。根据被鉴定人起病时的临床表现、辅助检查结果及病程记录、用药记录，推断被鉴定人在患 ITP 基础上，因药物过量和肺部感染继发呼吸衰竭，进而引起多器官功能衰竭而死亡的可能性大。

医方针对被鉴定人肺部感染给予了积极抗感染、吸氧改善缺氧状态等治疗，但肺部感染未能有效控制，于 2 月 23 日出现 I 型呼吸衰竭，次日发生深昏迷，经抢救无效死亡，故其死亡的损害后果与自身疾病的发展转归存在因果关系。

由于被鉴定人在肺部感染一度得到控制的情况下出现肾功能恢复，接近初次入院时肾功能水平，说明医方使用达那唑的医疗过失不是加重被鉴定人肾功能损伤的唯一因素，其肺部感染对肾功能的损伤亦起到加重作用。虽然肾功能衰竭并非导致被鉴定人死亡的根本原因和直接原因，但由于达那唑的代谢产物促进蛋白质分解，在被鉴定人自身肾功能不全的基础上，进一步加重了机体低蛋白血症程度，对被鉴定人最终死亡的损害后果起到促进、加重作用。

2 月 19 日被鉴定人出现吞咽困难，次日出现双下肢肌力减退，2 月 23 日出现双上肢肌力减退，双下肢肌力减退较前加重，符合多发性神经炎的临床表现，结合达那唑本身具有引起多发性神经炎的不良反应，且被鉴定人服用达那唑时间较长、剂量过大，故认为被鉴定人吞咽困难、肌力减退等不能排除是使用达那唑发生的不良反应，医方没有及早停药，也促进和加重了损害后果的发生。

综上所述，医方在治疗被鉴定人血小板减少性紫癜时使用达那唑的适应证和剂量上存在一定的医疗过失，该过失与被鉴定人死亡的损害后果之间存在一定因果关系，因果关系类型为同等因果关系。

六、鉴定意见

医院在治疗被鉴定人血小板减少性紫癜时使用达那唑存在一定的医疗过失，该过失与被鉴定人死亡的损害后果之间存在一定因果关系，因果关系类型为同等因果关系。

（毕　洁　杜建芳）

> **点评** 本例为一老年体弱患者，其基础疾病多、复杂，且累及身体重要器官，如心、脑、肾、肺及血液系统，治疗难度大，最终疾病的自然转归可因多器官功能衰竭死亡。但类似情况患者在发生医疗纠纷时，法医鉴定其死亡发生是否为疾病的自然转归，必须首先认定医院的医疗行为不存在过错。但本例临床使用达那唑胶囊

药物时,在药物的选择、用量、用药期限方面均明显违反了药物说明书的规定,存在过错。因此不能排除患者的死亡与过错之间存在因果关系,因患者自身存在基础疾病,故医院承担同等的过错责任。

医院的教训:药物说明书是药品生产厂家提供的包含药理学、药效学、毒理学和医学等药品安全性、有效性的重要科学数据的技术性资料。说明书中的信息(适应证、用法、用量、药物并发症和禁忌证等)是经过临床药物观察实验研究后总结而来,是临床医生的用药指南,也是法医鉴定药物使用合理性的评价依据。因此临床医生用药前应仔细阅读说明书,严格按照告知规范应用,不能仅凭经验用药,否则,一旦出现问题就要承担相应的责任。

案例 20　新生儿重度窒息

关键词　医疗纠纷;新生儿宫内窘迫;窒息;缺血缺氧性脑病

一、基本情况

1. 委托鉴定事项　医院诊疗行为是否存在过错,过错与损害后果之间的因果关系及因果关系类型。

2. 鉴定材料　①某医院病历原件 1 份;②某医院住院病案原件 2 份;③某医院门诊病历复印件 1 份;④民事起诉状、鉴定申请、开庭笔录复印件各 1 份;认证函 1 页;⑤医患双方陈述材料各 1 份。

3. 被鉴定人　某女,1 岁。

二、基本案情

据送检材料所载:孕妇某年 3 月 18 日下午 14 时 0 分入住某医院住院分娩,入院印象为宫内孕 39^{+3} 周,孕 1 产 0,未产,先兆临产。入院后于当日 23 时 37 分查宫颈消,开 3cm,羊膜破,S⁰,宫颈口触及条索状物,23 时 40 分胎心监护出现延长减速,考虑脐带脱垂,请示产科三线医生,三线医生到场后给予持续上推胎头,同时安排紧急剖宫产,在全身麻醉下行剖宫产术,以 LOA 位顺娩一活女婴,新生儿重度窒息,给予相关抢救治疗后转儿科治疗。4 月 6 日出院,出院诊断为新生儿窒息(重度)、心肌损害、吸入性肺炎、轻度新生儿缺血缺氧性脑病不排除,脑室内出血(双侧Ⅱ度)。其后患儿又多次去该院门诊就诊。

因该患儿家属对某医院的诊疗行为提出异议,起诉至法院,现某法院委托本鉴定中心就上述委托事项进行法医学司法鉴定。

三、资料摘要

(一)某医院患者住院病案摘要

入院日期:3 月 18 日下午 14 时 0 分。

入院主诉：宫内孕 39^{+3} 周，见红伴不规律宫缩半天。

印象：宫内孕 39^{+3} 周，孕 1 产 0，未产，先兆临产。

3月18日23时45分术前小结：患者宫内孕 39^{+3} 周，临产，自然破膜，脐带脱垂，17时45分开始规律宫缩，30″/3′4′，查宫颈近消，容2指，S^1，考虑临产，23时5分自然破膜，羊水清，23时20分左右开始宫缩，30″/2′3′，23时37分查宫颈消，开3cm，羊膜破，S^0，宫颈口触及条索状物，23时40分胎心监护出现延长减速，考虑脐带脱垂，请示产科三线医生，该医生迅速到场，持续上推胎头，同时安排紧急剖宫产。

分娩记录：患者宫内孕 39^{+4} 周，临产，自然破膜，脐带脱垂，全麻下急行剖宫产术，以 LOA 位顺娩一活女婴，新生儿重度窒息，Apgar 评分 1min 3 分（肤色、反射、心率各1分），行气管插管，3min 5 分（肤色1分、反射2分、心率2分），5min 5 分，转新生儿病房，手术顺利，出血约200ml，产妇安返病房。

（二）某医院患儿（即被鉴定人）住院病案摘要

入院日期：3月19日。出院日期：4月6日。

主诉：出生后阿氏评分 1min 3 分，生后 20min。

入院诊断：新生儿窒息（重度）。

出院诊断：新生儿窒息（重度）、心肌损害、吸入性肺炎、轻度新生儿缺血缺氧性脑病不排除、脑室内出血（双侧Ⅱ度）。

四、鉴定过程

1. 鉴定依据和方法 依据中华人民共和国司法部《司法鉴定程序通则》（中华人民共和国司法部令第132号）及《北京司法鉴定行业协会关于办理医疗过失司法鉴定案件的若干意见》（京司鉴协发〔2009〕5号）相关条款之规定，结合相关法律、法规、临床诊疗护理操作规范和指南等进行鉴定。

2. 审核受理情况 本中心预受理后，经鉴定人审查相关文证资料，认为符合受理条件，发出听证会通知医患双方于某日来本中心参加本次医疗纠纷鉴定听证会。

3. 听证会情况 某日鉴定人在本中心召开有医患双方参加的鉴定听证会，告知本案的鉴定人、鉴定目的、用于此次鉴定的材料及鉴定风险事项等，医患双方分别签字确认并陈述各自意见，回答鉴定人的相关询问。现将医患双方的主要观点归纳如下：

（1）患方主要观点。产妇自然破膜，医方未予合理诊查；医方对产妇自然破膜及脐带脱垂没有积极诊疗，延误了患者的最佳出生时机，导致患者重度窒息等疾病；患儿宫内窘迫，医方措施不当；医方对产妇观察、监护不够，诊疗不符合其诊疗水平。以上种种，反映医方对产妇的观察、监护、处置都没有体现医方国家级医院的诊疗水平，对患者造成新生儿重度窒息、心肌损害、吸入性肺炎、轻度新生儿缺血缺氧性脑病不排除和脑室内出血（双侧Ⅱ度）的损害后果。

（2）医方主要观点。医方对患儿母亲产检期间行针对性规律检查的医疗行为符合诊疗常规，使患儿母亲能够平安度过孕期，医方医疗行为不存在过错或过失；患儿母亲生产过程中出现脐带脱垂是罕见并发症，与医方的医疗行为不存在因果关系；但医方一线医生在发现患者母亲生产过程发生脐带脱垂后，由于临床经验不足，没有即刻处理，导致患者新生儿短暂重度窒息，医方的医疗行为存在滞后处置2～5min的过错；

然而，医方一线医生迅速及时联系三线医生，三线医生迅速到位后及时处理紧急状况，没有造成更坏的损害后果，且有效弥补了前述损害后果，其医疗行为不存在过错或过失，在此，医方特别对患者及家属表示歉意；被鉴定人出现新生儿重度窒息，但目前状况良好，各项生长发育指标均在正常值范围内。

五、分析说明

依据委托人提供的现有文证资料，结合鉴定听证会所了解的情况，综合分析如下：

1. 医方的医疗行为是否存在过错

（1）孕妇于某年 3 月 18 日下午 14 时 0 分以"宫内孕 39^{+3} 周，见红伴不规律宫缩半天"为主诉入住某医院，产前检查未见明显异常。入院印象：宫内孕 39^{+3} 周，1/0，未产，先兆临产，入院后医方给予完善相关检查、观察产程变化符合诊疗规范。

（2）该产妇入院后于同日 23 时 5 分自然破膜，但医方在其破膜后的 23 时 5 分～23 时 37 分期间未听诊胎心情况，其医疗行为存在不足，但 23 时 47 分听诊胎心为 140 次 / 分，在正常范围，故医方的上述医疗不足与该患儿其后出现的脐带脱垂、新生儿重度窒息等之间无因果关系。

（3）据医院术前小结记载，23 时 37 分查宫颈消，开 3cm，羊膜破，S^0，宫颈口触及条索状物，23 时 40 分胎心监护出现延长减速，考虑脐带脱垂，请示产科三线某医生，该医生迅速到场，持续上推胎头，同时安排紧急剖宫产。上述记载表明医方一线医生对于脐带脱垂认识不到位，未能及时给予上推胎头等处理措施，其诊疗行为存在过错，该过错与胎儿出现宫内窘迫及被该院产科诊断为"新生儿窒息（重度）、心肌损害、吸入性肺炎、轻度新生儿缺血缺氧性脑病不排除，脑室内出血（双侧Ⅱ度）"之间存在一定的因果关系。

（4）关于该患儿转至该院儿科的诊治情况，经审查该院儿科病历，儿科诊疗行为未见明显医疗过错之处。

2. 损伤后果、因果关系及因果关系类型（参与度） 某医院在对该患者的诊治过程中存在破膜后的 23 时 5 分～23 时 37 分期间未听诊胎心、对脐带脱垂处理不及时的医疗过错，其对脐带脱垂处理不及时的医疗过错与该患儿的损害后果（新生儿重度窒息、心肌损害、吸入性肺炎、轻度新生儿缺血缺氧性脑病不排除，脑室内双侧Ⅱ度出血）之间存在一定的因果关系；同时应考虑到脐带脱垂属于产科中难以完全预测和防范的产科并发症之一，发生率较低，该孕妇产前检查也未见明显的可引起脐带脱垂的高危因素，故疾病自身的特点及诊治过程中本身所具有的风险性与该患儿的上述损害后果之间亦存在一定的因果关系。因此综合分析认为，该院的医疗过错参与度为同等因果关系。

六、鉴定意见

某医院在对被鉴定人之母的诊治过程中存在破膜后的 23 时 5 分～23 时 37 分期间未听诊胎心、对脐带脱垂处理不及时的医疗过错，其对脐带脱垂处理不及时的医疗过错与被鉴定人的损害后果（新生儿重度窒息、心肌损害、吸入性肺炎、轻度新生儿缺血缺氧性脑病不排除，脑室内双侧Ⅱ度出血）之间存在一定的因果关系，该院的医疗过错参与度为同等因果关系。

（王伟国　王津平）

> **点评**　医疗过错鉴定过程中需要对患方的疾病发生发展过程、医方的医疗行为进行全面分析，结合不良后果的特点判断其发生原因。有些不良后果与医疗过错有关，医方应该承担相应的责任；但有些不良后果属于现代医学尚未解决的难题，应该客观地认定为难以避免的并发症或者医疗意外，医方不应该承担责任。
>
> 本例为与产科有关的医疗纠纷司法鉴定，鉴于产程观察是产科医疗过程中的重要内容，因此产科医疗纠纷法医鉴定时，审核产程记录必不可少。本例鉴定认为医方存在产程观察不仔细、值班医生对脐带脱垂临床表现的判断经验不足、处理不及时之过错，这是导致患儿严重窒息等不良后果的原因之一。但又认为其脐带脱垂的发生系孕妇自身原因所致，在临床上难以预测和防范，故认定不良后果的发生为医患双方共同因素所致。

案例 21　脐带扭转并脐动脉血栓胎死宫内

关键词　医疗纠纷；死胎；胎盘梗死；脐带扭转

一、基本情况

1. 委托鉴定事项　①医院诊疗行为是否存在过错，过错与损害后果之间的因果关系及因果关系类型；②误工期、护理期和营养期。

2. 鉴定材料　①患方提交的材料：某市尸检中心尸体解剖报告书原件 1 份；②医方提交的材料：某医院的产前检查病历原件 1 份、住院病历原件 1 份、地诺前列酮栓说明书原件 1 张；③某住院病历复印件的封存件及封存袋。

3. 被鉴定人　某女，33 岁。

二、基本案情

据送检材料所载：患者于某年 6 月 7 日入住某医院待产，6 月 8 日给予普贝生促宫颈成熟，6 月 9 日晨多普勒未闻及胎心，急查床边 B 超提示胎死宫内，给予地西泮调整宫缩后，行催产素引产，于 6 月 10 日自然分娩一女婴。患者产后子宫收缩乏力，阴道出血量多，经按摩子宫、卡前列素氨丁三醇注射液、缩宫素注射子宫收缩仍欠佳，予以宫腔填纱之后阴道无明显出血，产后出血共约 1800ml。产后给予抗炎促宫缩、输血补血等治疗，6 月 16 日出院。胎儿经某市尸检中心行尸体解剖，结论为孕 41^{+1} 周足月女性胎儿，因胎盘大片梗死导致胎儿重度宫内窘迫和胎死宫内。

因该患者及家属对该院的诊疗行为提出异议，起诉至法院，现某法院委托本鉴定中心就上述委托事项进行法医学司法鉴定。

三、资料摘要

（一）某医院住院病历出院记录摘要

入院日期：6月7日。出院时间：6月16日。

入院诊断：宫内孕 40^{+6} 周，孕1产0，头位。

入院时病情：主因停经 40^{+6} 周，入院待产，孕期检查未见明显异常。入院后胎心监护反应型，B超提示宫内妊娠、晚孕单活胎头位，S/D=2.5。羊水 AFI=19.5cm，胎盘成熟度三级。

治疗经过：入院后行胎心监护反应型，复测骨盆为正常骨盆，B超未见明显异常，建议阴道试产。6月8日阴道检查宫颈评2分，予以放置普贝生促宫颈成熟。6月9日晨多普勒未闻及胎心，急查床边B超提示胎死宫内，予以地西泮调整宫缩后，行缩宫素引产。6月10日自然分娩一女婴，出生体重3540g，检查见脐带长59cm、附着于胎盘中央，无绕颈，紧绕右小腿一周，局部皮肤可见压痕，脐带扭转20周，距脐轮根部7cm处可见脐带极度扭转2周，局部变细，其上至脐轮处脐带淤血，水肿（胎儿送尸检、胎盘送病理检查，胎儿心内穿刺抽血后拟送遗传代谢病检查，患者家属要求胎儿胎盘送第三方检查，胎儿血拒绝检查）。取胎盘、新生儿拭子送细菌培养，结果提示大肠埃希菌检出。产时顺利，产后子宫收缩乏力，阴道出血量多，经按摩子宫、卡前列素氨丁三醇注射液、缩宫素注射子宫收缩仍欠佳，予以宫腔填纱之后阴道无明显出血，产后出血共约1800ml，产后给予抗炎促宫缩、输血补血等治疗。24h取出宫腔填纱，之后子宫收缩良好，无明显阴道出血。

出院诊断：①胎死宫内；②宫内孕 41^{+1} 周、孕1产1、LOA 分娩；③产后出血（子宫收缩乏力）；④脐带扭转；⑤脐带缠绕；⑥绒毛膜羊膜炎。

（二）某市尸检中心尸体解剖报告书摘要

结论：孕 41^{+1} 周足月女性胎儿，因胎盘大片梗死导致胎儿重度宫内窘迫和胎死宫内。

讨论：①两肺多量羊水吸入提示宫内窘迫，宫内窘迫造成胎儿缺氧和胎死宫内，宫宫内窘迫原因是胎盘大片梗死，而胎盘大片梗死可能与脐带扭转导致脐动脉血栓形成有关，具体原因请结合临床分析；②地诺前列酮栓（普贝生）会促进胎儿窘迫，在胎儿存在宫内窘迫时是禁止使用的；③胎儿突然发生脐带扭转的原因不明，请结合临床诊断。

四、鉴定过程

1. 鉴定依据和方法 依据中华人民共和国司法部《司法鉴定程序通则》（中华人民共和国司法部令第132号）及《北京司法鉴定行业协会关于办理医疗过失司法鉴定案件的若干意见》（京司鉴协发〔2009〕5号）相关条款之规定，结合相关法律、法规、临床诊疗护理操作规范和指南等进行鉴定。

2. 审核受理情况 本中心预受理后，经鉴定人审查相关文证资料，认为符合受理条件，发出听证会通知医患双方于某日来本中心参加本次医疗纠纷鉴定听证会。

3. 听证会情况 某日鉴定人在本中心召开有医患双方参加的鉴定听证会，告知本案的鉴定人、鉴定目的、用于此次鉴定的材料及鉴定风险事项等，医患双方分别签字确认并陈述各自意见，回答鉴定人的相关询问。现将医患双方的主要观点归纳如下：

（1）患方主要观点。医方未尽高度注意义务，忽视可疑胎儿窘迫为普贝生用药禁忌；医方在应用普贝生时，产妇出现宫缩频繁、宫内窘迫后医方未能及时取出，使胎儿发生宫内窘迫死亡；医方错误应用硫酸镁抑制宫缩，加重医源性损伤；医方在胎儿出现宫内窘迫的情况下未完善相关检查，未采取任何救治措施，使胎儿因宫内窘迫造成脐带扭转，最终造成胎儿死亡；医方大量应用硫酸镁，产后未及时处理，导致孕妇出现严重的产后出血。综上所述，由于医方在产妇早期入院后未完善相关检查、及早明确诊断，产妇和胎儿出现严重损害时未及时采取有效救治措施，导致胎儿死亡、产妇产后大出血，给患者及家庭带来无比沉重的伤害。

（2）医方主要观点。胎儿脐带因素导致胎死宫内为突发事件，有不可预见性，医院虽已采取严密的胎儿监护措施，但仍不能杜绝此类突发事件发生；事件发生后，为减少产妇损伤，积极引产，对可能出现的危险做出预判，采取相应预防措施，产后出血为患者自身子宫收缩乏力导致，医院对此采取相应的抢救措施，并取得良好的疗效，未对产妇造成任何损害后果；在诊治中，医院态度积极主动，医疗行为并未违反医疗卫生管理法律、法规及诊疗护理规范、常规，患者的损害后果并非是医院的诊疗行为造成，与医院的诊疗行为不存在因果关系，医院不应负任何责任。

五、分析说明

依据委托人提供的现有文证资料，结合鉴定听证会了解的情况，综合分析如下：

1. 医方医疗行为是否存在过错

（1）该患者于某年6月7日入住该医院待产，入院当日所行超声检查、产科检查均未见异常；6月8日医方对该患者行宫颈评分2分，所行胎心监护未见明显异常，医方于当日8时45分（临时医嘱单所载）给予其普贝生促宫颈成熟符合诊疗规范，用药期间所行胎心监护未见明显异常，21时0分取出普贝生，按照中华医学会妇产科学分会产科学组《妊娠晚期促子宫颈成熟与引产指南（2014）》及地诺前列酮栓（普贝生）说明书所载，取出时间未超时限；期间给予硫酸镁30ml缓解宫缩，用药符合诊疗规范。

（2）另据该院产科产前记录所载，6月8日23时0分胎心监护示基线偏高，未见减速，吸氧后复查胎心监护；6月9日0时30分胎心监护基线150次/分，GST（-），嘱继续观察。但根据现有病历所载，医方其后仅于6月9日2时0分给予多普勒听诊胎心1次，至同日6时30分发现胎心未闻及之前没有听诊或胎心监护记录，胎心观察欠严密，存在不足之处。

（3）6月9日晨医方多普勒未闻及胎心，急查床边B超提示胎死宫内，给予地西泮调整宫缩后，行催产素引产符合诊疗规范。胎儿娩出后，患者产后出现子宫收缩乏力，阴道出血量多，经按摩子宫、卡前列素氨丁三醇注射液、缩宫素注射子宫收缩仍欠佳，予以宫腔填纱之后阴道无明显出血，其后给予抗炎促宫缩、输血补血等治疗，上述处置符合诊疗规范。患者产后出血原因考虑与其胎死宫内引起的心理、精神及疲劳因素有关，非医方使用硫酸镁所致。

（4）根据该院产时记录所载，胎儿娩出后，可见脐带紧绕右小腿一周，局部皮肤可见压痕，脐带扭转20周，距脐轮根部7cm处可见脐带扭转2周，局部变细，其上至脐轮处脐带淤血、水肿。另据尸体解剖所见胎儿两肺多量羊水吸入提示宫内窘迫，宫内窘迫造成胎儿缺氧和胎死宫内，宫内窘迫原因是胎盘大片梗死，而胎盘大片梗死可能与脐带扭转导致脐动脉血栓形成有关。胎儿脐带扭转、缠绕与胎儿宫内活动有关，非医源性因素所致。医方给该患者使用普贝生引产中用药符合诊疗规范，用药期间胎心监护正常，胎儿脐带扭转导致胎死宫内为产科突发事件，待产过程中的B超检查、胎心监护均未见提示，临床诊治、预防和处理均存在一定的难度，现有医疗条件难以完全避免该不良后果的发生，是该患者不良后果产生的根本原因。

2. 损伤后果、因果关系及因果关系类型　医院在对患者的诊疗过程中存在胎心监护欠严密的医疗过错，对其损害后果的发生有一定的影响，其责任程度应为轻微因果关系。

3. 误工期、护理期和营养期　该患者产后经行促宫缩、宫腔填纱、输血补血等治疗，6月16日从该院出院时血红蛋白恢复至102.0g/L。后经其他医院诊治，目前恢复尚可，参照《人身损害误工期、护理期、营养期评定规范》（GA/T 11932014）11.5条及A.7、A.8之规定，其本次所受损伤的误工期、护理期和营养期均评定为90天。

六、鉴定意见

（1）某医院在对患者的诊疗过程中存在胎心监护欠严密的医疗过错，该过错与该患者胎死宫内、产后出血的损害后果之间存在一定的因果关系，其责任程度应为轻微因果关系。

（2）该患者本次所受损伤的误工期、护理期、营养期均评定为90天。

（王伟国　王津平）

点评　医疗过错鉴定过程中，对过错的认定主要因为医方违反了医疗常规和规范。关于医疗常规和规范，目前可以参考的依据包括《中华人民共和国药典》、教科书、专业委员会指南或专家共识、成熟的专业研究观点或成果等。

本例系孕妇在医院待产期间，由于脐带因素导致胎死宫内而产生医疗纠纷。根据患方的观点，医方存在入院时检查不完善、用药不当之过错，是胎死宫内的主要原因。该鉴定在医疗行为是否规范的评价中参考引用了中华医学会妇产科学分会产科学组《妊娠晚期促宫颈成熟与引产指南（2014）》的规定，充分说明了医方用药符合医疗规范的事实；结合孕妇入院后超声检查、产科检查未见异常情况，以及尸检结果，合理地解释了胎儿脐带扭转的原因系难以防范的突发事件，而非医源性因素所致；同时也是目前临床救治的难题。但从严格要求产程观察环节的角度，客观地提出了医院的不足。该医院承担轻微责任的结果，依据充分合理，鉴定客观公正。

案例 22　先天性腹壁裂合并法洛四联症等畸形产前超声未检出

关键词　医疗纠纷；先天性腹壁裂；先天性心脏病；法洛四联症，产前超声检查

一、基本情况

1. 委托鉴定事项　①诊疗行为是否存在过错、过错与损害后果之间的因果关系及因果关系；②伤残等级、治疗费用和护理期限。
2. 鉴定材料　某医院超声报告单复印件 4 页、住院病案复印件 1 份及其他文证资料。
3. 被鉴定人　某男，3 个月。

二、基本案情

据送检材料所载：被鉴定人之母怀孕至分娩期间多次到某医院进行产前超声检查，每次检查后该医院均报告胎儿发育良好，某年 9 月 17 日，被鉴定人之母产下一男婴（即被鉴定人），该男婴存在腹壁开放、部分脏器外露以及生殖器缺失等畸形。

因患方认为该医院应检查出被鉴定人的畸形，该医院的诊疗行为与被鉴定人的不利出生之间存在直接因果关系，诉至法院，现受某法院委托就上述委托鉴定事项进行法医学司法鉴定。

三、资料摘要

（一）某医院超声报告单摘要

4 月 5 日超声检查：子宫增大，宫内可见妊娠囊及胎体回声，胎头双顶径 3.2cm，头臀长 10.3cm，胎头颅骨光环完整，脊柱排列尚规则，可见胎动及胎心搏动，羊水暗区宽度 3.1cm，胎盘位于宫前壁，厚 1.3cm。彩色多普勒探测：脐动脉血流未见异常。超声提示宫内孕，单活胎。检查医生为甲，报告医生为空白。

5 月 10 日超声检查：双顶径 5.3cm，头围 19.0cm，侧脑室 0.4cm，腹围 17.0cm，股骨长 3.7cm，小脑横径 2.0cm，肱骨长 3.3cm，羊水暗区最大宽度 4.3cm，羊水指数 11.8cm，胎儿心率 159 次 / 分，脐带血流 S/D=3.38，RI=0.70。胎头位于耻上，颅骨呈圆形光环，脑中线居中，双侧丘脑可见，小脑半球形态无明显异常，小脑蚓部可见，颅后窝池无明显增大。胎儿上唇连续，眼、鼻可见。脊柱双光带平行排列，整齐连续。胎儿四腔心可见，两条大动脉在心底呈交叉排列。双上肢及双手可见，双下肢及双足可见。胎儿腹壁连续完整，腹内肝、胃、双肾、膀胱可见，双肾盂无分离。胎盘附着在子宫前壁，厚 2.1cm，成熟度 0 级。脐动脉 2 条，颈部皮肤未见压迹。超声提示宫内孕、单活胎（孕龄 21^{+5} 周，胎儿体重 459g±67g。预产期 9 月 15 日）（声明：受胎儿胎龄、

胎儿姿势及体位、羊水、胎儿活动等多种因素影响，有的胎儿器官及部位显示不清。尽管超声能发现胎儿畸形，但不能检出所有的胎儿畸形，即使是四维彩超胎儿畸形的诊断符合率不可能达到 100%，出生后不一定正常。）。检查、报告医生均为乙。

8 月 23 日超声检查：双顶径 9.0cm，头围 31.7cm，侧脑室 0.5cm，腹围 33.2cm，股骨长 6.7cm，小脑横径 4.4cm，肱骨长 6.0cm，羊水暗区最大宽度 4.9cm，羊水指数 11.0cm，胎儿心率 149 次 / 分，脐带血流 S/D=1.96，RI=0.49。胎头位于耻上，颅骨呈圆形光环，脑中线居中，双侧丘脑可见，小脑半球形态无明显异常，小脑蚓部可见，颅后窝池无明显增大。胎儿上唇连续，眼、鼻可见。脊柱双光带平行排列，整齐连续。胎儿四腔心可见，两条大动脉在心底呈交叉排列。胎儿腹壁连续完整，腹内肝、胃、双肾、膀胱可见，双肾盂无分离。胎盘附着在子宫前壁，厚 2.5cm，成熟度 0 级。脐动脉 2 条，颈部皮肤未见压迹。超声提示宫内孕、单活胎、头位（孕龄 36^{+3}，胎儿体重 2918g ± 426g，预产期 9 月 21 日）（声明：受胎儿胎龄、胎儿姿势及体位、羊水、胎儿活动等多种因素影响，有的胎儿器官及部位显示不清。尽管超声能发现胎儿畸形，但不能检出所有的胎儿畸形，即使是四维彩超胎儿畸形的诊断符合率不可能达到 100%，出生后不一定正常。）。检查、报告医生均为乙（手签）。

9 月 1 日超声检查：胎头位于耻上，双顶径 9.4cm，侧脑室 0.5cm，头围 32.8cm，胎头光环轮廓尚完整，脊柱后方骨化中心呈两排并列的强回声，间距 0.3cm，胎心 142 次 / 分，腹围 33.3cm，股骨长 7.2cm。羊水指数 9.5cm，胎盘位于宫前壁，厚 2.6cm，成熟度 0 级。彩色多普勒探测：脐动脉血流 S/D=2.00，RI=0.500；大脑中动脉血流 S/D=3.00，RI=0.667。于胎儿颈背部皮缘可见一 "U" 形压迹。诊断意见：宫内孕，单活胎，头位，脐绕颈一周。记录为丙（手签）。诊断医师为丁、戊（手签）。

9 月 10 日超声检查：胎头位于耻上，双顶径 9.1cm，侧脑室 0.6cm，头围 32.8cm，胎头光环轮廓尚完整，脊柱后方骨化中心呈两排并列的强回声，间距 0.5cm，胎心 150 次 / 分，腹围 35.7cm，股骨长 7.3cm。羊水指数 7.7cm，胎盘位于宫前壁，近底部，厚 2.6cm，胎盘成熟度 I 级。彩色多普勒探测：脐动脉血流 S/D=2.20，RI=0.56；大脑中动脉血流 S/D=3.27，RI=0.73。于胎儿颈背部皮缘可见一 "U" 形压迹。因胎儿位置关系颜面部显示不清。超声提示：宫内孕，单活胎，头位，脐绕颈一周（声明：受胎儿胎龄、胎儿姿势及体位、羊水、胎儿活动等多种因素影响，有的胎儿器官及部位显示不清。尽管超声能发现胎儿畸形，但不能检出所有的胎儿畸形，出生后不一定正常。）。检查医生为戊、乙，报告医生为戊、己（均为手签）。

9 月 17 日超声检查：胎头位于耻上，双顶径 9.7cm，侧脑室 0.6cm，头围 34.5cm，胎头光环轮廓尚完整，脊柱后方骨化中心呈两排并列的强回声，间距 0.5cm，胎心 158 次 / 分，腹围 36.5cm，股骨长 7.0cm。羊水指数 11.5cm，胎盘位于宫前壁，厚 2.2cm，胎盘成熟度 I 级。彩色多普勒探测，脐动脉血流 S/D=2.21，RI=0.53；大脑中动脉血流 S/D=3.38，RI=0.70。于胎儿颈背部皮缘可见一 "U" 形压迹。胎儿左肾盂前后径 1.0cm。超声提示：宫内孕，单活胎，头位，脐绕颈一周，胎儿左肾盂稍宽（声明：受胎儿胎龄、胎儿姿势及体位、羊水、胎儿活动等多种因素影响，有的胎儿器官及部位显示不清。尽管超声能发现胎儿畸形，但不能检出所有的胎儿畸形，出生后不一定正常。）。检查医生为戊、丁（手签），报告医生为甲（手签）。

（二）某医院住院病案摘要

入院日期：9月17日。产前检查：本院及某市某医院，共6次。入院主诉：宫内孕足月，第一胎，阴道流液2天。患者平素月经规律，末次月经去年11月22日，预产期8月6日。停经30+天自测尿妊娠试验（+），无明显早孕反应，孕4个月余出现胎动，活跃至今，孕期未正规孕检，否认用药史，自诉2次检查四维彩超提示未见异常。

9月17日行子宫下段剖宫产术，术中助娩一男活婴，脐下腹壁部分缺损，阴茎背部皮肤缺损，阴茎短小。

四、鉴定过程

1. 鉴定依据和方法　依据中华人民共和国司法部《司法鉴定程序通则》（中华人民共和国司法部令第107号）及《北京司法鉴定行业协会关于办理医疗过失司法鉴定案件的若干意见》（京司鉴协发〔2009〕5号）相关条款之规定，结合相关法律法规、临床诊疗护理操作规范和指南等进行鉴定。

2. 审核受理情况　某日鉴定人对送检材料进行审查，认为符合受理条件，发出听证会通知，并发出补充材料通知。

3. 听证会情况　鉴定人在本中心召开了有医患双方及相关临床专家参加的鉴定听证会，告知本案的鉴定人、鉴定目的、用于此次鉴定的材料及鉴定风险事项等，医患双方分别签字确认并陈述各自意见，回答鉴定人和专家的相关询问。现将医患双方的主要观点归纳如下：

（1）患方主要观点。①医方作为县内唯一一家二甲医院，既然开展产前检查，就应按照原卫生部《超声产前技术规范》的规定，对于应该查出的畸形也应该查出，而医方4次超声均未查出胎儿畸形，致使畸形儿不利出生，医方的诊疗行为与畸形儿的不利出生之间存在直接因果关系；②按照原卫生部《产前诊断技术管理办法》《某省产前诊断技术管理办法》实施细则规定，医方应当提供机构的《母婴保健技术服务执业许可证》及操作人员的《母婴保健技术考核合格证》《执业医生证书》，以及被鉴定人之母超声检查的档案材料，但其未能提供，说明医方在开展产前诊断问题上存在严重过错；③被鉴定人之母随着妊娠月份增加，多次到医方例行检查，尤其是临近分娩，检查的频率亦相应增加，此时胎儿早已出现脏器外翻，只是医方检查时未能仔细、系统地进行检查，造成现今的结果；④虽然法律明确禁止性别鉴定，但医方在超声检查中应当考虑到患儿生殖器缺如或是否存在假两性，不应受明确禁止鉴定的范围。

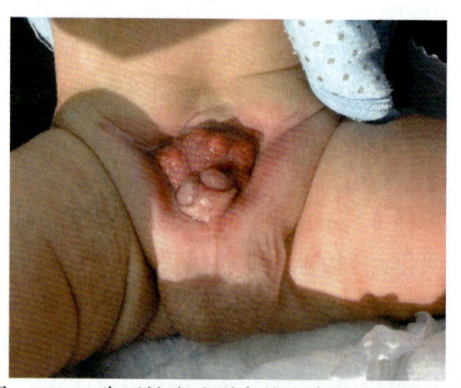

图3-22-1　先天性腹壁裂合并法洛四联症等畸形

（2）医方主要观点。①被鉴定人的畸形属于只有腹壁缺损无腹内容物外翻到羊水的腹裂，由于超声检查的物理特性而不能被发现；②根据我国医疗法律、法规禁止超声用于胎儿性别的检查，不允许在常规超声检查过程中对胎儿生殖器进行检查鉴别；③医方在出具检查报告的同时，也声明了"受胎儿胎龄、胎儿姿势及体位、羊水、胎儿活动等多种因素影响，有的胎儿器官及部位显示不清。尽管超声能发现胎儿畸形，但不能检出所有的胎儿畸形，出生后不一定正常"，故尽到了告知责任。综上所述，被鉴定人畸形与超声检查没有因果关系，在检查中医方没有违反医疗管理法律、法规，不应当由医方承担因为胎儿父母遗传缺陷造成的胎儿畸形的责任。

4. 体格检查 被鉴定人体格检查情况如下：被鉴定人被抱入室，熟睡状态，脐下腹壁呈"类三角形"缺损，部分组织裸露，阴茎背部皮肤缺损、阴茎短小（图3-22-1），余未见明显异常。

鉴定人在听证会后嘱患方去相关三甲医院对被鉴定人进行进一步检查。

次年1月5日法院补充某门诊病历、2家医院诊断证明书，其主要内容摘要如下：

12月31日，耻骨上肿物3个月。查体：患儿生后发现耻骨上红色肿物，有尿液在此溢出，阴茎成扁平状分裂，双侧睾丸位置正常。诊断：膀胱外翻、尿道上裂。建议去北京儿童医院就诊。

12月31日，发现心脏杂音2个月。查体：一般情况可，口周轻度青紫，哭闹后严重，双肺呼吸音粗，未闻及干湿性啰音，心率150次/分，心律整齐，$L_{3、4}S_m II$，P_2减弱，四肢无畸形。诊断证明书上诊断或印象为先天性心脏病复杂畸形、法洛四联症、左肺动脉起自升主动脉、卵圆孔未闭。患儿诊断明确，需进一步诊治。

五、分析说明

依据委托人提供的现有文证资料，结合鉴定听证会双方陈述和了解的情况，综合分析如下：

1. 医方的医疗行为是否存在过错

（1）医方的资质及相关技术人员的资质问题。《某省产前筛查技术管理办法》（修订稿）第三条，本办法适用于全省开展产前筛查技术的各类医疗保健机构；第二十一条，从事产前筛查技术的各类专业技术人员必须取得执业医师资格证书，经市级卫生行政部门组织的专业技术培训，并考核合格后方能上岗。

本例根据上述规定，结合听证会上询问获知，医方系二级乙等医院，具有开展产前筛查技术服务的资格；医方给被鉴定人之母做超声检查的甲、乙、丁、戊、己等医师，是否具有"执业医师资格证"和"从事产前筛查技术培训考核合格证"的问题，不属于此次技术鉴定范畴，建议医方提供相关资质证明材料，由卫生行政部门和法院予以确认。

（2）腹壁裂能否检出问题。《产前超声筛查规范》中要求，产前筛查机构应达到的技术要求为腹裂或脐膨出检出率是60%。

本例医方分别在4月5日、5月10日、8月23日、9月1日、9月10日、9月17日为被鉴定人之母进行产前超声检查6次，均未发现腹壁裂。分析与以下3点有关：①腹壁裂发病率极低，作为基层医院的县级医院熟知和认识该病困难较大；②被鉴定人腹壁裂的腹腔内脏器外翻至腹壁外的内容物较少，故比较难以提示腹壁裂；③医方产前6次超声检查，4次未报腹壁情况，两次报胎儿腹壁连续完整，腹壁裂直接征象腹壁缺损均未看出，特别是腹部胃泡切面、双肾切面、膀胱切面均无图像说明其产前腹壁的完整性。上述前两点为客观原因，但最后一点是医方主观原因造成的，不排除医方因检查时疏忽大意而导致该检查出的腹壁裂畸形而未检查出来，故医方存在医疗过错。

（3）先天性心脏病法洛四联症能否检出的问题。产前系统筛查要求的切面上仅右室流出道可反映肺动脉的某些异常，但也难以做出法洛四联症的综合诊断。医方8月24日的超声报告中描述了"两条大动脉在心底呈交叉排列"，但没有发现有关肺动脉的异常情况是不足之处，存在过错。

（4）生殖器畸形能否检出问题。根据《某省产前筛查技术管理办法》（修订稿）第十四条，"开展产前筛查技术服务的医疗保健机构不得擅自进行胎儿性别鉴定。对怀疑胎儿可能为伴性遗传病，医学上需要进行性别鉴定的，由许可开展产前诊断技术的医疗保健机构进行"；第二十三条，"违反本管理办法第十四条规定，擅自进行非医学需要的胎儿性别鉴定的，由卫生行政部门给予警告，责令停止违法行为，没收违法所得"。故本例医方未检查被鉴定人生殖器而导致其畸形出生，不存在医疗过错。

（5）超声检查报告单问题。本例医方超声检查报告较为系统规范，告知也较充分，但报告单均未注明超声孕周为不足之处。且4月5日、5月10日、8月23日超声检查报告单均为一名医师签字，违反了《某省产前筛查技术管理办法》（修订稿）第十条"开展产前筛查技术服务的医疗保健机构做出诊断后，应当向当事人出具经2名以上相关的执业医师签发的《产前筛查报告》"的规定。

综上所述，医方在对被鉴定人之母进行产前筛查的过程中存在无法提供图像说明其在行腹部胃泡、双肾、膀胱切面时产前腹壁是否完整的证据、没有发现有关肺动脉的异常情况、报告单未注明超声孕周以及4月5日、5月10日、8月23日超声检查报告单均为一名医师签字的医疗过错。

2. 损害后果、因果关系及因果关系类型（参与度） 依据目前复查结果，被鉴定人的损害后果为腹裂、先天性心脏病法洛四联症等畸形。此畸形是被鉴定人之母在妊娠期间由于受到各种不良因素影响所致，与该县医院的医疗过错没有因果关系；但该县医院在对被鉴定人之母进行产前筛查的过程中存在无法提供图像说明其在行腹部胃泡、双肾、膀胱切面时产前腹壁是否完整的证据，没有发现有关肺动脉的异常情况，报告单未注明超声孕周，以及4月5日、5月10日、8月23日超声检查报告单均为一名医师签字的医疗过错，其过错不排除该县医院因检查时疏忽大意而导致本该检查出的腹壁裂、先天性心脏病法洛四联症畸形未被检出，与被鉴定人的不利出生之间存在一定的因果关系，其因果关系类型为次要因果关系。

3. 伤残等级、治疗费用和护理期限 根据现有病历资料以及本中心体格检查的情况，被鉴定人目前存在腹裂、先天性心脏病法洛四联症等畸形，因其发育和治疗均未终结，故目前不宜评定伤残等级和护理期限。

关于被鉴定人的后期治疗费用问题，因其畸形复杂多样，目前无法制订合理、完善的治疗方案，故无法给予费用评估，建议以其实际支出费用来核算。

六、鉴定意见

（1）某医院诊疗行为与被鉴定人腹裂、先天性心脏病法洛四联症等畸形之现状不存在因果关系，但与被鉴定人的不利出生之间存在一定的因果关系，其因果关系类型为次要因果关系。

（2）目前不宜评定伤残等级和护理期限；后期治疗费用目前无法给予评估，建议以其实际支出费用来核算。

（李妙霞　杜建芳）

点评　本例患儿先天性腹壁裂、腹腔内器官外翻、先天性心脏病法洛四联症、阴茎背部皮肤缺损、阴茎短小等多处发育畸形，产前筛查未能发现。鉴定书合理地分析了医院存在腹壁裂及法洛四联症等产前漏诊的过错及其原因，从而评价过错与被鉴定人的不利出生之间存在次要因果关系。

关于不利出生过错的评价与参与度的评估：不利出生的发生原因大多与超声检查、血清学检查有关，由于受医学技术水平的限制，无论是超声检查或是血清学检查均存在一定的误差。例如，①超声检查即使是在胎位、孕周等条件均好的情况下，也不能保证完全准确，也会有一部分误差，即使是国家法律规定的6大类致死性畸形也不能保证100%的诊断率；②唐氏筛查的假阳性为5%，漏检甚至可高达30%～40%。是否存在过错，要看医生在医疗过程中无论是从告知、规范的检查时机、检查项目、采取的检查方法，还是结果的判断是否尽到了高度注意义务。如果医疗过程中没有过错，即使出现残障儿出生的后果，也属于受医学技术水平的限制而出现的难以避免的误差，医院不应该承担责任。相反，如存在医疗过错，则应承担相应的责任，即过错参与度。本例医方产前6次超声检查，4次未报腹壁情况，2次报胎儿腹壁连续完整，腹壁裂直接征象腹壁缺损均未看出，特别是腹部胃泡切面、双肾切面、膀胱切面均无图像说明其产前腹壁的完整性。不排除医方因检查时疏忽大意而导致漏诊，故存在过错。

在确认存在医疗过错的情况下，其过错参与度应在最大限度考虑现行医疗条件因素、结合所发生畸形的诊断难度之后，再根据过错的大小来评估参与度。因为产前诊断是一项具有高风险、不确定性高的医疗工作，胎儿结构异常的漏诊或漏检在目前是不可避免的，根据现有的技术水平，要求产前筛查将所有畸形筛查出来是不现实的。因此，如果将过错参与度的评价归纳为该项医疗工作的风险程度、患者自身的因素和医生的过错行为3方面所占百分比的评估，那么医疗工作的风险程度可以是后两者的总和，即占50%（国家规定的6种致死性畸形的案例除外）。也就是说不利出生因技术原因的过错参与度应限制在50%以内，这样才能体现出对产前诊断这项特殊的高风险性医疗工作的科学、客观评价。

案例 23　先天性心脏病畸形产前超声未检出

关键词　医疗纠纷；先天性心脏病；产前超声检查

一、基本情况

1. 委托鉴定事项　①诊疗行为是否存在过错，过错与损害后果的因果关系及因果关系类型；②对伤残等级、营养期、护理期、护理人数、护理依赖程度、残疾辅助器具更换评定、后续医疗项目和医疗费用进行评估鉴定。

2. 鉴定材料　①母子健康档案原件 1 册；②某医院住院病案及报告单原件各 1 份；③北京某医院住院病案复印件及报告单原件各 1 份；④某儿童医院住院病案及报告单复印件各 1 份及其他文证资料。

3. 被鉴定人　某女，1 岁。

二、基本案情

据民事起诉状所载：被鉴定人之母自某年 9 月 29 日起定期在某医院进行产检，10 月 21 日孕 22 周超声示心脏四腔心切面显示不满意，次年 2 月 12 日孕 38^{+4} 周超声查出胎儿心脏异常——膜周部室缺。当天至北京某医院超声复查：异常胎儿心脏、室间隔缺损、功能单心室、肺动脉增宽。次年 2 月 20 日被鉴定人之母在该医院生产，被鉴定人出生，诊断为胎儿畸形。2 月 26 日被鉴定人在北京某医院查心脏超声示巨大室间隔缺损、房间隔缺损、动脉导管未闭、二尖瓣反流、三尖瓣反流、全心增大、肺动脉瓣反流。4 月 7 日在北京某医院行肺动脉环缩术，动脉导管结扎。

因患方认为某医院的诊疗行为存在过错，诉至法院，现受某法院委托就上述委托鉴定事项进行法医学司法鉴定。

三、资料摘要

（一）某医院超声检查报告单摘要

10 月 21 日报告单。孕周：22 周。超声检查：单胎，臀位，右骶前位。头颈部：双顶径 4.7cm，头围 19.4cm，侧脑室 0.6cm。面部：胎儿口唇未见明显异常。脊柱：因胎位脊柱显示不满意。心脏：四腔心切面显示不满意。胎心胎动可见。腹部：腹围 17.1cm，胃泡、膀胱可见。脐带血管：S/D（A/B）=3.00，与腹壁连接完整。股骨长 4.1cm，胫、腓骨和尺、桡骨可见。羊水：羊水指数 11.0cm。胎盘位置：子宫后壁。超声提示臀位，单活胎，超声孕周 21^{+6} 周，建议结合临床。医师签字：甲。本次超声检查只检查超声描述内容，没有描述的胎儿结构不在检查范围内。超声检查因受多种因素影响，胎儿许多器官与部分无法显示或显示不清：①胎儿四腔心切面只能排除 60% 的先天性心脏病；②不能排除胎儿手指、足趾的异常；③胎儿耳朵、性别及与生殖器相关问题不在超声检查范围之内。故超声不能检查出所有胎儿畸形，为此受检者予以理解。

11月5日报告单。孕周：24周。超声检查：单胎，头位，右枕前位。头颈部：双顶径5.8cm，头围23.4cm。面部：胎儿口唇未见异常。脊柱：未见明显异常。胎心胎动可见。腹部：腹围21.0cm，胃泡、肾、膀胱可见。脐带血管：S/D（A/B）=3.01。股骨长4.7cm。羊水：羊水指数13.5cm。胎盘位置：子宫宫底后壁。四腔心切面未见明显异常。超声提示头位，单活胎，超声孕周25^{+1}周，建议结合临床。医师签字：乙。本次超声检查只检查超声描述内容，超声不能检查出所有胎儿畸形，为此受检者予以理解。

12月27日报告单。孕周：32周。超声检查：单胎，头位，左枕前位。头颈部：双顶径8.1cm，头围29.8cm。面部：胎儿口唇因位置因素，显示不满意。脊柱：未见明显异常。胎心胎动可见。腹部：腹围27.0cm，胃泡、肾脏、膀胱可见。脐带血管：S/D（A/B）=2.34。股骨长6.2cm。羊水：羊水指数13.7cm。胎盘位置：子宫宫底后壁。超声提示：头位，单活胎，超声孕周32^{+2}周，建议结合临床。医师签字：丙。本次超声检查只检查超声描述内容，超声不能检查出所有胎儿畸形，为此受检者予以理解。

次年2月4日报告单。孕周：37^{+3}周。超声检查：单胎，头位，左枕前位。头颈部：双顶径9.3cm。头围34.1cm。面部：胎儿口唇未见明显异常。脊柱：未见明显异常。胎心胎动可见。腹部：腹围33.0cm。脐带血管：S/D（A/B）=2.10。股骨长7.2cm。羊水：羊水指数18.0cm。胎盘位置：子宫宫底后壁Ⅰ度，子宫下段肌层连续性完整。超声提示头位，单活胎，胎儿体重3158g±461g，仅供临床参考。建议结合临床。医师签字：丁。本次超声检查只检查超声描述内容，超声不能检查出所有胎儿畸形，为此受检者予以理解。

2月12日报告单。孕周：39周。超声所见：单胎，头位，右枕后位。头颈部：双顶径9.4cm，头围34.5cm。面部：胎儿口唇因位置因素，显示不满意。脊柱：未见明显异常。胎心胎动可见，四腔心切面可见室间隔上段回声缺失约1.4cm，肺动脉内径1.1cm，主动脉内径0.7cm。腹部：腹围34.0cm。脐带血管：S/D（A/B）=2.00。股骨长7.3cm。羊水：羊水指数14.2cm。胎盘位置：子宫宫底后壁Ⅰ度。超声提示：头位，单活胎，胎儿心脏异常——膜周部室缺？胎儿体重3391g±495g，仅供临床参考。医师签字：丁。本次超声检查只检查超声描述内容，超声不能检查出所有胎儿畸形，为此受检者予以理解。

（二）北京某医院2月12日胎儿超声心动图报告单摘要

超声检查：异常胎儿心脏，室间隔缺损（流出间隔，巨大），功能单心室，肺动脉增宽，肺/主动脉比值失调，动脉导管内径粗大，主动脉峡部内径偏细。

（三）某医院住院病历摘要

2月20日因瘢痕子宫行子宫下段剖宫产术＋瘢痕切除术＋粘连松解术，以头位娩出一女性新生儿，体重3000g，Apgar评分1min 10分、5min 10分，心脏听诊心率126次/分，心律整齐，心音有力，未闻杂音等。

（四）北京某医院2月26日超声心动图报告摘要

超声心动图示先天性心脏病：巨大室间隔缺损（功能单心室）、房间隔缺损（多发）、动脉导管未闭（粗大管型）、二尖瓣反流（轻）、三尖瓣反流（轻＋）、全心增大，收缩功能轻度减低、肺动脉瓣反流（轻+）。

（五）北京某医院住院病案出院记录（3月31日～4月22日）摘要

4月7日在全麻体外循环下行肺动脉环缩术，动脉导管结扎，手术进行顺利，恢复良好，痊愈出院。

出院诊断为先天性心脏病：室间隔缺损、房间隔缺损、动脉导管未闭、肺动脉高压，心功能Ⅱ级。

（六）某儿童医院住院病案出院记录（9月17日～10月10日）摘要

出院诊断为支气管肺炎，先天性心脏病：室间隔缺损（功能单心室）、房间隔缺损、动脉导管未闭、肺动脉高压，先天性心脏病术后，心功能Ⅱ级，肝功能损害，重度营养不良。

出院带药：地高辛20μg/次，每日1次晨起口服等。1周后心脏内科门诊复诊，注意复查血常规+CRP、地高辛血药浓度、肺部影像学等；定期监测心脏彩超、腹部超声、地高辛血药浓度、血电解质、肝肾功能等。心脏外科、心脏内科、肾内科门诊长期随诊，调整治疗方案，择期行先天性心脏病根治手术。病情变化及时门急诊就诊。

（七）某军区总医院住院病案（10月12日～11月25日）摘要

10月21日行室间隔缺损修补术。手术经过：沿原手术切口瘢痕切开皮肤，心脏位置正常。全心扩大，探查可见肺动脉环缩带在位，动脉导管可见结扎线在位，但导管可触及明显震颤，结合术前CT可见导管开放，术中诊断动脉导管残余分流，打开右房，可见房缺为中央型，大小5mm×3mm，经三尖瓣口探察VSD巨大，从流入道延伸至肌部，大小22mm×20mm。牛心包补片经三尖瓣口修补VSD，停左心吸引，间断缝合房缺1针，未完全关闭房缺。

出院情况：心脏彩超示房、室间隔缺损术后，室水平少量残余分流，左室收缩功能正常。治疗效果判断：①先天性心脏病治愈。室间隔缺损治愈。房间隔缺损（继发孔）治愈；②肺动脉环缩术后；③心功能不全好转；④支气管肺炎好转。

出院诊断：①先天性心脏病，室间隔缺损，房间隔缺损（继发孔）；②肺动脉环缩术后；③心功能不全；④支气管肺炎。

（八）某军区总医院隔年11月2日诊断证明书摘要

临床诊断：多发室缺术后，动脉导管未闭结扎术后。处理：①多发室缺处分流将来可能需要介入手术治疗；②如果介入治疗，介入手术治疗费用约3.5～4.0万元。

四、鉴定过程

1. 鉴定依据和方法　依据中华人民共和国司法部《司法鉴定程序通则》（中华人民共和国司法部令第132号）及《北京司法鉴定行业协会关于办理医疗过失司法鉴定案件的若干意见》（京司鉴协发〔2009〕5号）相关条款之规定，结合相关法律法规、临床诊疗护理操作规范和指南等进行鉴定。

2. 审核受理情况　鉴定人详细审查了相关资料后认为符合受理条件，并发出了医疗损害鉴定听证会通知。

3. 听证会情况　某日鉴定人在本中心召开有医患双方及相关临床专家参加的鉴定听证会，告知本案的鉴定人、鉴定目的、用于此次鉴定的材料及鉴定风险事项等，医患双方分别签字确认并陈述了各自意见，回答鉴定人和专家的相关询问。现将医、患双方的主要观点归纳如下：

（1）患方主要观点。①孕22周检查中，胎儿心脏四腔心显示不清，医方未予足够重视，严重侵害了被鉴定人父母的优生选择权和知情权；②医方产前筛查没有安排产妇进行产前诊断，未能及时发现胎儿异常，严重侵害了被鉴定人父母的优生选择权和知情权。

（2）医方主要观点。①医院是产前筛查单位，按照规范对孕妇进行了超声筛查工作。在孕22周超声产前畸形筛查时，脊柱、四腔心显示不满意，因此根据规范在孕24周进行了复查，复查时脊柱和四腔心切面均未发现异常。在自身B超检查无异常情况下，就不存在所谓的转诊到上级医院的问题，而在孕38^{+4}周B超检查发现心脏有异常时，当天即转至某医院进行了进一步检查，因此医院对该患者产前检查诊疗中不存在过错；②产前超声检查并不能检查出所有异常情况并做出诊断，在该孕妇孕38^{+4}周之前B超没有检查出胎儿心脏异常，是目前医疗水平所限、B超检查局限性等所致；③被鉴定人出生前，医方履行了详细、充分的病情告知义务，被鉴定人的出生，是其父母在知晓所有病情情况下选择的结果，医院不存在侵犯优生优育权的问题；④被鉴定人出生后，医院诊疗符合常规，对于其病情、诊治情况、风险、注意事项等均履行了详细充分的告知义务；⑤患方目前主张的后果是其自身所患先天性疾病以及由于该先天性疾病发生发展所导致的一系列如残疾、护理依赖等，均与医院诊疗行为之间没有直接因果关系。

4. 体格检查　被鉴定人被抱入室，查体合作。腹部正中见一11cm×0.5cm浅表性不规则长条状纵行瘢痕，色白，余未见明显异常。

五、分析说明

依据委托人提供的现有文证资料和影像学资料，结合鉴定听证会双方陈述和了解的情况，综合分析如下：

1. 医方的医疗行为是否存在过错　依据《北京市产前诊断与产前筛查工作规范（试行）》的超声规范中产前超声筛查规范之"三、产前超声筛查标准"中的指标：主要要求在妊娠20～24周时对严重的致命的胎儿畸形进行筛查（包括无脑儿，脑、脊膜膨出，严重开放性脊柱裂，胸腹壁缺损内脏外翻，单腔心，致命性软骨发育不全等）。产前筛查机构应达到的技术要求：严重先天性心脏异常（单腔心等）检出率为20%。"四、技术程序（二）"具体内容包括中晚期妊娠常规超声筛查检查内容：胎儿心脏，检查心率、心律、四腔心结构、比例是否正常。

根据被鉴定人出生前后经北京某医院多次超声心动图报告、4月7日在北京某医院行肺动脉环缩术和10月21日在某军区总医院行室间隔缺损修补术时的2次手术记录记载，本例被鉴定人心脏畸形虽达不到上述6种致死性畸形的程度，但也属心脏严重畸形之列，表现为室间隔缺损（流出间隔，巨大）、功能单心室、肺动脉增宽等。虽然由于：①胎儿在母体内体位不定，难以获得多个心脏切面图加以分析；②胎儿期各器官生长发育不同步、情况不断变化而难以下结论；③胎儿时期左右室压力相等，彩色多普勒因无压力阶差而不能显示分流情况，而常会漏诊。但是根据产前超声筛查规范，"四腔心结构"是产前筛查机构要求查的心脏检查内容。本例医方产前在孕22周和24周为排畸时期，一次四腔心切面显示不满意和另一次未见明显异常，通常在排畸时期重要检查部位如四腔心切面显示不满意时应告知被鉴定人之母来回走动后重复检查直至能显示满意后才能让其离开，故医方未尽到高度注意义务；孕32周和37^{+3}周检查未描述四腔心切面，孕39周四腔心切面显示室间隔缺损和主肺动脉增宽，且孕37^{+3}周和孕39周给被鉴定人之母做超声检查的医师为同一名医师，前后仅相差不到两周，一次未描述四腔心切面，一次四腔心切面显示室间隔缺损和主肺动脉增宽，这显然不合常理，因此医方存在超声检查排畸时期未尽到高度注意义务和两次漏查"四腔心结构"所致可能在更早时期检出被鉴定人心脏畸形而未被检出的过错。

2. 损害后果、因果关系及因果关系类型　医方过错致被鉴定人之母丧失了更早时期检出胎儿畸形的机会，虽然医方的医疗过错与被鉴定人的先天性心脏病畸形无关，但是应与被鉴定人先天性心脏病畸形出生之间存在因果关系，鉴于严重先天性心脏异常（单腔心等）产前筛查机构的检出率很低（约20%），故本例医方的因果关系类型为轻微因果关系。

3. 伤残等级、营养期、护理期、护理人数和护理依赖程度　被鉴定人的先天性心脏病，根据现有送检材料并结合体格检查情况，参照京司鉴协发〔2011〕5号《人体损伤致残程度鉴定标准》2.2.11条之规定，符合二级伤残；被鉴定人的先天性心脏病，参照GA/T 11932014《人身损害误工期、护理期、营养期评定规范》7.9条及A.5条之规定，被鉴定人的营养期评定为伤残评定前一日、护理期评定为伤残评定前一日（护理人数建议1人）。被鉴定人目前年龄尚小（1岁多），日常生活活动能力本就受限，故无法评定护理依赖程度。

4. 残疾辅助器具更换评定、后续医疗项目和医疗费用　被鉴定人的先天性心脏病，已于4月7日在北京某医院行"肺动脉环缩术"和10月21日在某军区总医院行"室间隔缺损修补术"两次手术。依据9月17日至10月10日某儿童医院住院病案出院记录中的出院医嘱以及隔年11月2日某军区总医院的诊断证明书，被鉴定人无需残疾辅助器具，后续医疗项目根据病情发展变化情况而定，可能需要手术治疗。具体医疗费用建议以实际发生为准或参考目前情况而定。

六、鉴定意见

（1）某医院的诊疗行为存在过错，该过错与被鉴定人的先天性心脏病畸形无关，但与被鉴定人先天性心脏病畸形出生之间存在因果关系，其因果关系类型为轻微因果关系。

（2）根据现有送检材料并结合体格检查情况，被鉴定人的目前情况符合二级伤残；被鉴定人的营养期评定为伤残评定前一日、护理期评定为伤残评定前一日（护理人数建议1人）。被鉴定人目前年龄尚小（1岁多），无法评定护理依赖程度。

（3）被鉴定人无需残疾辅助器具，后续医疗项目根据病情发展变化情况而定，可能需要手术治疗。具体医疗费用建议以实际发生为准或参考目前情况而定。

（李妙霞　杜建芳）

> **点评**　本例严重先天性心脏异常（表现为室间隔缺损、功能单心室、肺动脉增宽等）产前筛查未能发现。鉴定人从产前超声检查报告书中发现，医院违反了《北京市产前诊断与产前筛查工作规范（试行）》的"超声规范中产前超声筛查规范"之三的要求，超声检查时没有描述四腔心结构，导致产前漏诊，认定医院存在过错有依据。但因为目前产前超声诊断受各种因素的影响较大，正确诊断率较低，故客观地评价了医方的过错与胎儿不利出生发生之间为轻微因果关系。

案例 24　先天性肾畸形异位并发育不良产前超声未检出

关键词　医疗纠纷；先天性肾畸形；产前超声检查

一、基本情况

1. 委托鉴定事项　医院诊疗行为是否存在过错，过错与损害后果之间的无因果关系及因果关系类型。

2. 鉴定材料　某医院住院病案原件 1 份及其他文证资料。

3. 被鉴定人　某女，28 岁。

二、基本案情

据送检材料所载：被鉴定人在检查出有身孕后，其孕检、生产均在某医院进行。在孕检期间，该医院某年 3 月 19 日、5 月 10 日的超声影像报告单分别显示表明"可探及双肾"，7 月 3 日的超声影像报告单显示表明"右肾似可及纵切面，大小约 34mm×19mm"，7 月 5 日的超声影像报告单显示表明"可探及右肾样回声，大小 27.1mm×24.5mm×20.8mm，右肾盂宽 7.1mm，可探及右肾动脉"。但当被鉴定人产下一子后，7 月 25 日被鉴定人之子在该医院的检查中诊断却是发现"右肾缺失，未探及右肾"的结果。

因患方认为该医院对被鉴定人的诊疗行为存在过错，诉至法院，现受某法院委托就上述委托鉴定事项进行法医学司法鉴定。

三、资料摘要

（一）某医院住院病案摘要

1 月 9 日，孕周：12 周。超声提示宫内孕活胎。

（二）3月12日某医院超声诊断报告摘要

超声检查：胎儿左肾2.8cm×0.9cm，右肾显示欠清。超声提示宫内中孕、右肾显示欠清，建议复查。

（三）某医院住院病案摘要

3月19日，孕周：22$^+$周。超声检查：可探及双肾、膀胱等。超声提示宫内孕活胎。备注：此胎儿超声检查报告仅供临床参考。胎儿畸形超声检出率会受到胎儿发育、胎体遮挡、胎动、胎位、羊水量、孕妇个人情况及仪器分辨率等诸多因素影响，特此告知。

5月10日，超声检查：可探及双肾，膀胱样回声等。超声提示宫内孕活胎，头位。

7月3日，超声检查：胃泡样回声位于左侧腹腔，可探及左肾，大小约52mm×31mm×31mm。右肾似可及纵切面，大小约34mm×19mm。肾盂肾盏显示不明显，右肾横切面显示不满意。可探及膀胱样回声等。超声提示宫内孕活胎，头位，脐带绕颈一周，胎儿双肾大小不一致？建议超声会诊。

7月5日，孕周：38。超声所见：左肾大小33.2mm×47.8mm×27.8mm，可探及右肾样回声，大小27.1mm×24.5mm×20.8mm，右肾盂宽7.1mm，可探及右肾动脉等。超声提示：宫内孕活胎，头位，胎儿右肾小——发育异常？备注：此胎儿超声检查报告仅供临床参考。胎儿畸形超声检出率会受到胎儿发育、胎体遮挡、胎动、胎位、羊水量、孕妇个人情况及仪器分辨率等诸多因素影响，特此告知。

7月13日产科住院患者知情同意书，住院诊断：宫内孕38^{+5}周，孕2产0，头位，未产，胎儿右肾发育异常？目前产妇及胎儿状况评估：胎儿右肾小。产妇或直系亲属签字：甲（手签）。

7月13日自然分娩一足月男婴。

7月15日新生儿出院总结补充：停经34周左右B超提示胎儿双肾大小不一致，请超声会诊示胎儿右肾小——发育异常？生后已开双肾B超申请单，嘱家长尽早行超声检查明确。

7月25日被鉴定人之子超声诊断检查：左肾增大，形态正常，大小约5.6cm×2.4cm×2.7cm，实质厚0.8cm。左肾实质回声未见异常，肾内结构清晰，肾窦区回声正常。左肾盂轻度分离，前后径0.8cm。左肾血流充盈丰富，血管走形清晰。右肾窝处未探及明显肾样结构。

（四）某市儿童医院8月5日影像学检查诊断报告单摘要

患儿，23天。影像表现：右肾区未见确切右肾结构，右侧髂血管旁可见一多房囊性区，范围1.5cm×1.0cm×1.2cm，膀胱后方可见一不规则囊腔，范围2.4cm×1.3cm×1.8cm，透声好，二者关系密切，未见确切与膀胱相通。

检查诊断：右肾区未见确切右肾结构，右侧髂血管旁多房囊性区及膀胱后方不规则囊腔，不排除为发育不良的右肾及输尿管结构，随诊复查。

（五）某省儿童医院检查报告单摘要

患儿，1岁1月。次年8月18日超声检查：右肾区未探及右肾回声。左肾大小约

80mm×34mm，形态轮廓规整，皮质回声均匀，中心集合系统未见分离。膀胱后方探及一大小约 30mm×15mm 囊性包块，周边可见少许实性部分，似肾实质回声。CDFI、CDE、PW 检查：膀胱后方囊性包块内未见明显彩色血流信号。检查诊断：膀胱后方囊性包块（考虑：右肾异位，右肾发育不良伴积水）、左肾代偿性增大。

8 月 19 日该医院 CT 检查：右侧肾区未见正常肾组织，左肾体积明显增大，上极肾门朝前，膀胱右后方可见多发囊状低密度影，CT 值约为 9.6HU，局部可见分隔，向下延伸至会阴部，相邻膀胱右后壁受压。诊断：膀胱后囊性病变，建议增强 CT 检查；右肾未显示，左肾代偿性肥大，左肾旋转不良。

四、鉴定过程

1. 鉴定依据和方法　依据中华人民共和国司法部《司法鉴定程序通则》（中华人民共和国司法部令第 107 号）及《北京司法鉴定行业协会关于办理医疗过失司法鉴定案件的若干意见》（京司鉴协发〔2009〕5 号）相关条款之规定，结合相关法律法规、临床诊疗护理操作规范和指南等进行鉴定。

2. 审核受理情况　鉴定人详细审查了相关资料后，认为符合受理条件，并发出了医疗损害鉴定听证会通知。

3. 听证会情况　某日鉴定人在本中心召开有医患双方及相关临床专家参加的鉴定听证会，告知本案的鉴定人、鉴定目的、用于此次鉴定的材料及鉴定风险事项等，医患双方分别签字确认并陈述各自意见，回答鉴定人和专家的相关询问。现将医患双方的主要观点归纳如下：

（1）患方主要观点。被鉴定人在医方产检时，医方在整个产检过程中没有尽到应尽职责，没有在产前查出独肾后及时履行告知义务，使患方丧失了知情选择权，使得婴儿出生时才发现独肾，其一生是有缺陷的，将不能从事很多工作，丧失很多机会，严重时会危及生命。医方有重大过错，依据《侵权责任法》等法规，应当对此承担损害赔偿责任。

（2）医方主要观点。①被鉴定人在孕期于医院定期产检，规律产检及超声检查，孕 22^{+2} 周、孕 29^{+5} 周彩色超声检查，胎儿均未见明显异常；直至孕 37^{+3} 周超声发现胎儿双肾大小不一致，立即请专家超声会诊，会诊提示胎儿右肾小——发育异常。医方及时告知被鉴定人胎儿的右肾存在先天发育不良可能，并告知产妇在胎儿出生后儿科复查，整个诊疗过程不存在过错；②鉴于目前超声诊断的局限性，医方在产妇的入院知情同意书、手术同意书以及超声报告中都已明确交代胎儿右肾发育异常、畸形不排除的问题，被鉴定人及家属亦已签字同意，因此医方已尽辅助检查职责，并也已向被鉴定人及其家属履行告知义务，不应当承担责任；③医生在没有确诊胎儿畸形指征时，按照诊疗常规是不能做出终止妊娠的医学建议的；况且该患儿属于先天性右肾缺如，不属于原卫生部规定的 6 种致死性畸形的范畴，作为医疗机构，不能代替产妇选择是否终止妊娠，在超声提示可能存在畸形的情况下，也只能向产妇及家属提供医学建议。该患儿先天性右肾缺如的残疾后果是其自身遗传基因、先天发育缺陷导致，与医方的诊疗行为之间并无因果关系，医方不应承担责任。

五、分析说明

依据委托人提供的现有文证资料,结合鉴定听证会双方陈述和了解情况,综合分析如下:

1. 被鉴定人之子目前情况　依据被鉴定人之子出生后分别在医方、某市儿童医院、某省儿童医院所做的多次超声、CT以及其他影像学检查结果,被鉴定人之子目前的双肾情况为右侧肾区未见正常肾组织,膀胱后方囊性包块(考虑右肾异位、右肾发育不良伴积水),左肾代偿性增大。

2. 医方的医疗行为是否存在过错

(1)关于告知问题。医方在被鉴定人孕期中为被鉴定人在孕12周、孕22^{+2}周、29^{+5}周、37^{+3}周、37^{+5}周进行过5次B超。其中7月3日(37^{+3}周)的超声提示"胎儿双肾大小不一致?建议超声会诊"、7月5日(37^{+5}周)的超声提示"胎儿右肾小——发育异常?"报告单后备注"胎儿畸形超声检出率会受到胎儿发育、胎体遮挡、胎动、胎位、羊水量、孕妇个人情况及仪器分辨率等诸多因素影响,特此告知",故医方除告知胎儿畸形超声检出率会受到多种因素影响外,在产前两次发现肾异常,均有所告知,已尽到了应尽的告知义务,不存在医疗过错。

(2)关于右肾畸形的检出问题。依据《某市产前诊断与产前筛查工作规范(试行)》中对产前超声筛查规范明确规定,产前诊断机构应达到的技术要求为肾发育不良或多囊肾的检出率为80%,肾畸形异位并发育不良亦属产前筛查范围。

本例医方在被鉴定人孕检期间共做了5次产前超声检查(孕12周、22^{+2}周、29^{+5}周、37^{+3}周、37^{+5}周),除了孕12周外均有肾描述,说明严格按照诊疗常规操作。但对肾的认识上有偏差:22周和29周认为双肾正常,37周认为右肾发育异常,但在不能完全肯定是否是右肾的情况下(可探及右肾样回声)还描绘出肾盂宽度和右肾动脉,存在误判;另在诊断方面,产前发现右肾异常方向是正确的,但明确诊断"异常与缺如"判断不准确。提示医方因技术水平或经验不足所致对肾认识不足、判断有误及诊断不准确,导致本该尽早查出的右肾畸形直到37周才发现双肾发育不一致,存在医疗过错。

综上所述,医方在对被鉴定人的诊疗过程中存在对肾认识不足、判断有误及诊断不准确的医疗过错。

3. 损害后果、因果关系及因果关系类型(参与度)　被鉴定人之子目前存在右侧肾区未见正常肾组织,膀胱后方囊性包块(考虑右肾异位、右肾发育不良伴积水),左肾代偿性增大。此畸形是被鉴定人在妊娠期间由于受到各种不良因素影响所致,与医方的医疗过错没有因果关系;医方虽因技术水平或经验不足存在对肾认识不足、判断有误以及诊断不准确的医疗过错,导致本该尽早查出的右肾畸形直到37周才发现双肾发育不一致,但是医方在被鉴定人孕检期间,除告知胎儿畸形超声检出率会受到多种因素影响外,在产前两次发现肾异常,均有所告知;且患方在3月12日(孕21^+周)曾在北京某医院做过超声检查,结果为"宫内中孕、右肾显示欠清,建议复查"的情况下,却未引起被鉴定人及其家属的充分注意;故医方的医疗过错与被鉴定人之子右肾畸形出生之间存在一定的因果关系,其因果关系类型为次要因果关系。

六、鉴定意见

某医院对被鉴定人的诊疗行为存在过错,该过错与被鉴定人之子的右肾畸形之间没有因果关系,但与被鉴定人之子右肾畸形出生之间存在一定的因果关系,其因果关系类型为次要因果关系。

(李妙霞　杜建芳)

> **点评**　本例患儿为右肾缺如出生的新生儿,该鉴定依据《某市产前诊断与产前筛查工作规范(试行)》标准,客观地指出了医院在产前筛查中的过错,说服力强。
>
> 目前关于不利出生(错误出生)的法医鉴定,对其过错参与度的评价争议很大,包括法官也存在困惑,因此全国各地相关案件的审判标准差别很大。认识观点不一致主要表现在对不良后果的定位不同。不良后果认定为先天发育畸形者,认为先天发育畸形是患方自身因素造成的,与医方过错无关,则不需要承担责任;不良后果认定为先天发育畸形的胎儿出生后给家庭、社会带来额外负担者,认为医生在产前检查中如果没有尽到应尽的注意义务,导致有严重先天畸形的胎儿出生,给家庭、社会带来额外负担,则应该承担相应责任。
>
> 本例鉴定将过错与畸形的发生无关,但与右肾畸形出生有关均作为最终的鉴定意见,应该对法官的判案有一定的帮助,也值得类似鉴定参考。

案例 25　酒后外伤急诊延误治疗死亡

关键词　医疗纠纷;机械性损伤;酒后;肠破裂;休克

一、基本情况

1. 委托鉴定事项　医院诊疗行为是否存在过错,医疗行为与患者死亡之间有无因果关系。

2. 鉴定材料　①故意伤害案破案报告原件 1 张;②医院住院病案复印件 1 份;③某县公安局物证鉴定室法医学尸体检验鉴定书复印件 1 份;④某市公安局物证鉴定所物证检验报告复印件 1 份;⑤某物证司法鉴定中心法医病理学报告复印件 1 份;⑥某市公安局物证鉴定所毒物检验报告复印件 1 份;⑦某县公安局鉴定意见通知书复印件 2 份。

3. 被鉴定人　某男,35 岁。

二、基本案情

被鉴定人于某年 7 月 2 日 3 时因"酒后外伤后约 1h"到医院就诊,入院后给予补液、促醒、抗感染等治疗,12 时 25 分检查完回病房后突发呼吸骤停,经抢救无效于 7 月 2 日 13 时 47 分死亡。死后尸检证实系钝性物体作用于腹部造成肠及肠血管破裂致失血性休克及中毒性休克死亡。现受某法院委托，就上述委托鉴定事项进行法医学司法鉴定。

三、资料摘要

（一）医院住院病历（7月2日3时～7月2日14时）摘要

主诉：酒后外伤后约1h。10时0分首次病程记录：查体不合作，躁动不安，BP 112/71mmHg，意识模糊，言语不利，口唇软组织有伤，牙齿松动。腹平软，无压痛、反跳痛，自诉稍有不适。初步诊断：外伤（酒后），枕部头皮挫伤，口唇软组织外伤，牙齿松动，内脏破裂（？）。

鉴别诊断：内脏破裂，患者诉不适，查体腹平软必要时行腹部B超。

病程记录：5时0分～7时0分血压波动为85～90/55～60mmHg，11时29分患者烦躁不安仍未缓解。11时15分行颅脑CT、腹部彩超等检查，并请全院会诊，共同抢救治疗。

诊疗经过：12时25分回科室，移至病床，发现呼吸浅表。12时30分查体见双侧瞳孔散大，呼吸停止。给予心肺脑复苏、心脏胸外按压、阿托品、肾上腺素静脉注射等抢救。患者意识障碍加深，双侧瞳孔散大固定，心电图呈直线。13时47分停止抢救，宣布患者临床死亡。

（二）法医学尸体检验鉴定书摘要

解剖检验：腹腔内积血约4000ml，肠系膜血染，空肠上有3处破裂口，大小分别为1.5cm×1.0cm、1.0cm×1.0cm和1.3cm×0.5cm，空肠上肠系膜动脉破裂出血，回盲部有2.0cm×0.5cm破裂，肠内容物溢出。

鉴定意见：系钝性物体作用于腹部造成肠及肠血管破裂致失血性休克及中毒性休克死亡。

四、鉴定过程

1. 鉴定依据和方法 依据中华人民共和国司法部《司法鉴定程序通则》（中华人民共和国司法部第132号）及《北京司法鉴定行业协会关于办理医疗过错司法鉴定案件的若干意见》（京司鉴协发〔2009〕5号）相关条款之规定，结合相关法律法规临床诊疗护理操作规范和指南等进行鉴定。

2. 审核受理情况 经鉴定人审查，认为符合受理条件，发出听证会通知。

3. 听证会情况 鉴定人在本中心召开有医患双方及相关临床专家参加的鉴定听证会，告知本案的鉴定人、鉴定目的、用于此次鉴定的材料及鉴定风险事项等，医患双方分别签字确认并陈述各自意见，回答鉴定人和专家的相关询问。现将医患双方的主要观点归纳如下：

（1）患方主要观点。①入院11h未查明病情，延误治疗，因医方过错造成患者死亡；②未行任何检查，直至11时50分才行B超检查。

（2）医方主要观点。①患者为醉酒状态，极不配合医务人员诊疗，不配合生命体征监测；②由于患者醉酒状态无外出检查条件；③医方给予补液、生命体征监测、积极检查，并做了相应治疗，诊疗不存在过错。

五、分析说明

依据委托人提供的现有文证资料,结合鉴定听证会了解情况,综合分析如下:

1. 医方的医疗行为是否存在过错

(1)首次查体已经考虑可能存在脏器破裂,但未及时行相关检查,明确诊断,并指导治疗,存在过错。

(2)患者在凌晨5~7时存在血压下降,未行任何处置,存在过错。

(3)被鉴定人死后尸检见肠破裂3处,腹腔积血约4000ml,而医方查体腹部未见任何症状和体征,提示其存在查体不仔细。

2. 损害后果、因果关系及因果关系类型(参与度) 被鉴定人经尸检明确死因为肠及肠血管破裂导致的失血性及中毒性休克,而原始损伤(肠3处破裂、肠系膜血肿、血管损伤、腹腔内积血4000ml)是被鉴定人最终死亡的根本原因。由于被鉴定人入院时系醉酒状态,酒精有一定的麻醉作用,会掩盖疾病的症状和体征(入院时查体腹软、无肌紧张),从而增加了疾病诊断的难度。但医方在被鉴定人入院时已怀疑存在脏器破裂的情况下未及时完善检查,血压下降未及时处置,体格检查不仔细,使被鉴定人疾病未得到及时、恰当的治疗。综合各方面因素分析,医方过错与被鉴定人最终死亡之间存在同等因果关系。

六、鉴定意见

医方在被鉴定人诊疗过程中存在检查不及时、血压下降未行处置、查体不仔细的过错;医方过错与被鉴定人最终死亡之间存在同等因果关系。

(史肖倩 杜建芳)

点评 被鉴定人因酒后受伤1h入院,医生经过检查怀疑内脏破裂,因该类损伤不及时诊断处理会危及生命,应引起医生的高度重视,尤其是醉酒患者,不能清楚表达身体不适的时候,应及时行腹部超声或CT检查,以明确诊断。但该患者一直到入院8个小时才行相关检查,此时已经因多发性肠破裂,腹腔大出血危及生命,终因抢救无效死亡。

本例医院的教训:在怀疑患者存在不能完全明确诊断的致命伤时,一定要及时检查进行诊断和鉴别诊断,以争取抢救时间。

案例 26　植入心脏起搏器术后感染致死亡

关键词 医疗纠纷;起搏器植入;感染;风湿性心脏病;慢性心内膜炎

一、基本情况

1. 委托鉴定事项 医院诊疗行为是否存在过错,与患者的损害后果之间的因果关系及因果关系类型。

2. 鉴定材料　①某医院住院病案复印件 1 份；②某市第二人民医院住院病案复印件 1 份；③某市中心医院 4 次住院病案复印件各 1 份；④某市中心医院住院病案复印件 1 份；⑤某市中心医院两次住院病案原件各 1 册；⑥影像学片扫描件 3 张；⑦照片 2 张、光盘 1 张、庭审笔录复印件 1 份。

3. 被鉴定人　某男，45 岁。

二、基本案情

被鉴定人于某年 6 月 10 日因"反复一过性意识不清 3 天"到某市中心医院住院治疗，入院后行人工起搏器植入手术，6 月 28 日出院。7 月 26 日因起搏器周围软组织感染再次入院，经治疗好转出院。后续多次因起搏器周围软组织感染、发热到多家医院治疗，于术后隔年 8 月 2 日死亡。因被鉴定人家属对该院的医疗行为提出异议，起诉到法院，现受法院委托对上述委托鉴定事项进行司法鉴定。

三、资料摘要

（一）医院住院病历（6 月 10 日～6 月 28 日）摘要

主诉：反复一过性意识不清 3 天。现病史：患者 3 天前无明显诱因出现面部及肢体抽动，随后意识不清，无尿便失禁，约 30s 意识转清。未治疗。2h 前，上述症状反复发作 2 次。均在几十秒后缓解。患者倒地后鼻部摔伤。既往史："风心病，二尖瓣狭窄，房颤" 10 余年，7 年前行换瓣手术。体格检查：心率 120 次 / 分，心律不齐，心音有力。心尖部杂音。心电图：心动过速。头部 CT 检查：左侧枕叶梗死灶，右侧额部皮下软组织血肿，脑萎缩。初步诊断：一过性意识不清原因待查，脑梗死，风湿性心脏病，二尖瓣狭窄换瓣术后。

心电监护提示有心律长间歇。动态心电图：窦性心律，短暂全心停搏（最长 8.1s），过缓房性逸搏，频发房性期前收缩伴心室内差传，房性心动过速，房早部未下传，全程 STT 改变。行人工起搏器植入术。

体温单载：手术日 6 时 39.5℃，22 时 39.1℃，术后第一天 6 时 38.6℃，术后第二天 6 时 37.5℃，22 时 37.5℃。

（二）医院住院病历（7 月 26 日～8 月 8 日）摘要

主诉：起搏器术后切口疼痛 2 天。现病史：2 天前无明显诱因发现患者切口处疼痛，有血性液体流出。心电图：快速室颤，STT 改变。初步诊断：起搏器切口感染等。给予拆线、局部抗生素使用、换药等治疗后出院。

（三）医院住院病历（次年 10 月 20 日～10 月 23 日）摘要

主诉：发热 8 天。现病史：患者于 8 天前无明显诱因出现发热，体温最高达 40.1℃，伴有寒战、食欲减退、反应迟钝、轻微咳嗽。体格检查：左肩部起搏器切口处未愈合。10 月 24 日血培养回报：金黄色葡萄球菌。可补充诊断为菌血症。

（四）医院住院病历（次年 10 月 23 日～11 月 4 日）摘要

主诉：胸闷、气短反复发作 30 年，加重伴发热 10 天。现病史：10 天前患者胸闷、气短再次加重，并出现发热、咳嗽、咳痰，诊断为"感染性发热"，静脉滴注美罗培南后体温恢复正常，现病情加重。心脏彩超：射血分数 42.1%。初步诊断：慢性心功能不全（心功能Ⅳ级），感染性发热，心律失常，阵发性心房颤动，风湿性心脏病，二尖瓣置换术后，心脏起搏器植入术后，肺气肿。血培养示金黄色葡萄球菌感染，脉冲发生器植入处皮肤不愈合。补充诊断：感染性心内膜炎，菌血症。给予抗生素治疗。

（五）医院住院病历（隔年 6 月 30 日～8 月 2 日）摘要

主诉：发冷发热 3 天。入院后给予抗炎、清热解毒、纠正离子紊乱、华法林口服抗凝治疗；期间出现口角歪斜，头颅 CT 提示脑出血，经神经内科会诊转科；入科后给予止血、抗炎、脱水降颅压、保护胃黏膜、营养神经细胞、清热解毒、纠正离子紊乱等治疗，治疗无效死亡。死亡原因：呼吸、循环衰竭。

四、鉴定过程

1. 鉴定依据和方法　依据中华人民共和国司法部《司法鉴定程序通则》（中华人民共和国司法部令第 132 号）及《北京司法鉴定行业协会关于办理医疗过错司法鉴定案件的若干意见》（京司鉴协发〔2009〕5 号）相关条款之规定，结合相关法律法规、临床诊疗护理操作规范和指南等进行鉴定。

2. 审核受理情况　经鉴定人审查，认为符合受理条件，发出听证会通知。

3. 听证会情况　鉴定人在本中心召开有医患双方及相关临床专家参加的鉴定听证会，告知本案的鉴定人、鉴定目的、用于此次鉴定的材料及鉴定风险事项等，医患双方分别签字确认并陈述各自意见，回答鉴定人和专家的相关询问。现将医患双方的主要观点归纳如下：

（1）患方主要观点。①术中切口偏小手术操作不易，术后手术切口处渗液化脓；②出院前拆线发现愈合不良，出院不足 1 月因发热、切口不愈合再次入院；③第 1 次出院写的切口愈合良好不符合实际情况，后续多次住院均可证实；④起搏器置入位置过浅，刀口和起搏器紧贴着，导致局部切口一直不愈合；⑤术后感染是院内感染；⑥医方病历认为起搏器置入久不愈合是由于缝线排异，患方不认可；患者原来有过大手术史，愈合良好，可能医方使用的缝线质量不佳；⑦反复发热与脑出血有无因果关系，当时诊断（第二次入院）为感染性发热，患方认为死亡原因为感染导致免疫力低下；⑧患者平时经常发热，由于经济原因不能一直入院，在家物理降温。

（2）医方主要观点。①诊断明确，存在起搏器植入适应证，长期使用华法林，曾建议转上级医院治疗，家属拒绝；术前准备充分，进行了告知；②拆线前曾抽过 1 次液体，延迟 1 天拆线；③出院约两个月曾到医院门诊，拆除线头以后伤口很快愈合；④1 年后医方建议转上级医院，患者家属当时没拒绝，产生不愈合的原因是排斥反应；⑤脑出血的原因是由于长期服用华法林，凝血功能差，凝血酶原时间 70s，INR 6.5。

五、分析说明

根据委托人提供的现有文证资料，结合鉴定听证会了解的情况，综合分析如下：

1. 医方的医疗行为是否存在过错

（1）患者第 1 次住院诊断正确，存在起搏器植入的适应证，术前准备未见过错。风湿性心脏病二尖瓣狭窄换瓣术后，心功能不全，持续服用华法林，消瘦，会增加术后局部感染的概率，但术前知情同意书中未见对此风险有针对性告知，故存在告知不足的过错。患者术后发热病历未记载，起搏器囊袋内抽取血性液体未送培养，存在过错。

（2）第 2 次入院明确诊断为"起搏器切口感染等"，仅给予局部抗炎、换药治疗，未送检分泌物行细菌培养并根据培养结果调整用药，存在过错。

（3）被鉴定人第 3~5 次住院时医方根据实际情况行抗炎、止血、营养心肌等治疗，并建议转上级医院治疗，未见明显过失。

2. 损害后果、因果关系及因果关系类型（参与度） 被鉴定人因起搏器置入术后感染、慢性心内膜炎、二尖瓣狭窄置换术后，感染经久不愈，继发脑出血，最终导致呼吸循环衰竭死亡。

起搏器相关性感染是该手术术后严重的、致死率较高的并发症，术后 24h 内发热为起搏器术后感染的相关因素，文献报道起搏器感染单纯应用抗生素治疗的复发率高达 50%。发生感染以后仅行局部抗炎及换药处理难以从根本上解决问题，多数主张充分抗感染不佳的情况下尽快拆除起搏器。本例患者存在风湿性心脏病二尖瓣狭窄换瓣术后，心功能不全、持续服用华法林及消瘦等是其发生局部感染并最终死亡的重要原因。住院期间医院曾多次建议转上级医院治疗，患方未遵嘱转诊，仅在家自行物理降温，是其病情加重并最终死亡的因素之一。但医方在被鉴定人术后出现感染后治疗、处置不当，导致炎症迁延不愈，出现慢性心内膜炎，长期发热消耗等也是其最终死亡的原因之一。综合各方面因素分析认为，医方过错与被鉴定人死亡之间存在次要因果关系。

六、鉴定意见

医方在对被鉴定人的治疗过程中存在医疗过错，医方过错与其死亡之间存在次要因果关系。

（史肖倩　杜建芳）

点评　心脏起搏器安装切口感染是该手术的并发症之一，该患者自身病情严重、机体素质差、抵抗力弱是其术后易发生感染且难以治愈的重要原因。但医方在患者切口感染后，虽经多次局部抗感染、换药处理，但在感染未能控制的情况下，未对感染分泌物行细菌培养，不利于临床的有效治疗，这是手术伤口感染迁延不愈、病情加重的原因之一。

临床上，手术伤口感染的分泌物常规要求行细菌培养和药敏试验，根据细菌的种类，帮助临床分析感染的原因，并根据药敏试验的结果，帮助临床医生选择应用有效抗生素，有针对性地治疗；但医院忽略了该项医疗规范，存在过错，故应承担相应责任。

案例 27　去分化软骨肉瘤死亡医疗纠纷

关键词　医疗纠纷；去分化软骨肉瘤；活检；病检

一、基本情况

1. 委托鉴定事项　①医院医疗行为是否存在过错，过错导致的直接损害后果是导致患者生存期缩短还是导致患者死亡；②患者所患疾病的确切诊断结果，该疾病的有效生存周期及其有效生存率数据；③医院如果存在医疗过错，过错与患者生存期缩短（或者患者死亡）的后果是否存在因果及相应损害后果应承担的责任程度。

2. 鉴定材料　①某省医疗机构门（急）诊通用病历；②某大学人民医院住院病案；③某大学附属医院住院病案。

3. 被鉴定人　某女，66 岁。

二、基本案情

据送检材料所载：某年 6 月 26 日，被鉴定人因"发现右臀区包块三个月"到某大学人民医院住院治疗。诊断为"右侧髂骨内生软骨瘤"，7 月 10 日在全麻下行"取髂骨术＋右侧髂骨内生性软骨瘤病灶清除术、髂骨植骨术"。后因"臀部疼痛"就诊于某大学附属医院，诊断为"右骨盆去分化软骨肉瘤，全身多发转移"，于次年 4 月 23 日出院，其后死亡。患方对医方的诊治过程提出异议，遂起诉至法院。现法院委托本中心就上述委托事项进行法医学司法鉴定。

三、资料摘要

（一）某大学人民医院住院病案摘要

入院时间：6 月 26 日；出院时间：7 月 26 日。

入院情况：患者因"发现右臀区包块 3 个月"入院。入院时查体：右侧髂骨后方可触及一包块，质硬，有按压痛，大小约 3cm×3cm，推之不移，右骶髂关节活动度尚可，右下肢后外侧酸胀痛，感觉肌力尚可，生理反射存在，病理征未引出。外院 CT 示右侧髋臼及右侧骶髂关节退行性变；腰 4～骶 1 椎间盘膨出，腰椎退行性变。

入院诊断：右髂骨病变（原因待查）。

治疗经过：患者入院以来完善相关辅助检查，于 6 月 28 日在全麻下行右髂骨病变取活检术。术后病检示内生软骨瘤。再次于 7 月 10 日在全麻下行取髂骨术＋右侧髂骨内生性软骨瘤病灶清除术、髂骨植骨术。术后常规给予抗炎及补液治疗。

6 月 28 日右髂骨病变取活检术经过：沿右髂后上棘做一长约 5cm 的弧形切口，逐层切开皮肤、皮下组织及骨膜，暴露髂后上棘病变位置，可见局部骨质破坏，并累及周围软组织，用咬骨钳咬下适量病变骨质（为白色疏松的软骨样组织）及软组织并保留，即有血性骨髓样物质溢出，约 5ml，用注射器将其吸出并保留。用生理盐水冲洗局部伤口，以丝线缝合骨膜，骨膜外放置引流管一根，再逐层缝合皮下组织及皮肤。将术中取下的病变骨组织及血性骨髓样组织送病理检查。

7月5日病理检查报告：送检少量标本全部取材制片，镜下部分为纤维脂肪组织伴灶性淋巴细胞浸润，部分为残留骨组织，另见较多软骨组织，分化成熟，综上所见结合临床及影像学资料，倾向（右髂骨）内生性软骨瘤。

7月10日取髂骨术＋右侧髂骨内生性软骨瘤病灶清除术、髂骨植骨术经过：沿左髂后上棘做一长约6cm的弧形切口，逐层切开皮肤、皮下组织，钝性分离臀肌层，剥离骨膜，暴露髂后上棘，用骨凿及咬骨钳取下适量健康骨松质并保留，充分止血后置引流管一根，后逐层缝合肌层、皮下及皮肤。再沿右髂后上棘原切口切开，并做适当延长，逐层切开皮肤、皮下组织及骨膜，暴露髂后上棘病变位置，可见大块骨质破坏，并累及周围软组织，以咬骨钳咬除病变骨质，见大量血性骨髓样物质溢出，后用刮匙大范围刮除病变骨质（为白色疏松的软骨样组织）及周围累及的软组织，病灶腔内血液渗出较多，填以明胶海绵止血，清理手术野后用大量生理盐水冲洗，后将准备好的异体骨松质以及取下的左侧髂骨松质骨填入病灶腔内，填塞满意后，置引流管一根，再逐层缝合皮下组织及皮肤。将刮除的病灶组织给患者及家属观看。

出院诊断：右侧髂骨内生软骨瘤。

（二）某大学附属医院住院病案记载

入院时间：次年2月25日；出院时间：4月23日。

出院小结：患者，女，62岁，因"右臀部疼痛1年余，髂骨肿瘤术后8个月"于2月25日16时20分就诊。患者1年余前发现右臀部肿物及疼痛，于当地医院行肿瘤局部切除术。术后患者症状不缓解，给予行局部CT扫描，结果提示右侧骨盆病变，于当地医院行右髂骨病变切开活检术，术后病理回报内生软骨瘤，患者将病理切片于本院病理科会诊，结果提示（右骶髂肿瘤）穿刺活检组织，可见分叶状肿瘤性软骨成分，软骨细胞有轻中度异型，间质黏液变性，部分区域可见软骨化骨，未见肿瘤性成骨及上皮性恶性肿瘤成分，结合临床符合软骨肉瘤（Ⅲ级），此次复发，影像学显示肿瘤体积大，侵犯周围软组织，并可见多发病灶，不排除去分化软骨肉瘤的可能性。患者为行进一步诊治入院。既往臀部手术史如前，6年前行腹腔镜胆囊切除术，乙型病毒性肝炎病原携带20余年，余无特殊。入院后给予患者完善检查，胸部CT发现双肺多发小结节及不规则高密度影，部分伴钙化，结合病史，首先考虑转移瘤，双侧胸膜增厚钙化并强化，左侧胸腔大量积液，继发左肺膨胀全；T7、T8椎体异常密度影，转移并病理性骨折不排除。患者行骨扫描提示右侧髂骨可见团片状不均匀高度放射性浓聚灶；脊柱、骨盆、双肺野及颈部软组织内可见多发点、片状放射性浓聚灶。考虑为右髂骨恶性肿瘤（骨肉瘤或软骨肉瘤）并多发骨、肺及颈部淋巴结转移可能性大。考虑该患者为右骨盆去分化软骨肉瘤（Enneking分期Ⅲ期，全身多发转移，左肺大量胸腔积液）。不适合手术治疗，遂转入化疗病房继续治疗；给予行吡柔比星70mg、顺铂150mg以及异环磷酰胺12g序贯成组化疗，以及恩度1个周期静脉输液治疗。患者住院期间间断给予抽放胸水、对症、化痰、抗炎、利尿治疗，未见明显好转。患者自3h前出现呼之不应、呼吸困难、点头样呼吸，鼻导管吸氧4L/min，体温37.7℃，心率

130～140次/分，血氧饱和度90%～92%，血压101/55mmHg。呼吸深大、规律，33次/分。皮肤温度正常，双侧瞳孔直接对光反射存在，间接对光反射存在。给予抬高床头，持续半卧位，改面罩给氧，3.5L/min，血氧饱和度可维持在96%～98%，血压96/52mmHg，心率137～140次/分，呼吸27次/分。此后血氧饱和度进行性下降，现降至82%～87%。详细向患者家属交代病情，解释预后不佳，患者家属表示充分理解，并自动放弃治疗，强烈要求出院，遂准予其出院。

出院诊断：①右骨盆去分化软骨肉瘤（Enneking分期Ⅲ期）全身多发转移，左侧大量胸腔积液，呼吸衰竭；②胆囊术后；③乙型病毒性肝炎病原携带者；④急性应激障碍。

四、鉴定过程

1. 鉴定依据和方法　依据司法部《司法鉴定程序通则》（中华人民共和国司法部令第132号）及《北京司法鉴定行业协会关于办理医疗过失司法鉴定案件的若干意见》（京司鉴协发〔2009〕5号）相关条款之规定，结合相关法律法规、临床诊疗护理操作规范和指南等进行鉴定。

2. 审核受理情况　本中心详细审查了相关资料，认为符合受理条件，组织医患双方共同参加医疗纠纷鉴定听证会。

3. 听证会情况　某日鉴定人在本中心召开鉴定听证会，告知本案的鉴定人、鉴定目的、用于此次鉴定的材料及鉴定风险事项等，医患双方签字确认并陈述意见，回答鉴定人和专家的相关询问。

五、分析说明

依据委托人提供的现有文证资料，结合鉴定听证会所了解情况，综合分析如下：

1. 医方的医疗行为是否存在过错

（1）某年6月26日，被鉴定人因"发现右臀区包块3个月"就诊于某大学人民医院。医方经完善临床体格检查及相关辅助检查后，给予入院诊断"右髂骨病变（原因待查）"成立，选择在全身麻醉下行右髂骨病变取活检正确，符合医疗护理技术操作常规和患者当时病情的客观需求。

（2）医方在病理结果回报倾向内生性软骨瘤后，选择在全身麻醉下行"取髂骨术＋右侧髂骨内生性软骨瘤病灶清除术＋髂骨植骨术"合理，但病灶清除术前所行穿刺活检取材较少，范围有限，容易造成漏诊，所以术中大体标本送病理检查是常规，而医方术后未将切除组织送病理检验，不符合临床技术操作规范，存在过错。

（3）被鉴定人于某大学附属医院出院诊断为去分化软骨肉瘤。据该医院住院病案显示，该诊断系建立在对某大学人民医院病理切片会诊的基础上，结合患者疾病发展过程中所出现的临床及影像学表现而出具。依据本次病理切片给予去分化软骨肉瘤的明确诊断，存在困难。

（4）去分化软骨肉瘤是指既有分化好的软骨肉瘤组织，同时又伴发其他低分化肉瘤组织者，是少见的恶性软骨肉瘤，好发部位为骨盆和肩胛带部位。它的特点是生长迅速，骨质破坏严重，早期可发生肺转移，生存率低，约80%的患者于2年内死亡，因此患者死亡的主要原因是自身疾病所致。

（5）由于本例未进行尸体检验，确诊死因不明，但依据现有鉴定资料分析，被鉴定人因患去分化软骨肉瘤，全身多发转移致多器官功能衰竭死亡的可能性最大。

2. 损害后果、因果关系及因果关系类型（参与度） 考虑到去分化软骨肉瘤系被鉴定人自身所患疾病，其具有恶性程度高、生长迅速、早期可发生肺转移、生存率低等特点，综合分析认为，某省人民医院的诊疗行为与被鉴定人死亡的损害后果间存在轻微因果关系，与被鉴定人生存期缩短的损害后果间存在同等因果关系。

六、鉴定意见

某大学人民医院的诊疗行为与被鉴定人死亡的损害后果间存在轻微因果关系。与被鉴定人生存期缩短的损害后果间存在同等因果关系。

（郭静松　孟武庆）

点评 关于生存期缩短损害后果参与度的评价是医疗过错鉴定的一个难点，因为对晚期恶性肿瘤的生存期目前尚无权威的评估结果参考。本例由于病理检材送检不规范，导致病理诊断错误，使抗肿瘤治疗延误近5个月。第1次手术住院期间病历检查资料未提示其他器官存在异常，即未发现肿瘤转移。但第2次住院已经发现多器官转移，不排除其病情恶化与过错有关，但关系大小如何评价，本例结合肿瘤的性质（进展恶化快、生存率低，约80%在2年内死亡）予以综合评价很有必要。

本例的委托项目之一是要求法医明确"不良后果是患者的生存期缩短还是死亡"，虽然两个概念有重复，但更准确的不良后果应是生存期缩短。所以鉴定意见只需要说明患者的生存期限范围，如2～3年，以及医疗过错与被鉴定人生存期缩短损害后果之间的因果关系和参与度。

第四章 法医病理鉴定案例

案例 1 生前异物吸入窒息死亡

关键词 法医病理学；机械性窒息；异物吸入

一、基本情况

1. 委托鉴定事项 对某男尸体进行尸体解剖以确定死亡原因。

2. 鉴定材料 ①某医院急诊病历（急诊患者记录表、危重患者抢救记录、危重患者特别记录、心电图、医嘱单、处方、治疗单、关于医院急诊治疗单打印时间情况说明）复印件 10 页；②某医科大学附属医院处方笺、门诊检查申请单及相关材料复印件 19 页；③视频光盘 1 张；④某人民检察院询问笔录及相关材料复印件 44 页；⑤某公安司法鉴定中心尸体勘验情况（含照片）共 19 页；⑥呼吸机日志复印件 2 页；⑦某男尸体 1 具。

3. 被鉴定人 某男，28 岁。

二、基本案情

某年 5 月 7 日晚，某公安分局执法人员在对某男进行执法控制过程中发生肢体接触，后执法人员发现其身体不适，于当晚 22 时 9 分将其送往某医院抢救，于 5 月 7 日 22 时 55 分宣告死亡。现某人民检察院委托本鉴定中心就上述委托事项进行法医学司法鉴定。

三、资料摘要

（一）某医院急诊病历摘要

来诊时间：5 月 7 日 22 时 9 分。来院方式：平车。主诉：拒捕后出现晕厥 10～20min。病情分级：死亡。分诊印象：猝死。安置：平车。

简要病情：无意识，呼之不应，无呼吸及脉搏，皮肤黏膜苍白，瞳孔散大，直径 5mm，等大等圆，对光无反射。口鼻可见血迹。各种反射消失。右额可见 5～6cm 皮肤挫伤，左肘部皮肤见挫伤，余（-）。初步印象：猝死。处理：心肺复苏术；气管插管；呼吸机辅助呼吸，0.9% 氯化钠溶液 500ml、肾上腺素 1mg 静脉注射，5min/ 次。

临留随诊：经 45min 抢救无任何生命复苏迹象，于 22 时 55 分停止抢救，宣告临床死亡。

(二)尸体勘验情况摘要

在送检的心血中未检出乙醇,未检出巴比妥类、吩噻嗪类和苯二氮䓬类催眠镇静药。未检出吗啡类、苯丙胺类、大麻类、氯胺酮和可卡因等常见毒品。未检出西地那非。

(三)某医科大学附属医院处方笺(门诊中药房)摘抄

4月2日临床诊断:胸闷。(给予)苏子降气丸。

四、鉴定过程

(一)受理与告知

本中心依法受某区人民检察院的委托,接受委托人提供的相关鉴定材料,向委托方和家属及其代理人、专家见证人就鉴定风险及相关事项进行充分告知,并履行签字手续。

(二)鉴定依据和方法

依据下列方法及标准进行检验:①《现场照相、录像要求规则》(GA/T117-2005);②《法医学尸表检验》(GA/T 149-1996);③《法医学尸体解剖》(GA/T 147-1996);④《机械性损伤尸体检验》(GA/T 168-1997);⑤《中毒尸体检验规范》(GA/T 167-1997);⑥《法医病理学检材的提取、固定、包装及送检方法》(GA/T 148-1996);⑦《法医学物证检材的提取、保存与送检》(GA/T 169-1997);⑧《中毒案件采取检材规则》(GA/T 193-1998);⑨《中毒案件检材包装、贮存、运送及送检规则》(GA/T 194-1998);⑩《机械性窒息尸体检验》(GA/T 150-1996);⑪《猝死尸体的检验》(GA/T 170-1998);⑫《法医学尸体解剖规范》(SF/Z JD0101002-2015)。

(三)鉴定的实施

依照司法鉴定相关的法律、法规及技术操作规范,结合本案的实际情况,本中心组成专门鉴定小组,于5月13日下午14时50分许在某市公安局法医中心,在委托方及家属代表、专家见证人的见证下,对死者尸体进行影像学检查、尸表检验、尸体解剖,提取组织器官,并进行固定、封存;提取心血及胃内容物进行常规毒物检测、胃内容物可疑出血的定性检验。

5月24日在委托方的见证下,对提取的器官组织进行病理检验并取材备作病理切片。

(四)法医学尸体检验

1. 尸表检验

(1)一般情况:成年男性解冻尸体一具;尸长171.0cm,赤裸,发育正常,营养中等。尸斑呈暗红色,显于背侧低下部位未受压处,中等量,指重压不褪色。四肢腐败血管网呈现,下腹部可见尸绿形成。

尸体旁见黑色塑料袋及黄色牛皮纸袋各1个。内有黑色西服1件（胸前及右侧肩背部有泥土黏附；距左袖口13.0cm处前侧可见衣物全层破损，面积为2.5cm×1.0cm）；白色圆领短袖T恤1件（领口右后部可见破损，领口前下、腹部衣襟及右肩部可见散在片状红色印迹）；黑色西裤1条；黑色皮带1条；灰色运动鞋1双；蓝、黑、红横条相间船袜1双。

（2）头面部：黑发，长6.5cm。颜面青紫。前额正中发际内见0.3cm×0.2cm皮肤挫伤，前额部见小条形皮肤挫伤3处，面积分别为1.2cm×0.2cm、0.6cm×0.1cm和0.5cm×0.1cm。左额部见1.0cm×0.5cm皮肤挫伤，右额部发际内至右眉弓7.0cm×7.0cm范围内见条形及片状皮肤擦挫伤多处，其中最大面积为4.0cm×3.0cm。右颧弓外上方见皮肤擦挫伤2处，面积分别为2.3cm×0.7cm和0.5cm×0.2cm。右耳屏前见条形皮下出血两处，面积分别为2.0cm×0.5cm和6.3cm×0.2cm。枕部见头皮下出血2处，面积分别为2.5cm×1.3cm和2.7cm×1.5cm。唇黏膜发绀（图4-1-1），局部皮革样变；下唇正中黏膜见1.5cm×1.0cm破损，下唇左侧见2.4cm×0.2cm条状皮肤擦挫伤，与之对应唇黏膜见1.6cm×0.5cm片状出血。下颌右侧有黑痣1枚，并见0.2cm×0.2cm表皮破损。左侧睑结膜苍白，右侧睑结膜轻度淤血，双眼角膜混浊，瞳孔不可透视。鼻腔及鼻孔周见少许血迹。牙列齐，右上2、3齿间可见小片灰褐色肉质样物质黏附。双外耳道无异物，右耳廓见小点状表皮剥脱；左耳后3.0cm处见1.2cm×0.7cm皮下出血；右耳后5.0cm×4.5cm范围内见散在点状皮下出血。翻动尸体见右侧鼻腔有较多含咖啡色食物残渣的黏液状物流出，口腔见咖啡色液体流出。

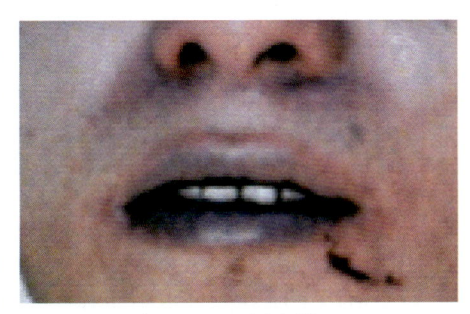

图4-1-1 口唇发绀

（3）颈项部：右侧下颌下及颈右侧见皮下出血各1处，大小分别为2.5cm×0.6cm和3.0cm×1.0cm；颈左、右侧及项部均见散在点状皮下出血；左侧锁骨上窝处见1条大小为1.6cm×0.2cm弧形皮肤挫伤。

（4）躯干部：胸围88.0cm，腹围75.0cm。胸前左侧平乳头水平上方1.5cm处见针孔1个，其外上方见点、片状皮下出血2处，面积分别为2.0cm×0.2cm和0.5cm×0.2cm。左肩胛下缘见3处平行排列条形皮下出血，面积分别为2.5cm×1.0cm、3.0cm×0.7cm和1.2cm×0.5cm，其外上方见1.7cm×0.2cm皮下出血；肩胛间可见条状表皮剥脱及皮下出血共3处，面积分别为0.8cm×0.3cm、1.0cm×0.2cm和2.0cm×0.3cm。双侧肩胛区及胸背部左、右侧见散在分布的点状皮下出血。胸廓未触及骨折。

右腹部平脐水平2.0cm处见0.5cm×0.2cm皮肤挫伤。腹部右外侧见点状皮下出血4处，面积分别为0.2cm×0.2cm、0.1cm×0.1cm、0.5cm×0.2cm和0.5cm×0.3cm。耻骨联合上方见可疑针孔2个，周围未见明显出血。左侧髂前上棘处见4.0cm×3.5cm皮下出血。腰背部右侧见10.0cm×0.5cm表皮剥脱。骨盆挤压试验（-）。

（5）四肢：左上臂内侧17.0cm×8.0cm范围内见散在片状及点状皮下出血，最大一处面积为5.0cm×4.0cm。左肘关节内侧见4.5cm×3.5cm皮肤挫伤；左肘关节外侧6.5cm×3.5cm范围内见散在皮肤挫伤及皮下出血4处，最大处面积为2.5cm×0.5cm。左前臂中上段尺侧8.0cm×6.0cm范围内见散在片状表皮剥脱，其中最大处面积

图4-1-2 十指甲床发绀

为2.0cm×1.0cm。左腕关节伸侧至左手背7.5cm×6.5cm范围见散在小片状表皮剥脱多处，最大处面积为0.6cm×0.4cm。左手中指近指间关节背侧见0.5cm×0.3cm表皮剥脱。

右上臂下段外侧、右肘关节外侧及右前臂上段外侧分别见6.0cm×3.5cm、7.0cm×2.0cm和6.0cm×3.0cm皮肤擦挫伤；右上臂中下段后外侧见6.5cm×3.0cm皮下出血；右上臂内侧17.0cm×6.5cm范围内见散在片状及点状皮下出血；右肘关节前内侧见4.5cm×2.0cm皮下出血，局部见可疑针孔1个。右腕关节伸侧、尺侧、桡侧及右手背见散在表皮剥脱及皮下出血多处，其中最大者2.5cm×1.0cm。十指甲床发绀（图4-1-2）。

左大腿中段外侧分别见0.2cm×0.2cm、0.1cm×0.1cm和3.0cm×2.0cm表皮破损及皮下出血；左膝关节内侧见7.5cm×6.0cm皮下出血；左胫前上段见3.0cm×1.0cm皮肤挫伤；左外踝上方3.0cm处见1.0cm×0.6cm表皮剥脱。

右大腿中上段外侧见皮下出血2处，面积分别为3.5cm×3.0cm和5.5cm×1.5cm；右膝关节内、外侧及外下方分别见5.0cm×3.5cm、1.5cm×0.5cm和3.5cm×2.5cm皮肤挫伤；右胫前上段及中段分别见3.0cm×2.5cm和1.0cm×1.5cm皮下出血。

（6）会阴部及肛门：阴囊局部皮肤呈皮革样变，睾丸触及在位，未见肿胀及出血等异常；肛门处干净，未见异常。

2. 尸体解剖

（1）头部：自两侧耳后向上冠状切开头皮，枕部见头皮下出血3处，面积分别为6.5cm×3.5cm、4.0cm×2.0cm和3.5cm×2.0cm。双侧颞肌未见出血。颅顶未见骨折，锯开颅骨，硬脑膜完整；硬膜外、硬膜下及蛛网膜下腔未见出血。取出完整脑组织、剥离硬脑膜后检查颅底诸骨未见骨折。

（2）脑：重1438.0g，大脑及小脑表面血管呈淤血状，基底动脉未见明显硬化病变；脑悬浮固定后，常规冠状位切开大脑、小脑及脑干，各切面未见明显异常。

（3）颈部：自下颌下缘沿前正中线纵行切开颈前皮肤并分离皮下各层，见颈部右侧软组织片状出血；左颈部见多个淋巴结肿大。紧贴下颌骨内缘向两侧切断口腔底部软组织，分离口腔壁和咽壁时，口腔内有咖啡色团块状食物残渣掉落。双侧扁桃体无肿大。喉头未见明显水肿；咽喉部、食管上段及胸腔中下段食管内可见咖啡色食物残渣，食管黏膜未见静脉曲张。舌骨、甲状软骨及环状软骨未见骨折。甲状腺重22.0g，表面及切面未见明显异常。

（4）胸腔：沿前正中线纵行切开胸、腹部皮肤及皮下组织。胸壁脂肪厚0.7cm。双侧气胸试验（-），胸廓肋骨未见骨折。左胸部针孔周围软组织见小片状出血；右侧第7肋胸骨旁软组织见小片状出血；左侧胸腔见淡红色流动性液体约620.0ml，右侧胸腔有淡红清亮液体17.0ml。胸腺重34.0g，面积为7.0cm×1.0cm，表面见点片状出血，切面淤血。原位观察心包见心包前壁有针孔4个。以"Y"字形剪开心包，心包腔内有暗红色流动性液体118.0ml。原位观察心脏，心外膜见数个出血点；右心室前壁近前纵沟偏右侧见针孔4个，位置与心包上的针孔对应；原位剪开右心室及肺动脉未见血栓。心重340.0g，纵径、横径及前后径分别为17.0cm、11.0cm和3.5cm，肉眼观表面光滑，心外膜脂肪组织不多。顺血流方向剪开心腔。左心房壁厚 0.2cm，右心房壁厚 0.2cm，左心室壁厚 1.1cm，右心室壁厚 0.3cm；左、右心房腔和心室腔均未见扩大，心内膜光滑，无附壁血栓；卵圆孔已闭合，室间隔未见缺损，冠状静脉窦未见异常。主动脉、肺动脉、二尖瓣及三尖瓣的瓣叶均无增厚、粘连和变形。各瓣膜环周径：二尖瓣 9.5cm，三尖瓣 11.5cm，主动脉瓣 6.0cm，肺动脉瓣 7.5cm。二尖瓣和三尖瓣的腱索和乳头肌未见异常。室间隔左室流出道面有一 2.0cm×0.7cm 肌束、呈狭长形，与血流方向平行，肌束的中部与室间完全游离，肌束的上端固着于主动脉无冠瓣的下方，下端固着于二尖瓣前乳头肌基部的上方，肌束表面光滑。主动脉升部、弓部内膜见少量浅黄色细丝状纹理，均不集聚成片。冠状动脉分布呈右优势型，各主要分支管壁内膜光滑，腔内无血栓；左前降支距分支 0.8cm 处管壁呈轻度偏心性增厚，管腔轻度狭窄（Ⅱ级）。主动脉弓和降主动脉未见明显异常。

（5）支气管和双肺：剪开气管及左、右主支气管，气管上段黏膜可见片状出血，气管下段及左、右主支气管腔均见咖啡色米粒、肉沫及植物碎片样较为黏稠的异物填充，以右侧支气管为多（图4-1-3）。肺肉眼观外膜见散在出血斑点，切面淤血，未见实变和出血。

图 4-1-3　气道异物

（6）腹腔及盆腔：打开腹腔，腹壁脂肪厚 1.3cm，腹腔无积液，大网膜呈自然垂直分布至耻骨联合上方，各器官位置正常。横膈顶高度：左、右侧均位于第 5、6 肋间。肝边缘位于剑突下 4.0cm，肋缘处未见。肝重 1462.0g，体积为 26.0cm×17.5cm×7.6cm，被膜完整，表面见散在点状出血；切面未见出血或囊肿。脾重 192.0g，体积为 12.0cm×10.4cm×2.7cm；被膜完整，切面淤血。左肾重 148.5g，体积为 11.7cm×7.2cm×3.7cm；右肾重 146.0g，体积为 11.5cm×7.0cm×3.6cm；双肾被膜易剥离，切面皮、髓质界限清楚，皮质厚 0.6cm，肾盂黏膜光滑，未见结石。左、右侧肾上腺各重 10.0g，表面及切面观未见异常。胃呈充盈状，剪开胃壁，胃内容呈咖啡色（人血红蛋白检测金标试剂条法检测显示阳性），约 550.0ml，可见完整饭粒、肉沫及碎菜叶样物；胃小弯侧见胃壁轻度增厚，呈暗红色，未见明显溃疡病灶。十二指肠、空肠、回肠、阑尾及结肠黏膜自溶，未见梗阻及穿孔。胰腺重 206.0g，外观无异常。膀胱空虚状、无结石，黏膜未见出血和息肉。剪开阴囊皮肤，阴囊内未见积液、积血；睾丸及附睾未见肿胀、出血。

（7）脊柱及脊髓：脊柱外观无畸形，未触及骨折及脱位。自枕骨突起向下至骶骨纵行切开皮肤，分离皮下及肌组织，未见明显损伤出血。打开脊髓腔，硬脊膜完整，硬脊膜外、硬脊膜下未见出血。脊髓呈灰白色，未见明显水肿、出血。

3. 检材提取　提取死者主要器官组织，按标准用甲醛溶液固定、备检。提取心血、胃内容物进行常规毒物化验及有关检查。

4. 组织病理学检查

（1）脑：硬脑膜见灶性出血，蛛网膜下腔无出血；大脑、小脑结构正常，未见出血、炎细胞浸润等病变，脑组织各层神经细胞结构清晰，脑实质小血管扩张淤血，部分神经元细胞及小血管周围间隙轻度增宽；脑桥可见多个点灶状出血，其周围组织无明显水肿及其他异常；脑垂体结构未见异常。

（2）脊髓：间质血管淤血，颈髓局部可见点状出血，其周围无明显水肿。

（3）颈部：双侧颈动脉周围软组织及左侧神经鞘内出血，左、右颈动脉窦内血管淤血，未见明显出血、坏死，颈动脉内膜局灶性增厚，致管腔轻度狭窄（约10%），左颈部淋巴结内见灶状出血。

（4）扁桃体、甲状腺：未见明显异常。

（5）胸腺：被膜完整，局部被膜下见点状出血，实质内见灶性出血，胸腺小体可见钙化。

（6）心：右心外膜局部增厚，脂肪组织内见少量红细胞（针道旁）；心肌纤维排列尚规则，部分肌纤维断裂，未见肌浆凝聚和心肌梗死病变；室间隔近膜部见一小灶状纤维化改变；间质血管淤血，见个别间质小血管管壁轻度增厚；心内膜未见异常。冠状动脉左前降支内膜呈偏心性增厚，管腔狭窄约30%。窦房结未见异常，房室结细胞间见纤维样细胞稍增多，余未见异常。

（7）肺：肺泡间隔增宽，毛细血管扩张、淤血，部分肺泡腔内见淡红色水肿液，部分肺泡腔扩张融合，各级支气管分布未见异常，部分上皮脱落，部分支气管、肺内细支气管、肺泡腔内见变性的植物和（或）动物组织细胞轮廓（图4-1-4～图4-1-6）。

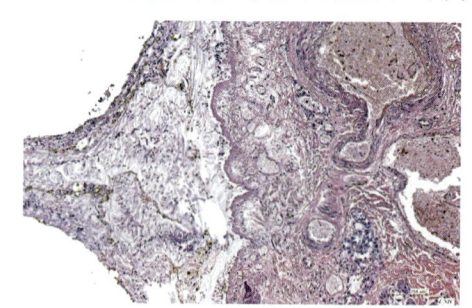

图4-1-4　支气管腔内异物

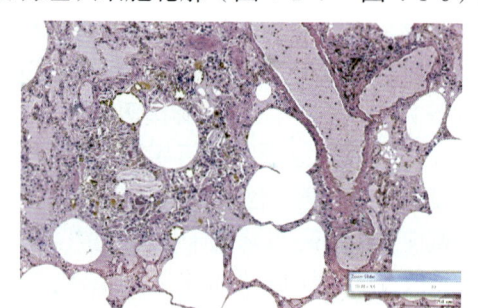

图4-1-5　细支气管腔内异物

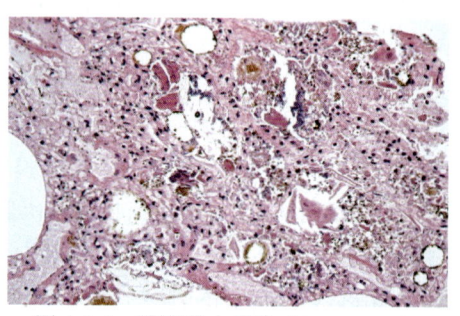

图4-1-6　肺泡腔内异物（HE×400）

（8）肝：小叶结构清楚，肝细胞排列规则，肝窦扩张，间质小血管淤血，汇管区见少量淋巴细胞。

（9）脾：被膜完整无增厚，红白髓结构清晰，窦索规则，脾窦扩张、淤血。

（10）肾：肾间质血管淤血，近曲小管轻度自溶，髓质集合管偶见钙盐沉积。

（11）胃：胃黏膜可见出血，黏膜下层和肌层广泛出血，未见明显溃疡性病变。

（12）肠：大小肠黏膜自溶，未见出血。

（13）胰腺：镜检见胰组织自溶。

（14）肾上腺：被膜完整，皮质见增生结节，间质血管淤血。

（15）睾丸及附睾：结构无异常，间质血管淤血。

（五）法医病理诊断

（1）气管，左、右主支气管，肺叶及肺段支气管，细支气管，部分肺泡腔内异物阻塞；肺淤血、轻度水肿、灶性肺气肿。

（2）颜面部青紫，口唇、双手甲床发绀，颈项部皮肤散在点状出血，颈项部、腰背部尸斑显著。

（3）心外膜、肺膜及肝被膜多发散在点灶状出血。

（4）胸腺、脑桥及颈髓点灶状出血。

（5）脑、心、肝、脾、肾及肾上腺淤血。

（6）胃出血，胃黏膜自溶。

（7）颈部软组织出血，左侧颈部淋巴结出血，左颈动脉窦周围软组织出血；硬脑膜小灶状出血。

（8）头面部、颈项部、胸腹部、腰背部及四肢多发性擦伤、挫伤。

（9）冠状动脉左前降支管腔狭窄Ⅱ级（30%），房室结细胞间纤维样细胞稍增多。

（10）心前区、心包膜前壁、右心室前壁针孔，耻骨联合上针孔。

（11）左侧胸腔积液（620ml），心包腔积液（118ml）。

（12）胰腺自溶。

（13）肠黏膜自溶。

（六）毒（药）物检测

对提取的心血进行常规毒物检测。检测结果：未检出海洛因、吗啡等阿片类生物碱，有机磷类、有机氯类、氨基甲酸酯类、拟除虫菊酯类农药，毒鼠强杀鼠药，苯二氮䓬类、巴比妥类、吩噻嗪类安眠镇静药，苯丙胺类兴奋剂和大麻类毒品等毒药物及乙醇等毒（药）物。

（七）影像学检查及结果

5月13日对死者尸体头部、胸部及四肢进行影像学检查（X线片7张，CT片16张），检查结果如下：

1. 头颅 CT 面部各骨（眶骨、鼻骨、颌面骨等）未见骨折；颅骨未见骨折，颅内未见明显出血等外伤性改变。

2. 胸部 CT 肋骨、胸骨未见骨折，左侧胸腔见积液，心影增大。

3. 四肢及骨盆 X 线片 均未见骨折。

五、分析说明

根据尸体解剖、病理检验、组织病理学检查、毒物分析和影像学检查结果，结合案情及现有鉴定资料、死亡经过和专家会诊意见等综合分析如下：

（1）尸检在死者头面部、颈项部、胸腹部、腰背部、四肢可见多处点状、条状、小片状形态各异的擦伤、挫伤，符合钝性外力作用所致，其损伤主要存在于皮肤表皮及局部皮下软组织，程度较轻，属非致命性损伤。

（2）组织病理学检查脑桥及颈髓镜下可见点状、小灶状出血，周围软组织未见肿胀、坏死和炎细胞浸润，分析认为与静脉压升高、局部血液循环障碍和毛细血管出血等有关。

（3）根据对死者心血及胃内容物毒物检测结果，可排除其因上述所检毒物中毒死亡。

（4）虽然病理检查见心脏室间隔左室流出道面有一肌束，室间隔膜部局灶性纤维组织增多，冠状动脉左前降支管腔有Ⅱ级(30%)狭窄，房室结细胞间纤维样细胞稍增多，但冠状动脉狭窄的程度较轻，管腔内未见血栓形成，心肌无新鲜的梗死病灶，故未发现心源性猝死的病理形态学依据。

（5）现有送检鉴定文证材料说明，其被送入医院时已经死亡，故医院的抢救行为对其死亡后果的发生没有影响。

（6）影像学检查及尸检见死者左侧胸腔、心包腔有淡红色流动性液体，心前区、心包、心脏见针孔，分析其为法医初检时抽取心血所致；影像学检查提示的心影增大，其发生原因也与穿刺后心包少量积血有关。

（7）根据尸检及组织病理学检查所见，死者口鼻腔、咽喉、气管、左和右主支气管均见饭粒、肉沫及植物碎片等异物，肺叶、肺段支气管及肺泡腔内镜下可见变性的植物和（或）动物组织细胞轮廓（异物），肺淤血、轻度水肿、灶性肺气肿；结合其颜面部青紫、口唇、双手甲床明显发绀，尸斑显著，心外膜、肺膜胸腺及肝被膜见散在出血点，脑、心、肝、脾、肾淤血等窒息征象分析，认为被鉴定人符合生前胃内容物吸入呼吸道致呼吸功能障碍、衰竭而死亡，即异物吸入性窒息死亡。

（8）根据尸检所见，结合案情及视频资料分析，认为本例异物吸入性窒息发生的原因，不排除与死者生前头面部、颈项部、胸腹部、腰背部等处受到钝性外力作用及被控制过程中的剧烈活动等因素有关。

综上所述，根据影像学检查、尸检、组织病理学检查及毒物检测结果，结合案情、死亡经过及现有鉴定资料分析认为，被鉴定人符合生前胃内容物吸入呼吸道致呼吸功能障碍、衰竭而死亡，即异物吸入性窒息死亡。

六、鉴定意见

被鉴定人符合生前胃内容物吸入呼吸道致呼吸功能障碍、衰竭而死亡，即异物吸入性窒息死亡。

（何新爱　孙　波　王伟国　曹　磊　纪小龙　霍家润　陈新山）

点评　呼吸道异物吸入在某些情况下较易出现，如醉酒、麻醉、意识障碍等，而清醒情况下一般难以发生。在判断呼吸道异物吸入致窒息死亡时需要辨别是生前吸入还是死后进入。若是生前吸入，则需要检查异物吸入量、深度及分布是否广泛，只有达到一定量将呼吸道阻塞及一定深度（如呼吸性细支气管和肺泡内）才能考虑为生前异物吸入致窒息死亡。本例存在特殊性，首先是死者生前处于餐后饱食状态，腹部又有外力作用，其次有对抗与反抗过程，且较为激烈；上述情况为异物吸入的一些客观条件和外因。本例气管及支气管腔内异物量较多，异物进入呼吸道较深，已达肺泡。但由于在急诊抢救过程中使用过呼吸机，气道内异物是否会在呼吸机的作用下推向呼吸道深处，尚无相关报道。然而，呼吸机为被动呼吸，存在吸气和呼吸的过程，很难将食物深入推进呼吸道，特别是没有管腔支撑的细支气管和肺泡，况且本例被鉴定人在被送入医院抢救前已经死亡。因此，根据肉眼观察和镜下所见食物残渣进入呼吸道的深度和程度，结合案情和死亡经过等综合分析，认为本例呼吸道异物为生前吸入，而非死后进入。

案例 2　补牙中棉球进入气道致窒息死亡

关键词　法医病理学；机械性窒息；支气管异物；医疗纠纷

一、基本情况

1. 委托鉴定事项　对某男尸体进行尸体解剖以查明死亡原因。

2. 鉴定材料　①某儿童医院急诊抢救记录复印件 1 份；②门急诊病历手册复印件 1 份；③某男尸体 1 具。

3. 被鉴定人　某男，4 岁。

二、基本案情

据送检材料所载：某年 10 月 9 日患者以"左下后牙疼痛数月到某儿童医院门诊治疗，10 月 23 日再次到该医院口腔科隔湿治疗过程中突然出现面色、口唇青紫，呼吸停止，经抢救无效死亡。受某法院委托，本中心就上述事项进行法医学司法鉴定。

三、资料摘要

（一）某门急诊病历手册摘要

就诊日期：10 月 23 日 9 时 27 分患儿在隔湿治疗中哭闹，突然出现屏气，面色苍白，给予吸痰 2 次，未吸出任何分泌物，呼吸未恢复，行急诊抢救。

（二）某儿童医院急诊抢救记录摘要

到达抢救室时间：10 月 23 日 9 时 30 分。性别：男。体重 15kg。过敏药物史不详。主诉：口腔科诊疗过程中突然出现面色、口唇青紫，呼吸停止，急抱入抢救室。现病史：患儿在口腔科诊疗过程中突然出现面色、口唇青紫，呼吸停止，约 9 时 30 分入抢救室。初步诊断：心跳呼吸骤停。患儿神志不清，刺激无反应，面色灰暗，口唇发绀，呼吸停止，触诊颈动脉搏动消失，心音消失，立即 CPR 心肺复苏，开放、清理气道，球囊-面罩加压给氧，氧流量 10L/min，持续胸外心脏按压，开放静脉通道，0.9% 氯化钠溶液静脉滴注，进行心电监护。2 分钟评估，呼吸、心率未恢复，神志不清，立即给予 1∶10 000

肾上腺素1.5ml静脉注射，2min CPR同时准备气管插管。2min再次评估，闻及不规律心率，约30～60次/分，叹息样呼吸，继续心肺复苏，持续约3～5min后，心跳呼吸再次消失，再次给予肾上腺1.5ml静脉注射，同时行气管插管，于11时10分向家长再次交代病情，停止抢救，宣布患儿临床死亡。

四、鉴定过程

（一）审核受理情况

本中心接到委托后对委托鉴定事项进行审核，就鉴定有关问题向死者家属进行询问，告知有关鉴定事项等，办理相关手续，指派鉴定人及聘请相关专家于次年1月27日10时30分在医患双方到场情况下，在本中心解剖室对被鉴定人的尸体进行法医学尸体检验。

（二）鉴定依据和方法

按照中华人民共和国公共安全行业标准：①《法医学尸表检验》（GA/T 149-1996）；②《法医学尸体解剖》（GA/T 147-1996）；③《猝死尸体的检验》（GA/T 170-1997）；④《机械性损伤尸体检验》（GA/T 168-1997）；⑤《中毒尸体检验规范》（GA/T 167-1997）；⑥《法医病理学检材的提取、固定、包装及送检方法》（GA/T148-1996）进行法医解剖、病理检验和提取器官组织检材；常规组织制片、HE染色，光镜观察。

（三）法医学尸体检验

1. 尸表检验

（1）一般情况：尸长100.0cm，体重15.0kg。尸体呈解冻状，发育正常，营养中等。尸斑位于尸体背侧未受压处，呈暗红色，量多，指重压不褪色。四肢局部腐败血管网形成。

（2）头面部：未见明显外伤。黑发，长1.5cm。颜面呈淤血状。双眼闭，结膜轻度淤血，未见明显出血点，角膜混浊，瞳孔不可透视。鼻腔内见少许粉色黏液。牙列稀疏，口唇发绀，唇、颊黏膜未见破损。

（3）颈项部：未见外伤；气管居中，浅表淋巴结未触及肿大。

（4）躯干部：胸围51.0cm，腹围47.0cm。胸部对称，腹部平软，未见外伤。

（5）四肢部：左前臂上段尺侧见2.5cm×1.5cm可疑皮下出血；左前臂桡侧见1.2cm×0.9cm皮下出血；左手背见2.0cm×1.5cm皮下出血，其中有针眼一个；右手背见2.5cm×0.8cm皮下出血，其中有针眼一个；十指甲床发绀（图4-2-1）。右内踝见2.0cm×0.5cm皮下出血及针眼一处。

（6）会阴部及肛门：未见外伤及异常分泌物附着。

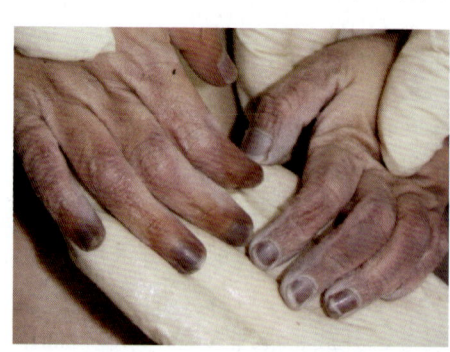

图4-2-1 双手十指甲床发绀

2. 尸体解剖

（1）头部：自两侧耳后向上冠状切开头皮，头皮下及双侧颞肌未见出血。硬脑膜完整，硬膜外、硬膜下及蛛网膜下腔未见出血。颅盖骨、颅底骨未见骨折。脑组织自溶，全脑重 1210.9g，18.0cm×14.0cm×8.0cm，表面未见损伤出血及炎性渗出物。经甲醛溶液固定后切开，大脑、小脑和脑干各切面未见出血。

（2）面部：自左侧口角向外横行全层切开皮肤及皮下组织，充分暴露左侧上、下颌牙齿，┼$_4$ 牙冠见直径 0.3cm 小孔，内有黄色物质存留，┼$_{4、5}$ 牙冠呈虫蚀样部分缺损，┼$^{1、2、3、4}$ 牙冠见牙质黑斑。

（3）颈部：纵行切开颈部皮肤，逐层分离颈部肌肉，皮下组织及各肌群未见损伤和出血。甲状软骨和舌骨未见骨折。双侧扁桃体Ⅱ度肿大，梨状窝可见少许异物（图 4-2-2），喉头水肿。气管上段管腔内少许粉色泡沫状液体。食管上段未见异常。

（4）胸腔：沿前正中线纵行切开胸、腹部皮肤及皮下组织。胸壁脂肪厚 0.15cm，双侧气胸试验（-），胸骨及肋骨未见骨折；左、右侧胸腔内分别有 55.0ml 和 50.0ml 淡红色液体。气管下段及左、右支气管分支处管腔内可见一棉球样异物（图 4-2-3），完全阻塞气管及双侧支气管管腔，异物体积为 2.5cm×0.7cm×1.0cm（图 4-2-4）。肺膜完整未见破裂，双肺呈淤血状，质软。左肺重 152.4g，体积为 12.0cm×9.0cm×3.5cm；右肺重 172.9g，体积为 14.0cm×10.0cm×3.5cm；双肺切面淤血。心包完整，以"Y"字形剪开心包，心包腔内见淡红色液体 6.0ml。原位打开肺动脉主干未见血栓；心重 77.2g，纵径、横径及前后径分别为 9.0cm、6.0cm 和 3.0cm。沿血流方向打开心脏，左室壁厚 0.6cm，右心室壁厚 0.2cm，左心房壁厚 0.1cm，右心房壁厚 0.1cm；各心腔及心瓣膜未见异常，卵圆孔已闭，室间隔未见缺损。心瓣膜周径：二尖瓣 4.5cm，三尖瓣 7.5cm，主动脉瓣 4.5cm，肺动脉瓣 4.5cm；冠状动脉开口未见异常，各主要分支未见狭窄病变。主动脉未见异常。

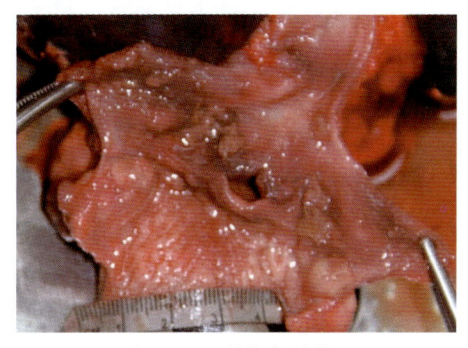

图 4-2-2　梨状窝异物　　　　图 4-2-3　气道异物堵塞

图 4-2-4　异物为棉球

（5）腹腔及盆腔：腹壁脂肪厚0.2cm；大网膜分布未见异常，腹膜未见粘连。横膈顶高度：左侧位于第4～5肋间，右侧位于第4肋水平；腹腔内有淡红色液体60.0ml，未见粘连和肿块。胃、肠和胆囊未见穿孔。胃半充盈状，内有170ml胃内容物，可见半成型米粒样物等，未见溃疡。肝重446.0g，体积为18.0cm×13.0cm×14.0cm，质软，肝被膜完整，切面未见血肿、囊肿，胆道通畅。脾包膜完整，未见破裂，脾重62.2g，体积为11.0cm×5.0cm×1.5cm，切面淤血。胰腺自溶。肾被膜完整易剥离；左肾重52.6g，体积为8.0cm×4.5cm×2.5cm；右肾重56.6g，体积为8.0cm×5.5cm×2.5cm；双肾切面未见血肿和囊肿。双侧肾上腺重8.0g，表面及切面未见异常。膀胱内见淡黄色尿液80.0ml。输尿管未见狭窄。

3. 检材提取情况 提取死者的器官组织为全脑、心、双肺、肝、脾、双肾、肾上腺、胃、胰腺、甲状腺、气管、舌及喉头、舌骨；提取部分的组织器官为空肠、回肠、结肠和膀胱；提取心血及胃内容物备做常规毒物检测。

4. 组织病理学检查

（1）脑：脑膜无增厚，蛛网膜下腔未见出血，大脑灰白质界限清楚，未见出血坏死，灰质部分神经元周围腔隙稍增宽，神经细胞轻度自溶。小脑分层结构清楚，部分浦肯野细胞突触消失，未见出血、炎细胞浸润。

（2）心：外膜无出血、炎细胞浸润，肌层细胞排列规则，心肌间质淤血，局部见少量淋巴细胞浸润，未见出血。

（3）肺：胸膜无增厚，支气管分布未见异常，周围可见少量淋巴细胞浸润，肺泡间隔增宽，间质血管淤血，部分肺泡腔扩张，其内充满粉红色、淡染、无结构物。

（4）肝：被膜完整无破裂，小叶结构清楚，窦索规则，轻度淤血。

（5）脾：被膜完整无破裂，脾淤血，未见出血。

（6）肾：被膜完整，皮、髓质界限清楚，间质淤血，肾小球未见异常，肾小管内未见管型结构。

（7）胃、肠：黏膜自溶。

（四）法医病理诊断

（1）十$_{4、5}$牙龋齿治疗后。

（2）气管下段内异物（棉球）。

（3）轻度慢性支气管炎，肺淤血、水肿。

（4）脑轻度淤血、水肿。

（5）心肌间质淤血。

（6）肝轻度淤血。

（7）脾淤血。

（8）肾淤血。

（9）胃、肠黏膜自溶。

（五）毒（药）物检测

对提取的部分心血进行常规毒物检测，检测结果：未检出有机磷类、有机氯类、拟除虫菊酯类农药，毒鼠强、吗啡、苯丙胺及地西泮等常见毒（药）物。

五、分析说明

根据尸体解剖、病理检验、组织病理学检查和毒（药）物检测结果，结合案情及相关鉴定材料的审查情况和死亡经过综合分析如下：

（1）尸表检验未见明显外伤，尸体解剖未见骨折和出血等病变，各器官组织均未见外伤改变，故可排除其因机械性损伤致死。

（2）死者心血中未检出有机磷类、有机氯类、拟除虫菊酯类农药、毒鼠强、吗啡、苯丙胺及地西泮等常见毒（药）物。因此可排除上述常见毒（药）物中毒死亡。

（3）尸检见死者心脏外观及结构未见异常，镜下仅局部可见少量炎细胞浸润，其他器官亦未见明显的病理改变，故未检见因患疾病致死的病理形态学证据。

（4）据案情介绍，被鉴定人系在口腔治疗过程中突然出现面色、口唇青紫，呼吸停止，经抢救无效死亡；尸检见十$_{4,5}$牙龋齿治疗改变，其颜面部淤血、口唇及十指甲床发绀，气管下段及左、右支气管分支处管腔内可见一棉球异物，完全阻塞气道，肺淤血水肿明显等，故认为其符合气道（支气管下段）异物（棉球）堵塞所致窒息死亡。

六、鉴定意见

被鉴定人符合气道（支气管下段）异物（棉球）堵塞所致窒息死亡。

（何新爱　孙　波　霍家润）

> **点评**　气管及支气管异物堵塞在老年和小儿较为多见，但在口腔科就诊过程中因棉球堵塞气道致窒息死亡者罕见。本例分析原因是在口腔治疗过程中，因误吞棉球至气道所致。其教训深刻，值得临床医师注意。
>
> 对此类案件，法医学尸检除要认真了解案情和就诊过程、分析可能原因外，还应重点检查呼吸道和相应的窒息征象；并排除其他可能引起死亡的有关因素，如损伤、中毒和疾病等。本例窒息征象不甚典型，可能与棉球完全堵塞气道、死亡发生迅速有关。但从案情、死亡经过、系统尸体解剖结果和病理检验所见等综合分析，其死因无疑，对医疗纠纷案例中医疗过错的认定和法庭审判提供了直接的科学证据。

案例3　主动脉夹层破裂出血死亡

关键词　法医病理学；主动脉夹层；脾破裂；急性失血性休克

一、基本情况

1. 委托鉴定事项　对某女尸体进行尸体解剖以查明死亡原因。

2. 鉴定材料　①简要案情原件1页及询问笔录复印件46页；②门急诊病历手册复印件4页，医院检验报告单、心电图及B超复印件13页；③某区医院住院病历复印件

1份;④某医院住院病历复印件1份;⑤影像学片17张,光盘1张;⑥脾组织块22块,病理切片6张;⑦某女尸体1具。

3. 被鉴定人 某女,26岁。

二、基本案情

据委托单位的简要案情所载:某年8月16日上午8时被鉴定人的父亲报案,称其女儿于7月25日在家中晕倒,被送到医院进行抢救,经诊断女儿脾破裂,肾有挫伤;8月15日下午1时许,在某医院抢救无效死亡。为查明死因,现委托本中心对其进行法医学尸体检验。

三、资料摘要

(一)某区医院住院病历摘要

入院日期:7月26日。出院日期:7月27日。

入院时情况:因晕倒昏迷后5h入院。

现病史:7月25日晚患者因他人争吵受到惊吓,大汗淋漓、下腹不适,就诊于急诊,测量血压90/58mmHg,心率90次/分,腹部无压痛及反跳痛。行B超提示宫内活胎,腹腔内积液4.3cm,白细胞明显升高,达26.86×10^9/L,血红蛋白123g/L。因腹腔积液性质不详,建议患者立即前往上级医院救治,患者及家属自行返回家中。7月26日凌晨1时30分上卫生间时晕倒。查体:意识丧失,血压68/50mmHg,P 158次/分,R 40次/分,血氧测不到,即刻给予吸氧、心电监护、升压等积极治疗,患者病情进展迅速,目前患者腹腔内出血、休克,交代病情后同意行开腹探查术。

入院诊断:①昏迷;②腹腔内出血原因待查;③失血性休克;④宫内孕13周;⑤外伤后(口唇、双膝皮肤擦伤)。

诊疗经过:患者于6时20分入手术室,入室血压81/46mmHg,昏迷,全身湿冷,穿刺点处瘀斑,腹部膨隆,尿管畅,色淡黄,尿量300ml。在充分备血条件下行开腹探查术。见腹膜紫染,大量积血及血块自上腹部涌出,脾破裂,出血迅猛,探查脾窝见大量血凝块及积血,脾门部撕裂、出血急,脾下极脏面见长约2cm裂口,深及脾实质,切断脾蒂,术后返回ICU进一步恢复治疗。患者转入ICU后予气管插管接呼吸机辅助通气,GCS评分3分,双侧瞳孔直径左侧3mm、右侧4mm,对光反射消失。结合患者凝血功能及体征表现,考虑出现DIC,给予积极补充血浆、血小板、纤维蛋白原,纠正酸碱、电解质紊乱,其后患者酸碱失衡、电解质紊乱得到纠正。但患者持续12h少尿,纠正不理想,肌酐明显升高,考虑合并急性肾损伤。与家属商议后要求转院治疗。

出院诊断:①脾破裂;②弥散性血管内凝血;③多脏器功能损伤,缺血缺氧性脑病、肝损害、胰腺炎、心肌损害、急性肾衰竭、横纹肌溶解不除外;④失血性休克;⑤急性失血性贫血;⑥应激性溃疡伴出血;⑦代谢性酸中毒;⑧宫内孕13周,流产,胎盘滞留;⑨皮肤擦伤、坏疽;⑩胸腔积液。

(二)8月15日某医院诊断证明摘要

患者因腹痛2天,晕厥伴意识丧失1天余,于7月27日到8月15日住院治疗。

8月4日在床旁行左手及左前臂、左小腿清创，VSD引流术；8月8日在全身麻醉下行左上肢伤口探查、前臂截肢术，左下肢清创VSD引流术；8月11日在床旁加置左足背、左外踝红肿明显处切开VSD引流置入术，经积极抗感染、床旁血液滤过替代等治疗后，患者病情间断好转。8月15日上午11时25分突发循环衰竭，经积极抢救治疗无效，于8月15日13时1分宣告临床死亡。

死亡诊断：①多脏器功能衰竭（循环衰竭、呼吸衰竭、凝血功能障碍、急性肾功能衰竭、肝功能异常）；②肺栓塞；③严重感染；④脾切除术后；⑤宫内早孕，不全流产；⑥胎盘滞留，清宫术后；⑦左前臂坏死截肢术后，左小腿软组织坏死清创术后。

四、鉴定过程

（一）审核受理情况

本中心接到委托后，对委托鉴定事项进行审核，就鉴定相关风险等问题向死者家属进行告知和沟通，指派鉴定人于11月1日12时40分在本中心解剖室对死者尸体进行法医学尸体检验。

（二）鉴定依据和方法

按照中华人民共和国公共安全行业标准：①《法医学尸表检验》（GA/T 149-1996）；②《法医学尸体解剖》（GA/T 147-1996）；③《机械性损伤尸体检验》（GA/T 168-1997）；④《猝死尸体的检验》（GA/T 170-1997）；⑤《中毒尸体检验规范》（GA/T 167-1997）；⑥《法医病理学检材的提取、固定、包装及送检方法》（GA/T 148-1996）进行尸体解剖、器官组织病理检验及取材，常规制片、HE染色、光镜观察及毒物化验。

（三）法医学尸体检验

1. 尸表检验

（1）一般情况：解冻女性尸体，尸长155.0cm，发育正常，营养中等。尸斑位于尸体背侧未受压处，呈暗红色，量少，指重压不褪色；胸腹部及四肢见腐败血管网，躯干部及双上肢可见腐败水泡形成，表皮局部呈小片状分离。

（2）头面部：黑发，长约6.0cm。双眼闭，结膜苍白，穹隆部未见出血点，角膜混浊，瞳孔不可透视。鼻腔无血迹，黏膜苍白。口唇黏膜苍白，上唇右侧黏膜破损，形成长0.6cm浅表创口；下唇黏膜见小片状皮革样变，颊黏膜未见出血，牙列齐。双外耳道未见异常。

（3）颈项部：未见外伤，浅表淋巴结无肿大。

（4）躯干部：胸部未见外伤，胸围93.0cm，腹围87.0cm。剑突下3.0cm处至耻骨联合上方见26.0cm长手术切口，可见21针缝合痕，其间见4处皮管缝线加压缝合；左上腹可见缝合状引流创口1处，创口长1.2cm。双侧腹股沟区见针眼多个，部分为缝合状。

（5）四肢：左前臂纱布包扎，去之见左前臂自距肘关节下9.0cm处截肢并有医用胶布粘贴，残端可见13.0cm缝合创口并见引流管外露，部分前臂组织缺失，肌腱外露。右前臂及右手稍肿胀，甲床发绀。左膝部可见4.0cm×3.5cm皮肤青紫；髌骨下缘处见

3.5cm×1.5cm 陈旧瘢痕；左小腿中下段及踝关节处见医用纱布及薄膜包扎，去之见左小腿及左踝包扎处 23.0cm×12.0cm 皮肤及部分组织缺损；左足背可见缝合创口，长 6.0cm。右膝部分别见 0.9cm×0.5cm 和 0.6cm×0.5cm 皮肤结痂区；右小腿轻度肿胀，胫前中段见 2.5cm×1.5cm 淤血；右小腿中上段内侧皮肤见 1.7cm×1.0cm 皮革样变。

（6）会阴部及肛门：未见外伤。

2. 尸体解剖

（1）头部：自两侧耳后向上冠状切开头皮，头皮及双侧颞肌未见出血。硬脑膜完整，硬膜外、硬膜下及蛛网膜下腔未见出血。颅盖骨、颅底骨未见骨折。全脑重 1366.8g，体积为 18.0cm×15.0cm×7.0cm，脑组织自溶软化，经甲醛溶液充分固定后冠状切开大脑、小脑及脑干，各切面未见出血。

（2）颈部：纵行切开颈部皮肤，颈前肌群未见出血；舌骨及甲状软骨未触及骨折。双侧扁桃体无明显肿大，喉头未见水肿，甲状腺未见异常。气管上段未见异物。食管通畅，上段仅见少量白色黏液。

（3）胸腔：沿前正中线纵行切开胸腹部皮肤及皮下组织。胸壁脂肪厚 0.5cm；胸前软组织未见出血，左侧第 3～6 肋骨于胸骨旁线处骨折，胸骨平第 3～4 肋间骨折，骨折周围软组织未见出血。左侧胸腔充满暗红色积液（图 4-3-1），其中有冰块 2 块，体积分别为 15.0cm×6.0cm×5.0cm 和 10.0cm×6.0cm×2.0cm，凝血块 300ml（图 4-3-2），其余为暗红色液体 920ml；右侧胸腔可见淡红色液体及冰碴共计约 660.0ml（图 4-3-3）。食管中下段见少量白色黏液，气管中下段及左、右支气管腔内无异物。左肺萎缩，下叶肺门处见一 3.0cm 裂口；左肺重 274.0g，体积为 19.0cm×12.0cm×2.0cm。右肺重 526.1g，体积为 20.0cm×17.0cm×3.0cm。双肺切面未见出血。心包完整、外观稍饱满，触之有波动感，以"Y"字形剪开心包，心包腔内见淡红色液体 42ml。心较小，重 215.0g，纵径、横径及前后径分别为 13.0cm、8.5cm 和 3.5cm，表面观心外膜光滑；原位打开右心室前壁和肺动脉，肺动脉内可见小块状凝血块。固定后沿血流方向打开心脏，左心房壁厚 0.2cm，右心房壁厚 0.2cm，左心室壁厚 1.1cm，右心室壁厚 0.25cm，室间隔厚 1.0cm；各心腔及心瓣膜未见异常，房间隔及室间隔未见缺损；各瓣膜周径：二尖瓣 6.0cm，三尖瓣 7.0cm，肺动脉瓣 4.8cm，主动脉瓣 5.0cm。冠状动脉开口及走行未见畸形，管壁未见明显动脉粥样硬化斑块狭窄病变；后纵隔主动脉周围软组织可见出血，面积 26.0cm×15.0cm（图 4-3-4）；剪开主动脉，见距升主动脉根部 1.5cm 起至降主动脉 26.0cm 长的一段动脉中膜和外膜之间分离、形成夹层，横断面见管壁大部分分离，最严重处达主动脉周径的 90%，并有出血（图 4-3-5）。

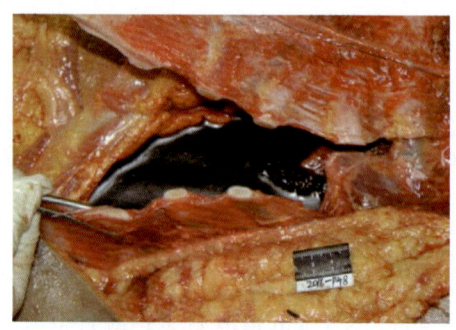

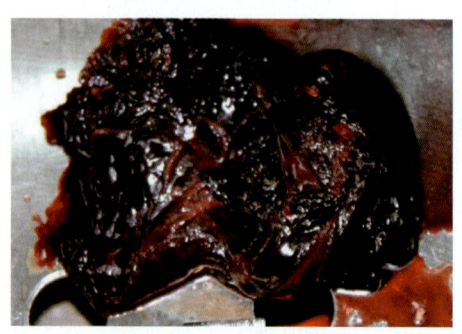

图 4-3-1　左侧胸腔积液　　　　　图 4-3-2　左侧胸腔凝血块

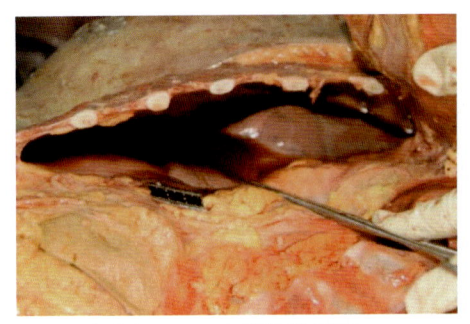

图 4-3-3　右侧胸腔积液　　　　　　图 4-3-4　纵隔出血

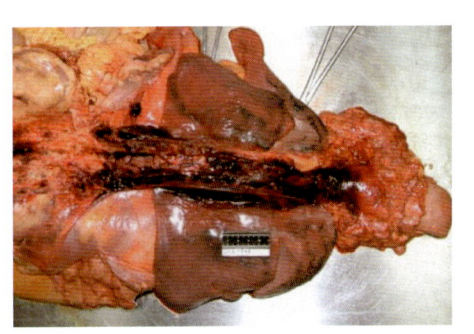

图 4-3-5　主动脉夹层形成

（4）腹腔及盆腔：腹部脂肪厚 2.5cm；大网膜与腹壁粘连。膈肌高度：左侧位于第 5 肋下，右侧位于第 4～5 肋间；腹腔内可见淡红色液体，量约 500ml；未见食物残渣。肝剑突下 3.5cm，肋缘下未见，质软，油腻感，重 1015.8g，体积为 26.0cm×20.0cm×4.5cm，切面未见囊肿等病变；胆道通畅，胆囊内胆汁 14.0ml，未见结石。脾缺如，脾蒂处结扎。肾包膜周围出血，以右侧明显，包膜切面见弥漫性出血，肾周对应处皮肤、皮下组织未见出血，肾包膜易剥离，左肾重 100.4g，体积为 10.0cm×6.5cm×2.5cm；右肾重 96.4g，体积为 10.0cm×6.0cm×2.0cm。胰尾见散在出血，面积 7.0cm×3.0cm。胃内见咖啡色黏液 15.0ml，胃黏膜未见出血和溃疡。膀胱内有冰碴约 5ml；子宫为 7.0cm×7.0cm×6.5cm，宫腔内未见胎儿；左、右侧卵巢未见明显异常，分别为 2.8cm×2.2cm×0.6cm 和 2.2cm×2.0cm×1.2cm。

（5）脊柱及骨盆：未见骨折或畸形。

3. 检材提取情况　委托方提交了医院手术时切除的脾共 22 小块，已经固定液固定，其中最大一块为 5.0cm×2.8cm×2.6cm，脾门处可见凝血块；提取主要器官组织置于甲醛溶液内固定备检；提取心血 10ml 备作常规毒物检测。

4. 组织病理学检查

（1）脑：硬脑膜未见出血及炎细胞浸润；蛛网膜下腔无出血，大脑轻度淤血水肿，未见出血，脑组织轻度自溶；小脑及脑干未见出血。

（2）心及主动脉：心肌间质轻度贫血，心肌未见出血、肌浆凝聚和梗死灶，左心室外膜下见少量淋巴细胞浸润；冠状动脉左前降支管壁内膜轻度增厚，管腔狭窄约 20%。右主支中段内膜呈环形轻度增厚，主要为纤维结缔组织，无脂质池、胆固醇结晶，管腔狭窄约 30%。升主动脉及降主动脉管壁可见中膜分离、断裂，伴出血，外膜见灶性出血（图 4-3-6）。

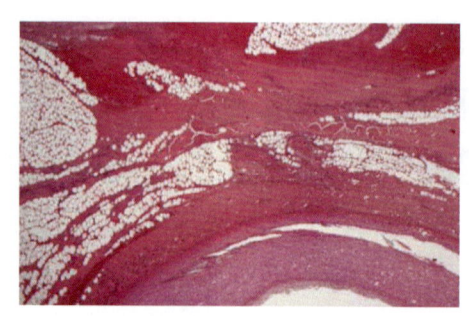

图 4-3-6　动脉夹层及外膜出血（HE 染色，40×）

（3）肺：轻度淤血，水肿，间质见少量淋巴细胞浸润，未见出血，局部肺泡腔内可见脱落的上皮细胞。

（4）肝：肝轻度贫血，肝细胞自溶，肝组织仅见大致轮廓。

（5）脾：轻度贫血，脾门处软组织出血，中央动脉管壁轻度增厚。

（6）肾：轻度淤血，间质纤维结缔组织增生伴大量淋巴细胞浸润，肾被膜下局部见少量淋巴细胞浸润；肾小管及肾小球自溶。

（7）胰腺：自溶，只能辨认大致轮廓。

（8）胃：轻度淤血，黏膜自溶。

（9）肠：淤血，黏膜自溶，浆膜层见少量淋巴细胞和中性粒细胞浸润。

（10）扁桃体：淤血，轻度自溶，间质见少量淋巴细胞浸润。

（11）甲状腺：重度淤血，滤泡内胶质丰富，滤泡上皮大部分脱落入腔内，但未见增生，间质内见少量淋巴细胞浸润。

（12）喉：轻度淤血，未见明显水肿及炎细胞浸润。

（13）子宫及卵巢：子宫轻度淤血，纤维结缔组织轻度增多并见少量淋巴细胞浸润。卵巢轻度淤血，纤维结缔组织增生，未见出血。

（四）法医病理诊断

（1）剖腹探查并脾摘除术后，左上肢截肢术和左下肢清创术后。

（2）主动脉夹层并破裂出血；纵隔软组织出血；左侧胸腔积血（暗红色液体920ml、血凝块 300ml、红色冰碴 15.0cm×6.0cm×5.0cm 和 10.0cm×6.0cm×2.0cm），右侧胸腔积液（淡红色液体和冰碴约 660ml）。

（3）心肌轻度贫血，冠状动脉左前降支和右主支内膜轻度增厚。

（4）肺轻度淤血、水肿，轻度慢性支气管炎。

（5）脑轻度淤血，水肿，脑组织轻度自溶。

（6）肝轻度贫血，肝细胞自溶。

（7）脾轻度贫血，脾门出血，中央动脉管壁轻度增厚。

（8）肾轻度淤血，自溶；慢性肾炎。

（9）胰自溶。

（10）胃、肠轻度淤血，黏膜自溶。

（11）子宫和卵巢轻度淤血。

（12）胸骨骨折，肋骨多发性骨折；全身多处软组织挫伤。

（五）毒（药）物检测

毒物检测报告：在送检血液中未检出乙醇、有机磷、有机氯、毒鼠强和地西泮等常见毒（药）物。

五、分析说明

根据尸体解剖、病理检验、组织病理学检查所见及毒（药）物检测结果，结合案情、临床病史和死亡经过等综合分析如下：

（1）根据尸检所见，死者腹部及左侧上、下肢呈术后改变外，体表仅见较为陈旧的小片状软组织损伤，为非致命性损伤；胸部虽然有胸骨及左侧多处肋骨骨折，但骨折周围软组织未见出血，符合濒死期抢救所致；故排除因机械性暴力致死的可能。

（2）死者心血中未检出乙醇、有机磷、有机氯、毒鼠强和地西泮等常见毒（药）物，因此可以排除因上述毒（药）物中毒死亡。

（3）病历记载死者生前因晕倒昏迷后被送入院，临床行剖腹探查术见腹腔大量积血，脾门及脾下极裂伤，行脾摘除术。术后出现左上、下肢坏疽，急性肾衰竭等症状体征。行左上肢截肢手术及左下肢清创术。于某年8月15日上午11时25分突发循环衰竭，经抢救无效后死亡。尸检见尸体呈贫血貌，主动脉夹层形成并纵隔血肿形成及渗血，左肺肺门处可见小破裂口，左侧胸腔积血并形成较大凝血块，右胸腔亦见较多淡红色积液，因此认为其符合在患主动脉夹层病变基础上因夹层破裂出血致急性失血性休克而死亡。

六、鉴定意见

被鉴定人符合在患主动脉夹层病变基础上因夹层破裂出血致急性失血性休克而死亡。

（何新爱　霍家润　陈新山）

点评　主动脉夹层是指主动脉的血流通过主动脉内膜破口进入主动脉壁的中层，迫使主动脉壁中层分开而形成的假性动脉瘤。过去称为主动脉夹层动脉瘤，这是一种危险性很高的心血管急症，也是引起猝死的常见心血管疾病之一，有的患者甚至还没来得及送到医院就已经死亡。根据主动脉破裂部位及出血流向不同，其死亡机制分为两种：一是升主动脉破入心包腔内使心包大量积血导致急性心脏压塞而死亡；二是位于心包腔以外的主动脉弓及胸、腹段降主动脉破裂，出血分别流入胸腔或腹腔致急性内失血性休克而死亡。主动脉夹层在临床上也有不少抢救成功的病例，一旦查出主动脉夹层达到一定程度，必须采取紧急手术治疗。本例死者年纪较轻，体表有擦伤，由于医疗机构对主动脉夹层认识不足，误将夹层破裂出血认为是脾破裂，以致家属怀疑死者生前遭受到外力作用。经过尸检，查明死因，还原真相，解除家属疑虑，值得临床工作者重视。

案例4　心脏支架介入手术致急性失血性休克死亡

关键词　法医病理学；心脏介入手术；股动脉破裂；失血性休克

一、基本情况

1. 委托鉴定事项　对某男尸体进行尸体解剖以查明死亡原因。
2. 鉴定材料　①某中心医院住院病历复印件69页；②光盘1张；③某男尸体1具。
3. 被鉴定人　某男，61岁。

二、基本案情

某年10月9日，某男因"急性心肌梗死"在某中心医院住院治疗，10月11日行冠状动脉造影术，于手术过程中死亡。为查明死因，现委托单位委托本中心对其进行法医学尸体检验。

三、资料摘要

入院日期：10月9日11时45分。出院日期：10月11日12时45分。
主诉：突发心前区疼痛2h。
现病史：该患者2h前因劳累出现心前区、胸骨后疼痛，为压榨性闷痛向下颌部放散，持续不缓解，伴濒死感、胸闷、气短、心悸及大汗、恶心、呕吐胃内容物数次，晕厥1次、持续2~3min伴二便失禁，四肢皮肤黏膜苍白、湿冷，行心电图检查示下壁心肌梗死，收入院。
既往史：平素身体状况一般。否认高血压史及糖尿病史等。
查体：T 36.4℃，P 54次/分，R 18次/分，BP 92/64mmHg。神志清楚，呼吸平稳，口唇微发绀，心率54次/分，心音低钝，无杂音。
辅助检查：急查心肌酶，CTnl 1.34ng/ml，CK-MB 7.21ng/ml，MyO 17.17ng/ml。急查心电图：Ⅱ、Ⅲ、aVF，V_{3r}、V_{4r}、V_{5r}导联ST抬高0.2~0.3mV，V_1~V_6导联ST段压低0.2~0.3mV。
入院诊断：①冠状动脉粥样硬化性心脏病，急性下壁右室心肌梗死，心功能Ⅳ级（killip分级）；②心源性晕厥；③心源性休克?
诊疗经过：患者入院时起病2h，建议上级医院急诊PCI，患者拒绝，入院后符合溶栓指征，30min内予以溶栓治疗，给予冠心病二级预防治疗。拜阿司匹林及氯吡格雷双重抗血小板；低分子肝素钙抗凝治疗；依那普利抑制心肌重构；他汀类调脂，抗动脉硬化；极化液应用，稳定心肌细胞膜电位；左卡尼汀应用优化心肌能量代谢；患者双联抗血小板予以奥美拉唑保护胃黏膜；控制血压、血糖。经上述治疗病情缓解，建议患者择期CAG±PCI术，于10月11日行冠脉造影术，术中出现手术并发症，经积极抢救无效，临床死亡。

抢救经过：冠脉造影术示右冠优势型。LM、LCX、LAD 未见异常，RCA 近段 99% 狭窄，前向血流 TIMI 2 级。决定对 RCA 治疗。6F.JR3.5G.C 到达 RCA 口，导丝通过病变即完全闭塞，Tazuna 2.5×20mm 球囊以 14atm 预扩。复查造影前向血流 TIMI 3 级，TIVOLI 3.5×25mm 支架以 16atm 释放。复查造影，支架膨胀贴壁良好，无残余狭窄及夹层，前向血流为 TIMI 2 级，立即给予多巴胺静脉推注及静脉点滴，同时补液扩容，冠脉内给予替罗非班。复查造影仍不见好转又先后给予法舒地尔、硝普钠及冠脉内血栓抽吸，冠脉内血流情况越来越恶化，血压进行性下降，多巴胺联合去甲肾上腺素也无法维持正常血压；抢救期间患者反复出现室性心动过速、心室颤动，给予利多卡因、胺碘酮及电除颤等处理，多角度观察可确定无心包填塞情况，给予气管插管转至 ICU 抢救治疗。虽经积极的心肺复苏治疗，但患者无意识，瞳孔散大固定，对光反射消失，心脏停搏，无自主呼吸，宣布临床死亡。

四、鉴定过程

（一）审核受理情况

本中心接到委托后，对委托鉴定事项进行审核，就鉴定相关风险等问题向家属进行告知和沟通，指派鉴定人于次年 4 月 22 日 11 时 50 分对死者尸体进行尸表检查和解剖检验。

（二）鉴定依据和方法

按照中华人民共和国公共安全行业标准：①《法医学尸表检验》（GA/T 149-1996）；②《法医学尸体解剖》（GA/T 147-1996）；③《机械性损伤尸体检验》（GA/T 168-1997）；④《猝死尸体的检验》（GA/T 170-1997）；⑤《法医病理学检材的提取、固定、包装及送检方法》（GA/T 148-1996）进行尸体解剖、器官组织病理检验及取材；常规制片、HE 染色，光镜观察。

（三）法医学尸体检验

1. 尸表检验

（1）一般情况：成年男性半冰冻状尸体，尸长 175.0cm，发育正常，营养中等。尸斑位于尸体背侧未受压处，呈暗红色，指重压不褪色；腹壁见尸绿，四肢见腐败静脉网形成。

（2）头面部：花白发，发长 1.5cm；双眼睑皮革样变，眼裂开，结膜苍白，眼球凹陷，角膜重度混浊，瞳孔不可见。鼻尖部皮肤局部皮革样变，鼻腔无异物。口微张，唇黏膜稍发绀，局部见皮革样变；上颌见多颗义齿，口腔有少许血性液体。双外耳道无异物。

（3）颈项部：气管居中，未触及明显肿大的浅表淋巴结；未见损伤出血。

（4）躯干部：胸围 98.0cm，胸廓两侧对称，胸部未见损伤。腹围 95.0cm；腹部隆起，腹部左侧见 10.0cm×8.0cm 片状皮下出血。

（5）四肢：右腕部被纱布包扎，去之见右腕关节屈侧针眼 1 个；右手背见小片状皮肤破损；左手背见 5.0cm×4.0cm 皮下出血，其中有针眼 1 个。左手甲床稍发绀，右手甲床苍白。右侧腹股沟区有针眼 2 个。

（6）会阴部及肛门：阴部阴毛已剃，阴囊局部皮革样变，肛周未见异常。

2. 尸体解剖

（1）头部：自两侧耳后向上冠状切开头皮，头皮及双侧颞肌未见出血。硬脑膜完整，硬膜外、硬膜下及蛛网膜下腔未见出血。颅盖骨、颅底骨未见骨折；脑重1371.0g，呈贫血状，体积为19.0cm×16.0cm×8.0cm，脑组织自溶。基底动脉环可见动脉粥样硬化斑块病变。经充分固定后冠状切开大脑、小脑及脑干，各切面未见出血。

（2）颈部：自下颌下缘，沿前正中线纵行切开颈部皮肤及皮下组织，未见出血。舌骨及甲状软骨未触及骨折。喉头无明显水肿。双侧扁桃体无肿大。食管上段黏膜光滑；气管上段见块状冰碴。

（3）胸部：沿前正中线纵行切开胸部皮肤及皮下组织；胸壁皮下脂肪厚0.6cm；双侧胸腔内见浅粉红色冰碴，其中左侧609.0g，右侧157.0g。食管下段见冰碴1块。气管中下段及左右支气管内见粉色冰碴填充。双肺呈贫血状，双肺表面及切面可见小片状黑色炭末样物沉积；左肺两叶重682.0g，体积为23.0cm×13.0cm×7.0cm；右肺三叶重764.0g，体积为19.0cm×16.0cm×9.0cm。心包完整，以"Y"字形剪开心包，心包腔内有淡红色液体5.0ml，心呈贫血状，右心外膜脂肪较多。沿心包反折水平剪下心脏，心重453.0g，心脏纵径、横径及前后径分别为11.0cm、12.0cm和8.0cm；肺动脉未见血栓。经甲醛溶液固定后检查，各心室腔及心瓣膜未见异常，房间隔及室间隔未见缺损；左心房壁厚0.2cm，右心房壁厚0.25cm，左心室壁厚1.2cm，右心室壁厚0.3cm，室间隔厚1.2cm。各瓣膜周径：二尖瓣8.5cm，三尖瓣10.5cm，肺动脉瓣6.5cm，主动脉瓣7.0cm。冠状动脉为右优势型，开口未见畸形，左主干长0.8cm，左前降支距分支3.0cm处粥样硬化病变Ⅲ级，斑块长0.5cm；右主支距开口1.7cm处管腔内见金属样支架，取出后测量长4.0cm，该部位冠状动脉壁稍增厚，管腔狭窄Ⅱ级（图4-4-1）。

图4-4-1　冠状动脉右主支管腔轻度狭窄及取出的金属支架

升主动脉、主动脉弓及降主动脉见少量指纹和粥样硬化斑块病变。

（4）腹部：沿腹壁正中线纵行切开腹部皮肤及皮下组织；腹部脂肪厚1.5cm；大网膜及腹腔脏器位置未见异常；膈肌高度：左侧位于第4、5肋间，右侧位于第4肋下；右侧腹腔可见较多冰冻状凝血块，取出凝血块共重841.0g（图4-4-2）；肠系膜及后腹膜广泛出血，范围27.0cm×23.0cm×2.5cm；上述出血总量约2500ml。肝剑突下及肋缘下未见、质软，重1509.0g，体积为28.0cm×14.0cm×9.0cm，表面及切面呈贫血状；胆囊半充盈状，未见结石。脾重127.0g，体积为15.0cm×7.0cm×4.0cm。胃内有食糜20.0ml，黏膜未见溃疡病变。双肾包膜易剥离，左肾重140.8g，体积为11.5cm×4.5cm×5.5cm；右肾重141.4g，体积为13.0cm×6.5cm×4.0cm，双肾切面未见明显异常，右肾盂内见椭圆形结石一枚，体积为0.6cm×0.5cm×0.2cm。胰腺质软，表面及切面未见出血和脂肪坏死。右侧股动脉自穿刺处血管周至髂总动脉周围及后腹膜软组织出血（图4-4-3）。

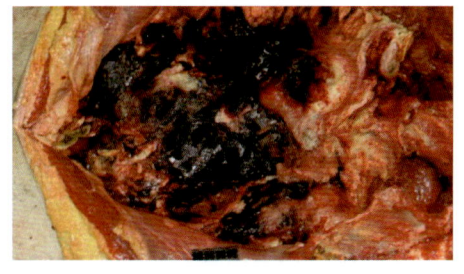

图 4-4-2　腹腔和盆腔内大量出血及凝血块 　　　　图 4-4-3　右髂动脉周围软组织出血

（5）盆部及脊柱：脊柱及骨盆未见骨折。

3. 检材提取情况　提取主要器官组织置于甲醛溶液内固定备检。

4. 组织病理学检查

（1）脑：大脑、小脑及脑干组织自溶，未见出血及炎细胞浸润，大部分血管呈空虚状；脑垂体轻度淤血，未见出血。

（2）心：心房血管空虚，内膜稍增厚，其中右心房间质纤维结缔组织增多及少量脂肪组织浸润；左心室前壁、侧壁和后壁心肌间质血管空虚，未见心肌梗死和肌浆凝聚；右心室外膜脂肪组织浸润到肌层，心肌轻度波浪样变，未见新鲜心肌梗死，间质见纤维结缔组织增多，局部伴少量淋巴细胞浸润。冠状动脉左前降支距开口 3.0cm 处管壁内膜增厚，管腔狭窄约 70%（图 4-4-4）；右主支距开口 1.8cm、2.5cm 和 2.8cm 处管腔环形增厚，管腔狭窄分别约为 40%、45% 和 40%。

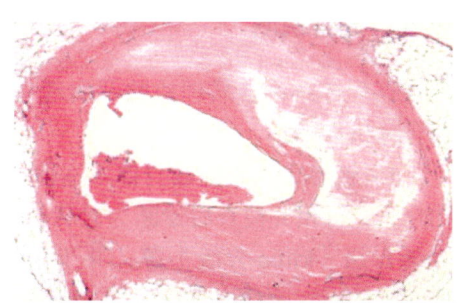

图 4-4-4　左前降支管腔狭窄病变 3 级（HE 染色，40×）

（3）肺：肺轻度淤血，灶性水肿，并见灶性肺气肿，有的支气管腔内见较多黏液和脱落的上皮，间质见少量炭末沉着，未见出血。

（4）肝：肝被膜轻度增厚，肝窦空虚，肝实质未见出血，肝组织内见大量冰晶裂隙，汇管区及间质见少量淋巴细胞浸润。肝细胞轻度自溶。

（5）脾：脾窦空虚，中央动脉管壁轻度增厚，脾组织轻度自溶。

（6）肾：轻度淤血，近曲小管上皮细胞轻度自溶，管腔内可见少量蛋白管型，部分肾小球纤维化；左肾间质局部见淋巴细胞浸润。

（7）肾上腺：皮质上皮细胞内类脂质脱失。

（8）胃：黏膜自溶，黏膜层底部见少量淋巴细胞浸润，未见出血。

（9）肠：大小肠黏膜自溶，黏膜层底部见少量淋巴细胞浸润，未见出血。

（10）扁桃体：轻度淤血，未见出血和炎细胞浸润。

（11）右髂动脉于分支下 6.0cm、4.0cm、0.5cm 及分支上 1.0cm、9.0cm 等处分别取材：血管壁均未见夹层，血管壁外侧见软组织出血。右股动脉针眼处组织内血管壁未见异常，内弹力膜清楚，外膜软组织见片状出血。

（四）法医病理诊断

（1）冠状动脉造影术后，冠心病（心重453.0g，左前降支病变3级、右主支病变2级），心肌贫血。

（2）右侧腹腔积血，肠系膜及后腹膜广泛出血（总量约2500ml）；右髂动脉及股动脉周围软组织出血。

（3）脑贫血、自溶，脑基底动脉轻度动脉粥样硬化，脑垂体轻度淤血。

（4）肺轻度淤血，灶性水肿、灶性肺气肿。

（5）肝贫血，轻度自溶。

（6）脾贫血、自溶，中央动脉管壁增厚。

（7）肾轻度淤血、近曲小管上皮细胞自溶。

（8）肾上腺自溶。

（9）胃、肠自溶。

（10）扁桃体轻度淤血。

五、分析说明

根据尸体解剖、病理检验及病理切片观察结果，结合案情、临床病史及死亡经过等综合分析如下：

（1）被鉴定人生前因身体不适前往某中心医院就诊，并以"下壁心肌梗死"收住院治疗，经行相关检查后诊断为冠状动脉粥样硬化性心脏病，急性下壁右室心肌梗死，心功能Ⅳ级（killip分级）等，并于某年10月11日行冠状动脉造影术，术中见RCA近段99%狭窄，给予支架置入，支架膨胀贴壁良好，但冠状动脉内血流情况持续恶化，血压呈进行性下降，经抢救无效死亡。

（2）尸检见死者心脏有冠心病，但右主支支架置入处斑块狭窄病变仅为Ⅱ级，组织病理学检查心肌未见新鲜心肌梗死，故不符合因心肌梗死所致死亡。

（3）尸检见死者右髂动脉及股动脉针眼处血管周软组织至肠系膜和后腹膜广泛出血（范围27.0cm×23.0cm×2.5cm），右侧腹腔有较多凝血块（取出血凝块共重841.0g），出血量大（共约2500ml），肉眼及镜下见多器官呈贫血状，说明其生前失血严重。但腹主动脉和右髂动脉均未见动脉夹层病变，结合其生前术中出现血压进行性下降等综合分析，认为其符合在冠状动脉造影术中腹腔内出血致急性失血性休克死亡；其失血原因与冠脉造影时行血管穿刺有关。

六、鉴定意见

被鉴定人符合在冠状动脉造影术中腹腔内出血致急性失血性休克死亡，其失血原因与冠脉造影时行血管穿刺有关。

（何新爱　曹　磊　马明生　陈新山）

> **点评** 冠状动脉造影介入手术过程中穿刺损伤血管时有发生，但因穿刺出血而致失血性休克死亡者罕见。手术时需要术者在手术过程中操作规范、轻柔，及时发现问题并妥善处理。本例医生在手术操作过程中发现血压呈进行性下降，心率减慢，但未意识到失血和血压下降是心脏以外的腹腔出血所致，从而贻误抢救最佳时机致急性内失血性休克死亡。直至患者死后，医方还始终认为是患者心脏本身的问题而引起的死亡。本例如不尸体解剖，就难以怀疑或承认是血管破裂出血致急性失血性休克死亡，亦不能获取出血的客观证据；也充分说明涉及死亡的医疗纠纷案例，及时进行尸体解剖，对查明死因及有关问题非常重要，医方更是需要好好总结并吸取经验教训。此外，病理检验所见的心冠状动脉狭窄程度与临床冠脉造影时记录的狭窄程度之间的差别，也值得临床工作者注意。

案例 5 重度肥胖者肺动脉血栓栓塞死亡

关键词 法医病理学；猝死；肺动脉血栓栓塞；肥胖

一、基本情况

1. 委托鉴定事项 对某男尸体进行尸体解剖以查明死因。
2. 鉴定材料 案情介绍 1 页，某男尸体 1 具。
3. 被鉴定人 某男，35 岁。

二、基本案情

某年 12 月 27 日 10 时 30 分，某男在船上自觉"难受"，在被人搀扶上卫生间的过程中突然失去意识，经抢救无效死亡，临床诊断为猝死。为查明死因，特委托本中心进行法医学尸体检验。

三、鉴定过程

（一）鉴定依据和方法

按照中华人民共和国公共安全行业标准：①《法医学尸表检验》（GA/T 149-1996）；②《法医学尸体解剖》（GA/T 147-1996）；③《猝死尸体的检验》（GA/T 170-1997）；④《机械性损伤尸体检验》（GA/T 168-1997）；⑤《中毒尸体检验规范》（GA/T 167-1997）；⑥《法医病理学检材的提取、固定、包装及送检方法》（GA/T 148-1996）进行法医解剖、器官组织检材提取；常规组织制片、HE 染色，光镜观察。

（二）法医学尸体检验

1. 尸表检验

（1）一般情况：成年男性解冻状尸体 1 具，尸长 170.0cm，发育正常，体型为重度肥胖，体重268.6kg（图4-5-1）。尸斑于头面部、胸前及四肢前侧较为明显，指重压不褪色。全身腐败静脉网呈现，腹部右外侧及四肢见散在片状表皮脱失，躯干两侧腐败水泡形成（以右侧明显）。

（2）头面部：未见外伤。黑发，长约1.5cm。颜面部淤血明显。双眼闭，结膜淤血，角膜混浊，瞳孔不可透视。搬动尸体时口鼻腔可见淡红色液体流出，口唇发绀，牙列齐，唇、颊黏膜未见破损。

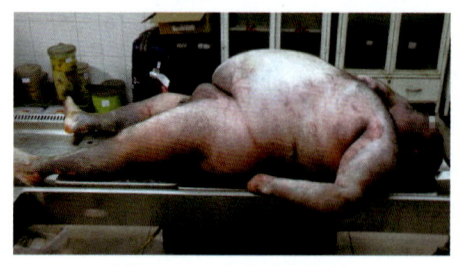

图4-5-1 死者重度肥胖

（3）颈项部：未见外伤，未触及浅表淋巴结肿大。

（4）躯干部：未见外伤；胸廓对称，胸围165.0cm；腹部膨隆向右倾斜，腹围186.0cm。

（5）四肢部：双小腿皮肤色深，双胫前可见皮肤溃烂结痂区，其中左侧面积为23.0cm×8.0cm，右侧面积为28.0cm×12.0cm；双手十指甲床发绀。

（6）会阴部及肛门：阴囊水肿，肛周附有少量黄色粪便。

2. 尸体解剖

（1）头部：自两侧耳后向上冠状切开头皮，头皮下未见出血。双侧颞肌未见出血。硬脑膜完整，硬膜外、硬膜下及蛛网膜下腔未见出血。颅盖骨、颅底骨未见骨折。脑组织自溶软化，全脑重1451.2g，体积为20.0cm×15.0cm×7.0cm，经甲醛溶液充分固定后冠状切开大脑、小脑及脑干，各切面未见出血。

（2）颈部：自下颌下缘，沿前正中线纵行切开颈部皮肤，逐层分离颈部肌组织、皮下组织及各肌群，未见损伤出血。双侧扁桃体稍肿大。甲状腺不肿大，重48.8g。甲状软骨及舌骨未见骨折。喉头未见水肿，声门呈自然开放状态。食管上段及胸腔内中下段通畅，未见出血。

（3）胸腔：沿前正中线纵行切开胸腹部皮肤及皮下组织，胸壁脂肪厚7.0cm；双侧气胸试验（-），胸骨及肋骨未见骨折。右侧胸腔可见少量粉红色冰碴。心包被脂肪组织包裹，心包完整，以"Y"字形剪开心包，心包腔内有积液94.0ml。原位打开肺动脉主干未见血栓。气管中下段及支气管腔内可见粉红色冰碴。肺膜完整未见破损，双肺质软，切面淤血。左肺重617.1g，体积为24.0cm×16.0cm×5.5cm；右肺重662.5g，体积为26.0cm×14.0cm×6.0cm；经甲醛溶液充分固定后横行切开双肺肺门部，见左肺动脉上支及下支管腔内血栓样物质不全堵塞（图4-5-2），右肺动脉中、下支管腔内血栓样物质不完全堵塞（图4-5-3），质地均较韧。心脏偏大，重752.4g，纵径、横径及前后径分别为19.0cm、15.0cm和7.5cm；沿血流方向打开心脏，左心房壁厚0.2cm，右心房壁厚0.2cm，左室壁厚1.3cm，右室壁厚0.5cm；各瓣膜周径：二尖瓣9.5cm，三尖瓣13.5cm，肺动脉瓣9.0cm，主动脉瓣9.0cm，主动脉瓣见散在粥样硬化斑点；各心室及心瓣膜未见异常。冠状动脉开口未见异常，冠状动脉左前降支、左旋支及右主支管壁均有不同程度的轻度增厚，管腔狭窄Ⅰ～Ⅱ级；主动脉内膜见散在粥样斑块形成。

（4）腹腔及盆腔：纵行切开腹部皮肤及皮下组织，打开腹腔，腹壁脂肪厚9.0cm；大网膜呈自然分布，左侧腹膜少许粘连。横膈顶高度：左侧位于第5、6肋间，右侧位于第4、5肋间；右侧腹腔内有冰碴350.0ml，腹腔内未见食物残渣。胃、肠、胆囊未见穿孔。胃呈半充盈状，胃内有粉红色冰碴样内容物，胃黏膜未见溃疡、出血。肝重3797.8g，体积为32.0cm×25.0cm×14.0cm，肝被膜完整，切面未见出血、囊肿。脾完整，未见破裂，脾重252.4g，体积为15.0cm×9.5cm×2.5cm。胰腺组织自溶，重159.6g。肾被膜易剥离，左肾重283.4g，体积为16.0cm×7.5cm×4.5cm；右肾重308.1g，体积为15.0cm×8.0cm×5.5cm；双肾表面光滑、切面未见血肿、囊肿。双侧肾上腺重29.6g。膀胱空虚状，输尿管未见狭窄和结石。阴囊未见出血，睾丸表面、切面观未见异常。下腔静脉内可见3个条索状血栓样物，最大14.0cm×1.0cm。

图 4-5-2　左肺动脉分支血栓

图 4-5-3　右肺动脉分支血栓

3. 检材提取　提取死者完整器官组织，有脑、心、双肺、肝、脾、双肾、肾上腺、胃、胰腺、甲状腺、睾丸、气管、舌及喉头、舌骨；取部分组织，有空肠、回肠、结肠、膀胱；提取心血及胃内容物以备常规毒物检测。

4. 组织病理学检查

（1）脑：脑膜无增厚，蛛网膜下腔无出血，大脑灰白质界限清楚，未见出血坏死，灰质内神经元细胞分布如常，间质淤血，细胞轻度自溶。小脑结构无异常，部分浦肯野细胞变圆，突触消失。大脑、小脑及脑干未见出血。

（2）心：心肌纤维排列规则、大小一致，未见出血梗死，间质血管淤血，局部间质可见小灶性增生的纤维细胞。

（3）肺：被膜完整，肺泡腔充盈，其内可见粉染无结构物、血细胞或脱落的上皮和巨噬细胞等；肺泡间隔明显增宽，肺间质血管淤血；肺门动脉部分血管腔内可见大量的纤维蛋白及红细胞，其间可见血小板小梁，粉染，周围有数量不等的白细胞附着（图4-5-4），肺间质部分血管腔内可见大小不等、形状不一的上述改变。

（4）肾：被膜完整，皮髓质界限清晰，皮质内肾小球分布如常，肾小管结构未见异常，近曲小管上皮细胞自溶，间质血管扩张淤血。

（5）肝：被膜无增厚，小叶结构清晰，肝细胞索尚规则，肝窦扩张，肝细胞自溶。汇管区未见异常。

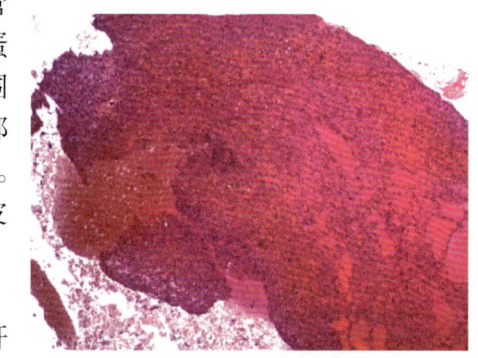

图 4-5-4　右肺动脉血栓
（HE染色，100×）

（6）脾：被膜无增厚，红白髓界限清晰，脾小梁分布如常，脾窦扩张淤血，细胞自溶。

（7）胃、肠：结构清楚，未见出血坏死，黏膜自溶。

（8）胰腺：结构未见异常，未见出血坏死，腺上皮细胞自溶。

（9）肾上腺：被膜无增厚，结构无异常，细胞轻度自溶。

（10）甲状腺：结构无异常，未见出血和炎细胞浸润。

（11）喉：被覆鳞状上皮黏膜部分细胞自溶脱落，间质未见水肿，部分血管淤血。

（12）下腔静脉条索状物：血小板凝集成小梁，粉染，呈分支状，部分有白细胞附着，小梁间充满大量纤维蛋白网及红细胞。

（三）法医病理诊断

（1）肥胖症（体重268.6kg）。

（2）肺动脉血栓栓塞，肺淤血、肺水肿、灶性出血。

（3）下腔静脉血栓形成。

（4）轻度冠心病（心重752.4g，冠状动脉左前降支、左旋支及右主支病变Ⅱ级）；心肌间质淤血，纤维结缔组织增多。

（5）脑、肝、肾和脾淤血。

（6）胰腺自溶。

（7）胃、肠黏膜自溶。

（四）毒（药）物检测

对提取的部分心血进行常规毒物检测，检测结果为：未检出有机磷类、有机氯类、拟除虫菊酯类农药，毒鼠强、吗啡、苯丙胺及地西泮等常见毒（药）物。

四、分析说明

根据尸体解剖、病理检验、组织病理学检查和毒物分析结果，结合案情、死亡经过综合分析如下：

（1）尸表检验未见明显外伤，解剖检验未见骨折、出血等病变，各器官组织均未见外伤，故可排除其因机械性损伤致死。

（2）死者心血中未检出有机磷类、有机氯类、拟除虫菊酯类农药，毒鼠强、吗啡、苯丙胺及地西泮等常见毒（药）物。因此可排除上述常见毒物中毒死亡。

（3）尸检见死者心脏重量明显超出正常范围，心脏冠状动脉粥样硬化，病变Ⅱ级，说明其患有轻度冠心病。此外，除见身体重度肥胖外未见其他明显病变。

（4）解剖见其下腔静脉内有3个条索状血栓样物，镜下证实为血栓；左、右肺动脉分支及肺间质血管腔内均有血栓形成，肺组织内可见局灶性出血等病变，结合其颜面淤血、口唇及十指甲床发绀等改变，认为其符合肺动脉血栓栓塞所致急性呼吸循环衰竭而死亡。

五、鉴定意见

被鉴定人符合肺动脉血栓栓塞所致急性呼吸循环衰竭而死亡。

（何新爱　孙　波　霍家润　杜建芳）

> **点评** 肺动脉血栓栓塞一旦发生，患者猝死发生率很高。绝大多数的血栓栓子来源于下肢深静脉，少数来源于盆腔静脉、上肢静脉及心脏附壁血栓。深静脉血栓形成的病因，医学界公认为三大要素，即血流缓慢、血管壁损伤和血液呈高凝状态。血流缓慢是诱发下肢深静脉血栓形成的最常见原因。常见于骨折患者长期卧床制动，缺乏下肢肌肉对静脉的挤压作用使下肢静脉血流滞缓；损伤后骨折，经历骨科手术，本身因组织损伤及手术创伤等均可引起血小板黏聚力增强、数量增加，出现高凝状态；而单纯肥胖发生血栓形成罕见，更多可能会考虑肥胖引起心源性猝死，从而将尸检重点放在心脏等重要器官而忽略肺动脉血栓栓塞的可能。本例死者重度肥胖，分析其生前可能缺乏必要活动导致血流滞缓而引发肺动脉血栓栓塞。尸检时除需要了解案情，重点检查脑、心、肺等器官及检查肺动脉主干、左右肺动脉和叶肺动脉有无血栓外，还应该检查下肢静脉等血管，查看有无血栓形成，以确定肺动脉血栓的来源，形成证据链。

案例 6　髌骨骨折脂肪栓塞死亡

关键词　法医病理学；钝器伤；髌骨骨折；脂肪栓塞

一、基本情况

1. 委托鉴定事项　对某男尸体进行尸体解剖以查明死亡原因。
2. 鉴定材料　①某县医院住院病历复印件 55 页；②某男尸体 1 具。
3. 被鉴定人　某男，35 岁。

二、基本案情

某年 5 月 3 被鉴定人以"摔伤后右膝疼痛约 2h"为主诉入某县医院住院治疗，于 5 月 9 日突感喘憋，咳大量白色浓痰，双肺布满湿啰音，经抢救无效死亡。现某法院委托本中心对该死者尸体进行解剖以查明死因。

三、资料摘要

入院日期：5 月 3 日。死亡日期：5 月 9 日。
主诉：摔伤后右膝疼痛约 2h。
现病史：约 2h 前患者摔伤后感右膝疼痛，疼痛剧烈，呈持续性，屈伸活动严重受限，不伴有右下肢明显麻木感。行 X 线片检查示右髌骨粉碎性骨折。
既往史：有高血压 3 年，长期服用降压药物，血压控制不详。否认糖尿病史及冠心病史。
专科检查：右膝关节肿胀，右膝髌前部压叩痛明显，触及明显骨擦感，膝关节屈伸活动严重受限。右足背动脉搏动有力，末梢血运好。

辅助检查：5月3日某卫生院X线片结果示右髌骨粉碎性骨折。

5月5日8时51分查房记录：患者一般情况可，自诉右膝疼痛稍缓解。MR检查：①右膝髌骨骨折并内外侧髌股支持带撕裂；②股四头肌腱及髌韧带损伤；③右膝内侧半月板后角、外侧半月板前角损伤；④右膝前交叉韧带损伤；⑤右膝关节大量积液；⑥关节囊损伤；⑦右膝关节周围组织损伤。

5月9日8时10分查房记录：患者凌晨3时出现胸闷不适，给予吸氧后缓解。今日查房患者一般情况可，轻度咳嗽，有少量白色黏痰，双肺呼吸音低，可闻及少许湿啰音。

5月9日18时3分胸外科会诊记录：CT检查示双肺肺炎，双侧胸腔积液。11时38分患者突感憋喘，咳大量黄白色浓痰，双肺布满湿啰音，请胸外科会诊，心电图检查示窦性心律过速，ST-T改变。

5月9日18时8分抢救记录：患者于11时38分突感喘憋，咳大量黄白色浓痰，双肺布满湿啰音。立即给予吸氧、心电监护。心电监护示心率102次/分，血压164/102mmHg，血氧饱和度70%。静脉注射呋塞米20mg、地塞米松5mg，喘憋稍缓解。于11时41分突然出现口唇发绀，自主呼吸困难，血压进行性下降。于11时44分突然意识丧失昏迷，呼之不应，无自主呼吸，血压测不出，瞳孔直径约4.5mm，未触及颈动脉搏动。紧急给予持续胸外按压，清理呼吸道，保持呼吸道通畅，吸痰。13时39分心电图示直线，抢救期心跳无恢复，无自主呼吸，认为死亡原因为心源性病变可能性大，肺栓塞不排除。

四、鉴定过程

（一）审核受理情况

本中心接到委托后，对委托鉴定事项进行审核，指派鉴定人于6月2日上午10时13分在某县殡仪馆就鉴定有关问题向医患双方及委托方代表进行询问、告知，并于11时1分使用法医病理学常用检查工具（刀、剪、镊子、钢尺和电子天平等）对死者尸体进行了尸表和解剖检验；7月7日10时11分在本中心解剖室对尸检时提取的器官组织进行了病理检验，并取材备作病理切片检查；同时进行了拍照和尸检摄像。

（二）鉴定依据和方法

按照中华人民共和国公共安全行业标准：①《法医学尸表检验》（GA/T 149-1996）；②《法医学尸体解剖》（GA/T 147-1996）；③《机械性损伤尸体检验》（GA/T 168-1997）；④《猝死尸体的检验》（GA/T 170-1997）；⑤《法医病理学检材的提取、固定、包装及送检方法》（GA/T 148-1996）进行尸体解剖、器官组织的病理检验并提取检材。

（三）法医学尸体检验

1. 尸表检验

（1）一般情况：解冻成年男性尸体，上身赤裸，下穿灰色短裤，右下肢自大腿根部至足跟有石膏托及纱布包扎固定。尸长173.0cm，发育正常，营养良好。尸斑位于尸体背侧未受压处，呈暗红色，指压不褪色。胸、腹部及四肢见腐败静脉网，右下腹见尸绿。

（2）头面部：未见损伤。黑短发，长1.1cm。双眼睑闭合，结膜轻度淤血，巩膜轻度黄染，角膜混浊，瞳孔不可透视。鼻腔未见异常，翻动尸体右侧鼻孔可见淡红色液体流出。口唇黏膜发绀，唇颊黏膜未见破损，$^{5、6、7}$ ╂ $^{6、7}$ 缺失。双侧耳廓未见异常，外耳道无异物。

（3）颈项部：未见损伤。

（4）躯干部：胸围100.0cm，胸部体表未见损伤。腹围95.0cm，腹右侧平脐水平见"人"字形陈旧瘢痕，两条分别长25.0cm和5.0cm。

（5）四肢：左腕关节桡侧见7.0cm×5.0cm皮下出血，其中见可疑针眼1个；左示指掌指关节肿大。右前臂中下段桡侧、右肘窝及右手背见小片状皮下出血各一处，分别为3.0cm×1.0cm、5.0cm×4.0cm和3.0cm×2.5cm、并见针眼各1个；右大腿中上段后侧至小腿下段48.0cm×25.0cm面积肿胀、淤血，右膝关节肿胀明显，触之皮下有波动感（图4-6-1）。十指甲床发绀。

图4-6-1 右下肢淤血、肿胀

（6）会阴部及肛门：肛周见少量粪便附着。

2. 尸体解剖

（1）头部：自两侧耳后向上冠状切开头皮，头皮下未见出血；左、右侧颞肌未见出血。环形锯开颅骨，硬脑膜完整，硬膜外、硬膜下未见血肿；蛛网膜下腔未见出血；颅骨未见骨折；全脑重1224.9g，体积为18.0cm×15.5cm×10.5cm。脑组织经甲醛溶液固定后切开，大脑、小脑及脑干各切面未见肿块、出血和血肿。

（2）颈部：自下颌下缘沿前正中线纵行切开颈部皮肤及皮下组织，未见出血；舌骨及甲状软骨未见骨折。喉头无明显水肿。双侧扁桃体无明显肿大。食管黏膜光滑，食管腔内见少许灰白色冰碴。

（3）胸部：沿前正中线纵行切开胸部皮肤及皮下组织，胸壁皮下脂肪厚1.0cm。胸廓左侧第2～6肋锁骨中线周围肋间肌出血并肋骨骨折；胸廓右侧第2～6肋锁骨中线周围肋间肌出血并肋骨骨折；胸骨体部平第4～5肋间水平骨折；前纵隔出血，范围23.0cm×20.0cm。左侧胸腔内有积液150.0ml，右侧有250.0ml。气管下段可见黄褐色冰碴填充。左肺两叶，重894.1g，体积为22.0cm×13.0cm×10.0cm；右肺三叶，重1118.9g，体积为24.0cm×14.0cm×9.0cm；双肺切面呈淤血状，经甲醛溶液固定后切开，见左肺上、下叶支气管及右肺下叶支气管腔内有胶冻状黄白色黏液聚集，右肺上、中叶支气管腔黏液较少。心包完整，外观可见片状出血，以"Y"字形剪开心包，心包腔内有约20.0ml淡红色冰碴。沿心包反折水平剪下心脏，心脏增大，纵径、横径及前后径分别为16.0cm、12.0cm和8.0cm；原位剪开右心室及肺动脉可见冰样凝血块，未见血栓栓塞；经甲醛溶液固定后沿血流方向剪开心脏，去除心腔内凝血块，称重504.0g，左心室腔轻度扩张，心腔内肉柱稍变扁，二尖瓣瓣膜轻度增厚，余心腔及心瓣膜未见异常，房间隔及室间隔未见缺损；左心房壁厚0.3cm，右心房壁厚0.25cm，左心室壁厚1.5cm，右心室壁厚0.3cm，室间隔厚1.5cm；各心瓣膜周径：二尖瓣9.2cm，三尖瓣11.0cm，肺动脉瓣6.2cm，主动脉瓣5.8cm。冠状动脉检查：冠状动脉左主干长1.2cm；冠状动脉各主要分支管壁可见不同程度增厚，其中左主干病变2级，左前降支和左旋支病变3级，右主支2～3级。主动脉根部内膜可见少量黄白色斑块。

（4）腹部：沿腹壁正中线纵行切开腹部皮肤及皮下组织，腹壁脂肪层厚2.5cm。大网膜分布未见异常；膈肌高度：左侧位于第5~6肋间，右侧位于第4~5肋间；右侧腹腔见少许积液。肝边缘位于剑突下12.0cm，右锁骨中线肋缘下2.0cm，肝增大，重3297.5g，体积为32.0cm×25.0cm×12.0cm，表面及切面观呈黄色，切面未见肿瘤、出血等病变。胆囊内有黄色胆汁5.0ml，内见黑色颗粒状结石多枚，最大直径0.6cm，胆囊壁未见溃疡和息肉。脾重297.5.0g，体积为16.5cm×10.5cm×4.5cm，表面未见异常，切面呈淤血状。肾被膜易剥离，左肾重197.7g，体积为10.5cm×6.5cm×5.5cm；右肾重182.4g，体积为12.0cm×7.5cm×5.5cm，双肾切面未见异常，肾皮质均厚0.5cm；右肾下极周围软组织见片状出血。胰腺自溶，表面及切面未见出血和脂肪坏死。胃内有少量咖啡色冰碴，胃黏膜未见溃疡、出血，胃壁未见肿块。空肠、回肠、阑尾和结肠未见溃疡、出血和肿块；腹膜后下方见片状出血，以右侧为著。

（5）盆部及脊柱：盆腔未见积液，膀胱和输尿管未见异常，脊柱及骨盆未见骨折和畸形。

（6）四肢：纵行切开右髌骨前皮肤及皮下组织并向上下端延长，见右髌骨骨折，碎成3块，膝关节囊内及周围有积血约150.0ml，膝关节周围软组织可见出血（图4-6-2）。

图4-6-2 髌骨骨折及关节囊积血

3. 检材提取 尸检时提取主要器官组织置于盛有甲醛溶液的容器内固定备检，并提取心血20.0ml备查。

4. 组织病理学检查

（1）脑：大脑、小脑和脑干组织及蛛网膜下腔轻度淤血、水肿，脑组织轻度自溶，未见出血和炎细胞浸润，部分血管内中性粒细胞比例升高并见少量含铁血黄素颗粒。

（2）心：心肌轻度自溶，间质轻度淤血，局部心内膜下纤维结缔组织增多，有的心外膜下见少数淋巴细胞浸润，未见新鲜肌浆凝聚和心肌梗死。冠状动脉管壁呈不同程度增厚，其中左前降支近段、中段及远段和左旋支内膜呈环形＋偏心性增厚，伴较多钙盐沉积，管腔狭窄最重达75%；右主支近段、中段及远段内膜呈环形＋偏心性增厚，管腔狭窄分别约70%、40%、70%；管腔内未见血栓形成。

（3）肺：肺淤血、水肿，轻度自溶，局灶性肺气肿，部分支气管腔内充满黏液及中性粒细胞，有的肺泡腔内可见脱落上皮，多处肺血管腔内可见大小不等圆形空泡（图4-6-3），经脂肪染色为阳性（图4-6-4）。

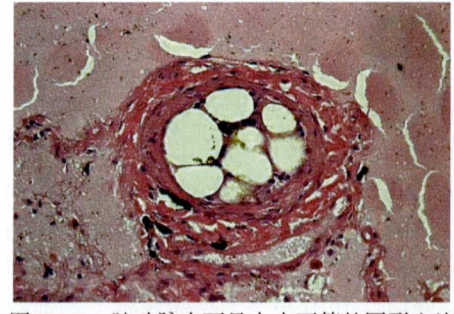

图4-6-3 肺动脉内可见大小不等的圆形空泡（HE染色，400×）

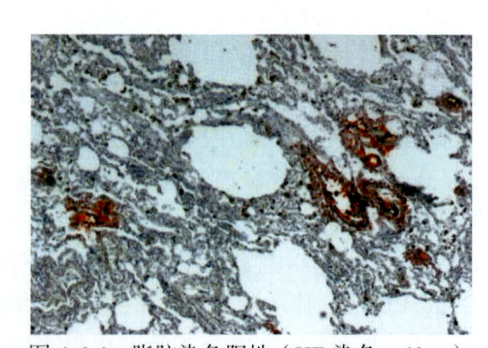

图4-6-4 脂肪染色阳性（HE染色，40×）

（4）肝：轻度淤血，肝小叶结构紊乱，汇管区和间质纤维结缔组织增多，将正常肝小叶分割成大小不等的假小叶，部分汇管区和小叶间可见较多淋巴细胞浸润，少部分肝细胞内可见大小不一的空泡。肝组织内见大量冰晶裂隙。

（5）胆囊：自溶。

（6）脾：轻度自溶，脾淋巴细胞稀少，脾中央动脉管壁轻度增厚。

（7）肾：轻度淤血、自溶，未见出血及炎细胞浸润。

（8）胰腺：自溶，未见出血及炎细胞浸润。

（9）胃、肠：淤血，黏膜轻度自溶，未见出血及炎细胞浸润，血管腔内中性粒细胞比例升高。

（10）扁桃体：淤血，表面及隐窝内未见炎细胞渗出，间质未见明显炎细胞浸润，血管腔内中性粒比例升高。

（11）甲状腺：淤血，滤泡上皮未见增生，间质未见炎细胞浸润。

（四）法医病理诊断

（1）右侧髌骨粉碎性骨折，右下肢及腹膜后组织出血。

（2）肺脂肪栓塞；双侧多发肋骨骨折，肋间肌出血；胸骨骨折；前纵隔出血；双侧胸腔积液；轻度支气管肺炎，肺淤血、水肿，轻度自溶，灶性肺气肿。

（3）冠心病（心重504.0g，冠状动脉左主干病变2级，左前降支、左旋支和右主支病变3级）；左心室腔轻度扩张。

（4）脑淤血、水肿、轻度自溶。

（5）轻度脂肪肝，肝硬化；胆囊自溶。

（6）脾轻度自溶。

（7）肾轻度淤血，自溶。

（8）胰腺自溶。

（9）胃、肠淤血，黏膜自溶。

（10）扁桃体及甲状腺淤血。

（五）毒（药）物检测

对提取的心血样本进行常规毒物检测，检测结果：未检出乙醇、巴比妥、毒鼠强、海洛因、吗啡、苯丙胺等常见毒（药）物。

五、分析说明

根据尸体解剖、病理检验及组织病理学检查所见，结合案情、临床病史、死亡经过等综合分析如下：

（1）死者生前因摔伤后右膝疼痛入院，经检查为髌骨粉碎性骨折，住院治疗后伤情稳定，因此根据其损伤部位、治疗情况，其外伤后右髌骨骨折未直接导致死亡。尸体解剖见胸骨骨折、双侧多发肋骨骨折，骨折处肋间肌出血，前纵隔出血，但其生前并无胸部外伤史，结合临床抢救时曾持续胸外按压情况，分析上述骨折系抢救时胸外按压所致，因此可排除胸部损伤致死。

（2）死者心血中未检出乙醇、巴比妥、毒鼠强、海洛因、吗啡、苯丙胺等常见毒

（药）物，故可排除上述常见毒（药）物中毒致死。

（3）尸检见死者心脏增大，重达504g，冠状动脉左前降支、左旋支和右主支病变3级，说明其生前患有较严重的冠心病，但未发现新鲜血栓和心肌梗死等病变。

（4）据死者家属自诉、相关文证材料及临床病例记载，被鉴定人于5月3日外伤致右髌骨骨折后，在住院期间于5月9日凌晨3时出现胸闷不适，11时38分突感憋喘、咳大量黄白色痰，双肺布满湿啰音，于11时41分突然出现口唇发绀、自主呼吸困难，11时44分意识丧失昏迷，经抢救无效死亡。其死亡过程进展较为迅速，以呼吸系统症状为主。尸体解剖及组织病理学检查见其肺淤血、水肿，灶性肺气肿，部分支气管腔内可见中性粒细胞聚集，多处肺血管腔内可见大小不等的圆形空泡，经脂肪染色为阳性，故综合分析认为其符合在患有冠心病及支气管肺炎的基础上，因右髌骨粉碎性骨折后并发肺动脉脂肪栓塞致急性呼吸循环衰竭死亡。

六、鉴定意见

被鉴定人符合在患有冠心病及支气管肺炎的基础上，因右髌骨粉碎性骨折后并发肺动脉脂肪栓塞致急性呼吸循环衰竭死亡。

（何新爱　曹磊　马明生　陈新山）

> **点评**　脂肪栓塞是脂肪细胞受损破裂后释放出的脂滴侵入破裂血管而进入血液循环造成栓塞，常见于含黄骨髓的长骨发生骨折或脂肪组织遭受广泛挫伤，脂肪肝患者上腹部受暴力猛烈挤压或撞击时，肝细胞亦可受损破裂而发生脂肪栓塞，常规HE染色难以证明脂肪栓子的存在。本例为髌骨粉碎性骨折，一般情况下难以引起脂肪栓塞，也不会考虑到引起脂肪栓塞，但本例呼吸系统症状明显，肺组织HE染色切片在肺血管内有大小不等圆形空泡聚集，脂肪染色呈阳性，证实其存在肺动脉脂肪栓塞；因此可以认定为脂肪栓塞死亡。分析其脂肪栓塞形成的原因与骨折及周围大面积出血有关，值得临床医师和法医病理学工作者重视。

案例7　孕晚期母子双亡

关键词　法医病理学；支气管炎；小叶性肺炎；急性呼吸窘迫综合征；胎龄；化骨核

一、基本情况

1. 委托鉴定事项　①孕妇的死亡原因；②体内是否有毒或有害物质；③胎儿是否足月及具体孕周。

2. 鉴定材料　①某医院住院病案复印件1份；②胸部X线片1张；③某孕妇尸体1具。

3. 被鉴定人　某女，22 岁。

二、基本案情

某年 11 月 21 日，被鉴定人因"孕足月，咳嗽咳脓痰 10 天，憋气不能平卧 7 天，加重 1 天"入院。同日下午 15 时 40 分由呼吸科门诊急诊轮椅推入产科，诊断为"孕足月，急性心力衰竭，重症肺炎，呼吸衰竭"，立即报病重，向"家属"交代病情，急诊剖宫产终止妊娠有望改善母婴结局。患者"家属"拒绝在手术同意书上签字，患者病情迅速发展，经抢救无效于某年 11 月 21 日 19 时 25 分死亡。因死者父母对其死亡原因持有质疑而提起诉讼。现受某法院委托对其进行法医学尸体检验，并就上述委托事项进行法医学司法鉴定。

三、资料摘要

11 月 21 日某医院住院病案产科抢救记录：某女，22 岁，未定期产前检查，于 15 时 40 分由呼吸科门诊急诊轮椅推入，因"孕足月，咳嗽咳脓痰 10 天，憋气不能平卧 7 天，加重 1 天"入院。查体：T 37.0℃，P 136 次 / 分，R 40 次 / 分，BP 119/59mmHg，血氧 76%，强迫体位，端坐呼吸，谵妄状态，口唇发绀，双肺满布湿啰音，晚孕腹型，宫底剑突下 2 横指，胎心 126 次 / 分，双下肢水肿（++）。诊断为"孕足月，急性心力衰竭，重症肺炎，呼吸衰竭"，立即报病重，抗心力衰竭、抗感染治疗，同时启动孕产妇抢救小组。向"家属"交代病情，病情危重，随时有胎死宫内、猝死可能，急诊剖宫产终止妊娠有望改善母婴结局。患者"家属"拒绝在手术同意书上签字，之后患者病情发展迅速，经抢救无效于 19 时 25 分死亡。

四、鉴定过程

（一）审核受理情况

本中心接到委托后，对委托鉴定事项进行审核，就鉴定的有关问题向死者家属进行咨询，告知有关鉴定事项等，办理相关手续后，指派鉴定人并聘请相关专家，于次年 3 月 15 日上午在法官及双方当事人的见证下，在本中心解剖室对其尸体进行法医学尸体检验，提取主要器官标本置于甲醛溶液内固定后进行病理检验和取材备作组织病理学检查，并抽取心血备作有关毒物检测；同时提取宫内胎儿进行胎龄的相关指标检测。

（二）鉴定依据和方法

按照中华人民共和国公共安全行业标准：①《法医学尸表检验》（GA/T 149-1996）；②《新生儿尸体检验》（GA/T 151-1996）；③《机械性损伤尸体检验》（GA/T 168-1997）；④《猝死尸体的检验》（GA/T 170-1997）；⑤《法医病理学检材的提取、固定、包装及送检方法》（GA/T 148-1996）进行尸体解剖、器官组织的病理检验和提取检材；常规组织制片、HE 染色，光镜观察。

（三）法医学尸检检验

1. 尸表检验

（1）一般情况：青年女性解冻尸体，身长158cm，发育正常，营养中等，全身皮肤未见黄染。尸斑存在于颈部、胸部、躯干左右两侧及体背未受压部位，呈暗红色，指压不褪色。尸僵缓解。额部、胸部、双上肢腐败静脉网形成。右小腿腘窝处可见几处大小不等的腐败水泡。未触及肿大浅表淋巴结。

（2）头部：黑色长发，长19cm。头皮未见损伤，颅骨未触及骨擦感。颜面呈淡紫红色，双侧眼裂呈半睁开状，眼睑部未见水肿，边缘干燥，双侧眼球轻度塌陷，眼球、眼睑结膜未见出血点，角膜高度混浊，瞳孔不可透视。鼻尖、口唇部分皮肤皮革样化，双侧鼻腔塞有红染的脱脂棉。口唇呈暗紫红色，口腔黏膜红染，牙齿排列整齐，未见脱落及缺损，舌位于齿列内，齿列间可见一口咽通气管，口腔内有一块红染纱布。双侧外耳道未见异物及液体流出。

（3）颈部：颈部对称，气管居中，甲状腺未触及肿大，皮肤未见损伤。

（4）胸腹部：胸廓对称，乳晕呈深褐色。腹部膨隆，腹围98cm。宫高：宫底于剑突下4cm，于耻骨联合上30cm。下腹部两侧可见妊娠纹。右侧腹股沟处可见一块自右上斜向左下条形紫红色斑块，面积为17cm×3.6cm，其内可见3处注射针眼。

（5）四肢：左肘窝可见一片状皮下出血，面积为4.5cm×4.0cm，其内可见1处注射针眼，双手指甲苍白。双侧小腿水肿。左内踝关节处见一陈旧性瘢痕，面积为1.5cm×0.6cm，双足趾甲苍白。

（6）会阴及肛门：阴道及肛门塞有脱脂棉。会阴部已备皮，大阴唇呈暗紫褐色，肿胀松软；小阴唇和整个阴道前庭呈暗紫红色，未见损伤出血；阴道黏膜光滑，未见溃疡和糜烂。肛门未见异常。

2. 尸体解剖

（1）头部：自两侧耳后向上切开头皮，头皮及双侧颞肌未见出血，颅骨未见骨折，颅内未见出血。脑重1316.0g，表面及切面未见异常。颈段脊髓呈灰白色，质软，未见出血。

（2）颈部：喉头未见水肿，舌骨及甲状软骨未见骨折。甲状腺重20.0g，表面及切面未见异常。气管上段管腔通畅，未见异常分泌物。食管上段黏膜光滑，色较苍白。

（3）胸部：胸部皮下脂肪红染。双侧胸壁光滑，无粘连，双侧胸腔内可见暗红色积液，其中左侧100.0ml、右侧165.0ml。心包光滑，心包腔内有暗红色液体39.0ml，心及大血管未见破裂和畸形，心外膜未见出血点。原位打开右心室及肺动脉未见血栓样物。食管中下段、气管中下段及左右支气管未见异常。双肺呈暗紫红色。左肺两叶，重534.0g；右肺三叶，重624.0g；双肺表面未见异常，切面呈暗红色，轻压有暗红色液体流出。心重302.0g，表面观心及大血管未见畸形。左室壁厚1.1cm，右室壁厚0.2cm，室间隔厚0.9cm，各心腔及心瓣膜未见异常；瓣膜周径：二尖瓣8.1cm，三尖瓣10.1cm，主动脉瓣5.6cm，肺动脉瓣5.8cm。冠状动脉开口及走行未见异常，各主要分支未见明显粥样硬化狭窄病变。主动脉未见明显病变。

（4）腹部：腹壁脂肪厚3.0cm，腹壁光滑；大网膜透明，覆盖于宫体前；腹腔内见液体约12.0ml。膈肌高度：左侧平第4、5肋间，右侧平第4肋。肝脾位于肋缘内，胆囊充盈，肝外胆管通畅。肠管走行未见异常，中度胀气，浆膜面光滑，肠系膜淋巴结未触及肿大。肝重 1308.0g，被膜完整，表面观未见异常，切面呈暗红色。脾重 136.0g，被膜完整，表面及切面呈暗红色。左肾重 116.0g，右肾重 122.0g，双肾表面未见异常，切面皮髓质界限清楚，皮质厚 0.6cm。双侧肾上腺重 30.0g，表面及切面未见异常。胰腺重 154.0g，表面未见异常，切面未见出血、坏死。胃、肠黏膜皱襞完整、光滑，未见溃疡、出血，胃内容物为少量暗红色粥状物，余未见异常。

（5）子宫、胎盘、脐带及胎儿情况：宫颈口局部不光滑，垂直剪开子宫，胎膜未破，羊水清，胎盘附着良好，未见剥离，其内见男性胎儿尸体 1 具，脐带绕颈 1 周。胎盘重 370.0g，直径 15.0cm，厚 2.0cm，共计 16 个小叶。脐带长 50.0cm，周径 1.0cm，切面可见 3 个管腔。胎儿重 1948.0g、身长 45.0cm、坐高 29.2cm、上肢长 17.6cm、下肢长 17.7cm、手长 5.2cm、足长 6.8cm、头部枕额径 10.4cm、双顶径 8.5cm。头围 31cm、胸围 27.3cm、腹围 25.4cm。发黑，长 1.7cm；前后囟门未闭合，前囟门面积为 3.0cm×2.0cm，后囟门面积为 0.8cm×0.8cm。双侧耳廓已形成，双侧乳头突出，阴囊皱褶较多，双侧睾丸已坠入阴囊。双手十指指甲存在，其中双手拇指及中指均过指尖，余达指尖。双足十趾趾甲存在，未过趾尖。双侧股骨远端化骨核形成，面积均为 0.4cm×0.3cm（图 4-7-1），双侧跟骨化骨核形成，面积为 0.6cm×0.5cm。

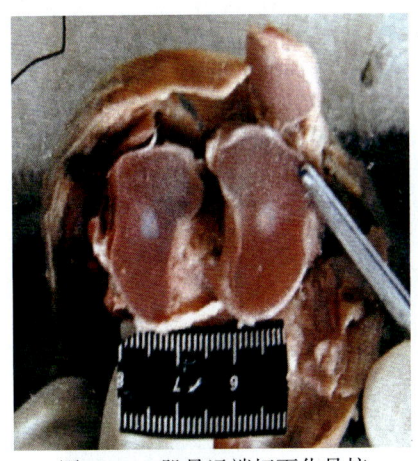

图 4-7-1　股骨远端切面化骨核

3. 组织病理学检查

（1）脑：脑膜无增厚，结构未见异常，间质淤血，脑组织轻度自溶。

（2）心：心外膜未见出血点，心肌纤维排列规则，大小基本一致，心肌横纹不清，未见心肌坏死，部分小静脉及毛细血管淤血；心内膜未见增厚，心瓣膜未见明显病变，冠状动脉各主要分支未见明显狭窄病变。

（3）肺：被膜未见增厚，局部被膜下可见小灶性淋巴细胞聚集，肺组织结构清楚，肺泡大小不一致，绝大部分肺泡腔内充满均匀粉染物质，其中可见巨噬细胞、嗜中性粒细胞及脱落的上皮细胞。部分肺泡壁表面见红染的膜状均质物，被覆肺泡壁表面；肺泡间隔增宽，毛细血管扩张淤血。支气管分布无异常，腔内可见炎性分泌物，部分支气管黏膜上皮脱落，支气管壁内见单核及淋巴细胞浸润。

（4）肝：被膜未见增厚，肝小叶及肝细胞结构大致正常，小血管及肝窦扩张，汇管区未见异常，肝细胞自溶。

（5）脾：被膜未见增厚，脾小梁未见异常，红白髓结构清楚，脾小体可见，窦内充满血细胞。

（6）肾：被膜未见增厚，皮髓质界限清楚，肾小球、肾小管分布未见异常，间质血管淤血，肾盂、肾盏未见异常，肾组织轻度自溶。

（7）胰腺：被膜未见增厚，小叶结构清楚，细胞自溶明显，但可见残存胰岛轮廓。

（8）肾上腺：被膜未见增厚，皮髓质界限清楚，未见出血。

（9）甲状腺：结构未见异常，甲状腺组织轻度自溶。

（10）食管、胃、肠：各层结构大致正常，黏膜上皮细胞自溶，部分脱落。

（11）膀胱：各层结构清楚，黏膜上皮脱失。

（12）骨：造血细胞比例大致正常，细胞自溶。

（13）子宫、卵巢、胎盘及脐带：子宫结构未见异常，腺体呈妊娠晚期改变；宫颈见腺体扩张、潴留。卵巢未见明显异常。胎盘结构大致正常，绒毛未见钙化、梗死。脐带三条血管可见，未见狭窄、出血等病变。

（四）法医病理诊断

（1）双侧弥漫性支气管炎合并小叶性肺炎；双肺重度肺水肿；急性呼吸窘迫综合征（ARDS）；双侧胸腔积液。

（2）脑、心、肝、脾、肾淤血。

（3）妊娠子宫（宫内男性死胎一具，伴脐带绕颈一周）；宫颈腺体潴留。

（4）妊娠晚期胎盘，脐带无畸形。

（五）毒物学检测

对死者心血进行毒鼠强含量检测，未检出毒鼠强毒物成分。

（六）影像学资料

复阅送检某年11月21日床边胸部正位X线片：除双肺尖外，余肺满布絮片状模糊阴影，以肺内带及下肺为著，两侧肺门阴影增浓，肋间隙增宽；心脏呈普大型（图4-7-2）。X线诊断：肺部炎性病变，肺水肿；心影增大（与体位及妊娠有关）。

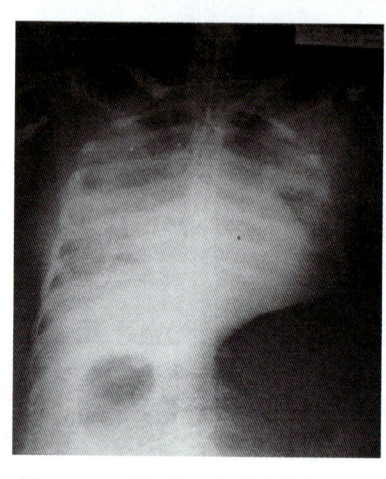

图4-7-2 两肺絮片状模糊阴影，肺门阴影增浓，心脏呈普大心

五、分析说明

根据尸体解剖、病理检验、组织病理学检查和毒物化验结果，结合案情、临床资料和死亡经过综合分析如下：

1. 关于死因 根据尸体解剖、病理学检验及组织病理学检查结果，被鉴定人的病理改变主要集中在肺部，双肺重量明显增加，双肺支气管管腔内见炎性分泌物，管壁见炎性细胞浸润，肺泡腔内充满均匀粉染物质，部分肺泡腔内透明膜形成，并有双侧胸腔积液，其他器官多为淤血性改变。结合病历记载的病史、病情发展迅速且呈进行性加重的临床表现、胸部X线诊断和实验室检查结果综合分析，认为被鉴定人系患双侧弥漫性支气管炎合并小叶性肺炎，继发重度肺水肿、急性呼吸窘迫综合征，最终出现呼吸循环衰竭而死亡。

2. 关于胎儿是否足月和胎龄问题 某医院产科入院记录："平素月经规律，某年3月12日查尿HCG（+）"，"预产期：某年11月9日（估计）"。初步诊断：孕足月。

根据《中华人民共和国公共安全行业标准新生儿尸体检验》（GA/T 151-1996）关于新生儿成熟度检查标准，同时参照《中华妇产科学》中国人胚胎发育时刻表，结合实际测量的胎儿体重、身长、坐高、双顶径、化骨核等指标（特别是坐高、双顶径及化骨核）的结果，综合推断该胎儿的胎龄在36周左右。

3. 关于体内是否有毒、有害物质的问题　毒物种类繁多，检查复杂。本例尸检未见明显中毒征象，故仅就其家属怀疑的毒鼠强做毒物分析，检验结果为心血中未检出毒鼠强毒物成分。

六、鉴定意见

（1）被鉴定人系妊娠晚期患双侧弥漫性支气管炎合并小叶性肺炎，继发急性呼吸窘迫综合征、重度肺水肿，最终因呼吸循环衰竭而死亡。

（2）推断胎儿胎龄在36周左右。

（3）被鉴定人尸体内未检出毒鼠强毒物成分。

（霍家润　纪小龙　徐伯洪　申明识　赵道平）

> **点评**　法医病理学工作中因患支气管肺炎或急性呼吸窘迫综合征引起死亡较多见，但妊娠晚期年轻孕妇患双侧慢性支气管炎合并小叶性肺炎继发急性呼吸窘迫综合征、重度肺水肿致呼吸循环衰竭死亡者少见。本例除需要鉴别死因外还需鉴别胎儿胎龄，这也是一项较少见且具有一定难度的鉴定工作。鉴定人通过对尸体、胎儿、胎盘和脐带的全面检查、认真细致的病理检验和切片观察，并依据有关标准，结合临床病史和资料，综合分析，最终做出了上述鉴定意见，对类似实例鉴定工作者具有重要参考价值。特别是对肺透明膜的辨认，胎儿解剖的一般观察与测量及化骨核的检测是该例一大亮点。这对有些胎儿不查胎盘和脐带判断胎龄，漏查化骨核的鉴定人是有益的启发。但本例的遗憾是该孕妇未定期做产前检查，患支气管炎后未及时就诊、有效治疗，最终发展成为难以救治的严重后果，值得每位孕妇及家属注意。

案例8　手足口病引起脑炎和脑膜炎死亡

关键词　法医病理学；手足口病；脑炎；脑膜炎；医疗纠纷

一、基本情况

1. 委托鉴定事项　对某幼儿尸体进行尸体解剖以查明死亡原因。

2. 鉴定材料　①某门急诊病历手册复印件4页；②某儿童医院住院病历复印件1份，共17页；③某幼儿尸体1具。

3. 被鉴定人　某男性儿童，1岁6个月。

二、基本案情

某年8月25日上午9时患儿因发热被送往某儿童医院就诊，被给予输液治疗，同日21时许病情加重，抢救无效于次日0时15分宣告死亡。为查明死因，医患双方共同委托本中心对其进行法医学尸体检验。

三、资料摘要

（一）某医院门急诊病历手册摘要

主诉：发热3天，伴阵发性哭闹；伴呕吐5～6次，为胃内容物；伴腹泻2次，量少。查体：神志清楚，咽部充血，双肺呼吸音粗。腹部触之疼痛。诊断：急性胃肠炎。建议输液治疗。

（二）某医院住院病历摘要

入院时间：8月25日21时40分；出院时间：8月26日1时0分。

抢救时间：8月25日21时40分。抢救经过：患儿主因"发热3天，呕吐、腹泻半天"于8月25日21时40分入院。入院后查体：神志清楚、烦躁不安、哭闹、口唇青紫，全身发绀，双肺可闻及大量湿啰音，四肢湿冷，毛细血管再充盈时间5s。心电监护示心率190次/分，呼吸48次/分，氧饱和度71%，血压55/33mmHg。初步印象：感染性休克？严重肺炎？肺出血？入院后建立静脉通道（严重穿刺困难），抽血困难，下病危。立即给予高流量吸氧10L/min，给予氯化钠扩容改善循环，给予美罗培南、万古霉素抗感染，多巴胺、多巴酚丁胺维持循环功能，静脉推注地塞米松抗休克、去乙酰毛花苷强心治疗。22时10分血气回报：pH 6.956、PCO_2 81.6mmHg、PO_2 17mmHg、BE $^-$14mmol/L、HCO_3^- 18.2mmol/L、TCO_2 21mmol/L、SaO_2 10%、Lac 13.38mmol/L，提示失代偿性呼吸酸中毒合并失代偿性代谢酸中毒。22时40分患儿口腔内涌出大量血性痰液，给予吸痰清理口腔，吸出粉红色黏液约5ml；于22时42分给予经口气管插管，插管后见较多粉红色血性液体从气管内持续涌出，给予气管内吸痰，患儿于22时50分呼吸心跳相继停止，立即给予复苏囊人工正压通气同时胸外按压，间断给予肾上腺素静脉推注每次3ml，共3次，利多卡因10mg静脉推注。23时20分（抢救半小时）患儿瞳孔散大至"8mm"、固定，心电图偶有心电波。已多次向家长交代病情。根据患儿病情变化快、进展加重迅速、病情危重、入院后查EV-71阳性，诊断考虑为重症手足口病、肺出血、心跳和呼吸骤停，抢救复苏无效，于8月26日0时15分宣布临床死亡。

最后诊断：重症手足口病，休克，肺出血，心跳、呼吸骤停。

8月25日23时37分某儿童医院免疫检验报告单：肠道病毒（71型-IgM）阳性（+）。

四、鉴定过程

（一）审核受理情况

本中心接到委托后，对委托鉴定事项进行审核，就鉴定相关风险等问题向死者家属进行告知和沟通，并指派鉴定人于8月30日在本中心解剖室对死者尸体进行尸表和解剖检验。尸检时提取部分器官组织标本固定保存备检，然后对其进行病理检验及取材进行组织病理学检查，常规制片、HE染色，光镜观察；另取心血备作毒物化验。

（二）鉴定依据和方法

按照中华人民共和国公共安全行业标准：①《法医学尸表检验》（GA/T 149-

1996）；②《法医学尸体解剖》（GA/T 147-1996）；③《机械性损伤尸体检验》（GA/T 168-1997）；④《机械性窒息尸体检验》（GA/T 150-1996）；⑤《法医病理学检材的提取、固定、包装及送检方法》（GA/T 148-1996）；⑥《猝死尸体的检验》（GA/T 170-1997）进行尸体解剖、病理检验及器官组织检材提取等技术规范进行。

（三）法医学尸体检验

1. 尸表检验

（1）一般情况：解冻男童尸体一具，上身穿黄色短袖T恤，下身穿蓝色牛仔背带裤，左足赤足，右足穿红、黄、蓝、白条形图案袜子。尸长80.0cm，体重10.2kg；发育正常，营养一般。尸斑呈暗红色，位于尸体背部未受压处，指重压不褪色；尸僵已缓解。

（2）头面部：黑发、长5.0cm。额左侧部分毛发已剔除，发际下3.0cm×2.0cm面积见散在小片状皮下出血，其中针眼4个；额右侧发际下见皮下出血，面积为3.0cm×0.5cm，其中见针眼1个。左眼结膜淤血，右眼结膜苍白，未见出血点，角膜混浊，瞳孔不可透视。鼻腔未见异常；口唇发绀，舌尖位于齿间，左侧颊黏膜见可疑红斑1处。双外耳道无异物。

（3）颈项部：肉眼观颈右侧见可疑针眼1个，浅表淋巴结触之无肿大。

（4）躯干部：胸前粘贴心电监护芯片3枚；胸廓无畸形；胸围46.0cm，腹围42.5cm；右侧腹股沟处见针眼2个。

（5）四肢：右肘窝见针眼1个；左肘窝见针眼1个，并有血迹渗出；左腕关节桡侧皮肤见点状红斑1个；双手甲床明显发绀。右腘窝见红色斑块1个，面积为0.2cm×0.2cm；右小腿中上段外侧见点状皮肤破损；右小腿中下段外侧见皮肤红斑，直径为0.3cm；右足背外侧见皮下出血，面积为1.8cm×0.4cm，其中见针眼1个。

（6）会阴部及肛门：睾丸已坠入阴囊内，阴囊可见皮革样变；肛周有少量粪便残渣附着。

2. 尸体解剖

（1）头部：自两侧耳后向上冠状切开头皮，双侧颞肌未见出血。硬脑膜完整，不易剥离。硬膜外、硬膜下及蛛网膜下腔未见出血。颅盖骨、颅底骨未见骨折。蛛网膜下腔血管淤血，脑组织变软，重1078.0g，体积为15.0cm×14.0cm×10.0cm；经甲醛溶液充分固定后观察并冠状切开，大脑、小脑及脑干表面及各切面肉眼观未见明显异常。

（2）颈部：自下颌下缘颈前正中线纵行切开颈前部皮肤，逐层分离颈部肌组织，见右侧颈部针眼处皮下软组织出血，面积为4.5cm×2.0cm；双侧扁桃体轻度肿大。喉头未见明显水肿。甲状腺未见异常。甲状软骨及舌骨未见骨折。气管上段及胸腔内的中下段管腔内见淡红色泡沫样液体。食管上段及胸腔内的中下段食管未见明显异常。

（3）胸腔：沿前正中线纵行切开胸腹部皮肤及皮下组织，胸壁皮下脂肪组织厚0.4cm，胸部软组织未见出血。胸骨和肋骨未见骨折。左侧胸腔内可见淡红色液体，量约5.0ml；右侧胸腔内可见淡红色液体及少量冰碴，共约10.0ml。胸腺重28.0g，表面及切面未见异常。左肺重127.0g，体积为12.5cm×8.5cm×2.5cm；右肺重149.0g，体积为13.0cm×9.0cm×3.0cm。双肺肉眼观被膜见散在出血点，切面见肺淤血。心包完整、无粘连，心包腔内可见5.0ml淡黄色积液。心重51.0g，纵径、横径及前后径分别为9.0cm、8.0cm和5.0cm；表面观心外膜光滑，未见损伤、出血和大血管畸形；原位打开右心室前壁和肺动脉，未见血栓。顺血流方向打开心脏，左心室壁厚0.7cm，右心室壁厚0.2cm，左心房壁厚0.1cm，右心房壁厚0.1cm，心腔及心瓣膜未见异常；室间隔厚度为0.6cm，卵圆孔和室间隔膜部已闭合。各瓣膜周径：二尖瓣4.6cm，三尖瓣5.2cm，主动脉瓣2.4cm，肺动脉瓣3.1cm。冠状动脉开口及左、右冠状动脉走行未见异常。主动脉未见异常。

（4）腹腔及盆腔：打开腹腔，腹部皮下脂肪厚1.1cm；大网膜呈自然分布，未见明显异常；腹腔内未见积液。膈肌高度：左侧位于第5肋水平，右侧位于第4～5肋间；肝边缘位于剑突下2.0cm、右侧肋缘下0.8cm；肝重（含胆囊）368.0g，体积为20.0cm×10.5cm×4.0cm，被膜光滑，表面观未见异常，切面未见出血、囊肿等病变；胆囊内有胆汁量约5.0ml。脾重48.0g，体积为9.0cm×5.0cm×2.0cm，表面观未见损伤，切面见脾淤血。肾被膜易剥离，表面光滑；左肾重33.0g，体积为6.5cm×3.5cm×2.0cm；右肾重31.0g，体积为6.0cm×3.5cm×2.0cm；表面及切面未见异常。双侧肾上腺未见肿大、出血。胃呈空虚状；大、小肠未见狭窄、套叠和扭转等病变。胰腺自溶变软，表面及切面管未见出血和坏死。膀胱及输尿管未见异常。

（5）脊柱、骨盆：未见骨折和畸形。

3. 检材提取情况 尸检时提取心血24.0ml、胃内容物8.0ml备作常规毒物及血生化检测，同时提取死者主要器官组织置于甲醛溶液的容器内固定备检。

4. 组织病理学检查

（1）脑：大脑淤血、水肿，个别血管旁见少量淋巴细胞浸润，血管内淋巴细胞及粒细胞比例增高；蛛网膜下腔间隙增宽、淤血，并见较多淋巴细胞浸润（图4-8-1），以枕叶多见。小脑淤血，部分血管旁见少量淋巴细胞浸润；蛛网膜下腔淤血，见少量淋巴细胞浸润，未见出血。中脑、脑桥及延脑蛛网膜下腔淤血，并见较多的淋巴细胞浸润，有的部位形成典型围血管浸润，部分神经细胞核淡染，以中脑和脑桥为重（图4-8-2，图4-8-3），另见少量冰晶裂隙。颈髓轻度淤血、水肿，实质内有多发灶性淋巴细胞浸润。脑垂体淤血。

（2）心：淤血，轻度水肿；心外膜及心肌间质内见少量淋巴细胞浸润，呈散在分布，血管内淋巴细胞及中性粒细胞比例升高；冠状动脉左前降支内膜局部轻度增厚，管腔狭窄约5%。

（3）喉、气管：淤血，未见出现和炎细胞浸润。

（4）肺：重度淤血、水肿，灶片状出血（图4-8-4），肺泡内见较多淋巴细胞及少量单核细胞渗出，间质内见较多淋巴细胞和少数单核细胞浸润，有的部位肺膜下见较多的淋巴细胞浸润；支气管腔内见较多红细胞聚积，未见中性粒细胞渗出。

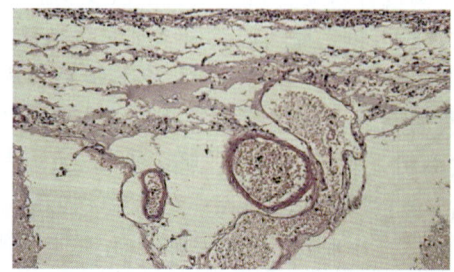

图4-8-1　蛛网膜下腔淋巴细胞浸润（HE染色，200×）

图4-8-2　中脑淋巴细胞浸润（HE染色，200×）

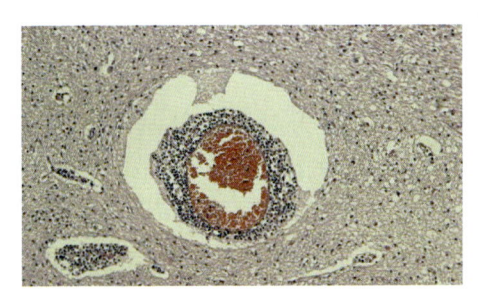

图 4-8-3　脑桥淋巴细胞围血管浸润
（HE 染色，200×）

图 4-8-4　肺重度淤血、片状出血
（HE 染色，200×）

（5）肝：被膜无增厚，肝窦扩张淤血，淋巴细胞比例升高，汇管区内可见少量淋巴细胞浸润，有的肝细胞内可见圆形空泡。

（6）脾：被膜完整无增厚，红白髓分界清楚，脾窦扩张淤血。

（7）肾：重度淤血，轻度自溶，肾门处间质见局灶性出血。

（8）胰腺：淤血，灶性自溶，未见出血。

（9）胃、肠：组织结构尚清楚，黏膜轻度自溶，黏膜层及黏膜下层可见淋巴细胞浸润，并见淋巴滤泡增生。

（10）肾上腺：淤血，皮质上皮细胞内类脂质脱失。

（11）扁桃体：淤血，间质见少量淋巴细胞浸润。

（12）甲状腺：淤血、轻度自溶，滤泡大小不等，上皮未见增生，未见出血和炎细胞浸润。

（13）胸腺：淤血、被膜见较多淋巴细胞浸润，未见出血和坏死病变。

（14）口唇黏膜及针眼处皮肤组织：皮肤组织结构清晰，未见出血及炎细胞浸润。

（四）法医病理诊断

（1）脑淤血、水肿，病毒性脑炎、脑膜炎，脑垂体淤血。

（2）肺重度淤血、水肿，灶片状出血。

（3）心肌间质淤血，灶性淋巴细胞浸润。

（4）肝淤血。

（5）脾淤血。

（6）肾重度淤血，轻度自溶，灶性出血。

（7）胰淤血，灶性自溶。

（8）胃肠淤血，黏膜自溶；慢性肠炎。

（9）肾上腺淤血，皮质上皮细胞内类脂质脱失。

（10）喉头重度淤血，扁桃体和甲状腺淤血。

（11）胸腺淤血，被膜轻度淋巴细胞浸润。

（五）毒（药）物检测

尸检时提取的部分心血进行常规毒物检测，结果为对乙酰氨基酚（浓度为 8.3μg/ml）、地西泮（浓度为 0.1μg/ml），未检出乙醇、巴比妥、氯氮平、敌敌畏、乐果、毒鼠强等常见毒（药）物。

五、分析说明

根据尸体解剖、病理检验、组织病理学检查和毒物检测结果，结合案情、临床病史及资料和死亡经过综合分析如下：

（1）尸表检验未见明显外伤，尸体解剖未见骨折、出血，各器官组织经病理切片检查均未见损伤改变，故可排除其因机械性损伤致死。

（2）死者心血中除检测出治疗量对乙酰氨基酚及地西泮外，未检出乙醇、巴比妥、氯氮平、敌敌畏、乐果、毒鼠强等常见毒（药）物，因此，可排除因上述毒（药）物中毒死亡。

（3）死者生前因发热3天、呕吐及腹泻半天入院，入院时查体见烦躁不安、哭闹、口唇发绀、全身发绀、四肢湿冷、双肺可闻及大量湿啰音；毛细血管再充盈时间延长，心电监护显示呼吸48次/分，血氧饱和度71%，血压为55/36mmHg。其后口腔内涌出大量血性痰液，为呼吸循环衰竭表现；尸检见其嘴唇及十指甲床发绀，气管腔内见淡红色泡沫样液体，多器官淤血；组织病理学检查大脑和脑干实质及蛛网膜下腔见不同程度的炎性细胞浸润，尤以脑干病变为重，结合临床检查EV-71阳性结果，认为其符合患重症手足口病引起脑炎、脑膜炎致中枢性呼吸循环衰竭而死亡。

六、鉴定意见

被鉴定人符合患重症手足口病，引起脑炎、脑膜炎致中枢性呼吸循环衰竭而死亡。

（何新爱　孙　波　霍家润　陈新山）

点评　手足口病是由肠道病毒引起的传染病，多发生于5岁以下儿童，可引起手、足、口腔等部位的疱疹，少数患儿可引起心肌炎、肺水肿、无菌性脑膜脑炎等并发症。个别重症患儿如果病情发展快可导致死亡。重症手足口病致死患儿主要症状为手足口皮疹、持续高热、精神萎靡、嗜睡、呼吸困难、咳痰等；病理形态学改变主要为多部位脑炎、脊髓炎、脑脊膜炎及肺水肿等。本例病情发展快，存在明显中枢神经系统症状和体征，但手足和口腔没有发现典型的疱疹，给患儿的临床诊断造成一定困难。通过病理切片镜检所见，脑膜、脑干等均已受累，结合临床检查肠道病毒（71型-IgM）阳性，可以认定为手足口病所致的中枢性呼吸循环衰竭死亡。因此，临床医师对手足和口腔没有发现典型的疱疹，而有明显中枢神经系统症状和体征的这类患儿应引起注意。

案例 9　肺羊水吸入致新生儿死亡

关键词　法医病理学；新生儿；羊水吸入；医疗纠纷

一、基本情况

1. 委托鉴定事项　对某新生儿尸体进行尸体解剖以查明死亡原因。
2. 鉴定材料　①某妇产医院住院病历复印件 98 页；②某省儿童医院住院病历复印件 46 页；③某新生儿尸体 1 具。
3. 被鉴定人　某女，新生儿。

二、基本案情

某年 7 月 6 日，某女之母以"孕 39^{+3} 周，要求待产"为主诉入某妇产医院，7 月 14 日 12 时 54 分急诊在局麻下行剖宫产一女婴，新生儿出生后送至某儿童医院进行抢救，于当日 21 时 35 分心跳停止，临床诊断死亡。为进一步查明死因，现某人民法院委托本中心就上述委托事项进行法医学司法鉴定。

三、资料摘要

（一）某妇产医院住院病历摘要

主诉：孕 39^{+3} 周，要求待产。

入院情况：查体，体温 36.7℃，呼吸 20 次/分，脉搏 80 次/分，血压 120/70mmHg。产检：宫高 29cm，腹围 108cm，胎方位 LOA，胎心 136 次/分，无宫缩。肛查：先露头，先露高低 S-3，胎膜未破裂，宫颈长度 1cm，宫颈位置中，宫颈质地软，宫颈扩张未开。

住院经过：产妇入院后完善相关检查予左侧卧位、听胎心、治疗梅毒等对症处理。7 月 14 日在试产过程中考虑胎儿窘迫，胎盘早剥可能。同急诊在局麻下行"子宫下段剖宫产术"。于 12 时 54 分手术产一活女婴：Apgar 评分 4～9 分，体重 3500g，身长 50cm。新生儿出生后立即转院治疗。

出院诊断：①孕 40^{+1} 周，孕 4 产 2，剖宫产一活女婴，ROA，胎儿窘迫；②脐带血管前置出血；③胎盘边缘部分剥离；④梅毒；⑤轻度贫血；⑥帆状胎盘；⑦产后出血。

（二）某省儿童医院住院病历摘要

入院日期：7 月 14 日。

入院情况：患儿，女，14h。因"出生窒息复苏后 2h 伴气促、呻吟"入院。查体：神志不清，精神反应差，全身皮肤苍白，双侧瞳孔对光反射迟钝，口周发绀，呼吸急促，约 72 次/分，双肺呼吸音粗，未闻及明显干湿性啰音，心率 132 次/分，心律整齐，心音有力。辅助检查：7 月 14 日急查血气分析＋血糖，pH 6.99，PCO$_2$20mmHg，PO$_2$69.6mmHg，HCO$_3^-$ 4.7mmol/L，BE$^-$ 25.16mmol/L，SaO$_2$ 91.9%，Na$^+$/K$^+$/Ca^{2+} 136.5/5.51/1.423mmol/L，HCT 30.9%，HGB 11.5g/dl，BS 2.6mmol/L。

治疗经过：患儿入院时呻吟，呼吸困难明显，予以吸痰、吸氧后不能缓解，予以下病危、行特级护理、呼吸机辅助通气治疗，多巴胺改善患儿微循环，并给予碳酸氢钠纠正酸中毒，以静脉营养纠正低血糖、抗感染、输血纠正贫血，监护生命体征。患儿18时出现呼吸机支持下氧合下降伴心率下降60次/分以下，血压下降，立即予以肾上腺素静脉注射强心、纠酸、扩容对症处理后患儿心率上升至100次/分以上，氧合维持95%，血压恢复正常，但患儿仍呼吸窘迫、费力，告知患儿病情凶险预后。

出院情况：患儿呼吸费力，查体神志不清，反应差，弹足底不哭，双侧瞳孔对光反射迟钝，口周及四肢发绀，呼吸困难、不规则，双肺呼吸音粗，心音低钝，四肢肌力及肌张力低下，原始反射引不出。

出院诊断：新生儿窒息，新生儿肺炎，新生儿急性呼吸窘迫症，呼吸衰竭，代谢性酸中毒，凝血功能异常，心肌损害。

四、检验过程

（一）审核受理情况

本中心接到委托后，对委托鉴定事项进行审核，就鉴定相关风险等问题向家属进行了告知和沟通，指派鉴定人于12月24日17时20分对死者尸体进行尸表和解剖检验。

（二）鉴定依据和方法

按照中华人民共和国公共安全行业标准：①《法医学尸表检验》（GA/T 149-1996）；②《新生儿尸体检验》（GA/T 151-1996）；③《机械性损伤尸体检验》（GA/T 168-1997）；④《猝死尸体的检验》（GA/T 170-1997）；⑤《中毒尸体检验规范》（GA/T 167-1997）；⑥《法医病理学检材的提取、固定、包装及送检方法》（GA/T148-1996）进行尸体解剖、器官组织的病理检验及取材；常规制片、HE染色、光镜观察和毒物化验。

（三）法医学尸体检验

1. 尸表检验

（1）一般情况：冷冻解冻女婴尸体1具，粉色棉衣包裹，上穿白色有小动物图案棉衣，裆部以尿不湿包裹；尸长51.5cm，坐高33.0cm；发育正常，营养中等。尸斑位于尸体背侧未受压处，呈暗红色，指重压不褪色。尸僵已缓解。

（2）头面部：黑发，长2.5cm；颅围43.0cm，双顶径11.0cm，前囟1.7cm×1.6cm。双侧面颊部皮肤皮革样变。双眼睑未闭合，结膜苍白，角膜混浊，瞳孔不可透视。鼻腔无异物；唇黏膜发绀，黏膜未见破损；双外耳道无异物。

（3）颈项部：气管居中，未触及明显肿大的浅表淋巴结；未见损伤。

（4）躯干部：胸前皮肤见小片状皮革样变，面积为0.9cm×0.4cm；脐带已离断结扎，部分残留，长3.0cm，残端黑色缝线在位（图4-9-1）；右侧腹股沟区可见医用胶布及棉球黏附，双侧

图4-9-1 脐带残留

腹股沟区可见片状出血，其间均可见针眼。

（5）四肢：右肩关节前侧可见皮下出血，面积为 2.5cm×2.4cm，其中针眼 1 个；双腕关节屈侧及左踝关节内侧均见医用胶布及棉球黏附，其下皮肤见片状出血，其中均见针眼各 1 个；左手背和右足背外侧均见 2.5cm×2.0cm 皮下出血，其中见针眼各 1 个。十指甲床发绀。

（6）会阴部及肛门：会阴部及肛门未见异物。

2. 尸体解剖

（1）头部：自两侧耳后向上冠状切开头皮，左顶部可见皮下血肿，面积为 6.0cm×3.0cm；双侧颞肌未见出血。硬脑膜完整，硬膜外、硬膜下及蛛网膜下腔未见出血。颅盖骨、颅底骨未见骨折。脑组织自溶变软，全脑经甲醛溶液固定后称重 340.3g，体积为 15.0cm×6.0cm×6.0cm，大脑、小脑及脑干自溶变软，切面未见出血。

（2）颈部：自下颌下缘沿前正中线纵行切开颈部皮肤及皮下组织，未见出血；舌骨及甲状软骨未触及骨折。喉头无明显水肿。双侧扁桃体无明显肿大。气管腔上段及胸腔内中下段见少许粉色黏液。

（3）胸部：沿前正中线纵行切开胸腹部皮肤及皮下组织，胸壁脂肪厚 0.3cm。胸腹部软组织未见出血；胸、肋骨未见骨折。右侧胸腔见 3.0ml 暗红色冰碴。气管下段及左右支气管见少许粉色黏液。胸腺重 9.6g，体积为 7.0cm×3.5cm×1.2cm。双肺浮扬试验阳性（图 4-9-2），肺质软、饱满，边缘变钝；左肺两叶，重 26.5g，体积为 8.54cm×5.0cm×1.5cm；右肺三叶，重 34.5g，体积为 9.0cm×6.8cm×1.6cm；两肺表面观未见异常，切面呈淤血状。心包完整，以"Y"字形剪开心包，心包腔内有少许冰碴，量约 5ml；原位剪开右心室壁及肺动脉未见血栓。沿心包反折水平剪下心脏，心重 20.5g，纵径、横径及前后径分别为 5.0cm、4.5cm 和 1.5cm，表面观心

图 4-9-2　肺浮扬试验阳性

外膜未见异常。经甲醛溶液固定后沿血流方向打开心脏，各心腔、心瓣膜、腱索、肉柱及乳头肌未见明显异常，房间隔和室间隔未见缺损；左心房壁厚 0.25cm，右心房壁厚 0.2cm，左心室壁厚 0.5cm，右心室壁厚 0.3cm；冠状动脉开口及走行未见异常。主动脉未见异常。

（4）腹部：沿腹壁正中线纵行切开腹部皮肤及皮下组织，腹壁脂肪层厚 0.3cm；大网膜分布正常；锁骨中线处膈肌高度：左侧第 4、5 肋间，右侧第 4 肋下；左侧腹腔见少量暗红色冰碴，未见食物残渣。肝剑突下 1.5cm，右侧肋缘下 3.0cm，左侧肋缘下 1.0cm；肝质软，重 204.5g，体积为 14.8cm×9.8cm×2.8cm，表面及切面未见异常；胆囊未见异常。脾重 11.0g，体积为 7.2cm×3.8cm×0.8cm，表面观未见异常，切面见脾淤血。肾被膜易剥离，左肾重 9.0g，体积为 4.0cm×2.5cm×2.5cm；右肾重 8.6g，体积为 4.0cm×2.5cm×2.0cm；双肾被膜易剥离，表面及切面未见明显异常。胰腺未见出血。胃内见咖啡色液体 4.0ml，胃黏膜未见溃疡、出血等病变。

（5）脊柱、骨盆：未见骨折和畸形。

3. 检材提取 提取主要器官组织置于甲醛溶液固定备检，提取心血 20.0ml 和胃内容物 4.0ml 备作常规毒物检测。

4. 组织病理学检查

（1）脑：脑组织及蛛网膜下腔血管轻度淤血，未见出血和炎细胞浸润，神经细胞发育尚未完全成熟。

（2）心：心外膜局部脂肪组织稍增多，心肌间质轻度淤血，未见出血，间质血管腔内白细胞比例增高，局部肌纤维见波浪样变，有的部位见少量中性粒细胞浸润。

（3）肺：大部分肺泡已扩张，腔内可见多少不等的红染无结构、折光性强的角化鳞状上皮（图 4-9-3，图 4-9-4），未见中性粒细胞渗出；有的肺泡腔内可见淡粉红色液体。间质血管淤血，血管腔内白细胞比例增高，间质未见明显炎细胞浸润。

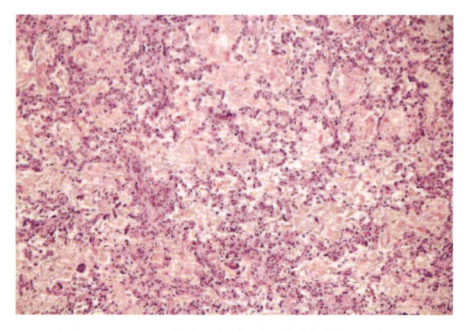

图 4-9-3　肺泡腔内角化鳞状上皮（HE 染色，200×）

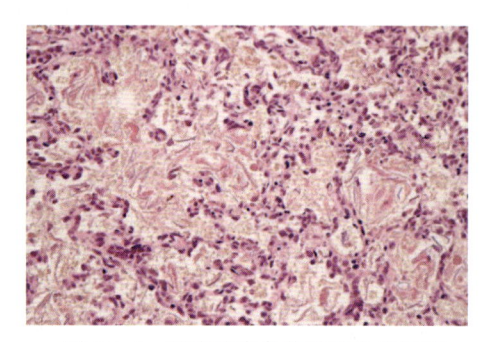

图 4-9-4　肺泡腔内角化鳞状上皮组织（HE 染色，400×）

（4）肝：肝轻度自溶，未见出血，可见较多的冰晶裂隙。

（5）脾：淤血，轻度自溶，未见出血。

（6）肾：肾单位尚未发育成熟，肾小管及肾小球轻度自溶，小动脉管腔内中性粒细胞比例增多。

（7）胰腺：轻度自溶，未见出血及炎细胞浸润。

（8）胃：间质轻度淤血，黏膜自溶，未见炎细胞浸润。

（9）肠：大、小肠间质轻度淤血，黏膜自溶，未见炎细胞浸润。

（10）扁桃体：未见明显异常。

（11）胸腺：轻度自溶，间质见少量淋巴细胞浸润。

（四）法医病理诊断

（1）肺羊水吸入；肺淤血，水肿。

（2）心肌间质轻度淤血。

（3）脑轻度淤血。

（4）肝轻度自溶。

（5）脾淤血，轻度自溶。

（6）肾轻度自溶。

（7）胰自溶。

（8）胃、肠轻度淤血，黏膜自溶。

（9）胸腺轻度自溶。

（五）毒（药）物检测

对提取的部分心血进行常规毒物检测，检测结果为在送检血液中未检出乙醇、有机磷、有机氯、毒鼠强及地西泮等常见的毒（药）物。

五、分析说明

根据尸体解剖、病理检验、组织病理学检查及毒物检测结果，结合案情、临床病史和死亡经过综合分析如下：

（1）尸检除头部见小片状头皮下出血和治疗时遗留针眼及周围出血外未见其他损伤，因此可排除其因机械性损伤致死。

（2）死者心血中未检出乙醇、有机磷、有机氯、毒鼠强和地西泮等常见的毒（药）物，故可排除因上述常见毒（药）物中毒死亡。

（3）死者各器官组织未检见明显病变，因此不能认定其为自身所患疾病致死。

（4）被鉴定人出生前其母在生产过程中，出现胎儿宫内窘迫，脐带血管前置出血及胎盘边缘部分剥离，出生后主要表现为呼吸困难及缺氧并转院救治，最终治疗无效死亡。尸检见其口唇和甲床发绀，双肺呈淤血状；镜下大部分肺泡腔内可见较多的胎儿角化鳞状上皮，说明其肺组织内有较多的羊水吸入。因此综合分析认为，被鉴定人符合出生时脐带出血、胎盘边缘剥离和肺羊水吸入致呼吸循环衰竭而死亡。

六、鉴定意见

被鉴定人符合出生时脐带出血、胎盘边缘剥离和肺羊水吸入致呼吸循环衰竭而死亡。

（何新爱　曹　磊　霍家润）

点评　新生儿死亡可分为非暴力死亡（又称自然死亡）和暴力死亡（又称非自然死亡）两大类，对于非暴力死亡，可发生在分娩前、分娩中和分娩后。分娩过程中常见死亡原因有脐带受压、脐带扭转、脐带过短、胎盘早剥和胎盘出血等导致血液循环障碍而引起胎儿缺氧，发生宫内胎儿窘迫。有时胎儿经过产道即开始呼吸，吸入羊水、血液和胎便而窒息死亡。还有在分娩过程中，胎头在产道内受到强力压迫，可发生颅骨凹陷或骨折、颅内出血及小脑幕撕裂等引起胎儿死亡。本例胎儿出生过程中存在脐带出血、胎盘边缘剥离情况，组织病理学检查双肺可见较多羊水成分。因此根据尸检和病理切片检查所见，结合临床资料综合分析，认为其符合出生时脐带出血、胎盘边缘剥离和肺羊水吸入致呼吸循环衰竭而死亡；该鉴定意见准确、客观，依据充分，病理证据确凿。所以在对胎儿和刚出生的新生儿进行法医学尸体检验时，还必须同时检查胎盘和脐带，以免遗漏因胎盘和脐带原因所致死亡。

案例 10　意外电击死亡

关键词　法医病理学；电流斑；电击死

一、基本情况

1. 委托鉴定事项　对某男尸体进行尸体解剖以查明死亡原因。

2. 鉴定材料　①某市人民医院危重患者抢救登记表复印件 1 页；②某市公安分局现场勘验检查卷复印件 19 页及尸表检验照片 9 页共 18 张；③某男尸体 1 具。

3. 被鉴定人　某男，26 岁。

二、基本案情

某年 7 月 21 日下午 15 时左右，某男与朋友在一河堤散步时，不慎滑倒，身体接触到地上一段裸露的电线，导致其触电。经 119 现场救援和 120 急救车送某市人民医院抢救无效死亡。为查明死因，现某法院委托本中心对其进行法医学司法鉴定。

三、资料摘要

就诊时间：7 月 21 日 15 时 5 分。

简要病情：以"触电后呼吸心搏骤停 15min"为主诉。15 时 5 分接市 120 电话后即刻出诊，现场查体见双侧瞳孔散大，直径 5.0mm，对光反射消失，无自主呼吸，无心跳，心电图呈一条直线，立即行心肺复苏术并继续抢救，患者右胸部、左腹股沟、右上肢和双手皮肤见电击伤。

诊断：触电后呼吸心搏骤停。

四、检验过程

（一）审核受理情况

本中心接到委托后，对委托鉴定事项进行审核，就鉴定事项相关风险等问题向死者家属进行告知和沟通，并指派鉴定人于 11 月 28 日 10 时 28 分前往原事故现场进行了勘查，于当日下午 15 时 12 分对死者尸体进行了尸表和解剖检验。

（二）鉴定依据和方法

按照中华人民共和国公共安全行业标准：①《法医学尸表检验》（GA/T 149-1996）；②《法医学尸体解剖》（GA/T 147-1996）；③《机械性损伤尸体检验》（GA/T 168-1997）；④《猝死尸体的检验》（GA/T 170-1997）；⑤《中毒尸体检验规范》（GA/T 167-1997）；⑥《法医病理学检材的提取、固定、包装及送检方法》（GA/T 148-1996）进行尸体解剖、器官组织病理检验及取材；常规制片、HE 染色、光镜观察和毒物化验。

(三)法医学尸体检验

1. 尸表检验

(1)一般情况:死者上身穿黑色短袖T恤,下身穿黑色长裤、蓝白格子相间四角短裤,足穿黑色运动鞋及白色袜子。解冻男性尸体,尸长169.0cm,发育正常,营养中等。尸斑位于尸体背侧未受压处,呈暗红色,指重压不褪色。胸腹部及四肢见腐败静脉网。

(2)头面部:黑发,长约7.0cm。颜面部皮肤呈乌黑色。额部及头发可见泥土黏附,额部局部见小片状表皮分离。双眼裂微开,眼球凹陷,结膜轻度淤血,穹隆部未见出血点,角膜混浊,瞳孔不可透视。鼻尖部皮肤见皮革样变,鼻腔无血迹。口唇黏膜见皮革样变,牙列齐,舌尖可见霉变斑。

(3)颈项部:颈部左侧局部有医用胶布粘贴,其下见皮肤针眼1个;颈部浅表淋巴结未触及肿大。

(4)躯干部:胸前右乳头右下方5.0cm至脐下5.5cm见一条长32.0cm、宽1.5~3.0cm不等的可疑电流斑,外观表皮焦黄,中间凹陷,边缘可见充血带(图4-10-1)。骨盆挤压(-)。

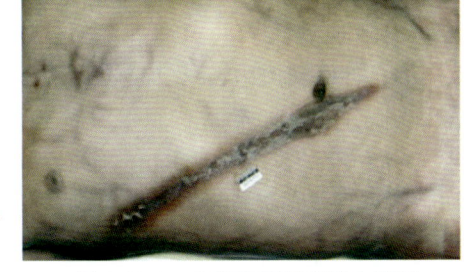

图4-10-1 右侧胸腹部皮肤电流斑

(5)四肢:左手掌大鱼际处见5.0cm×2.0cm可疑电流斑;左手中指及无名指远指间关节对应处分别见1.5cm×0.7cm和2.0cm×1.5cm可疑电流斑。右上臂中段前侧见斜行可疑电流斑一处,与胸腹部可疑电流斑走行方向一致,面积为9.5cm×1.5cm;其下方3.5cm处见4.5cm×1.5cm皮下出血;右肘关节伸侧见10.0cm×4.0cm梳状皮肤擦伤;右肘关节内侧见面积分别为8.5cm×1.0cm和3.0cm×0.6cm皮肤挫伤;右腕关节伸侧及手背见散在小片状皮肤挫伤共7处,面积最大处1.5cm×1.2cm;右手拇指伸侧见6.5cm×2.6cm可疑电流斑,部分皮肤脱落;右手示指近指间关节桡侧见4.0cm×1.5cm可疑电流斑;双手甲床发绀(图4-10-2)。左大腿上段内侧见面积分别为2.0cm×0.5cm和2.5cm×1.2cm可疑电流斑(图4-10-3)。右小腿下段内侧可见6.0cm×4.0cm可疑电流斑;右足中趾背侧见2.0cm×1.2cm可疑电流斑损伤。

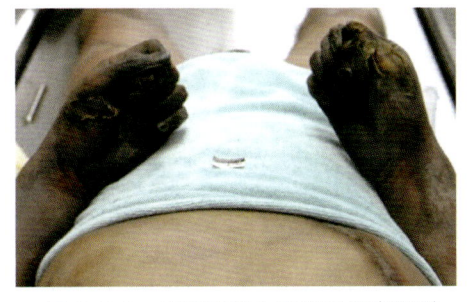

图4-10-2 双手皮肤电流斑及甲床发绀

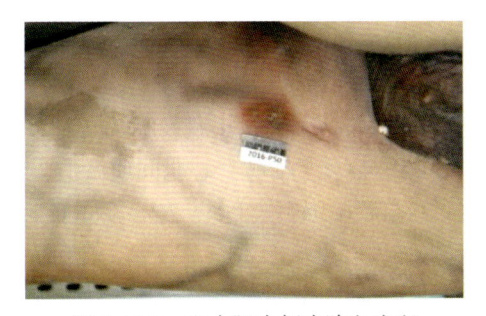

图4-10-3 左大腿内侧皮肤电流斑

(6)会阴部及肛门:阴囊皮肤可见霉变斑,未见损伤。

2. 尸体解剖

(1)头部:自两侧耳后向上冠状切开头皮,头皮下未见出血。双侧颞肌未见出血。

硬脑膜完整，硬膜外、硬膜下及蛛网膜下腔未见明显出血。颅盖骨未见骨折，剥离硬脑膜后左侧颅前窝见"U"形骨折线，骨折周围软组织未见出血。全脑重1391.0g，体积为18.5cm×18.0cm×7.5cm，脑组织自溶变软，经甲醛溶液充分固定后冠状切开大脑、小脑及脑干，各切面未见出血。

（2）颈部：自下颌下缘沿前正中线纵行切开颈部皮肤，颈前肌群未见出血；双侧扁桃体稍肿大，喉头未见明显水肿，甲状腺未见异常；舌骨及甲状软骨未触及骨折。食管通畅，未见异物。

（3）胸腔：沿前正中线纵行切开胸腹部皮肤及皮下组织，胸壁脂肪厚1.5cm；胸前肌组织未见出血，胸骨体见不全骨折，但周围软组织未见明显出血；双侧胸腔均见少量冰碴。颈部气管上段和胸腔的中下段气管及左、右支气管腔内可见部分冰碴。双肺肉眼观表面未见异常；左肺重637.0g，体积为23.0cm×16.5cm×5.0cm；右肺重737.0g，体积为21.0cm×14.0cm×5.0cm；切面淤血、未见出血。心包完整，以"Y"字形剪开心包，心包腔内见淡红色冰碴2.0ml。心重345.0g，纵径、横径及前后径分别为13.0cm、11.5cm和4.0cm，表面观心外膜光滑；原位打开右心室前壁和肺动脉，肺动脉内可见少量血性冰碴，未见血栓。固定后沿血流方向剪开心脏，左心室壁厚1.3cm，右心室壁厚0.3cm，左心房壁厚0.2cm，右心房壁厚0.2cm，室间隔厚1.2cm；左心室腔稍扩张，心瓣膜未见异常，房间隔及室间隔未见缺损；各瓣膜周径：二尖瓣9.8cm，三尖瓣11.0cm，肺动脉瓣6.8cm，主动脉瓣6.2cm。冠状动脉开口及走行未见畸形，左前降支及右主支管壁见轻度增厚。主动脉未见明显异常。

（4）腹腔及盆腔：纵行切开腹部皮肤及皮下组织，腹壁脂肪厚3.5cm；大网膜呈自然垂直分布；右侧腹腔见9.0ml淡红色液体，未见食物残渣。肝边缘剑突下1.0cm、肋缘下未见，肝质软，重1293.7g，体积为29.0cm×19.0cm×5.0cm，表面观未见异常，切面未见出血和囊肿等病变；胆道通畅。脾重224.0g，体积为16.0cm×9.0cm×2.5cm。肾被膜易剥离，左肾重133.0g，体积为11.5cm×5.5cm×4.0cm；右肾重139.0g，体积为11.0cm×6.0cm×3.5cm。胰腺自溶变软。胃内见咖啡色食糜200.0ml，其内可见成型的木耳等食物。膀胱内见少许冰碴，输尿管未见狭窄和结石。前列腺及双侧睾丸未见异常。

（5）脊柱及骨盆：未见骨折和畸形。

3. 检材提取情况 提取死者胸部、四肢可疑电流斑处皮肤及主要器官组织置于甲醛溶液固定备检；提取心血40.0ml备作常规毒物检测。

4. 组织病理学检查

（1）脑：大脑、小脑及脑干淤血、自溶，未见出血。蛛网膜下腔淤血，未见出血。

（2）心及主动脉：心肌间质淤血，未见出血，左、右心房见少量脂肪组织浸润，间质纤维结缔组织轻度增多；左心室间质局部纤维结缔组织增多，伴少量淋巴细胞浸润。冠状动脉内膜轻度环形增厚，右主支管腔狭窄约25%，左前降支和左旋支管腔狭窄约20%。

（3）肺：重度淤血，水肿，有的肺泡腔内见灶性出血，部分肺泡呈肺气肿状。

（4）肝：肝组织自溶，仅见大致轮廓。

（5）脾：淤血，未见出血，脾组织轻度自溶。

（6）肾：淤血，未见出血和炎细胞浸润，肾小管上皮细胞轻度自溶。

（7）胰腺：自溶，只能辨别大致轮廓。

（8）胃肠：淤血，黏膜自溶。

（9）扁桃体：淤血，未见出血，轻度自溶。

（10）喉：淤血，未见出血及炎细胞浸润。

（11）胸部及四肢皮肤（可疑电流斑处）：右胸部、左手小指、右肘内侧、右手拇指、左大腿内侧、左足趾等处皮肤角质层炭化，表皮层细胞排列致密，细胞界限不清，细胞核深染变长，呈栅栏状排列；棘细胞层细胞核呈细长杆状，部分皮肤附属器亦呈类似改变（图 4-10-4 ～图 4-10-6）；符合电流损伤所致电流斑的典型特征。

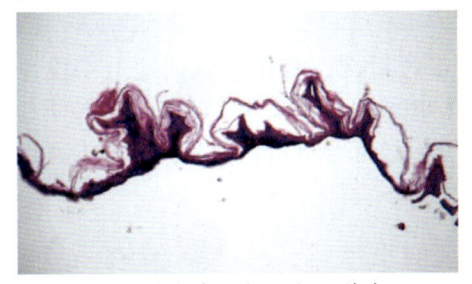

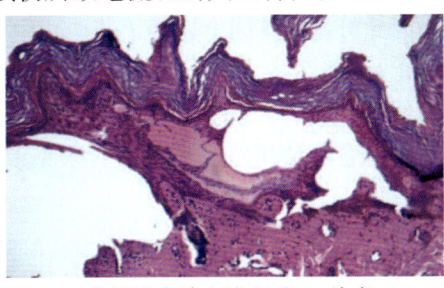

图 4-10-4　右胸前皮肤电流斑（HE 染色，100×）　图 4-10-5　右拇指皮肤电流斑（HE 染色，200×）

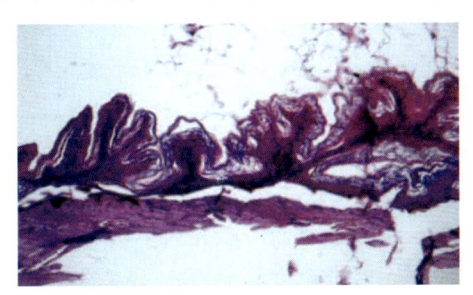

图 4-10-6　左大腿皮肤电流斑（HE 染色，200×）

（四）法医病理诊断

（1）胸部及四肢多处皮肤电流斑。

（2）脑淤血、自溶。

（3）心肌间质淤血，心房轻度脂肪组织浸润，冠状动脉内膜轻度增厚。

（4）肺重度淤血，水肿，灶性出血，灶性肺气肿。

（5）肝组织自溶。

（6）脾淤血，轻度自溶。

（7）肾淤血，肾小管上皮细胞轻度自溶。

（8）胰自溶。

（9）胃、肠淤血，黏膜自溶。

（10）全身多处软组织挫伤，胸骨骨折（抢救所致）。

（五）毒（药）物检测

对提取的心血进行常规毒物检测，检测结果为在送检血液中未检出乙醇、有机磷、有机氯、毒鼠强及地西泮等常见毒（药）物。

五、分析说明

根据尸体解剖、病理检验、组织病理学检查及毒物检测结果，结合案情、临床病史和死亡经过等综合分析如下：

（1）死者胸腹部及四肢除检见多处可疑电流斑损伤外未见其他严重外伤；其胸骨骨折处周围软组织未见出血，符合濒死期抢救所致；其左侧颅前窝见"U"形骨折线，但骨折处硬膜外、硬膜下、蛛网膜下腔及周围软组织均未见出血，符合死后形成；故可排除其因机械性暴力致死的可能。

（2）死者心血中未检出乙醇、有机磷、有机氯、毒鼠强及地西泮等常见的毒（药）物，因此可排除其因上述毒（药）物中毒死亡。

（3）据案情介绍，死者生前系在河边散步时滑倒，身体接触到地上一段裸露的电线后死亡；尸检在体表见多处可疑电流斑，边缘可见充血带，经组织病理学检查证实其符合电流斑特征，各器官未见致死性病变，故综合分析认为其符合电击死亡。

六、鉴定意见

被鉴定人符合电击死亡。

（何新爱　曹　磊　雷金水　陈新山）

点评　日常生活中，电流引起的损伤或死亡较多见，且多为意外或火灾事故，也可见于自杀或他杀。电流损伤或电击死亡必须同时具备3个因素，即带电的电源、通过人体的电流通路以及人体接触地面。无论哪一种方式触电，前提条件是人体成为电流通路的一个组成部分。电击死亡机制有：①心室纤颤与心搏骤停。一定强度的电流经胸路径通过心脏，使心肌细胞兴奋性增高，在心肌内形成许多异位起搏点，导致心室纤颤、心力衰竭。②呼吸停止与窒息。头部急性电损伤时，电流通过颈髓上部或脑干，引起呼吸中枢麻痹，患者可立即昏迷，呼吸、心搏骤停。③其他。电击当时未死者，有的可因各种并发症死亡。电击死的法医学鉴定应根据尸表有无电击作用征象如电流斑、电流烧伤、随身携带的金属熔化等，进行全面系统的尸体解剖、病理检验和组织病理学检查，以及必要的理化检查，再结合案情和现场有无电流条件综合分析而定；并要明确是生前电击还是其他原因致死后伪装电击死。检查到电流斑可确定电击死，但没有检见电流斑不能反过来否定电击死。本例案情清楚，现场有电击条件，体表有典型的生前电流损伤，各器官未见严重病变，因此鉴定电击死的事实清楚，证据充分。

案例 11　交通事故致颈椎骨折死亡

关键词　法医病理；交通事故；颈椎骨折；血肿

一、基本情况

1. 委托鉴定事项　死亡原因及其与交通事故是否有因果关系。

2. 鉴定材料　①某县人民医院住院病案 1 份；②影像学片电子扫描件 4 张；③某男尸体 1 具。

3. 被鉴定人　某男，59 岁。

二、基本案情

某年 7 月 22 日 5 时 14 分许，某男骑电动三轮车时被后方一辆小型普通客车撞击而受伤后被送某县人民医院抢救无效，于同日 14 时 10 分死亡。现某公安局交警大队委托本中心对上述委托鉴定事项进行法医学司法鉴定。

三、资料摘要

入院时间：7 月 22 日 8 时 48 分。死亡时间：同日 14 时 10 分。

入院情况：查体，T 36.3℃，P 76 次 / 分，R 17 次 / 分，BP 170/110mmHg。神志清楚，言语流利，查体合作，瞳孔正大、等圆，对光反射灵敏。后颈部皮肤挫伤，已于门诊处理。右肘部皮肤挫伤，有少量渗出。左胸及前胸疼痛，胸部挤压试验阴性，双肺呼吸音清，未及干湿性啰音，心律整齐，心音有力，无杂音。

诊疗经过：患者前颈部进行性肿胀，后入 ICU，即刻行气道穿刺并经口气管插管，呼吸机辅助呼吸，期间患者呼吸心搏骤停，给予多巴胺升压、胸外按压、静脉注射强心药物肾上腺素及阿托品，并邀内科住院医师会诊协助抢救。

死亡原因：窒息。

死亡诊断：①头外伤；②头外伤后神经反应；③全身多处软组织挫伤；④颈部大血管损伤；⑤出血；⑥窒息。

四、鉴定过程

（一）审核受理情况

本中心受理后，对委托鉴定事项进行审核，并就鉴定相关风险等问题向死者家属进行告知，指派鉴定人于 8 月 5 日在某人民医院太平间对死者尸体进行尸表和解剖检验。

（二）鉴定依据和方法

按照中华人民共和国公共安全行业标准：①《法医学尸表检验》（GA/T 149-1996）；②《法医学尸体解剖》（GA/T 147-1996）；③《猝死尸体的检验》（GA/T 170-1997）；④《机械性损伤尸体检验》（GA/T 168-1997）；⑤《中毒尸体检验规范》（GA/T 167-1997）；⑥《法医病理学检材的提取、固定、包装及送检方法》（GA/T 148-1996）进行尸体解剖、病理检验和器官组织检材提取等技术规范进行；常规组织制片、HE 染色，光镜观察。

（三）法医学尸体检验

1. 尸表检验

（1）一般情况：解冻尸体，尸长 164.0cm，发育正常，营养中等。尸斑呈暗红色，位于尸体背部未受压处，指重压不褪色。尸僵已缓解，四肢及胸腹部见腐败静脉网。

（2）头面部：黑发，长 6.0cm。枕部可见 2.0cm×1.0cm 皮下出血，其间见 2 个头皮破裂口，分别长 0.5cm 和 0.4cm。枕部粗隆下方头皮肿胀，面积为 8.0cm×4.5cm，其中可见一横行创口，面积为 1.5cm×0.2cm，可见血液流出；额右侧见陈旧性瘢痕 1 处，面积为 1.5cm×0.3cm。双眼闭，结膜苍白，穹隆处可见出血点，角膜混浊，瞳孔不可视。鼻腔可见血迹。口唇黏膜稍发绀，下唇偏左侧处黏膜见小片状破损；牙列齐。

（3）颈项部：颈前及两侧肿胀，以左侧明显（图 4-11-1）。颈前右侧可见多处条形陈旧瘢痕，面积为 5.0cm×2.5cm，最长一条为 3.0cm×0.3cm；颈前下方见针眼 2 个。

（4）躯干部：胸围 87.0cm。右侧锁骨上窝可见陈旧瘢痕，面积为 1.3cm×1.0cm。腹围 77.0cm。下腹部偏右侧见陈旧瘢痕，面积为 7.0cm×5.5cm。余未见明显异常。

（5）四肢：右肘关节伸侧见 3 处皮肤挫伤并涂有红色药物，面积分别为 2.5cm×2.0cm、1.6cm×0.2cm 和 2.0×1.0cm。

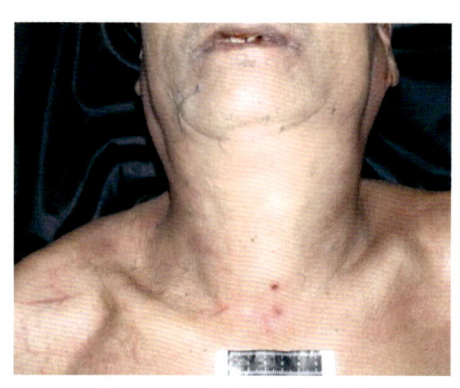

图 4-11-1　颈部肿胀及针眼

右前臂中下段桡侧见皮下出血，面积为 5.0cm×2.5cm，其间见针眼 1 个。右手示指第二关节伸侧可见小片状皮肤破损，面积为 0.6cm×0.4cm。右手小指末节见陈旧性部分缺失。双手十指甲床发绀。右小腿下段外侧可见皮肤挫伤，面积为 7.0cm×0.5cm，对应处内侧可见皮下出血，面积为 9.0cm×2.0cm。

（6）会阴部及肛门：未见明显异常。

2. 尸体解剖

（1）头部：自两侧耳后向上冠状切开头皮，枕部挫伤处头皮下见片状出血。双侧颞肌未见出血。颅盖骨未见骨折。硬脑膜完整，硬膜外、硬膜下及蛛网膜下腔未见出血。脑重 1475.0g，体积为 19.0cm×17.0cm×9.5cm。颅底未见骨折。

（2）颈部：自下颌下缘沿前正中线纵行切开颈部和胸腹部皮肤至耻骨联合上方，逐层分离颈部肌肉和其他软组织，可见颈部气管周围及纵隔内软组织出血，并有较大血肿形成，于喉头水平至肺门下方，面积为 19.0cm×8.5cm，另见脱落的两块凝血块，体积分别为 8.0cm×4.0cm×2.5cm 和 8.0cm×2.5cm×1.2cm（图 4-11-2）。双侧扁桃体无明显肿大，甲状腺周围软组织出血。甲状软骨及舌骨未见骨折。主支气管分支处及左上叶支气管腔内可见冰冻状粉红色物。食管通畅，未见明显异常。第 6、7 颈椎间前侧横行裂开（图 4-11-3），裂口间距 0.3cm，周边软组织出血，对应后侧未见明显异常，颈髓硬膜外未见血肿。

（3）胸部：胸壁皮肤脂肪厚度为 0.6cm；右侧第 2～4 前肋肋骨骨折，周围无明显出血。双侧胸腔局部胸膜粘连。右侧胸腔有约 160.0ml 淡红色液体。双肺肉眼观见局部胸膜粘连，左肺背侧肺膜下见出血斑；左肺重 580.0g，体积为 22.0cm×18.0cm×4.0cm；右肺重 1070.0g，体积为 27.0cm×18.0cm×4.5cm，切面见肺淤血。以倒"Y"字形打开心包腔，心包无粘连，心包腔内有约 27.0ml 淡红色液体。心外膜光滑，心肌表面未见明显出血点，心重 429.0g，纵径、横径及前后径分别为 11.0cm、14.0cm 和 5.0cm；沿血流方向剪开心脏，左心室壁厚 1.3cm，右心室壁厚 0.3cm，左心房壁厚 0.2cm，右心房壁厚 0.3cm，各心腔及心瓣膜未见异常；冠状动脉开口未见异常，左前降支可见粥样硬化病变，管腔局部狭窄Ⅱ级。各瓣膜周径：二尖瓣 9.5cm，三尖瓣 11.0cm，肺动脉瓣 7.0cm，主动脉瓣 7.0cm。升主动脉内膜局部见少量粥样斑块病变。

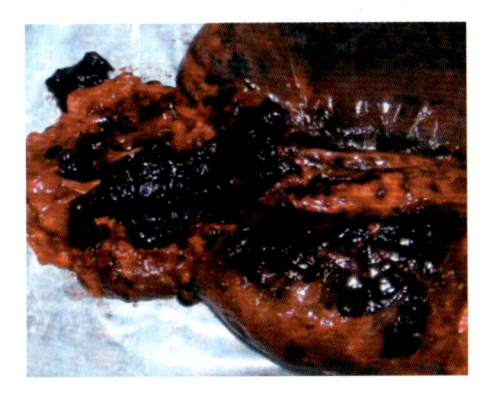

图 4-11-2　后纵隔及左肺背侧肺膜出血 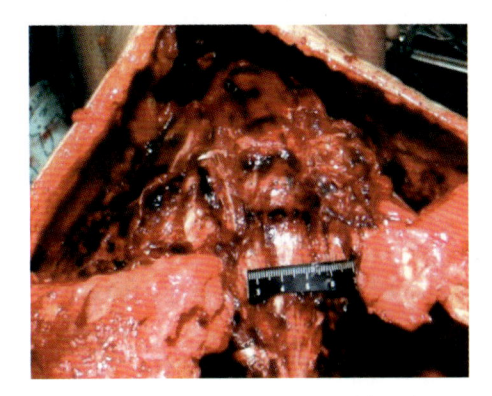　　　图 4-11-3　第 6、7 颈椎间前侧骨折

（4）腹部：腹壁皮下脂肪厚 2.0cm；大网膜呈自然分布，未见明显异常；腹腔无积液。肝下缘在右肋缘下 1.0cm，肝重 1164.0g，体积为 26.0cm×7.0cm×7.0cm，肉眼观表面被膜光滑，切面未见异常。脾重 215.0g，体积为 13.0cm×8.0cm×4.0cm，脾被膜完整，未见损伤出血。胰腺重 233.0g，表面和切面未见出血及坏死。肾被膜光滑，左肾重 176.0g，体积为 12.0cm×5.5cm×3.5cm；右肾重 156.0g，体积为 12.5cm×6.0cm×4.0cm；双肾切面皮髓分界清晰，皮质层厚 0.6cm，未见出血和囊肿等病变。双侧肾上腺未见明显异常。胃、肠未见溃疡、损伤、出血及肿块等病变。膀胱、输尿管及前列腺未见异常。

3. 检材提取情况　提取死者主要器官组织，按标准用甲醛溶液固定以备检。

4. 组织病理学检查

（1）脑：脑组织结构未见异常，脑淤血，轻度水肿，未见出血，神经细胞未见明显变化，蛛网膜下血管扩张、淤血，未见出血。

（2）心：心肌间质轻度淤血，左心室心外膜及心肌间质见多发性灶性出血，心外膜及心尖部脂肪组织增多；心肌和心内膜未见异常；冠状动脉左前降支管壁内膜呈环形 + 偏心性增厚，管腔狭窄约 45%。

（3）肺：被膜完整无增厚，肺重度淤血，轻度水肿，灶性肺气肿；肺门、支气管旁及肺组织见多发灶性出血，另见少量炭末沉积。

（4）肝：轻度淤血，小叶间及汇管区纤维结缔组织增多，并见少量淋巴细胞浸润。

（5）脾：重度淤血，轻度自溶，未见出血，中央动脉管壁轻度增厚。

（6）肾：重度淤血，近、远曲小管上皮细胞轻度自溶，有的管腔内见少量蛋白管型，少数肾小球见纤维化、玻璃样变；右肾被膜及间质见少量淋巴细胞浸润。

（7）胰腺：胰组织自溶，仅能辨认大致轮廓。

（8）胃肠：结构未见异常，黏膜自溶。

（9）肾上腺：轻度淤血，周围软组织灶性出血，皮质上皮细胞内类脂质轻度脱失。

（10）甲状腺：淤血，间质纤维结缔组织增多，亦见较多淋巴细胞浸润，甲状腺滤泡减少，但滤泡上皮未见增生。

（11）喉：淤血，软组织灶性出血。

（12）颈部及后纵隔软组织：可见多发性片状出血（图4-11-4）。

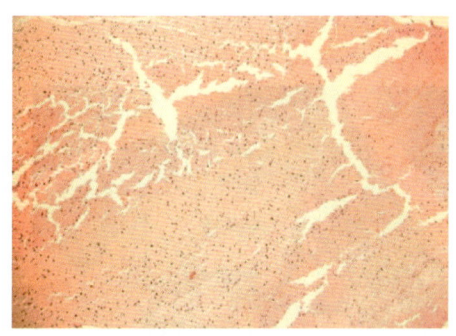

图4-11-4 纵隔血肿（HE染色，100×）

（四）法医病理诊断

（1）枕部、右侧上、下肢多发性擦挫伤。

（2）颈部肿胀，第6、7颈椎间前侧骨折脱位（分离间距宽0.3cm）伴周围软组织多发性出血。

（3）甲状腺淤血，慢性甲状腺炎。

（4）喉淤血，灶性出血。

（5）肺闭合性多发性挫伤，肺重度淤血，轻度水肿，灶性肺气肿。

（6）心脏挫伤，轻度冠心病（心重429.0g，冠状动脉左前降支病变2级）。

（7）肝轻度淤血，汇管区及小叶间纤维结缔组织增多，肝细胞轻度自溶。

（8）肾重度淤血，近、远曲小管上皮细胞自溶。

（9）脾重度淤血，轻度自溶，脾中央动脉管壁轻度增厚。

（10）胰腺自溶。

（11）肾上腺轻度自溶，皮质上皮细胞内类脂质轻度脱失。

（12）胃、肠黏膜自溶。

五、分析说明

根据尸体解剖、病理检验和组织病理学检查结果及相关鉴定材料的审查情况，结合案情和死亡经过综合分析如下：

被鉴定人某年7月22日5时14分许因交通事故受伤入院后颈部呈进行性肿胀，入ICU后即行气道穿刺并经口气管插管，呼吸机辅助呼吸，期间患者呼吸心搏骤停，经抢救于伤后约9h死亡。临床死亡诊断为：颈部大血管损伤、出血、窒息等。尸表检查见其口唇和甲床发绀，双眼结膜穹隆部可见出血点及多器官淤血等改变。尸检见其颈部肿大，第6、7颈椎间前侧骨折脱位（分离间距宽0.3cm）伴周围巨大血肿形成，自喉头水平至肺门下方面积为19.0cm×8.5cm，另有两块较大凝血块，说明其出血范围较广，损伤程度较重，并有心、肺挫伤；这些损伤可压迫颈部神经、血管及呼吸道造成呼吸循环功能障碍。因此，结合案情、临床资料和死亡经过分析，认为被鉴定人符合车祸外伤引起颈椎骨折脱位并发出血及血肿形成，压迫颈部神经、血管和呼吸道致呼吸循环功能衰竭而死亡；其死亡与本次交通事故之间存在直接因果关系。

六、鉴定意见

被鉴定人符合车祸外伤引起颈椎骨折脱位并发出血及血肿形成，压迫颈部神经、血管和呼吸道致呼吸循环功能衰竭而死亡；其死亡与本次交通事故之间存在直接因果关系。

（何新爱　孙　波　霍家润　陈新山）

> **点评**　道路交通事故损伤较为复杂，因为车辆处于运动状态、人可能是动态或静止，损伤过程迅速而短暂，并可有多种环节参与，如碰撞、摔跌、碾压和拖拉等同时发生。此外还有车速、撞击部位、车内、车外人员位置与状态等因素影响，故需要全面分析、综合而定。本例被鉴定人处于骑行状态，被从后面驶来的汽车撞击受伤，其损伤主要位于头、颈部；伤者入院时神志清楚、生命体征平稳，不像是即将有生命危险的病例。但其颈部呈进行性肿大，最终因呼吸、心搏骤停而死亡。尸检见其第6、7颈椎间前侧骨折脱位，分离间距宽达0.3cm，伴周围巨大血肿形成，从而压迫颈部神经、血管及呼吸道致呼吸循环功能障碍。根据其受伤经过、损伤部位及形态特征分析，符合骑行时发生交通事故过程中因突然受到从后方来的撞击致颈部过度后伸引起的挥鞭样损伤和出血，压迫颈部神经、血管和呼吸道致呼吸循环功能衰竭而死亡，其死亡与本次交通事故之间存在直接因果关系无疑。

案例12　交通事故死亡案件中骑行关系鉴定

关键词　法医病理学；交通事故；骑跨伤；骨折；尸表检验

一、基本情况

1. 委托鉴定事项　甲和乙的死亡原因；致伤方式及是驾驶人还是行人；无号牌两轮摩托车是否与甲或乙有接触；如有接触，其接触的部位在何处。

2. 鉴定材料　①甲和乙尸体各1具；②某司法鉴定中心法医病理学尸表检验意见书复印件1份；③道路交通事故现场图、现场照片及笔录复印件各1份。

3. 被鉴定人　某男（甲），28岁；某女（乙），35岁。

二、基本案情

某年3月11日20时10分许，甲驾驶两轮摩托车将行人乙撞倒，造成两人倒地受伤。随后，丙驾驶无号牌两轮摩托车经过事故现场时，两轮摩托车右侧翻，丙倒地受伤。甲和乙伤后死亡，后经某司法鉴定中心分别对死者的尸体进行了尸表检验，并出具了检验意见书。为进一步明确事故真相，现某市公安分局交警大队委托本中心就上述委托事项进行重新鉴定。

三、资料摘要

（一）某司法鉴定中心法医病理学尸表检验意见书摘要

对甲尸表检验：腹部有波动感，阴囊分别见4cm×2.5cm和4cm×1.5cm擦挫伤。

对乙尸表检验：乙符合重度颅脑损伤而死亡。其右小腿损伤符合由后向前的钝性外力作用形成，其枕部损伤摔跌可以形成。

（二）痕迹鉴定意见摘要

本中心痕迹鉴定意见书载：某年3月11日某路段道路交通事故，系有车辆号牌两轮摩托车，先与人体撞击接触，致人体创伤倒地。然后无车辆号牌两轮轻便踏板摩托车路过该处，并与路面上的血泊和倒地人体接触致事故发生。

（三）法医物证鉴定意见摘要

本中心法医物证司法鉴定意见书载：鉴定意见是极强力支持无号牌两轮摩托车底部血迹是甲所留，不支持无关个体所留。

四、鉴定过程

（一）审核受理情况

本中心受理后，对委托鉴定事项进行了审核，并指派鉴定人于6月25日在交警大队主持下，对事故车辆及事故现场进行了勘验、检查，提取了无号牌车辆底板、发动机底座、前轮、前挡板右侧血迹及有牌两轮摩托车前挡板碎片（挡板内、外侧均黏附血迹）；于6月26日在某殡仪馆对死者甲和乙的尸体分别进行了尸表检验，提取死者血迹、毛发等检材以备查。对乙右小腿进行了局部解剖。

（二）鉴定依据和方法

按照中华人民共和国公共安全行业标准《法医学尸表检验》（GA/T 149—1996）及本中心《道路交通事故尸体检验方法（MZFIC-P-308-10）》进行尸表检验。

（三）法医学尸体检验

1. 甲尸表检验

（1）一般情况：成年男性解冻尸体，尸长176.0cm，发育正常，营养一般；尸斑呈暗红色，中等量，位于背侧，指重压不褪；四肢腐败静脉网呈现，腹部尸绿；尸体衣着未见。

（2）头面部：黑发，长9.0cm；前额塌陷，面积10.0cm×10.0cm；左、右眉弓上方分别见3.0cm×3.0cm和2.0cm×1.0cm皮肤挫伤；额部发际处见一裂创，创口长3.5cm，创缘整齐，无明显挫伤带，创与颅腔相通，可见颅骨骨折，部分骨块游离外露（图4-12-1），有腐败脑组织流出。右颧部见3.0cm×2.0cm皮肤挫伤。双眶部青紫，左侧为重，左眼结膜淤血，右眼结膜苍白，双眼球凹陷，角膜重度混浊。鼻部及唇黏膜皮革样变，鼻部触

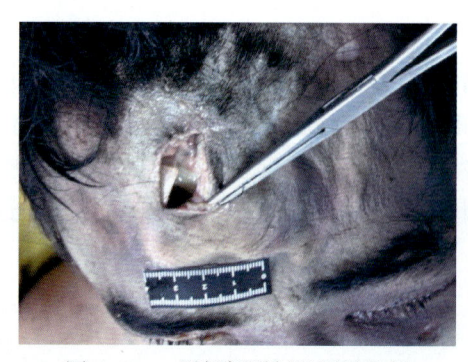

图4-12-1 甲额部裂创及颅骨骨折

之塌陷，可触及骨擦感。牙列齐，口腔无异物。右外耳道可见血迹。

（3）颈项部：未见明显外伤痕。

（4）躯干部：右肩峰处见小片状皮肤挫伤，面积为1.0cm×1.0cm；胸部、骨盆及脊柱未触及骨擦感。

（5）四肢部：右手背小片状表皮剥脱两处，面积分别为0.6cm×0.5cm、0.5cm×0.5cm；左膝内侧见0.5cm×0.5cm皮肤擦伤；右膝前内侧皮肤挫伤4处，最大处3.0cm×1.5cm、最小处1.0cm×0.5cm；右足背远端内侧见2.0cm×1.8cm皮肤挫伤。

（6）会阴部：阴囊见两处皮肤擦挫伤。

2. 乙尸表检验

（1）一般情况：成年女性解冻尸体；尸体衣着未见。尸长160.0cm，发育正常，营养一般。尸斑呈暗红色，中等量，位于背侧，指重压不褪。面部及胸前局部霉变，四肢腐败静脉网呈现，末端皮革样变。

（2）头面部：黑发，长20.0cm；枕部见头皮挫裂创一处，面积为6.0cm×6.0cm，创口长2.5cm，可探及创底处颅骨骨折（图4-12-2）；右面部及鼻部见皮革样变，范围10.0cm×6.0cm；双眶部青紫，双眼球凹陷，角膜混浊，结膜苍白；鼻腔有血痂附着；牙列齐，唇黏膜见皮革样变；双耳垂佩戴白色金属耳钉各一枚，左外耳道有血迹。

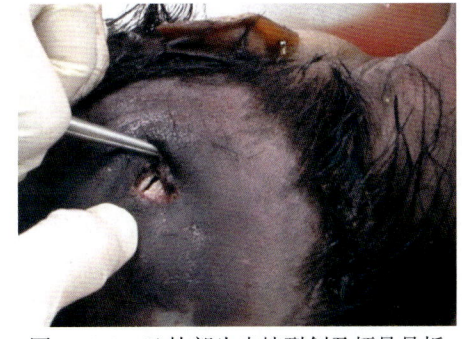

图4-12-2 乙枕部头皮挫裂创及颅骨骨折

（3）颈项部：未见明显外伤痕。

（4）躯干部：胸前左右侧见小片状表皮剥脱及霉变斑；右下腹见可疑针眼1处；背部左肩胛线平第6后肋处见一6.0cm×3.0cm皮下出血，触之该处肋骨有骨擦感。左髂后上棘见皮肤挫伤，面积为5.0cm×3.0cm；左右臀部分别见10.0cm×5.0cm和8.0cm×4.0cm皮下出血；骨盆及脊柱未触及骨擦感。

（5）四肢部：左上臂下段伸侧见12.0cm×9.0cm皮下出血；左前臂中段尺侧皮肤见3.0cm×1.0cm皮革样变；左腕伸侧皮肤见7.0cm×3.0cm皮革样变；左手背见10.0cm×6.0cm皮下出血。右肩部见3.5cm×1.0cm皮肤皮革样变；右手示指近指间关节见小片状表皮剥脱。左大腿中下段背侧至腘窝见11.0cm×7.0cm皮下出血；左小腿中段后内侧见10.0cm×6.0cm皮下出血。右大腿中段背侧见14.0cm×7.0cm皮下出血；右膝部分别见2.5cm×1.5cm和3.0cm×1.0cm皮肤挫伤及皮下出血；右腘窝见5.0cm×3.0cm挫裂创，创口长2.0cm；右小腿中下段畸形，右腘窝至小腿中段皮下出血，面积21.0cm×12.0cm，距足跟19.0cm处见两处骨折刺破口（图4-12-3），创口分别长1.6cm和2.0cm。骨折碎片外露，右内踝后上见一5.0cm×4.5cm表皮剥脱，形成斜向前下小皮瓣；右外踝见两处表皮剥脱，大小分别为2.5cm×1.5cm和0.6cm×0.6cm；在右小腿后侧切开皮肤及软组织，见右胫骨中下段楔形骨折，尖端向前，腓骨中段骨折（图4-12-4）。

（6）会阴部：未见损伤。

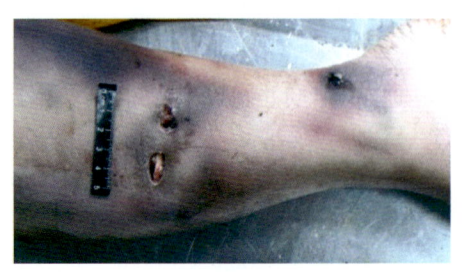

图 4-12-3　乙右小腿变形及骨折断端刺破口

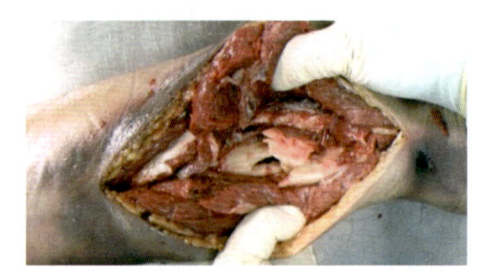

图 4-12-4　乙右胫骨楔形骨块，尖端向前

五、分析说明

根据尸表检验和对乙右小腿局部解剖所见，结合案情、相关鉴定材料的审查、法医物证和痕迹鉴定结果综合分析如下：

1. 对甲死因及相关事项的分析

（1）死亡原因。死者主要损伤位于头部，为额部塌陷，颅骨呈粉碎性骨折，脑组织自额部裂创处流出，结合当地第一次尸检见死者腹部有波动感综合分析，认为其死亡原因为重型颅脑损伤合并腹部闭合性损伤而死亡。

（2）甲致伤方式及是驾驶人还是行人的分析。尸表检查见损伤多位于体表突出部位，如前额部、右颧部、鼻部和右肩等部位，损伤较为分散，大小不一，形态不规则，其头部和腹部损伤具有外轻内重的损伤特点，结合案情分析，认为其符合车祸伤特征。

死者额部大面积塌陷，并见片状皮肤挫伤和裂创，裂创创缘整齐，未见明显挫伤带，上述损伤符合额部与一定面积物体接触致颅骨压缩变形、颅骨骨折，碎骨片刺破皮肤所致，如摔跌过程中头部与地面接触可以形成；死者鼻部和上唇皮肤挫伤及鼻骨骨折，亦可在上述损伤过程中形成。

阴囊的两处皮肤擦挫伤和双下肢内侧的散在片状皮肤擦挫伤，符合骑跨伤的损伤特点，故可以认定甲为摩托车驾驶人。

（3）无号牌两轮摩托车是否与甲有接触，如有接触，接触的部位的分析。根据本中心痕迹鉴定及物证鉴定情况，可以认定无车辆号牌两轮轻便踏板摩托车与甲存在接触，但由于仅对死者进行尸表检查，未进行尸体解剖，亦未见尸体衣服损伤情况，尸表无特异性损伤痕迹，故难以认定无号牌两轮摩托车与人体接触的具体部位。

2. 对乙死因及相关事项的分析

（1）死亡原因。根据尸表检验所见，乙枕部有挫裂创一处，创底颅骨骨折，其双眶部青紫，鼻腔及左外耳道有血迹，说明其颅脑损伤较重，可致重型颅脑损伤而死亡；其胸部第 6 肋骨折、右小腿骨折及全身多处软组织损伤可加速其死亡。

（2）乙致伤方式以及乙是驾驶人还是行人。尸表检验见损伤主要位于其背侧，损伤较重，作用力较大，且损伤广泛，大小不一，形态不规则，其头部损伤具有外轻内重的特点，结合案情分析，认为符合车祸伤特征。

死者右小腿中下段畸形，右胫骨骨折，形成楔形骨块，尖端向前，符合由身体后侧向前撞击伤特点，结合其左下肢后侧多处软组织损伤，可以认定乙系行走时右下肢承重情况下被由后向前的撞击力所致，其头部及躯干背侧损伤可在撞击过程中与钝性物体接触形成。

（3）无号牌两轮摩托车是否与乙有接触，如有接触，接触部位在何处。根据本中心痕迹鉴定及物证鉴定结果，不能认定无车辆号牌两轮轻便踏板摩托车与乙存在接触。

六、鉴定意见

（1）被鉴定人甲符合重型颅脑损伤合并腹部闭合性损伤而死亡；其损伤符合车祸伤特征，头面部损伤符合与一定面积物体接触形成（如摔跌时头部接触地面）；阴囊及双下肢损伤符合骑跨伤特点，可以认定甲为摩托车驾驶人；仅尸表检查难以认定无号牌两轮摩托车与甲身体接触的具体部位。

（2）被鉴定人乙符合重型颅脑损伤而死亡；其损伤符合车祸伤特征；可以认定其系行走时右下肢承重情况下被由身后向前的撞击力所致；不能认定无号牌两轮摩托车与其有接触。

（何新爱　霍家润）

点评　随着社会的发展和各种机动车辆增多，我国道路交通事故不断增多；因此，涉及道路交通事故的法医鉴定也与日俱增。交通事故死亡案例，除鉴定死因外，还涉及驾乘关系、驾驶员与副驾驶人员、多次车辆损伤及是否被碾压等方面的鉴定。除常规尸表检验外，有时还需进行尸体解剖，甚至法医物证和痕迹检验。本例涉及道路交通事故中有关驾驶者与行人的认定，以及致伤方式等相关事项的分析。此类案件的鉴定往往比较复杂疑难，不仅需要全面细致的尸表检查，还需结合对现场痕迹和物证的认真勘查和检验进行综合分析，才能做出科学、客观、实事求是的鉴定意见。本例鉴定过程中的另一亮点是在尸表检验而不是尸体解剖时，对交通事故受伤的重要部位加做了局部解剖，获得了重要的直接证据，为鉴定意见的得出创造了条件。

第五章 法医物证鉴定案例

案例 1 汽车前风挡玻璃上人体组织的个体识别

关键词 法医物证学；个体识别；STR 分型；似然率（LR）

一、基本情况

1. 委托事项 同一认定某车前风挡玻璃上提取的人体组织与被鉴定人甲、被鉴定人乙人体组织。

2. 鉴定材料 送检材料有被鉴定人甲肌组织 1 份，被鉴定人乙肌组织 1 份，某车前风挡玻璃上提取的人体组织 1 份（图 5-1-1）。

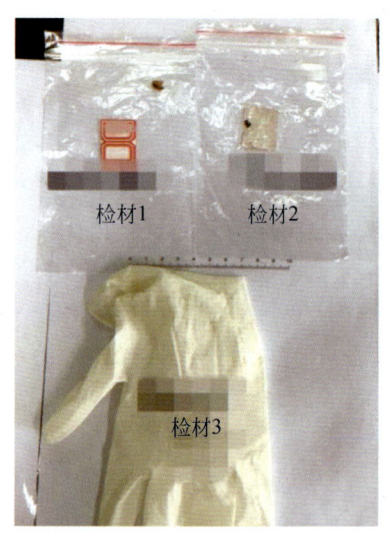

图 5-1-1 检材照片

二、被鉴定人（物）概况（表 5-1-1）

表 5-1-1 被鉴定人（物）概况

被鉴定人（物）	性别	年龄（岁）	样本编号
被鉴定人甲	男	25	检材 1
被鉴定人乙	男	24	检材 2
前风挡玻璃提取的人体组织	—	—	检材 3

注：实际鉴定报告中年龄栏为出生日期，并有身份证号码。

三、基本案情

某地发生交通事故,为确定某车前风挡玻璃上提取的人体组织为何人所留,本中心受某交通警察总队委托,对上述委托事项进行法医物证学司法鉴定。

四、检验过程

1. 检验方法 按照行业标准《法庭科学DNA实验室检验规范》(GA/T 383-2014)中的方法对上述样本进行检验。样本经Chelex100处理,Goldeneye 20A试剂盒扩增后,在ABI PRISM-3130型DNA序列分析仪电泳分离扩增产物和激光扫描分析,检测STR基因座的基因型。Goldeneye 20A试剂盒检验结果显示阳性对照(9947A)分型正确,阴性对照未见特异性谱带,样本分型见表5-1-2和表5-1-3。

2. 检验结果 检验结果详见表5-1-2～表5-1-4和图5-1-2～图5-1-4。

表 5-1-2 检验结果①

检测系统	检材1	检材3	检测系统	检材1	检材3
D19S433	13, 14	13, 15.2	Penta D	9, 12	9, 12
D5S818	11, 11	11, 12	vWA	14, 17	16, 18
D21S11	30, 32.2	29, 30	D8S1179	10, 13	15, 15
D18S51	19, 20	17, 17	TPOX	8, 8	8, 8
D6S1043	11, 19	12, 13	Penta E	17, 18	5, 12
D3S1358	15, 17	15, 17	TH01	7, 9.3	7, 9
D13S317	8, 12	10, 11	D12S391	16, 17	15, 17
D7S820	10, 10	11, 11	D2S1338	18, 23	19, 22
D16S539	12, 13	10, 11	FGA	18, 23	24, 25
CSF1PO	10, 10	9, 11	AMEL	X, Y	X, Y

表 5-1-3 检验结果②

检测系统	检材2	检材3	检测系统	检材2	检材3
D19S433	13, 15.2	13, 15.2	Penta D	9, 12	9, 12
D5S818	11, 12	11, 12	vWA	16, 18	16, 18
D21S11	29, 30	29, 30	D8S1179	15, 15	15, 15
D18S51	17, 17	17, 17	TPOX	8, 8	8, 8
D6S1043	12, 13	12, 13	Penta E	5, 12	5, 12
D3S1358	15, 17	15, 17	TH01	7, 9	7, 9
D13S317	10, 11	10, 11	D12S391	15, 17	15, 17
D7S820	11, 11	11, 11	D2S1338	19, 22	19, 22
D16S539	10, 11	10, 11	FGA	24, 25	24, 25
CSF1PO	9, 11	9, 11	AMEL	X, Y	X, Y

表 5-1-4 检材 2 与检材 3 的鉴定结果

STR 基因座	检材 2	检材 3	allele 1 频率 p	allele 2 频率 q	计算公式	随机匹配概率
D19S433	13, 15.2	13, 15.2	0.271	0.126	$2pq$	0.068 3
D5S818	11, 12	11, 12	0.312	0.247	$2pq$	0.154 1
D21S11	29, 30	29, 30	0.237	0.312	$2pq$	0.147 9
D18S51	17, 17	17, 17	0.072	—	p^2	0.005 2
D6S1043	12, 13	12, 13	0.140 6	0.132 8	$2pq$	0.037 3
D3S1358	15, 17	15, 17	0.367	0.198	$2pq$	0.145 3
D13S317	10, 11	10, 11	0.147	0.254	$2pq$	0.074 7
D7S820	11, 11	11, 11	0.345	—	p^2	0.119 0
D16S539	10, 11	10, 11	0.119	0.267	$2pq$	0.063 5
CSF1PO	9, 11	9, 11	0.057	0.24	$2pq$	0.027 4
Penta D	9, 12	9, 12	0.364 7	0.132 8	$2pq$	0.096 9
vWA	16, 18	16, 18	0.168	0.195	$2pq$	0.065 5
D8S1179	15, 15	15, 15	0.179	—	p^2	0.032 0
TPOX	8, 8	8, 8	0.51	—	p^2	0.260 1
Penta E	5, 12	5, 12	0.005 3	0.117 7	$2pq$	0.001 2
TH01	7, 9	7, 9	0.244	0.528	$2pq$	0.257 7
D12S391	15, 17	15, 17	0.015 6	0.088 5	$2pq$	0.002 8
D2S1338	19, 22	19, 22	0.157	0.047	$2pq$	0.014 8
FGA	24, 25	24, 25	0.211	0.092	$2pq$	0.038 8
LR						$5.493\ 0 \times 10^{25}$

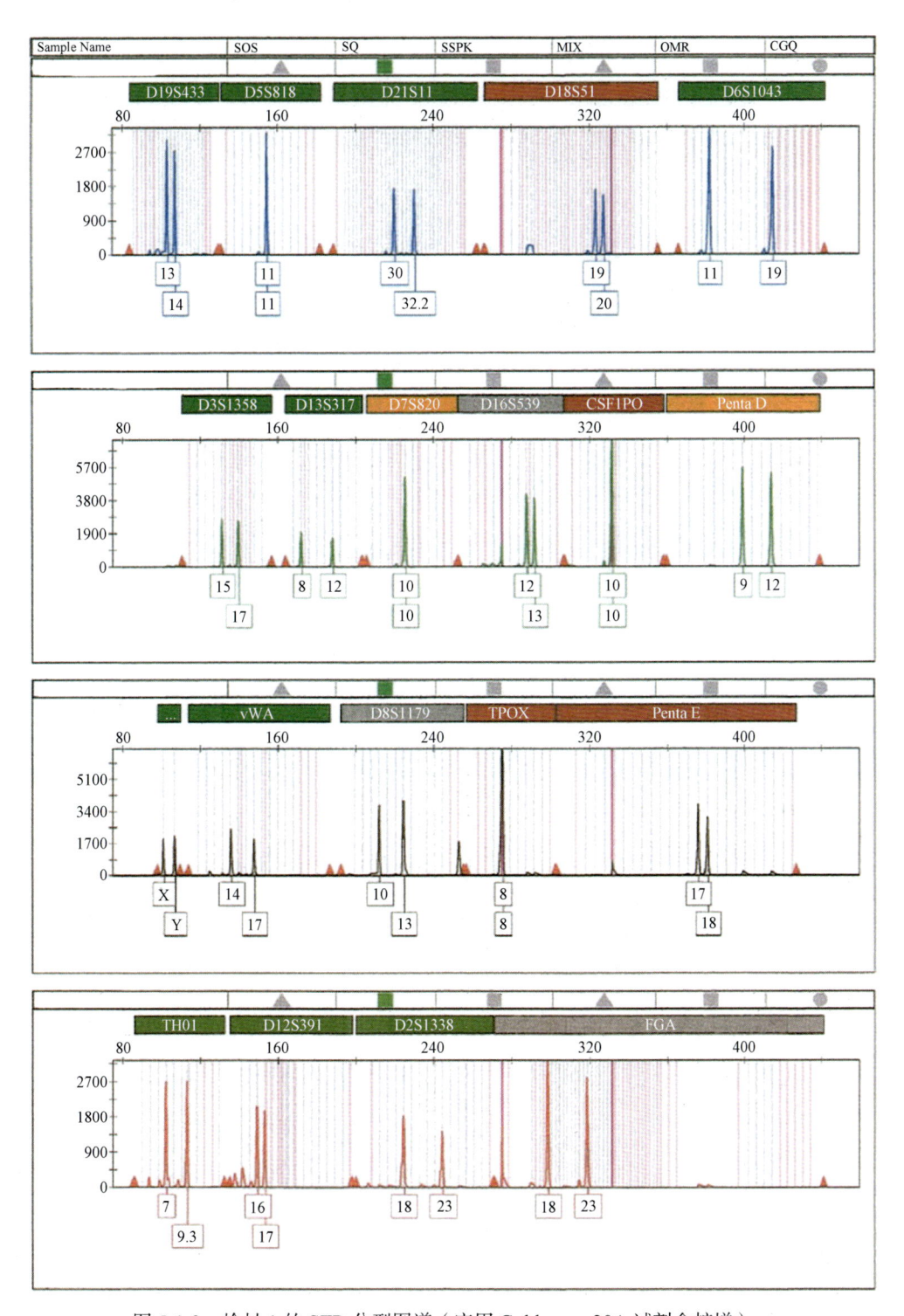

图 5-1-2　检材 1 的 STR 分型图谱（应用 Goldeneye 20A 试剂盒扩增）

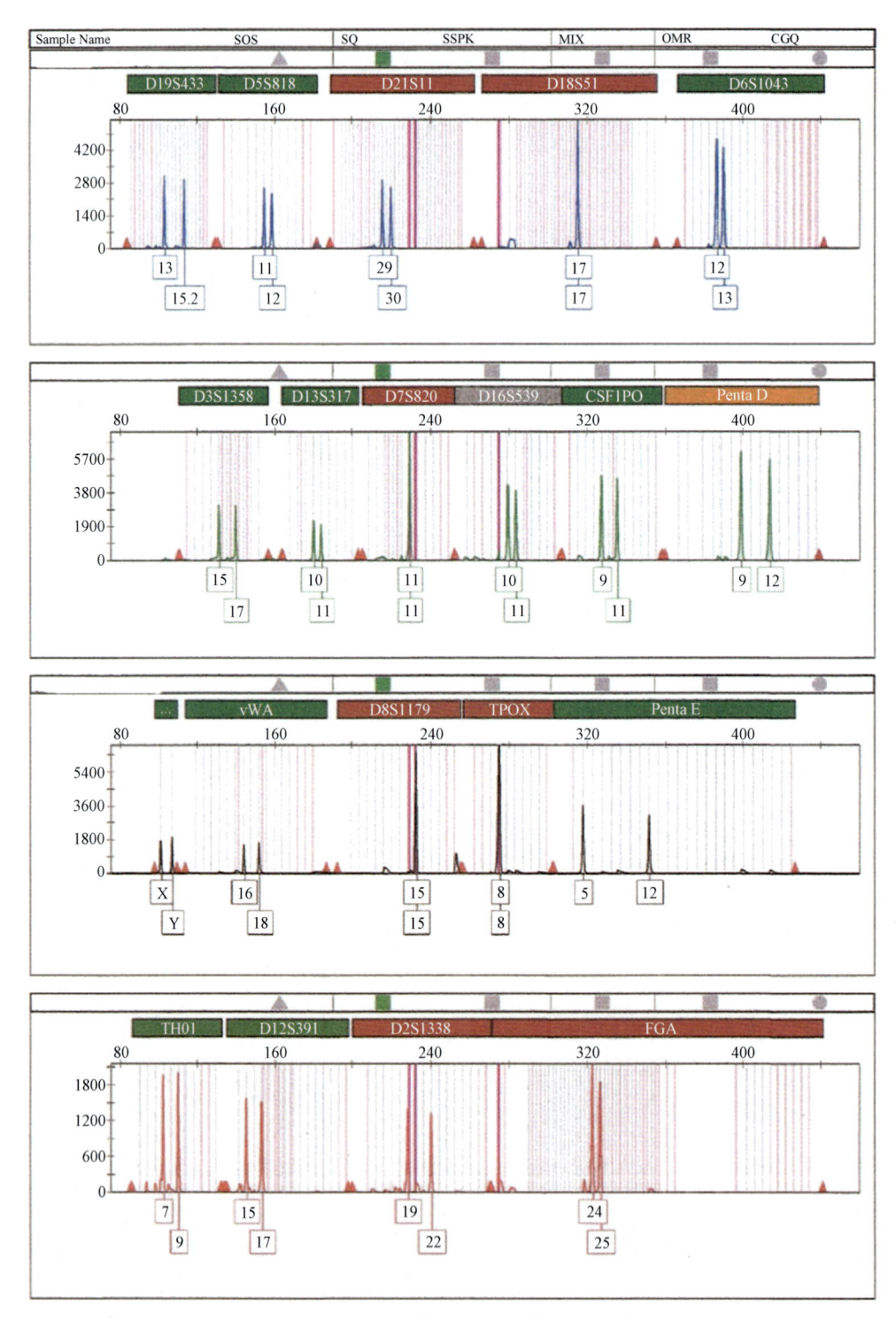

图 5-1-3 检材 2 的 STR 分型图谱（应用 Goldeneye 20A 试剂盒扩增）

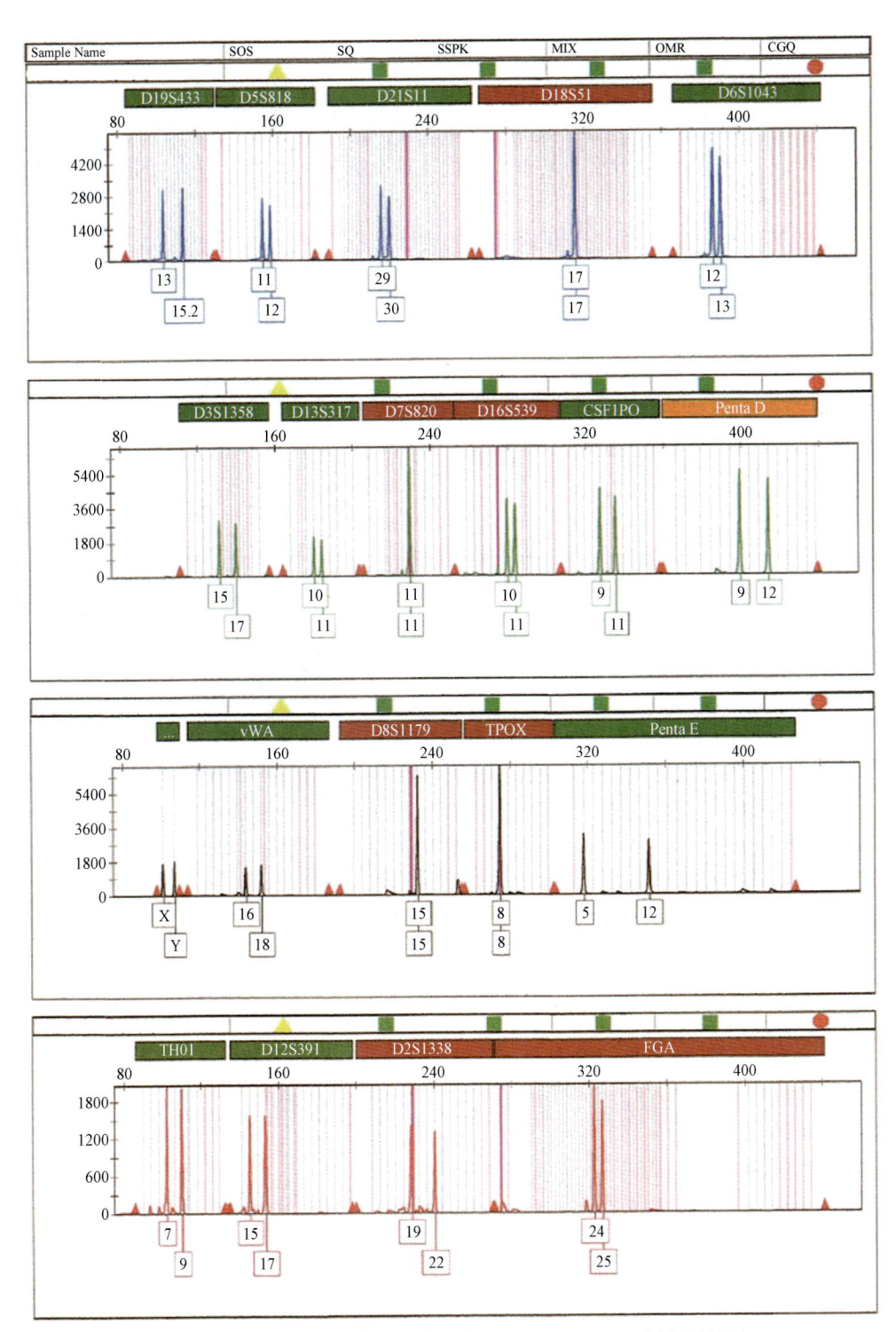

图 5-1-4　检材 3 的 STR 分型图谱（应用 Goldeneye 20A 试剂盒扩增）

五、分析说明

本次检验使用的上述 19 个 DNA STR 系统，均为人类遗传标记，结合 Hardy-Weinberg 平衡定律可以应用于个体识别领域，累积个体识别率 99.9999% 以上。

被鉴定人甲的 DNA 分型与某车前风挡玻璃上提取的人体组织的 DNA 分型在上述系统中不一致。

被鉴定人乙的 DNA 分型与某车前风挡玻璃上提取的人体组织的 DNA 分型在上述系统中一致，似然率（LR）为 5.4930×10^{25}。

六、鉴定意见

（1）排除某车前风挡玻璃上提取的人体组织来源于被鉴定人甲。
（2）不排除某车前风挡玻璃上提取的人体组织来源于被鉴定人乙。

（毕 洁 王 博）

> **点评** 这是 1 例肌组织个体识别鉴定案例。该例实验操作，如检材 DNA 提取、DNA 扩增及扩增产物分析等，均符合《法庭科学 DNA 实验室检验规范》（GA/T 383-2014）。实验应用 Goldeneye 20A 试剂盒对 3 份检材进行 19 个多态性 STR 座位及性别位点检测。结果显示被鉴定人甲在 19 个 STR 座位中，16 个座位基因分型与风挡玻璃上提取的人体组织分型不同，排除检材 3 来源于被鉴定人甲；被鉴定人乙 19 个 STR 座位分型及性别均与检材 3 相同（多于 13 个 STR 座位），计算似然率为 5.4930×10^{25}，两份检材的遗传标记表型相匹配。该鉴定案例的分析说明和鉴定意见等内容符合《人类 DNA 荧光标记 STR 分型结果的分析及应用》（GA/T 1163-2014）的行业规范原则。
>
> 鉴定文书格式符合行业规范，检验方法科学，数据准确，图谱清楚，分型准确，结论正确。

案例 2 驾驶室血斑的个体识别

关键词 法医物证学；个人识别；STR 分型；似然率（LR）

一、基本情况

1. 委托事项 鉴定某小型轿车驾驶席足垫、副驾驶座椅、副驾驶气囊血样为何人所留。

2. 鉴定材料 驾驶席足垫棉签拭子 2 根，副驾驶座椅棉签拭子 2 根，副驾驶气囊血样 1 份，被鉴定人甲的血样 1 份，被鉴定人乙的血样 1 份（图 5-2-1）。

二、被鉴定人（物）概况（表 5-2-1）

表 5-2-1　被鉴定人（物）概况

被鉴定人（物）	性别	年龄（岁）	样本编号
驾驶席足垫棉签拭子	—	—	检材 1
副驾驶座椅棉签拭子	—	—	检材 2
副驾驶气囊血样	—	—	检材 3
被鉴定人甲	男	26	检材 4
被鉴定人乙	女	51	检材 5

注：实际鉴定报告中年龄栏为出生日期，并有身份证号码。

三、基本案情

某小型轿车在某大街交口发生交通事故，受某公安交警大队委托，本中心对上述委托事项进行法医物证学司法鉴定。

四、检验过程

1. 检材处理和检验方法　按《人血红蛋白检测金标试剂条法》（GA 765-2008）进行检验。具体操作如下：剪取检材 1、2 和 3 适量，已知人血斑检材（阳性对照）适量分别放入已编号的 1.5ml 离心管中，各加入 0.5ml 去离子水，室温浸泡 30min，期间反复搅动 3 次，取去离子水 0.5ml 作阴性对照。分别用抗人血红蛋白金标试剂条进行检测。5min 内观察结果，已知人血斑检材显示为阳性，去离子水显示为阴性，检材 1 显示为阴性，检材 2 和 3 显示为阳性（图 5-2-2）。

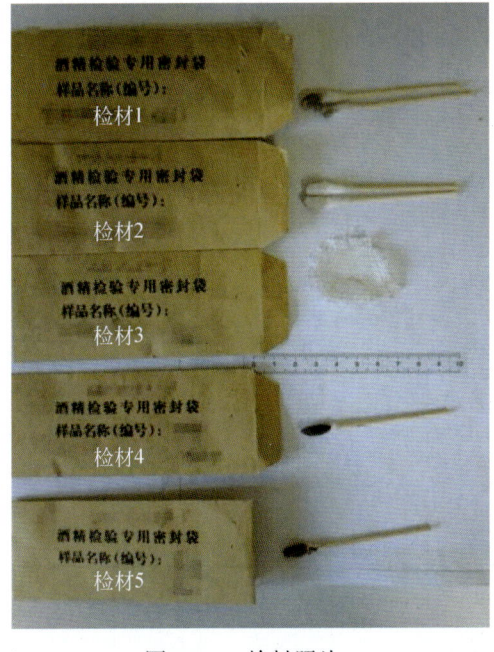

图 5-2-1　检材照片

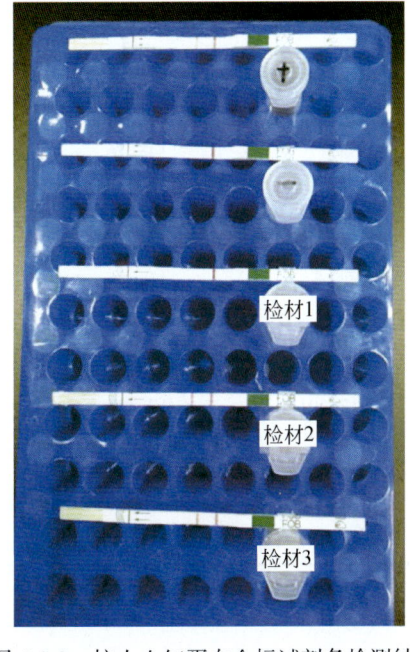

图 5-2-2　抗人血红蛋白金标试剂条检测结果

按照中华人民共和国公共安全行业标准《法庭科学 DNA 实验室检验规范》（GA/T 383-2014）附录 A 中 Chelex 法抽提 DNA，采用 Goldeneye 20A 人类荧光标记 STR 复合扩增检测试剂进行复合 PCR 扩增，用 3130XL 进行毛细管电泳和基因型分析。

2. 检验结果　检验结果详见表 5-2-2 和表 5-2-3，图 5-2-3～图 5-2-6。

表 5-2-2　检验结果

STR 基因座	副驾驶座椅棉签拭子	副驾驶气囊血样	被鉴定人甲	被鉴定人乙
D19S433	14.2, 15.2	14.2, 15.2	13, 15	14, 15
D5S818	10, 11	10, 11	11, 12	12, 13
D21S11	30, 32.2	—, —	30, 30	30, 30
D18S51	13, 13	13, 13	16, 19	13, 16
D6S1043	13, 13	13, 13	10, 11	11, 19
D3S1358	14, 16	—, —	16, 17	14, 16
D13S317	8, 9	8, 9	8, 11	8, 12
D7S820	8, 12	—, —	8, 9	8, 12
D16S539	9, 11	9, 11	9, 12	11, 12
CSF1PO	11, 11	11, 11	10, 10	10, 10
Penta D	9, 13	9, 13	9, 13	8, 9
AMEL	X, X	X, X	X, Y	X, X
vWA	14, 18	14, 18	14, 16	16, 16
D8S1179	14, 16	—, —	12, 15	10, 12
TPOX	8, 11	8, 11	8, 9	8, 9
Penta E	11, 15	11, 15	11, 13	11, 12
TH01	6, 9.3	6, 9.3	9, 9	9, 9
D12S391	17, 22	17, 22	18, 19	18, 20
D2S1338	23, 24	—, —	19, 23	21, 23
FGA	21, 22	21, 22	18, 24	23, 24

表 5-2-3 副驾驶座椅与副驾驶气囊的鉴定结果

STR 基因座	副驾驶座椅	副驾驶气囊	allele 1 频率 p	allele 2 频率 q	计算公式	随机匹配概率
D19S433	14.2, 15.2	14.2, 15.2	0.125 0	0.126 0	$2pq$	0.031 5
D5S818	10, 11	10, 11	0.181 0	0.312 0	$2pq$	0.112 9
D21S11	30, 32.2	—, —	—	—	—	0.000 0
D18S51	13, 13	13, 13	0.193 0	—	p^2	0.037 2
D6S1043	13, 13	13, 13	0.132 8	—	p^2	0.017 6
D3S1358	14, 16	—, —	—	—	—	0.000 0
D13S317	8, 9	8, 9	0.244 0	0.138 0	$2pq$	0.067 3
D7S820	8, 12	—, —	—	—	—	0.000 0
D16S539	9, 11	9, 11	0.258 0	0.267 0	$2pq$	0.137 8
CSF1PO	11, 11	11, 11	0.240 0	—	p^2	0.057 6
Penta D	9, 13	9, 13	0.364 7	0.101 2	$2pq$	0.073 8
vWA	14, 18	14, 18	0.243 0	0.195 0	$2pq$	0.094 8
D8S1179	14, 16	—, —	—	—	—	0.000 0
TPOX	8, 11	8, 11	0.510 0	0.295 0	$2pq$	0.300 9
Penta E	11, 15	11, 15	0.194 8	0.075 2	$2pq$	0.029 3
TH01	6, 9.3	6, 9.3	0.095 0	0.047 0	$2pq$	0.008 9
D12S391	17, 22	17, 22	0.088 5	0.101 6	$2pq$	0.018 0
D2S1338	23, 24	—, —	—	—	—	0.000 0
FGA	21, 22	21, 22	0.113 0	0.176 0	$2pq$	0.039 8
LR						$2.032\ 4 \times 10^{18}$

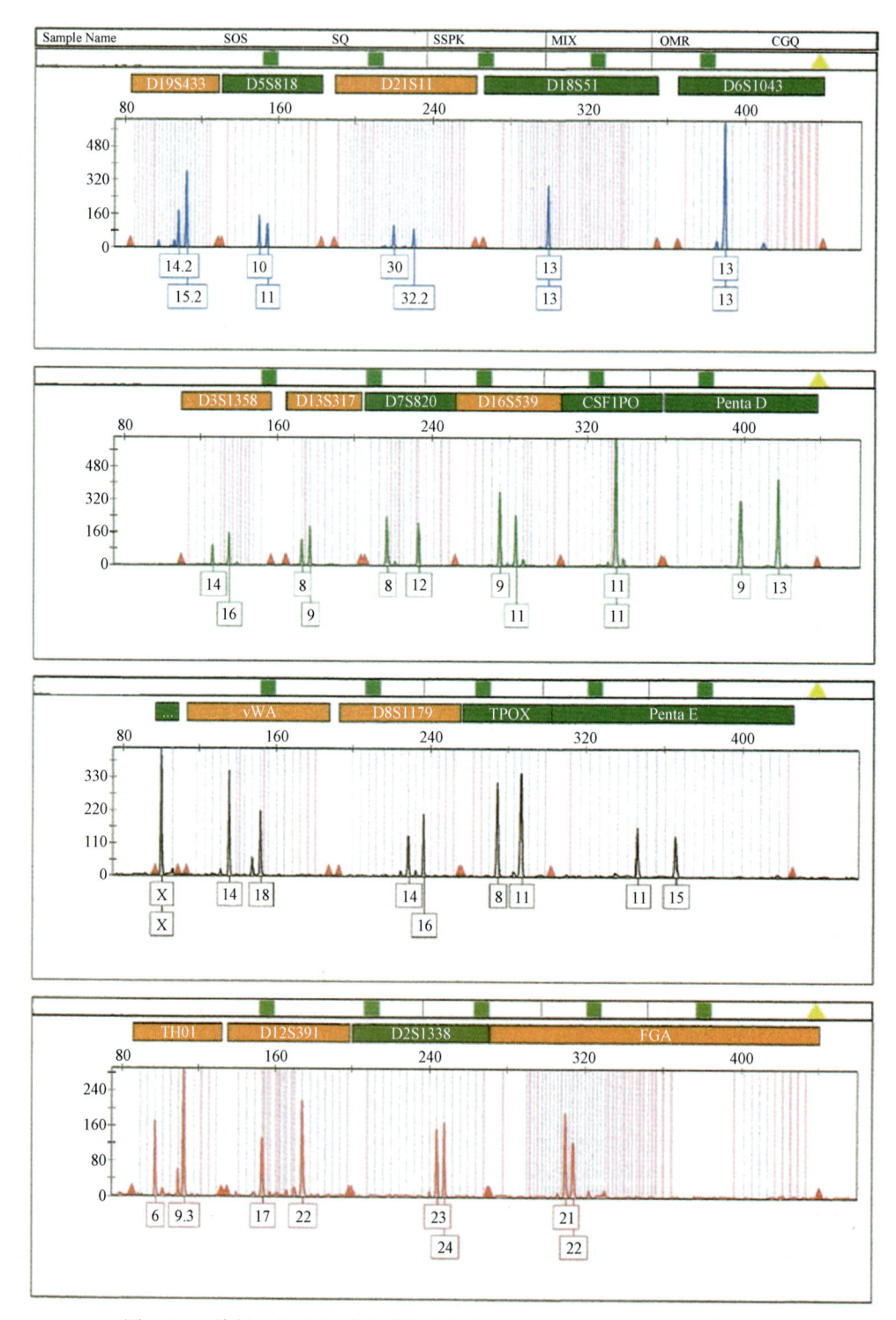

图 5-2-3　检材 2 的 STR 分型图谱（应用 Goldeneye 20A 试剂盒扩增）

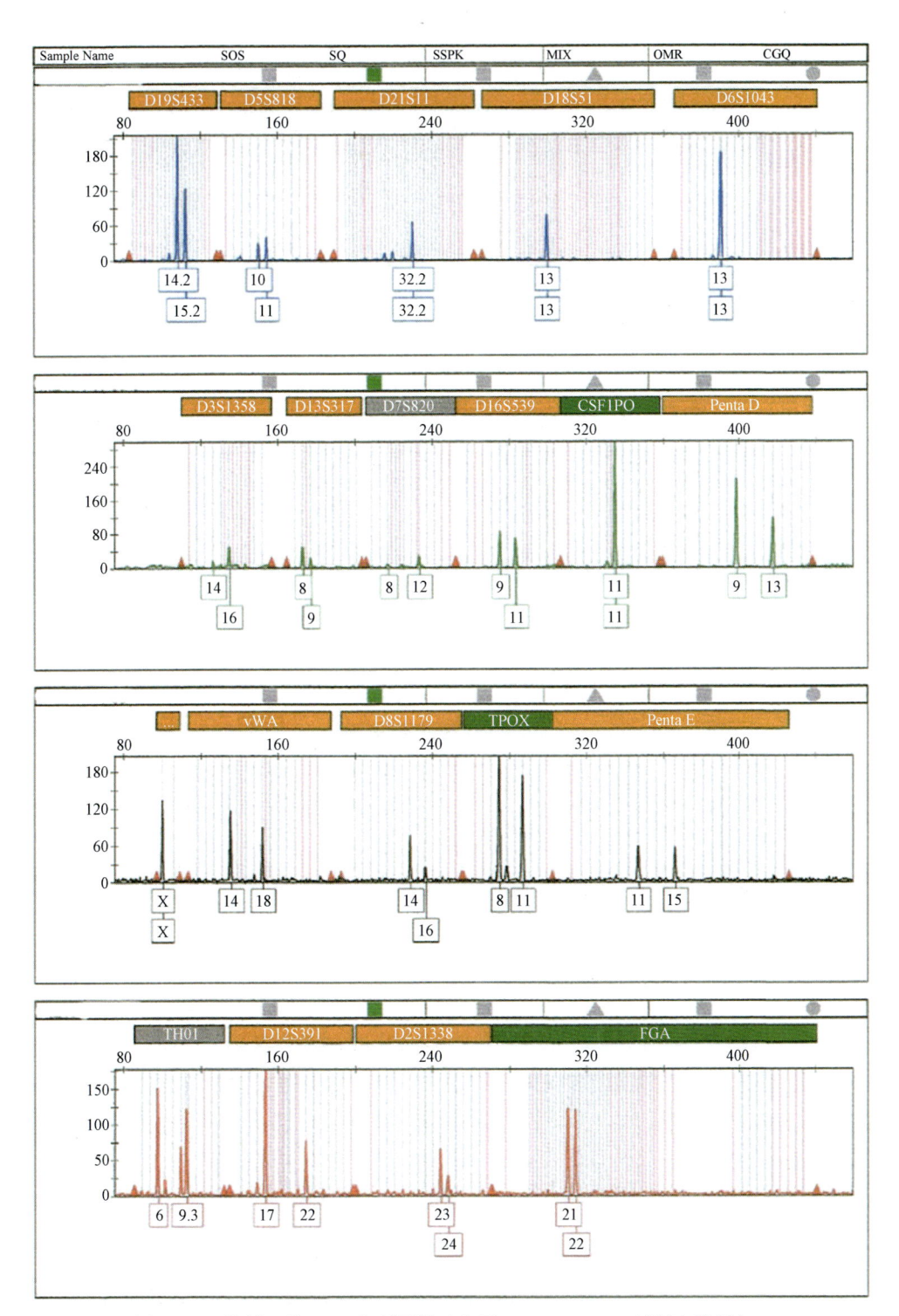

图 5-2-4　检材 3 的 STR 分型图谱（应用 Goldeneye 20A 试剂盒扩增）

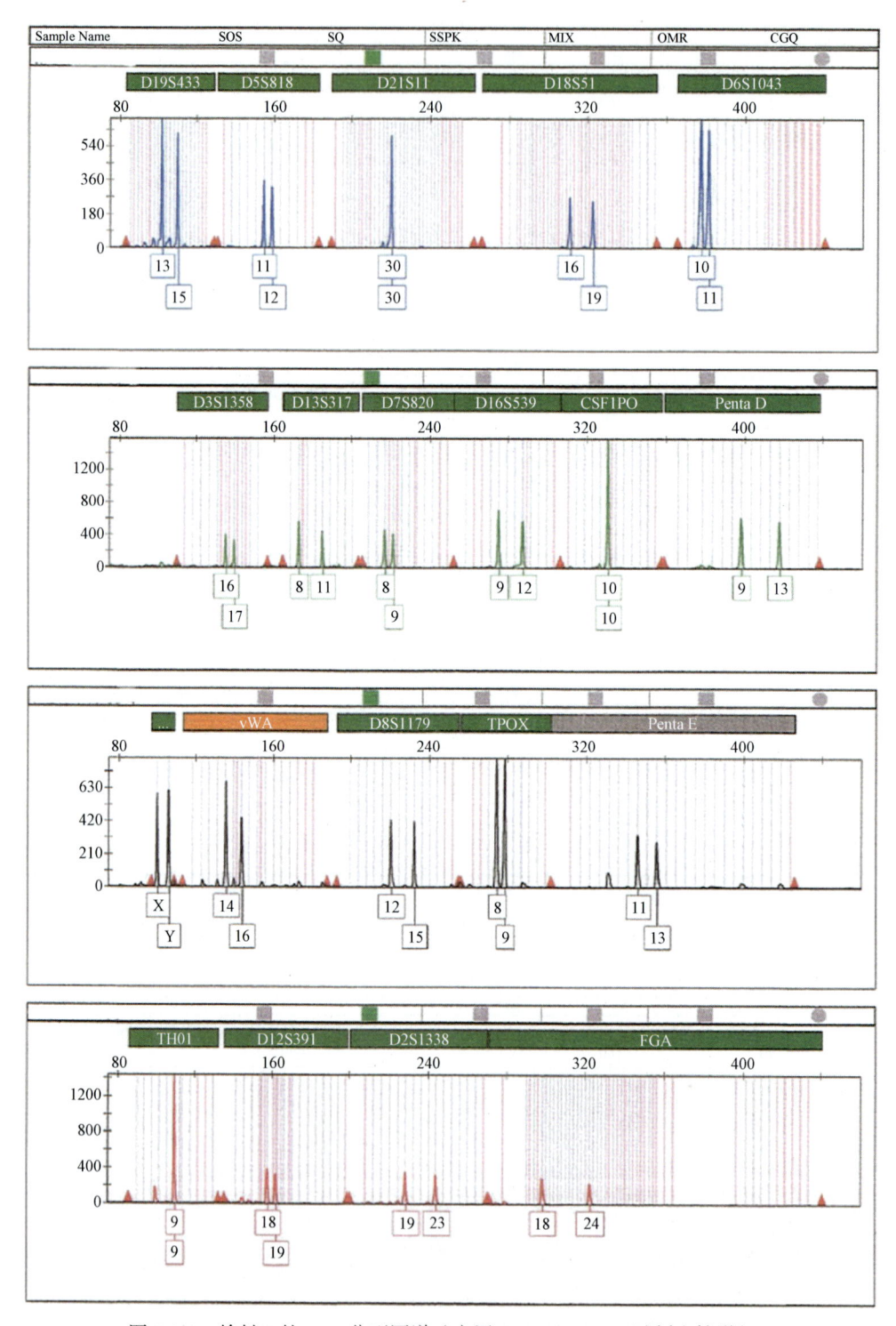

图 5-2-5　检材 4 的 STR 分型图谱（应用 Goldeneye 20A 试剂盒扩增）

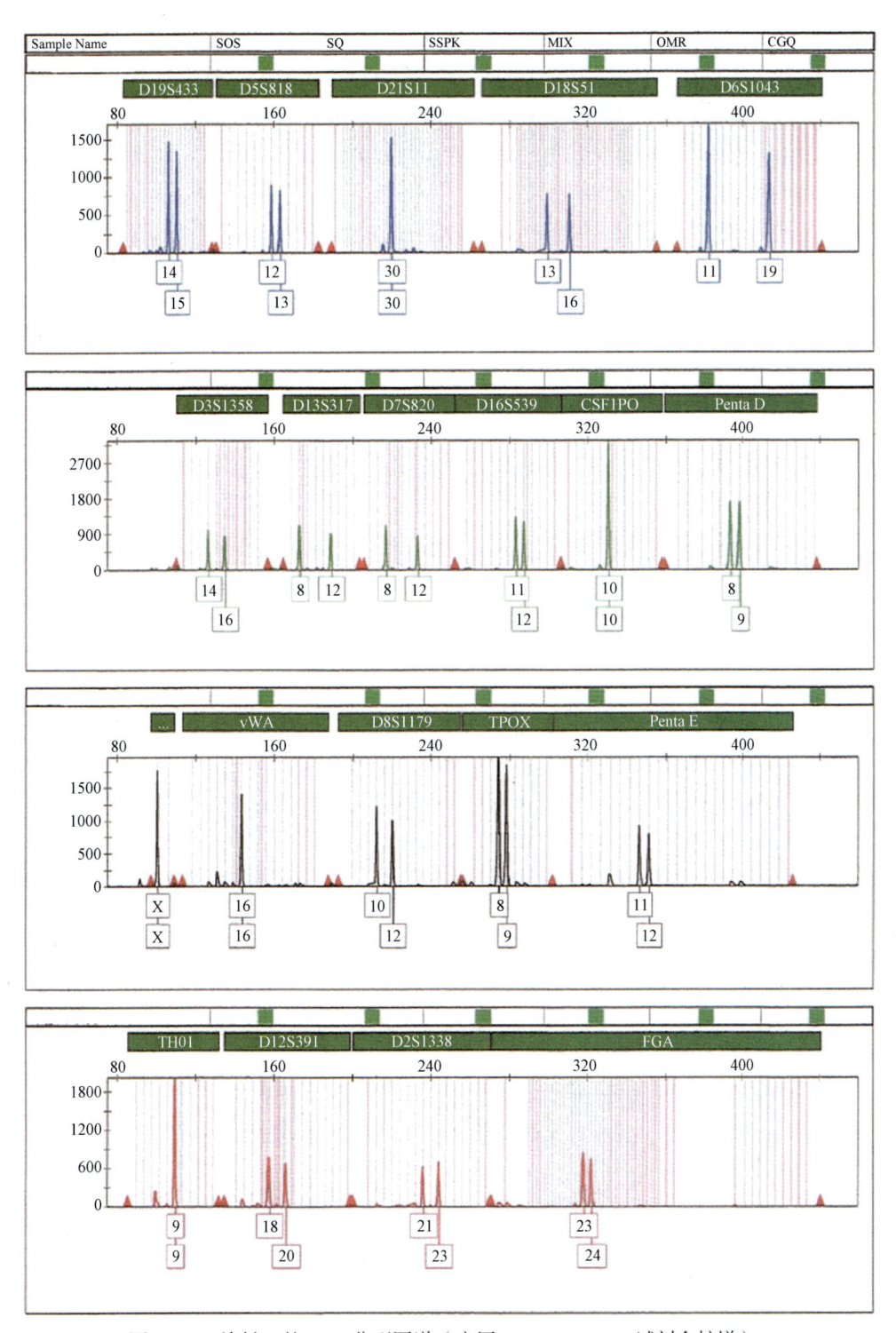

图 5-2-6　检材 5 的 STR 分型图谱（应用 Goldeneye 20A 试剂盒扩增）

五、分析说明

检材 1 经抗人血红蛋白金标试剂条检验,结果显示为阴性,确证驾驶席足垫棉签拭子未检出人血成分,故无法与其他检材的 DNA 分型进行比对。检材 2 和 3 经抗人血红蛋白金标试剂条检验,结果显示为阳性,确证副驾驶座椅和副驾驶气囊棉签拭子检出人血成分,故进行 STR 分型检测。

本次检验使用的上述 19 个 DNA STR 系统,均为人类遗传标记,结合 Hardy-Weinberg 平衡定律可以应用于个体识别领域,累积个体识别率达 99.9999% 以上。

被鉴定人甲、被鉴定人乙的 DNA 分型与副驾驶座椅棉签拭子、副驾驶气囊血样的 DNA 分型在上述系统中均不一致。

六、鉴定意见

(1)驾驶席足垫棉签拭子未检出人血成分,故无法与其他检材的 DNA 分型进行比对。

(2)排除副驾驶座椅棉签拭子、副驾驶气囊血样来源于被鉴定人甲。

(3)排除副驾驶座椅棉签拭子、副驾驶气囊血样来源于被鉴定人乙。

(毕 洁 王 博)

点评 这是 1 例典型个体识别鉴定案例,案中的检材 1、检材 2、检材 3 为可疑血斑,按照血斑鉴定程序规范,在不能确定检材为人血斑时,应当先进行人血斑的确证实验,确证为人血斑的检材才有必要继续进行后面的鉴定程序。本例中,首先用人血红蛋白金标试剂条对 3 份可疑血斑进行确证试验,检测结果排除检材 1 是人血,确证检材 2 和检材 3 是人血斑。检验过程符合《人血红蛋白检测金标试剂条法》(GA 765-2008)行业标准。

检材 4 和检材 5 是已知人血斑,加上确证为人血斑的检材 2 和检材 3,共计 4 份人血斑检材。4 份检材分别提取 DNA 及 PCR 扩增后,采用 Goldeneye 20A 试剂盒进行 STR 分型及性别检测,结果 19 个常染色体 STR 基因座检出 14 个可比对分析的基因座,从检出的 14 个常染色体 STR 分型及性别结果分析,检材 4、检材 5 与检材 2、检材 3 分型结果均不一致,排除轿车驾驶室内提取的血斑检材来源于被鉴定人甲或乙。检材 2 和检材 3 的基因分型一致,性别相同,两份血斑遗传标记表型相匹配。

本例鉴定程序、分析说明和鉴定意见均符合《人类荧光标记 STR 分型结果的分析及应用》(GA/T 1163-2014)行业标准。19 个常染色体 STR 座位中,检材 3 仅检测出 14 个 STR 座位分型,这可能与检材质地、保存状态等有关。但从个体识别鉴定规范来看,已经能够满足鉴定要求。

该案例的鉴定程序、分析说明和鉴定意见等内容均符合行业技术标准,文书格式符合行业规范,方法科学,数据准确,图谱清楚,分型准确,结论正确。

案例3　排除父权的亲子鉴定

关键词　法医物证学；亲子鉴定；STR 分型；累积父权指数（CPI）

一、基本情况

1. 委托事项　鉴定被鉴定人甲、被鉴定人丙与被鉴定人乙之间是否存在无亲生血缘关系。

2. 鉴定材料　被鉴定人甲的血样 1 份，被鉴定人丙的血样 1 份，被鉴定人乙的血样 1 份（图 5-3-1）。

图 5-3-1　检材照片

二、被鉴定人概况（表 5-3-1）

表 5-3-1　被鉴定人概况

被鉴定人	性别	称谓	年龄（岁）	样本编号
被鉴定人甲	男	父	51	检材 1
被鉴定人乙	男	孩子	13	检材 2
被鉴定人丙	女	母	54	检材 3

注：实际鉴定报告中年龄栏为出生日期，并有身份证号码。

三、检验过程

1. 检材处理和检验方法　按照中华人民共和国公共安全行业标准《法庭科学 DNA 实验室检验规范》（GA/T 383-2014）附录 A 中 Chelex 法抽提 DNA，采用 Goldeneye 20A 人类荧光标记 STR 复合扩增检测试剂进行复合 PCR 扩增，用 3130XL 进行毛细管电泳和基因型分析。

2. 检验结果 检验结果详见表 5-3-2 ～表 5-3-4 和图 5-3-2 ～图 5-3-4。

表 5-3-2 检验结果

基因座	被鉴定人丙	被鉴定人乙	被鉴定人甲	基因座	被鉴定人丙	被鉴定人乙	被鉴定人甲
D19S433	13, 14	13, 14	14, 15	Penta D	9, 13	9, 13	9, 13
D5S818	11, 11	11, 11	11, 11	vWA	14, 17	14, 17	16, 17
D21S11	29, 31	30, 31	29, 30	D8S1179	14, 15	15, 15	15, 15
D18S51	13, 19	12, 13	12, 15	TPOX	8, 11	11, 11	8, 12
D6S1043	19, 20	12, 19	12, 18	Penta E	9, 19	9, 18	17, 18
D3S1358	15, 17	15, 15	15, 16	TH01	8, 9	7, 9	9, 9
D13S317	8, 13	12, 13	9, 9	D12S391	18, 19	18, 18	19, 23
D7S820	12, 13	9, 13	10, 11	D2S1338	18, 23	23, 24	23, 24
D16S539	10, 11	11, 11	11, 13	FGA	22, 23	23, 23	24, 25
CSF1PO	11, 12	11, 12	10, 11	AMEL	X, X	X, Y	X, Y

表 5-3-3 被鉴定人甲与被鉴定人乙鉴定结果

STR 基因座	被鉴定人乙	被鉴定人甲	生父基因 1 频率 p	生父基因 2 频率 q	计算公式	PI
D19S433	13, 14	14, 15	0.259 0	—	$0.25/p$	0.965 3
D5S818	11, 11	11, 11	0.312 0	—	$1/p$	3.205 1
D21S11	30, 31	29, 30	0.312 0	—	$0.25/p$	0.801 3
D18S51	12, 13	12, 15	0.041 0	—	$0.25/p$	6.097 6
D6S1043	12, 19	12, 18	0.140 6	—	$0.25/p$	1.778 1
D3S1358	15, 15	15, 16	0.367 0	—	$0.5/p$	1.362 4
D13S317	12, 13	9, 9	0.170 0	—	$\mu/400p$	$2.900\ 0 \times 10^{-5}$
D7S820	9, 13	10, 11	0.063 0	—	$\mu/8p$	0.004 0
D16S539	11, 11	11, 13	0.267 0	—	$0.5/p$	1.872 7
CSF1PO	11, 12	10, 11	0.240 0	—	$0.25/p$	1.041 7
Penta D	9, 13	9, 13	0.364 7	0.101 2	$0.25/p+0.25/q$	3.155 9
vWA	14, 17	16, 17	0.245 0	—	$0.25/p$	1.020 4
D8S1179	15, 15	15, 15	0.179 0	—	$1/p$	5.586 6
TPOX	11, 11	8, 12	0.295 0	—	$\mu/4p$	0.001 7
Penta E	9, 18	17, 18	0.077 2	—	$0.25/p$	3.238 3

续表

STR 基因座	被鉴定人乙	被鉴定人甲	生父基因1频率 p	生父基因2频率 q	计算公式	PI
TH01	7, 9	9, 9	0.528 0	—	$0.5/p$	0.947 0
D12S391	18, 18	19, 23	0.190 1	—	$\mu/4p$	0.002 6
D2S1338	23, 24	23, 24	0.229 0	0.149 0	$0.25/p+0.25/q$	2.769 6
FGA	23, 23	24, 25	0.203 0	—	$\mu/4p$	0.002 5
累积 PI						$1.398\ 7 \times 10^{-11}$

表 5-3-4　被鉴定人乙与被鉴定人丙鉴定结果

STR 基因座	被鉴定人丙	被鉴定人乙	生母基因1频率 p	生母基因2频率 q	计算公式	PI
D19S433	13, 14	13, 14	0.271 0	0.259	$0.25/p+0.25/q$	1.887 8
D5S818	11, 11	11, 11	0.312 0	—	$1/p$	3.205 1
D21S11	29, 31	30, 31	0.109 0	—	$0.25/p$	2.293 6
D18S51	13, 19	12, 13	0.193 0	—	$0.25/p$	1.295 3
D6S1043	19, 20	12, 19	0.151 0	—	$0.25/p$	1.655 6
D3S1358	15, 17	15, 15	0.367 0	—	$0.5/p$	1.362 4
D13S317	8, 13	12, 13	0.037 0	—	$0.25/p$	6.756 8
D7S820	12, 13	9, 13	0.030	—	$0.25/p$	8.333 3
D16S539	10, 11	11, 11	0.267 0	—	$0.5/p$	1.872 7
CSF1PO	11, 12	11, 12	0.240	0.389 0	$0.25/p+0.25/q$	1.684 3
Penta D	9, 13	9, 13	0.364 7	0.101 2	$0.25/p+0.25/q$	3.155 9
vWA	14, 17	14, 17	0.243 0	0.245 0	$0.25/p+0.25/q$	2.049 2
D8S1179	14, 15	15, 15	0.179 0	—	$0.5/p$	2.793 3
TPOX	8, 11	11, 11	0.295 0	—	$0.5/p$	1.694 9
Penta E	9, 19	9, 18	0.013 9	—	$0.25/p$	17.985 6
TH01	8, 9	7, 9	0.528 0	—	$0.25/p$	0.473 5
D12S391	18, 19	18, 18	0.190 1	—	$0.5/p$	2.630 2
D2S1338	18, 23	23, 24	0.229 0	—	$0.25/p$	1.091 7
FGA	22, 23	23, 23	0.203 0	—	$0.5/p$	2.463 1
累积 PI						$1.327\ 9 \times 10^{7}$

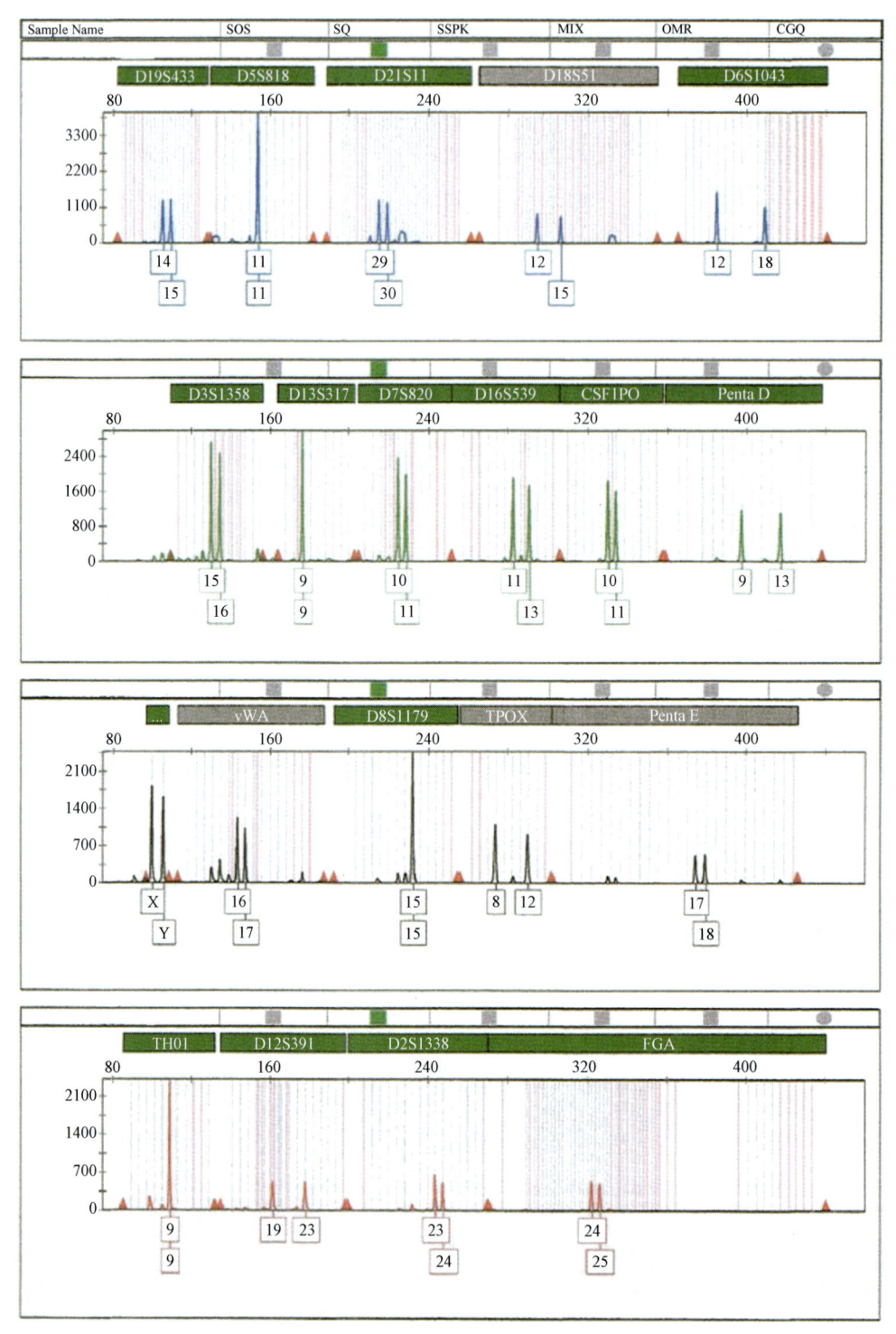

图 5-3-2　检材 1 的 STR 分型图谱（应用 Goldeneye 20A 检测试剂盒扩增）

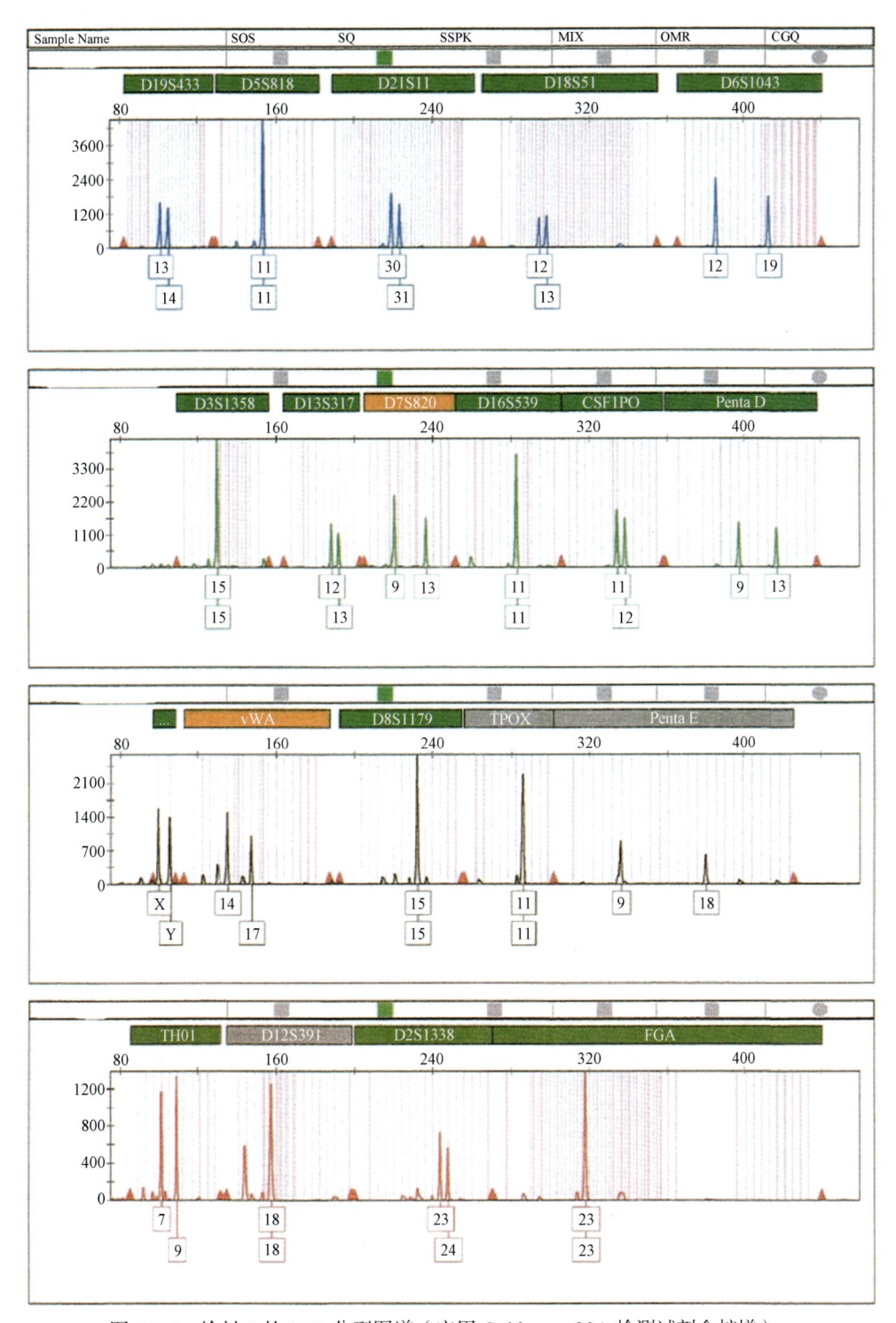

图 5-3-3　检材 2 的 STR 分型图谱（应用 Goldeneye 20A 检测试剂盒扩增）

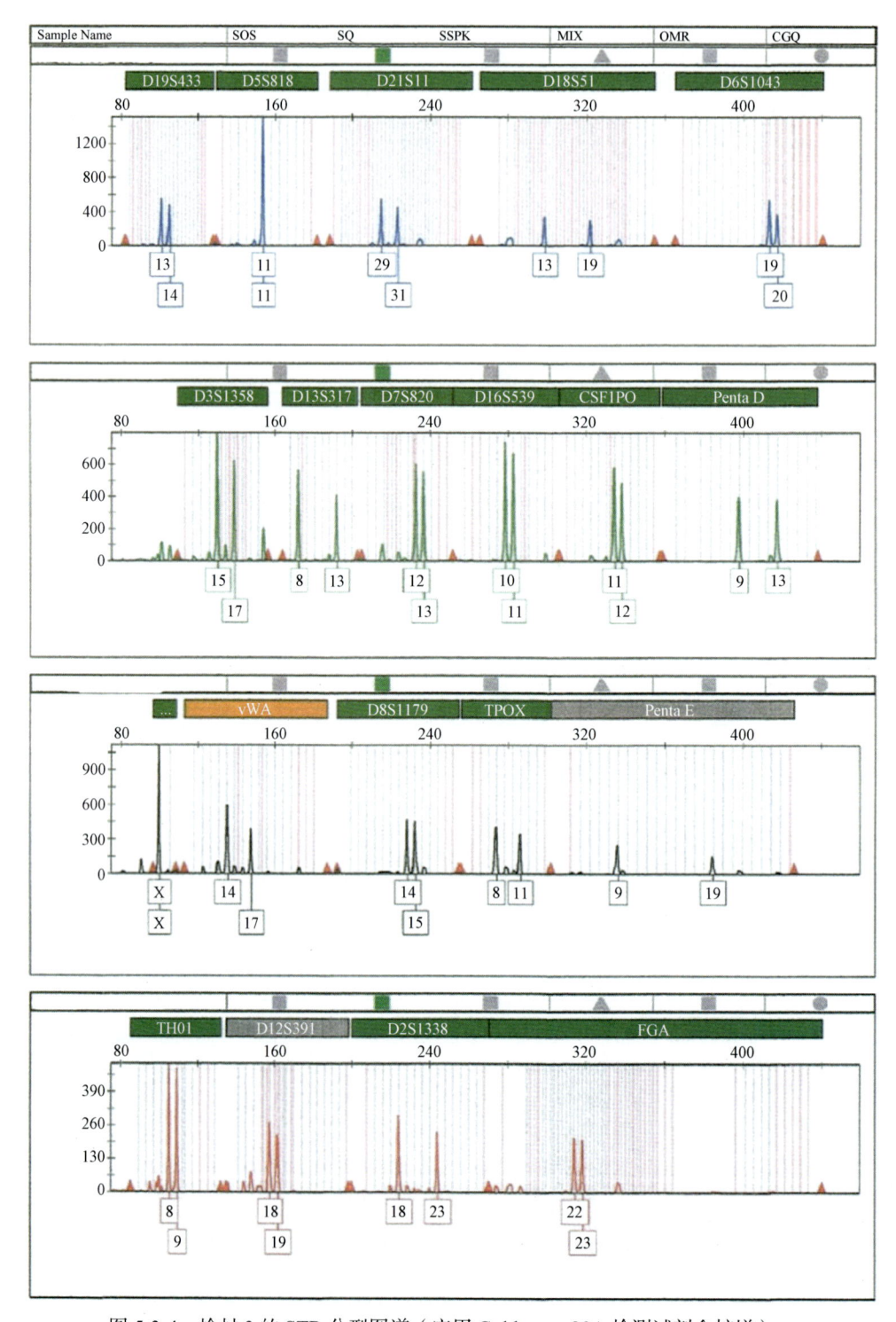

图 5-3-4　检材 3 的 STR 分型图谱（应用 Goldeneye 20A 检测试剂盒扩增）

四、分析说明

D19S433 等 19 个 STR 基因座均为人类的遗传学标记,遵循孟德尔遗传定律,联合应用可进行亲权鉴定,其累积非父排除概率大于 0.9999。

综上检验结果分析,被鉴定人乙的等位基因可从被鉴定人丙的基因型中找到来源,经计算,累积亲权指数(CPI)为 1.3279×10^7;被鉴定人乙在 D13S317、D7S820、TPOX、D12S391、FGA 基因座的等位基因不能从被鉴定人甲的基因型中找到来源,经计算,累积亲权指数(CPI)为 1.3987×10^{-11}。

五、鉴定意见

依据现有资料和 DNA 分析结果,支持被鉴定人丙是被鉴定人乙的生物学母亲,排除被鉴定人甲是被鉴定人乙的生物学父亲。

(毕 洁 王 博)

> **点评** 这是 1 例否定父权的亲子鉴定案例。鉴定过程中按常规完成 Goldeneye 20A 的 19 个基因座分型检验,19 个遗传标记累积非父排除概率大于 0.9999。孩子各基因座有一半基因可以从母亲的基因分型中找到来源,母、子基因型符合遗传规律,计算出 CPI 为 1.3279×10^7,大于 10 000,按照亲权鉴定技术规范,该 CPI 支持丙是乙的生物学母亲。但被鉴定人乙在 19 个 STR 位点中有 5 个座位的等位基因不能从甲的基因型中找到来源,计算出甲和乙之间 CPI 等于 1.3987×10^{-11},小于 0.0001,据此可以给出排除甲是乙的生物学父亲的鉴定意见。本案例的检验程序、分析说明和鉴定意见均符合《亲权鉴定技术规范》(SF/Z JD0105001-2016),对被鉴定人丙与乙亲权关系的认定和对被鉴定人甲与乙亲权关系的排除,依据确切而充分,结论中肯、可信。
>
> 鉴定文书格式符合《亲子鉴定文书规范》(SF/Z JD0105004-2015),检验方法科学,计算方法正确,数据准确,图谱清楚,分型正确,结论正确。

案例 4　通过全同胞关系确定无名氏身份

关键词　法医物证学;全同胞关系鉴定;STR 分型;STR 位点突变;状态一致性评分(IBS)

一、基本情况

1. 委托事项　鉴定无名氏(被鉴定人甲)与被鉴定人乙、被鉴定人丙是否存在全同胞关系。

2. 鉴定材料　无名氏(被鉴定人甲)肌组织 1 份(图 5-4-1),被鉴定乙血样 1 份,被鉴定人丙血样 1 份（图 5-4-2）。

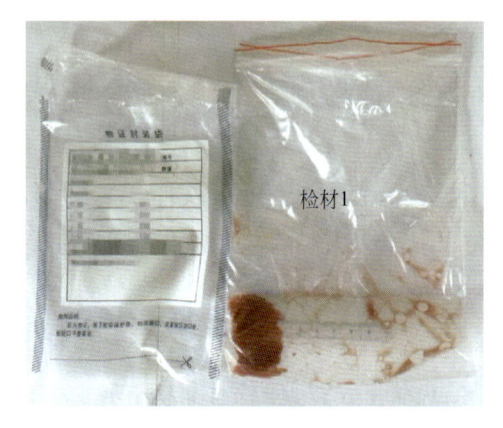

图 5-4-1　检材 1 照片　　　　图 5-4-2　检材 2 和检材 3 照片

二、被鉴定人概况（表 5-4-1）

表 5-4-1　被鉴定人概况

被鉴定人	性别	称谓	年龄（岁）	样本编号
被鉴定人甲	男	兄	67	检材 1
被鉴定人乙	男	弟	56	检材 2
被鉴定人丙	男	弟	52	检材 3

注：实际鉴定报告中年龄栏为出生日期，并有身份证号码。

三、检验过程

1. 检材处理和检验方法　按照中华人民共和国公共安全行业标准《法庭科学 DNA 实验室检验规范》（GA/T 383-2014）中的方法对上述样本进行检验。样本经 Chelex 100 处理，Goldeneye 20A、Goldeneye 22NC、Y-filer Plus 试剂盒扩增后，在 ABI PRISM-3130 型 DNA 序列分析仪电泳分离扩增产物和激光扫描分析，检测 STR 基因座的基因型。Goldeneye 20A、Goldeneye 22NC、Y-filer Plus 试剂盒检验结果显示阳性对照（9947A、9948、007）分型正确，阴性对照未见特异性谱带，样本分型如表 5-4-2 和表 5-4-3。

2. 检验结果　检验结果详见表 5-4-2～表 5-4-5 和图 5-4-2～图 5-4-11。

表 5-4-2　检验结果

STR 基因座	被鉴定人甲	被鉴定人乙	被鉴定人丙	STR 基因座	被鉴定人甲	被鉴定人乙	被鉴定人丙
D19S433	13, 14	13, 13	13, 13	D6S1043	18, 18	11, 19	11, 19
D5S818	12, 12	12, 12	10, 12	D3S1358	15, 17	15, 17	15, 17
D21S11	29, 30	29, 30	29, 30	D13S137	10, 11	8, 10	8, 10
D18S51	13, 14	13, 14	13, 18	D7S820	10, 11	10, 13	10, 11

续表

STR 基因座	被鉴定人甲	被鉴定人乙	被鉴定人丙	STR 基因座	被鉴定人甲	被鉴定人乙	被鉴定人丙
D16S519	9, 9	9, 9	9, 9	D3S3045	9, 14	13, 14	9, 13
CSF1PO	12, 12	12, 13	12, 12	D14S608	6, 7	6, 7	7, 10
PentaD	8, 9	9, 11	8, 9	D17S1290	15, 18	16, 18	18, 18
vWA	16, 18	16, 18	16, 18	D3S1744	14, 18	14, 16	16, 16
D8S1179	13, 20	13, 13	13, 15	D2S441	10, 11	11, 14	10, 11
TPOX	8, 8	8, 8	9, 9	D18S535	10, 13	10, 13	10, 13
PentaE	12, 14	12, 14	11, 12	D13S325	20, 21	19, 21	20, 21
TH01	7, 9	7, 9	7, 9	D7S1517	20, 25	20, 25	23, 25
D12S391	18, 20	18, 20	18, 20	D10S1435	13, 13	11, 12	11, 13
D2S1338	18, 23	18, 24	18, 24	D11S2368	17, 18	20, 21	17, 18
FGA	23, 25	23, 25	23, 25	D19S253	12, 12	12, 12	11, 13
D4S2366	10, 11	9, 11	9, 11	D1S1656	15, 16	15, 17	15, 17
D6S477	14, 14	13, 14	14, 16	D7S3048	21, 22	22, 23	22, 23
D22-GATA-198B05	20, 21	20, 21	20, 22	D10S1248	13, 14	13, 13	13, 14
D15S659	13, 16	10, 16	10, 13	D5S2500	11, 15	15, 15	11, 11
D8S1132	19, 20	19, 20	19, 21				

表 5-4-3 Y-filer Plus 样本分型结果

检测系统	被鉴定人甲	被鉴定人乙	被鉴定人丙	检测系统	被鉴定人甲	被鉴定人乙	被鉴定人丙
DYS576	18	18	18	DYS438	10	10	10
DYS389I	13	13	13	DYS392	13	13	13
DYS635	23	23	23	DYS518	38	38	38
DYS389II	28	28	28	DYS570	17	17	17
DYS627	22	22	22	DYS437	14	14	14
DYS460	10	11	10	DYS385	13, 19	13, 19	13, 19
DYS458	18	18	18	DYS449	30	30	30
DYS19	17	17	17	DYS393	12	12	12
GATA_H4	13	13	13	DYS439	12	12	12
DYS448	19	19	19	DYS481	24	24	24
DYS391	10	10	10	DYF387S1	35, 38	35, 38	35, 38
DYS456	13	13	13	DYS533	12	12	12
DYS390	25	25	25				

表 5-4-4 被鉴定人甲与被鉴定人乙鉴定结果

STR 基因座	被鉴定人甲	被鉴定人乙	IBS	STR 基因座	被鉴定人甲	被鉴定人乙	IBS
D19S433	13, 14	13, 13	1	D6S477	14, 14	13, 14	1
D5S818	12, 12	12, 12	2	D22-GATA198B05	20, 21	20, 21	2
D21S11	29, 30	29, 30	2	D15S659	13, 16	10, 16	1
D18S51	13, 14	13, 14	2	D8S1132	19, 20	19, 20	2
D6S1043	18, 18	11, 19	0	D3S3045	9, 14	13, 14	1
D3S1358	15, 17	15, 17	2	D14S608	6, 7	6, 7	2
D13S137	10, 11	8, 10	1	D17S1290	15, 18	16, 18	1
D7S820	10, 11	10, 13	1	D3S1744	14, 18	14, 16	1
D16S519	9, 9	9, 9	2	D2S441	10, 11	11, 14	1
CSF1PO	12, 12	12, 13	1	D18S535	10, 13	10, 13	2
PentaD	8, 9	9, 11	1	D13S325	20, 21	19, 21	1
vWA	16, 18	16, 18	2	D7S1517	20, 25	20, 25	2
D8S1179	13, 20	13, 13	1	D10S1435	13, 13	11, 12	0
TPOX	8, 8	8, 8	2	D11S2368	17, 18	20, 21	0
PentaE	12, 14	12, 14	2	D19S253	12, 12	12, 12	2
TH01	7, 9	7, 9	2	D1S1656	15, 16	15, 17	1
D12S391	18, 20	18, 20	2	D7S3048	21, 22	22, 23	1
D2S1338	18, 23	18, 24	1	D10S1248	13, 14	13, 13	1
FGA	23, 25	23, 25	2	D5S2500	11, 15	15, 15	1
D4S2366	10, 11	9, 11	1	IBS			53

表 5-4-5 被鉴定人甲与被鉴定人丙鉴定结果

STR 基因座	被鉴定人甲	被鉴定人丙	IBS	STR 基因座	被鉴定人甲	被鉴定人丙	IBS
D19S433	13, 14	13, 13	1	D6S477	14, 14	14, 16	1
D5S818	12, 12	10, 12	1	D22-GATA198B05	20, 21	20, 22	1
D21S11	29, 30	29, 30	2	D15S659	13, 16	10, 13	1
D18S51	13, 14	13, 18	1	D8S1132	19, 20	19, 21	1
D6S1043	18, 18	11, 19	0	D3S3045	9, 14	9, 13	1
D3S1358	15, 17	15, 17	2	D14S608	6, 7	7, 10	1
D13S137	10, 11	8, 10	1	D17S1290	15, 18	18, 18	1
D7S820	10, 11	10, 11	2	D3S1744	14, 18	16, 16	0
D16S519	9, 9	9, 9	2	D2S441	10, 11	10, 11	2
CSF1PO	12, 12	12, 12	2	D18S535	10, 13	10, 13	2
PentaD	8, 9	8, 9	2	D13S325	20, 21	20, 21	2
vWA	16, 18	16, 18	2	D7S1517	20, 25	23, 25	1
D8S1179	13, 20	13, 15	1	D10S1435	13, 13	11, 13	1
TPOX	8, 8	9, 9	0	D11S2368	17, 18	17, 18	2
PentaE	12, 14	11, 12	1	D19S253	12, 12	11, 13	0
TH01	7, 9	7, 9	2	D1S1656	15, 16	15, 17	1
D12S391	18, 20	18, 20	2	D7S3048	21, 22	22, 23	1
D2S1338	18, 23	18, 24	1	D10S1248	13, 14	13, 14	2
FGA	23, 25	23, 25	2	D5S2500	11, 15	11, 11	1
D4S2366	10, 11	9, 11	1	IBS			50

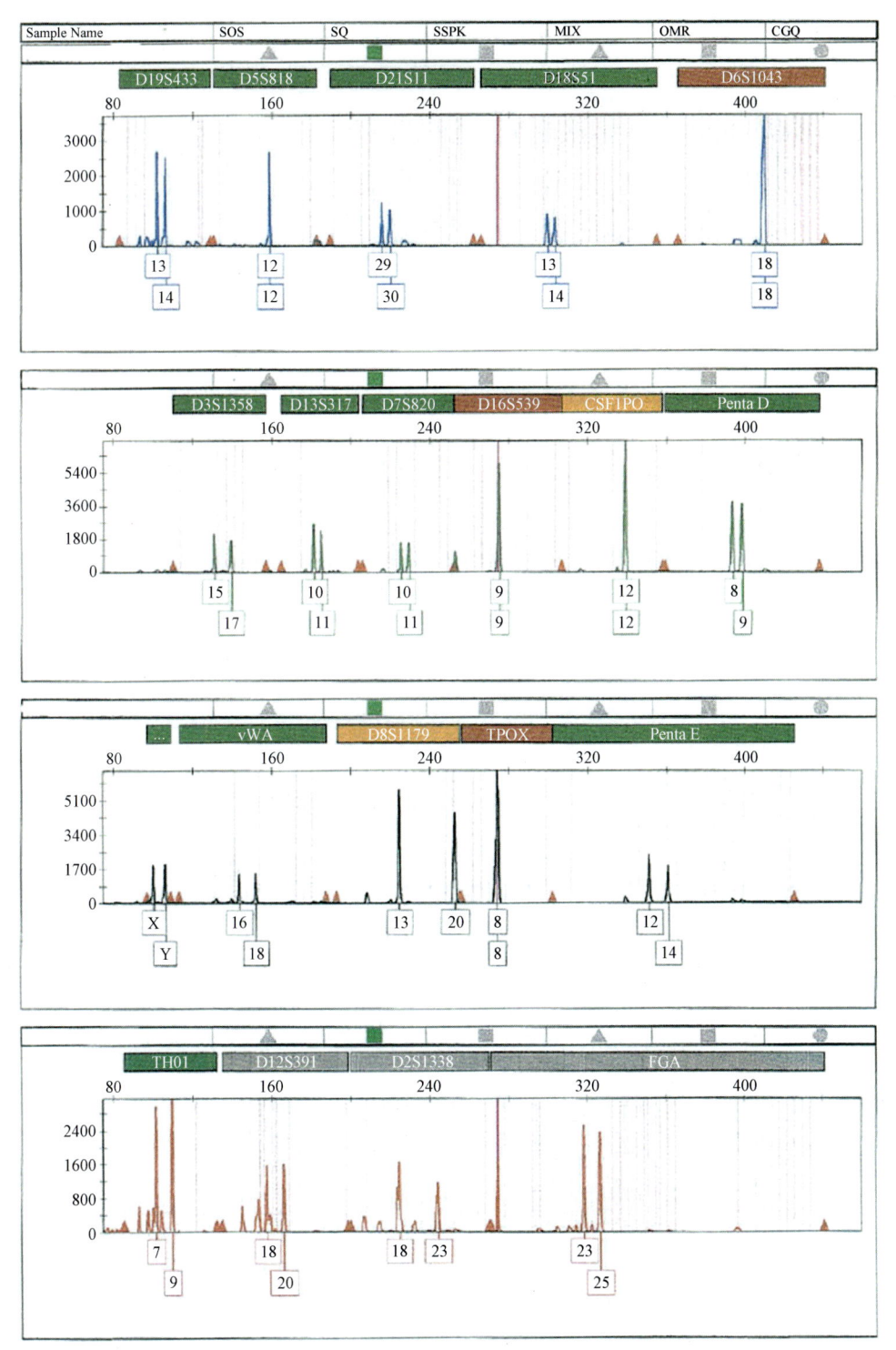

图 5-4-3　检材 1 的 STR 分型图谱（应用 Goldeneye 20A 试剂盒扩增）

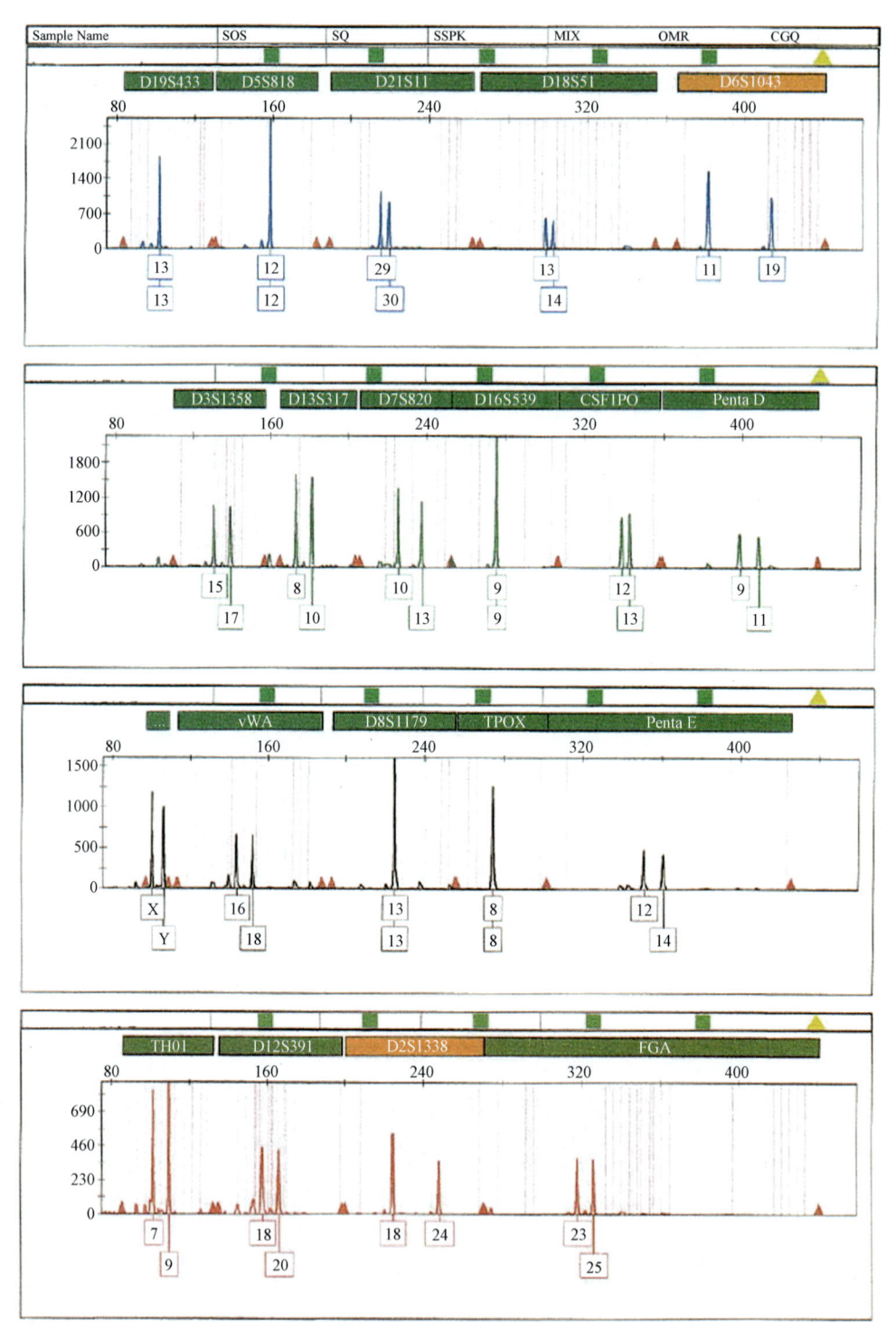

图 5-4-4　检材 2 的 STR 分型图谱（应用 Goldeneye 20A 试剂盒扩增）

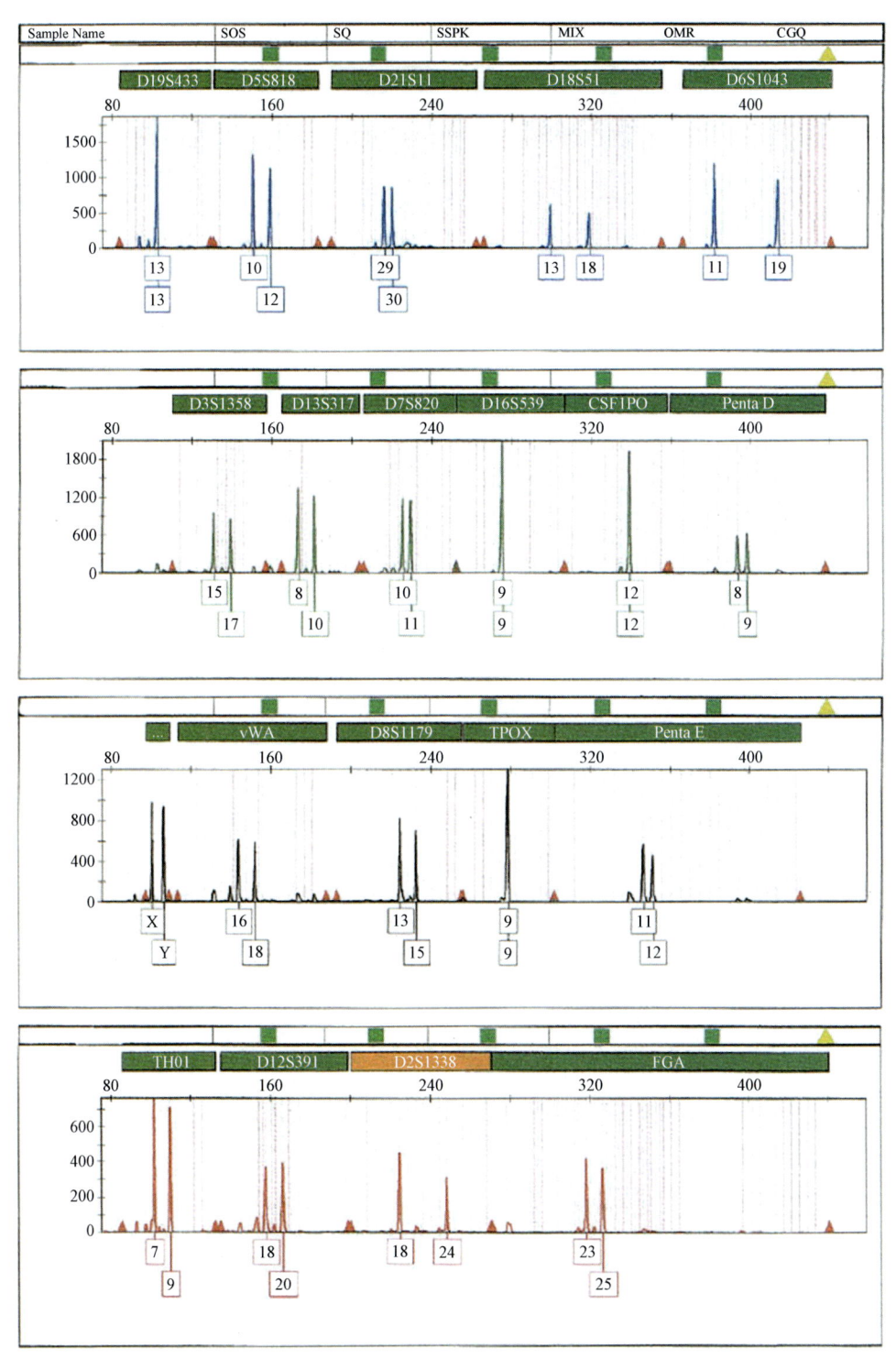

图 5-4-5 检材 3 的 STR 分型图谱（应用 Goldeneye 20A 试剂盒扩增）

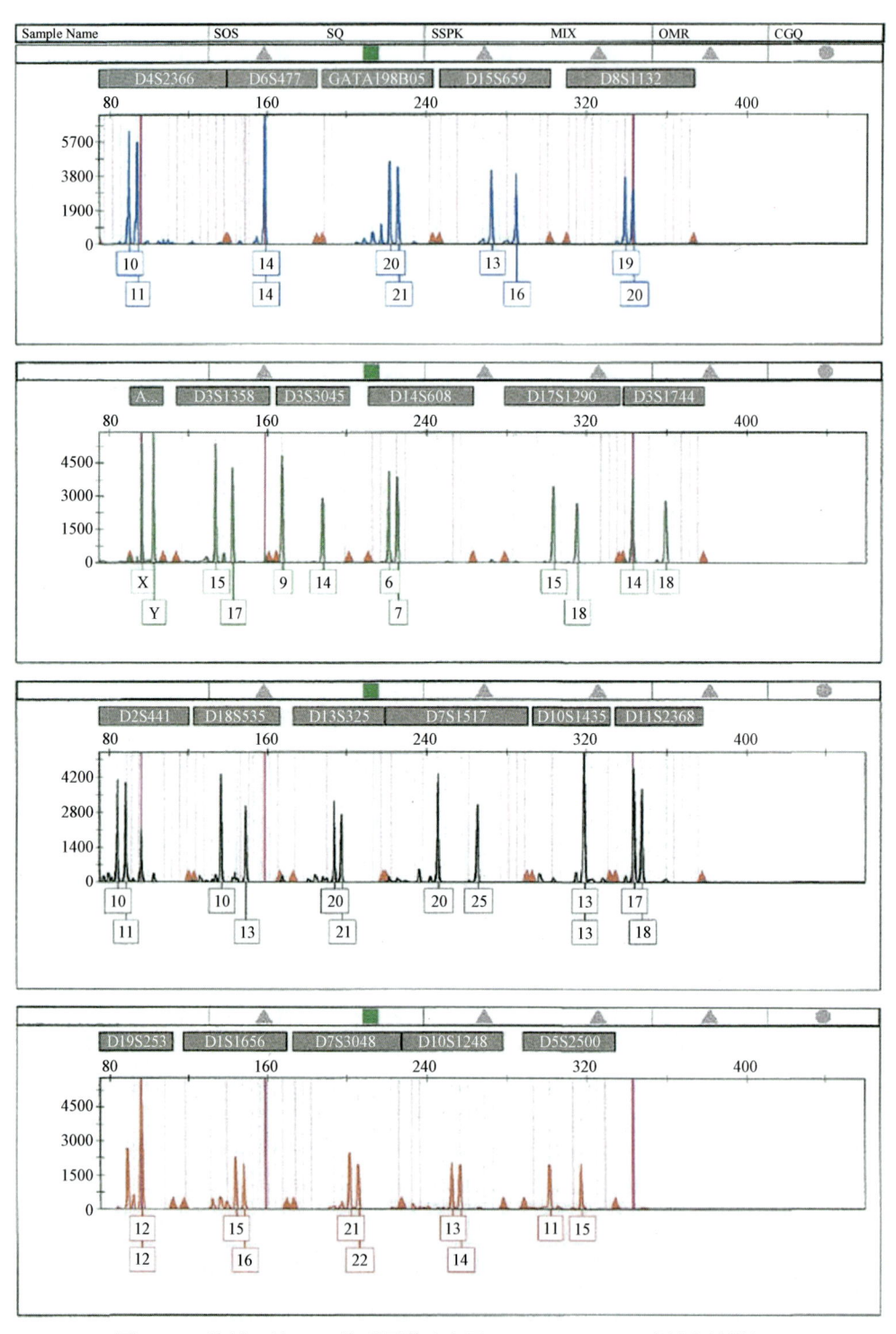

图 5-4-6 检材 1 的 STR 分型图谱（应用 Goldeneye 22NC 试剂盒扩增）

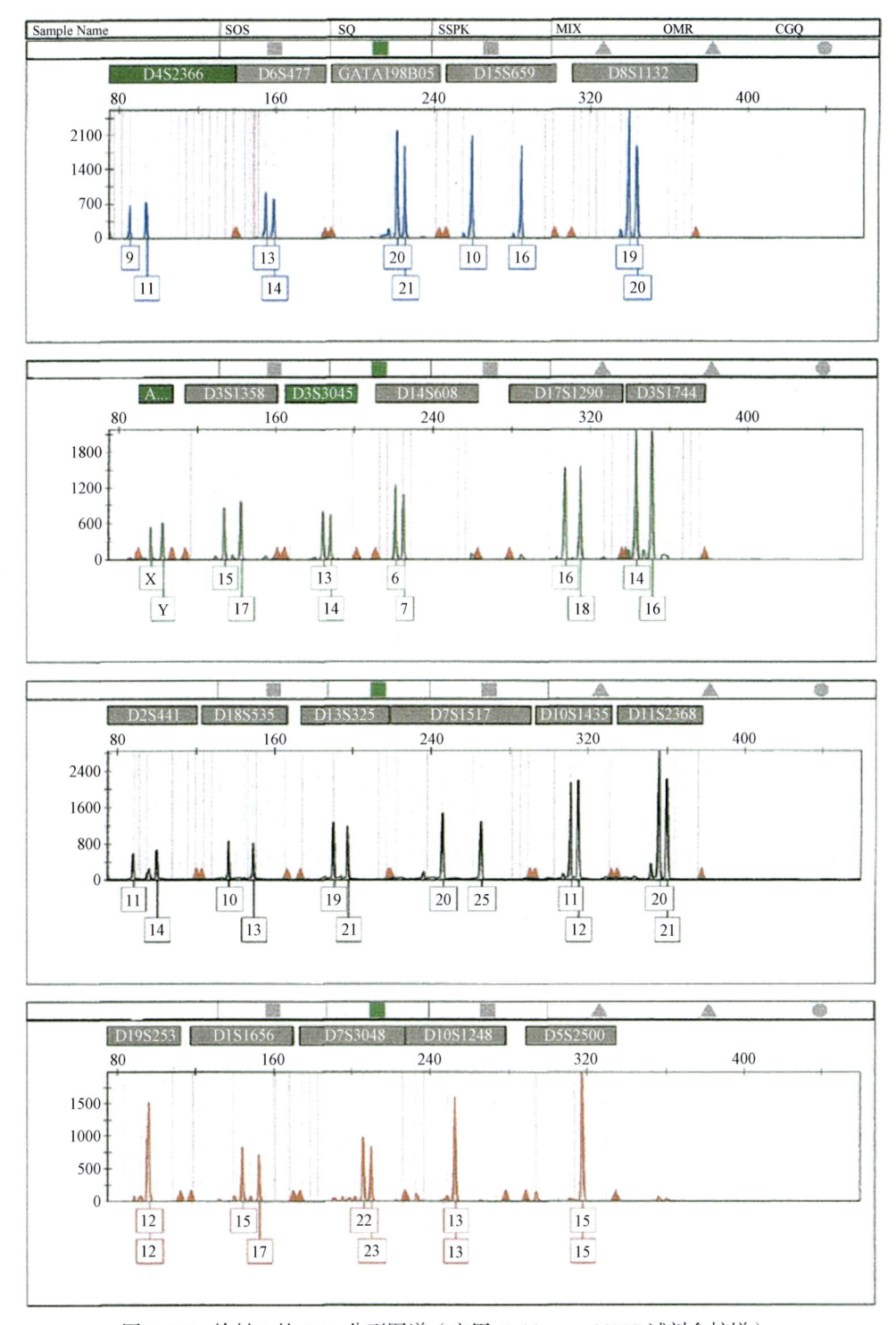

图 5-4-7　检材 2 的 STR 分型图谱（应用 Goldeneye 22NC 试剂盒扩增）

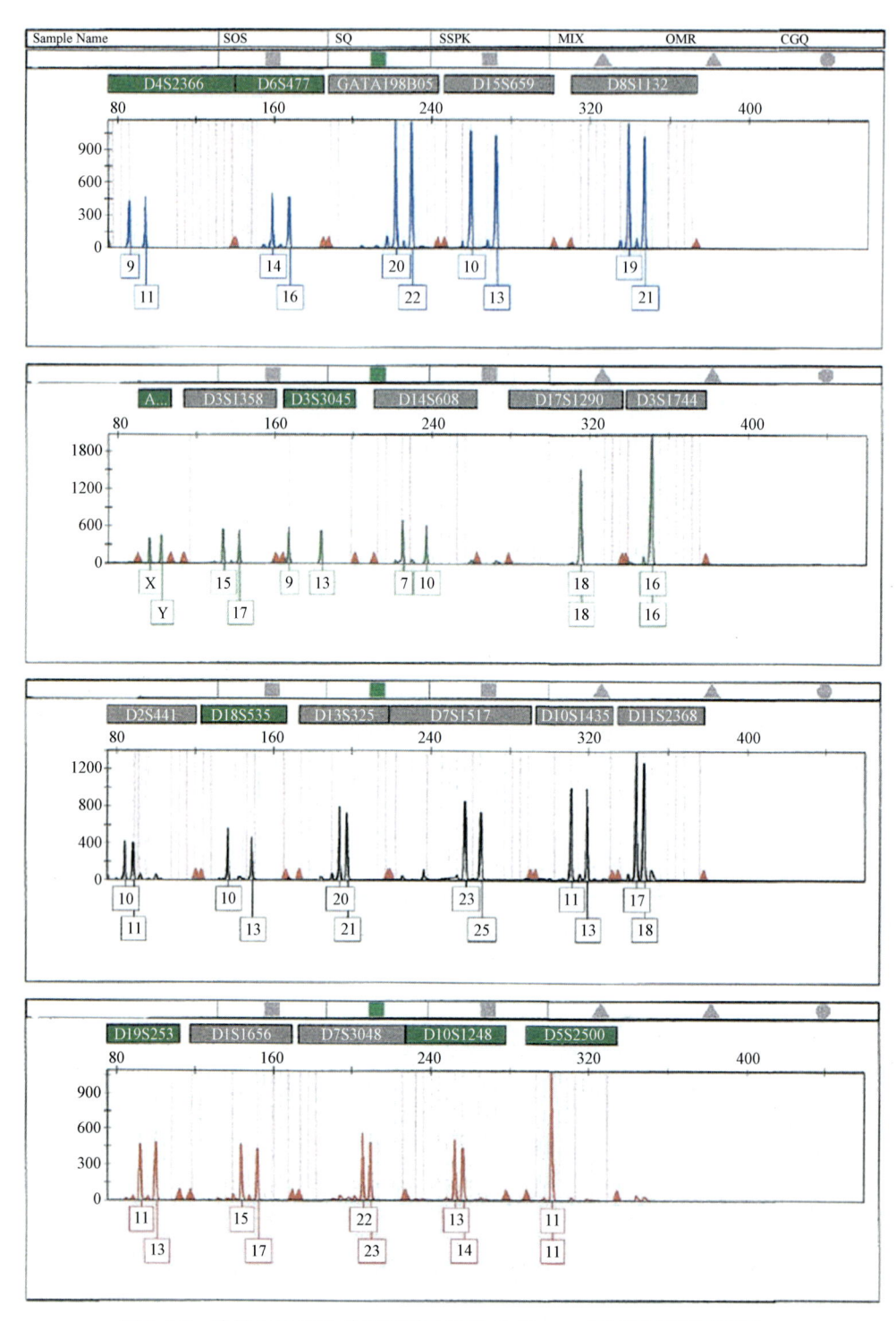

图 5-4-8　检材 3 的 STR 分型图谱（应用 Goldeneye 22NC 试剂盒扩增）

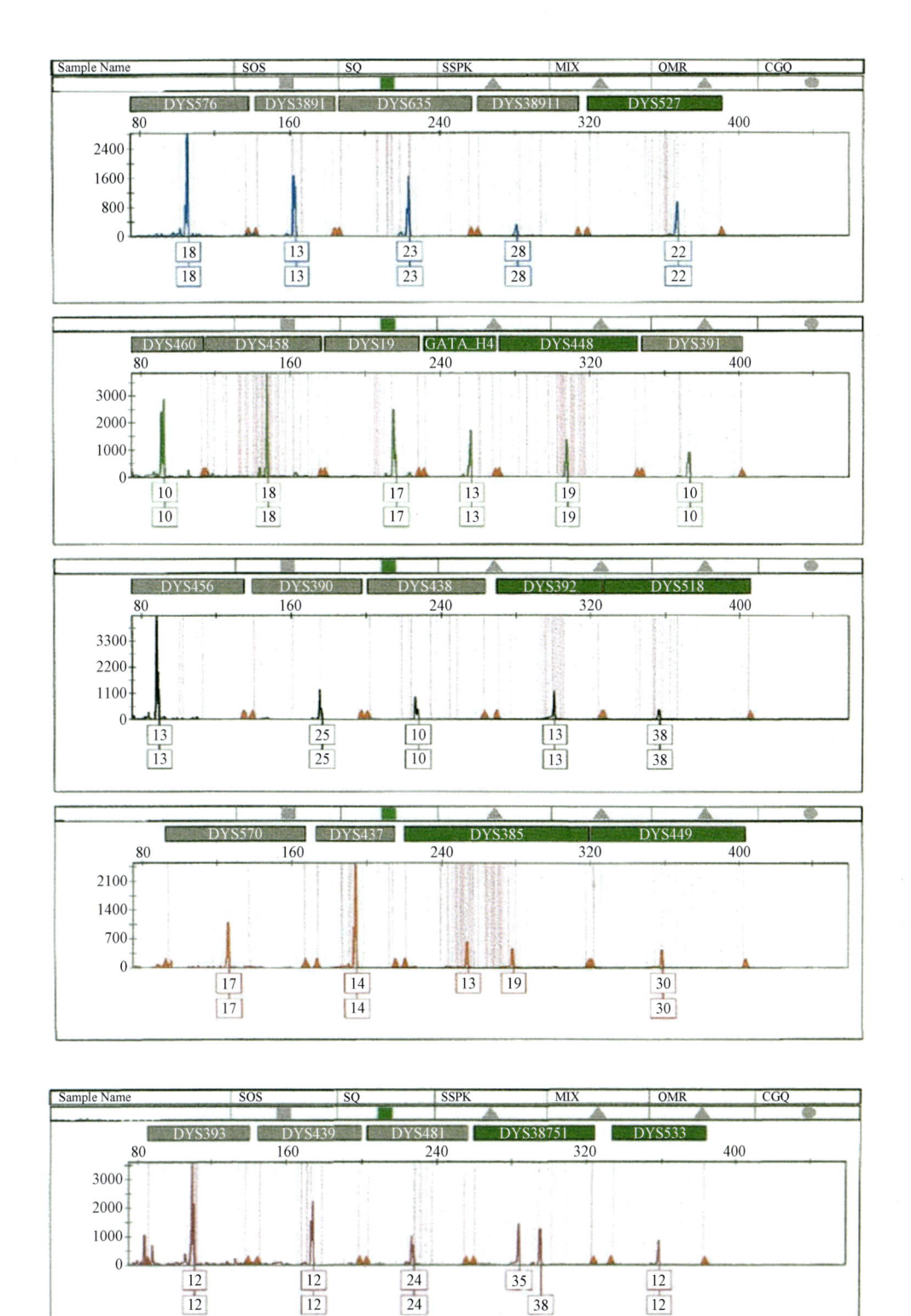

图 5-4-9　检材 1 的 STR 分型图谱（应用 Y-filer Plus 试剂盒扩增）

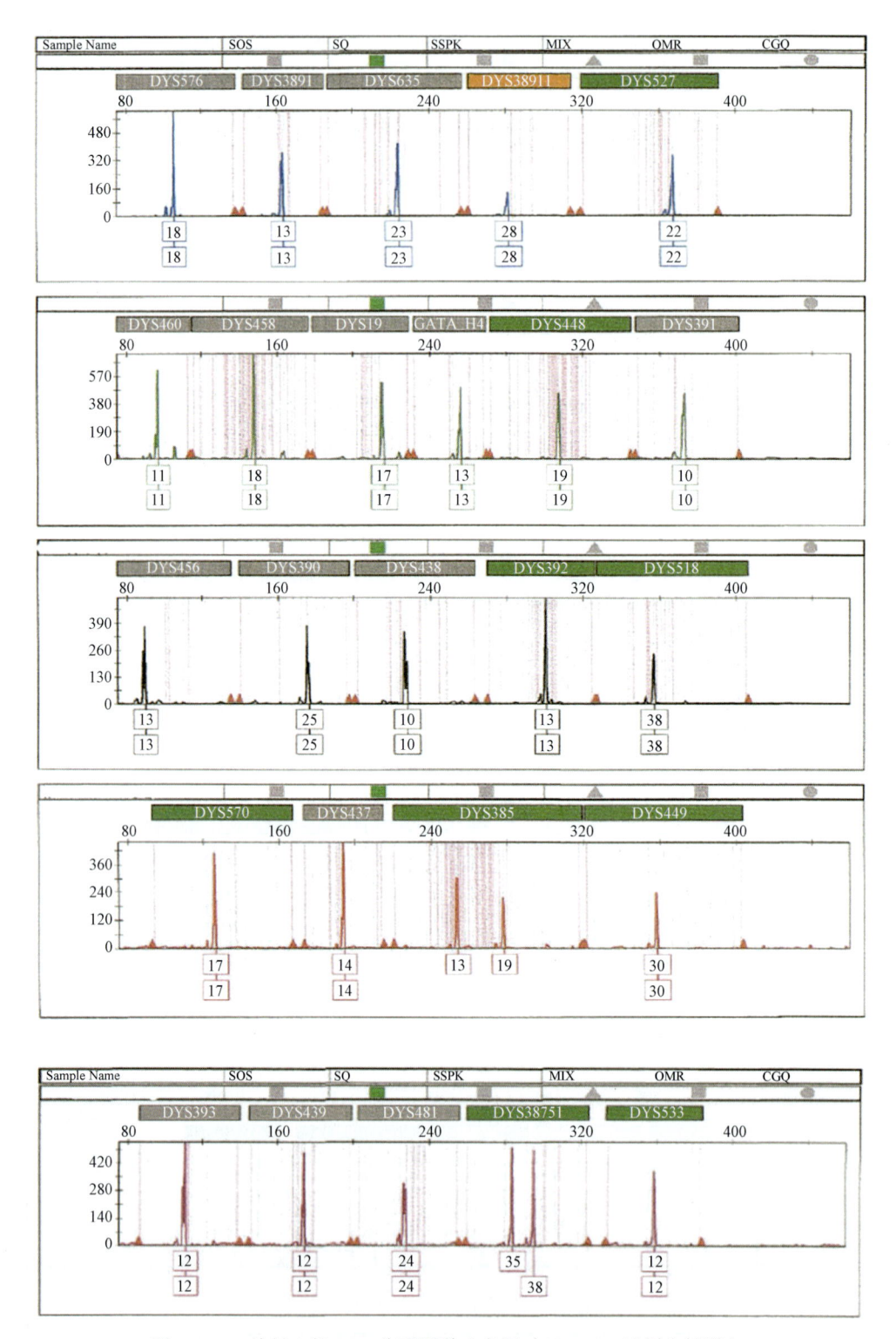

图 5-4-10　检材 2 的 STR 分型图谱（应用 Y-filer Plus 试剂盒扩增）

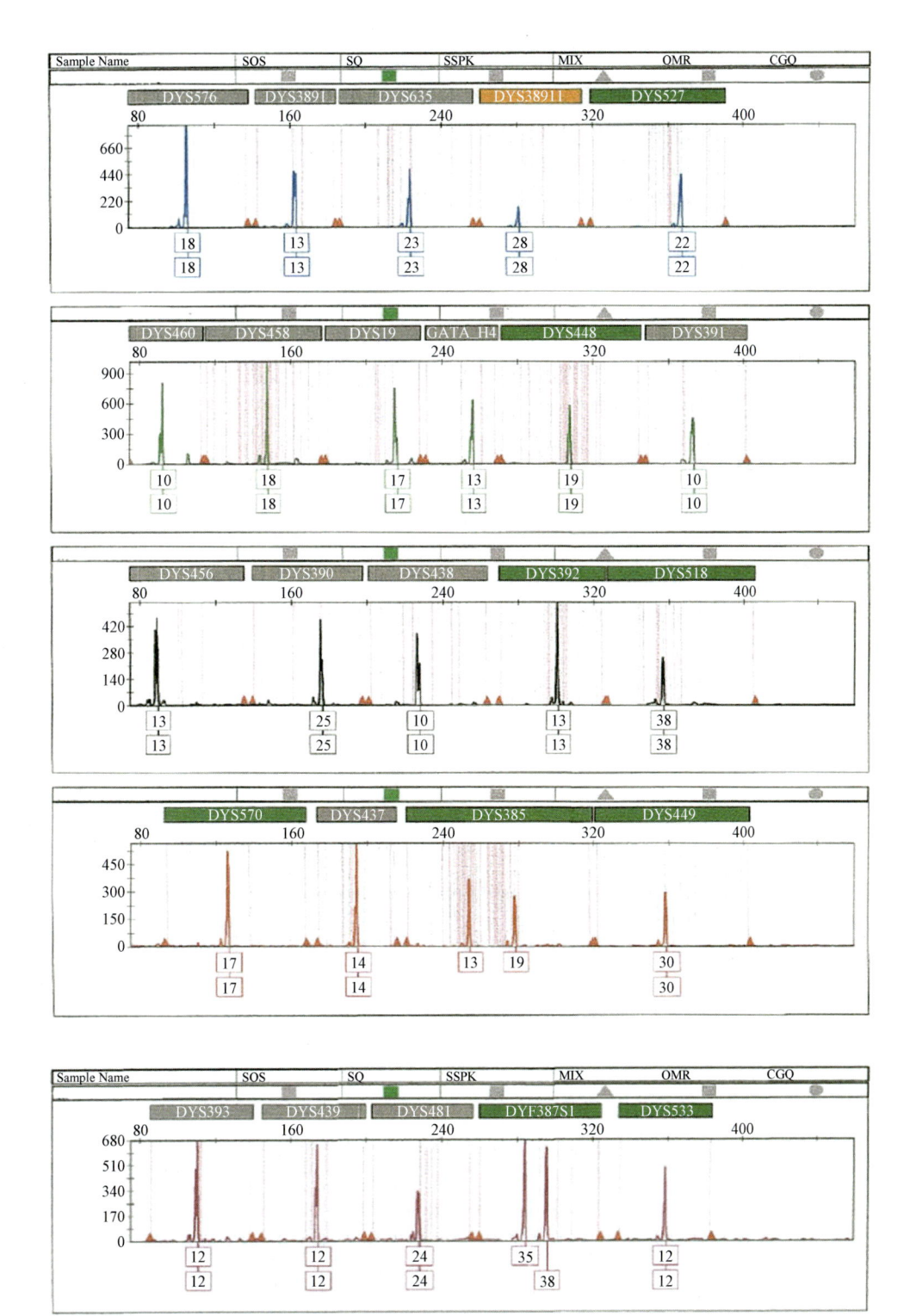

图 5-4-11　检材 3 的 STR 分型图谱（应用 Y-filer Plus 试剂盒扩增）

四、分析说明

本次检验使用的上述 64 个 DNA STR 系统，均为人类遗传标记，结合孟德尔遗传定律可以应用于亲权鉴定领域。

根据《生物学全同胞关系鉴定实施规范》（SF/Z JD0105002-2014）计算出被鉴定人甲与被鉴定人乙在本次检验 39 个 STR 基因座的 IBS 为 53，倾向于认为被鉴定人甲与被鉴定人乙为全同胞关系。

根据《生物学全同胞关系鉴定实施规范》（SF/Z JD0105002-2014）计算出被鉴定人甲与被鉴定人丙在本次检验 39 个 STR 基因座的 IBS 为 50，倾向于认为被鉴定人甲与被鉴定人丙为全同胞关系。

本次检验使用的上述 25 个 Y-STR 系统，均为人类遗传标记，结合父系遗传规律分析：被鉴定人甲与被鉴定人乙除 DYS460 存在突变外，余均与被鉴定人甲的分型表现一致，支持被鉴定人甲与被鉴定人乙来源于同一父系。

本次检验使用的上述 25 个 Y-STR 系统，均为人类遗传标记，结合父系遗传规律分析：被鉴定人甲与被鉴定人丙在本次检验的 Y-STR 系统的分型表现一致，支持被鉴定人甲与被鉴定人丙来源于同一父系。

综上所述结果，依据现有资料和 DNA 分析结果，倾向于认为被鉴定人甲与被鉴定人乙、被鉴定人丙为全同胞关系。

五、鉴定意见

依据现有资料和 DNA 分析结果，倾向于认为被鉴定人甲与被鉴定人乙、被鉴定人丙为全同胞关系。

（毕洁 王博）

点评 这是 1 例全同胞鉴定案例，全同胞是指具有相同的生物学父亲和生物学母亲的兄弟姐妹。2014 年 3 月 17 日中华人民共和国司法部发布了《生物学全同胞关系鉴定实施规范》（SF/Z JD0105002-2014），使得这类鉴定在检验程序、鉴定意见及文书格式上有规可循。本案的 3 位被鉴定人均为男性，且父母皆无，只能通过彼此间的基因分型进行鉴定。检验中，应用了 2 套常染色体 STR 试剂盒和 1 套 Y-STR 试剂盒共计 64 个多态性遗传座位进行分型检验，计算出被鉴定人甲与被鉴定人乙 39 个常染色体基因座的累计状态一致性评分（IBS）为 53，计算出被鉴定人甲与被鉴定人丙 39 个常染色体基因座 IBS 为 50，检验结果倾向于认为 3 位被鉴定人是全同胞关系。由于 3 位被鉴定人都是男性，又检验了 Y-filer Plus 试剂盒 25 个 Y-STR 座位，被鉴定人甲和被鉴定人丙基因分型完全相同，被鉴定人甲和被鉴定人乙的基因分型仅在 DYS460 座位上存在 1 个碱基差异，符合基因突变规律。Y-STR 座位分型结果支持 3 位被鉴定人来源于同一父系。

该鉴定例通过常染色体 STR 及 Y 染色体 STR 两个层面进行检验、计算、分析，出具鉴定意见，鉴定程序符合《生物学全同胞关系鉴定实施规范》（SF/Z JD0105002-2014）。

> 鉴定文书格式符合《生物学全同胞关系鉴定实施规范》（SF/Z JD0105002-2014），检验方法科学、严谨，数据准确，图谱清楚，分型正确，计算准确，结论正确。

案例 5　姑侄亲缘关系鉴定

关键词　法医物证学；姑侄亲缘关系鉴定；STR 分型；状态一致性评分（IBS）

一、基本情况

1. 委托事项　鉴定被鉴定人甲、被鉴定人乙与被鉴定人丙、被鉴定人丁、被鉴定人戊是否存在姑侄亲缘关系。

2. 鉴定材料　被鉴定人甲血样 1 份，被鉴定人乙血样 1 份，被鉴定人丙血样 1 份，被鉴定人丁血样 1 份，被鉴定人戊血样 1 份，被鉴定人己血样 1 份（图 5-5-1）。被鉴定人庚血样 1 份（图 5-5-2）。

图 5-5-1　检材 1~6 照片

图 5-5-2　检材 7 照片

二、被鉴定人概况（表 5-5-1）

表 5-5-1　被鉴定人概况

被鉴定人	性别	称谓	年龄（岁）	样本编号
被鉴定人甲	男	孩子	30	检材 1
被鉴定人乙	女	孩子	17	检材 2
被鉴定人丙	女	姑	66	检材 3
被鉴定人丁	女	姑	69	检材 4
被鉴定人戊	女	姑	49	检材 5
被鉴定人己	女	母	46	检材 6
被鉴定人庚	女	母	54	检材 7

注：实际鉴定报告中年龄栏为出生日期，并有身份证号码。

三、检验过程

1. 检材处理和检验方法　按照中华人民共和国公共安全行业标准《法庭科学 DNA 实验室检验规范》（GA/T 383-2014）附录 A 中 Chelex 法抽提 DNA，采用 Goldeneye 20A 人类荧光标记 STR 复合扩增检测试剂、GlobalFiler 人类荧光标记 STR 复合扩增检测试剂、Goldeneye 22NC 人类荧光标记 STR 复合扩增检测试剂进行复合 PCR 扩增，用 3130XL 进行毛细管电泳和基因型分析。

2. 检验结果　检验结果详见表 5-5-2～表 5-5-15 和图 5-5-3～图 5-5-23。

表 5-5-2　被鉴定人甲、被鉴定人乙与被鉴定人丙、被鉴定人丁的检测结果

基因座	被鉴定人甲	被鉴定人乙	被鉴定人丙	被鉴定人丁
D19S433	13，14	14，14	14，15.2	13.2，15.2
D5S818	11，11	11，13	10，10	10，10
D21S11	29，31	31.2，32.2	30，31	31，31
D18S51	15，17	15，16	15，16	12，15
D6S1043	14，18	13，14	11，18	11，13
D3S1358	18，18	17，18	15，16	16，18
D13S317	10，14	10，11	10，10	8，10
D7S820	11，11	11，12	11，12	11，12
D16S539	11，12	12，12	11，12	11，12
CSF1PO	9，12	12，13	11，12	11，12
Penta D	11，13	9，10	9，11	9，11
AMEL	X，Y	X，X	X，X	X，X
vWA	14，14	16，18	17，17	17，17
D8S1179	11，14	11，13	11，17	13，14
TPOX	8，11	8，8	8，8	8，11
Penta E	11，14	10，14	16，18	14，18
TH01	7，7	9，9.3	7，9	9，9.3
D12S391	18，20	18，22	15，22	15，22
D2S1338	19，23	19，19	19，22	19，19
FGA	22，26	23，26	25，26	22，22
D2S441	10，10	11.3，13	10，11.3	10，11.3
D22S1045	16，16	15，16	11，16	11，16
SE33	29.2，30.2	17，20	25.2，29.2	17，21
D10S1248	12，13	12，15	15，16	13，15
D1S1656	11，13	17.3，17.3	15，17.3	13，18
D4S2366	9，12	11，12	11，12	9，11
D6S477	14，15	12，13	12，15	12，15

续表

基因座	被鉴定人甲	被鉴定人乙	被鉴定人丙	被鉴定人丁
D22-GATA198B05	22, 22	15, 22	19, 20	19, 20
D15S659	10, 14	12, 13	12, 17	12, 17
D8S1132	17, 19	17, 19	19, 20	17, 19
D3S3045	9, 15	10, 11	9, 10	9, 14
D14S608	7, 9	7, 11	9, 11	7, 11
D17S1290	18, 18	15, 19	11, 18	18, 19
D3S1744	18, 20	16, 20	19, 21	19, 21
D18S535	12, 13	9, 12	12, 14	12, 15
D13S325	19, 20	20, 23	20, 21	21, 22
D7S1517	23, 24	22, 23	21, 22	22, 24
D10S1435	11, 12	12, 13	11, 13	11, 12
D11S2368	17, 17	17, 19	17, 17	20, 23
D19S253	7, 7	7, 14	7, 13	10, 13
D7S3048	20, 25	20, 24	20, 23	23, 24
D5S2500	15, 15	15, 16	11, 11	11, 15

表 5-5-3　被鉴定人戊与被鉴定人己、被鉴定人庚的检测结果

基因座	被鉴定人戊	被鉴定人己	被鉴定人庚
D19S433	13.2, 15.2	14, 15.2	13, 13
D5S818	11, 11	11, 13	11, 14
D21S11	31, 31.2	32.2, 32.2	29, 34.2
D18S51	16, 17	16, 19	14, 17
D6S1043	11, 11	14, 17	13, 14
D3S1358	16, 18	17, 17	16, 18
D13S317	8, 10	9, 11	12, 14
D7S820	11, 11	12, 12	11, 12
D16S539	11, 12	9, 12	11, 11
CSF1PO	12, 12	9, 13	9, 10
Penta D	10, 11	10, 11	9, 13
AMEL	X, X	X, X	X, X
vWA	14, 18	16, 16	14, 18
D8S1179	11, 17	11, 13	10, 14
TPOX	8, 8	8, 11	11, 11
Penta E	16, 18	10, 24	11, 15
TH01	7, 9.3	9, 9	6, 7
D12S391	18, 22	17, 18	20, 22

续表

基因座	被鉴定人戊	被鉴定人己	被鉴定人庚
D2S1338	19，23	19，22	22，23
FGA	22，25	23，24	22，23
D2S441	10，11.3	11.3，13	10，14
D22S1045	11，16	15，15	16，18
SE33	21，25.2	20，21	24.2，30.2
D10S1248	12，16	15，15	11，13
D1S1656	13，17.3	13，17.3	11，12
D4S2366	11，12	9，11	9，14
D6S477	14，15	13，14	14，14
D22-GATA198B05	19，22	15，17	22，22
D15S659	10，12	13，16	14，17
D8S1132	19，20	18，19	19，20
D3S3045	9，14	11，14	9，9
D14S608	9，11	11，11	7，9
D17S1290	18，19	15，16	16，18
D3S1744	16，18	17，20	18，20
D18S535	12，14	9，14	13，13
D13S325	21，21	23，23	19，21
D7S1517	23，24	19，22	20，24
D10S1435	11，12	12，13	11，13
D11S2368	17，20	19，21	17，20
D19S253	10，13	13，14	7，7
D7S3048	23，24	23，24	19，25
D5S2500	11，15	15，16	15，15

表 5-5-4　被鉴定人丙 - 被鉴定人甲 - 被鉴定人庚 AI 值计算

STR	被鉴定人丙	被鉴定人甲	被鉴定人庚	PI 计算公式（与丙）	AI 计算公式（与丙）	AI（丙 - 甲）
D19S433	14，15.2	13，14	13，13	$1/2p_{14}$	$(2p+1)/4p$	1.465 250 965
D5S818	10，10	11，11	11，14	0.5	0.5	0.5
D21S11	30，31	29，31	29，34.2	$1/2p_{31}$	$(2p+1)/4p$	2.793 577 982
D18S51	15，16	15，17	14，17	$1/2p_{15}$	$(2p+1)/4p$	1.904 494 382
D6S1043	11，18	14，18	13，14	$1/2p_{18}$	$(2p+1)/4p$	1.954 333 915
D3S1358	15，16	18，18	16，18	0.5	0.5	0.5
D13S317	10，10	10，14	12，14	$1/p_{10}$	$(p+1)/2p$	3.901 360 544
D7S820	11，12	11，11	11，12	$1/2p_{11}$	$(2p+1)/4p$	1.224 637 681

续表

STR	被鉴定人丙	被鉴定人甲	被鉴定人庚	PI 计算公式（与丙）	AI 计算公式（与丙）	AI（丙-甲）
D16S639	11，12	11，12	11，11	$1/2p_{12}$	$(2p+1)/4p$	1.582 251 082
CSF1PO	11，12	9，12	9，10	$1/2p_{12}$	$(2p+1)/4p$	1.142 673 522
PentaD	9，11	11，13	9，13	$1/2p_{11}$	$(2p+1)/4p$	2.529 220 779
vWA	17，17	14，14	14，18	0.5	0.5	0.5
D8S1179	11，17	11，14	10，14	$1/2p_{11}$	$(2p+1)/4p$	3.512 048 193
TPOX	8，8	8，11	11，11	$1/p_8$	$(p+1)/2p$	1.480 392 157
PentaE	16，18	11，14	11，15	0.5	0.5	0.5
TH01	7，9	7，7	6，7	$1/2p_7$	$(2p+1)/4p$	1.524 590 164
D12S391	15，22	18，20	20，22	0.5	0.5	0.5
D2S1338	19，22	19，23	22，23	$1/2p_{19}$	$(2p+1)/4p$	2.092 356 688
FGA	25，26	22，26	22，23	$1/2p_{26}$	$(2p+1)/4p$	5.602 040 816
D4S2366	11，12	9，12	9，14	$1/2p_{12}$	$(2p+1)/4p$	1.205 616 709
D6S477	12，15	14，15	14，14	$1/2p_{15}$	$(2p+1)/4p$	1.326 446 281
GATA198B05	19，20	22，22	22，22	0.5	0.5	0.5
D15S659	12，17	10，14	14，17	0.5	0.5	0.5
D8S1132	19，20	17，19	19，20	0.5	0.5	0.5
D3S3045	9，10	9，15	9，9	0.5	0.5	0.5
D14S608	9，11	7，9	7，9	$1/2(p_7+p_9)$	$(2p+2q+1)/(4p+4q)$	1.268 521 365
D17S1290	11，18	18，18	16，18	$1/2p_{18}$	$(2p+1)/4p$	2.642 245 073
D3S1744	9，21	18，20	18，20	0.5	0.5	0.5
D2S441	10，11.3	10，10	10，14	$1/2p_{10}$	$(2p+1)/4p$	1.498 402 556
D18S535	12，14	12，13	13，13	$1/2p_{12}$	$(2p+1)/4p$	3.594 059 406
D13S325	20，21	19，20	19，21	$1/2p_{20}$	$(2p+1)/4p$	1.443 040 362
D7S1517	21，22	23，24	20，24	0.5	0.5	0.5
D10S1435	11，13	11，12	11，13	0.5	0.5	0.5
D11S2368	17，17	17，17	17，20	$1/p$	$(p+1)/2p$	4.262 227 239
D19S253	7，13	7，7	7，7	$1/2p_7$	$(2p+1)/4p$	1.974 056 604
D1S1656	15，17.3	11，13	11，12	0.5	0.5	0.5
D7S3048	20，23	20，25	19，25	$1/2p_{20}$	$(2p+1)/4p$	1.835 470 085
D10S1248	15，16	12，13	11，13	0.5	0.5	0.5
D5S2500	11，11	15，15	15，15	0.5	0.5	0.5
D22S1045	11，16	16，16	16，18	$1/2p$	$(2p+1)/4p$	1.392 857 143
SE33	25.2，29.2	29.2，30.2	24.2，30.2	$1/2p_{29.2}$	$(2p+1)/4p$	5.252 851 711
AI（丙-甲）						4 442.106 6

表 5-5-5　被鉴定人丁－被鉴定人甲－被鉴定人庚 AI 值计算

STR	被鉴定人丁	被鉴定人甲	被鉴定人庚	PI 计算公式（与丁）	AI 计算公式（与丁）	AI（丁－甲）
D19S433	13.2, 15.2	13, 14	13, 13	0.5	0.5	0.5
D5S818	10, 10	11, 11	11, 14	0.5	0.5	0.5
D21S11	31, 31	29, 31	29, 34.2	$1/p_{31}$	$(p+1)/2p$	5.087 155 963
D18S51	12, 15	15, 17	14, 17	$1/2p_{15}$	$(2p+1)/4p$	1.904 494 382
D6S1043	11, 13	14, 18	13, 14	0.5	0.5	0.5
D3S1358	16, 18	18, 18	16, 18	$1/2p_{18}$	$(2p+1)/4p$	4.123 188 406
D13S317	8, 10	10, 14	12, 14	$1/2p_{10}$	$(2p+1)/4p$	2.200 680 272
D7S820	11, 12	11, 11	11, 12	$1/2p_{11}$	$(2p+1)/4p$	1.224 637 681
D16S639	11, 12	11, 12	11, 11	$1/2p_{12}$	$(2p+1)/4p$	1.582 251 082
CSF1PO	11, 12	9, 12	9, 10	$1/2p_{12}$	$(2p+1)/4p$	1.142 673 522
PentaD	9, 11	11, 13	9, 13	$1/2p_{11}$	$(2p+1)/4p$	2.529 220 779
vWA	17, 17	14, 14	14, 18	0.5	0.5	0.5
D8S1179	13, 14	11, 14	10, 14	0.5	0.5	0.5
TPOX	8, 11	8, 11	11, 11	$1/2p_8$	$(2p+1)/4p$	0.990 196 078
PentaE	14, 18	11, 14	11, 15	$1/2p_{14}$	$(2p+1)/4p$	3.437 720 329
TH01	9, 9.3	7, 7	6, 7	0.5	0.5	0.5
D12S391	15, 22	18, 20	20, 22	0.5	0.5	0.5
D2S1338	19, 19	19, 23	22, 23	$1/p_{19}$	$(p+1)/2p$	3.684 713 376
FGA	22, 22	22, 26	22, 23	0.5	0.5	0.5
D4S2366	9, 11	9, 12	9, 14	0.5	0.5	0.5
D6S477	12, 15	14, 15	14, 14	$1/2p_{15}$	$(2p+1)/4p$	1.326 446 281
GATA198B05	19, 20	22, 22	22, 22	0.5	0.5	0.5
D15S659	12, 17	10, 14	14, 17	0.5	0.5	0.5
D8S1132	17, 19	17, 19	19, 20	$1/2p_{17}$	$(2p+1)/4p$	2.931 906 615
D3S3045	9, 14	9, 15	9, 9	0.5	0.5	0.5
D14S608	7, 11	7, 9	7, 9	$1/2(p_7+p_7)$	$(2p+2q+1)/(4p+4q)$	1.268 521 365
D17S1290	18, 19	18, 18	16, 18	$1/2p_{18}$	$(2p+1)/4p$	2.642 245 073
D3S1744	19, 21	18, 20	18, 20	0.5	0.5	0.5
D2S441	10, 11.3	10, 10	10, 14	$1/2p_{10}$	$(2p+1)/4p$	1.498 402 556
D18S535	12, 15	12, 13	13, 13	$1/2p_{12}$	$(2p+1)/4p$	3.594 059 406
D13S325	21, 22	19, 20	19, 21	0.5	0.5	0.5
D7S1517	22, 24	23, 24	20, 24	0.5	0.5	0.5
D10S1435	11, 12	11, 12	11, 13	$1/2p_{12}$	$(2p+1)/4p$	1.159 804 698
D11S2368	20, 23	17, 17	17, 20	0.5	0.5	0.5
D19S253	10, 13	7, 7	7, 7	0.5	0.5	0.5
D1S1656	13, 18	11, 13	11, 12	$1/2p_{13}$	$(2p+1)/4p$	2.880 952 381
D7S3048	23, 24	20, 25	19, 25	0.5	0.5	0.5
D10S1248	13, 15	12, 13	11, 13	0.5	0.5	0.5
D5S2500	11, 15	15, 15	15, 15	$1/2p_{15}$	$(2p+1)/4p$	1.296 178 344
D22S1045	11, 16	16, 16	16, 18	$1/2p_{15}$	$(2p+1)/4p$	1.392 857 143
SE33	17, 21	29.2, 30.2	24.2, 30.2	0.5	0.5	0.5
AI（丁－甲）						2.493 7

表 5-5-6 被鉴定人戊－被鉴定人甲－被鉴定人庚 AI 值计算

STR	被鉴定人戊	被鉴定人甲	被鉴定人庚	PI 计算公式（与戊）	AI 计算公式（与戊）	AI（戊－甲）
D19S433	13.2, 15.2	13, 14	13, 13	0.5	0.5	0.5
D5S818	11, 11	11, 11	11, 14	$1/p_{11}$	$(p+1)/2p$	2.102 564 103
D21S11	31, 31.2	29, 31	29, 34.2	$1/2p_{31}$	$(2p+1)/4p$	2.793 577 982
D18S51	16, 17	15, 17	14, 17	0.5	0.5	0.5
D6S1043	11, 11	14, 18	13, 14	0.5	0.5	0.5
D3S1358	16, 18	18, 18	16, 18	$1/2p_{18}$	$(2p+1)/4p$	4.123 188 406
D13S317	8, 10	10, 14	12, 14	$1/2p_{10}$	$(2p+1)/4p$	2.200 680 272
D7S820	11, 11	11, 11	11, 12	$1/p_{11}$	$(p+1)/2p$	1.949 275 362
D16S639	11, 12	11, 12	11, 11	$1/2p_{12}$	$(2p+1)/4p$	1.582 251 082
CSF1PO	12, 12	9, 12	9, 10	$1/p_{12}$	$(p+1)/2p$	1.785 347 044
PentaD	10, 11	11, 13	9, 13	$1/2p_{11}$	$(2p+1)/4p$	2.529 220 779
vWA	14, 18	14, 14	14, 18	$1/2p_{14}$	$(2p+1)/4p$	1.528 806 584
D8S1179	11, 17	11, 14	10, 14	$1/2p_{11}$	$(2p+1)/4p$	3.512 048 193
TPOX	8, 8	8, 11	11, 11	$1/p_8$	$(p+1)/2p$	1.480 392 157
PentaE	16, 18	11, 14	11, 15	0.5	0.5	0.5
TH01	7, 9.3	7, 7	6, 7	$1/2p_7$	$(2p+1)/4p$	1.524 590 164
D12S391	18, 22	18, 20	20, 22	$1/2p_{18}$	$(2p+1)/4p$	1.815 097 317
D2S1338	19, 23	19, 23	22, 23	$1/2p_{19}$	$(2p+1)/4p$	2.092 356 688
FGA	22, 25	22, 26	22, 23	0.5	0.5	0.5
D4S2366	11, 12	9, 12	9, 14	$1/2p_{12}$	$(2p+1)/4p$	2.516 129 032
D6S477	14, 15	14, 15	14, 14	$1/2p_{15}$	$(2p+1)/4p$	1.326 446 281
GATA198B05	19, 22	22, 22	22, 22	$1/2p_{22}$	$(2p+1)/4p$	2.006 931 887
D15S659	10, 12	10, 14	14, 17	$1/2p_{10}$	$(2p+1)/4p$	42.872 881 36
D8S1132	19, 20	17, 19	19, 20	0.5	0.5	0.5
D3S3045	9, 14	9, 15	9, 9	0.5	0.5	0.5
D14S608	9, 11	7, 9	7, 9	$1/2(p+q)$	$(2p+2q+1)/(4p+4q)$	1.268 521 365
D17S1290	18, 19	18, 18	16, 18	$1/2p_{18}$	$(2p+1)/4p$	2.642 245 073
D3S1744	16, 18	18, 20	18, 20	$1/2(p+q)$	$(2p+2q+1)/(4p+4q)$	1.521 241 83
D2S441	10, 11.3	10, 10	10, 14	$1/2p_{10}$	$(2p+1)/4p$	1.498 402 556
D18S535	12, 14	12, 13	13, 13	$1/2p_{12}$	$(2p+1)/4p$	3.594 059 406
D13S325	21, 21	19, 20	19, 21	0.5	0.5	0.5
D7S1517	23, 24	23, 24	20, 24	$1/2p_{23}$	$(2p+1)/4p$	2.204 158 146
D10S1435	11, 12	11, 12	11, 13	$1/2p_{12}$	$(2p+1)/4p$	1.159 804 698
D11S2368	17, 20	17, 17	17, 20	$1/2p_{17}$	$(2p+1)/4p$	2.381 113 619
D19S253	10, 13	7, 7	7, 7	0.5	0.5	0.5
D1S1656	13, 17.3	11, 13	11, 12	$1/2p_{13}$	$(2p+1)/4p$	2.880 952 381
D7S3048	23, 24	20, 25	19, 25	0.5	0.5	0.5
D10S1248	12, 16	12, 13	11, 13	$1/2p_{12}$	$(2p+1)/4p$	3.806 878 307
D5S2500	11, 15	15, 15	15, 15	$1/2p_{15}$	$(2p+1)/4p$	1.296 178 344
D22S1045	11, 16	16, 16	16, 18	$1/2p_{16}$	$(2p+1)/4p$	1.392 857 143
SE33	21, 25.2	29.2, 30.2	24.2, 30.2	0.5	0.5	0.5
AI（戊－甲）						$1.585\ 3 \times 10^7$

表 5-5-7　被鉴定人丙 - 被鉴定人乙 - 被鉴定人己 AI 值计算

STR	被鉴定人丙	被鉴定人乙	被鉴定人己	PI 计算公式（与丙）	AI 计算公式（与丙）	AI（丙 - 乙）
D19S433	14, 15.2	14, 14	14, 15.2	$1/2p_{14}$	$(2p+1)/4p$	1.465 250 965
D5S818	10, 10	11, 13	11, 13	0.5	0.5	0.5
D21S11	30, 31	31.2, 32.2	32.2, 32.2	0.5	0.5	0.5
D18S51	15, 16	15, 16	16, 19	$1/2p_{15}$	$(2p+1)/4p$	1.904 494 382
D6S1043	11, 18	13, 14	14, 17	0.5	0.5	0.5
D3S1358	15, 16	17, 18	17, 17	0.5	0.5	0.5
D13S317	10, 10	10, 11	9, 11	$1/p_{10}$	$(p+1)/2p$	3.901 360 544
D7S820	11, 12	11, 12	12, 12	$1/p_{11}$	$(2p+1)/4p$	1.224 637 681
D16S639	11, 12	12, 12	9, 12	$1/2p_{12}$	$(2p+1)/4p$	1.582 251 082
CSF1PO	11, 12	12, 13	9, 13	$1/2p_{12}$	$(2p+1)/4p$	1.142 673 522
PentaD	9, 11	9, 10	10, 11	$1/2p_9$	$(2p+1)/4p$	1.185 494 927
vWA	17, 17	16, 18	16, 16	0.5	0.5	0.5
D8S1179	11, 17	11, 13	11, 13	$1/2(p+q)$	$(2p+2q+1)/(4p+4q)$	1.281 25
TPOX	8, 8	8, 8	8, 11	$1/p_8$	$(p+1)/2p$	1.480 392 157
PentaE	16, 18	10, 14	10, 24	0.5	0.5	0.5
TH01	7, 9	9, 9.3	9, 9	0.5	0.5	0.5
D12S391	15, 22	18, 22	17, 18	$1/2p_{22}$	$(2p+1)/4p$	2.960 629 921
D2S1338	19, 22	19, 19	19, 22	$1/2p_{19}$	$(2p+1)/4p$	2.092 356 688
FGA	25, 26	23, 26	23, 24	$1/2p_{26}$	$(2p+1)/4p$	5.602 040 816
D4S2366	11, 12	11, 12	9, 11	$1/2p_{12}$	$(2p+1)/4p$	2.516 1290 32
D6S477	12, 15	12, 13	13, 14	$1/2p_{12}$	$(2p+1)/4p$	4.123 188 406
GATA198B05	19, 20	15, 22	15, 17	0.5	0.5	0.5
D15S659	12, 17	12, 13	13, 16	$1/2p_{12}$	$(2p+1)/4p$	1.650 483 203
D8S1132	19, 20	17, 19	18, 19	0.5	0.5	0.5
D3S3045	9, 10	10, 11	11, 14	$1/2p_{10}$	$(2p+1)/4p$	11.464 912 28
D14S608	9, 11	7, 11	11, 11	0.5	0.5	0.5
D17S1290	11, 18	15, 19	15, 16	0.5	0.5	0.5
D3S1744	9, 21	16, 20	17, 20	0.5	0.5	0.5
D2S441	10, 11.3	11.3, 13	11.3, 13	$1/2(p+q)$	$(2p+2q+1)/(4p+4q)$	3.742 542 153
D18S535	12, 14	9, 12	9, 14	$1/2p_{14}$	$(2p+1)/4p$	3.594 059 406
D13S325	20, 21	20, 23	23, 23	$1/2p_{20}$	$(2p+1)/4p$	1.443 040 362
D7S1517	21, 22	22, 23	19, 22	0.5	0.5	0.5
D10S1435	11, 13	12, 13	12, 13	$1/2(p+q)$	$(2p+2q+1)/(4p+4q)$	0.904 858 3
D11S2368	17, 17	17, 19	19, 21	$1/p_{17}$	$(p+1)/2p$	4.262 227 239
D19S253	7, 13	7, 14	13, 14	$1/2p_7$	$(2p+1)/4p$	1.974 056 604
D1S1656	15, 17.3	17.3, 17.3	13, 17.3	$1/2p_{17.3}$	$(2p+1)/4p$	5.819 148 936
D7S3048	20, 23	20, 24	23, 24	$1/2p_{20}$	$(2p+1)/4p$	1.835 470 085
D10S1248	15, 16	12, 15	15, 15	0.5	0.5	0.5
D5S2500	11, 11	15, 16	15, 16	0.5	0.5	0.5
D22S1045	11, 16	15, 16	15, 15	$1/2p_{16}$	$(2p+1)/4p$	1.392 857 143
SE33	25.2, 29.2	17, 20	20, 21	0.5	0.5	0.5
AI（丙 - 乙）						1.2387×10^4

表 5-5-8　被鉴定人丁 - 被鉴定人乙 - 被鉴定人己 AI 值计算

STR	被鉴定人丁	被鉴定人乙	被鉴定人己	PI 计算公式（与丁）	AI 计算公式（与丁）	AI（丁-乙）
D19S433	13.2, 15.2	14, 14	14, 15.2	0.5	0.5	0.5
D5S818	10, 10	11, 13	11, 13	0.5	0.5	0.5
D21S11	31, 31	31.2, 32.2	32.2, 32.2	0.5	0.5	0.5
D18S51	12, 15	15, 16	16, 19	$1/2p$	$(2p+1)/4p$	1.904 494 382
D6S1043	11, 13	13, 14	14, 17	$1/2p_{13}$	$(2p+1)/4p$	2.382 530 12
D3S1358	16, 18	17, 18	17, 17	$1/2p_{18}$	$(2p+1)/4p$	4.123 188 406
D13S317	8, 10	10, 11	9, 11	$1/2p_{10}$	$(2p+1)/4p$	2.200 680 272
D7S820	11, 12	11, 12	12, 12	$1/2p_{11}$	$(2p+1)/4p$	1.224 637 681
D16S639	11, 12	12, 12	9, 12	$1/2p_{12}$	$(2p+1)/4p$	1.582 251 082
CSF1PO	11, 12	12, 13	9, 13	$1/2p_{12}$	$(2p+1)/4p$	1.142 673 522
PentaD	9, 11	9, 10	10, 11	$1/2p_9$	$(2p+1)/4p$	1.185 494 927
vWA	17, 17	16, 18	16, 16	0.5	0.5	0.5
D8S1179	13, 14	11, 13	11, 13	$1/2(p+q)$	$(2p+2q+1)/(4p+4q)$	1.281 25
TPOX	8, 11	8, 8	8, 11	$1/2p_8$	$(2p+1)/4p$	0.990 196 078
PentaE	14, 18	10, 14	10, 24	$1/2p_{14}$	$(2p+1)/4p$	3.437 720 329
TH01	9, 9.3	9, 9.3	9, 9	$1/2p_{9.3}$	$(2p+1)/4p$	5.819 148 936
D12S391	15, 22	18, 22	17, 18	$1/2p_{22}$	$(2p+1)/4p$	2.960 629 921
D2S1338	19, 19	19, 19	19, 22	$1/p_{19}$	$(p+1)/2p$	3.684 713 376
FGA	22, 22	23, 26	23, 24	0.5	0.5	0.5
D4S2366	9, 11	11, 12	9, 11	0.5	0.5	0.5
D6S477	12, 15	12, 13	13, 14	$1/2p_{12}$	$(2p+1)/4p$	4.123 188 406
GATA198B05	19, 20	15, 22	15, 17	0.5		0.5
D15S659	12, 17	12, 13	13, 16	$1/2p_{12}$	$(2p+1)/4p$	1.650 483 203
D8S1132	17, 19	17, 19	18, 19	$1/2p_{17}$	$(2p+1)/4p$	2.931 906 615
D3S3045	9, 14	10, 11	11, 14	0.5		0.5
D14S608	7, 11	7, 11	11, 11	$1/2p_7$	$(2p+1)/4p$	1.794 665 976
D17S1290	18, 19	15, 19	15, 16	$1/2p_{19}$	$(2p+1)/4p$	4.924 778 761
D3S1744	19, 21	16, 20	17, 20	0.5	0.5	0.5
D2S441	10, 11.3	11.3, 13	11.3, 13	$1/2(p+q)$	$(2p+2q+1)/(4p+4q)$	3.742 542 153
D18S535	12, 15	9, 12	9, 14	$1/2p_{12}$	$(2p+1)/4p$	3.594 059 406
D13S325	21, 22	20, 23	23, 23	0.5	0.5	0.5
D7S1517	22, 24	22, 23	19, 22	0.5	0.5	0.5
D10S1435	11, 12	12, 13	12, 13	$1/2(p+q)$	$(2p+2q+1)/(4p+4q)$	0.904 858 3
D11S2368	20, 23	17, 19	19, 21	0.5	0.5	0.5
D19S253	10, 13	7, 14	13, 14	0.5	0.5	0.5
D1S1656	13, 18	17.3, 17.3	13, 17.3	0.5	0.5	0.5
D7S3048	23, 24	20, 24	23, 24	0.5	0.5	0.5
D10S1248	13, 15	12, 15	15, 15	0.5	0.5	0.5
D5S2500	11, 15	15, 16	15, 16	$1/2(p+q)$	$(2p+2q+1)/(4p+4q)$	1.125 469 102
D22S1045	11, 16	15, 16	15, 15	$1/2p_{16}$	$(2p+1)/4p$	1.392 857 143
SE33	17, 21	17, 20	20, 21	$1/2p_{21}$	$(2p+1)/4p$	7.622 507 123
AI（丁-乙）						$1.170\ 9 \times 10^4$

表 5-5-9 被鉴定人戊－被鉴定人乙－被鉴定人己 AI 值计算

STR	被鉴定人戊	被鉴定人乙	被鉴定人己	PI 计算公式（与戊）	AI 计算公式（与戊）	AI（戊－乙）
D19S433	13.2, 15.2	14, 14	14, 15.2	0.5	0.5	0.5
D5S818	11, 11	11, 13	11, 13	$1/(p+q)$	$(p+q+1)/(2p+2q)$	1.613 585 746
D21S11	31, 31.2	31.2, 32.2	32.2, 32.2	$1/2p_{31.2}$	$(2p+1)/4p$	3.878 378 378
D18S51	16, 17	15, 16	16, 19	0.5	0.5	0.5
D6S1043	11, 11	13, 14	14, 17	0.5	0.5	0.5
D3S1358	16, 18	17, 18	17, 17	$1/2p_{18}$	$(2p+1)/4p$	4.123 188 406
D13S317	8, 10	10, 11	9, 11	$1/2p_{10}$	$(2p+1)/4p$	2.200 680 272
D7S820	11, 11	11, 12	12, 12	$1/p_{11}$	$(p+1)/2p$	1.949 275 362
D16S639	11, 12	12, 12	9, 12	$1/2p_{12}$	$(2p+1)/4p$	1.582 251 082
CSF1PO	12, 12	12, 13	9, 13	$1/p_{12}$	$(p+1)/2p$	1.785 347 044
PentaD	10, 11	9, 10	10, 11	0.5	0.5	0.5
vWA	14, 18	16, 18	16, 16	$1/2p_{18}$	$(2p+1)/4p$	1.782 051 282
D8S1179	11, 17	11, 13	11, 13	$1/2(p+q)$	$(2p+2q+1)/(4p+4q)$	1.281 25
TPOX	8, 8	8, 8	8, 11	$1/p_8$	$(p+1)/2p$	1.480 392 157
PentaE	16, 18	10, 14	10, 24	0.5	0.5	0.5
TH01	7, 9.3	9, 9.3	9, 9	$1/2p_{9.3}$	$(2p+1)/4p$	5.819 148 936
D12S391	18, 22	18, 22	17, 18	$1/2p_{22}$	$(2p+1)/4p$	2.960 629 921
D2S1338	19, 23	19, 19	19, 22	$1/2p_{19}$	$(2p+1)/4p$	2.092 356 688
FGA	22, 25	23, 26	23, 24	0.5	0.5	0.5
D4S2366	11, 12	11, 12	9, 11	$1/2p_{12}$	$(2p+1)/4p$	2.516 129 032
D6S477	14, 15	12, 13	13, 14	0.5	0.5	0.5
GATA198B05	19, 22	15, 22	15, 17	$1/2p_{22}$	$(2p+1)/4p$	2.006 931 887
D15S659	10, 12	12, 13	13, 16	$1/2p_{12}$	$(2p+1)/4p$	1.650 483 203
D8S1132	19, 20	17, 19	18, 19	0.5	0.5	0.5
D3S3045	9, 14	10, 11	11, 14	0.5	0.5	0.5
D14S608	9, 11	7, 11	11, 11	0.5	0.5	0.5
D17S1290	18, 19	15, 19	15, 16	$1/2p_{19}$	$(2p+1)/4p$	4.924 778 761
D3S1744	16, 18	16, 20	17, 20	$1/2p_{16}$	$(2p+1)/4p$	3.048 419 98
D2S441	10, 11.3	11.3, 13	11.3, 13	$1/2(p+q)$	$(2p+2q+1)/(4p+4q)$	3.742 542 153
D18S535	12, 14	9, 12	9, 14	$1/2p_{12}$	$(2p+1)/4p$	3.594 059 406
D13S325	21, 21	20, 23	23, 23	0.5	0.5	0.5
D7S1517	23, 24	22, 23	19, 22	$1/2p_{23}$	$(2p+1)/4p$	2.204 158 146
D10S1435	11, 12	12, 13	12, 13	$1/2(p+q)$	$(2p+2q+1)/(4p+4q)$	0.904 858 3
D11S2368	17, 20	17, 19	19, 21	$1/2p_{17}$	$(2p+1)/4p$	2.381 113 619
D19S253	10, 13	7, 14	13, 14	0.5	0.5	0.5
D1S1656	13, 17.3	17.3, 17.3	13, 17.3	$1/2p_{17.3}$	$(2p+1)/4p$	5.819 148 936
D7S3048	23, 24	20, 24	23, 24	0.5	0.5	0.5
D10S1248	12, 16	12, 15	15, 15	$1/2p_{12}$	$(2p+1)/4p$	3.806 878 307
D5S2500	11, 15	15, 16	15, 16	$1/2(p+q)$	$(2p+2q+1)/(4p+4q)$	1.125 469 102
D22S1045	11, 16	15, 16	15, 15	$1/2p_{16}$	$(2p+1)/4p$	1.392 857 143
SE33	21, 25.2	17, 20	20, 21	0.5	0.5	0.5
AI（戊－乙）						6.4544×10^5

表 5-5-10　被鉴定人甲－被鉴定人乙半同胞 PI 值计算

STR	被鉴定人甲	被鉴定人乙	PI 计算公式	PI
D19S433	13，14	14，14	（2p+1）/4p	1.465 250 965
D5S818	11，11	11，13	（2p+1）/4p	1.301 282 051
D21S11	29，31	31.2，32.2	0.5	0.5
D18S51	15，17	15，16	（4p+1）/8p	1.202 247 191
D6S1043	14，18	13，14	（4p+1）/8p	1.261 730 652
D3S1358	18，18	17，18	（2p+1）/4p	4.123 188 406
D13S317	10，14	10，11	（4p+1）/8p	1.350 340 136
D7S820	11，11	11，12	（2p+1）/4p	1.224 637 681
D16S639	11，12	12，12	（2p+1）/4p	1.582 251 082
CSF1PO	9，12	12，13	（4p+1）/8p	0.821 336 761
PentaD	11，13	9，10	0.5	0.5
vWA	14，14	16，18	0.5	0.5
D8S1179	11，14	11，13	（4p+1）/8p	2.006 024 096
TPOX	8，11	8，8	（2p+1）/4p	0.990 196 078
PentaE	11，14	10，14	（4p+1）/8p	1.968 860 165
TH01	7，7	9，9.3	0.5	0.5
D12S391	18，20	18，22	（4p+1）/8p	1.157 548 659
D2S1338	19，23	19，19	（2p+1）/4p	2.092 356 688
FGA	22，26	23，26	（4p+1）/8p	3.051 020 408
D4S2366	9，12	11，12	（4p+1）/8p	1.508 064 516
D6S477	14，15	12，13	0.5	0.5
GATA198B05	22，22	15，22	（2p+1）/4p	2.006 931 887
D15S659	10，14	12，13	0.5	0.5
D8S1132	17，19	17，19	（p+q+4pq）/8pq	2.300 885 455
D3S3045	9，15	10，11	0.5	0.5
D14S608	7，9	7，11	（4p+1）/8p	1.147 332 988
D17S1290	18，18	15，19	0.5	0.5
D3S1744	18，20	16，20	（4p+1）/8p	3.860 215 054
D2S441	10，10	11.3，13	0.5	0.5
D18S535	12，13	9，12	（4p+1）/8p	2.047 029 703
D13S325	19，20	20，23	（4p+1）/8p	0.971 520 181
D7S1517	23，24	22，23	（4p+1）/8p	1.352 079 073
D10S1435	11，12	12，13	（4p+1）/8p	0.829 902 349
D11S2368	17，17	17，19	（2p+1）/4p	2.381 113 619
D19S253	7，7	7，14	（2p+1）/4p	1.974 056 604
D1S1656	11，13	17.3，17.3	0.5	0.5
D7S3048	20，25	20，24	（4p+1）/8p	1.167 735 043
D10S1248	12，13	12，15	（4p+1）/8p	2.153 439 153
D5S2500	15，15	15，16	（2p+1）/4p	1.296 178 344
D22S1045	16，16	15，16	（2p+1）/4p	1.392 857 143
SE33	29.2，30.2	17，20	0.5	0.5
CPI				531.163 8

表 5-5-11　祖父母 - 被鉴定人甲 - 被鉴定人庚 PI 值计算

STR	推断祖父母型	被鉴定人甲	被鉴定人庚	PI 计算公式	PI
D5S818	10, 10, 11, 11	11, 11	11, 14	$(0.5 \times 0.5)/0.5p_{11}$	1.602 564 103
D21S11	30, 31, 31, 31.2	29, 31	29, 34.2	$(0.5 \times 0.5)/0.5p_{31}$	4.587 155 963
D18S51	12, 15, 16, 17	15, 17	14, 17	$(0.5 \times 0.25)/0.5p_{15}$	1.404 494 382
D6S1043	11, 13, 11, 18	14, 18	13, 14	$(0.5 \times 0.25)/0.5p_{18}$	1.454 333 915
vWA	14, 17, 17, 18	14, 14	14, 18	$(0.25 \times 0.5)/0.5p_{14}$	1.028 806 584
D8S1179	11, 13, 14, 17	11, 14	10, 14	$(0.5 \times 0.25)/0.5p_{11}$	3.012 048 193
D2S1338	19, 22, 19, 23	19, 23	22, 23	$(0.5 \times 0.5)/0.5p_{19}$	3.184 713 376
FGA	22, 25, 22, 26	22, 26	22, 23	$(0.5 \times 0.25)/0.5p_{26}$	5.102 040 816
D3S1744	16, 18, 19, 21	18, 20	18, 20	$(0.5 \times 0.25)/(0.5p_{18}+0.5p_{20})$	1.021 241 83
D13S325	20, 21, 21, 22	19, 20	19, 21	$(0.5 \times 0.25)/0.5p_{20}$	0.943 040 362
D7S1517	21, 22, 23, 24	23, 24	20, 24	$(0.5 \times 0.25)/0.5p_{23}$	1.704 158 146
D11S2368	17, 20, 17, 23	17, 17	17, 20	$(0.5 \times 0.5)/0.5p_{17}$	3.762 227 239
D1S1656	13, 15, 17.3, 18	11, 13	11, 12	$(0.5 \times 0.25)/0.5p_{13}$	2.380 952 381
D10S1248	12, 13, 15, 16	12, 13	11, 13	$(0.5 \times 0.25)/0.5p_{12}$	3.306 878 307
SE33	17, 21, 25.2, 29.2	29.2, 30.2	24.2, 30.2	$(0.5 \times 0.25)/0.5p_{29.2}$	4.752 851 711
CPI					$1.747\,0 \times 10^5$

表 5-5-12　祖父母 - 被鉴定人乙 - 被鉴定人己 PI 值计算

STR	推断祖父母型	被鉴定人乙	被鉴定人己	PI 计算公式	PI
D5S818	10, 10, 11, 11	11, 13	11, 13	$(0.5 \times 0.5)/(0.5p_{11}+0.5p_{13})$	1.113 585 746
D21S11	30, 31, 31, 31.2	31.2, 32.2	32.2, 32.2	$0.25/p_{31.2}$	3.378 378 378
D18S51	12, 15, 16, 17	15, 16	16, 19	$(0.5 \times 0.25)/0.5p_{15}$	1.404 494 382
D6S1043	11, 13, 11, 18	13, 14	14, 17	$(0.5 \times 0.25)/0.5p_{13}$	1.882 530 12
vWA	14, 17, 14, 18	16, 18	16, 16	$0.25/p_{18}$	1.282 051 282
D8S1179	11, 13, 14, 17	11, 13	11, 13	$(0.5 \times 0.25+0.5 \times 0.25)/(0.5p_{11}+0.5p_{13})$	1.562 5
D2S1338	19, 22, 19, 23	19, 19	19, 22	$(0.5 \times 0.5)/0.5p_{19}$	3.184 713 376
FGA	22, 25, 22, 26	23, 26	23, 24	$(0.5 \times 0.25)/0.5p_{26}$	5.102 040 816
D3S1744	16, 18, 19, 21	16, 20	17, 20	$(0.5 \times 0.25)/0.5p_{16}$	2.548 419 98
D13S325	20, 21, 21, 22	20, 23	23, 23	$0.25/p_{20}$	0.943 040 362
D7S1517	21, 22, 23, 24	22, 23	19, 22	$(0.5 \times 0.25)/0.5p_{23}$	1.704 158 146
D11S2368	17, 20, 17, 23	17, 19	19, 21	$(0.5 \times 0.5)/0.5p_{17}$	3.762 227 239
D1S1656	13, 15, 17.3, 18	17.3, 17.3	13, 17.3	$(0.5 \times 0.25)/0.5p_{17.3}$	5.319 148 936
D10S1248	12, 13, 15, 16	12, 15	15, 15	$0.25/p_{12}$	3.306 878 307
SE33	17, 21, 25.2, 29.2	17, 20	20, 21	$(0.5 \times 0.25)/0.5p_{17}$	7.122 507 123
CPI					$6.250\,0 \times 10^5$

表 5-5-13　被鉴定人丙与被鉴定人丁全同胞 IBS 计算

基因座	被鉴定人丙	被鉴定人丁	IBS
D19S433	14, 15.2	13.2, 15.2	1
D5S818	10, 10	10, 10	2
D21S11	30, 31	31, 31	1
D18S51	15, 16	12, 15	1
D6S1043	11, 18	11, 13	1
D3S1358	15, 16	16, 18	1
D13S137	10, 10	8, 10	1
D7S820	11, 12	11, 12	2
D16S519	11, 12	11, 12	2
CSF1PO	11, 12	11, 12	2
PentaD	9, 11	9, 11	2
vWA	17, 17	17, 17	2
D8S1179	11, 17	13, 14	0
TPOX	8, 8	8, 11	1
PentaE	16, 18	14, 18	1
TH01	7, 9	9, 9.3	1
D12S391	15, 22	15, 22	2
D2S1338	19, 22	19, 19	1
FGA	25, 26	22, 22	0
D4S2366	11, 12	9, 11	1
D6S477	12, 15	12, 15	2
GATA198B05	19, 20	19, 20	2
D15S659	12, 17	12, 17	2
D8S1132	19, 20	17, 19	1
D3S3045	9, 10	9, 14	1
D14S608	9, 11	7, 11	1
D17S1290	11, 18	18, 19	1
D3S1744	19, 21	19, 21	2
D2S441	10, 11.3	10, 11.3	2
D18S535	12, 14	12, 15	1
D13S325	20, 21	21, 22	1
D7S1517	21, 22	22, 24	1
D10S1435	11, 13	11, 12	1
D11S2368	17, 17	20, 23	0
D19S253	7, 13	10, 13	1
D1S1656	15, 17.3	13, 18	0
D7S3048	20, 23	23, 24	1
D10S1248	15, 16	13, 15	1
D5S2500	11, 11	11, 15	1
IBS			47

表 5-5-14　被鉴定人丙与被鉴定人戊全同胞 IBS 计算

基因座	被鉴定人丙	被鉴定人戊	IBS
D19S433	14，15.2	13.2，15.2	1
D5S818	10，10	11，11	0
D21S11	30，31	31，31.2	1
D18S51	15，16	16，17	1
D6S1043	11，18	11，11	1
D3S1358	15，16	16，18	1
D13S137	10，10	8，10	1
D7S820	11，12	11，11	1
D16S519	11，12	11，12	2
CSF1PO	11，12	12，12	1
PentaD	9，11	10，11	1
vWA	17，17	14，18	0
D8S1179	11，17	11，17	2
TPOX	8，8	8，8	2
PentaE	16，18	16，18	2
TH01	7，9	7，9.3	1
D12S391	15，22	18，22	1
D2S1338	19，22	19，23	1
FGA	25，26	22，25	1
D4S2366	11，12	11，12	2
D6S477	12，15	14，15	1
GATA198B05	19，20	19，22	1
D15S659	12，17	10，12	1
D8S1132	19，20	19，20	2
D3S3045	9，10	9，14	1
D14S608	9，11	9，11	2
D17S1290	11，18	18，19	1
D3S1744	19，21	16，18	0
D2S441	10，11.3	10，11.3	2
D18S535	12，14	12，14	2
D13S325	20，21	21，21	1
D7S1517	21，22	23，24	0
D10S1435	11，13	11，12	1
D11S2368	17，17	17，20	1
D19S253	7，13	10，13	1
D1S1656	15，17.3	13，17.3	1
D7S3048	20，23	23，24	1
D10S1248	15，16	12，16	1
D5S2500	11，11	11，15	1
IBS			44

表 5-5-15　被鉴定人丁与被鉴定人戊全同胞 IBS 计算

基因座	被鉴定人丁	被鉴定人戊	IBS
D19S433	13.2, 15.2	13.2, 15.2	2
D5S818	10, 10	11, 11	0
D21S11	31, 31	31, 31.2	1
D18S51	12, 15	16, 17	0
D6S1043	11, 13	11, 11	1
D3S1358	16, 18	16, 18	2
D13S137	8, 10	8, 10	2
D7S820	11, 12	11, 11	1
D16S519	11, 12	11, 12	2
CSF1PO	11, 12	12, 12	1
PentaD	9, 11	10, 11	1
vWA	17, 17	14, 18	0
D8S1179	13, 14	11, 17	0
TPOX	8, 11	8, 8	1
Penta E	14, 18	16, 18	1
TH01	9, 9.3	7, 9.3	1
D12S391	15, 22	18, 22	1
D2S1338	19, 19	19, 23	1
FGA	22, 22	22, 25	1
D4S2366	9, 11	11, 12	1
D6S477	12, 15	14, 15	1
GATA198B05	19, 20	19, 22	1
D15S659	12, 17	10, 12	1
D8S1132	17, 19	19, 20	1
D3S3045	9, 14	9, 14	2
D14S608	7, 11	9, 11	1
D17S1290	18, 19	18, 19	2
D3S1744	19, 21	16, 18	0
D2S441	10, 11.3	10, 11.3	2
D18S535	12, 15	12, 14	1
D13S325	21, 22	21, 21	1
D7S1517	22, 24	23, 24	1
D10S1435	11, 12	11, 12	2
D11S2368	20, 23	17, 20	1
D19S253	10, 13	10, 13	2
D1S1656	13, 18	13, 17.3	1
D7S3048	23, 24	23, 24	2
D10S1248	13, 15	12, 16	0
D5S2500	11, 15	11, 15	2
IBS			44

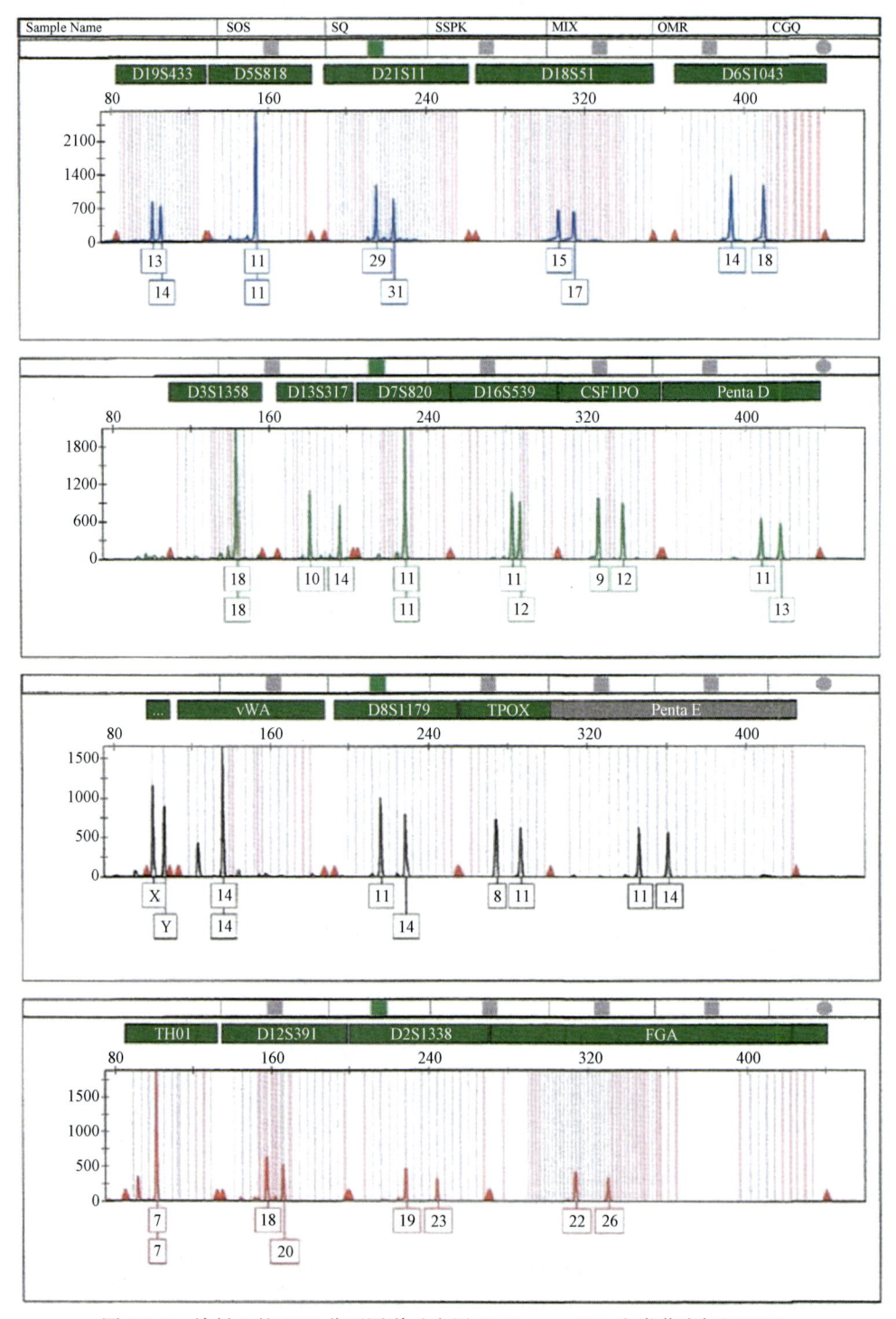

图 5-5-3　检材 1 的 STR 分型图谱（应用 Goldeneye 20A 人类荧光标记 STR 复合扩增检测试剂扩增）

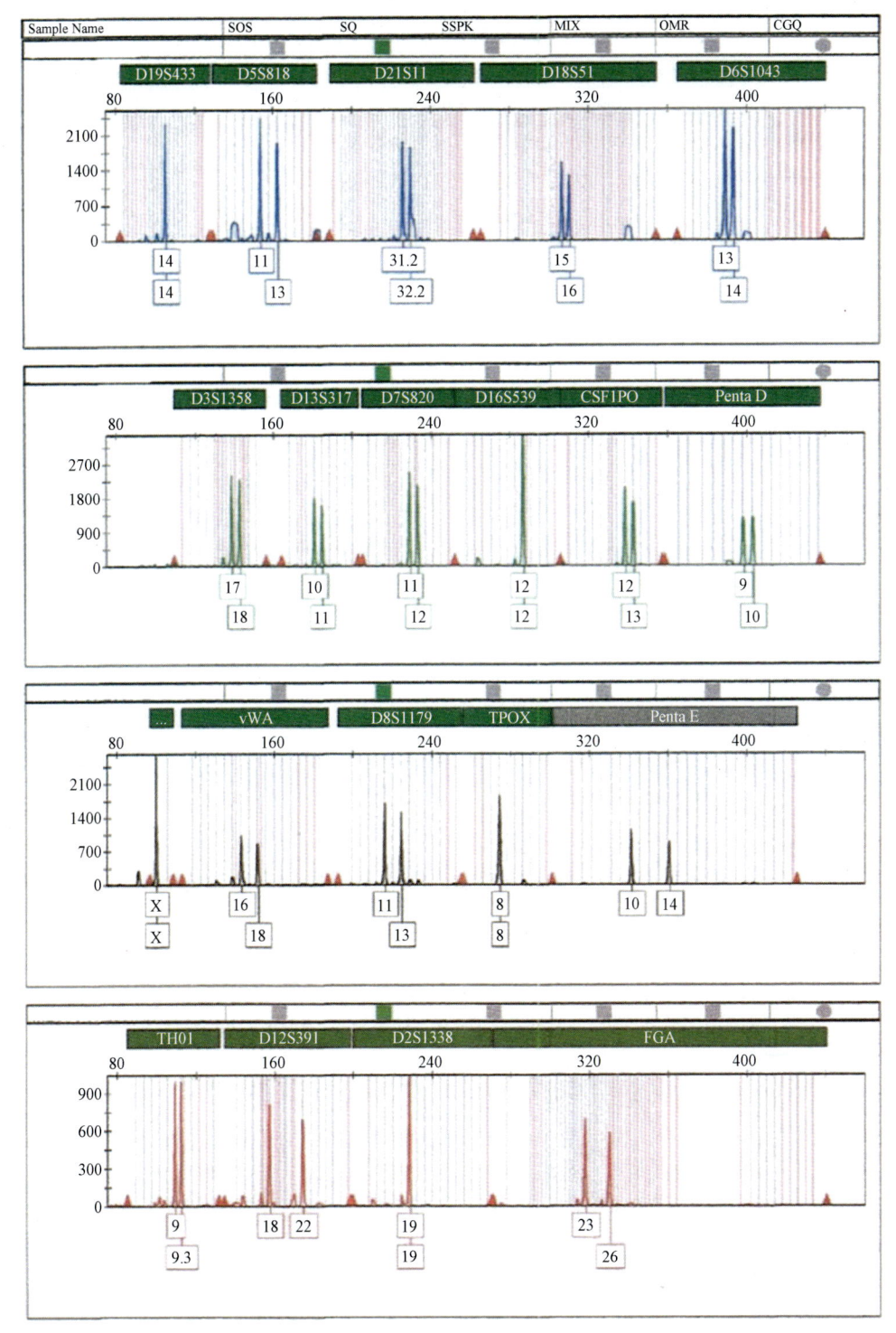

图 5-5-4 检材 2 的 STR 分型图谱（应用 Goldeneye 20A 人类荧光标记 STR 复合扩增检测试剂扩增）

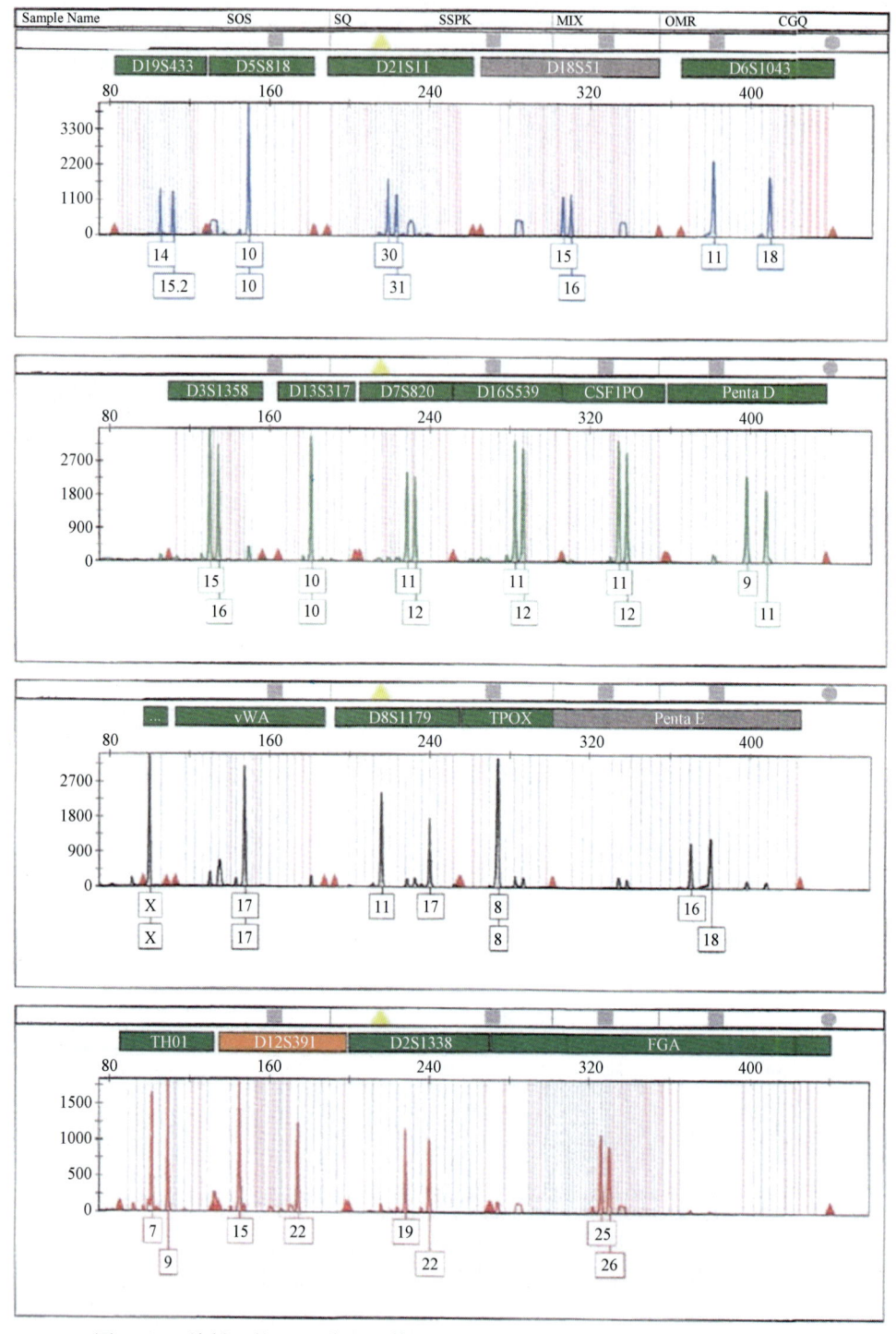

图 5-5-5　检材 3 的 STR 分型图谱（应用 Goldeneye 20A 人类荧光标记 STR 复合扩增检测试剂扩增）

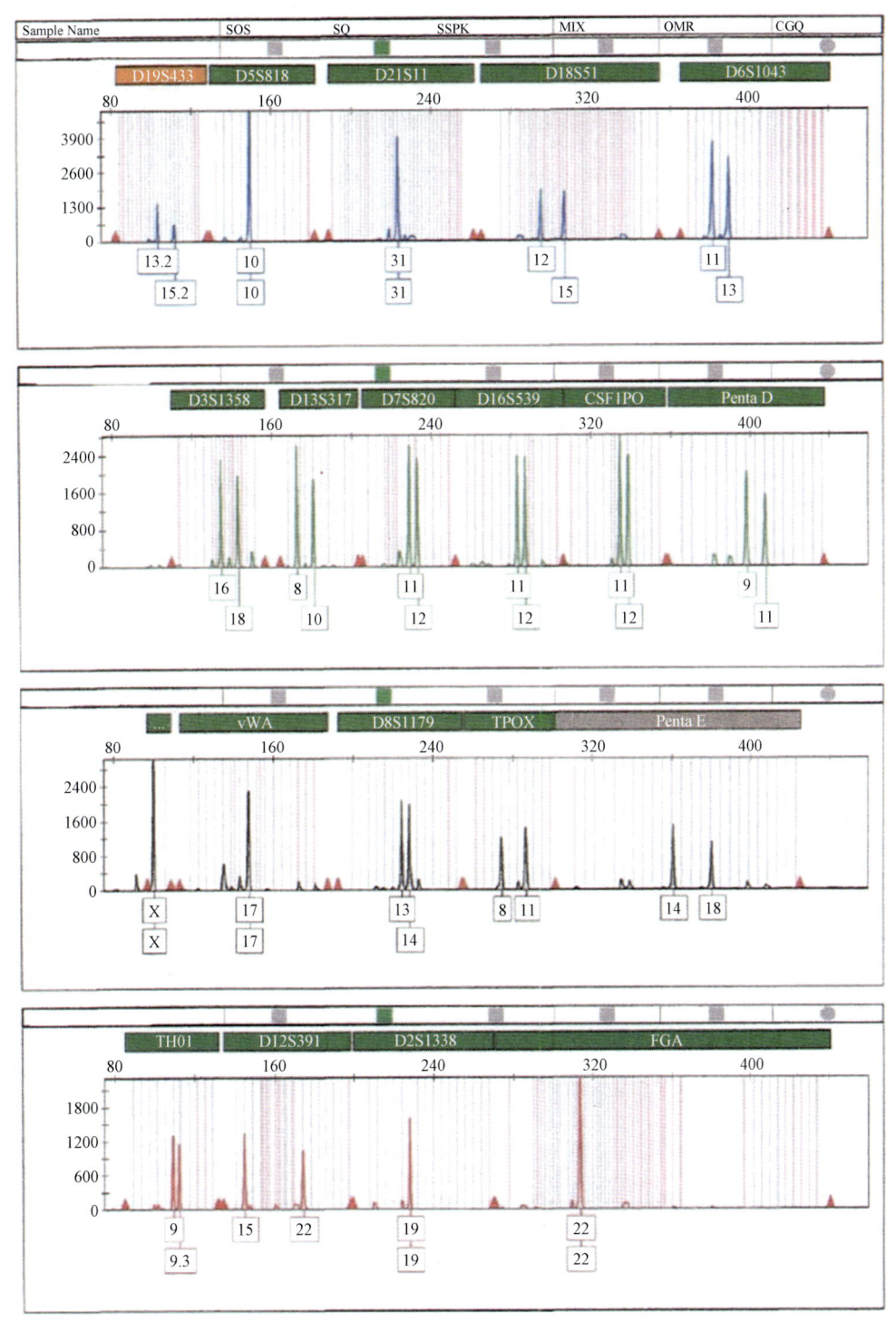

图 5-5-6 检材 4 的 STR 分型图谱（应用 Goldeneye 20A 人类荧光标记 STR 复合扩增检测试剂扩增）

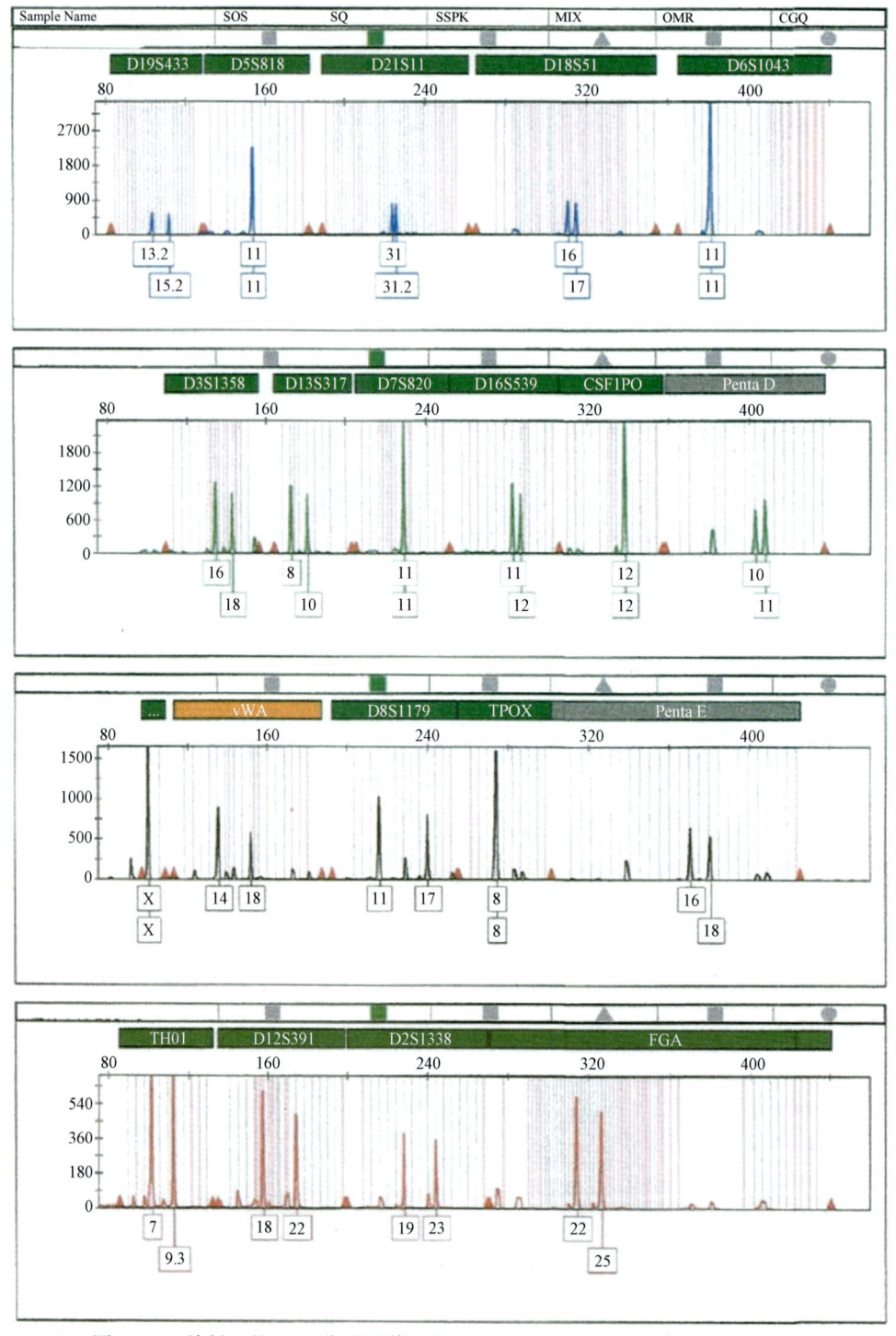

图 5-5-7　检材 5 的 STR 分型图谱（应用 Goldeneye 20A 人类荧光标记 STR 复合扩增检测试剂扩增）

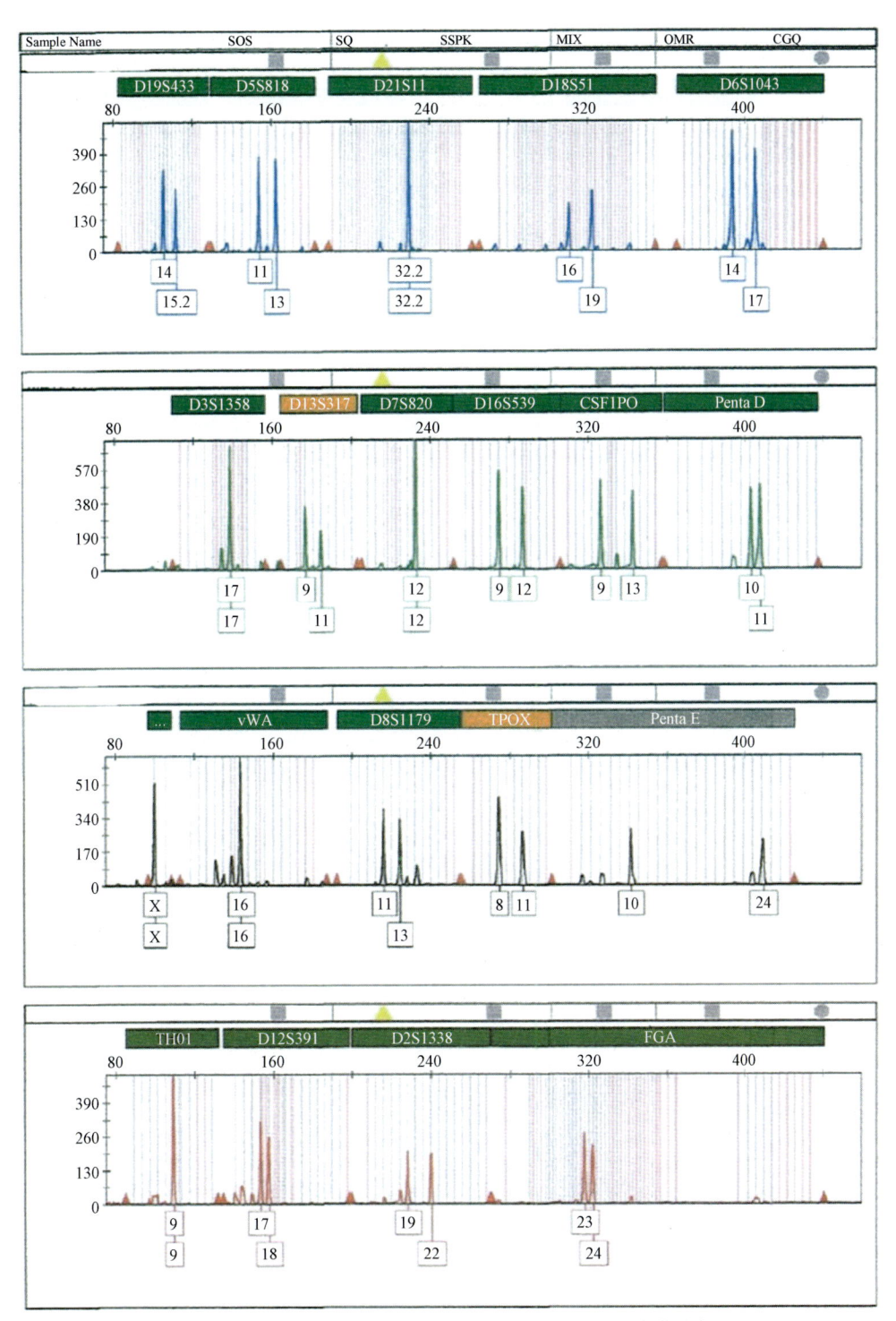

图 5-5-8 检材 6 的 STR 分型图谱（应用 Goldeneye 20A 人类荧光标记 STR 复合扩增检测试剂扩增）

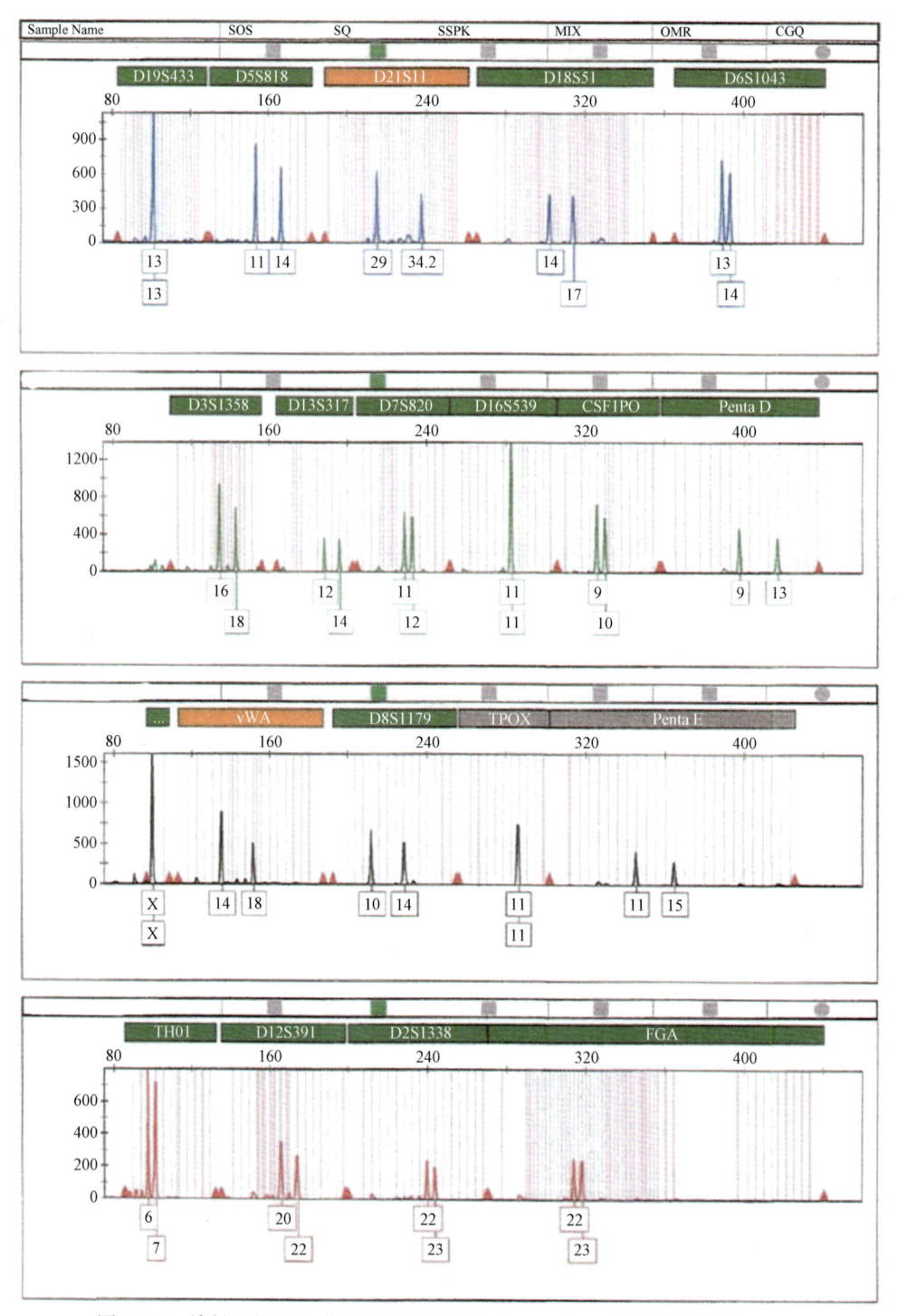

图 5-5-9　检材 7 的 STR 分型图谱（应用 Goldeneye 20A 人类荧光标记 STR 复合扩增检测试剂扩增）

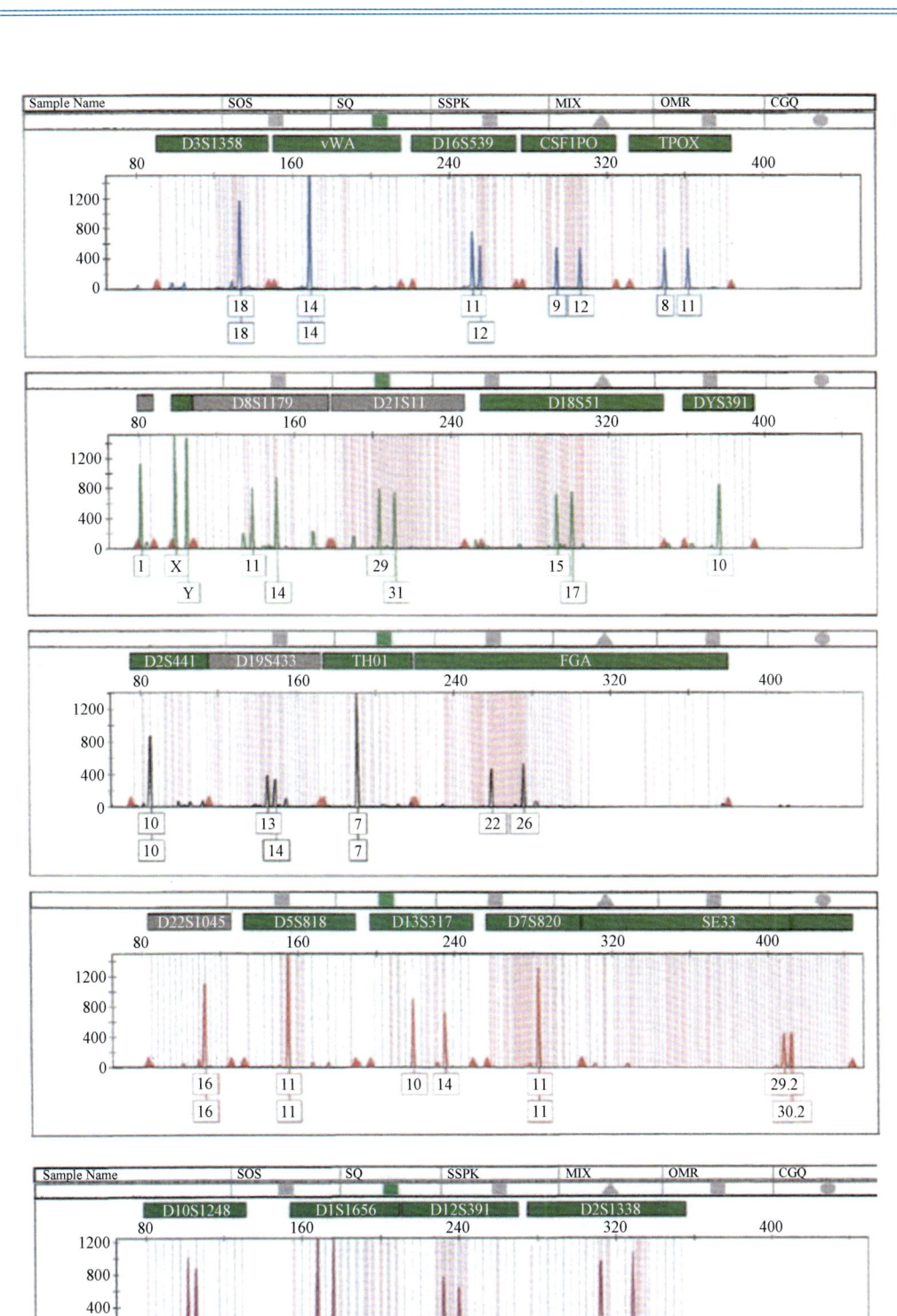

图 5-5-10　检材 1 的 STR 分型图谱（应用 GlobalFiler 人类荧光标记 STR 复合扩增检测试剂盒扩增）

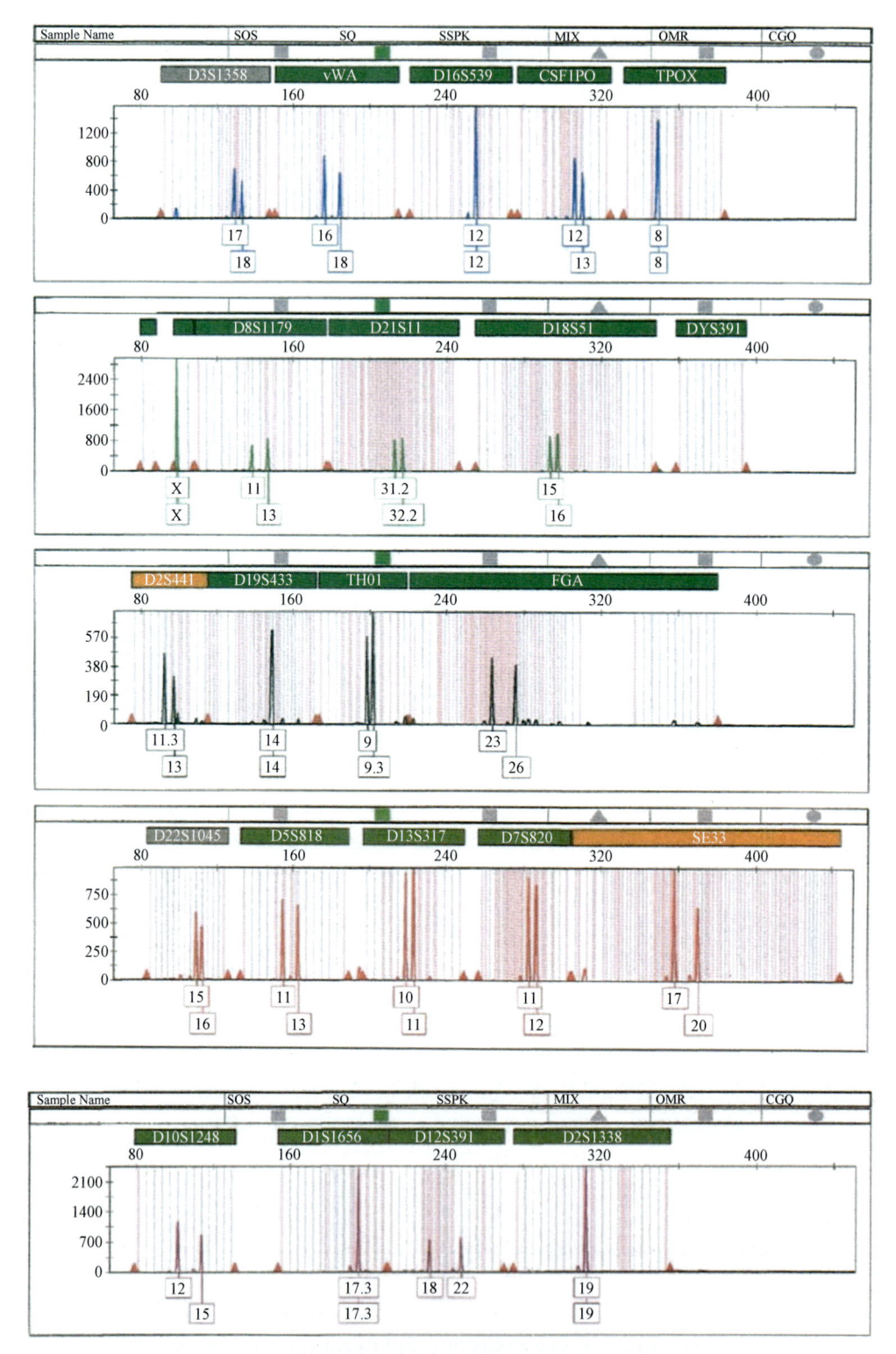

图 5-5-11　检材 2 的 STR 分型图谱（应用 GlobalFiler 人类荧光标记 STR 复合扩增检测试剂盒扩增）

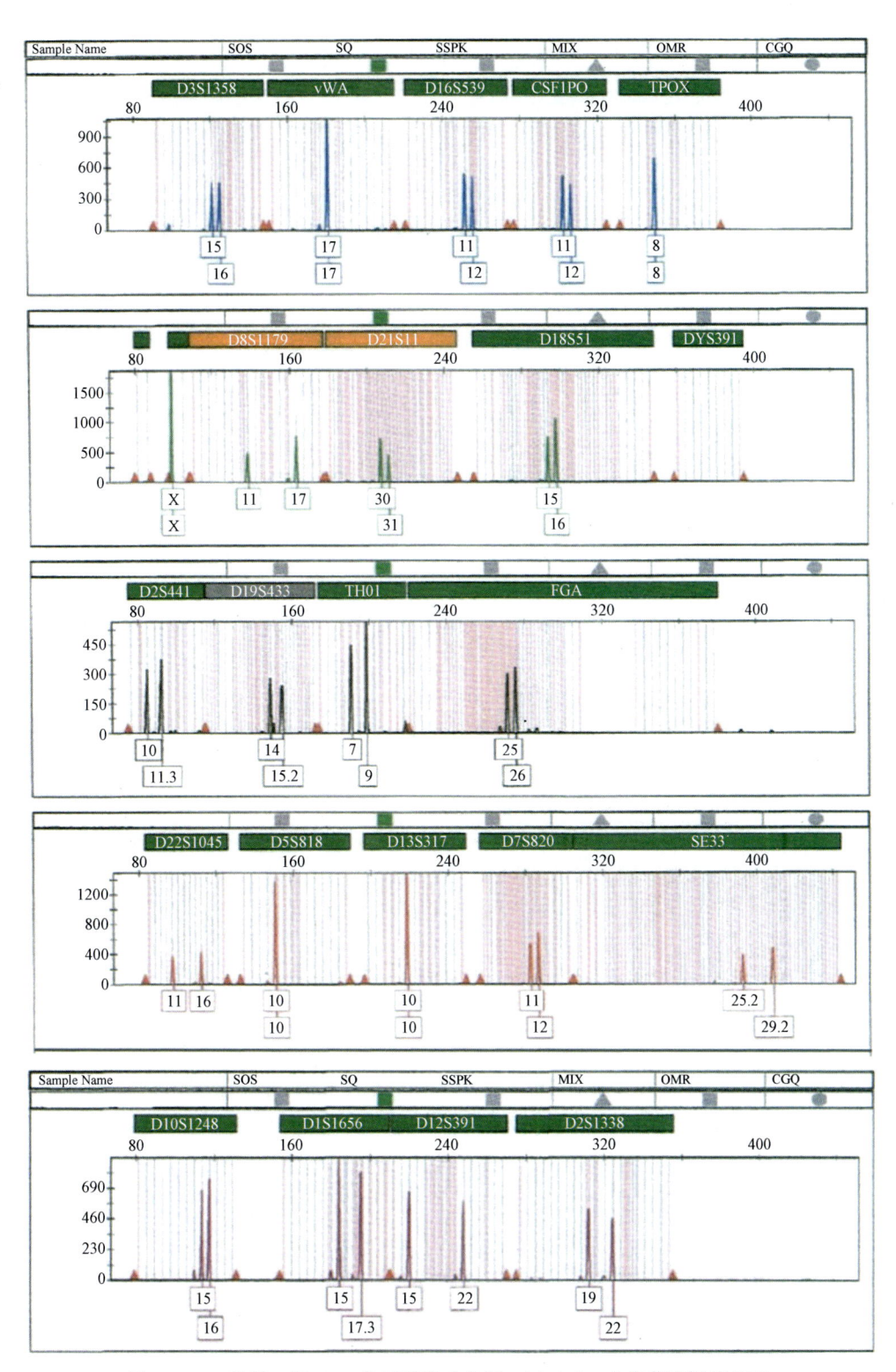

图 5-5-12　检材 3 的 STR 分型图谱（应用 GlobalFiler 人类荧光标记 STR 复合扩增检测试剂盒扩增）

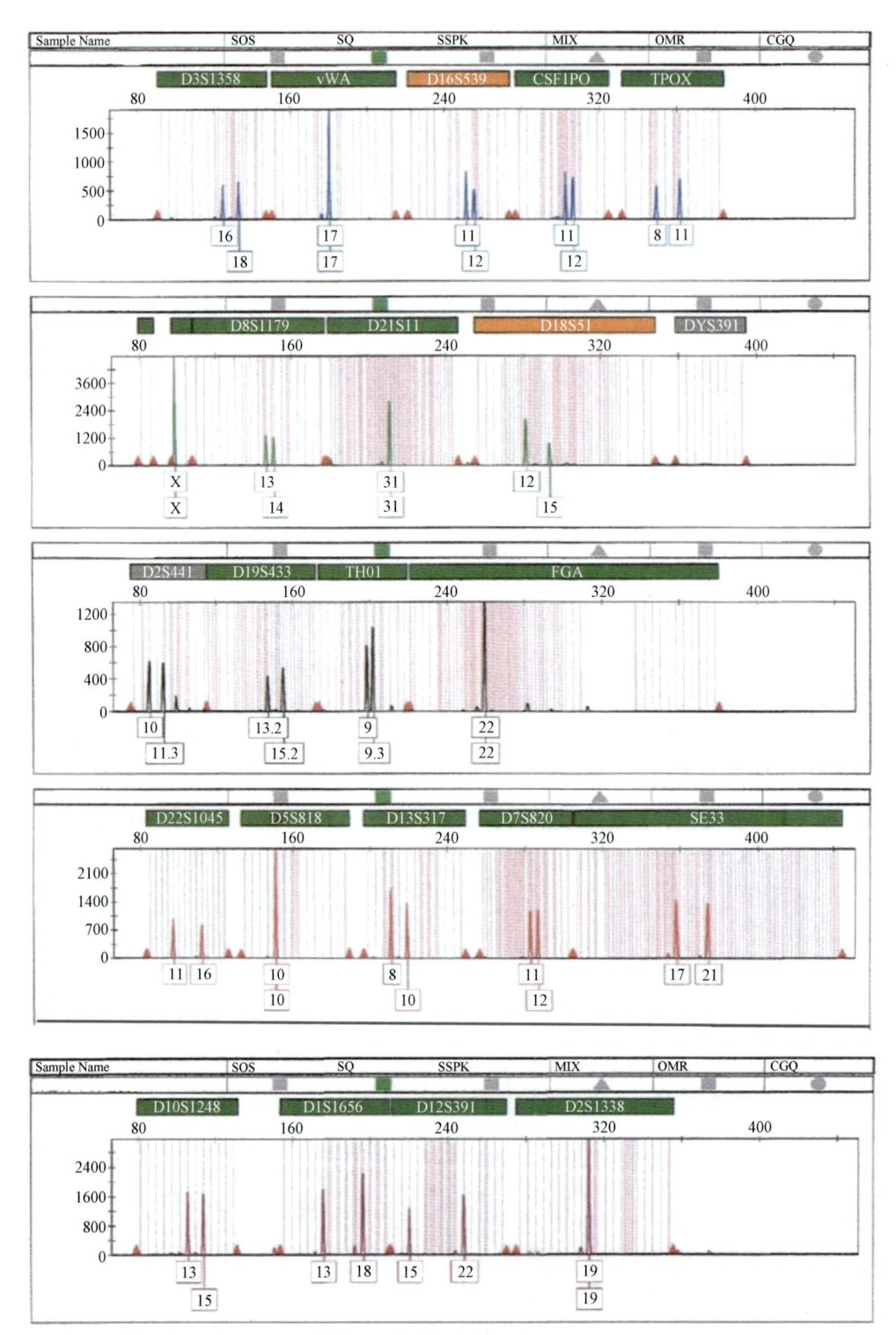

图 5-5-13　检材 4 的 STR 分型图谱（应用 GlobalFiler 人类荧光标记 STR 复合扩增检测试剂盒扩增）

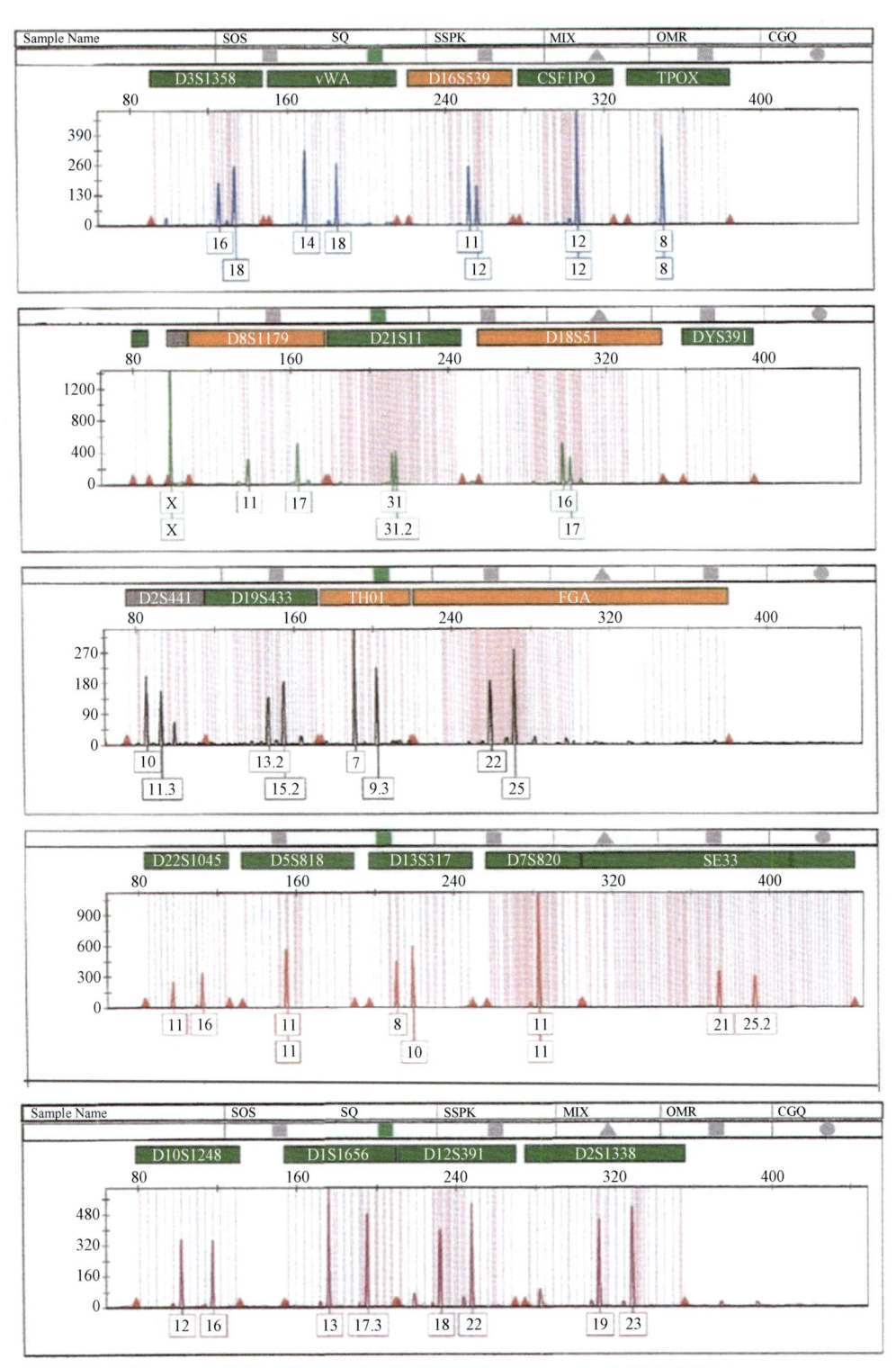

图 5-5-14　检材 5 的 STR 分型图谱（应用 GlobalFiler 人类荧光标记 STR 复合扩增检测试剂盒扩增）

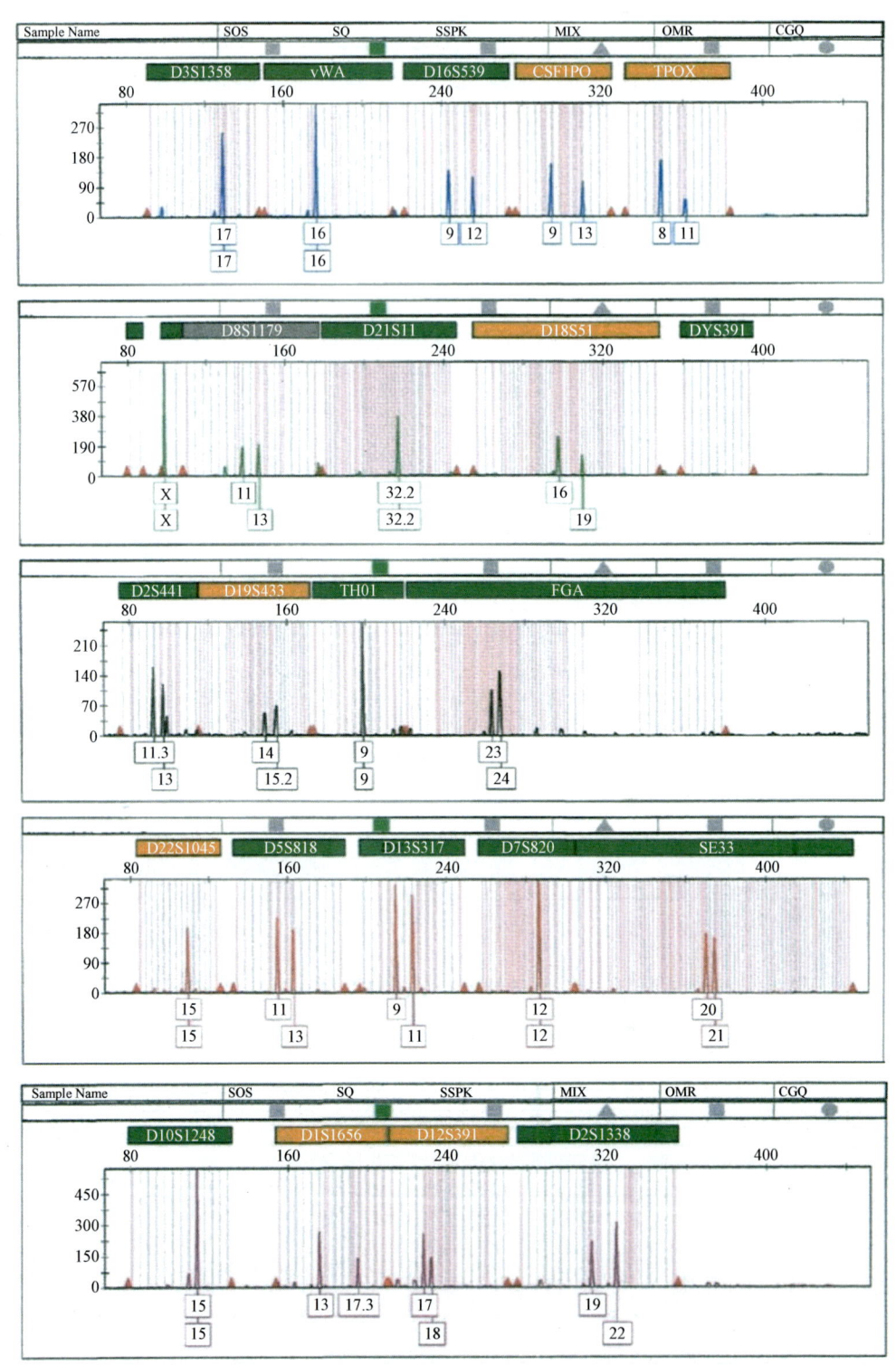

图 5-5-15　检材 6 的 STR 分型图谱（应用 GlobalFiler 人类荧光标记 STR 复合扩增检测试剂盒扩增）

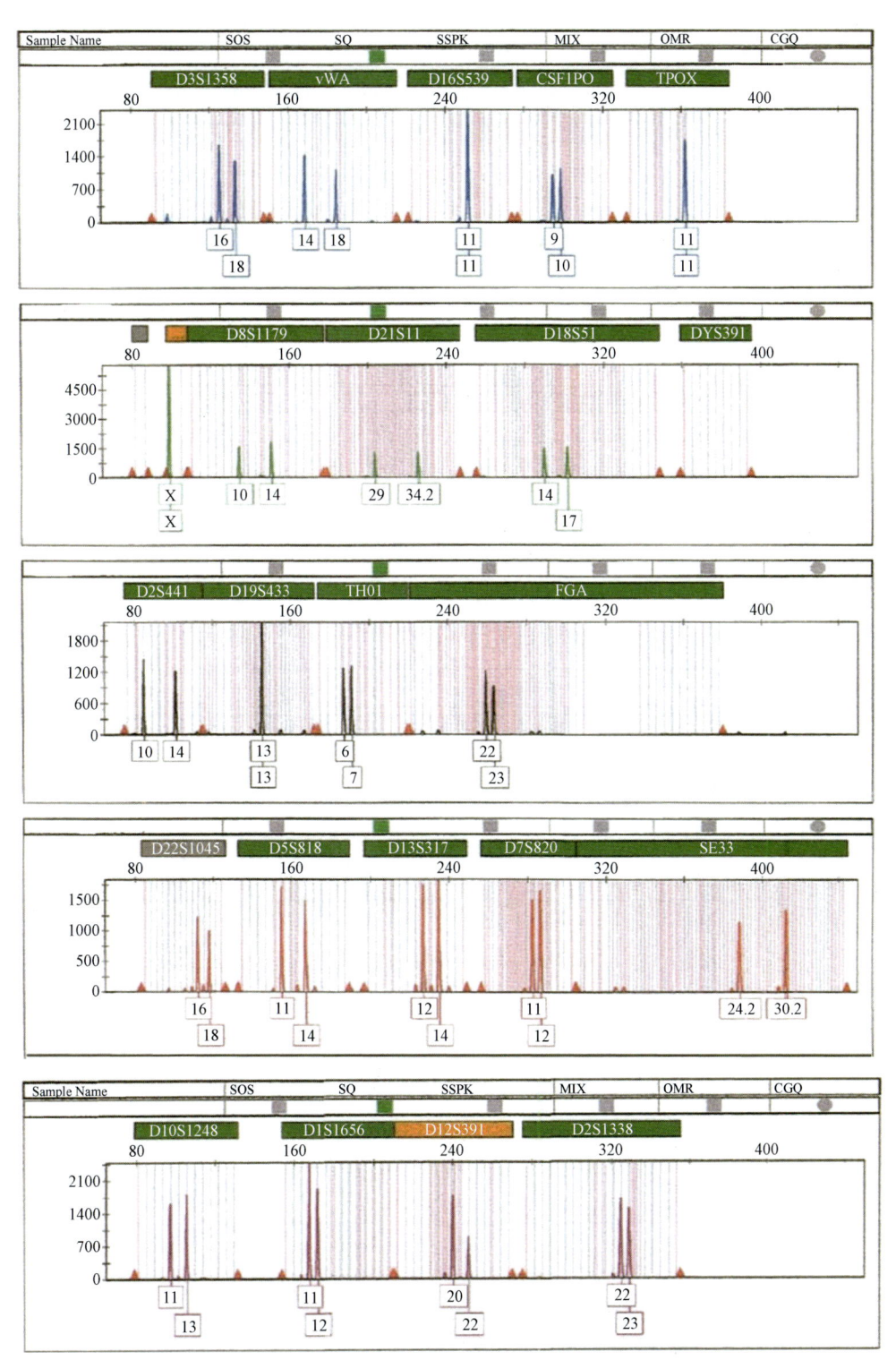

图 5-5-16 检材 7 的 STR 分型图谱（应用 GlobalFiler 人类荧光标记 STR 复合扩增检测试剂盒扩增）

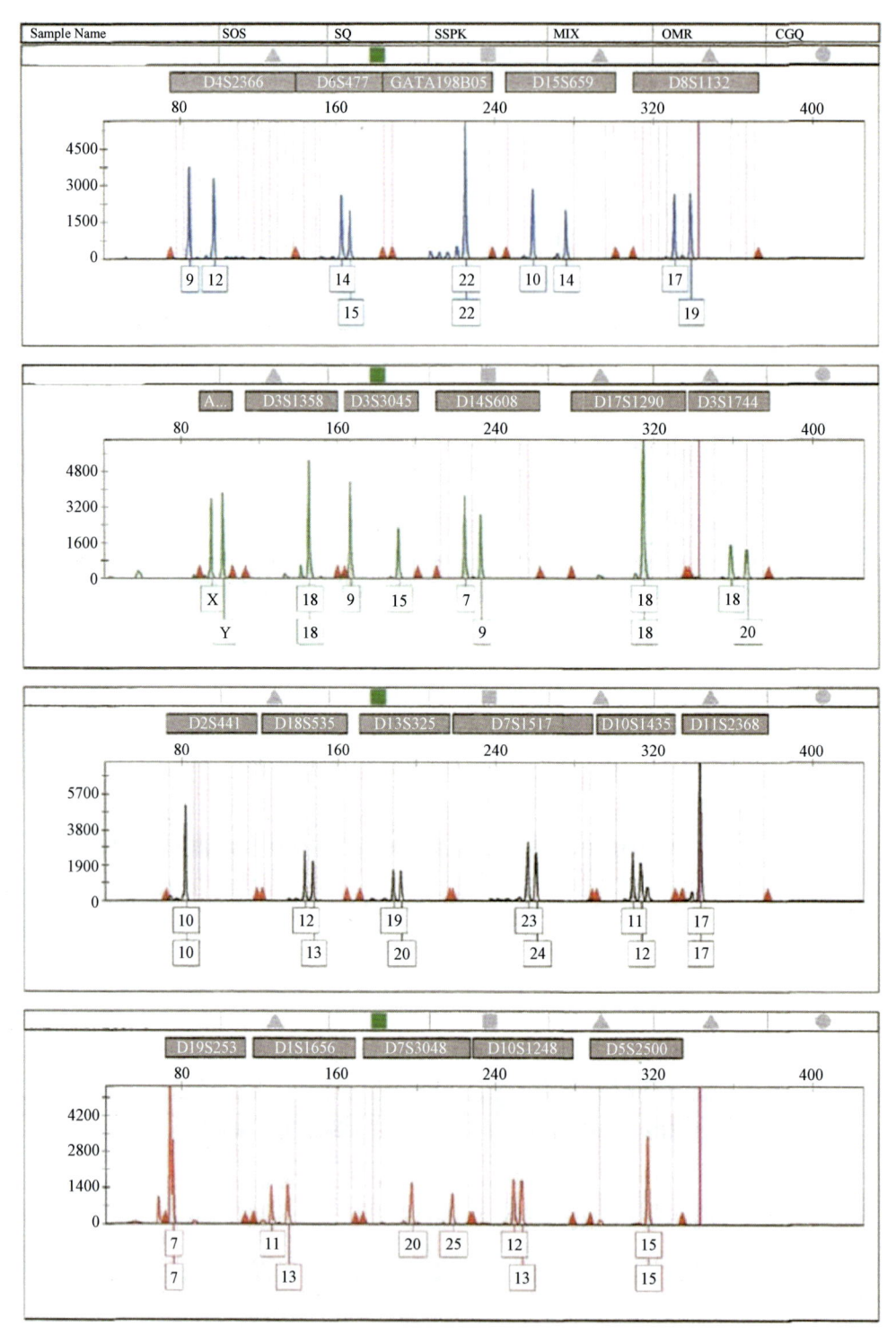

图 5-5-17　检材 1 的 STR 分型图谱（应用 Goldeneye 22NC 人类荧光标记 STR 复合扩增检测试剂扩增）

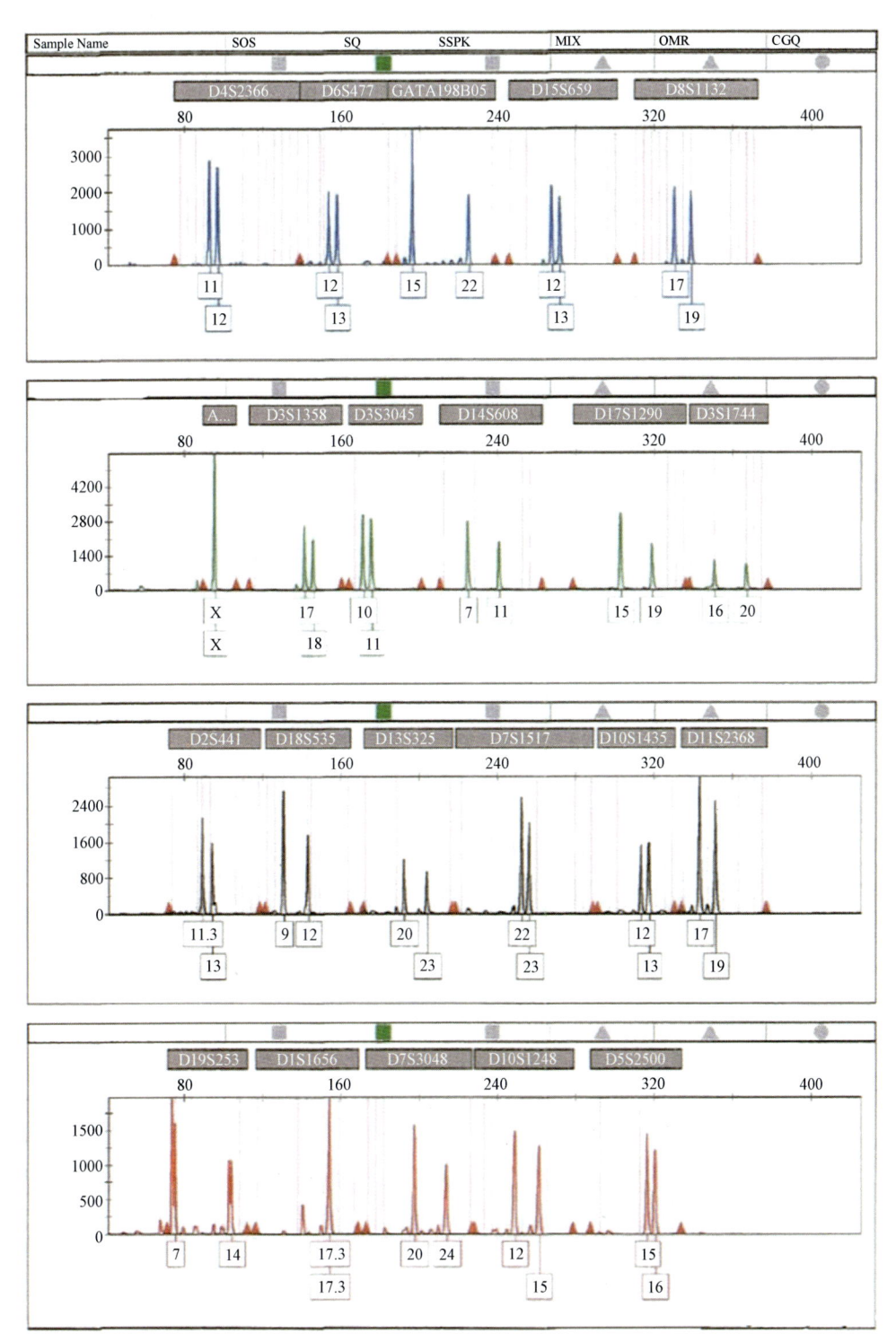

图 5-5-18　检材 2 的 STR 分型图谱（应用 Goldeneye 22NC 人类荧光标记 STR 复合扩增检测试剂扩增）

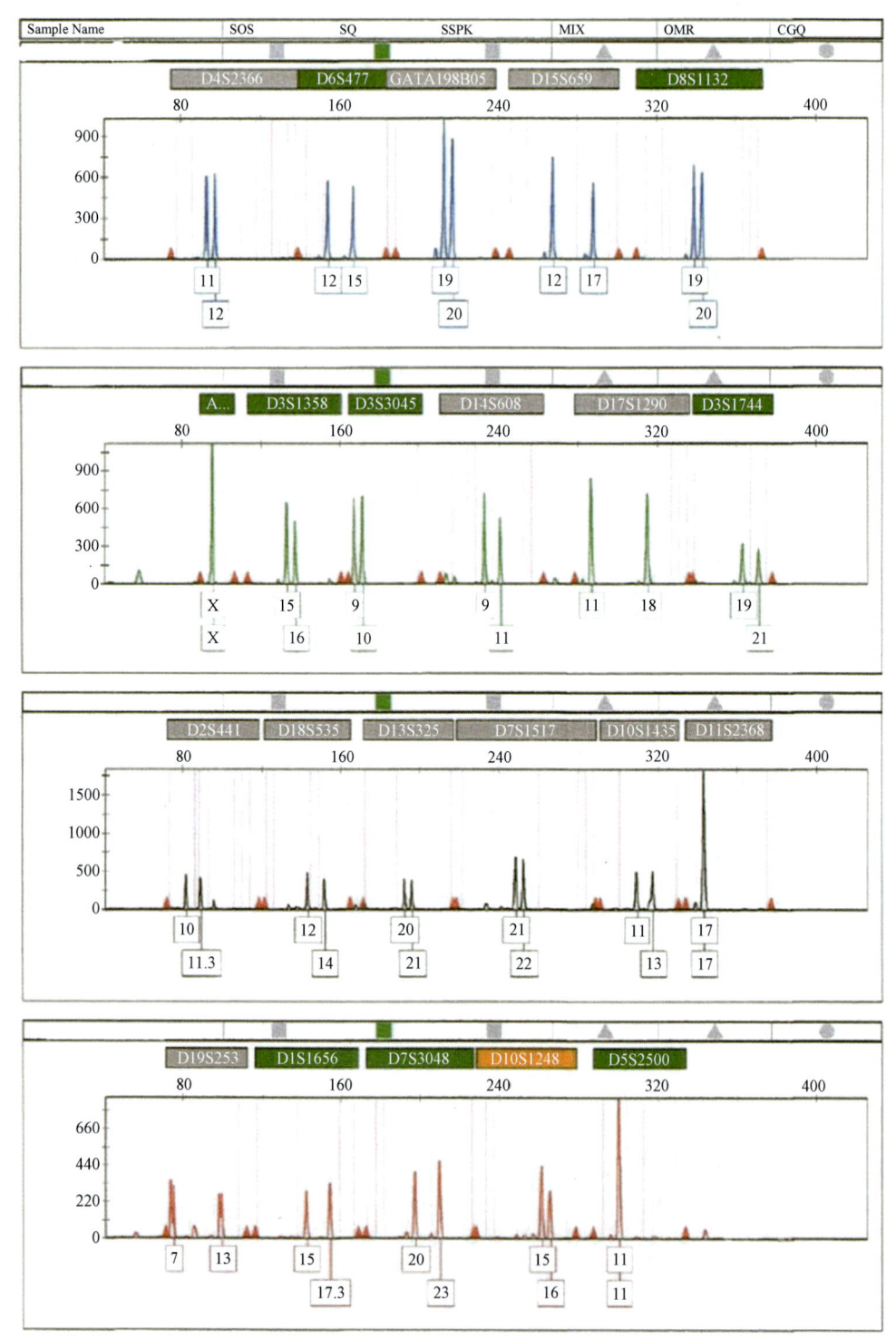

图 5-5-19 检材 3 的 STR 分型图谱（应用 Goldeneye 22NC 人类荧光标记 STR 复合扩增检测试剂扩增）

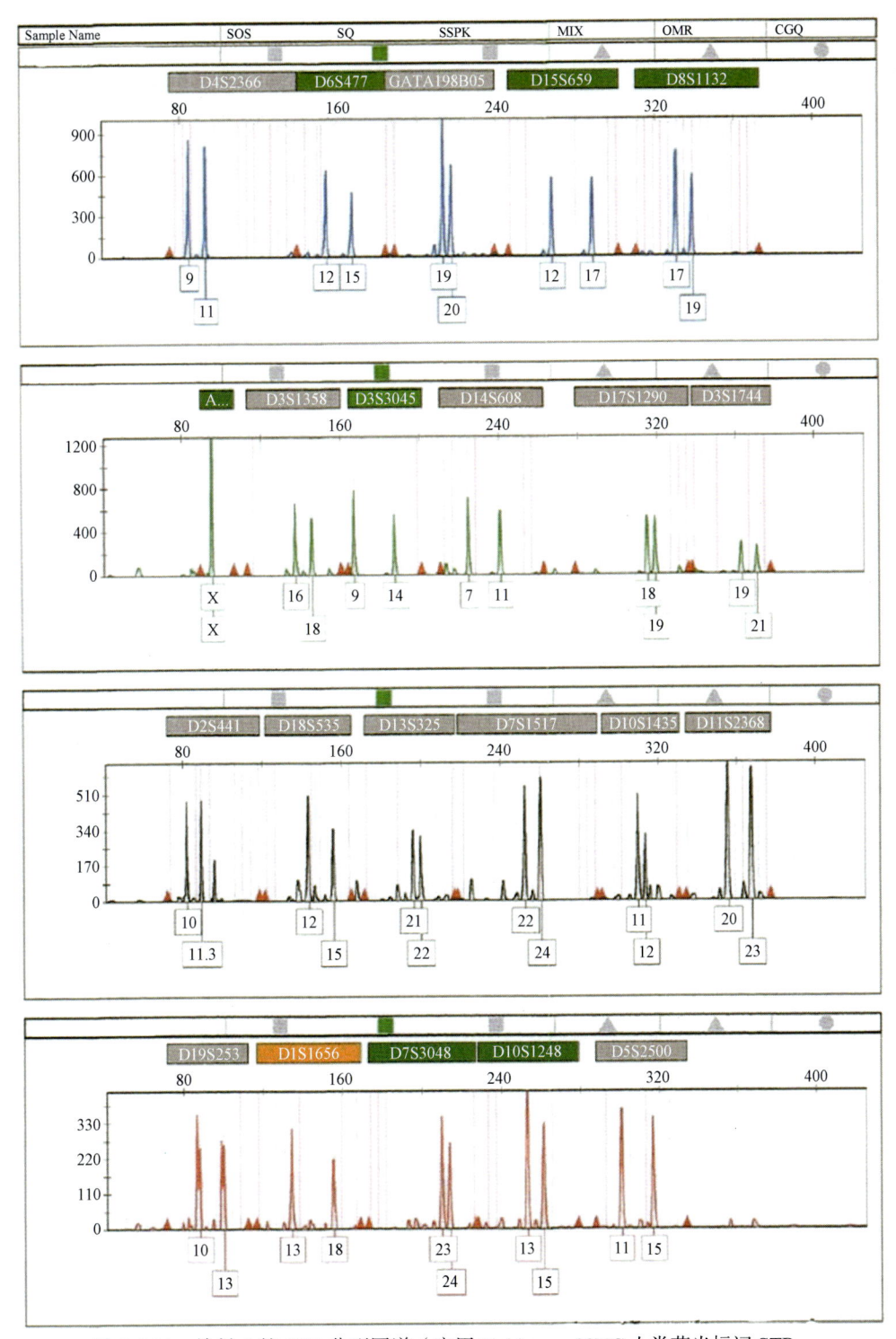

图 5-5-20　检材 4 的 STR 分型图谱（应用 Goldeneye 22NC 人类荧光标记 STR 复合扩增检测试剂扩增）

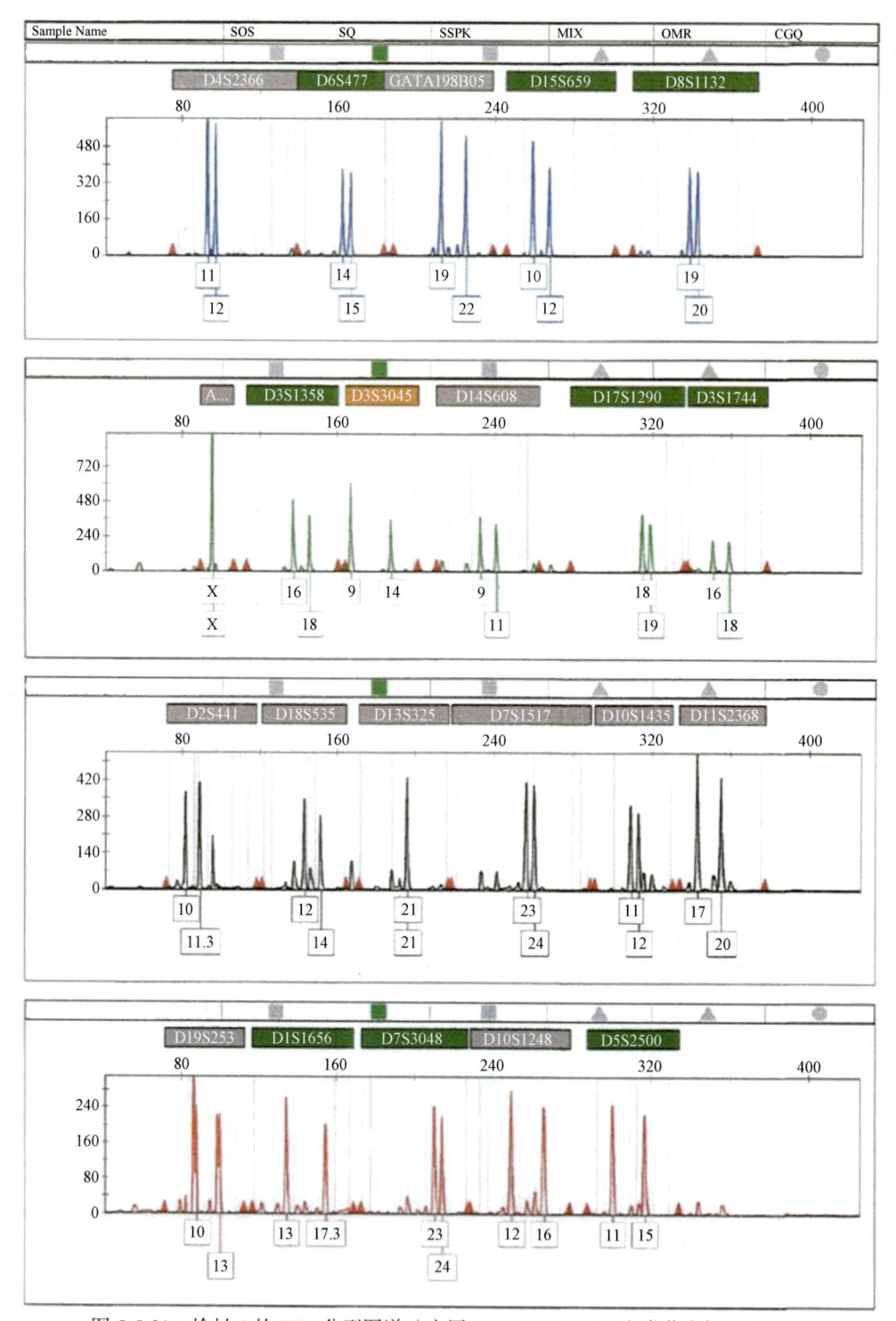

图 5-5-21　检材 5 的 STR 分型图谱（应用 Goldeneye 22NC 人类荧光标记 STR 复合扩增检测试剂扩增）

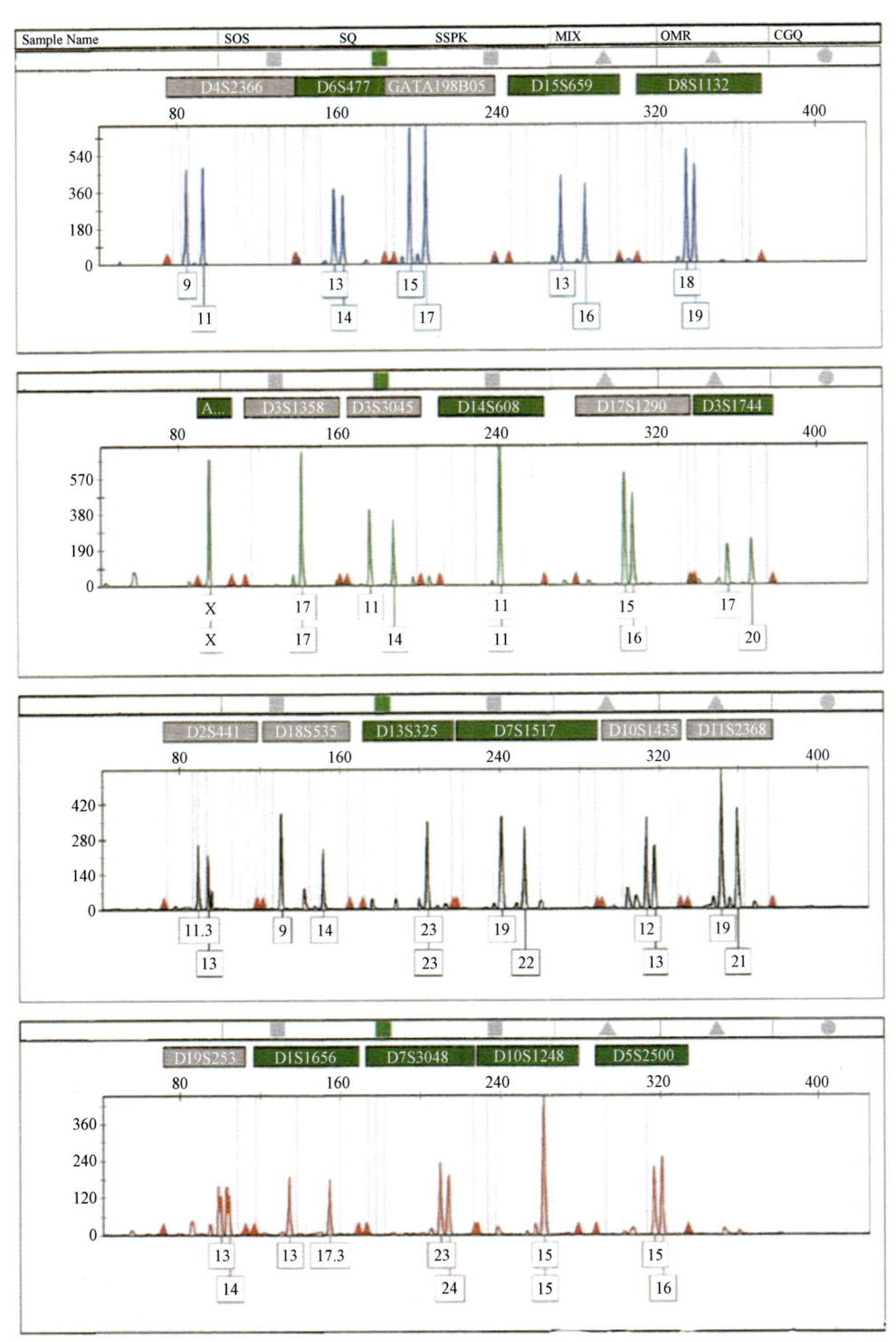

图 5-5-22　检材 6 的 STR 分型图谱（应用 Goldeneye 22NC 人类荧光标记 STR 复合扩增检测试剂扩增）

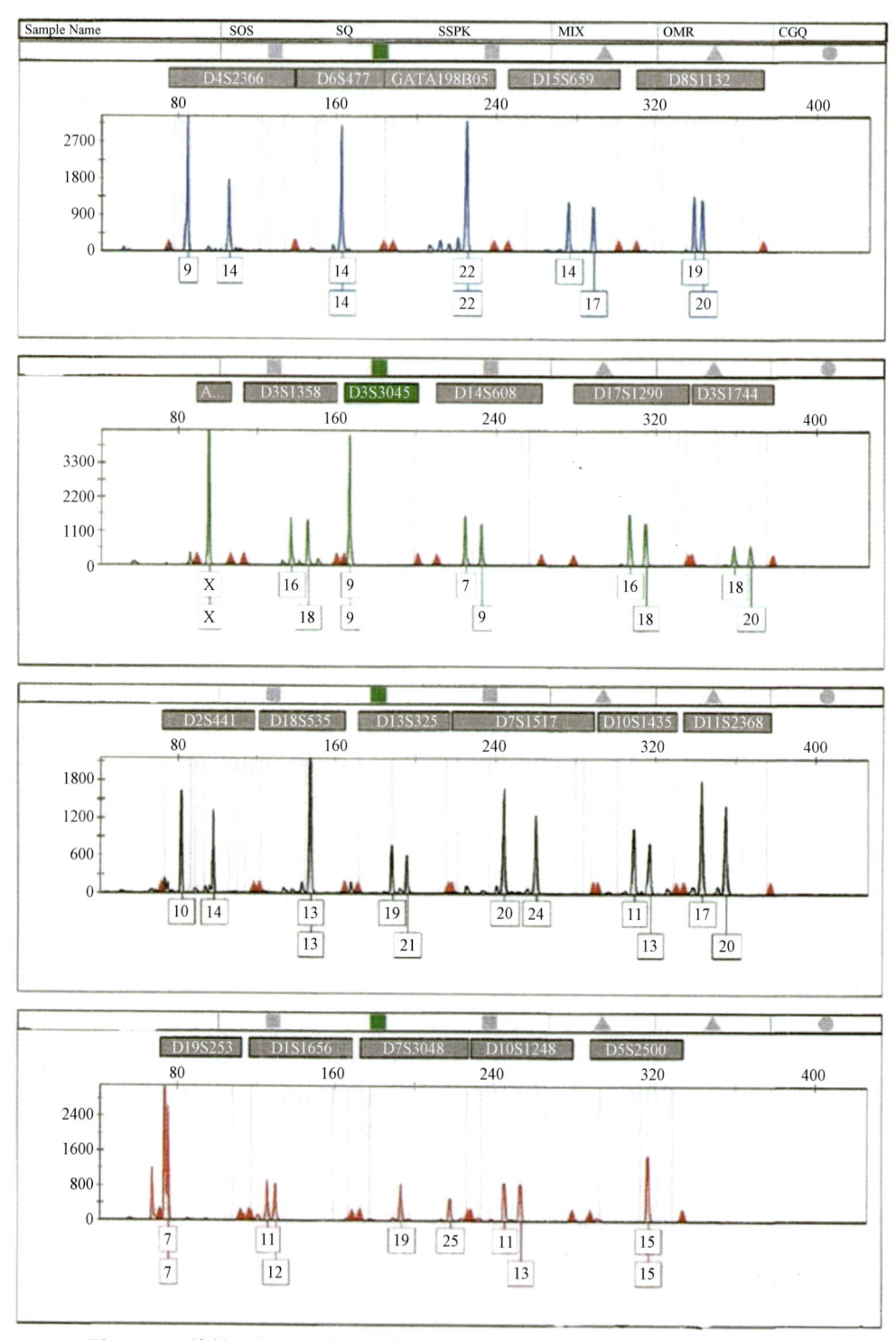

图 5-5-23　检材 7 的 STR 分型图谱（应用 Goldeneye 22NC 人类荧光标记 STR 复合扩增检测试剂扩增）

四、分析说明

对 7 位被鉴定人 D19S433 等 41 个 STR 基因座进行了检测，这 41 个 STR 基因座均为人类的遗传学标记，遵循孟德尔遗传定律，联合应用可进行亲权鉴定，其累积非父排除概率大于 0.9999。

根据《生物学全同胞关系鉴定实施规范》（SF/Z JD0105002-2014），计算出被鉴定人丙与被鉴定人丁在本次检验的 39 个 STR 基因座 IBS 为 47，倾向于认为被鉴定人丙与被鉴定人丁为全同胞姐妹关系；计算出被鉴定人丙与被鉴定人戊在本次检验的 39 个 STR 基因座 IBS 为 44，倾向于认为被鉴定人丙与被鉴定人戊为全同胞姐妹关系；计算出被鉴定人丁与被鉴定人戊在本次检验的 39 个 STR 基因座 IBS 为 44，倾向于认为被鉴定人丁与被鉴定人戊为全同胞姐妹关系。

对被鉴定人甲与被鉴定人丙、被鉴定人庚在本次检验 41 个 STR 基因座 DNA 分型结果进行分析，并结合亲权鉴定相关理论进行计算，被鉴定人甲与被鉴定人丙之间姑侄关系的累积亲权指数为 4442.1066；对被鉴定人甲与被鉴定人丁、被鉴定人庚在本次检验 41 个 STR 基因座 DNA 分型结果进行分析，并结合亲权鉴定相关理论进行计算，被鉴定人甲与被鉴定人丁之间姑侄关系的累积亲权指数为 2.4937；对被鉴定人甲与被鉴定人戊、被鉴定人庚在本次检验 41 个 STR 基因座 DNA 分型结果进行分析，并结合亲权鉴定相关理论进行计算，被鉴定人甲与被鉴定人戊之间姑侄关系的累积亲权指数为 1.5853×10^7。综合上述实验结果及计算数据，倾向于认为被鉴定人甲与被鉴定人丙、被鉴定人丁、被鉴定人戊均为亲姑侄关系。

对被鉴定人乙与被鉴定人丙、被鉴定人己在本次检验 41 个 STR 基因座 DNA 分型结果进行分析，并结合亲权鉴定相关理论进行计算，被鉴定人乙与被鉴定人丙之间姑侄关系的累积亲权指数为 1.2387×10^4；对被鉴定人乙与被鉴定人丁、被鉴定人己在本次检验 41 个 STR 基因座 DNA 分型结果进行分析，并结合亲权鉴定相关理论进行计算，被鉴定人乙与被鉴定人丁之间姑侄关系的累积亲权指数为 1.1709×10^4；对被鉴定人乙与被鉴定人戊、被鉴定人己在本次检验 41 个 STR 基因座 DNA 分型结果进行分析，并结合亲权鉴定相关理论进行计算，被鉴定人乙与被鉴定人戊之间姑侄关系的累积亲权指数为 6.4544×10^5。综合上述实验结果及计算数据，倾向于认为被鉴定人乙与被鉴定人丙、被鉴定人丁、被鉴定人戊均为亲姑侄关系。

对被鉴定人甲与被鉴定人乙在本次检验 41 个 STR 基因座 DNA 分型结果进行分析，并结合亲权鉴定相关理论进行计算，被鉴定人甲与被鉴定人乙之间为同父异母半同胞兄妹的累积亲权指数为 531.1638，亲权相对机会为 99.81%，倾向于认为被鉴定人甲与被鉴定人乙为同父异母兄妹关系。

根据被鉴定人丙、被鉴定人丁、被鉴定人戊本次实验 41 个 STR 基因座分型结果，可以推断出其父母的 15 个 STR 基因座分型，在 D5S818 的基因型为"10，10，11，11"；在 D21S11 的基因型为"30，31，31，31.2"；在 D18S51 的基因型为"12，15，16，17"；在 D6S1043 的基因型为"11，13，11，18"；在 vWA 的基因型为"14，17，17，18"；在 D8S1179 的基因型为"11，13，14，17"；在 D2S1338 的基因型为"19，22，19，23"；在 FGA 的基因型为"22，25，22，26"；在 D3S1744 的基因型为"16，18，19，21"；在 D13S325 的基因型为"20，21，21，22"；在 D7S1517 的基因型为"21，

22，23，24"；在 D11S2368 的基因型为 "17，20，17，23"；在 D1S1656 的基因型为 "13，15，17.3，18"；在 D10S1248 的基因型为 "12，13，15，16"；在 SE33 的基因型为 "17，21，25.2，29.2"。依据《生物学祖孙关系鉴定规范》（SF/Z JD0105005-2015），计算出被鉴定人丙、被鉴定人丁、被鉴定人戊的父母与被鉴定人甲的累积祖孙亲权指数为 1.7470×10^5，支持被鉴定人丙、被鉴定人丁、被鉴定人戊的父母是被鉴定人甲的生物学祖父母；计算出被鉴定人丙、被鉴定人丁、被鉴定人戊的父母与被鉴定人乙的累积祖孙亲权指数为 6.2500×10^5，支持被鉴定人丙、被鉴定人丁、被鉴定人戊的父母是被鉴定人乙的生物学祖父母。

五、鉴定意见

依据现有资料和 DNA 分析结果，支持被鉴定人甲、被鉴定人乙与被鉴定人丙、被鉴定人丁、被鉴定人戊均具有亲姑侄关系。

（毕 洁 王 博）

点评 某男已故，需鉴定被鉴定人甲和被鉴定人乙是否为该男子的半同胞子女。被鉴定人丙、丁、戊是死者的姐妹，被鉴定人庚是甲的母亲，被鉴定人己是乙的母亲。本例欲通过姑侄关系鉴定达到半同胞鉴定目的。

这是 1 例较复杂的亲权鉴定案例，姑侄关系鉴定目前还没有国家或行业规范或标准可遵循。只能根据专业领域中多数专家认可的技术方法和准则进行操作。

该鉴定从多层面对案例进行了检验、计算、分析，最后得出鉴定意见。其一，对 3 位姑姑被鉴定人丙、丁、戊的 DNA 分型结果进行分析、计算，确认了 3 人是全同胞姐妹关系无误，从而避免后面分析出现误判。其二，结合相关文献资料，分别对孩子、姑姑、孩子的母亲的基因分型结果进行计算和分析，得出支持 2 个孩子是 3 位姑姑的亲侄子（女）的鉴定意见。其三，结合相关文献资料，对被鉴定人甲和乙 41 个 STR 基因座分型结果进行分析计算，得出支持被鉴定人甲和乙具有半同胞兄妹关系的倾向性意见。其四，根据孟德尔遗传定律，从孩子 3 位姑姑的 41 个 STR 基因座分型结果，推导出孩子祖父母的 15 个 STR 基因座分型，并依据《生物学祖孙关系鉴定规范》（SF/Z JD0105005-2015），分别计算出被鉴定人甲和乙与祖父母的累计祖孙亲权指数，得出支持 2 个孩子与 3 位姑姑的父母之间均存在生物学祖孙关系的倾向性意见。通过上述 4 个层面的分析和计算，最后得出"支持被鉴定人甲、被鉴定人乙与被鉴定人丙、被鉴定人丁、被鉴定人戊均具有亲姑侄关系"的鉴定意见。

该例鉴定过程严谨周密，方法科学，图谱清楚，分型正确，计算准确，结论正确，文书格式规范。在目前尚无国家或行业相应标准的情况下，本例根据专业领域中多数专家认可的技术方法和标准进行鉴定，符合国家《司法鉴定程序通则》（中华人民共和国司法部令第 132 号），也解决了送检人希望解决的难题。

案例6　祖孙亲缘关系鉴定

关键词　法医物证学；祖孙亲缘关系；STR 分型；祖孙关系指数（GI）

一、基本情况

1. 委托事项　鉴定被鉴定人丙与被鉴定人丁是否存在亲生血缘关系；鉴定被鉴定人甲、被鉴定人乙与被鉴定人丁是否存在祖孙亲缘关系。

2. 鉴定材料　被鉴定人甲血样 1 份，被鉴定人乙血样 1 份，被鉴定人丙血样 1 份，被鉴定人丁血样 1 份（图 5-6-1）。

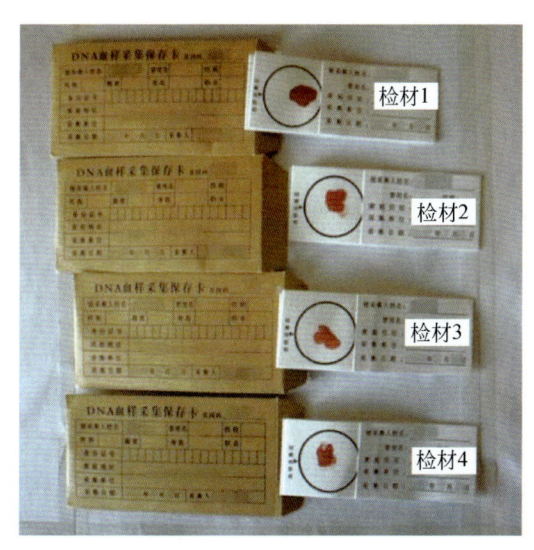

图 5-6-1　检材照片

二、被鉴定人概况（表 5-6-1）

表 5-6-1　被鉴定人概况

被鉴定人	性别	称谓	年龄（岁）	样本编号
被鉴定人甲	男	祖父	71	检材 1
被鉴定人乙	女	祖母	68	检材 2
被鉴定人丙	女	母	35	检材 3
被鉴定人丁	男	孩子	12	检材 4

注：实际鉴定报告中年龄栏为出生日期，并有身份证号码。

三、检验过程

1. 检材处理和检验方法　按照中华人民共和国公共安全行业标准《法庭科学

DNA 实验室检验规范》（GA/T 383-2014）附录 A 中 Chelex100 法抽提 DNA，采用 Goldeneye 20A 人类荧光标记 STR 复合扩增检测试剂、Goldeneye 22NC 人类荧光标记 STR 复合扩增检测试剂、Y-filer Plus 试剂盒扩增后，用 3130XL 进行毛细管电泳和基因型分析。

2. 检验结果 检验结果详见表 5-6-2～表 5-6-4 和图 5-6-2～图 5-6-11。

表 5-6-2 检验结果

STR 基因座	被鉴定人丙	被鉴定人丁	被鉴定人甲	被鉴定人乙
D19S433	13, 15.2	15.2, 16	14, 14.2	13, 16
D5S818	9, 11	10, 11	11, 12	10, 11
D21S11	31, 32	27, 31	29, 30	27, 31.2
D18S51	14, 14	14, 17	12, 17	13, 13
D6S1043	12, 12	12, 13	14, 19	13, 19
D3S1358	15, 16	15, 16	16, 17	15, 17
D13S317	8, 13	11, 13	8, 11	9, 11
D7S820	11, 11	11, 12	10, 12	10, 11
D16S539	11, 11	9, 11	9, 11	9, 11
CSF1PO	10, 13	10, 13	10, 10	10, 12
Penta D	9, 13	12, 13	12, 14	9, 13
AMEL	X, X	X, Y	X, Y	X, X
vWA	15, 18	15, 17	19, 20	16, 17
D8S1179	10, 11	10, 11	10, 14	13, 17
TPOX	11, 11	8, 11	8, 8	9, 12
Penta E	15, 21	11, 21	11, 17	14, 22
TH01	7, 8	7, 9	9, 9	9, 9
D12S391	18, 18	18, 21	20, 21	19, 21
D2S1338	20, 26	21, 26	18, 21	18, 23
FGA	19, 26	20, 26	20, 24	22, 23
D4S2366	12, 12	11, 12	11, 11	10, 11
D6S477	17, 17	16, 17	17, 17	15, 15
D22-GATA198B05	17, 21	17, 21	17, 18	17, 20
D15S659	12, 14	12, 14	12, 14	12, 12
D8S1132	17, 19	17, 18	18, 20	17, 18
D3S3045	9, 9	9, 14	12, 14	9, 13
D14S608	7, 13	6, 13	6, 9	7, 11
D17S1290	16, 18	16, 16	16, 16	16, 17
D3S1744	17, 19	17, 19	15, 17	19, 19
D2S441	14, 15	11, 15	13, 14	10, 11
D18S535	9, 14	14, 14	13, 14	14, 14

续表

STR 基因座	被鉴定人丙	被鉴定人丁	被鉴定人甲	被鉴定人乙
D13S325	19, 20	20, 21	20, 21	21, 23
D7S1517	25, 27	21, 25	21, 22	23, 24
D10S1435	12, 12	12, 14	11, 13	13, 14
D11S2368	17, 21	18, 21	18, 20	20, 21
D19S253	14, 14	14, 14	12, 12	8, 14
D1S1656	15, 17	13, 17	15, 16	13, 15
D7S3048	19, 21	19, 19	22, 25	19, 22
D10S1248	14, 15	13, 15	13, 13	13, 16
D5S2500	12, 15	12, 15	15, 16	12, 15

表 5-6-3　Y-filer Plus 样本分型检验结果

检测系统	被鉴定人甲	被鉴定人丁	检测系统	被鉴定人甲	被鉴定人丁
DYS576	16	16	DYS438	10	10
DYS389I	12	12	DYS392	13	13
DYS635	23	23	DYS518	39	39
DYS389II	27	27	DYS570	21	21
DYS627	20	20	DYS437	14	14
DYS460	10	10	DYS385	15, 18	15, 18
DYS458	18	18	DYS449	27	27
DYS19	16	16	DYS393	12	12
GATA_H4	13	13	DYS439	11	11
DYS448	20	20	DYS481	24	24
DYS391	10	10	DYF387S1	36, 37	36, 37
DYS456	15	15	DYS533	11	11
DYS390	26	26			

表 5-6-4　被鉴定人甲、被鉴定人乙、被鉴定人丙和被鉴定人丁的鉴定结果

STR 基因座	被鉴定人甲	被鉴定人乙	被鉴定人丙	被鉴定人丁	生父基因频率 p	生父基因频率 q	计算公式	PI
D19S433	14, 14.2	13, 16	13, 15.2	15.2, 16	0.010 0	—	$1/4p$	25.000 0
D5S818	11, 12	10, 11	9, 11	10, 11	0.181 0	—	$1/4p$	1.381 2
D21S11	29, 30	27, 31.2	31, 32	27, 31	0.001 0	—	$1/4p$	250.000 0
D18S51	12, 17	13, 13	14, 14	14, 17	0.072 0	—	$1/4p$	3.472 2
D6S1043	14, 19	13, 19	12, 12	12, 13	0.132 8	—	$1/4p$	1.882 5
D3S1358	16, 17	15, 17	15, 16	15, 16	0.367 0	0.326 0	$1/2(p+q)$	0.721 5
D13S317	8, 11	9, 11	8, 13	11, 13	0.254 0	—	$1/2p$	1.968 5

续表

STR 基因座	被鉴定人甲	被鉴定人乙	被鉴定人丙	被鉴定人丁	生父基因频率 p	生父基因频率 q	计算公式	PI
D7S820	10, 12	10, 11	11, 11	11, 12	0.258 0	—	$1/4p$	0.969 0
D16S539	9, 11	9, 11	11, 11	9, 11	0.258 0	—	$1/2p$	1.938 0
CSF1PO	10, 10	10, 12	10, 13	10, 13	0.221 0	0.077 0	$3/4(p+q)$	2.516 8
Penta D	12, 14	9, 13	9, 13	12, 13	0.132 8	—	$1/4p$	1.882 5
vWA	19, 20	16, 17	15, 18	15, 17	0.245 0	—	$1/4p$	1.020 4
D8S1179	10, 14	13, 17	10, 11	10, 11	0.103 0	0.083 0	$1/4(p+q)$	1.344 1
TPOX	8, 8	9, 12	11, 11	8, 11	0.510 0	—	$1/2p$	0.980 4
Penta E	11, 17	14, 22	15, 21	11, 21	0.194 8	—	$1/4p$	1.283 4
TH01	9, 9	9, 9	7, 8	7, 9	0.528 0	—	$1/p$	1.893 9
D12S391	20, 21	19, 21	18, 18	18, 21	0.125 0	—	$1/2p$	4.000 0
D2S1338	18, 21	18, 23	20, 26	21, 26	0.028 0	—	$1/4p$	8.928 6
FGA	20, 24	22, 23	19, 26	20, 26	0.044 0	—	$1/4p$	5.681 8
D4S2366	11, 11	10, 11	12, 12	11, 12	0.354 3	—	$3/4p$	2.116 9
D6S477	17, 17	15, 15	17, 17	16, 17	0.161 5	—	$9\mu/28p$	0.004 0
D22-GATA198B05	17, 18	17, 20	17, 21	17, 21	0.170 7	0.248 8	$1/2(p+q)$	1.191 9
D15S659	12, 14	12, 12	12, 14	12, 14	0.217 3	0.036 0	$1/(p+q)$	3.947 9
D8S1132	18, 20	17, 18	17, 19	17, 18	0.189 7	—	$1/2p$	2.635 7
D3S3045	12, 14	9, 13	9, 9	9, 14	0.168 1	—	$1/4p$	1.487 2
D14S608	6, 9	7, 11	7, 13	6, 13	0.064 6	—	$1/4p$	3.870 0
D17S1290	16, 16	16, 17	16, 18	16, 16	0.304 0	—	$3/4p$	2.467 1
D3S1744	15, 17	19, 19	17, 19	17, 19	0.347 1	0.102 3	$3/4(p+q)$	1.668 9
D2S441	13, 14	10, 11	14, 15	11, 15	0.341 4	—	$1/4p$	0.732 3
D18S535	13, 14	14, 14	9, 14	14, 14	0.29 15	—	$3/4p$	2.572 9
D13S325	20, 21	21, 23	19, 20	20, 21	0.262 5	—	$1/2p$	1.904 8
D7S1517	21, 22	23, 24	25, 27	21, 25	0.141 5	—	$1/4p$	1.766 8
D10S1435	11, 13	13, 14	12, 12	12, 14	0.132 2	—	$1/4p$	1.891 1
D11S2368	18, 20	20, 21	17, 21	18, 21	0.108 8	—	$1/4p$	2.297 8
D19S253	12, 12	8, 14	14, 14	14, 14	0.062 4	—	$1/4p$	4.006 4
D1S1656	15, 16	13, 15	15, 17	13, 17	0.105 0	—	$1/4p$	2.381 0
D7S3048	22, 25	19, 22	19, 21	19, 19	0.099 0	—	$1/4p$	2.525 3
D10S1248	13, 13	13, 16	14, 15	13, 15	0.379 6	—	$3/4p$	1.975 8
D5S2500	15, 16	12, 15	12, 15	12, 15	0.157	0.314 0	$3/4(p+q)$	1.592 4
累积 GI								$2.457\ 3 \times 10^{12}$

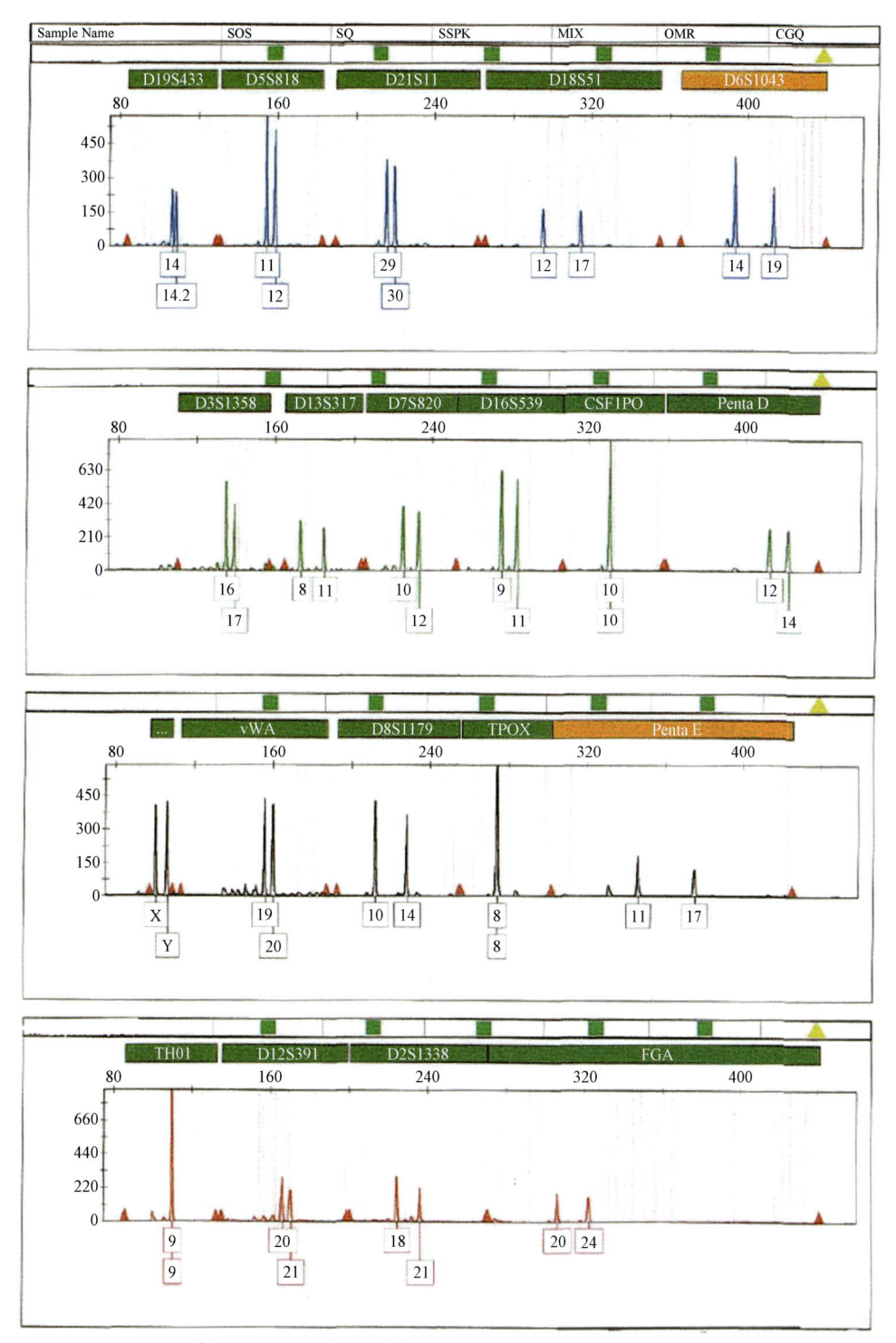

图 5-6-2 检材 1 的 STR 分型图谱（应用 Goldeneye 20A 人类荧光标记 STR 复合扩增检测试剂扩增）

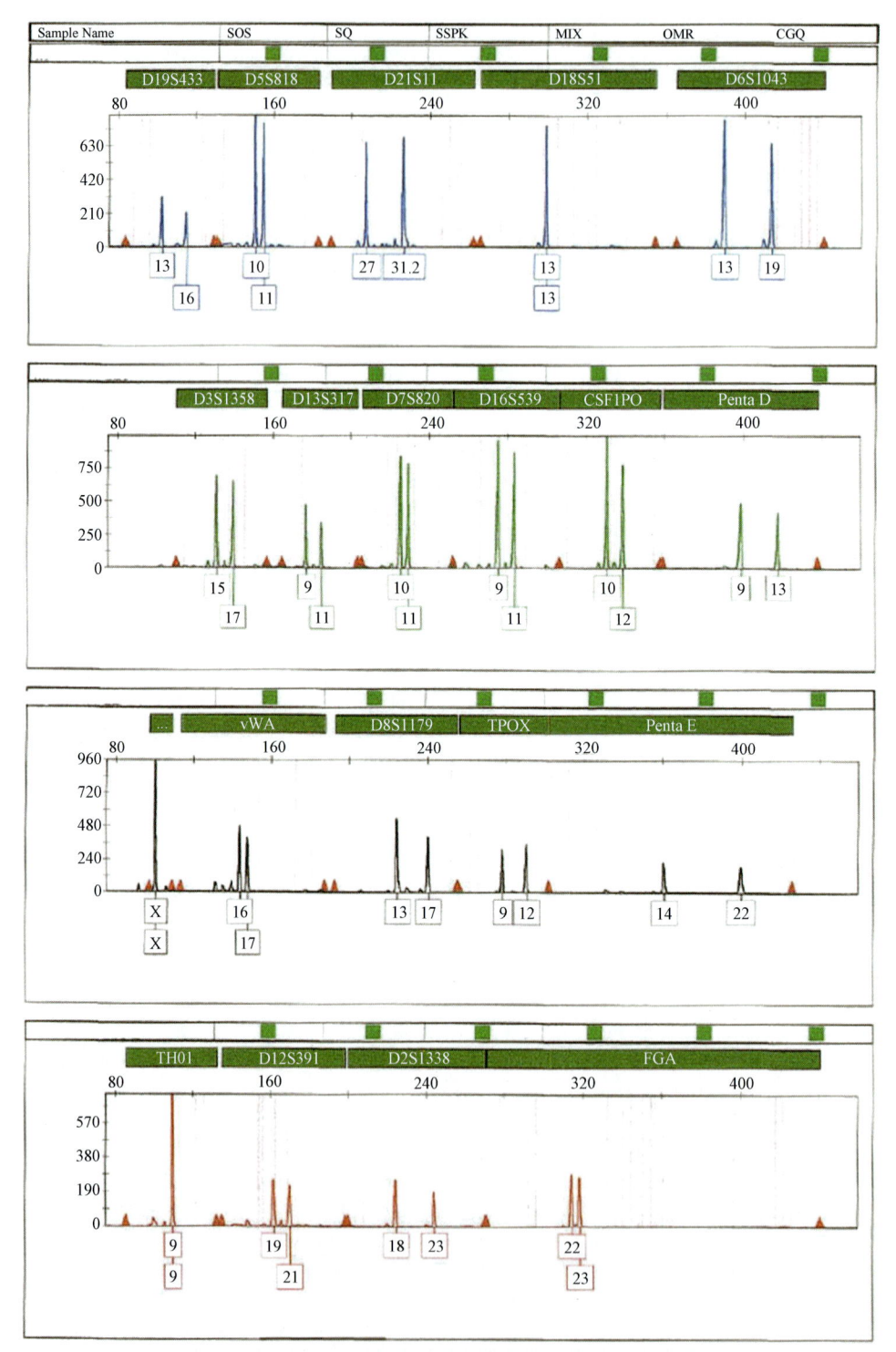

图 5-6-3　检材 2 的 STR 分型图谱（应用 Goldeneye 20A 人类荧光标记 STR 复合扩增检测试剂扩增）

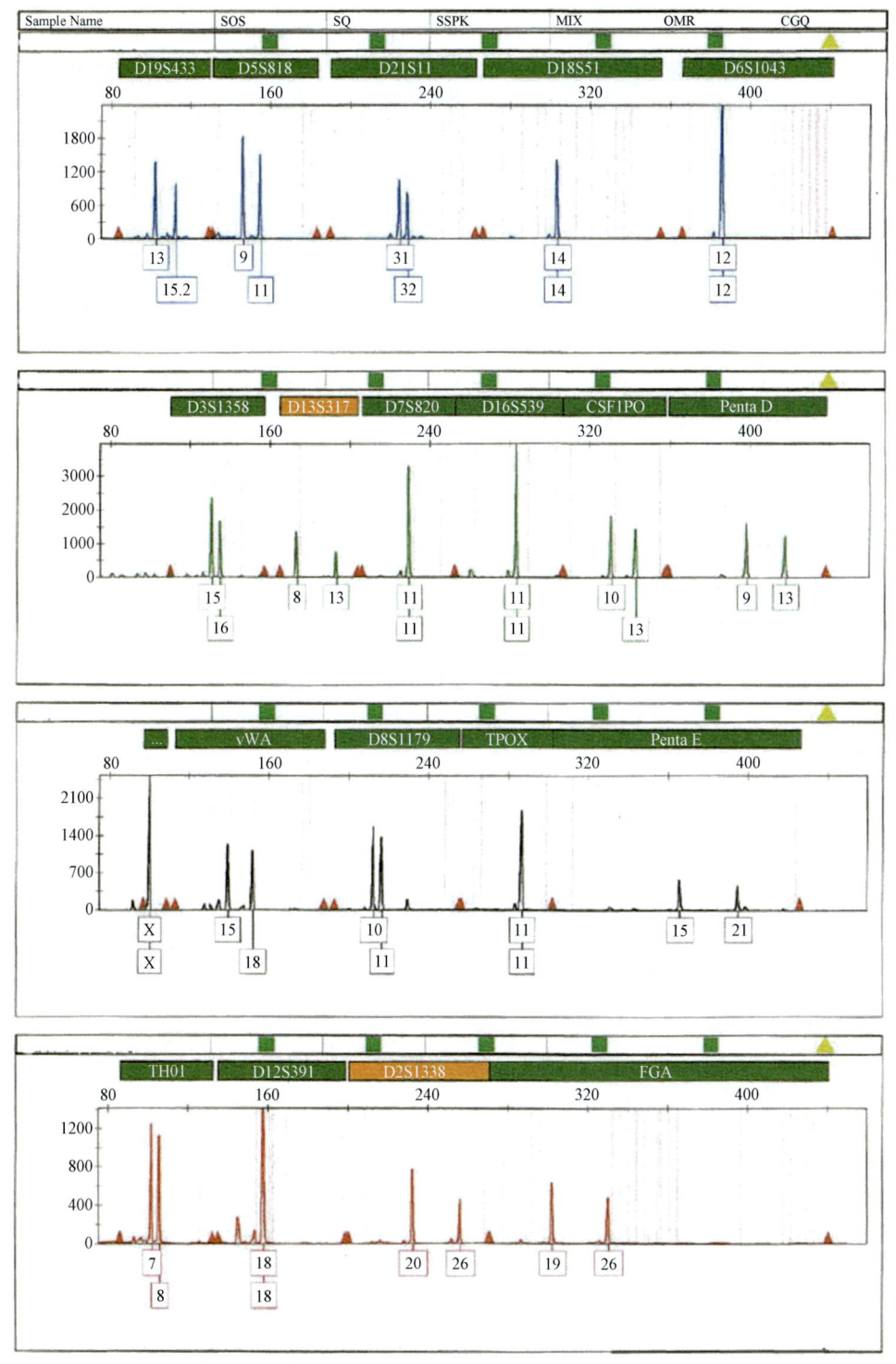

图 5-6-4 检材 3 的 STR 分型图谱（应用 Goldeneye 20A 人类荧光标记 STR 复合扩增检测试剂扩增）

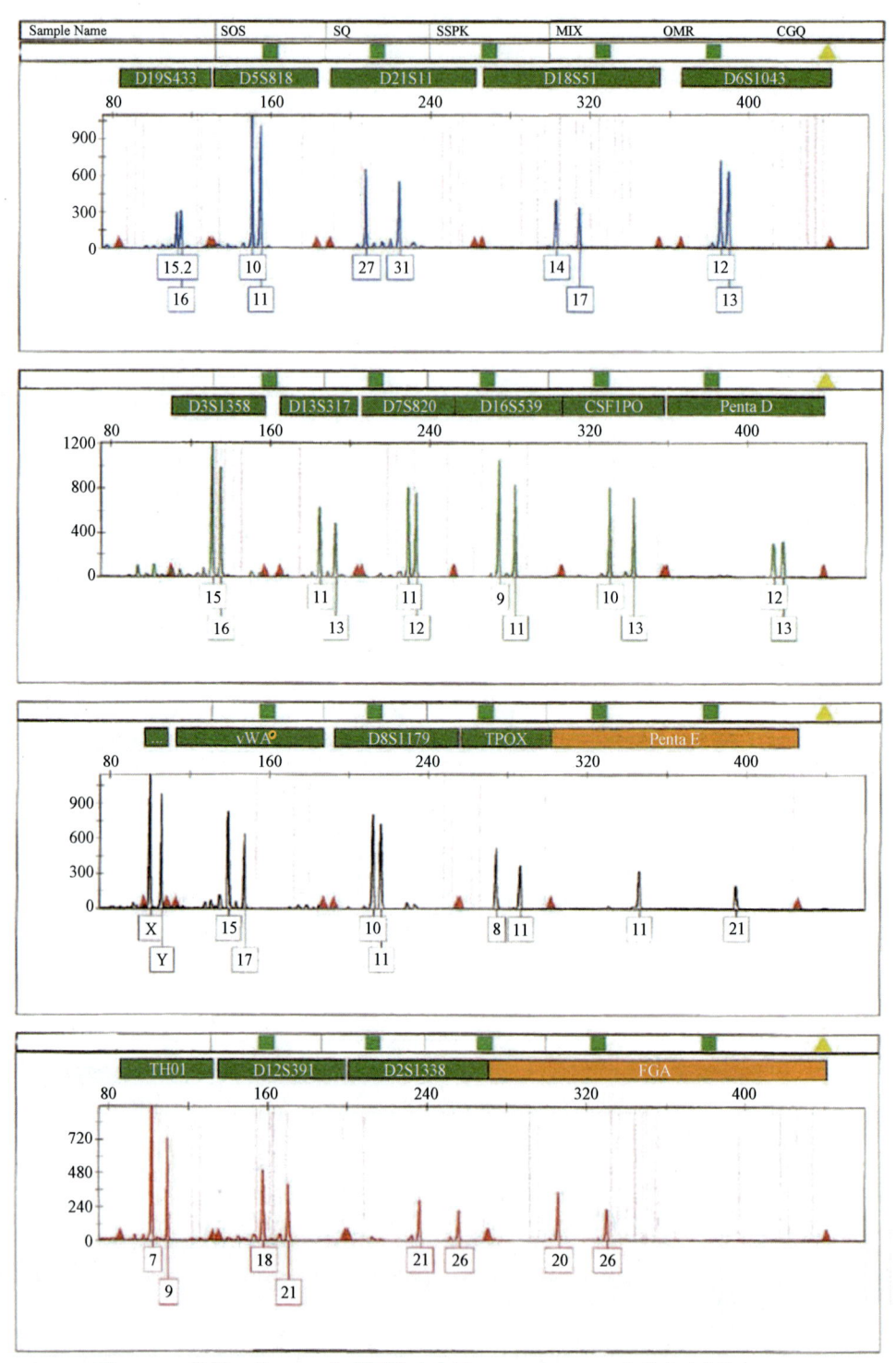

图 5-6-5　检材 4 的 STR 分型图谱（应用 Goldeneye 20A 人类荧光标记 STR 复合扩增检测试剂扩增）

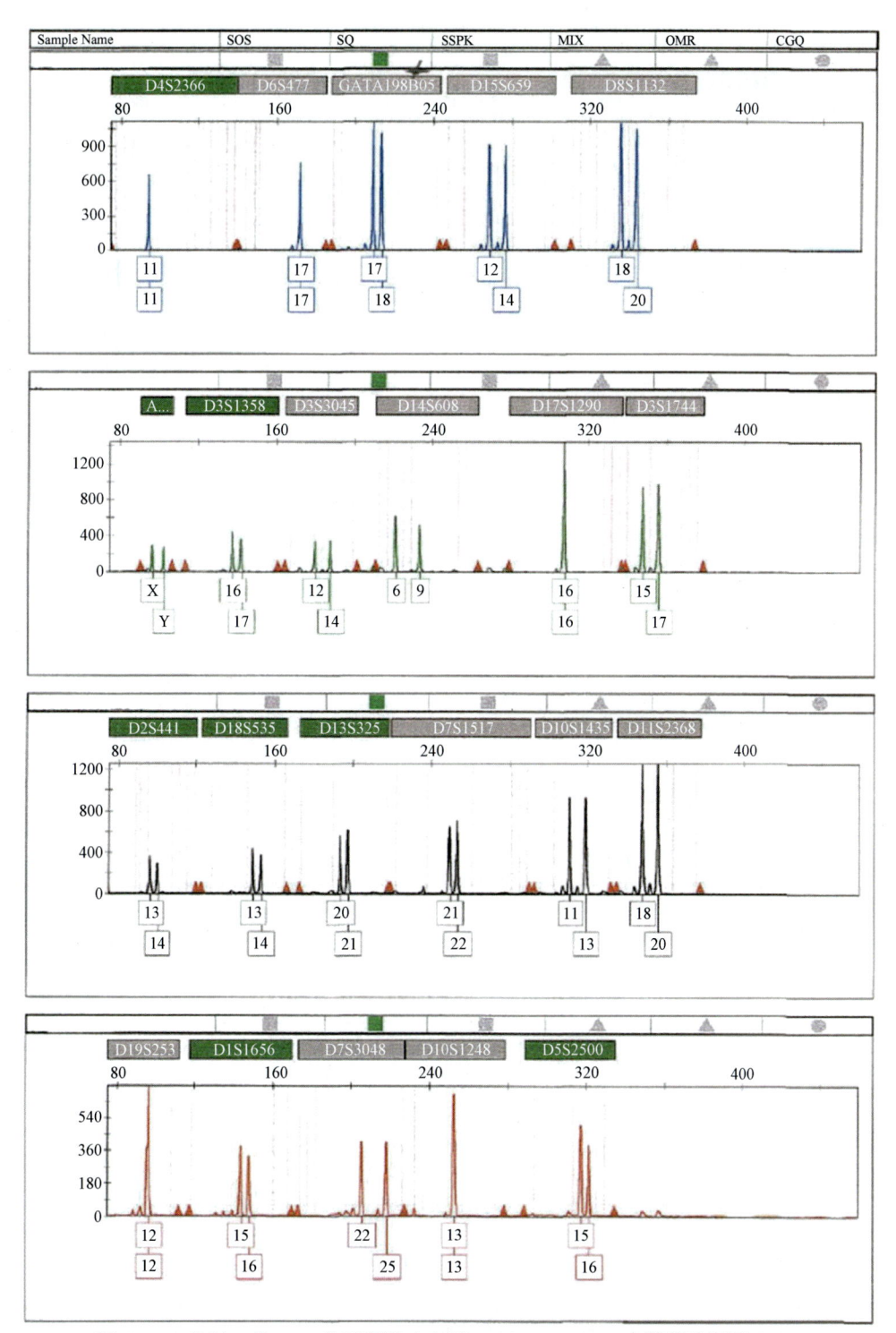

图 5-6-6　检材 1 的 STR 分型图谱（应用 Goldeneye 22NC 人类荧光标记 STR 复合扩增检测试剂扩增）

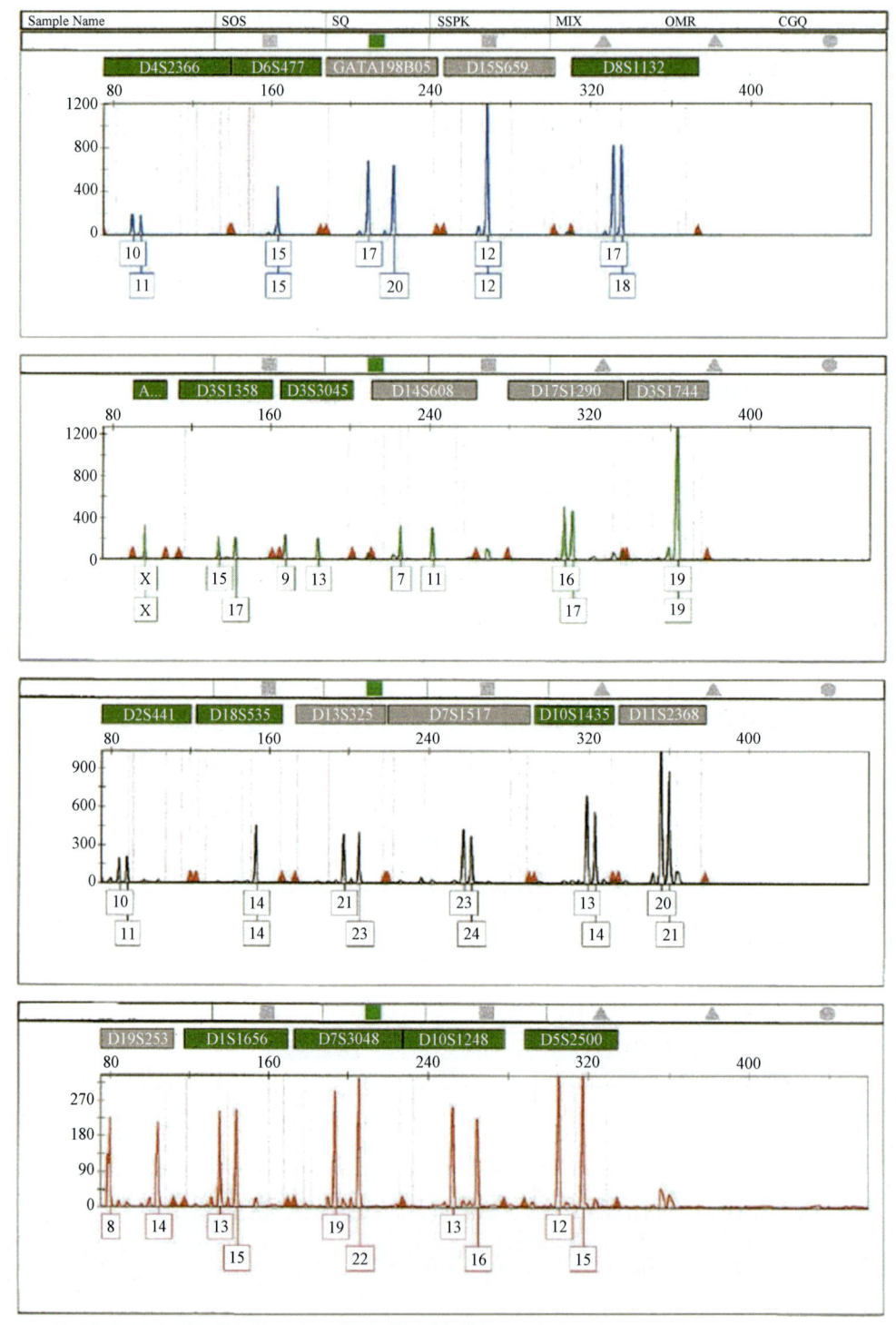

图 5-6-7　检材 2 的 STR 分型图谱（应用 Goldeneye 22NC 人类荧光标记 STR 复合扩增检测试剂扩增）

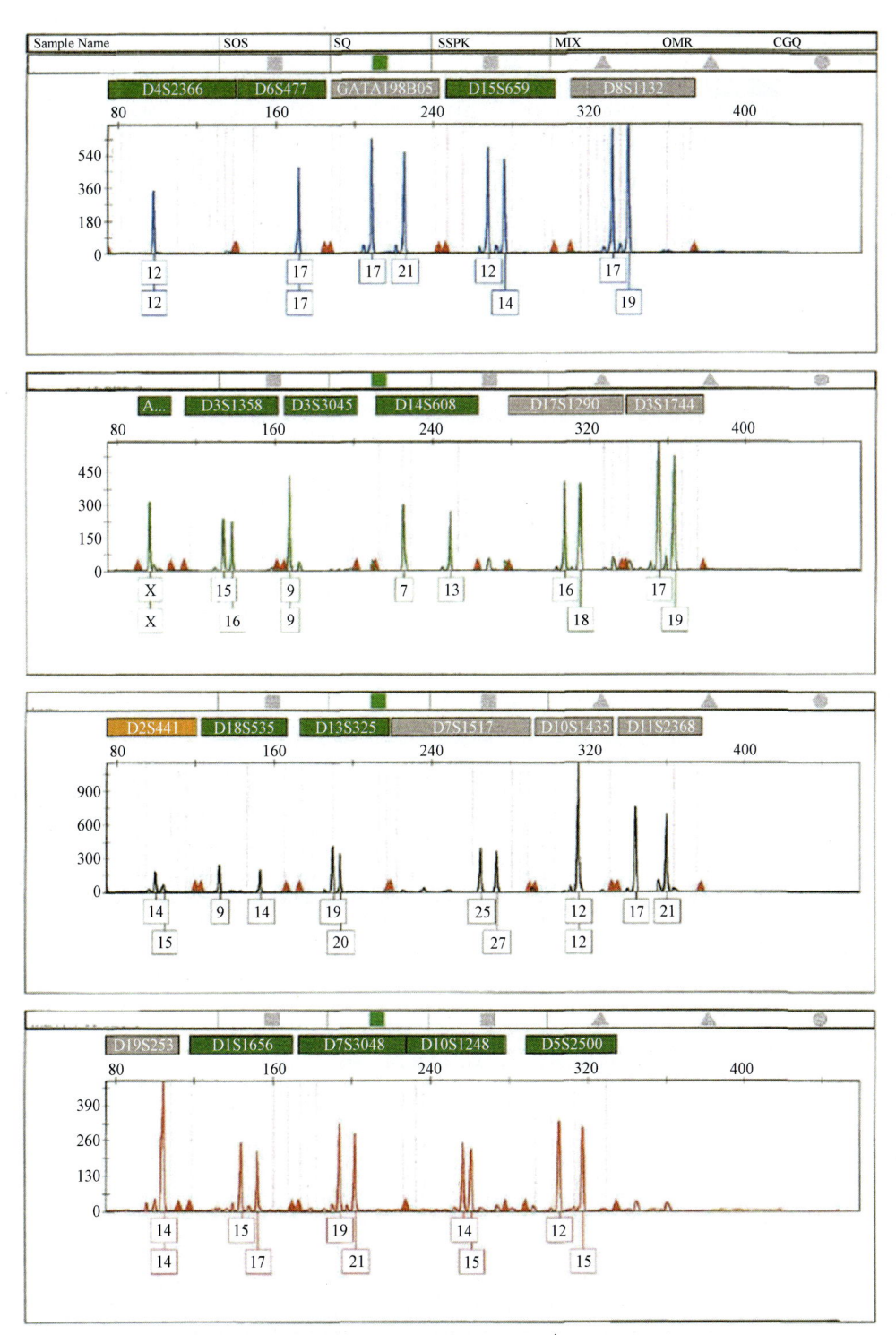

图 5-6-8　检材 3 的 STR 分型图谱（应用 Goldeneye 22NC 人类荧光标记 STR 复合扩增检测试剂扩增）

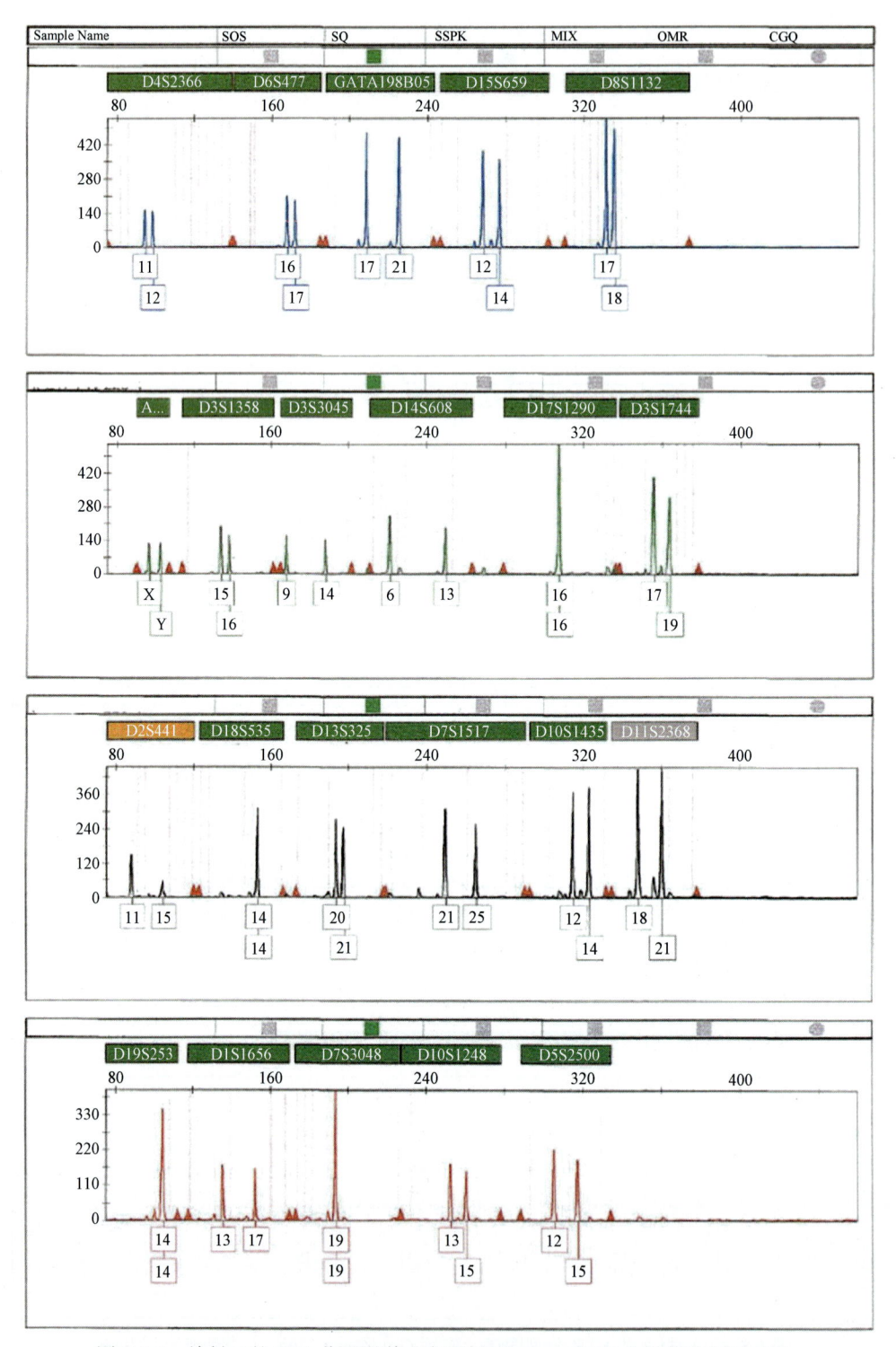

图 5-6-9 检材 4 的 STR 分型图谱（应用 Goldeneye 22NC 人类荧光标记 STR 复合扩增检测试剂扩增）

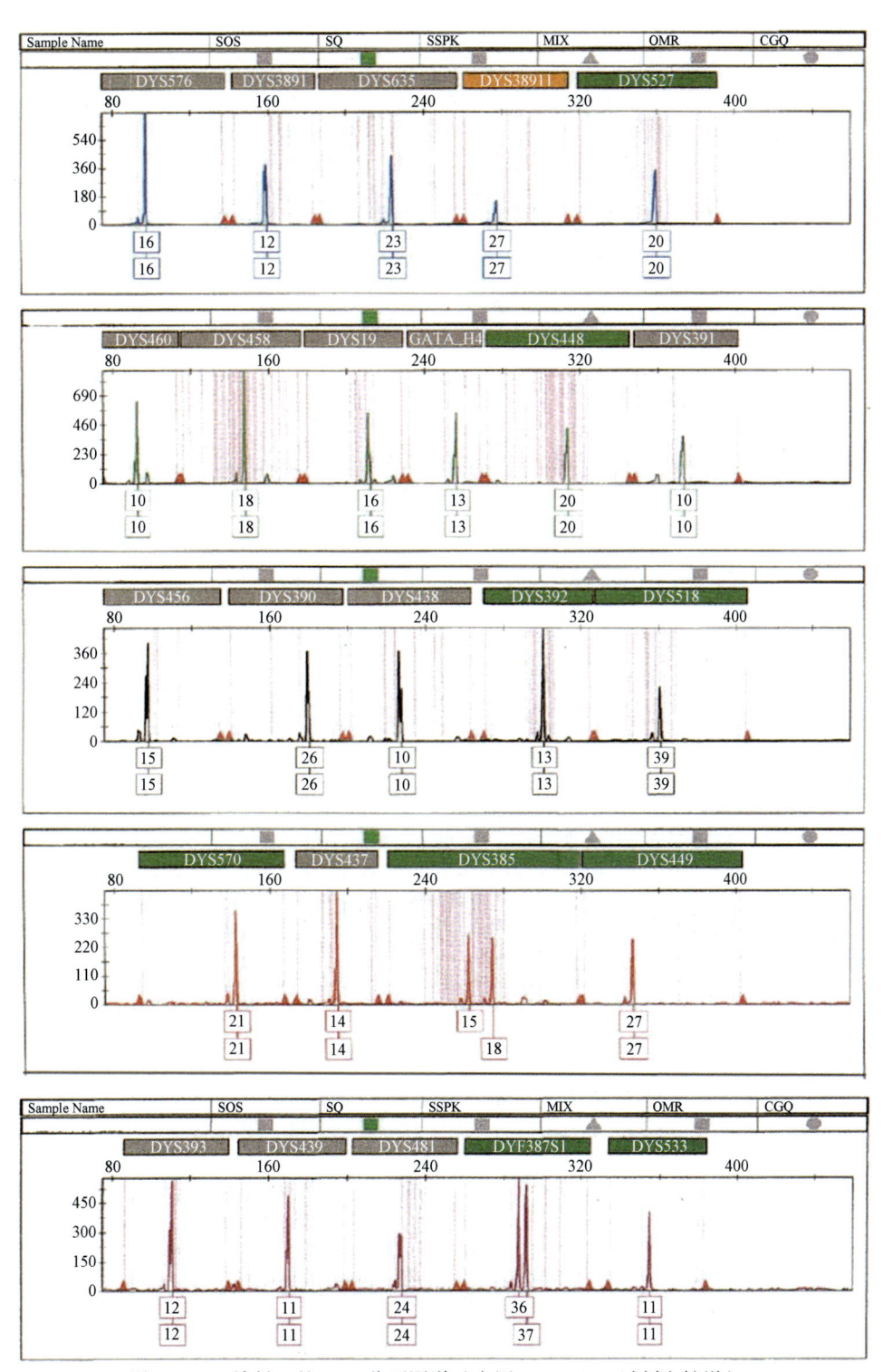

图 5-6-10　检材 1 的 STR 分型图谱（应用 Y-filer Plus 试剂盒扩增）

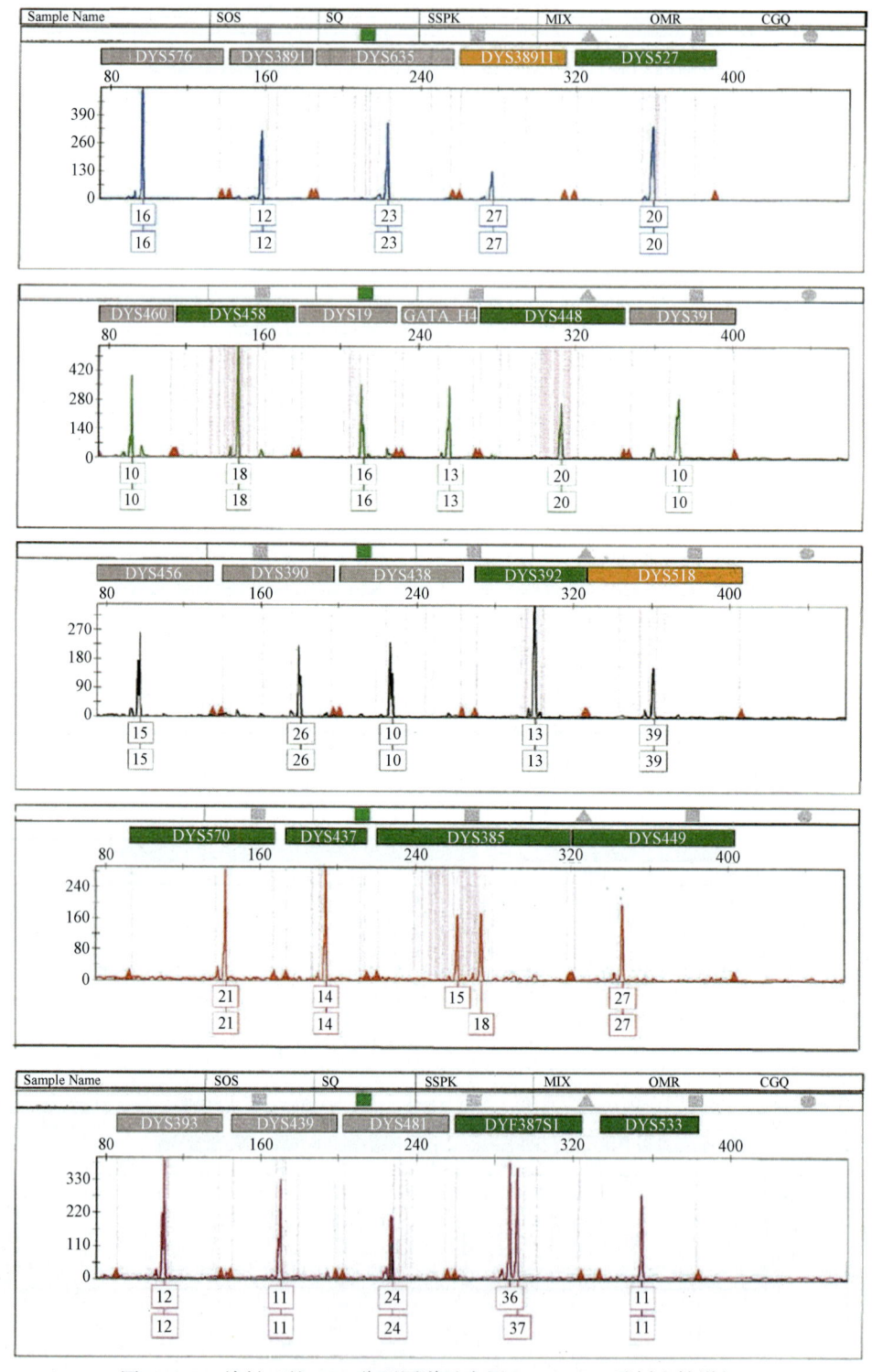

图 5-6-11　检材 4 的 STR 分型图谱（应用 Y-filer Plus 试剂盒扩增）

四、分析说明

本次检验使用的上述 64 个 DNA STR 系统，均为人类遗传标记，结合孟德尔遗传定律可以应用于亲权鉴定领域。

被鉴定人丁在本次检验的 19 个 Goldeneye 20A STR 基因座上的 DNA 分型均能从被鉴定人丙的 DNA 分型中找到来源。被鉴定人丙与被鉴定人丁的 DNA 分型表现符合人类遗传规律。被鉴定人丙的累积亲权指数为 1.6765×10^9。

根据孟德尔遗传定律，孩子的全部遗传基因必须分别来源于其亲生父母双方。因此，孩子在每个基因座必定有一个等位基因源自其祖父母。被鉴定人丁除 D6S477 存在突变外，余均能从被鉴定人甲、被鉴定人乙 DNA 分型中找到来源。综上检验结果分析，被鉴定人甲、被鉴定人乙的基因型符合作为被鉴定人丁亲生祖父母的遗传基因条件。经计算，累积祖孙亲权指数为 2.4573×10^{12}。

本次检验使用的上述 25 个 Y-STR 系统，均为人类遗传标记，结合父系遗传规律分析，被鉴定人丁与被鉴定人甲在本次检验的 Y-STR 系统的分型上表现一致，支持被鉴定人甲与被鉴定人丁来源于同一父系。

五、鉴定意见

（1）依据现有资料和 DNA 分析结果，支持被鉴定人丙是被鉴定人丁的生物学母亲。

（2）依据现有资料和 DNA 分析结果，支持被鉴定人甲、被鉴定人乙与被鉴定人丁之间存在祖孙亲缘关系。

（毕　洁　王　博）

点评　这是 1 例突变情形下的生物学祖孙关系鉴定案例。检验中，应用了两套常染色体 STR 试剂盒和一套 Y-STR 试剂盒，共计 64 个多态性遗传座位，除对 4 名被鉴定人进行了常染色体 STR 分型检验外，还对其中被鉴定人甲和被鉴定人丁祖孙二人加检了 Y-STR 分型检验。分析 4 个人 39 个常染色体基因座的基因分型结果，发现在 D6S477 座位孩子的生父基因与祖父母基因间存在不符合遗传规律的情况，鉴定人根据司法部《生物学祖孙关系鉴定规范》（SF/Z JD0105005-2015），并结合规范中突变情形下祖孙关系指数的计算方法，计算出被鉴定人甲、乙与被鉴定人丁 3 人累积祖孙亲权指数为 2.4573×10^{12}，大于 10 000，该计算值支持被鉴定人甲和乙与被鉴定人丁存在生物学祖孙关系。Y-STR 座位分型结果显示，祖父被鉴定人甲和孩子被鉴定人丁 25 个基因座分型完全相同，支持被鉴定人来源于同一父系。

该例在被鉴定人员的构成上满足了国家司法部《生物学祖孙关系鉴定规范》（SF/Z JD0105005-2015）所指定的条件，并从常染色体 STR 和 Y 染色体 STR 两层面进行了基因分型检验、计算和分析，综合上述两方面检验分析结果给出鉴定意见。该案例鉴定过程严谨周密，方法科学，图谱清楚，分型正确，计算准确，结论正确，文书规范，符合《生物学祖孙关系鉴定规范》（SF/Z JD0105005-2015）。

案例 7　通过亲子鉴定认定尸源

关键词　法医物证学；亲子鉴定；STR 分型；累积父权指数（CPI）

一、基本情况

1. 委托事项　鉴定尸体 1、尸体 2 与被鉴定人甲、被鉴定人乙是否存在亲生血缘关系。

2. 鉴定材料　尸体 1 肌肉组织 1 份，尸体 2 肌肉组织 1 份（图 5-7-1），被鉴定人甲血样 1 份，被鉴定人乙血样 1 份（图 5-7-2）。

图 5-7-1　检材 1 和检材 2 照片　　　　图 5-7-2　检材 3 和检材 4 照片

二、被鉴定人概况（表 5-7-1）

表 5-7-1　尸体 1、尸体 2 与被鉴定人概况

被鉴定人	性别	称谓	年龄（岁）	样本编号
尸体 1	男	父	—	检材 1
尸体 2	男	父	—	检材 2
被鉴定人甲	女	孩子	15	检材 3
被鉴定人乙	女	孩子	21	检材 4

注：实际鉴定报告中年龄栏为出生日期，并有身份证号码。

三、检验过程

1. 检材处理和检验方法　按照中华人民共和国公共安全行业标准《法庭科学 DNA 实验室检验规范》（GA/T383-2014）附录 A 中 Chelex 法抽提 DNA，采用 Goldeneye

20A 人类荧光标记 STR 复合扩增检测试剂进行复合 PCR 扩增，用 3130XL 进行毛细管电泳和基因型分析。

2. 检验结果 检验结果详见表 5-7-2～表 5-7-7 和图 5-7-3～图 5-7-6。

表 5-7-2 尸体 2、尸体 1 与被鉴定人甲的检测结果

基因座	尸体 2	被鉴定人甲	尸体 1	基因座	尸体 2	被鉴定人甲	尸体 1
D19S433	13, 15.2	14, 15.2	13, 13.2	Penta D	9, 10	9, 9	11, 11
D5S818	10, 11	10, 10	11, 13	vWA	14, 18	14, 18	16, 17
D21S11	30, 30	29, 30	29, 31.2	D8S1179	10, 13	10, 14	12, 15
D18S51	13, 14	14, 15	13, 17	TPOX	8, 8	8, 11	8, 11
D6S1043	18, 19	14, 19	19, 19	Penta E	5, 16	5, 21	16, 17
D3S1358	15, 16	15, 16	15, 15	TH01	7, 9	7, 9	7, 9
D13S317	12, 12	11, 12	13, 13	D12S391	19, 20	18, 20	19, 19
D7S820	8, 12	12, 12	8, 11	D2S1338	23, 24	23, 24	17, 23
D16S539	9, 13	11, 13	11, 12	FGA	23, 24	23, 23	22, 24
CSF1PO	12, 12	11, 12	12, 12	AMEL	X, Y	X, X	X, Y

表 5-7-3 尸体 2、尸体 1 与被鉴定人乙的检测结果

基因座	尸体 2	被鉴定人乙	尸体 1	基因座	尸体 2	被鉴定人乙	尸体 1
D19S433	13, 15.2	13, 13	13, 13.2	Penta D	9, 10	11, 12	11, 11
D5S818	10, 11	11, 12	11, 13	vWA	14, 18	14, 16	16, 17
D21S11	30, 30	31.2, 31.2	29, 31.2	D8S1179	10, 13	12, 14	12, 15
D18S51	13, 14	13, 16	13, 17	TPOX	8, 8	8, 11	8, 11
D6S1043	18, 19	13, 19	19, 19	Penta E	5, 16	11, 16	16, 17
D3S1358	15, 16	15, 16	15, 15	TH01	7, 9	8, 9	7, 9
D13S317	12, 12	11, 13	13, 13	D12S391	19, 20	19, 19	19, 19
D7S820	8, 12	11, 12	8, 11	D2S1338	23, 24	19, 23	17, 23
D16S539	9, 13	9, 12	11, 12	FGA	23, 24	20, 22	22, 24
CSF1PO	12, 12	10, 12	12, 12	AMEL	X, Y	X, X	X, Y

表 5-7-4 尸体 1 与被鉴定人甲 PI 值计算

STR 基因座	被鉴定人甲	尸体 1	生父基因 1 频率 p	生父基因 2 频率 q	计算公式	PI
D19S433	14, 15.2	13, 13.2	0.259 0	—	$\mu/8p$	0.001 0
D5S818	10, 10	11, 13	0.181 0	—	$\mu/4p$	0.002 8
D21S11	29, 30	29, 31.2	0.237 0	—	$0.25/p$	1.054 9
D18S51	14, 15	13, 17	0.201 0	—	$\mu/8p$	0.001 2
D6S1043	14, 19	19, 19	0.151 0	—	$0.5/p$	3.311 3

续表

STR 基因座	被鉴定人甲	尸体 1	生父基因 1 频率 p	生父基因 2 频率 q	计算公式	PI
D3S1358	15，16	15，15	0.367 0	—	$0.5/p$	1.362 4
D13S317	11，12	13，13	—	0.170 0	$\mu/4q$	0.002 9
D7S820	12，12	8，11	0.258 0	—	$\mu/4p$	0.001 9
D16S539	11，13	11，12	0.267 0	—	$0.25/p$	0.936 3
CSF1PO	11，12	12，12	0.389 0	—	$0.5/p$	1.285 3
Penta D	9，9	11，11	0.364 7	—	$\mu/20p$	$3.000\ 0 \times 10^{-4}$
AMEL	0，0	0，1	—	—	—	—
vWA	14，18	16，17	—	0.195 0	$\mu/8q$	0.001 3
D8S1179	10，14	12，15	—	0.194 0	$\mu/8q$	0.001 3
TPOX	8，11	8，11	0.510 0	0.295 0	$0.25/p+0.25/q$	1.337 7
Penta E	5，21	16，17	—	0.028 5	$\mu/8000q$	$9.000\ 0 \times 10^{-6}$
TH01	7，9	7，9	0.244 0	0.528 0	$0.25/p+0.25/q$	1.498 1
D12S391	18，20	19，19	0.190 1	0.192 7	$\mu/4p+\mu/4q$	0.005 2
D2S1338	23，24	17，23	0.229 0	—	$0.25/p$	1.091 7
FGA	23，23	22，24	0.203 0	—	$\mu/2p$	0.004 9
累积 PI						$2.422\ 4 \times 10^{-32}$

表 5-7-5　尸体 1 与被鉴定人乙 PI 值计算

STR 基因座	被鉴定人乙	尸体 1	生父基因 1 频率 p	生父基因 2 频率 q	计算公式	PI
D19S433	13，13	13，13.2	0.271 0	—	$0.5/p$	1.845 0
D5S818	11，12	11，13	0.312 0	—	$0.25/p$	0.801 3
D21S11	31.2，31.2	29，31.2	0.074 0	—	$0.5/p$	6.756 8
D18S51	13，16	13，17	0.193 0	—	$0.25/p$	1.295 3
D6S1043	13，19	19，19	0.151 0	—	$0.5/p$	3.311 3
D3S1358	15，16	15，15	0.367 0	—	$0.5/p$	1.362 4
D13S317	11，13	13，13	0.037 0	—	$0.5/p$	13.513 5
D7S820	11，12	8，11	0.345 0	—	$0.25/p$	0.724 6
D16S539	9，12	11，12	0.231 0	—	$0.25/p$	1.082 3
CSF1PO	10，12	12，12	0.389 0	—	$0.5/p$	1.285 3
Penta D	11，12	11，11	0.123 2	—	$0.5/p$	4.058 4
AMEL	0，0	0，1	—	—	—	—

续表

STR 基因座	被鉴定人乙	尸体 1	生父基因 1 频率 p	生父基因 2 频率 q	计算公式	PI
vWA	14, 16	16, 17	0.168 0	—	$0.25/p$	1.488 1
D8S1179	12, 14	12, 15	0.114 0	—	$0.25/p$	2.193 0
TPOX	8, 11	8, 11	0.510 0	0.295 0	$0.25/p+0.25/q$	1.337 7
Penta E	11, 16	16, 17	0.069 3	—	$0.25/p$	3.607 5
TH01	8, 9	7, 9	0.528 0	—	$0.25/p$	0.473 5
D12S391	19, 19	19, 19	0.229 2	—	$1/p$	4.363 0
D2S1338	19, 23	17, 23	0.229 0	—	$0.25/p$	1.091 7
FGA	20, 22	22, 24	0.176 0	—	$0.25/p$	1.420 5
累积 PI						$1.627\ 9 \times 10^5$

表 5-7-6　尸体 2 与被鉴定人甲 PI 值计算

STR 基因座	尸体 2	被鉴定人甲	生母基因 1 频率 p	生母基因 2 频率 q	计算公式	PI
D19S433	13, 15.2	14, 15.2	0.126 0	—	$0.25/p$	1.984 1
D5S818	10, 11	10, 10	0.181 0	—	$0.5/p$	2.762 4
D21S11	30, 30	29, 30	0.312 0	—	$0.5/p$	1.602 6
D18S51	13, 14	14, 15	0.201 0	—	$0.25/p$	1.243 8
D6S1043	18, 19	14, 19	0.151 0	—	$0.25/p$	1.655 6
D3S1358	15, 16	15, 16	0.367 0	0.326 0	$0.25/p+0.25/q$	1.448 1
D13S317	12, 12	11, 12	0.170 0	—	$0.5/p$	2.941 2
D7S820	8, 12	12, 12	0.258 0	—	$0.5/p$	1.938 0
D16S539	9, 13	11, 13	0.100 0	—	$0.25/p$	2.500 0
CSF1PO	12, 12	11, 12	0.389 0	—	$0.5/p$	1.285 3
Penta D	9, 10	9, 9	0.364 7	—	$0.5/p$	1.371 0
AMEL	0, 1	0, 0	—	—	—	—
vWA	14, 18	14, 18	0.243 0	0.195 0	$0.25/p+0.25/q$	2.310 9
D8S1179	10, 13	10, 14	0.103 0	—	$0.25/p$	2.427 2
TPOX	8, 8	8, 11	0.510 0	—	$0.5/p$	0.980 4
Penta E	5, 16	5, 21	0.005 3	—	$0.25/p$	47.169 8
TH01	7, 9	7, 9	0.244 0	0.528 0	$0.25/p+0.25/q$	1.498 1
D12S391	19, 20	18, 20	0.192 7	—	$0.25/p$	1.297 4

续表

STR 基因座	尸体 2	被鉴定人甲	生母基因 1 频率 p	生母基因 2 频率 q	计算公式	PI
D2S1338	23, 24	23, 24	0.229 0	0.149 0	$0.25/p+0.25/q$	2.769 6
FGA	23, 24	23, 23	0.203 0	—	$0.5/p$	2.463 1
累积 PI						$2.261\ 8 \times 10^{6}$

表 5-7-7　尸体 2 与被鉴定人甲 PI 值计算

STR 基因座	尸体 2	被鉴定人乙	生母基因 1 频率 p	生母基因 2 频率 q	计算公式	PI
D19S433	13, 15.2	13, 13	0.271 0	—	$0.5/p$	1.845 0
D5S818	10, 11	11, 12	0.312 0	—	$0.25/p$	0.801 3
D21S11	30, 30	31.2, 31.2	0.074 0	—	突变步长为非常规类型，pi 值取平均突变率 0.002	0.002 0
D18S51	13, 14	13, 16	0.193 0	—	$0.25/p$	1.295 3
D6S1043	18, 19	13, 19	0.151 0	—	$0.25/p$	1.655 6
D3S1358	15, 16	15, 16	0.367 0	0.326 0	$0.25/p+0.25/q$	1.448 1
D13S317	12, 12	11, 13	0.254 0	0.037 0	$\mu/4p + \mu/4q$	0.015 5
D7S820	8, 12	11, 12	0.258 0	—	$0.25/p$	0.969 0
D16S539	9, 13	9, 12	0.258 0	—	$0.25/p$	0.969 0
CSF1PO	12, 12	10, 12	0.389 0	—	$0.5/p$	1.285 3
Penta D	9, 10	11, 12	0.123 2	—	$\mu/8p$	0.002 0
AMEL	0, 1	0, 0	—	—	—	—
vWA	14, 18	14, 16	0.243 0	—	$0.25/p$	1.028 8
D8S1179	10, 13	12, 14	0.114 0	0.194 0	$\mu/8p + \mu/8q$	0.003 5
TPOX	8, 8	8, 11	0.510 0	—	$0.5/p$	0.980 4
Penta E	5, 16	11, 16	0.069 3	—	$0.25/p$	3.607 5
TH01	7, 9	8, 9	0.528 0	—	$0.25/p$	0.473 5
D12S391	19, 20	19, 19	0.229 2	—	$0.5/p$	2.181 5
D2S1338	23, 24	19, 23	0.229 0	—	$0.25/p$	1.091 7
FGA	23, 24	20, 22	—	0.176 0	$\mu/8q$	0.001 4
累积 PI						$7.064\ 6 \times 10^{-12}$

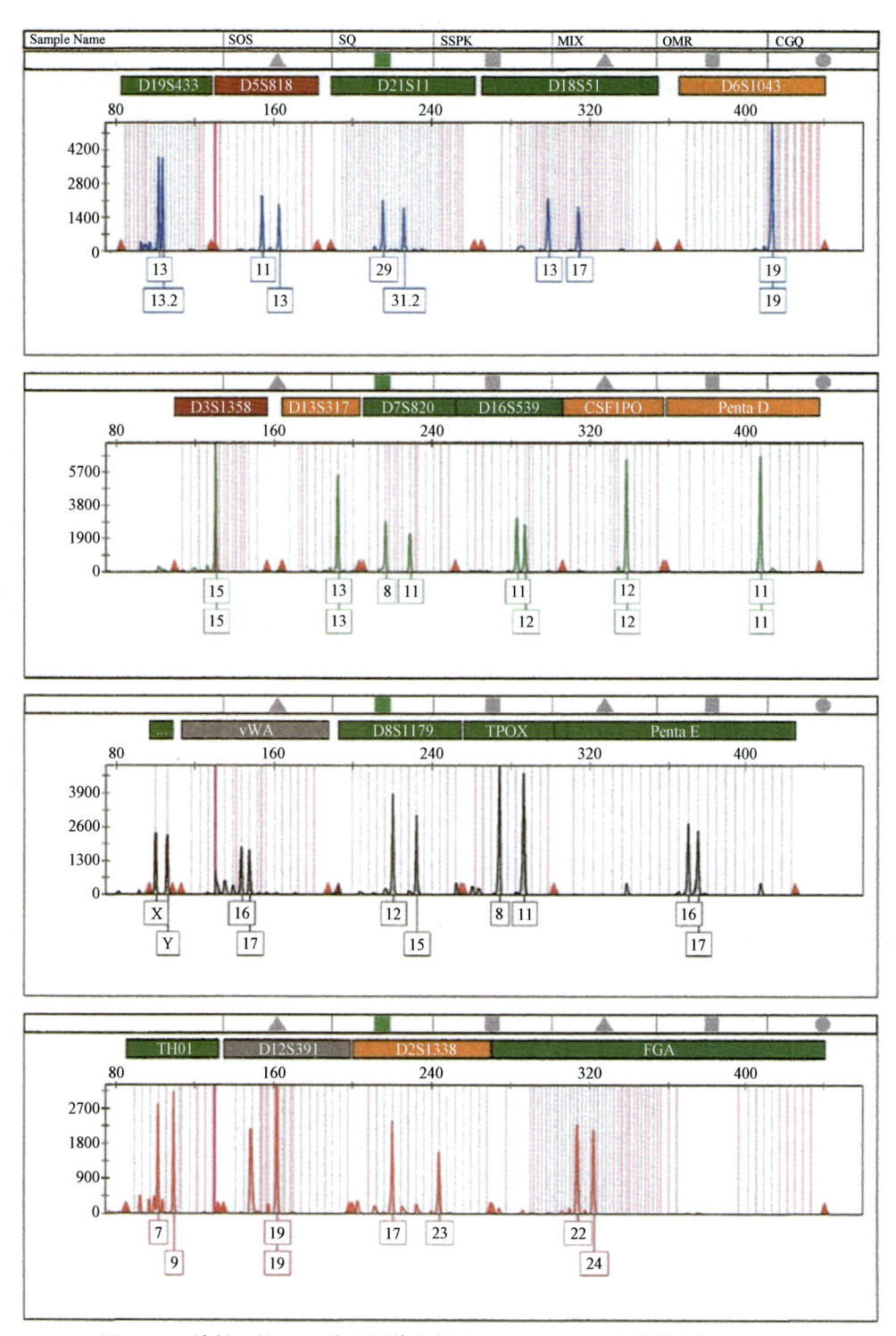

图 5-7-3 检材 1 的 STR 分型图谱（应用 Goldeneye 20A 人类荧光标记 STR 复合扩增检测试剂扩增）

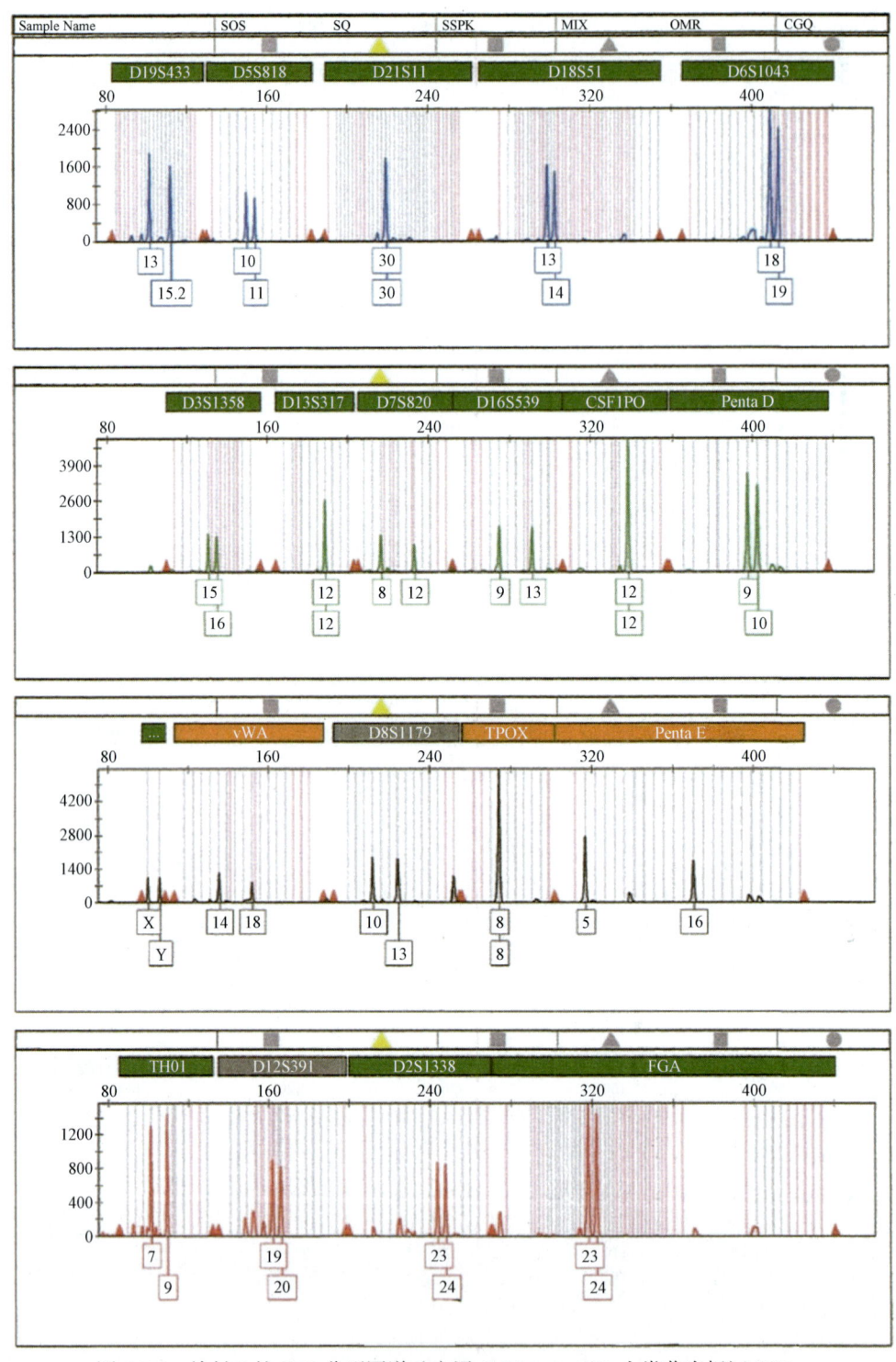

图 5-7-4　检材 2 的 STR 分型图谱（应用 Goldeneye 20A 人类荧光标记 STR 复合扩增检测试剂扩增）

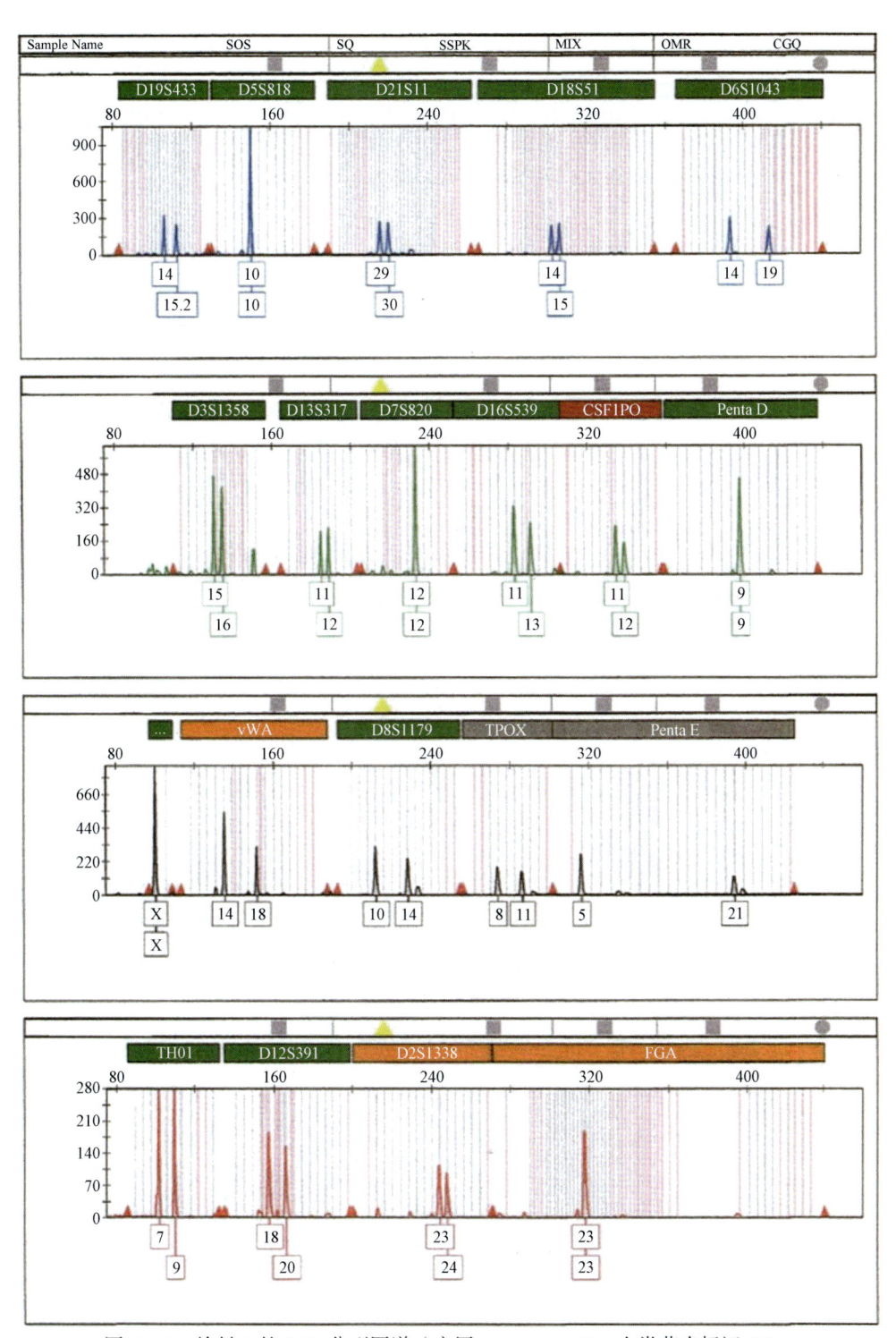

图 5-7-5 检材 3 的 STR 分型图谱（应用 Goldeneye 20A 人类荧光标记 STR 复合扩增检测试剂扩增）

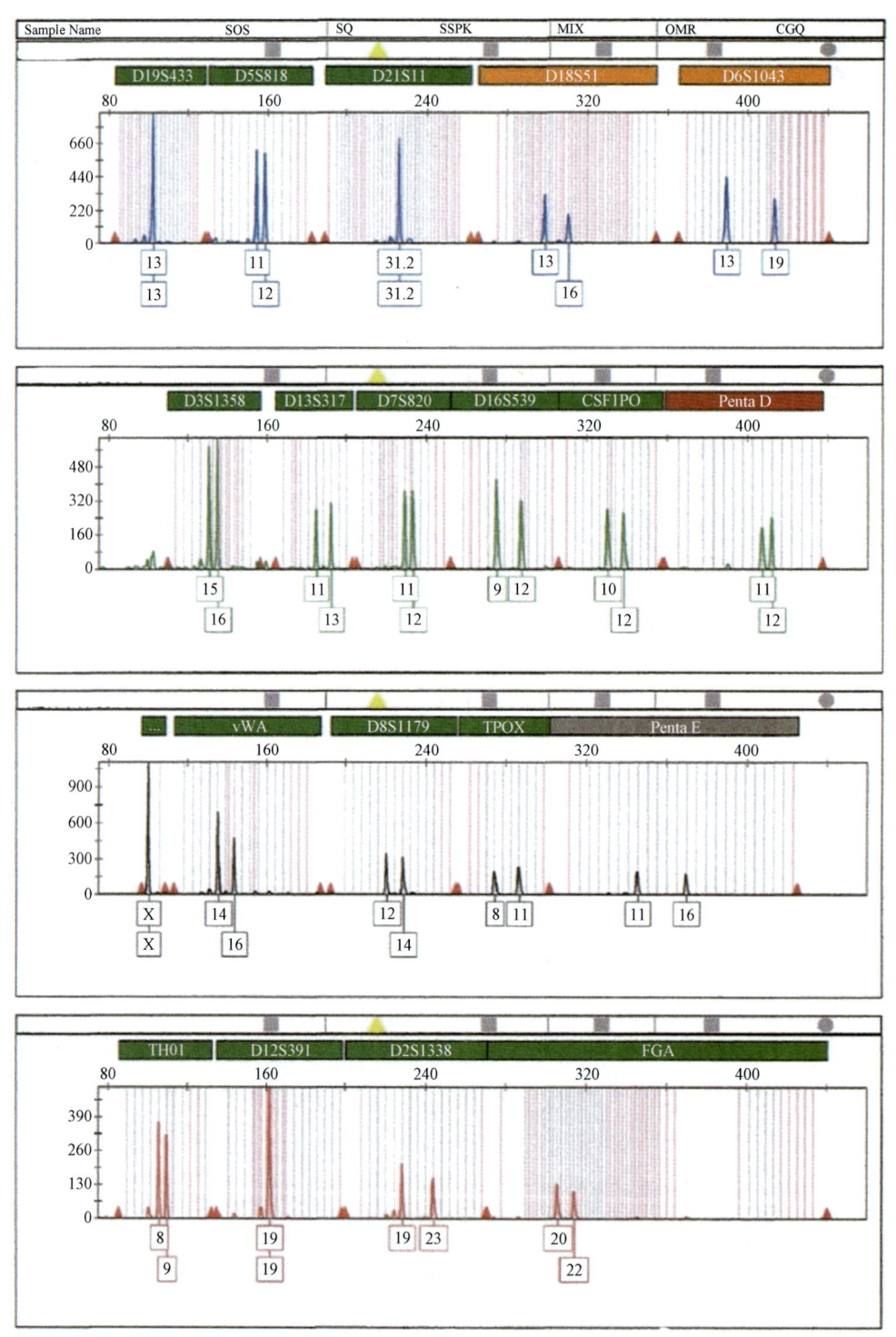

图 5-7-6　检材 4 的 STR 分型图谱（应用 Goldeneye 20A 人类荧光标记 STR 复合扩增检测试剂扩增）

四、分析说明

D19S433 等 19 个 STR 基因座均为人类的遗传学标记，遵循孟德尔遗传定律，联合应用可进行亲权鉴定，其累积非父排除概率大于 0.9999。

综合上述检验结果分析，被鉴定人甲的等位基因可从尸体 2 的基因型中找到来源，经计算，累积亲权指数为 2.2618×10^6；被鉴定人甲在 D19S433、D5S818、D18S51、D13S317、D7S820、Penta D、vWA、D8S1179、Penta E、D12S391、FGA 基因座的等位基因不能从尸体 1 的基因型中找到来源，经计算，累积亲权指数为 2.4224×10^{-32}。

被鉴定人乙的等位基因可从尸体 1 的基因型中找到来源，经计算，累积亲权指数为 1.6279×10^5；被鉴定人乙在 D21S11、D13S317、Penta D、D8S1179、FGA 基因座的等位基因不能从尸体 2 的基因型中找到来源，经计算，累积亲权指数为 7.0646×10^{-12}。

五、鉴定意见

依据现有资料和 DNA 分析结果，支持尸体 2 是被鉴定人甲的生物学父亲，排除尸体 1 是被鉴定人甲的生物学父亲。支持尸体 1 是被鉴定人乙的生物学父亲，排除尸体 2 是被鉴定人乙的生物学父亲。

（毕　洁　王　博）

> **点评**　这是 1 例通过亲子鉴定达到个体识别目的的鉴定案例。血斑和肌组织是法医物证最常见的生物检材，检材较新鲜时 DNA 提取通常并无困难。实验过程中，DNA 提取、扩增及扩增产物分析等过程，均符合《法庭科学 DNA 实验室检验规范》（GA/T 383-2014）。实验中应用 Goldeneye 20 试剂盒对 4 份检材进行 19 个多态性 STR 座位及性别位点检测，对 DNA 分型结果进行计算和分析，分型计算结果支持尸体 2 和被鉴定人甲之间存在生物学父女关系，排除尸体 2 与被鉴定人乙存在亲生父女关系；支持尸体 1 和被鉴定人乙之间存在生物学父女关系，排除尸体 1 与被鉴定人甲存在亲生父女关系。
>
> 该鉴定案例的分析说明和鉴定意见等内容均符合《亲权鉴定技术规范》（SF/Z JD0105001-2016）的行业操作原则，文书格式符合行业规范，检验方法科学，数据准确，图谱清楚，分型准确，结论正确。

案例 8　半同胞关系鉴定

关键词　法医物证学；半同胞关系鉴定；常染色体 STR 分型；X-STR 分型；累积半同胞指数

一、基本情况

1. 委托事项 鉴定被鉴定人乙与被鉴定人甲是否为同父异母半同胞姐妹关系。

2. 鉴定材料 被鉴定人甲血样 1 份，被鉴定人乙血样 1 份（图 5-8-1）。

图 5-8-1 检材照片

二、被鉴定人概况（表 5-8-1）

表 5-8-1 被鉴定人概况

被鉴定人	性别	称谓	年龄（岁）	样本编号
被鉴定人甲	女	姐姐	29	检材 1
被鉴定人乙	女	妹妹	18	检材 2

注：实际鉴定报告中年龄栏为出生日期，并有身份证号码。

三、检验过程

1. 检材处理和检验方法 按照中华人民共和国公共安全行业标准《法庭科学 DNA 实验室检验规范》（GA/T 383-2014）中的方法对上述样本进行检验。样本经 Chelex100 处理，Goldeneye 20A、STRtyper-10G、Goldeneye 17X、Goldeneye 22NC 试剂盒扩增后，在 ABI PRISM-3130 型 DNA 序列分析仪电泳分离扩增产物和激光扫描分析，检测 STR 基因座的基因型。

2. 检验结果 Goldeneye 20A 试剂盒及 STRtyper-10G 试剂盒、Goldeneye 17X 试剂盒、Goldeneye 22NC 试剂盒检验结果显示阳性对照（9947A、9948）分型正确，阴性对照未见特异性谱带，样本分型如表 5-8-2、表 5-8-3 和图 5-8-2～图 5-8-9。

表 5-8-2 检验结果

基因座	被鉴定人甲	被鉴定人乙	基因座	被鉴定人甲	被鉴定人乙
D19S433	13, 14	13.2, 14	D18S51	14, 15	14, 16
D5S818	9, 13	9, 13	D6S1043	11, 19	11, 19
D21S11	29, 33.2	29, 29	D3S1358	15, 17	15, 15
D13S317	10, 11	10, 11	DXS7132	14, 15	14, 15

续表

基因座	被鉴定人甲	被鉴定人乙	基因座	被鉴定人甲	被鉴定人乙
D7S820	11, 12	12, 12	DXS7424	13, 16	13, 15
D16S539	11, 13	11, 11	DXS6807	11, 11	11, 14
CSF1PO	9, 11	9, 10	DXS6803	12.3, 12.3	12.3, 12.3
Penta D	11, 11	12, 13	GATA172D05	10, 11	10, 11
AMEL	X, X	X, X	DXS6800	16, 16	16, 16
vWA	16, 19	16, 16	DXS10134	37, 37	37, 37
D8S1179	14, 15	15, 15	GATA31E08	11, 12	11, 12
TPOX	8, 9	11, 11	DXS10159	25, 27	24, 25
Penta E	15, 22	14, 16	DXS6789	21, 21	16, 21
TH01	7, 9	7, 9	DXS6810	18, 19	18, 18
D12S391	18, 20	19, 20	D4S2366	9, 14	12, 14
D2S1338	20, 24	20, 24	D6S477	15, 16	14, 16
FGA	22, 25	22, 23	D15S659	12, 12	13, 15
D18S1364	13, 15	13, 16	D3S3045	10, 14	9, 13
D13S325	19, 22	20, 22	D14S608	11, 12	11, 11
D2S1772	22, 24	22, 22	D17S1290	16, 17	16, 16
D11S2368	19, 20	20, 20	D3S1744	17, 20	17, 17
D22-GATA198B05	21, 21	21, 23	D2S441	11, 12	11, 14
D8S1132	19, 22	19, 20	D18S535	12, 13	9, 13
D7S3048	23, 25	21, 24	D7S1517	19, 23	23, 24
DXS6795	10, 10	10, 13	D10S1435	13, 14	13, 14
DXS9902	10, 10	10, 10	D19S253	11, 13	11, 13
DXS8378	12, 12	10, 12	D1S1656	15, 16	16, 16
HPRTB	12, 14	14, 15	D10S1248	13, 15	14, 15
GATA165B12	10, 11	9, 11	D5S2500	12, 15	12, 15

表 5-8-3 被鉴定人甲与被鉴定人乙鉴定结果

STR 基因座	被鉴定人甲	被鉴定人乙	计算式	PI
D19S433	13, 14	13.2, 14	$(4p+1)/8p$	0.982 625 483
D5S818	9, 13	9, 13	$(p+q+4pq)/8pq$	2.771 104 411
D21S11	29, 33.2	29, 29	$(2p+1)/4p$	1.554 852 321
D18S51	14, 15	14, 16	$(4p+1)/8p$	1.121 890 547
D6S1043	11, 19	11, 19	$(p+q+4pq)/8pq$	2.470 410 548
D3S1358	15, 17	15, 15	$(2p+1)/4p$	1.181 198 91
D13S137	10, 11	10, 11	$(p+q+4pq)/8pq$	1.842 466 12
D7S820	11, 12	12, 12	$(2p+1)/4p$	1.468 992 248
D16S519	11, 13	11, 11	$(2p+1)/4p$	1.436 329 588
CSF1PO	9, 11	9, 10	$(4p+1)/8p$	2.692 982 456
Penta D	11, 11	12, 13	0.5	0.5
vWA	16, 19	16, 16	$(2p+1)/4p$	1.988 095 238
D8S1179	14, 15	15, 15	$(2p+1)/4p$	1.896 648 045

续表

STR 基因座	被鉴定人甲	被鉴定人乙	计算式	PI
TPOX	8, 9	11, 11	0.5	0.5
Penta E	15, 22	14, 16	0.5	0.5
TH01	7, 9	7, 9	$(p+q+4pq)/8pq$	1.249 037 506
D12S391	18, 20	19, 20	$(4p+1)/8p$	1.148 676 7
D2S1338	20, 24	20, 24	$(p+q+4pq)/8pq$	2.330 989 667
FGA	22, 25	22, 23	$(4p+1)/8p$	1.210 227 273
D18S1364	13, 15	13, 16	$(4p+1)/8p$	2.685 314 685
D13S325	19, 22	20, 22	$(4p+1)/8p$	1.324 538 259
D2S1772	22, 24	22, 22	$(2p+1)/4p$	4.659 733 777
D11S2368	19, 20	20, 20	$(2p+1)/4p$	2.286 990 708
D22-GATA	21, 21	21, 23	$(2p+1)/4p$	1.504 823 151
D8S1132	19, 22	19, 20	$(4p+1)/8p$	1.234 430 082
D7S3048	23, 25	21, 24	0.5	0.5
DXS6795	10, 10	10, 13	$1/2f_a$	2.831 257 078
DXS9902	10, 10	10, 10	$1/f_a$	2.157 962 883
DXS8378	12, 12	10, 12	$1/2f_a$	4.359 197 908
HPRTB	12, 14	14, 15	$1/4f_a$	0.903 505 602
GATA165B12	10, 11	9, 11	$1/4f_a$	0.447 147 201
DXS7132	14, 15	14, 15	$(f_a+f_b)/4f_af_b$	1.650 177 753
DXS7424	13, 16	13, 15	$1/4f_a$	4.537 205 082
DXS6807	11, 11	11, 14	$1/2f_a$	1.241 619 071
DXS6803	12.3, 12.3	12.3, 12.3	$1/f_a$	11.402 508 55
GATA172D05	10, 11	10, 11	$(f_a+f_b)/4f_af_b$	1.781 753 616
DXS6800	16, 16	16, 16	$1/f_a$	1.234 720 336
DXS10134	37, 37	37, 37	$1/f_a$	4.938 271 605
GATA31E08	11, 12	11, 12	$(f_a+f_b)/4f_af_b$	3.451 269 157
DXS10159	25, 27	24, 25	$1/4f_a$	0.941 619 586
DXS6789	21, 21	16, 21	$1/2f_a$	3.022 974 607
DXS6810	18, 19	18, 18	$1/2f_a$	0.974 848 898
D4S2366	9, 14	12, 14	$(4p+1)/8p$	0.933 726 579
D6S477	15, 16	14, 16	$(4p+1)/8p$	0.913 2231 4
D15S659	12, 12	13, 15	0.5	0.5
D3S3045	10, 14	9, 13	0.5	0.5
D14S608	11, 12	11, 11	$(4p+1)/8p$	1.154 793 085
D17S1290	16, 17	16, 16	$(2p+1)/4p$	1.322 368 421
D3S1744	17, 20	17, 17	$(2p+1)/4p$	1.220 253 529
D2S441	11, 12	11, 14	$(4p+1)/8p$	0.866 139 426
D18S535	12, 13	9, 13	$(4p+1)/8p$	2.047 029 703
D7S1517	19, 23	23, 24	$(4p+1)/8p$	2.484 126 984
D10S1435	13, 14	13, 14	$(p+q+4pq)/8pq$	1.969 426 42
D19S253	11, 13	11, 13	$(p+q+4pq)/8pq$	1.892 011 014
D1S1656	15, 16	16, 16	$(2p+1)/4p$	1.389 046 942
D10S1248	13, 15	14, 15	$4p+1/8p$	0.829 293 994
D5S2500	12, 15	12, 15	$(p+q+4pq)/8pq$	1.694 267 516
CPI				$1.470\ 0 \times 10^{10}$

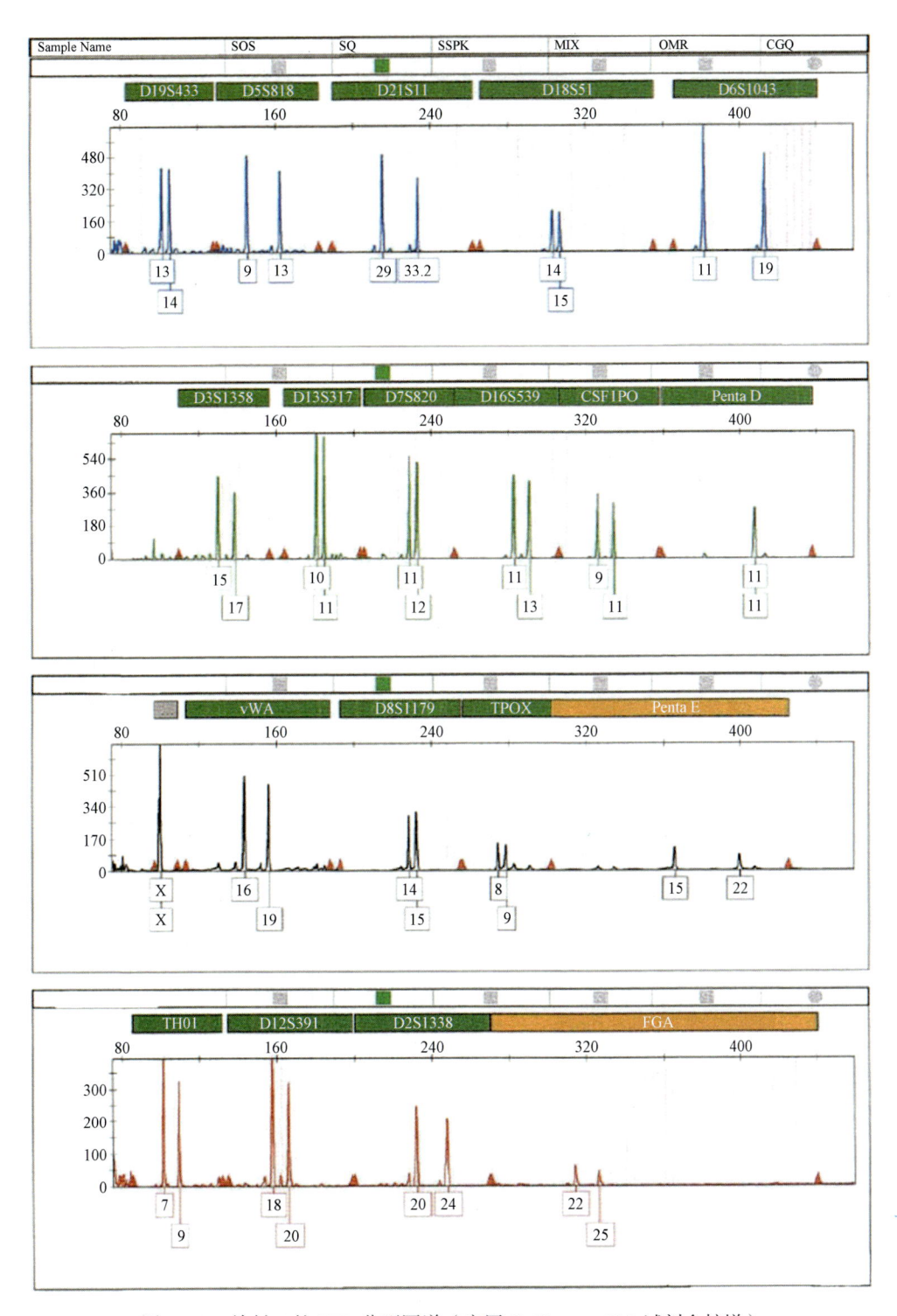

图 5-8-2 检材 1 的 STR 分型图谱（应用 Goldeneye 20A 试剂盒扩增）

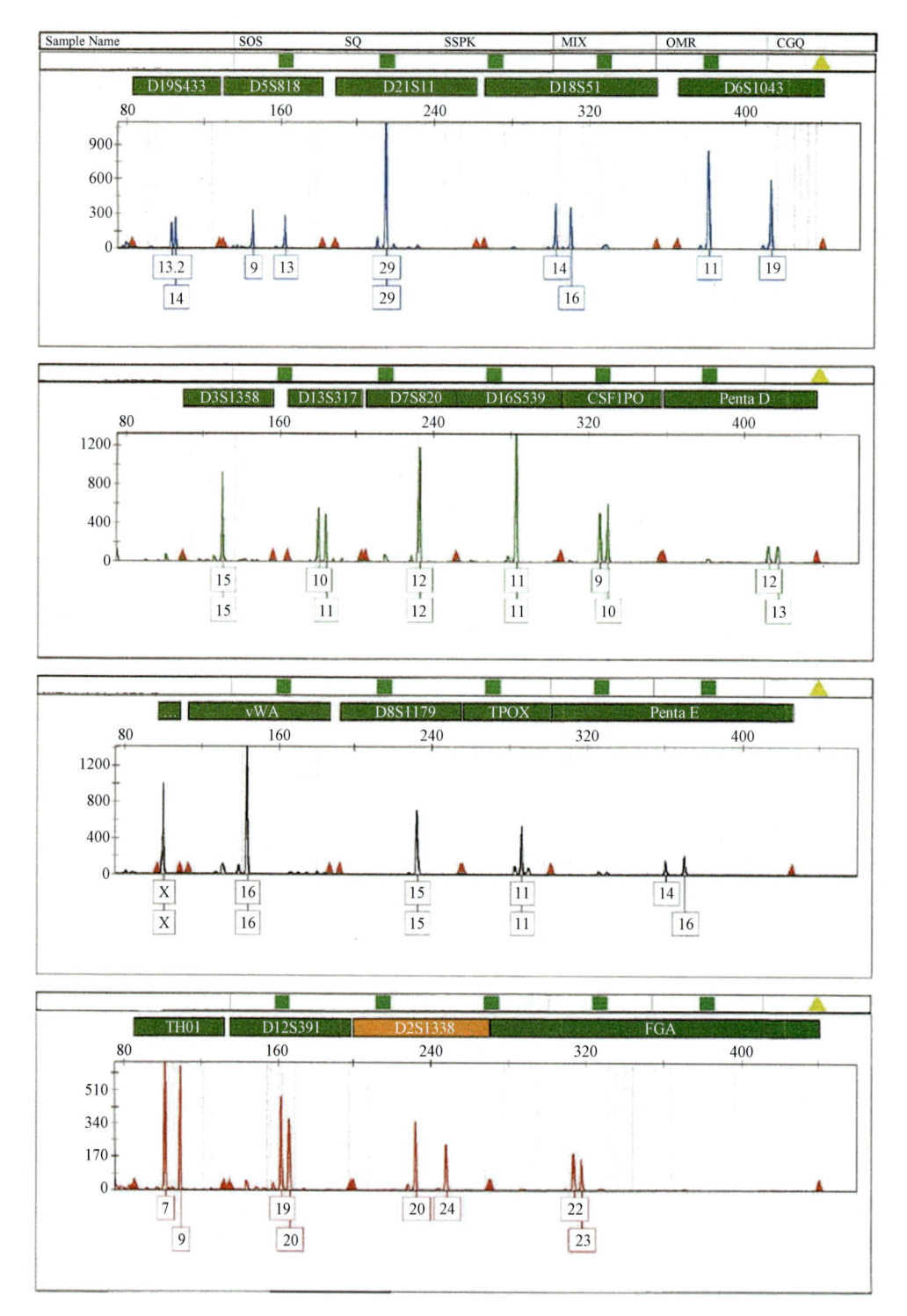

图 5-8-3　检材 2 的 STR 分型图谱（应用 Goldeneye 20A 试剂盒扩增）

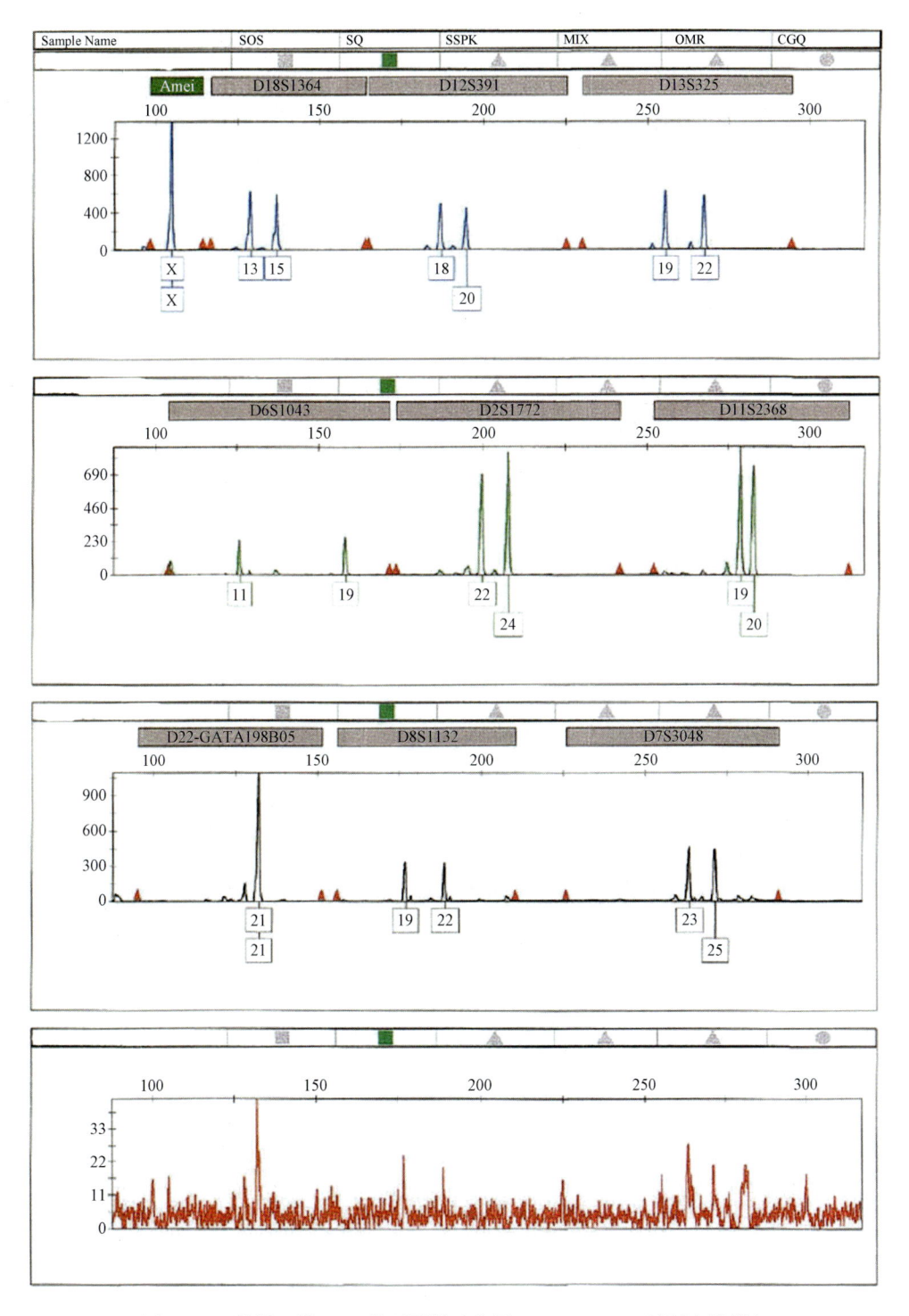

图 5-8-4 检材 1 的 STR 分型图谱（应用 STRtyper-10G 试剂盒扩增）

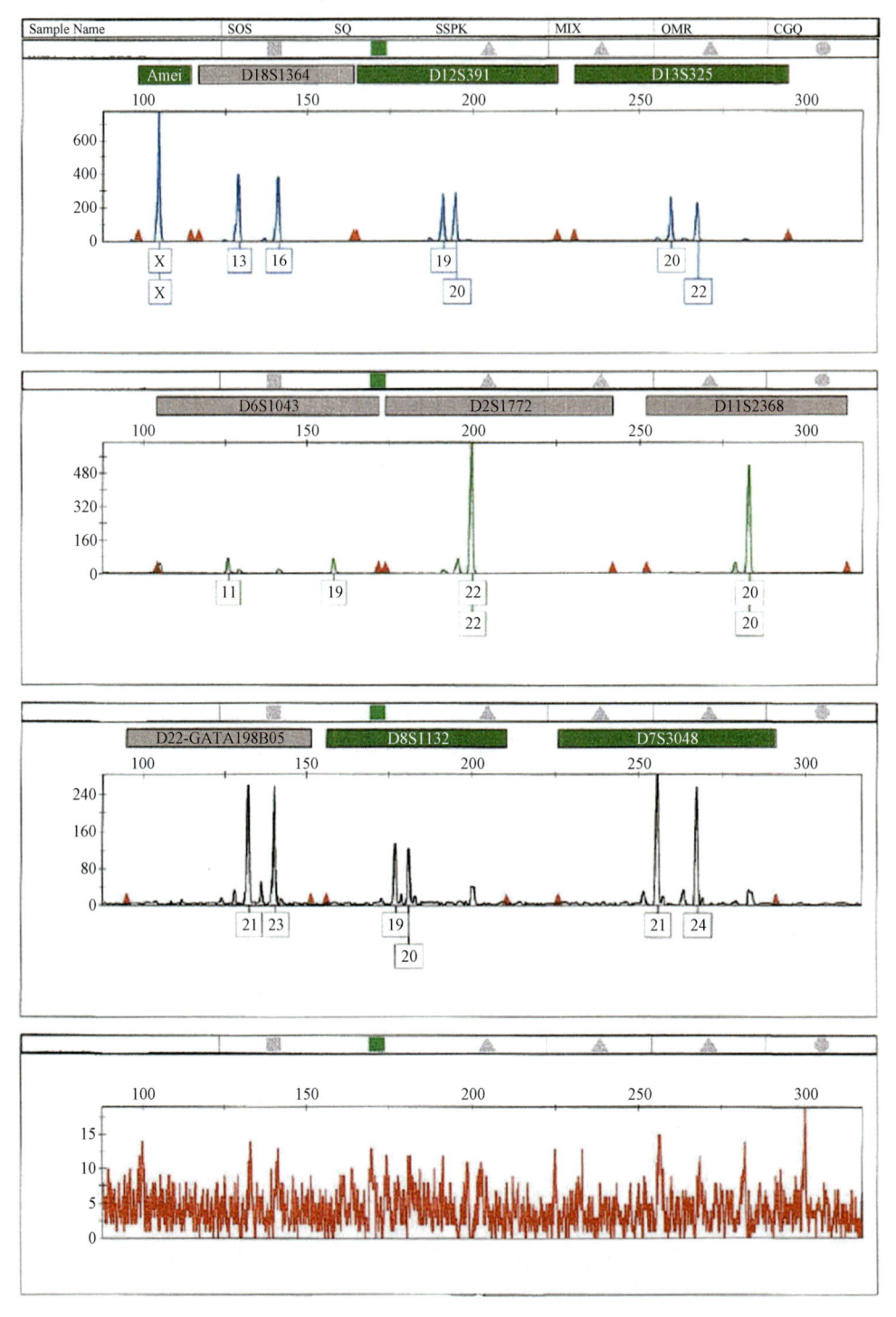

图 5-8-5　检材 2 的 STR 分型图谱（应用 STRtyper-10G 试剂盒扩增）

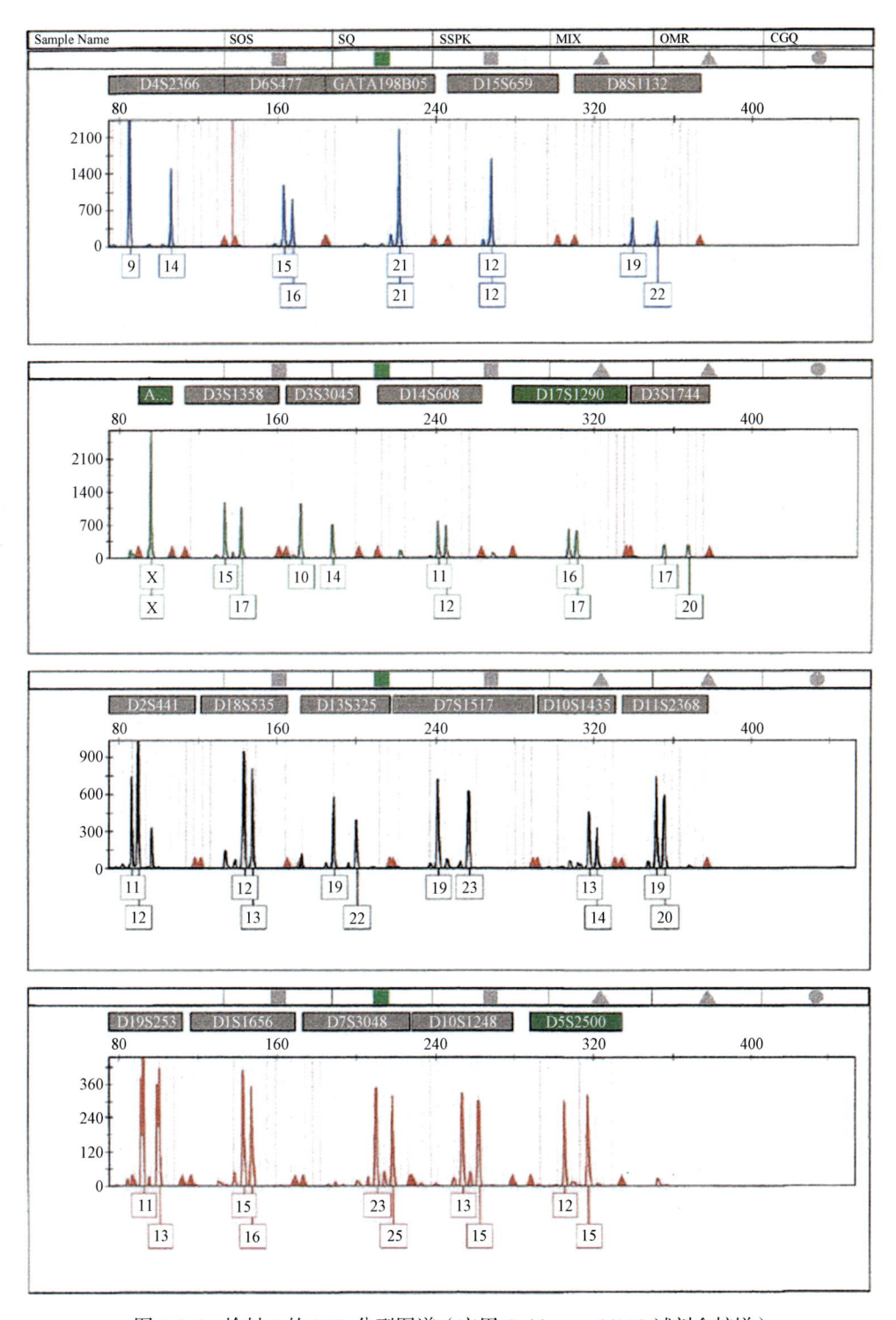

图 5-8-6 检材 1 的 STR 分型图谱（应用 Goldeneye 22NC 试剂盒扩增）

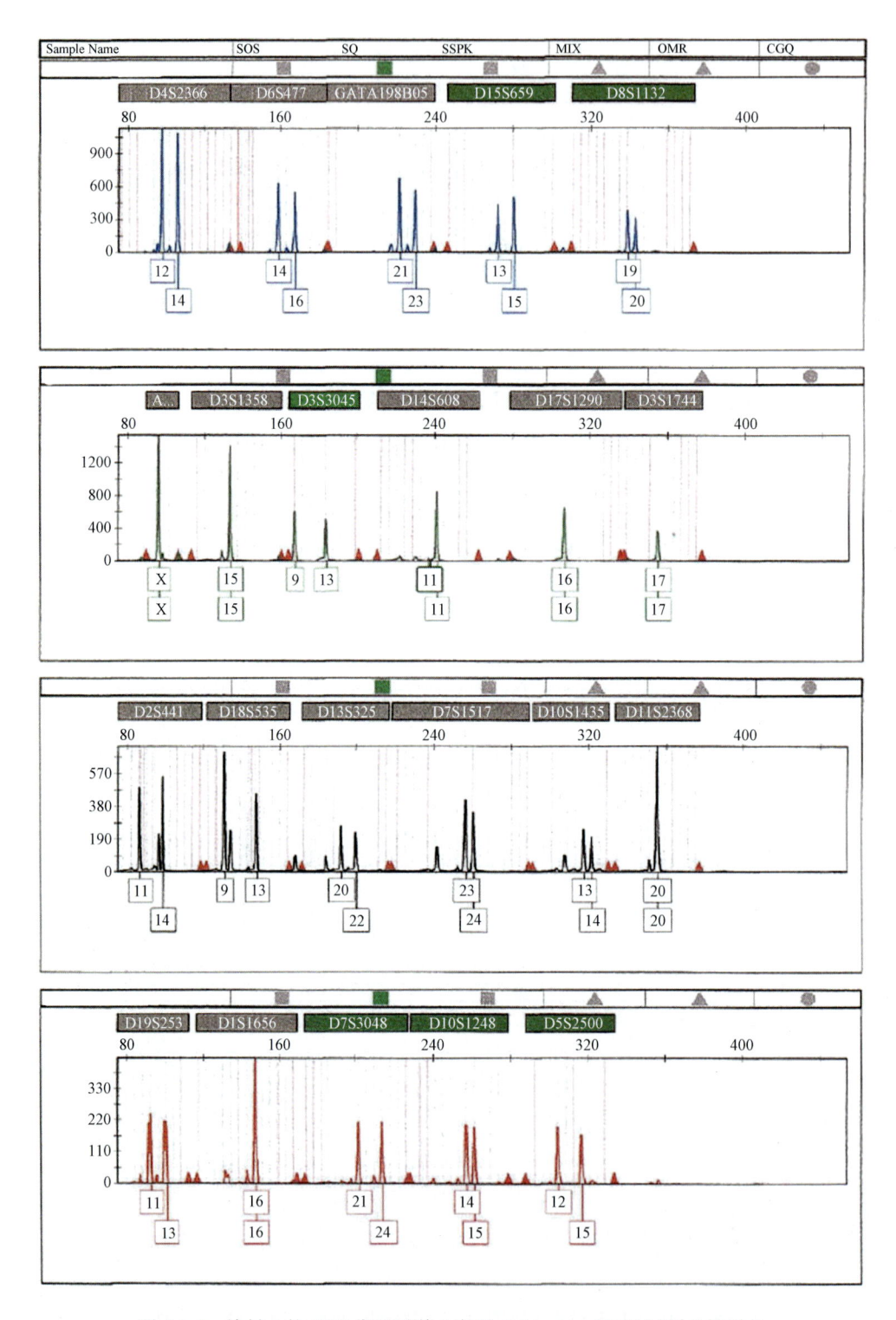

图 5-8-7 检材 2 的 STR 分型图谱（应用 Goldeneye 22NC 试剂盒扩增）

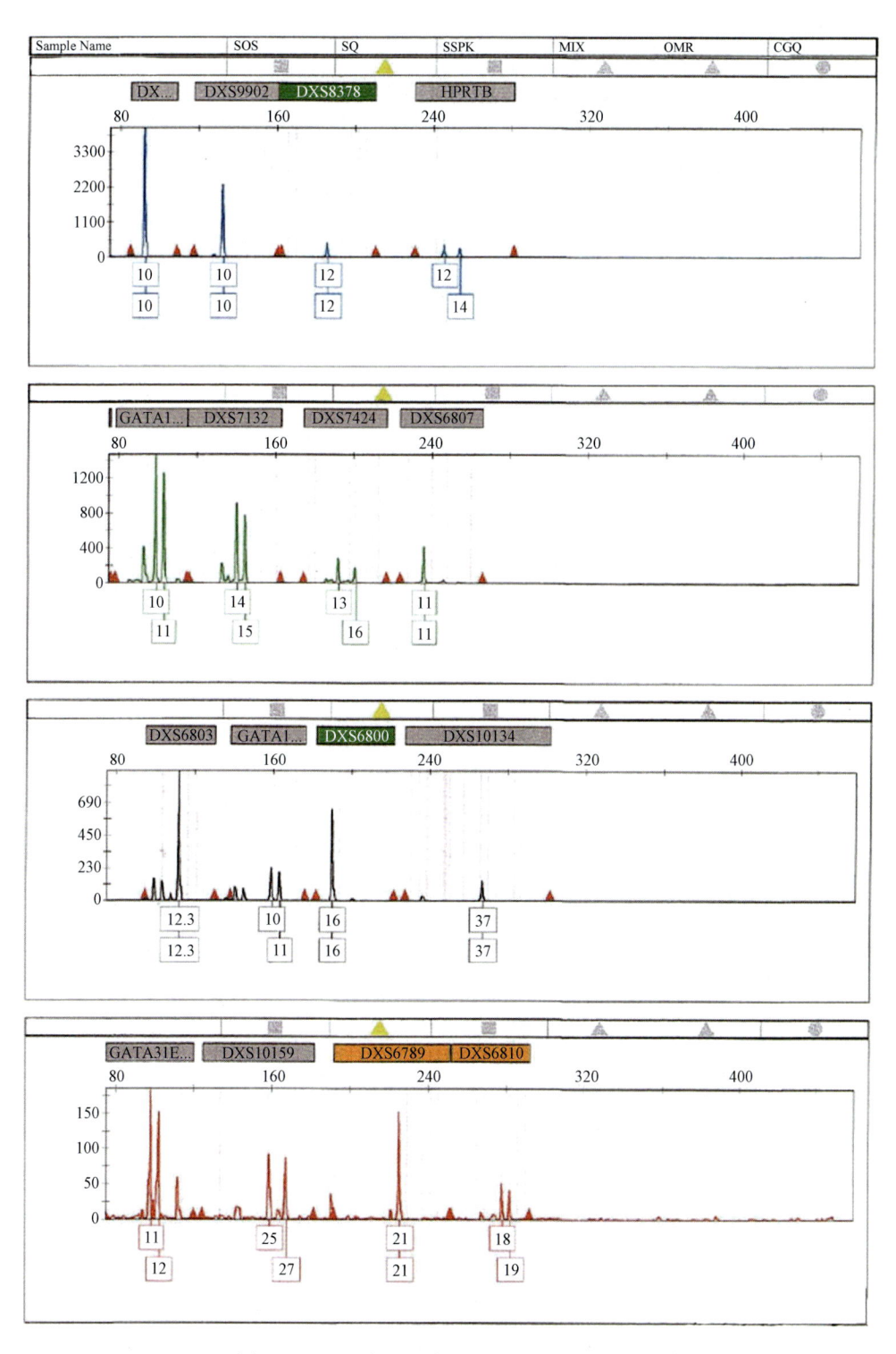

图 5-8-8　检材 1 的 STR 分型图谱（应用 Goldeneye 17X 试剂盒扩增）

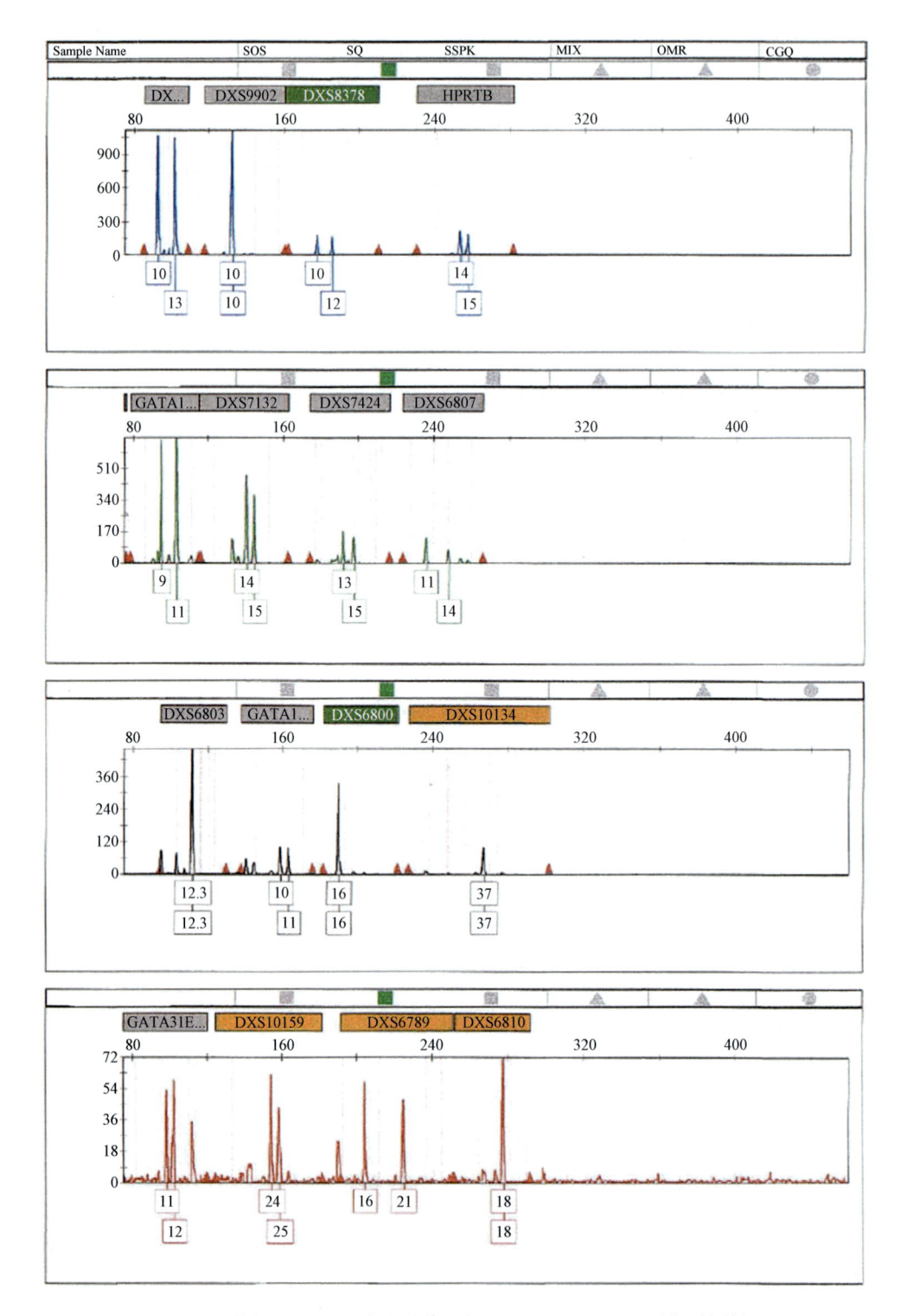

图 5-8-9　检材 2 的 STR 分型图谱（应用 Goldeneye 17X 试剂盒扩增）

四、分析说明

本次检验使用的上述 57 个 DNA STR 系统，均为人类遗传标记，结合孟德尔遗传定律可以应用于亲权鉴定领域。

X 染色体的遗传具有性连锁特点，男性性染色体组成为 XY，其中 X 染色体来自母亲，只能传递给他子代中的女儿，女性为 XX，1 条来自母亲，1 条来自父亲，女性可以将 1 条 X 染色体遗传给儿子或女儿。所以，在同父半同胞姐妹关系中，两个体间必然仅共享 1 个 X 染色体等位基因。对被鉴定人甲与被鉴定人乙在本次检验的 16 个 X-STR 分型结果进行分析，符合 X-STR 在同父半同胞姐妹关系中的遗传规律。

对被鉴定人甲与被鉴定人乙在本次检验 57 个 STR 基因座 DNA 分型结果进行分析，并结合亲权鉴定相关理论进行计算，被鉴定人甲与被鉴定人乙之间为同父异母半同胞姐妹的累积半同胞关系指数为 1.4700×10^{10}。

五、鉴定意见

依据现有资料和 DNA 分析结果，支持被鉴定人甲与被鉴定人乙是同父异母半同胞姐妹关系。

（毕　洁　王　博）

点评　这是 1 例同父异母的半同胞姐妹鉴定案例。半同胞鉴定目前还没有国家或行业规范或标准可遵循。只能参考专业领域中多数专家认可的技术方法和准则进行操作。

与常规亲子鉴定相比，半同胞兄弟姐妹间的血缘关系较远，鉴定中必须采用比常规亲子鉴定更多的遗传标记，才有机会得出较明确的鉴定意见。该例鉴定中，总共检测了 57 个遗传标记，其中 41 个为常染色体 STR 座位，16 个为 X-STR 座位。从 16 个 X-STR 基因座分型，观察到两位被鉴定女孩在相同基因座都具有相同等位基因，这一特点符合同父半同胞姐妹关系遗传规律。又根据 57 个遗传标记分型结果，计算出被鉴定人甲和乙同父异母半同胞姐妹的累计亲权指数为 1.4700×10^{10}，大于 10 000，给出支持被鉴定人甲与被鉴定人乙是同父异母半同胞姐妹的鉴定意见。

该例鉴定过程严谨周密，方法科学，图谱清楚，分型正确，计算准确，结论正确，文书规范。在目前尚无国家或行业相应标准的情况下，本例根据专业领域中多数专家认可的技术方法和准则进行鉴定，符合国家《司法鉴定程序通则》（中华人民共和国司法部令第 132 号）。

案例 9　有突变的亲子鉴定

关键词　法医物证学；亲子鉴定；STR 分型；STR 基因座突变；累积父权指数（CPI）

一、基本情况

1. 委托事项　鉴定被鉴定人甲、被鉴定人丙与被鉴定人乙是否存在亲生血缘关系。

2. 鉴定材料　被鉴定人甲血样 1 份，被鉴定人丙血样 1 份，被鉴定人乙血样 1 份（图 5-9-1）。

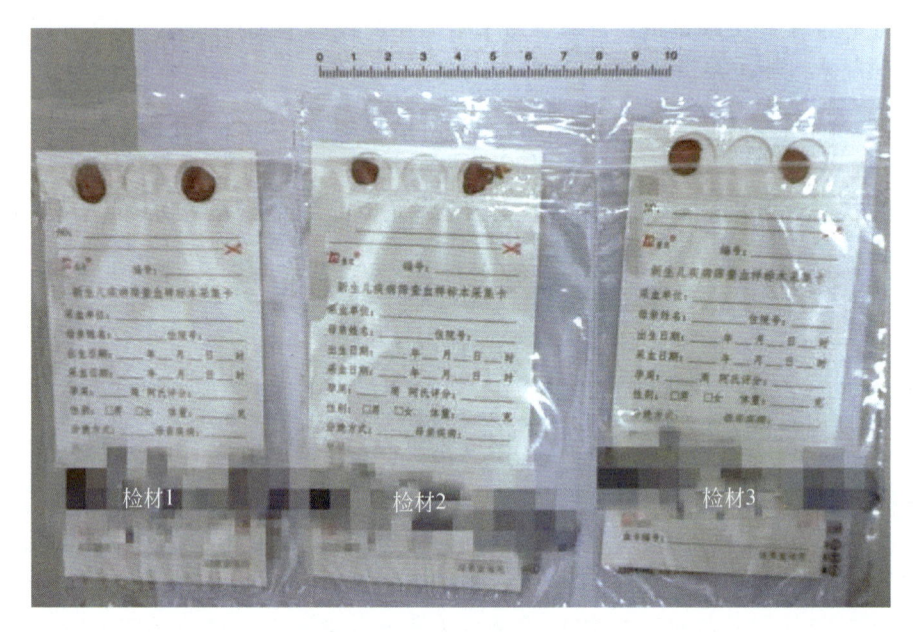

图 5-9-1　检材照片

二、被鉴定人概况（表 5-9-1）

表 5-9-1　被鉴定人概况

被鉴定人	性别	称谓	年龄（岁）	样本编号
被鉴定人甲	男	父	48	检材 1
被鉴定人乙	女	孩子	—	检材 2
被鉴定人丙	女	母	27	检材 3

注：实际鉴定报告中年龄栏为出生日期，并有身份证号码。

三、检验过程

1. 检材处理和检验方法　按照中华人民共和国公共安全行业标准《法庭科学 DNA

实验室检验规范》（GA/T 383-2014）附录 A 中 Chelex 法抽提 DNA，父、子、母采用 Goldeneye 20A 人类荧光标记 STR 复合扩增检测试剂进行复合 PCR 扩增，父、子补充应用 GlobalFiler 人类荧光标记 STR 复合扩增检测试剂及 Goldeneye 22NC 人类荧光标记 STR 复合扩增检测试剂进行复合 PCR 扩增，用 3130XL 进行毛细管电泳和基因型分析。

2. 检验结果　检验结果详见表 5-9-2～表 5-9-4 和图 5-9-2～图 5-9-8。

表 5-9-2　检验结果

基因座	被鉴定人丙	被鉴定人乙	被鉴定人甲	基因座	被鉴定人丙	被鉴定人乙	被鉴定人甲
D19S433	14, 14	14, 14	14, 15.2	SE33	—	16, 31.2	23.2, 31.2
D5S818	12, 12	10, 12	10, 10	D10S1248	—	13, 15	13, 13
D21S11	31, 32.2	31, 31	31, 31	D1S1656	—	15, 17	16, 18
D18S51	14, 16	13, 16	13, 14	D4S2366	—	10, 12	10, 13
D6S1043	14, 19	14, 14	14, 19	D6S477	—	14, 14	14, 15
D3S1358	15, 16	15, 16	14, 15	D22-GATA198B05	—	22, 22	21, 22
D13S317	8, 11	8, 11	8, 11	D15S659	—	12, 13	11, 12
D7S820	12, 12	12, 12	8, 12	D8S1132	—	17, 18	17, 18
D16S539	11, 11	11, 13	12, 13	D3S3045	—	14, 15	9, 15
CSF1PO	10, 12	10, 11	11, 11	D14S608	—	7, 13	7, 11
PentaD	10, 13	10, 12	12, 12	D17S1290	—	14, 17	15, 17
vWA	16, 17	16, 17	16, 16	D3S1744	—	14, 20	18, 20
D8S1179	14, 15	12, 14	12, 13	D18S535	—	14, 14	12, 14
TPOX	8, 8	8, 11	8, 11	D13S325	—	20, 21	21, 22
PentaE	8, 20	8, 21	10, 23	D7S1517	—	19, 20	19, 21
TH01	6, 7	6, 7	7, 9	D10S1435	—	11, 13	13, 13
D12S391	20, 21	19, 20	19, 19	D11S2368	—	17, 20	20, 21
D2S1338	20, 26	22, 26	17, 22	D19S253	—	12, 12	12, 12
FGA	22, 25	23, 25	22, 23	D7S3048	—	20, 23	23, 25
D2S441	—	10, 12	11, 12	D5S2500	—	10, 11	11, 15
D22S1045	—	11, 16	11, 17	AMEL	X, X	X, X	X, Y

表 5-9-3　被鉴定人甲与被鉴定人乙 STR 基因座分型及 PI 值计算

STR 基因座	被鉴定人乙	被鉴定人甲	生父基因频率 p	生父基因频率 q	计算公式	PI
D19S433	14, 14	14, 15.2	0.259 0	—	$0.5/p$	1.930 5
D5S818	10, 12	10, 10	0.181 0	—	$0.5/p$	2.762 4

续表

STR 基因座	被鉴定人乙	被鉴定人甲	生父基因频率 p	生父基因频率 q	计算公式	PI
D21S11	31, 31	31, 31	0.109 0	—	$1/p$	9.174 3
D18S51	13, 16	13, 14	0.193 0	—	$0.25/p$	1.295 3
D6S1043	14, 14	14, 19	0.164 1	—	$0.5/p$	3.046 9
D3S1358	15, 16	14, 15	0.367 0	—	$0.25/p$	0.681 2
D13S317	8, 11	8, 11	0.244 0	0.254 0	$0.25/p+0.25/q$	2.008 8
D7S820	12, 12	8, 12	0.258 0	—	$0.5/p$	1.938 0
D16S539	11, 13	12, 13	0.100 0	—	$0.25/p$	2.500 0
CSF1PO	10, 11	11, 11	0.240 0	—	$0.5/p$	2.083 3
PentaD	10, 12	12, 12	0.132 8	—	$0.5/p$	3.765 1
AMEL	0, 0	0, 1	—	—	—	—
vWA	16, 17	16, 16	0.168 0	—	$0.5/p$	2.976 2
D8S1179	12, 14	12, 13	0.114 0	—	$0.25/p$	2.193 0
TPOX	8, 11	8, 11	0.510 0	0.295 0	$0.25/p+0.25/q$	1.337 7
PentaE	8, 21	10, 23	0.004 3	0.028 5	$\mu/80p+\mu/80q$	0.006 7
TH01	6, 7	7, 9	0.244 0	—	$0.25/p$	1.024 6
D12S391	19, 20	19, 19	0.229 2	—	$0.5/p$	2.181 5
D2S1338	22, 26	17, 22	0.047 0	—	$0.25/p$	5.319 1
FGA	23, 25	22, 23	0.203 0	—	$0.25/p$	1.231 5
D2S441	10, 12	11, 12	0.171 1	—	$0.25/p$	1.461 1
D22S1045	11, 16	11, 17	0.175 5	—	$0.25/p$	1.424 5
SE33	16, 31.2	23.2, 31.2	0.035 1	—	$0.25/p$	7.122 5
D10S1248	13, 15	13, 13	0.379 6	—	$0.5/p$	1.317 2
D1S1656	15, 17	16, 18	0.281 2	0.072 7	$\mu/8p+\mu/4q$	0.007 8
D4S2366	10, 12	10, 13	0.053 7	—	$0.25/p$	4.655 5
D6S477	14, 14	14, 15	0.193 1	—	$0.5/p$	2.589 3
D22-GATA198B05	22, 22	21, 22	0.134 1	—	$0.5/p$	3.728 6
D15S659	12, 13	11, 12	0.217 3	—	$0.25/p$	1.150 5
D8S1132	17, 18	17, 18	0.103 4	0.189 7	$0.25/p+0.25/q$	3.735 7
D3S3045	14, 15	9, 15	0.052 9	—	$0.25/p$	4.725 9
D14S608	7, 13	7, 11	0.193 1	—	$0.25/p$	1.294 7
D17S1290	14, 17	15, 17	0.168 9	—	$0.25/p$	1.480 2

续表

STR 基因座	被鉴定人乙	被鉴定人甲	生父基因频率 p	生父基因频率 q	计算公式	PI
D3S1744	14, 20	18, 20	0.037 2	—	$0.25/p$	6.720 4
D18S535	14, 14	12, 14	0.291 5	—	$0.5/p$	1.715 3
D13S325	20, 21	21, 22	0.262 5	—	$0.25/p$	0.952 4
D7S1517	19, 20	19, 21	0.063 0	—	$0.25/p$	3.968 3
D10S1435	11, 13	13, 13	0.238 6	—	$0.5/p$	2.095 6
D11S2368	17, 20	20, 21	0.139 9	—	$0.25/p$	1.787 0
D19S253	12, 12	12, 12	0.331 1	—	$1/p$	3.020 2
D7S3048	20, 23	23, 25	0.146 3	—	$0.25/p$	1.708 8
D5S2500	10, 11	11, 15	0.272 7	—	$0.25/p$	0.916 8
累积 PI						$1.759\ 0 \times 10^9$

表 5-9-4　被鉴定人乙与被鉴定人丙 STR 基因座分型及 PI 值计算

STR 基因座	被鉴定人丙	被鉴定人乙	生母基因频率 p	生母基因频率 q	计算公式	PI
D19S433	14, 14	14, 14	0.259 0	—	$1/p$	3.861 0
D5S818	12, 12	10, 12	0.247 0	—	$0.5/p$	2.024 3
D21S11	31, 32.2	31, 31	0.109 0	—	$0.5/p$	4.587 2
D18S51	14, 16	13, 16	0.129 0	—	$0.25/p$	1.938 0
D6S1043	14, 19	14, 14	0.164 1	—	$0.5/p$	3.046 9
D3S1358	15, 16	15, 16	0.367 0	0.326 0	$0.25/p+0.25/q$	1.448 1
D13S317	8, 11	8, 11	0.244 0	0.254 0	$0.25/p+0.25/q$	2.008 8
D7S820	12, 12	12, 12	0.258 0	—	$1/p$	3.876 0
D16S539	11, 11	11, 13	0.267 0	—	$0.5/p$	1.872 7
CSF1PO	10, 12	10, 11	0.221 0	—	$0.25/p$	1.131 2
PentaD	10, 13	10, 12	0.126 3	—	$0.25/p$	1.979 4
AMEL	0, 0	0, 0	—	—	—	—
vWA	16, 17	16, 17	0.168 0	0.245 0	$0.25/p+0.25/q$	2.508 5
D8S1179	14, 15	12, 14	0.194 0	—	$0.25/p$	1.288 7
TPOX	8, 8	8, 11	0.510 0	—	$0.5/p$	0.980 4
PentaE	8, 20	8, 21	0.004 3	—	$0.25/p$	58.139 5
TH01	6, 7	6, 7	0.095 0	0.244 0	$0.25/p+0.25/q$	3.656 2
D12S391	20, 21	19, 20	0.192 7	—	$0.25/p$	1.297 4
D2S1338	20, 26	22, 26	0.012 0	—	$0.25/p$	20.833 3
FGA	22, 25	23, 25	0.092 0	—	$0.25/p$	2.717 4
累积 PI						$4.952\ 3 \times 10^8$

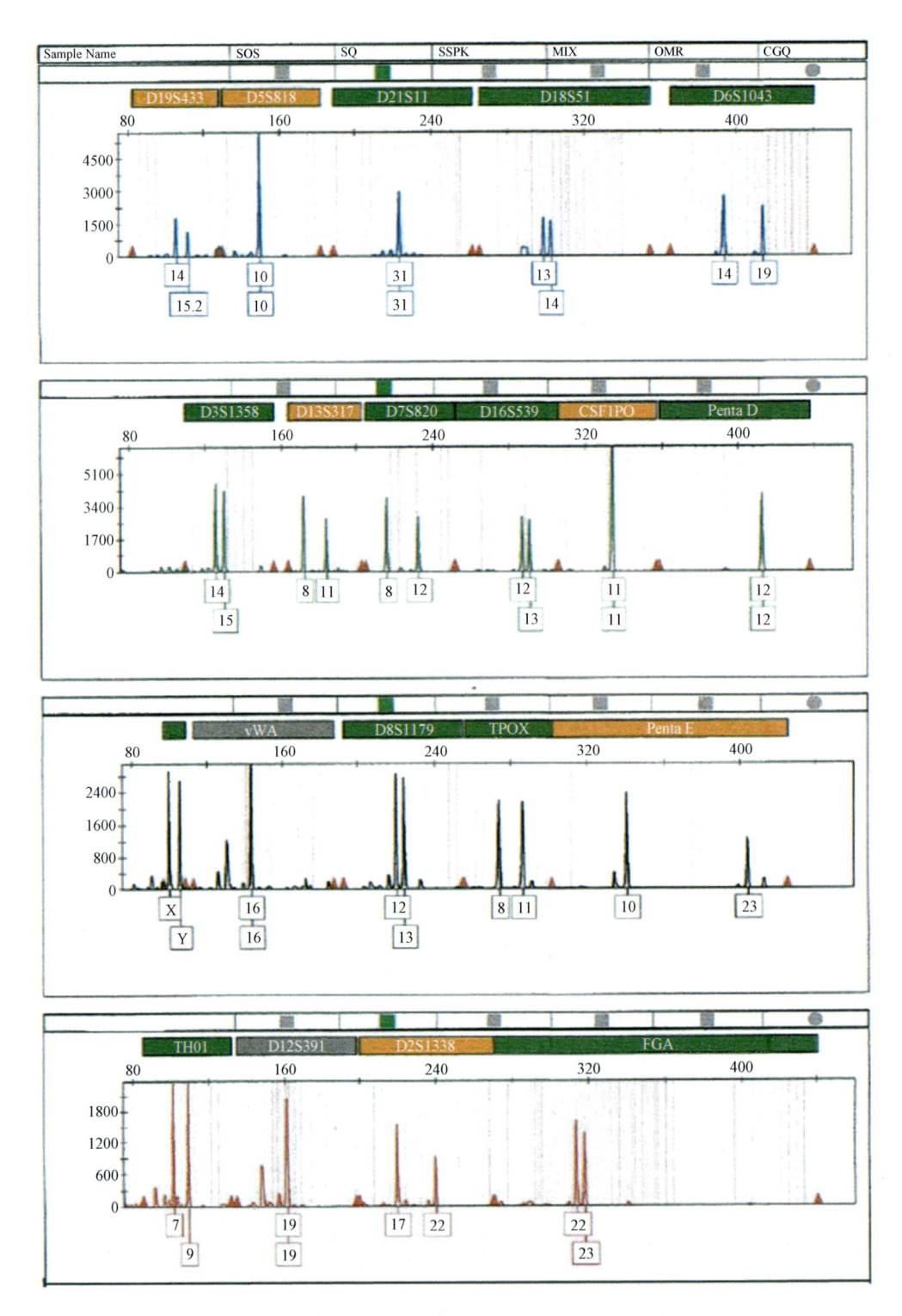

图 5-9-2 检材 1 的 STR 分型图谱（应用 Goldeneye 20A 试剂盒扩增）

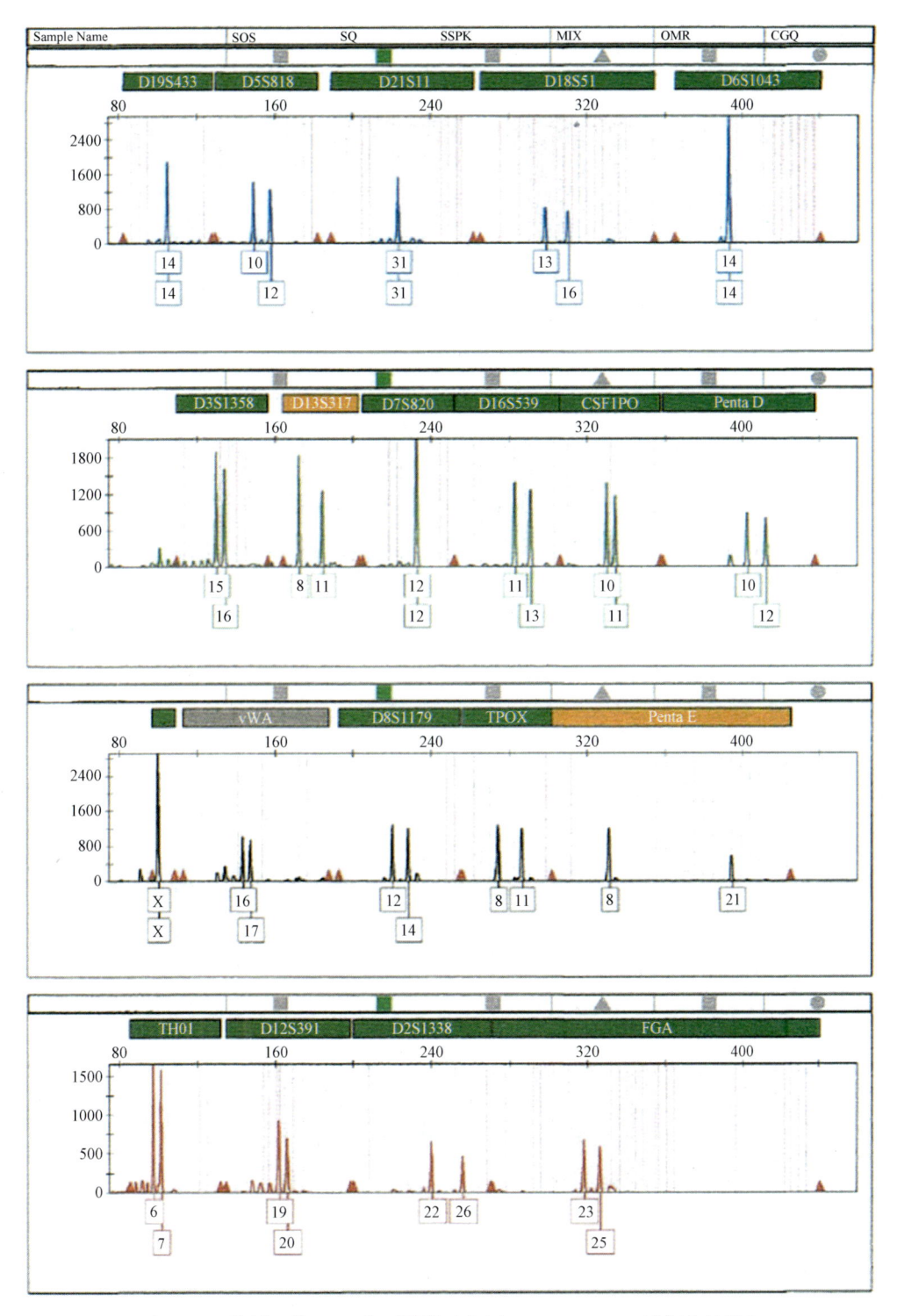

图 5-9-3 检材 2 的 STR 分型图谱（应用 Goldeneye 20A 试剂盒扩增）

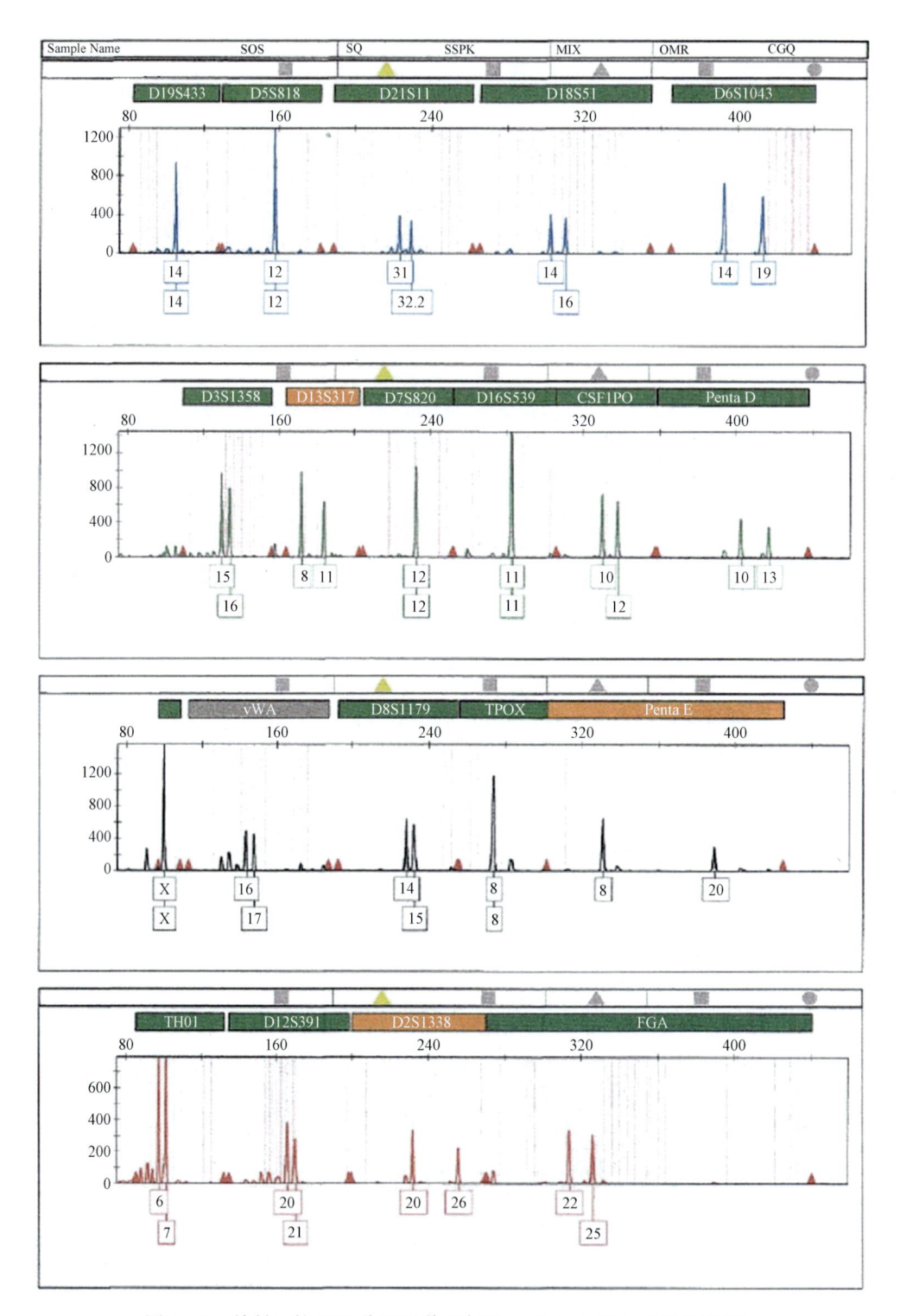

图 5-9-4　检材 3 的 STR 分型图谱（应用 Goldeneye 20A 试剂盒扩增）

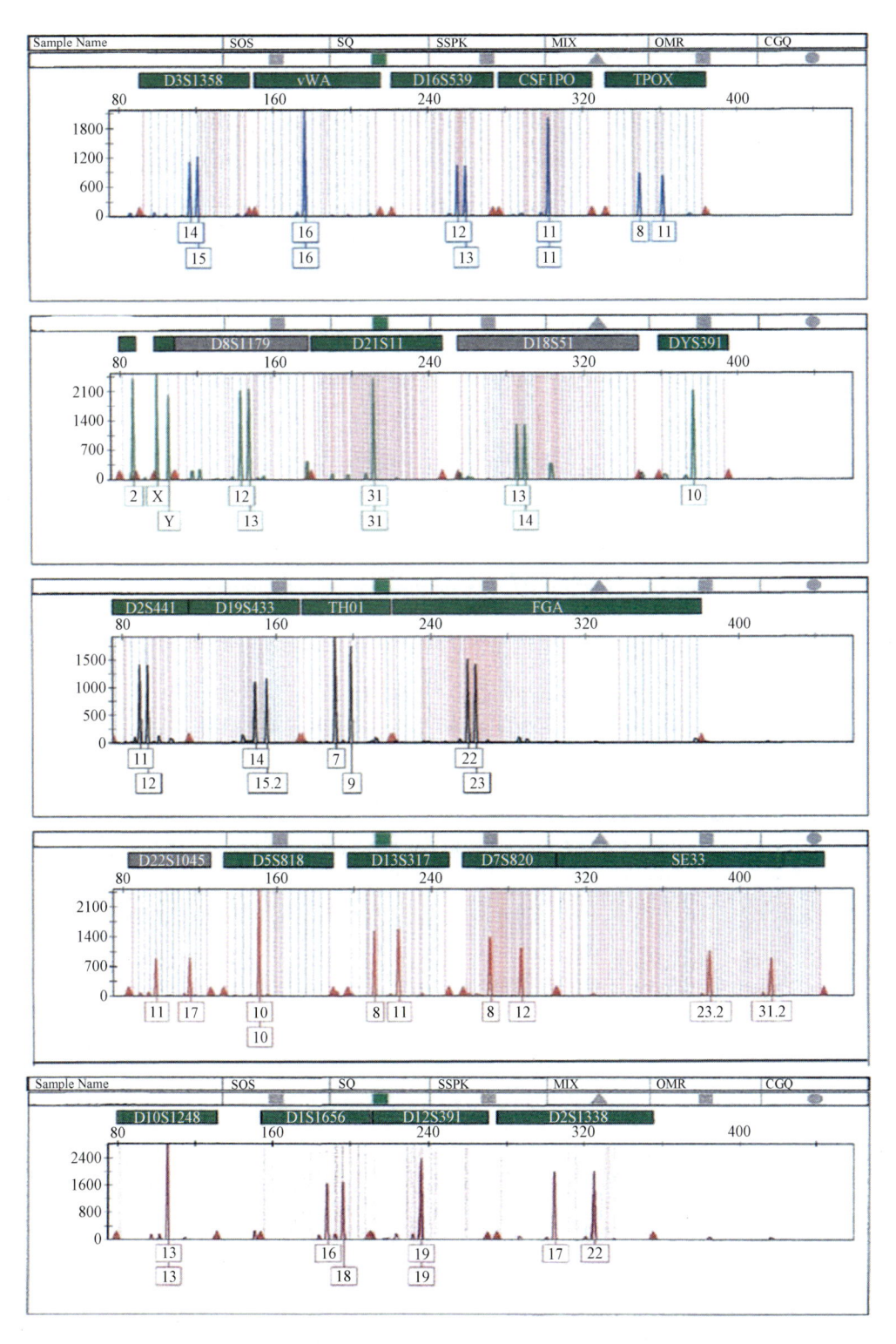

图 5-9-5　检材 1 的 STR 分型图谱（应用 GlobalFiler 试剂盒扩增）

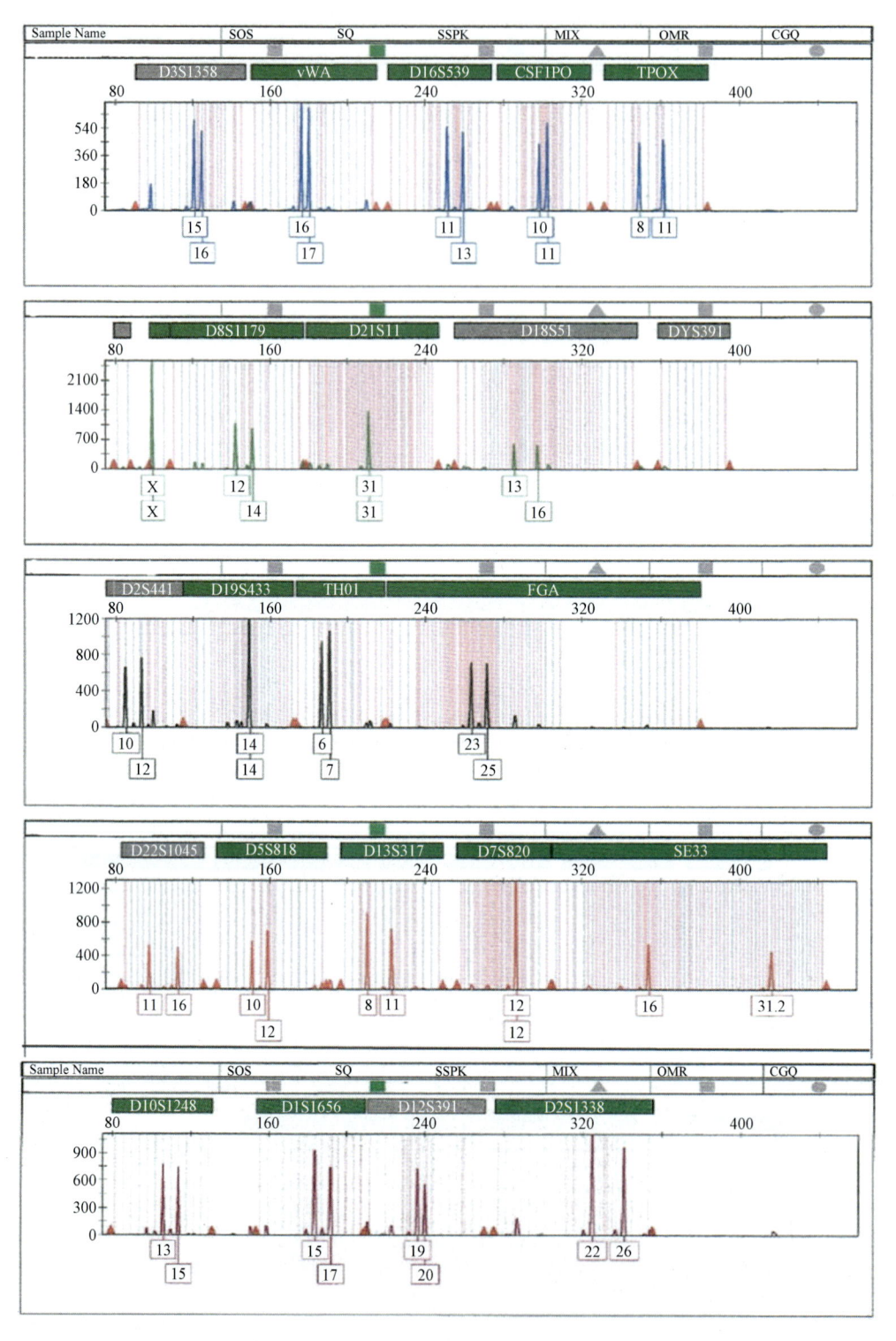

图 5-9-6　检材 2 的 STR 分型图谱（应用 GlobalFiler 试剂盒扩增）

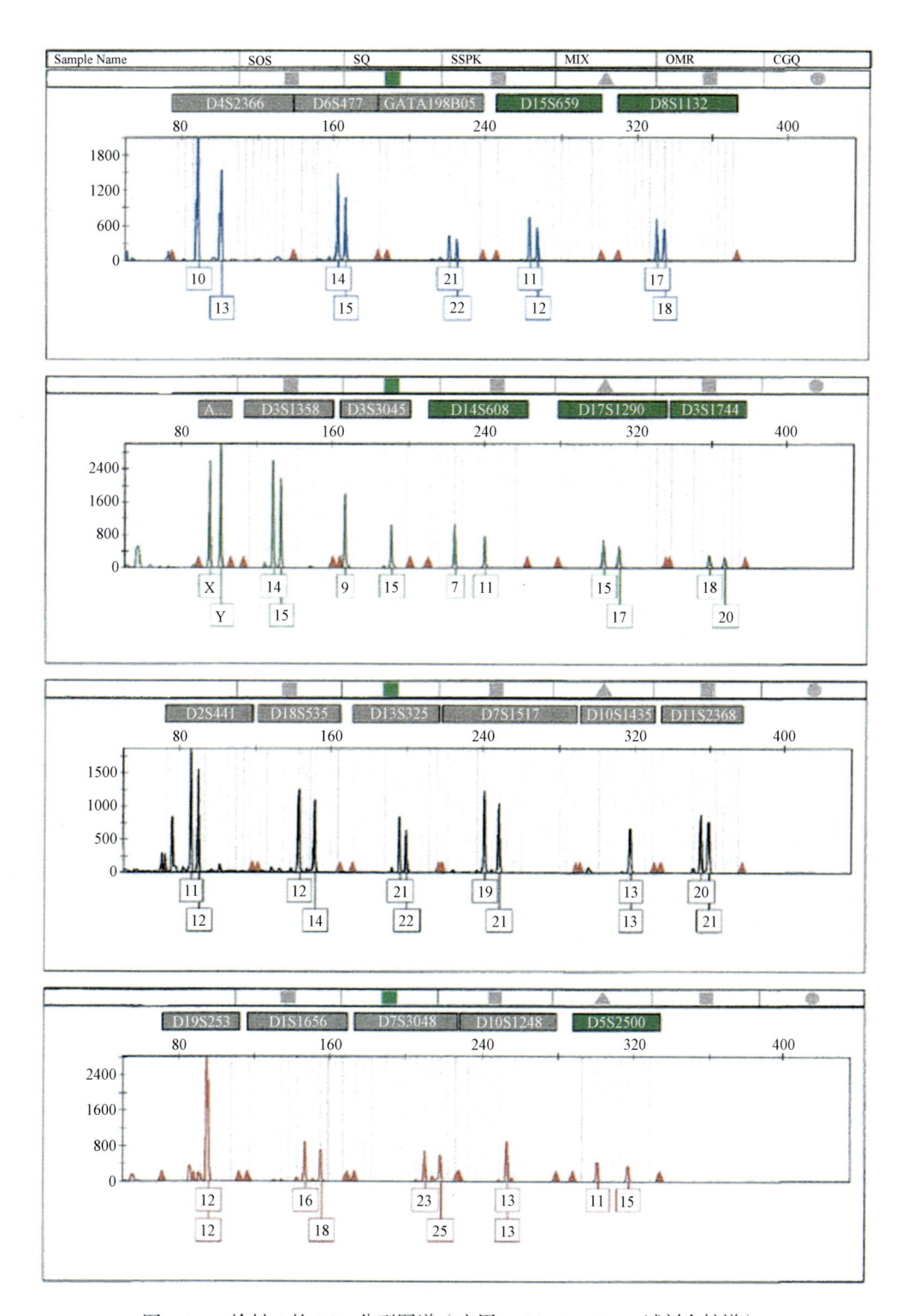

图 5-9-7　检材 1 的 STR 分型图谱（应用 Goldeneye 22NC 试剂盒扩增）

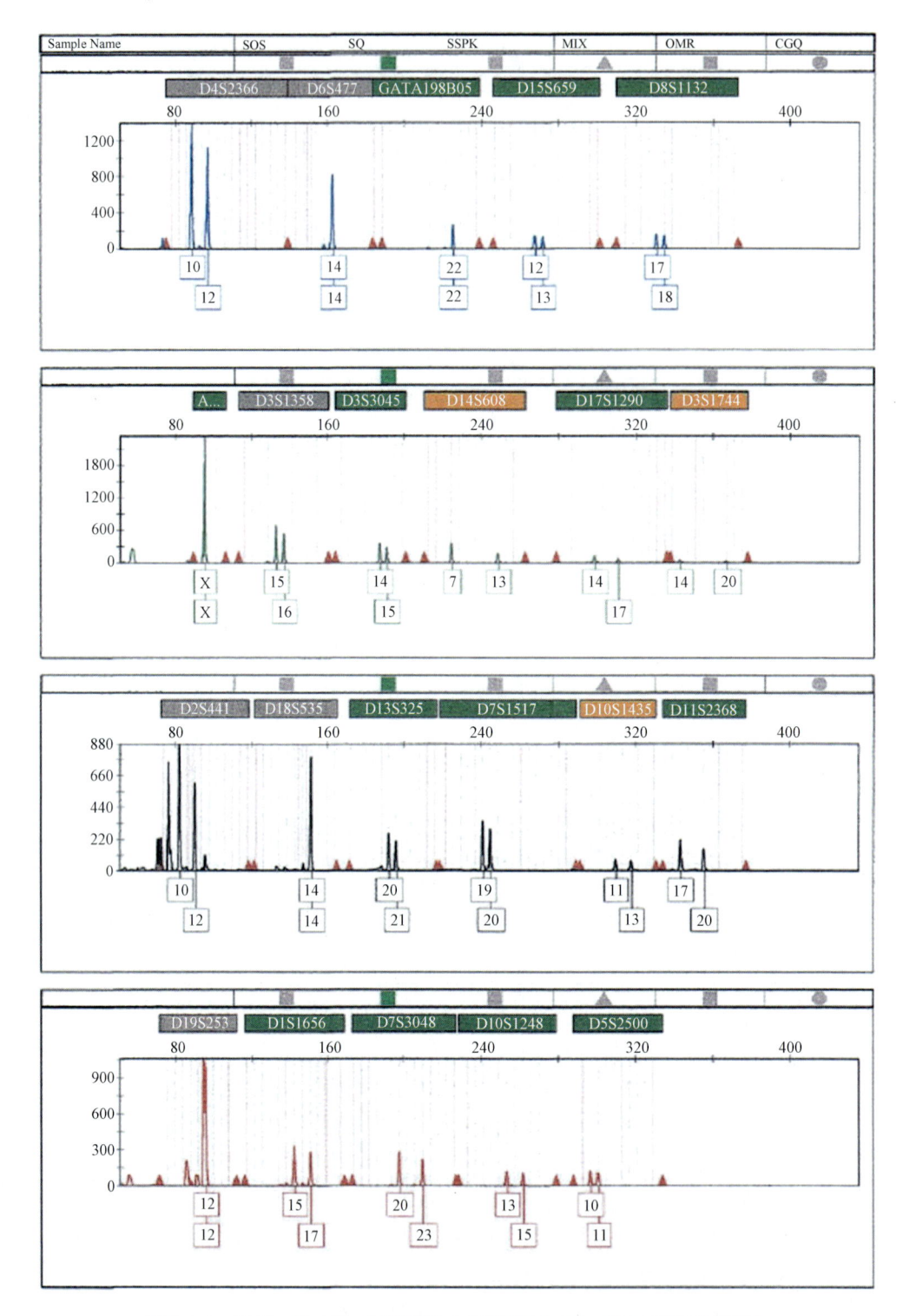

图 5-9-8　检材 2 的 STR 分型图谱（应用 Goldeneye 22NC 试剂盒扩增）

四、分析说明

D19S433 等 41 个 STR 基因座均为人类遗传学标记,遵循孟德尔遗传定律,联合应用可进行亲权鉴定,其累积非父排除概率大于 0.9999。

综上检验结果分析,Goldeneye 20A 位点中,被鉴定人乙的等位基因可从被鉴定人丙的基因型中找到来源,经计算,累积亲权指数为 4.9523×10^8(大于 10 000);在本次检测的全部 41 个多态性位点中,除 PentaE、D1S1656 基因座外,被鉴定人甲均能提供给被鉴定人乙必需的等位基因。在 PentaE 基因座,被鉴定人乙的基因型为"8,21",被鉴定人甲的基因型为"10,23",被鉴定人甲不能提供给孩子必需的等位基因 8 或 21,不符合遗传规律。按照《亲权鉴定技术规范》(SF/Z JD0105001-2016)中不符合遗传规律情形时亲权指数的计算方法,PentaE 基因座的亲权指数为 0.0067。在 D1S1656 基因座,被鉴定人乙的基因型为"15,17",被鉴定人甲的基因型为"16,18",被鉴定人甲不能提供给孩子必需的等位基因 15 或 17,不符合遗传规律。按照《亲权鉴定技术规范》(SF/Z JD0105001-2016)中不符合遗传规律情形时亲权指数的计算方法,D1S1656 基因座的亲权指数为 0.0078。综上 41 个 STR 基因座的累积亲权指数为 1.7590×10^9(大于 10 000)。

五、鉴定意见

依据现有资料和 DNA 分析结果,支持被鉴定人丙是被鉴定人乙的生物学母亲,支持被鉴定人甲是被鉴定人乙的生物学父亲。

(毕 洁 王 博)

点评 这是一例父母皆疑并存在突变的亲权鉴定案例。鉴定过程中,该例按常规首先完成 Goldeneye 20A 的 19 个基因座分型检测,孩子各基因座有一半基因可以从母亲的基因分型中找到来源,母、子基因型符合遗传规律,计算出 CPI 为 4.9523×10^8,大于 10 000,按照亲权鉴定技术规范,该 CPI 支持丙是乙的生物学母亲。在 PentaE 基因座,孩子基因型是"8,21",父亲是"10,23",父、子基因型不符合遗传规律,计算出父子 CPI 低于 10 000(8600.1839),加测 GlobalFiler 试剂盒后,CPI 依然低于 10 000,继续加测 Goldeneye 22NC 试剂盒,共计检测了 41 个 STR 座位,CPI 达到 1.7590×10^9,大于 10 000,支持被鉴定人甲是被鉴定人乙的生物学父亲。

检验过程说明该例是严格按照《亲权鉴定技术规范》(SF/Z JD0105001-2016)要求完成鉴定的,特别是该案父子间出现基因型不符合遗传规律时,检测了 3 套试剂盒,共计 41 个不同的 STR 位点,在明确达到支持亲权的判定标准时才做出鉴定结论。

鉴定文书格式符合《亲子鉴定文书规范》(SF/Z JD0105004-2015),检验方法科学,数据准确,图谱清楚,分型正确,计算准确,结论正确。

案例 10　流产胎囊的亲子鉴定

关键词　法医物证学；亲子鉴定；STR 分型；累积父权指数（CPI）

一、基本情况

1. 委托事项　鉴定胎囊与被鉴定人甲是否存在亲子关系。

2. 鉴定材料　被鉴定人甲血斑 1 份，胎囊 1 份（图 5-10-1）。

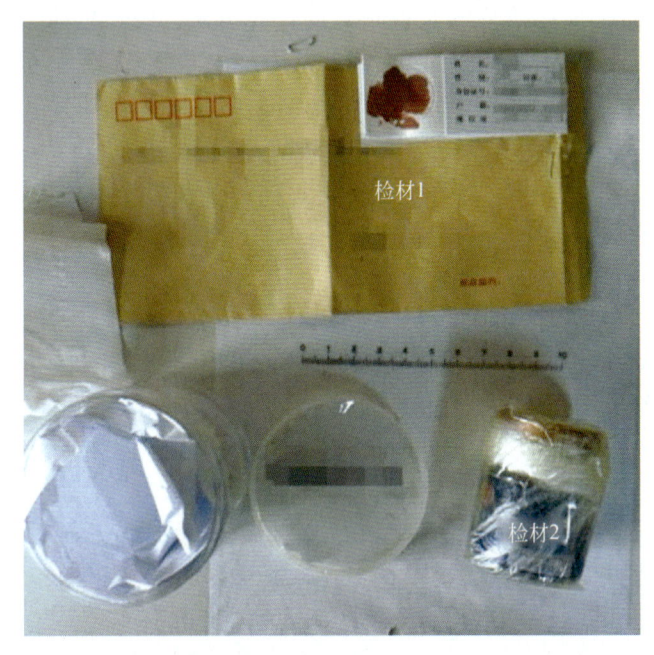

图 5-10-1　检材照片

二、被鉴定人概况（表 5-10-1）

表 5-10-1　被鉴定人概况

被鉴定人	性别	称谓	年龄（岁）	样本编号
被鉴定人甲	男	父	27	检材 1
流产胎囊	—	孩子	—	检材 2

注：实际鉴定报告中年龄栏为出生日期，并有身份证号码。

三、检验过程

1. 检材处理和检验方法　按照中华人民共和国公共安全行业标准《法庭科学 DNA 实验室检验规范》（GA/T 383-2014）中的方法对上述样本进行检验。样本经 Chelex100 处理，Goldeneye 20A 试剂盒扩增后，在 ABI PRISM-3130 型（Applied Biosystems，Foster City，USA）DNA 序列分析仪电泳分离扩增产物和激光扫描分析，检测 STR 基因座的基因型。Goldeneye 20A 试剂盒检验结果显示阳性对照（9947A）分型正确，阴性对照未见特异性谱带，样本分型如表 5-10-2。

2. 检验结果 检验结果详见表 5-10-2、表 5-10-3 和图 5-10-2、图 5-10-3。

表 5-10-2 检验结果

检测系统	检材 1	检材 2	检测系统	检材 1	检材 2
D19S433	11，11	13.2，14	PentaD	10，8	10，10
D5S818	10，7	10，10	vWA	14，13	17，17
D21S11	29，32.2	33.2，32.2	D8S1179	11，11	12，15
D18S51	16，16	16，16	TPOX	8，8	11，8
D6S1043	14，14	18，19	PentaE	18，15	18，18
D3S1358	15，14	15，17	TH01	6，6	9，9
D13S317	11，10	11，11	D12S391	18，17	18，19
D7S820	10，10	11，12	D2S1338	20，20	21，25
D16S539	9，9	11，9	FGA	25，24	25，26
CSF1PO	10，10	13，11			

表 5-10-3 被鉴定人甲与胎囊鉴定结果

STR 基因座	胎囊	被鉴定人甲	生父基因 1 频率 p	生父基因 2 频率 q	计算公式	PI
D19S433	11，13.2	11，14	0.003	—	$0.25/p$	83.333
D5S818	7，10	10，10	0.181	—	$0.5/p$	2.762
D21S11	32.2，33.2	29，32.2	0.001	—	$0.25/p$	250.000
D18S51	16，16	16，16	0.129	—	$1/p$	7.752
D6S1043	14，18	14，19	0.164	—	$0.25/p$	1.523
D3S1358	14，15	15，17	0.367	—	$0.25/p$	0.681
D13S317	10，11	11，11	0.254	—	$0.5/p$	1.969
D7S820	10，11	10，12	0.165	—	$0.25/p$	1.515
D16S539	9，11	9，9	0.258	—	$0.5/p$	1.938
CSF1PO	10，13	10，11	0.221	—	$0.25/p$	1.131
PentaD	8，10	10，10	0.126	—	$0.5/p$	3.959
vWA	13，17	14，17	0.245	—	$0.25/p$	1.020
D8S1179	11，12	11，15	0.083	—	$0.25/p$	3.012
TPOX	8，11	8，8	0.510	—	$0.5/p$	0.980
PentaE	15，18	18，18	0.077	—	$0.5/p$	6.477
TH01	6，9	6，9	0.095	0.528	$0.25/p+0.25/q$	3.105
D12S391	17，18	18，19	0.190	—	$0.25/p$	1.315
D2S1338	20，21	20，25	0.126	—	$0.25/p$	1.984
FGA	24，25	25，26	0.092	—	$0.25/p$	2.717
累积 PI						5.1495×10^9

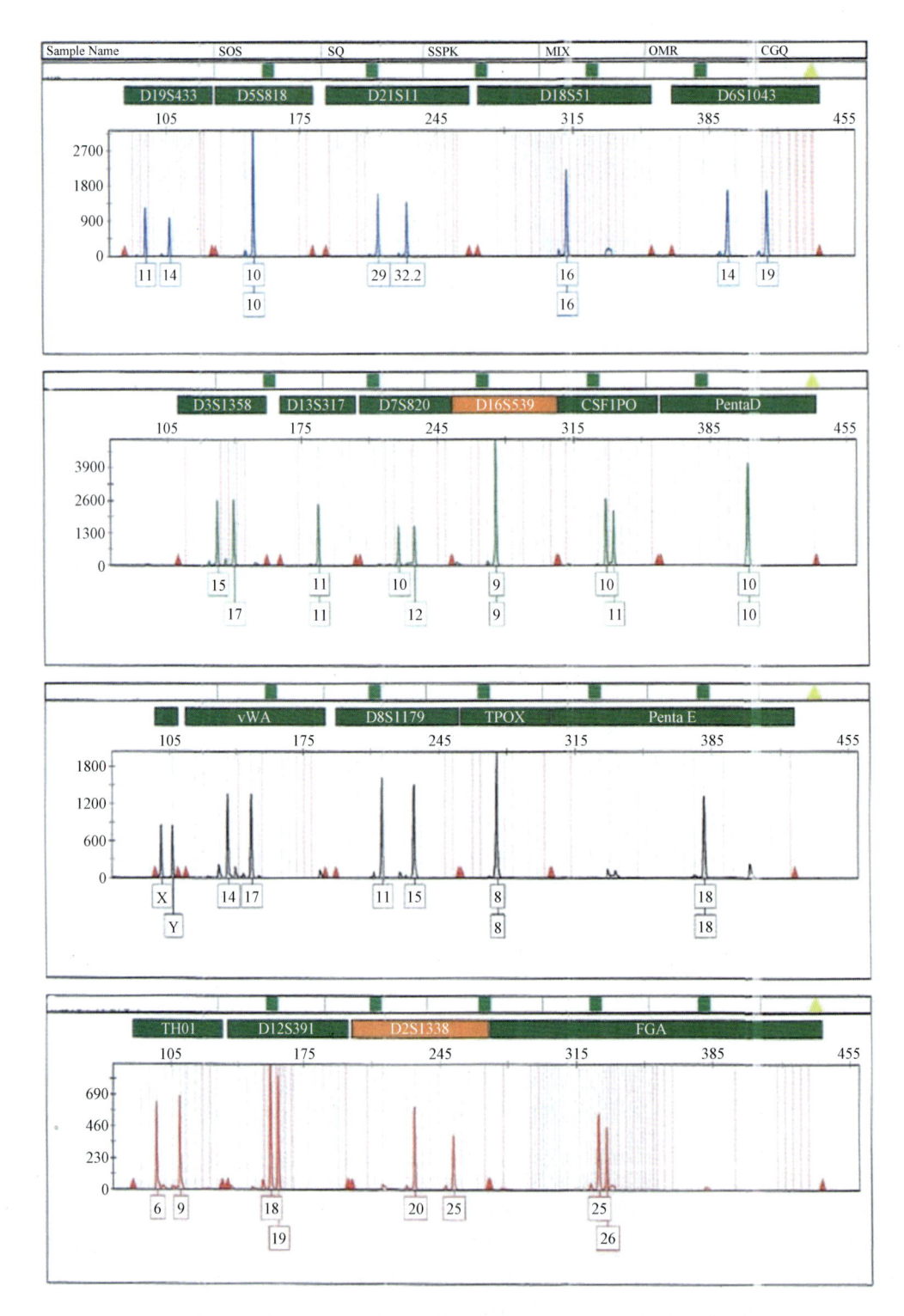

图 5-10-2　检材 1 的 STR 分型图谱（应用 Goldeneye 20A 试剂盒扩增）

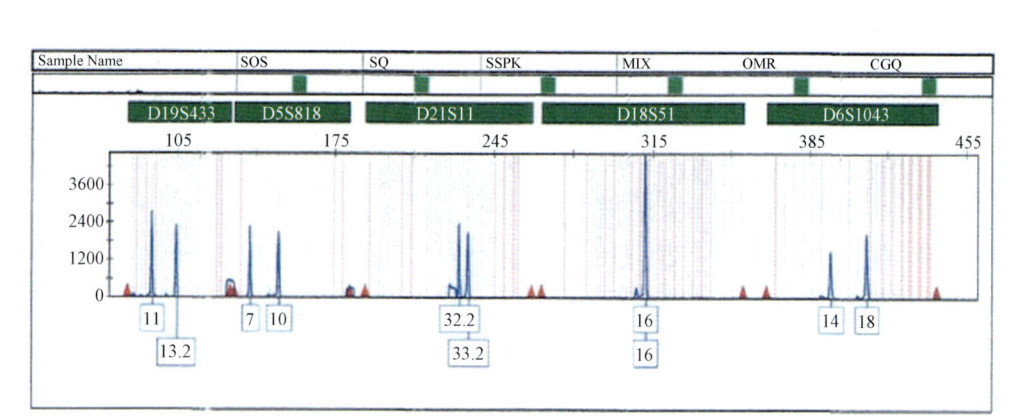

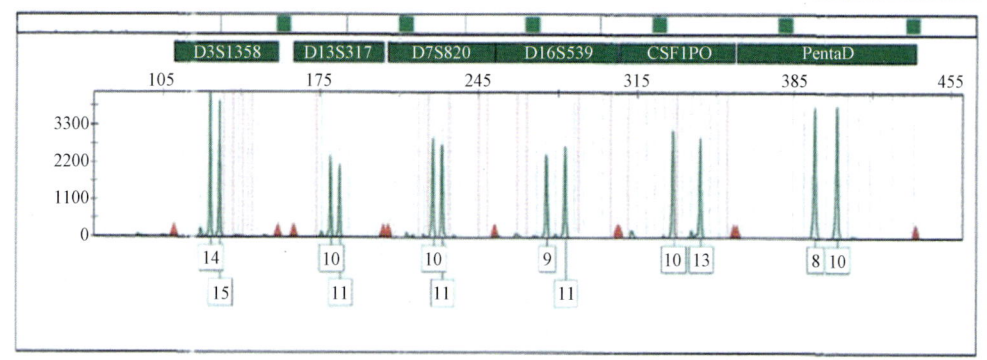

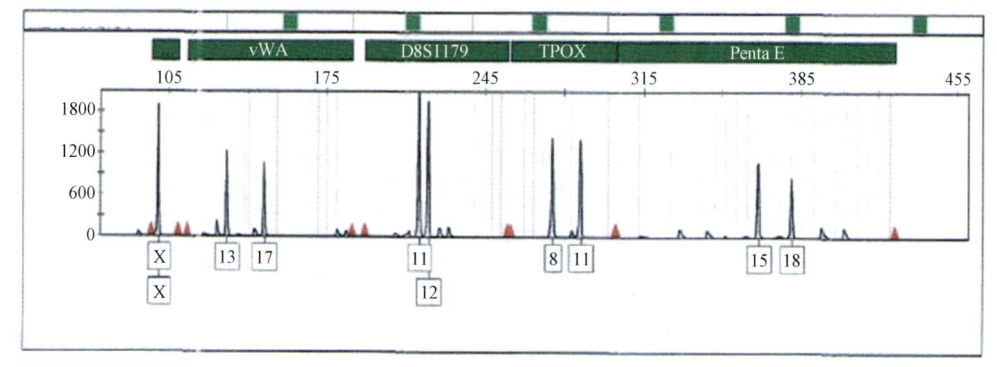

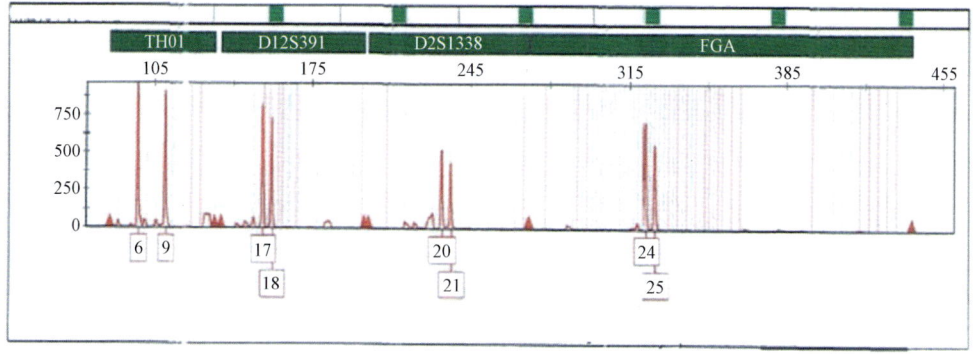

图 5-10-3　检材 2 的 STR 分型图谱（应用 Goldeneye 20A 试剂盒扩增）

四、分析说明

本次检验使用的上述 19 个 DNA STR 系统,均为人类遗传标记,结合孟德尔遗传定律可以应用于亲子鉴定领域。

胎囊在本次检验的 19 个 STR 基因座上的 DNA 分型均能从被鉴定人甲的 DNA 分型中找到来源。被鉴定人甲与胎囊的 DNA 分型表现符合人类遗传规律。被鉴定人甲的累积父权指数(CPI)为 5.1495×10^9。

五、鉴定意见

在不考虑多胞胎、近亲与外源干扰的前提下,支持被鉴定人甲是胎囊的生物学父亲。

(毕 洁 王 博)

> **点评** 这是 1 例二联体的亲子鉴定案例,检材为被鉴定男子的血斑和流产胎囊。该例实验操作过程符合《法庭科学 DNA 实验室检验规范》(GA/T 383-2014)。鉴定完成了 Goldeneye 20A 的 19 个基因座分型检验,遗传标记累积非父排除概率大于 0.9999。19 个基因座分型中,胎囊组织各基因座有一半基因可以从被鉴定男子的基因分型中找到来源,被鉴定男子和流产胎囊的基因型符合遗传规律,计算出 CPI 为 5.1495×10^9,大于 10 000,按照亲权鉴定技术规范,该 CPI 支持被鉴定男子是流产胎囊的生物学父亲。
>
> 这类案例值得一提的是,孩子检材为流产胎囊,通常会混有来自母体的血液,在检材处理过程中,必须注意尽可能避开或洗去母亲血液,以免扩增、电泳后,孩子的基因分型出现母子混合峰,影响结果判定。从本例的分型图谱看,被鉴定男子和流产胎囊的分型都很清晰干净,说明检材的处理是到位的。
>
> 本案例的检验程序、分析说明、鉴定意见及鉴定文书格式均符合《亲权鉴定技术规范》(SF/Z JD0105001-2016)。检验方法科学,计算正确,数据准确,图谱清楚,分型可靠,结论可信。

第六章　文件检验案例

案例 1　盖印签名并伪造笔痕案件的检验

关键词　文件检验；笔迹；印刷

一、基本情况

1. 委托鉴定事项　鉴定"劳动合同"上和 2 份"考勤簿"上乙的"签名"字迹是否为乙本人书写。

2. 鉴定材料　"劳动合同"1 份和"考勤簿"2 份。

二、基本案情

原告某公司甲诉被告乙劳动争议纠纷一案中，原告方给法庭提供了 3 份证据，其中，1 份为双方签订的"劳动合同"，2 份是被告乙的 2011 年度和 2012 年度的"考勤簿"；而被告乙称这 3 份证据均为原告方伪造，入职时没有签过合同，也不存在"考勤簿"，公司的考勤是用指纹录入的电子考勤，根本不是这 2 份纸质的没有加班记录的"考勤簿"。为了确定这 3 份文件的真伪，法院送至本鉴定中心要求对"劳动合同"和 2 份"考勤簿"上乙的签名是否乙书写进行鉴定。

三、检验过程

1. 检材

（1）"劳动合同书"1 份。在第 10 页乙方（签字或盖章）处有"高研""签名"字迹，纯蓝色墨水形成，笔画较粗，字迹大小适中，书写速度较快，经镜下观察，顺着字迹笔画走向及在部分笔画周围发现少量黑色墨点，根据这些墨点形态可排除为复印和打印形成。字迹笔画交叉部位没有立体感和层次感，笔画间无照应关系，经进一步放大观察发现，有笔痕反映（图 6-1-1），其笔痕特征不是与笔画一一对应，有的在笔画旁边，有的在笔画之外，而与黑色墨点走向一致，并且纸张纤维有翘起（图 6-1-2）；经纸张背面检验，字迹背面有明显的笔痕特征反映及凹凸感。"签名"字迹清晰，具备检验条件。

图 6-1-1 "劳动合同书""高研"字迹的正面(左)和背面的笔痕(右)

图 6-1-2 "劳动合同书""高研"签名字迹显微镜下局部放大照片

（2）2011年度"考勤簿"1页，2012年度"考勤簿"1页，2份"考勤簿"均为"燕京成文厚"印刷生产。右上角姓名栏内有"高研""签名"字迹，均为黑色墨水形成，外观发虚（图6-1-3），字迹同部位盖印有某公司的公章印文，其字迹笔画特征反映一致，并与"劳动合同书"上"高研"的"签名"基本相同，字迹处纸张纤维有翘起，并有破损痕迹及蓝色圆珠笔残留笔画痕迹，不排除原来有字迹情况。但是由于2份"考勤簿"背面粘贴有纸张，字迹处被覆盖，看不到笔痕压痕特征及凹凸感。"签名"字迹清晰，具备检验条件。

图 6-1-3 两份"考勤簿"上"高研"字迹局部放大照片

2.样本 乙书写的签名字迹实验样本1页，书写速度较快，主要笔迹特征稳定一致，具备比对条件。

3.模拟实验 根据上述笔迹特征分析，3份检材上的"高研""签名"字迹墨迹均匀，笔画交叉部位无立体感及层次感，交叉角呈圆钝形，黑色字迹颜色发虚，呈暗灰色，边缘整齐，笔力及笔痕特征缺失，笔画边缘有墨水洇散痕迹，应为墨水形成，具有明显的盖印印迹特征，为盖印形成。既然为盖印形成，根据盖印痕迹特点，应没有笔痕特征，而"高研"字迹上有笔痕且笔画上有墨点。经反复放大和整体观察发现，大部分黑色墨点是顺着笔画的走向有规律形成的，一部分黑色的墨点在笔画之外，似描摹痕迹，于是产生是否为人为形成笔痕的设想，但为何物形成？根据黑色墨点特征，鉴定人用铅笔顺着一个实验用印章印文笔画描画（图6-1-4），然后用橡皮擦掉铅笔痕迹，经显微镜放大观察发现,与"高研"字迹特征反映非常一致(图6-1-5)。

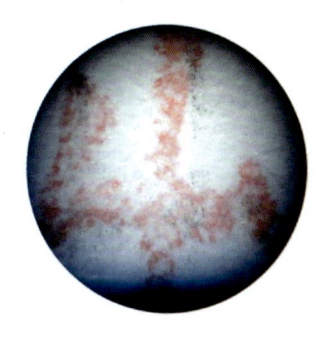

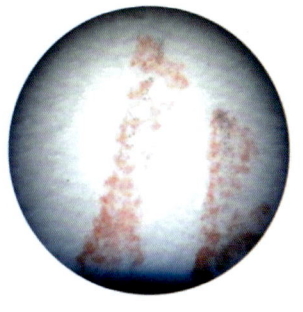

图 6-1-4　印文字迹铅笔描过局部放大照片　　　　图 6-1-5　检材字迹局部放大照片

四、分析说明

经过对3份检材互相比较发现,"签名"字迹着墨特征一致,书写特征一致,能反映出个人的字迹特征,但是3个名字又是独立的,有其各自的特点和形态(图6-1-6),很像是3个独立书写的字迹。经上述检验,本中心认定,3份检材上"高研"的所谓签名字迹为利用3个"高研"签名刻制3个印章盖印形成,其笔痕特征为铅笔描画形成,黑色墨点为铅笔残留痕迹,纸张纤维翘起为橡皮擦起来的(图6-1-7)。

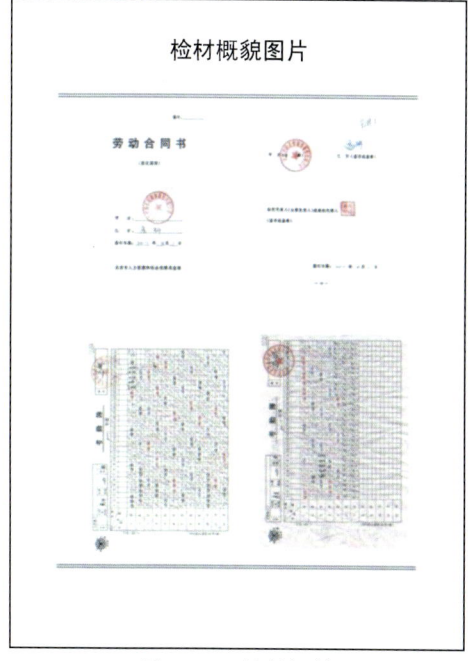

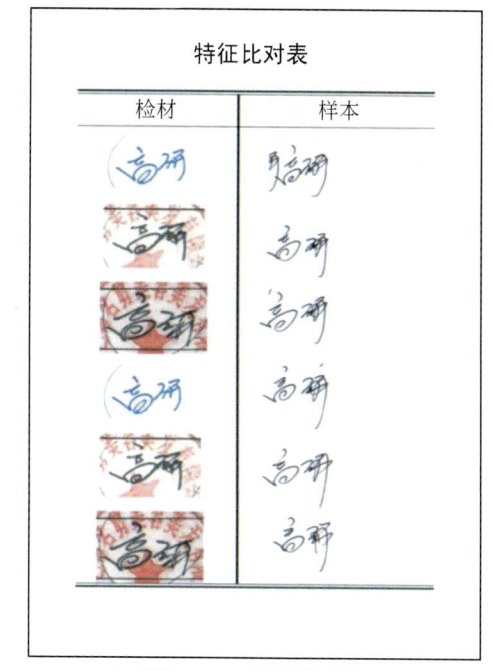

图 6-1-6　检材概貌　　　　图 6-1-7　特征比对表

五、鉴定意见

3份检材上"高研"的"签名"均为盖印形成。

(江凌娟　张蕴宏)

> **点评**　制作签名章盖印伪造签名，是近几年新出现的一种新型签名造假手段。此类检案具有很强的迷惑性，放大检验后发现检材签名字迹的笔画为墨水形成，同时排除碳粉和喷溅的墨点，排除复印、打印形成，如果不了解或没有考虑到有签名章盖印的存在，鉴定人很有可能会将检材签名判断成手写形成。本案的另一难点是在检材签名字迹的笔画当中存在用笔的压痕，这是造假者进行精心设计、细心操作的结果。鉴定人通过自己丰富的专业经验，及时发现检材纸面、签名笔画上出现的微观反常迹象，发现了造假的微观残留痕迹，揭示了造假的手段和过程。此案的鉴定对于文检同行具有较强借鉴意义。

案例 2　互相代写签名案件的检验

关键词　文件检验；签名字迹

一、基本情况

1. 委托鉴定事项　鉴定还款协议上甲方处的"张宜琼"和"任晓伟"签名字迹的真实性。

2. 鉴定材料　还款协议 1 份和《公证书》4 份。

二、基本案情

某年 7 月 18 日，本司法鉴定中心收到某法院委托的民间借贷纠纷案件。其中原告甲要求被告乙归还人民币 310 万元整，并支付利息及违约金。经原告申请，委托方要求对上述委托事项进行鉴定。

三、检验过程

1. 初步检验　鉴定人按照签名检验的常规方法进行初步检验，发现检材"还款协议"上的"张宜琼"和"任晓伟"签名字迹均为黑色墨水书写形成，看似书写正常，但经用 Stemi DV4 立体显微镜及 VSC-5000 型文检仪进行检验后发现，检材字迹有异常书写痕迹，书写速度形快实慢、运笔生涩、僵硬，其中"任晓伟"签名字迹有停笔另起现象，"张宜琼"签名字迹有重描现象（图 6-2-1，图 6-2-2）。

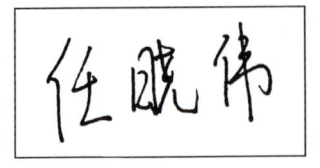

图 6-2-1　"任晓伟"的签名字迹　　　　图 6-2-2　"张宜琼"的签名字迹

进一步对委托方提供的样本字迹进行检验。委托方提供了4份《公证书》为案前自然样本,以及张宜琼和任晓伟在法院书写签名字迹实验样本,对几份样本进行横向比较,发现张宜琼和任晓伟的案后实验样本均署名错误,张宜琼的实验样本备注为任晓伟书写,任晓伟的实验样本备注为张宜琼书写。鉴定人立即与委托方联系沟通。

根据上述案情及8月9日委托方更改后的《委托鉴定函》,鉴定人通过法院要求张宜琼和任晓伟在鉴定中心书写实验样本,并对在法院书写的实验样本予以纠正。

2. 比对检验 9月21日,任晓伟、张宜琼及被告乙在鉴定中心提取实验样本。

鉴定事项已经更改为:"张宜琼"的签名字迹是否为张宜琼书写;"张宜琼"的签名字迹是否为任晓伟书写;"任晓伟"的签名字迹是否为任晓伟书写;"任晓伟"的签名字迹是否为张宜琼书写。并要求张宜琼和任晓伟各自书写对方的签名字迹实验样本。

鉴定人对2个检材字迹与样本字迹互相进行检验,发现"张宜琼"的检材字迹与张宜琼书写的"张宜琼"样本字迹虽然文字风貌、字体字形相近,但书写异常、运笔不畅,有摹仿字迹特征;而与任晓伟书写的"张宜琼"样本字迹虽然书写速度、文字风貌有所不同,但相同单字的笔画形态、起收笔和连笔及绕笔等运笔特征、笔顺、笔画搭配比例及照应关系等细节特征均反映一致。

继续检验发现,"任晓伟"的检材字迹与任晓伟书写的"任晓伟"的样本字迹在文字风貌、书写水平等一般特征存在明显差异,字体字形、签名组合布局不同,相同单字的笔画形态、起收笔和连笔及绕笔等运笔特征、笔画搭配比例及照应关系等特征均反映不同;而与张宜琼书写的"任晓伟"样本字迹在书写水平、书写风貌相同,字体字形、签名组合布局等一般特征均相同,相同单字的笔画形态、起收笔和连笔及绕笔等运笔特征、笔顺、笔画搭配比例及照应关系等细节特征均反映一致(图6-2-3)。

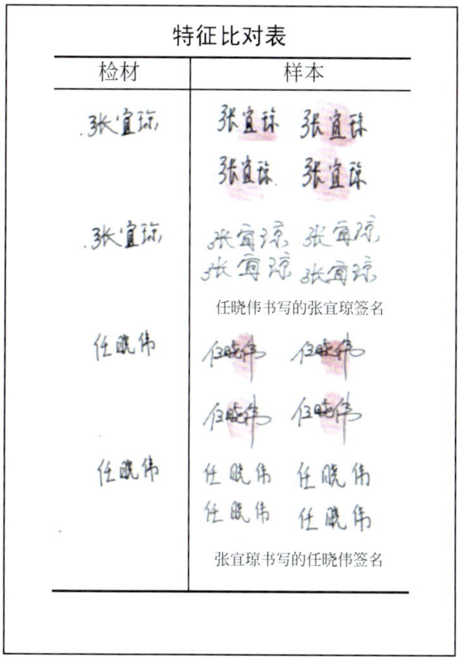

图 6-2-3　特征比对表

四、分析说明

"张宜琼"的检材字迹虽然与张宜琼书写的"张宜琼"样本字迹形似,但在细节特征存在本质性的差异,差异特征的数量多且质量高,反映出不同人的书写习惯。

"张宜琼"的检材字迹与任晓伟书写的"张宜琼"签名字迹在字体字形、书写风格上存在明显差异,但这是因为检材字迹存在摹仿字迹的特征,而样本字迹则是任晓伟的真实书写风格。在检验过程中这一项最难判断,且两者存在书写速度的不同,也给鉴定造成干扰;但从细节特征可以看出,两者的相同特征为本质性符合,经综合评判,应为同一人书写。

"任晓伟"的检材字迹与任晓伟书写的"任晓伟"样本字迹之间的不同特征明显，数量多且质量高，属于本质性的差异，反映出不同人的书写习惯。

"任晓伟"的检材字迹与张宜琼书写的"任晓伟"的样本字迹之间的相同特征数量多且质量高，经综合评断属于本质性的相同，反映出同一人的书写习惯。

五、鉴定意见

鉴定结论：还款协议上甲方处的"张宜琼"的签名字迹不是张宜琼本人书写，而是任晓伟书写；还款协议上甲方处的"任晓伟"签名字迹不是任晓伟所书写，而是张宜琼书写。

（李　强　江凌娟　张蕴宏）

> **点评**　本例的难点在于以下3点：①检材为互相代写签名字迹，不能简单地否定，也不能简单地肯定，而第一次鉴定委托时委托方也没有认识到这点，没有提出相应的鉴定事项，给鉴定造成一定的困难。②双方在书写实验样本时背后标注弄反了，样本的出错可能导致鉴定结论的出错。③还款协议上的"张宜琼"签名字迹为摹仿书写，未反映出书写人真实的书写习惯特征。
>
> 鉴定人在对检材审核时，没有孤立地看待"张宜琼"和"任晓伟"两个签名，而是既分别检验，又同时作为一个整体进行判断，根据双方的样本，对两人互相代写这个可能性有了初步的怀疑。另外，样本的真实性虽然有委托方负责，但是鉴定人在检验审核的过程中，对样本字迹进行横向比较，发现被鉴定人在书写完各自的签名实验样本后在纸的后面故意互注了签名，这一重大发现，才化解了本案的谜团，同时揭穿了二人的别有用心，为此案的检验赢得了重要的理论根据，从而帮助委托方理清案情，保障诉讼活动的顺利进行。
>
> 本例成功鉴定的经验再次提醒文检同行，当检材字迹为两个签名时，不仅要注意书写是否正常，是否伪装或者摹仿字迹，特别是书写人为夫妻双方或是有亲属关系等的双方签字时，要注意两个书写人是否互相代写签名，因为样本对鉴定结论的作用非常重要。

案例3　套摹笔迹的检验

关键词　文件检验；笔迹检验；套摹

一、基本情况

1. 委托鉴定事项　对鉴定欠据上的全部书写内容与所提供的样本字迹是否为同一人书写。

2. 鉴定材料　欠据2张。

二、基本案情

某日某法院送来两张"欠据",本中心根据《司法鉴定程序通则》相关规定受理此案。据委托方介绍,被告乙称之前因债务问题向原告甲写过欠据,但已还清;甲与乙是合作伙伴,之前乙给甲写过欠据,债务还清后,甲起诉了另一张欠据,要求对上述委托事项进行司法鉴定。

三、检验过程

依据《笔迹鉴定规范》(SF/Z JD0201002-2010),首先对检材进行分别检验与比较检验,以鉴别是变化笔迹还是伪装笔迹。

肉眼观发现该"欠据"(检材)落款欠款人处写有"李伟"的签名笔迹。在认真观察、检验后,发现检材字迹与所比对的另一张"欠据"样本字迹,在书写风格、风貌、文字布局、笔画间搭配比例等特征均十分相似,从而初步判断这是一份套摹笔迹。套摹分两种:一是复写套摹,在真实的书写纸张下面对所需伪造的纸张中间放入复写纸,一般采用墨水硬笔书写工具,根据真实的书写字迹实施描绘;二是透影套摹,即把被摹写字迹放置于具有一定透明度的纸张下面,通过透视,形成可见的字形笔画,然后逐笔逐画地进行描写;还有的用印制图纸或印相片的灯箱做透影设备,通过透射增强透视影像的能见度,然后根据透影字样,逐笔逐画地进行描摹书写(图6-3-1,图6-3-2)。

图 6-3-1　检材概貌图

图 6-3-2　样本概貌图

1. 对笔迹特征的一般概貌分析　宏观角度观察,两份材料书写风格与风貌极为相似,纸张均为16开纸张的1/2,纸张左侧可见明显撕裂痕迹,呈锯齿状;内容字迹均为黑色墨水笔书写形成,布局上下错落,表面看字体、字形、笔画间搭配比例关系等特征相像,故首先想到是否属于临摹特征。但进一步检验,发现检材运笔无力、形快实慢,不该有的停顿、另起笔与其笔画形态不相称。检材内容墨迹浓重、字迹大小中等,字体排列比例间距疏密不等,单个字有连笔书写动作,笔画行笔稳定性较差,因此排除临摹的可能性。

2. 对笔迹特征的形成条件分析　显微镜下观察,不仅发现个别笔画出现笔顺错误,而且整个段落字迹大小、布局、排列间距特征与样本的概貌特征相同,且稳定性一致。因为是套摹笔迹,会形成与书写人原有特征不一致之处。在对套摹重描时细小动作描得不一定准确,这也是由于纸张上的潜在笔画不易看清造成的。此时书写人自身的书写习惯就会暴露，在纸张背面也能观察到笔画凸痕不相吻合的地方。由于被摹仿的字迹为他人书写，在摹仿过程中笔力平缓，墨水浓淡不一，特别是在某些钩笔、挑笔及上下笔的连接部位，运笔中伴有抖动、弯曲、中途停笔、重描等现象，这种字的大小不等、形体不一，笔画或多或少地出现连笔紊乱，更重要的是收笔明显无笔锋。

3. 对检材和样本的书写全面分析　　综合考虑摹仿笔迹的一般特征和细节特征。摹仿人经过对被摹仿人字迹的观察、分析甚至是反复练习，很容易从笔画搭配比例、运笔的大致趋势等大体、轮廓性的笔迹特征上摹仿被摹仿人的笔迹。某些较为特殊的笔顺、意连的动作、笔力分布、运笔的弧度和转折角特别是框架内细小的笔画特征则容易被摹仿人忽略，而这些特征最容易暴露摹仿人的书写习惯，如"南"字在摹仿时先写内部结构，后写外包围结构，出现笔顺错误，倒下笔特征明显。因此，要准确区分摹仿人与被摹仿人的笔迹特征，不仅要注意从字迹的结构、搭配比例等大体轮廓方面去发现笔迹的一般特征，而且要注意仔细比对字迹的笔画开头、交叉部位、结尾，重点分析特殊的笔顺动作、笔力分布、运笔弧度和转折角等细微特征。

（1）运笔反常：在物证笔迹中出现的形快实慢或运笔缓慢、有停顿、不该出现的另起笔，以及在上下笔、左右搭配比例失调缺乏照应关系等特征，这种情况通常会出现摹仿特征（图 6-3-3）。

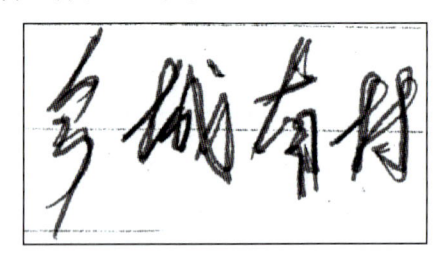

图 6-3-3　检材字迹与样本字迹重叠比对①

（2）字形反常：书写内容字迹的形体、大小、倾斜方向以及书写速度不一致，对照此鉴定样本相同字迹几乎为机械重合，这种情况说明次的书写字迹均能巧妙地重合在一起，绝不是偶然发生，而是有意为之，也必定是套摹造成（图 6-3-4）。

（3）字的布局反常：在书写内容字迹时，由于主观认识水平和客观控制能力的影响，笔迹段落、布局受其干扰，段与段之间、行与行之间、字与字之间流露不自然地书写，能够全面反映出书写人的反常迹象（图 6-3-5）。

图 6-3-4　检材字迹与样本字迹重叠比对② 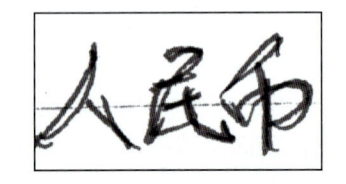　　　图 6-3-5　检材字迹与样本字迹重叠比对③

四、分析说明

检材笔迹与摹仿人笔迹一般会出现"大同小异"的情况，两者的差异点明显存在；

相同点的表现明显，但又能合理解释；差异点主要表现在那些不引人注意的细节特征上。这类差异点的数量虽然不多，但价值不容忽视，与摹仿人的书写习惯存在本质上的联系。所以，检验时必须反复、认真、慎之又慎地研究笔迹方方面面的特征，特别要注意那些深层次的、本质的特征，再结合案情，以及当事人的年龄、职业、文化水平、书写技能、社会经历等情况，才能实事求是地充分揭示出检材的特征，得出正确的鉴定结论。

五、鉴定意见

落款日期为 2011 年 10 月 8 日的"欠据"上书写的检材字迹与所提供的落款日期为 2010 年 5 月 28 日的"欠据"上书写的样本字迹不是同一人书写。

（刘　帆　文生祥　张蕴宏）

> **点评**　该类案件涉嫌范围一般较窄，而且作案人与当事人有着密切关系，作案人必须具备接触摹仿笔迹的条件。鉴定人通过一系列的检验，揭示了被鉴定人采用套摹的手段与方法。如今民事案件中采用练习摹仿手段伪造文件越来越多，而且在摹仿的技术上又在逐步提高，这就需要每位鉴定人细心研究，认真会检，吃透检材，去发现很不起眼的细微特征，确定非本质的相同点，就能得出科学、公平、客观的鉴定结论。

案例 4　"借条"添加字迹的检验

关键词　文件检验；借条；笔迹特征

一、基本情况

1. 委托鉴定事项　鉴定"借条"的内容字迹中最后一句字迹是否为添加书写，和其他内容字迹是否为一次书写。

2. 鉴定材料　"借条"1 张。

二、基本案情

某日某法院向鉴定中心委托一起民间借贷纠纷案，因案中的原告、被告对涉案证据"借条"中的相关内容最后一句字迹各执一词，一方称该"借条"是原始的，立据时清楚明白无误，并有借款人落款签名为证。另一方辩称，该"借条"上的签名不否认，但内容字迹中的最后一句是后添加上去的。为了查明案件事实，法院委托本中心对上述委托事项进行司法鉴定。

三、检验过程

检材"借条"为红色便笺稿纸黑色墨水书写形成,内容及签名字迹共 60 余字,但标的数额过千万元。是否有添加,是否一次书写形成,"借条"是如何写成,哪些笔迹特征和表现能揭示真像,这些是检验、鉴定的关键。

1. 风貌特征 文检人员根据《文书鉴定通用规范》的要求,采取先宏观、后微观仔细对"借条"展开检验。从风貌特征入手,该"借条"内容篇幅虽小,只有几十个字,但经认真观察、分析,仍可反映出该借条的谋篇布局、字的大小和排列角度、书写能力和水平及熟练程度、书写速度和力度、笔画质量等概貌特点。该"借条"的内容及签名字迹看似结构紧凑,单字写法、间架结构及行间距适中,但种种不协调仍显矛盾(图 6-4-1)。

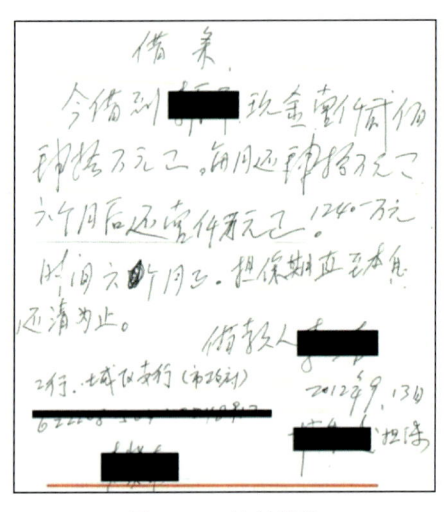

图 6-4-1 检材概貌

2. 布局特征 该"借条"首字、首行至末尾,其字间距、行间距、页边距均明确、清晰,但在通篇布局中左页边有一个"还"字突出字行,该行页边距较其他行窄。该"借条"的内容字尾行距借款人签名字句行的布局又显拥挤,与其他字行间距或传统习惯间距相悖。

3. 运笔特征 该"借条"内容字看似书写速度快,尤其是第 1、2、3 行,字迹书写流畅呈疾徐感,书写节奏律动,运笔与形体吻合,似一气呵成,书写的连贯性、连续性强。然而,检材字迹(最后一句)字迹却明显反映书写速度变慢,与其他内容字迹书写速度明显不同。检材字迹笔画不舒展,尤其连、收笔动作无拖带现象,字迹无疾徐感,更无气韵生动、协调和书写运笔的节奏律动;字迹甚至笔力尤轻,与第 1、2、3 行字迹对比鲜明,反差强烈;句中有的字迹笔画呆板,横折笔画产生变异,个别字的笔画还呈现弯曲抖动,笔画生硬,字中笔画与字不协调。

4. 形体特征 该"借条"内容及签名字迹其形体风貌虽相同,但检材字迹除书写速度慢、笔力轻外,字的形体也呈逐个变小,甚至字的笔画与字的形体不契合,尤其是其中的"本"字与"息"字等的反映最为突出。该句字迹笔画边缘呈毛绒状,而其他字迹边缘整洁,两者笔痕对比差异显著(图 6-4-2 ~ 图 6-4-5)。

5. 仪器检验 ①经文检仪红外光源 725nm 长通滤色片检验发现,借条其他内容字迹与检材字迹颜色差异显著,内容字迹浅淡,且不明显,而检材字迹颜色深沉;②经红外光源 856nm 长通滤色片检验发现,其他内容字迹全部滤掉,检材字迹颜色仍然不变;③经强光源 856nm 长通滤色片检验发现,其他内容字迹呈明显的荧光反映,而检材字迹仍保持黑色不变,说明内容其他字迹的墨水与检材字迹墨水具有不同的光学特征反映,证明二者墨水成分不同(图 6-4-6,图 6-4-7)。

图 6-4-2　检材字迹笔画特征①　　　　图 6-4-3　检材字迹笔画特征②

图 6-4-4　正文其他字迹笔画特征①　　图 6-4-5　正文其他字迹笔画特征②

图 6-4-6　文检仪红外光源 725nm
长通滤色片检验照片

图 6-4-7　文检仪红外光源 856nm
长通滤色片检验照片

四、分析说明

根据上述对该"借条"的检验及比较，反映出其他内容及签名字迹与检材字迹呈现截然不同的两类笔迹特征表现，其笔迹特征种类和数量多、质量高，先后有笔迹概貌特征、布局特征、运笔特征、形体特征、文检仪下墨水光学特征反映等，且具体的细节特征反映更为突出，客观地证明该"借条"的最后一句系后添加书写形成，与其他内容及签名字迹非一次书写形成。其事实依据充分。检验中所反映出的笔迹特征均是该"借条"内容及签名字迹的客观表现，笔迹特征是笔迹鉴定的客观依据，而非鉴定人员杜撰。

五、鉴定意见

该"借条"内容及签名字迹中的最后一句系后添加书写形成，与其他内容及签名字迹非一次书写形成。

（刘　帆　文生祥　张蕴宏）

> **点评** 这是一起是否一次书写形成的文书司法鉴定，看似简单，但涉及技术要素多，需将基础理论与检验技术结合运用。文书通用规范明确指出，文件检验方法是先宏观再微观。通过宏观观察发现"借条"矛盾的各个方面，对于"借条"内容字迹是否一次书写形成，具有纲举目张的作用。只有对"借条"先进行宏观检验，才能发现书写人的风貌特征和书写人的书写水平能力、熟练程度、书写速度及书写人心、手、字的联系状态等与内容字迹的关系，从而揭示"借条"内容及签名字迹方方面面的矛盾表现；通过布局特征、运笔特征、形体特征及仪器检测等将"借条"的内容及签名字迹非一次书写形成的矛盾逐一暴露。

案例 5　自动消色笔签名字迹的检验

关键字　文件检验；自动消色笔

一、基本情况

1. 委托鉴定事项　鉴定"劳动合同"落款乙方处是否有乙的签名字迹。
2. 鉴定材料　"劳动合同"原件 1 份。

二、基本案情

某日原告某公司（甲）与被告乙发生劳动争议纠纷诉至某市劳动人事争议仲裁委员会。甲提供了 1 份"劳动合同"，证明甲与乙是签订了劳动合同的，但乙否认与甲签订过书面劳动合同，而甲称是亲眼所见乙在"劳动合同"上签了字的。经观察，其落款乙方处的确没有乙的签名字迹。为解决劳动争议，该市劳动人事争议仲裁委员会委托本鉴定中心对"劳动合同"落款乙方处是否有乙的签名字迹进行司法鉴定。

三、检验过程

1. 受理　委托方向鉴定中心提供乙方为乙的"劳动合同"原件 1 份，纸张为普通 A4 纸，全部内容字迹为打印形成，其内第 5 页上乙方（签字及盖章）部位（下称"待检区"）肉眼可见空白（图 6-5-1），且未见墨水污渍痕迹，用手指在纸张背后触摸，可明显感觉凸起。经用 Stemi DV4 立体显微镜放大观察，待检区可见明显无色笔痕压痕字迹。

2. 检验　经使用 VSC5000 型文检仪对待检区进行还原显现检验发现：

（1）在侧光下检验，待检区可见明显的"胡倩々"三个压痕字迹（图 6-5-2）。

（2）在 380～610nm 强光源 648nm 长通滤色片下待检区明显可见"胡倩々"三个荧光字迹（图 6-5-3）。

图 6-5-1 检材原件　　　　　　　　　图 6-5-2 文检仪侧光下检验所见

在文检仪 VSC5000 型文检仪侧光照射下，能够明显观察到"胡倩々"三字有笔痕特征反映，且虽然"胡倩々"三字目测不可见，但其残留笔画书写色料在 380～610nm 强光源 648nm 长通滤色片下能够激发较强的荧光反映，说明消失的是肉眼看不见的墨水显色部分，而墨水中的显色剂、保湿剂、缓冲剂等物质并没有消失，可见"胡倩々"三字应为书写形成。

（3）同一性检验。在 VSC5000 型文检仪侧光及 380～610nm 强光源 648nm 长通滤色片下，"胡倩々"三字显现识别效果较好。虽然部分细节特征模糊，但字迹笔画大部分清晰可见，字迹笔画连贯，特征反映较为完全，说明具备同一认定的检验条件。

因委托单位提供的乙样本字迹均为案前自然样本，为黑色墨水书写，字迹清晰，数量充足，运笔自然流畅，主要的笔迹特征稳定一致，基本反映了书写人的书写习惯特征，与检材字迹字体字形、书写速度、字的写法相当，条件很好，可以作为比对样本进行下一步同一认定检验。

四、分析说明

根据上述检验结果，乙方为乙的"劳动合同"内第 5 页上乙方（签字及盖章）部位显现出"胡倩々"三个字的书写痕迹。经将显现出来的检材字迹与乙的样本字迹相互比较，发现检材字迹与样本字迹在书写水平、文字风貌上相符，在字体字形、签字组合布局特征上也相当，相同单字的笔画形态、起收笔和连笔等运笔特征、笔画搭配比例及照应关系等特征均反映一致（图 6-5-4）。

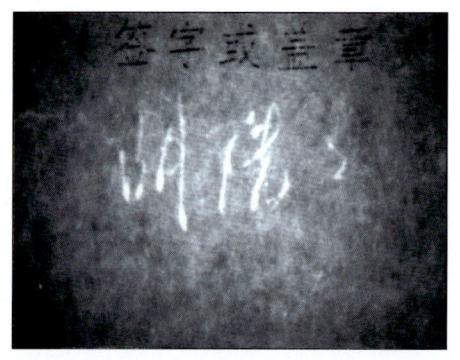

图 6-5-3 强光源 648nm 长通滤色片下检验照片　　　　图 6-5-4 特征比对表

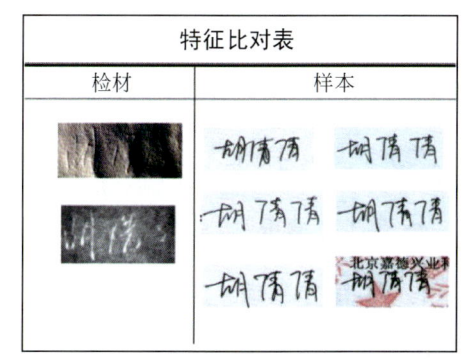

综合检验结果认为，检材字迹与乙的样本字迹之间存在足够数量的符合特征，且符合特征总和的价值充分反映了同一人的书写习惯。检材字迹与样本字迹之间没有本质性的差异特征，应为同一人书写。

五、鉴定意见

"劳动合同"落款乙方处乙的签名字迹与样本字迹为同一人书写。

（江凌娟　张蕴宏）

> **点评**　自动消色笔，简称自消笔，原产自国外，本是魔术师在进行魔术表演时使用的道具，后引申作纺织、手工艺等行业临时记号用。随着市场经济的发展，自动消色笔在市场及互联网上随处可见，且容易购得，导致利用自动消色笔实施诈骗活动和因消色笔迹发生纠纷的案件时有发生。通过自动消色笔书写合同、协议、票据、借条，使当事人无处维权、无证据维权，破坏市场经济秩序。自动消色笔鉴定是近年来文检鉴定工作面临的一个新问题。
>
> 自动消色笔在外观上与普通书写笔并无差别，所书写出来的笔迹肉眼观也属正常，但其特别之处在于其墨水成分与普通书写笔的墨水成分不同。自动消色笔墨水中含有一种特别的显色因子，这种显色因子会与空气中的氧发生氧化还原反应，当墨水中的显色因子改变时，其消色。
>
> 消褪笔字迹消褪的最大优势是无需后续步骤，也无需为了消色而破坏检材、在检材上留下消色痕迹，而是随着时间的推移，自动消色。造成假象使人迷惑。但是在纸张上会留下压痕，这就是蛛丝马迹，也是此案检验的关键。
>
> 本例的亮点是，鉴定人充分利用文件材料光学特性的差异，根据不同书写材料光学特性的一般规律，通过反复试验，选择适当的光源和滤色片，取得了理想的检测结果。
>
> 现代法证学的开山大师埃德蒙·罗卡曾说过："凡有接触，必留痕迹。"自动消色笔虽然可以消色，但不能消痕，字色虽消失，但痕迹尚在。利用现代文检鉴定的方法及仪器，可对此类案件进行显色还原，依法做出鉴定意见，为诉讼提供科学证据，以维护司法公正。

案例6　激光打印文件的检验

关键词　文件检验；激光打印；印刷

一、基本情况

1. 委托鉴定事项　鉴定"关于甲、乙债权和债务关系等有关情况的约定"第三段内容是否为后打印添加内容。

2. 鉴定材料 "关于甲、乙债权和债务关系等有关情况的约定"的协议书1份。

二、基本案情

原告甲称，某年8月，经朋友介绍，被告乙向其借款20万元，作为金矿投资定金，当时双方没有书面借据，后于次年7月22日，通过第三人与甲、乙共同签署了"关于甲、乙债权和债务关系等有关情况的约定"。乙辩称不存在借款20万元，此笔款项是第三人为投资金矿指定甲将现金打入指定账户的，借款人应是第三人，甲所持的"关于甲、乙债权和债务关系等有关情况的约定"，是利用甲和第三人的债权债务关系所签文件后添加了"原告所诉款项属被告所借"，该协议书属伪造证据。一审某区法院以甲没有充足的证据证明"关于甲、乙债权和债务关系等有关情况的约定"中存有异议的内容系伪造的，根据"约定"内容判甲败诉。判决书下达后，甲不服一审判决，随上诉到某中级人民法院。现某法院要求本鉴定中心就上述委托事项进行司法鉴定。

三、检验过程

1. 检材 "关于甲、乙债权和债务关系等有关情况的约定"原件1页。此案争议的焦点是该"约定"有否篡改事实，原审被告二审原告甲称该"约定"第三段为两个约定人和一个见证人签了名字后再打印加上去的。

2. 检验 肉眼观察发现："关于甲、乙债权和债务关系等有关情况的约定"为A4纸打印，标题为1号黑体字，内容为4号仿宋字；共分9行3段，每行30个字；正文第1段2行字迹，第2段3行字迹，第3段共4行字迹；落款约定人和见证人1行；约定日期1行。日期与3个签名均为黑色硬笔书写。肉眼观察整篇打字内容，字迹颜色一致，布局基本合理，落款签名字迹与内容字迹略显紧凑；经镜下放大观察发现字迹笔画着墨细腻，笔画周围有较浓密的墨点，笔画线条呈波浪锯齿状，具有明显的点阵特点。纸张空白处有均匀地散在墨点附着，具有典型的激光打印特征，整篇打印字迹应为激光打印机打印。

显微镜下细节特征检验：经文检仪及DV4立体显微镜下观察发现该"约定"前2段打印字迹笔画着墨均匀，颗粒感不明显，有层次感，墨色纯正、厚重、无露白现象（图6-6-1，图6-6-2），而第3段打印文字点阵特征非常明显，其笔画线条是由连续的墨点组成的，边缘有明显的锯齿状，横画呈波浪状，着墨浅淡，笔画边缘不整齐，墨迹间露白较多；经测量发现，其第1、2段与第3段行距也有不同，经重合比对发现，第3段文字行距略小于前两段文字的行距，并行向不同（图6-6-3）。

图6-6-1　镜下第3行打印字迹　　图6-6-2　镜下第2行打印字迹　　图6-6-3　重合比对

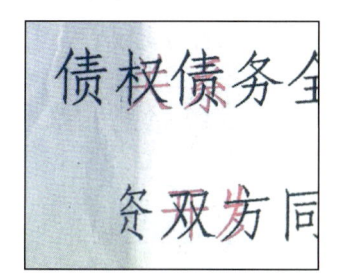

四、分析说明

"约定"中第 3 段与其他打印字迹虽然均为激光打印形成,但是两者打印字迹笔痕特征反映不同,排版特征不同,反映出不是一次打印的印刷特征。

五、鉴定意见

"约定"中第 3 段与其他打印字迹不是一次打印形成的。

（张蕴宏　江凌娟）

> **点评**　本例的特点是利用原有打印文件添加打印内容,改变了原有文件书证性质。检验的难点是对检材上可疑部分的打印字迹与其他打印字迹的区分,通常可利用放大镜和显微镜进行检验,比较两部分打印字迹的墨粉分布、笔画周围墨点的分布、笔画的形态、笔画端点的细节形态等特征;也可以使用测量的方法比较两部分打印字迹的行间距、左右页边距等。然而,本例的鉴定人不仅本着系统检验的原则,全面观察,多角度检验,还巧妙地利用计算机有关图像处理系统对两部分字迹进行了重合比对,将检验的结果形象地呈现,还原了事实真相。

案例 7　执行案件中变造文件的系统检验

关键字　文件检验；变造文件；收据；系统检验

一、基本情况

1. 委托鉴定事项　①鉴定送检"收据"上"梅亮"的签名字迹与指印；②鉴定"¥140000.00 元整"中的阿拉伯数字"1"是否为后添加形成的,大写的"拾肆万元整" 5 个字是否为后添加形成。

2. 鉴定材料　"收据" 1 张。

二、基本案情

某日受某法院委托,要求对其审理的一案进行鉴定。该案是在其执行过程中,双方当事人自行交接了一笔案款,被告方拿出一张收据,内容显示原告方收到人民币 14 万元；而原告方坚决否认,声称只收到人民币 4 万元整,而非 14 万元整,并认为收据上本人的签名字迹及指纹并非原告书写和捺印形成,遂提出鉴定申请。故该法院执行庭委托本鉴定中心对上述委托事项进行鉴定。

三、检验过程

1. 检材及检验新发现　检材为 A4 纸大小黑色墨水书写形成,"收据"的正文内容字迹及落款均在纸张上方，文字布局拥挤，不够合理，特别是其中数字"1"与前面的"："和其后的"4"无笔画间的意连照应关系（图6-7-1），结合案情介绍，鉴定人对数字"1"是否为后添加形成产生一定怀疑。

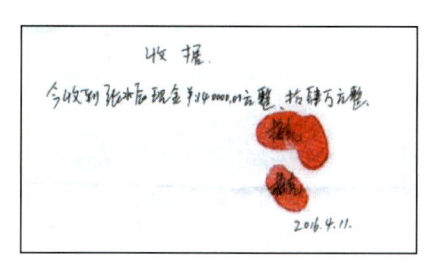

图6-7-1　检材

但是此案的委托事项为"梅亮"的签名字迹与指印是否为本人书写及捺印形成进行鉴定，故鉴定人再次与委托方进行沟通，询问案情，原告方坚持认为此收据上的签名字迹及指印不是其本人书写和捺印形成的。原告方当事人只知道这个"收据"不对，但不知道究竟错在哪里并咬定当时只写大写数字，没有小写数字。事实上如果如当事人所说，那么只有把大写部分作消褪处理后，才能写上小写的"140000.00元整"。但是通过检验，该收据上并未发现有擦刮及消褪痕迹。于是本中心对整面"收据"上的全部字迹进行了系统检验，承办法官也补充了新的鉴定事项，要求对"¥140000.00元整"中的阿拉伯数字"140000.00"中的"1"是否为后添加形成、大写的"拾肆万元整"5个字是否为后添加进行鉴定。

2. 签名及指纹鉴定　检材上的两处"梅亮"签名字迹均为黑色墨水书写形成，字迹清晰，运笔自然，书写速度较快，特征反映较为完全，具备鉴定条件。经检验，检材上的两处"梅亮"签名字迹为同一人书写。

所提供的比对样本为案后实验样本及案中的自然样本，运笔自然流畅，主要的笔迹特征稳定一致，基本反映了书写人的书写习惯特征，具备比较条件。

将检材上的两处"梅亮"签名字迹与样本字迹相互比较，发现两者的书写水平、文字风貌相符，字体字形、签名组合布局特征相当，相同单字的笔画形态、起收笔和连笔及绕笔等运笔特征、写法、笔顺、笔画搭配比例及照应关系等特征均反映一致。检材上的两处"梅亮"签名字迹与样本字迹之间的相同特征数量多且质量高（图6-7-2），经综合评断，两者特征总体上属于本质性相同，反映了同一人的书写习惯，应为同一人书写。

在Stemi DV4立体显微镜下放大观察，检材上的3枚指印均为红色印油捺印形成，其中从上到下第1个"梅亮"签名字迹处的2枚红色指印油墨太浓重，且2枚指印有重叠处，纹线不清晰，细节特征不可辨，故不具备鉴定条件。第2页"梅亮"签名字迹处的红色指印虽然油墨浓重，但中心花纹形态及纹线流向清晰，镜下可见多处稳定的细节特征，具备鉴定条件。

比对的样本指印为黑色油墨捺印形成，纹线清晰，中心花纹及细节特征可辨，能全面反映捺印部位的乳突纹线结构特征，具备比对条件。

将第2页"梅亮"签名字迹处的红色指印与样本指印比对检验，可见检材指印与梅亮右手食指样本指印的纹线组合形态、流向相符，进一步检验发现两者对应部位细节特征的种类、形态、方向相同且相同细节特征间的组织关系均相吻合。

第2页"梅亮"签名字迹处的红色指印与梅亮右手食指样本指印的纹线形态、流向相同，相对应部位出现相同细节特征，相同特征间的相互关系一致，本质地反映出特征总和相同，即为同一手指乳突纹线结构的特定性同一，应为同一人捺印形成（图6-7-3）。

图 6-7-2　字迹特征比对表　　　　　　　　图 6-7-3　指纹特征比对表

3. 添加变造鉴定　经用 Stemi DV4 立体显微镜进行检验，发现数字"1"与其前的"："文字布局拥挤，书写速度慢，书写不流畅，上下粗细一致，有弯曲抖动现象，且无轻重缓急变化，与其后的数字"4"无照应关系，运笔特征存在明显差异（图 6-7-4）。

图 6-7-4　笔痕区别

用 Stemi DV4 立体显微镜进行检验发现，"拾肆万元整"字迹笔画颜色较浅淡，起笔部位有露白现象，且笔画粗细不均匀，边缘不整齐，除数字"1"及"拾肆万元整"外的其他字迹笔画颜色均匀饱满，无露白现象，笔痕特征存在明显差异（图 6-7-5）。

四、分析说明

经检验，数字"1"与前后字迹运笔有明显差异，"拾肆万元整"与其他字迹笔画笔痕特征反映不同，应为后添加形成（图 6-7-6）。

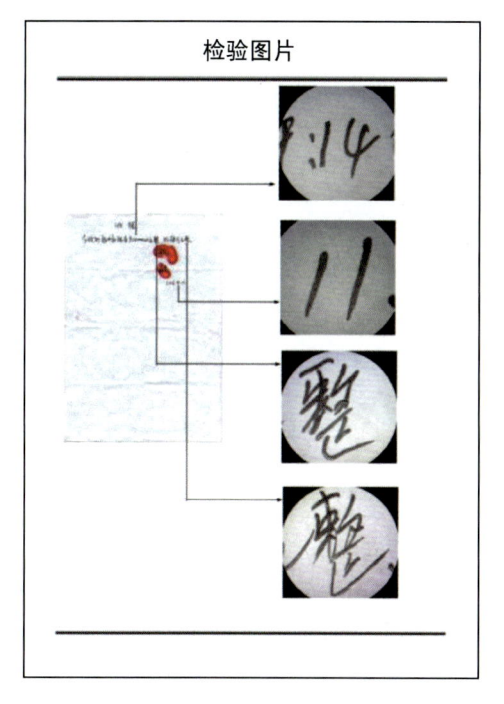

图 6-7-5　添加检验图　　　　　　　　图 6-7-6　添加特征比对表

五、鉴定意见

数字"1"和"拾肆万元整"均为后添加形成。

（李　强　江凌娟　张蕴宏）

> **点评**　本例具有两个难点：一是当事人错误地描述了案情，只知道这个收据有问题，但不知道问题出在哪里，被鉴定人反复强调未签署这张收据，没有收到这十万块钱，而且错误地认为"拾肆万元整"是原来就存在的。错误的证词，误导了法官，如果不是法官的坚持，当事人恐怕最后都无法得知案件的事实真相。二是本例鉴定说明对于任何一个案例的鉴定，都不应孤立地看待检材上的某一部分，也不应受案情左右，而是应该把文件物证作为一个整体，在与案件事实相联系的情况下，多角度、多方面地对检材进行分析检验，各个检验结果互相印证，从而再从整体上进行判断。另一方面，文检鉴定人员要对案情有一定的了解，如案件的来龙去脉、双方的争议焦点、需要鉴定的文件在案件中的作用等，才能正确看待所做鉴定和面对其鉴定目的，并最终还原事实真相。

案例 8　通过丝网印刷检验解决知识产权纷争案

关键词　文件检验；丝网印刷；知识产权

一、基本情况

1. 委托鉴定事项　鉴定某庙内天花板上的壁画是手工绘制还是丝网印刷形成。

2. 鉴定材料　某庙内天花板上的壁画。

二、基本案情

某日，某市知识产权法院的法官咨询是否能对丝网印刷进行检验，因检材特殊，之前委托过几家鉴定机构，均称不能受理。此案为一起知识产权纷争案件，检材在某地的一座庙宇内，该庙始建于清朝乾隆二十九年（1764 年），是国家重点保护文物及历史文化景点，庙藏精品是壁画，而检材就是庙内天花板上的壁画，又称"天花"。鉴定要求是检验这些天花图案的形成方式。检验印刷形成方式显然是属于文检的业务范畴，于是本鉴定中心决定受理。

原告职业是画师，目前从事中国古代建筑油漆彩画技术工作，由于所修缮的古建筑上的花纹复杂，通常面积都很大，逐个花纹进行手工描绘费时费力，为提高工作效率，其运用丝网印刷原理制作了一套多色印刷模板，进行套色印刷，大大地提高了工作效率；并在某市知识产权局取得了知识产权证，进行知识产权保护。某年该庙大修即将结束时，原告发现庙内的"天花"是使用他的专利技术进行绘制的，于是将被告某下属单位起诉到知识产权法院，要求被告赔偿侵权造成的损失；而被告称庙内的天花是手工描绘的，不存在侵权问题。原告方向法院提出鉴定申请，于是知识产权法院将此案委托本鉴定中心，要求对上述委托事项进行司法鉴定。

三、检验过程

1. 检材　检材为某庙内的"天花"。

鉴定前的准备工作：某庙是著名的庙宇之一（图 6-8-1），该庙长 255m、宽 146m、占地 2.8 公顷。全庙平面为长方形，面南偏西，主殿外观四层、实际三层（图 6-8-2），每层庙顶的"天花"为彩色印料绘制形成，三层殿已修复一新，色泽鲜艳，图文清晰，为勘验的主要现场。由于庙宇内没有照明设备，检材又在天花板上，鉴定人选择倍率为 200 的显微镜对庙顶的"天花"进行勘验。经实验室内反复试验，证明此设备能够完成此次提取检材原件任务。于是鉴定人员于某日与委托方、原被告双方一同前往某庙，在法院、原告方、被告方三方共同见证下，对三方指定的某庙内第 1 层右边第一个拱门内的右数第3大格第3排左数第2块"天花",以及第3层从前向后第4大块靠窗第1排左数第3块天花(除金色及边框部分外)进行现场检验和拍照留存,将照片带回中心实验室作为检材进行进一步检验(图6-8-3,图6-8-4)。

图 6-8-1　某庙

图 6-8-2　某庙主殿

图 6-8-3　检材

图 6-8-4　提取检材

2. 样本　某日鉴定人员前往知识产权法院,在委托方、原告、被告双方当事人的见证下,由原告方现场当庭操作完成丝网印刷实验样本制作,并提取丝网印刷实验样本1块,进行现场检验和拍照留存,并用提取检材同样的设备、同样的方法以及高倍放大镜对样本进行现场提取,并存入电脑,将照片带回实验室作为样本进行进一步检验(图6-8-5,图6-8-6)。

3. 检验　丝网印刷特点:丝网印刷技术是孔版印刷的一种,又名丝漏印刷,是一种应用较广的印刷方法,不受承印物大小和形状的限制。一般印刷只能在平面上进行,而丝网印刷不仅能在平面上印刷,还能在特殊形状的物体上及凹凸面上进行印刷。丝网印品墨层厚实,可达1mm,线条多有齿形的网点痕迹。由于刮板将油墨从版孔洞处刮压到承载物表面上,所以印品平面性强,但如果版面目数低,会有明显的挤墨现象和气泡破灭痕迹。压刮颜色鲜艳、立体感强,丝网印刷印品墨迹不匀,图文由细小的墨点组成。

该庙主殿屋顶共约3300余片"天花",其中检材色泽鲜艳,图文清晰完整,具备鉴定条件。

图 6-8-5　丝网印刷机　　　　　　　　　　图 6-8-6　样本

经用 Stemi DV4 立体显微镜对显微电子图片放大观察发现，检材印品图文中除金色及边框部分外，由10种色印料（青、三青、香、黄、绿、三绿、紫、肖红、黑、白）组成，图文形态可见明显有规律的"气泡"和"坑点"痕迹，即网格形态和网眼痕迹。图文边界清晰，但不齐整，并有挤墨及露白现象，是由于颜料、油彩等在机械力的作用下产生的物理变化，坑点细小，目数中等，无手工涂绘线条痕迹特征，反映出套色丝网印刷特征。

样本的提取是双方当事人在庭上、在法官和全体鉴定技术人员见证下，由原告在相同条件下当场模拟演示了丝网印刷的全过程，并将演示文本作为样本使用。鉴定人员当庭利用同样的仪器设备，同等条件下对样本进行了检验。经检验发现，样本印品与检材规格、图文颜色及数量、图文排列基本一致，特征明显，符合样本比对条件。

将检材与在法庭提取的丝网印刷样本比对发现，样本坑点细小、目数中等，但二者在网格形态、网点痕迹、气泡坑点、露白及挤墨现象等特征均反映一致。虽在印刷质量、气泡大小上有所不同，但这种差异点可以得到解释，是由于检材"天花"的印版丝网目数高于样本"天花"的印版目数造成的（图 6-8-7）。

图 6-8-7　特征比对表

四、分析说明

综合上述检验结果发现，检材与样本在网格形态、网眼痕迹、"气泡"、"坑点"、露白及挤墨现象等特征反映一致，属于本质性的符合特征，而差异点可以得到解释，反映出同一种印刷方式的痕迹特征。于是认定某庙内殿顶上的"天花"不是手工绘制，而是丝网印刷形成的。后经法院反馈回的信息证明该鉴定结论是正确的；原告胜诉。

五、鉴定意见

某庙内的"天花"为丝网印刷形成。

（江凌娟　张蕴宏　文生祥）

> **点评**　丝网印刷最早起源于中国，也是中国的一大发明，距今已有两千多年的历史。早在中国古代的秦汉时期就出现了夹颉印花方法。据史书记载，唐朝时宫廷里穿着的精美服饰就有用这种方法印制的。到了宋代，丝网印刷又有了新的发展，并改进了原来使用的油性涂料，开始在染料里加入淀粉类的胶粉，使其成为浆料进行丝网印刷，使丝网印刷产品的色彩更加绚丽。现在，丝网印刷技术不断发展完善，已成为人类生活中不可缺少的一部分。丝网印刷应用异常广泛，与人们的生活紧密相连，所以作为文检鉴定技术人员，不仅要掌握丝网印刷的原理与印刷流程，而且要跟上时代的步伐，了解这一技术的新进展，才能做好处于特殊位置的检材司法鉴定工作。

案例 9　黄胄书画检验

关键词　文件检验；书画鉴定；黄胄书画

一、基本情况

1. 委托鉴定事项　对某机场候机厅内署名黄胄的"高原牧马图"壁画是否为黄胄的真迹进行司法鉴定。

2. 鉴定材料　"高原牧马图"壁画一幅。

二、基本案情

某年 8 月 3 日，某文化艺术中心（以下简称"原告"）与某机场某工程指挥部（以下简称"被告"）签订《协议书》，约定原告赠与被告价值不低于 2000 万元的近现代书画艺术作品，作为赠予所附义务，被告同意原告在所赠书画作品旁标注赠予人或画家姓名。因双方履约发生纠纷，原告于 8 月 12 日将机场某指挥部、此案的第二被告某机场集团公司及本诉第三被告该机场某公司诉至法院，要求连带赔偿其各项损失 3954.5 万元。

双方争论的焦点为某机场候机厅内黄胄作品——背景屏风巨画"高原牧马图"到底是真是假。经庭上辩论，未分胜负，但原告因显弱势而被迫撤诉。但是，该作品究竟是真是假，应如何处置这幅价值几千万的国有资产，某机场方面非常为难：如果画是假的，留在这么重要的位置是要撤掉的；如果画是真的，破坏这么贵重的名画，会给国家造成一定的损失。在此情况下，某机场方面决定聘请专家进行鉴定，于是邀请我国几位资深黄胄书画研究专家及黄先生的家属进行了现场鉴定，然而结果说法不一，鉴赏家认为是黄先生的真迹，而家属则说此画创作时间黄先生正在广州医院医病，不可能、也没看见先生创作此画，孰是孰非，还是难以定夺。于是被告方委托本中心对上述委托事项进行司法鉴定。

三、检验过程

1. 现场勘验　次年 2 月 22 日，鉴定人员同机场方去现场查验了字画原件。经现场检验，字画外框为 441cm×196cm 装裱形成，屏风状，字画面积 362cm×145cm，为宣纸写意水墨画，笔触细腻，人物布局得当，颜色搭配合理，动物、人物栩栩如生，符合黄先生的画风。根据墨迹特征与纸张特点可以认定为原件作品，具备检验条件。该画右上角有 2 行竖写题跋字迹"高原牧马图戊午之画黄胄写"，应为 1978 年作品，其题跋的左下盖印有 2 枚题跋章，左下角盖印有的压脚章，均为红色正方名章，印迹清晰完整，字迹为黑色墨迹毛笔书写，题跋字迹书写速度适中，"画"字笔画较细，"黄胄写" 3 个字书写速度较快，连笔画基本贯穿全部书写过程。

2. 搜集样本　案件正式受理之后，仅靠委托单位提交的黄胄夫人编著的《黄胄画册集》中的样本字迹远远不够，因为画集上黄先生的字迹与名章很小，且为复制形成，其运笔特征与名章的过刀特征难以把握。如何搜集原件字迹样本，如何找到合适的黄胄先生的字迹与名章原件样本对检验至关重要。鉴定人员先后在黄胄先生创办的"炎黄艺术馆"、国家博物馆开馆举办的黄胄先生的画展、中国美术馆等展馆中搜集了黄胄先生 1959～1994 年的画作近百幅，其中《欢腾的草原》与检材字画在画风、人物、动物的布局极为相似；对《牧马图》《赶集》和《八月的草原》等画作查验原件、拍照，做比对表，为进一步检验奠定了坚实的基础。

3. 检验

（1）通过题跋字迹比对检验：机场候机厅的《高原牧马图》上的题跋字迹、字形与风格虽与黄胄先生的笔迹相似，但笔力漂浮平缓，字迹结构松散，笔力分布不匀，笔画间照应关系牵强且紊乱，笔顺特征不够明确，有多处停笔、重起笔，并有描笔现象出现，非因体弱之运笔形态，且检材书写水平要低于样本字迹水平，此瑕疵不应当为一名著名画家（哪怕身体欠佳）之手笔特征。特别是高字"口"部、"牧"字和"马"字的连笔动作，"原"字的"曰"和"小"连笔关系，"马"字中部的多笔现象，"图"字的重起笔，且"之""戊""写"等字也均有各自反常书写笔画。综合分析整篇字迹有多处模仿笔迹特征反映。

（2）通过题跋章检验：《高原牧马图》上盖印有 3 枚章。一是引首的书斋名章，为小篆阳文章；二是黄先生的名章，为汉隶阴文章；三是左下角的压角章，也为汉隶阴文。3 枚均为石料材质方形，红色，边框不完整，字迹笔画较粗，粗细不匀，边缘不齐，圆形不圆、方形不方，印文有许多断线缺口，由此看出章体材质较差且刀工篆刻技术不好。黄先生的名章样本很多，各个时期各个书画上的印文均有不同，但其共同点是篆刻精细、边框齐整、笔画粗细均匀、边缘光滑。根据墨迹特征看出章体材料质地细腻，应为精湛的雕刻技术及质量优良的章材雕刻而成。审核发现，检材壁画与黄胄的名作《欢腾的草原》在画风、笔法、人物、动物布局均有雷同之处，特别是印文极为相似，经查黄胄画册印鉴图谱得到更进一步证实，于是确定以此为印文样本进行比对检验。

四、分析说明

通过分析比较发现，所搜集到的黄胄的样本字迹在各个时期有较大变化，不同时期的字迹书写风格不同，部分字型、笔画搭配亦有不同差异，但运笔特征与笔顺特征稳定一致，特征反映明显。黄胄字迹结构紧凑，笔画刚劲有力，用笔力度分布、笔画粗细均匀，运笔流畅。经比较，二者充分反映出不同人的书写习惯特征（图6-9-1，图6-9-2）。两种题跋印文在章体材质，刀工技术，部分笔画的形态、结构、长短等均充分反映出本质性差异，说明该印文不是黄胄印章所盖印（图6-9-3）。

图 6-9-1　落款签名字迹比对表 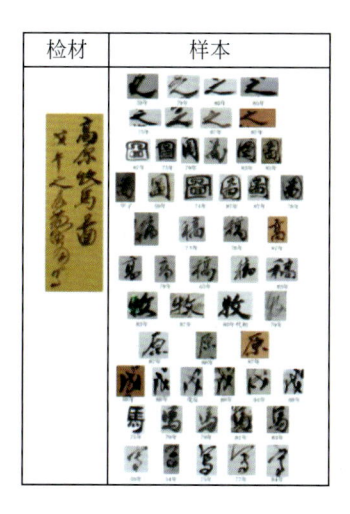　　图 6-9-2　字迹特征比对表 　　图 6-9-3　题跋章比对表

五、鉴定意见

综上检验结果，某机场候机厅内署名黄胄的《高原牧马图》上的题跋笔迹不是黄胄先生亲笔书写，印文不是出自黄胄先生的印章盖印。

（张蕴宏　文生祥）

点评　我国自古就有"书画同源"之说，这里的"画"主要指国画。国画包含的信息量较大，除画外往往还包括有文字（书法）、印章（篆刻）、诗词等内容。目前，我国对于古玩字画的鉴定多采取行业内资深专家的经验判断，因此，经验的多少对判断的结果影响很大，产生意见分歧时，也很难拿出更多的、有力的论据。我国司法鉴定领域主要包括笔迹检验、印章印文检验、文件制成材料检验、文件制成时间检验等内容。该案鉴定人成功地将文书鉴定的有关知识、检验技术应用到书画真伪的鉴定之中，为司法审判工作提供了客观、科学、准确的证据（鉴定意见）。本例鉴定的成功，既说明文检鉴定人员可利用文书鉴定的科学原理、方法和手段有效解决书画鉴定中"求真"和"鉴伪"的问题，也是国画和书法作品真伪鉴定走司法鉴定之路的范例。

第七章　痕迹检验案例

案例 1　通过制作透视图和图像叠加方法鉴定两车是否发生接触

关键词　痕迹检验；道路交通事故；路面痕迹；车速；透视图

一、基本情况

1. 委托鉴定事项　某市交警大队委托鉴定无号牌电动三轮车与某号牌越野车是否发生接触（碰撞）、无号牌电动三轮车人车倒地的原因。

2. 送检材料　①无号牌电动三轮车一辆；②某号牌越野车一辆；③现场照片（电子版编号：7830-7874）；④事发时现场视频录像（日期：某年1月5日，时间7时3分3秒至7时23分24秒，f=25）；⑤《道路交通事故现场图》1张。

3. 被鉴定对象　无号牌电动三轮车（甲车）、某号牌越野车（乙车）。

二、基本案情

某日7时许，甲驾驶甲车沿某大街由东向西行驶至事故地点，乙驾驶乙车同方向由此经过，在两车并行瞬间，甲车人车倒地，造成甲死亡。因死者家属对已做出的3次鉴定结论均提出异议，要求重新鉴定。

三、鉴定过程

依据中华人民共和国公共安全行业标准《交通事故痕迹物证勘验》（GA 41-2005）和《典型交通事故形态车辆行驶速度技术鉴定》（GA/T 643-2006）进行鉴定。

1. 根据委托方提供的事故现场视频、道路交通事故现场图、现场照片信息资料　事发现场是一段平直的路面，双向四车道。两辆被鉴定的车辆事发前分别在左右相邻的车道同方向行驶，分道线为15cm宽的白色虚线；视频录像显示在乙车行驶到与右侧的甲车并行瞬间，甲车突然逆时针转向车体向外侧翻，驾驶员被抛出倒地，乙车快速驶过（图7-1-1）。

2. 事故现场和保全的甲、乙车辆检验

（1）甲车：车身红色，前单轮后双轮，把式转向。车外廓全长223cm，货箱长/宽/高分别为 98/81/（63～40）cm，轮直径 43cm（三轮直径相等），前把净宽 66cm，高 84cm，手把外棉护套宽 81cm，高点 98cm，低点 75cm。手把与踏板间是粉红色上衣、挡风被，下端均呈自由状态。后轮轴端相距 94cm。经检验车厢左侧左后轮前箱体上有刮擦划痕，面积为 6.0cm×6.0cm，中心点距地面高 55cm，车左侧未见其他新的碰撞痕迹。

电动三轮车为左后轮单轮驱动，手把、踏板式三轮制动。现场实验全制动时，右后轮制动无效。

（2）乙车：车身黑色，外廓长/宽/高为 457cm/178cm/175cm，轮直径 67cm，车底盘两侧下沿距地面高 30cm，车前门拉手距地面高 97cm，后门拉手距地面高 102cm，左、右后视距地面高 107cm、125cm，凸出车身 13cm，后保险杠下沿距地面 36cm。车体右侧后轮上方护板上可见软性接触刮擦灰尘减层痕迹。未检见其他碰撞痕迹和修补痕迹。对乙车检验时，委托方明确指出，该车为事发后 3 天找到并扣留，而且经调查事发当日在某洗车行清洗过。

四、分析说明

经对事故现场照片检验，甲车在路面上弧形轮胎印迹形态为外重内轻的辗轧痕（图 7-1-2），对应左侧后轮无明显印痕。将此痕迹转化到一点透视法制图的图片上（图 7-1-3），固定甲车在起始逆时针做圆周运动时的位置，可见在甲车做圆周运动开始右后轮距其左侧分道线不少于 1.62m，即车体左侧距该分道线不少于 0.68m（车后轴左右端宽 94cm）。通过视频记录计算，甲车侧翻前时速为 24km/h。

对乙车事发当时在路面上位置的固定：事发时刻天未大亮，视频显示当车辆通过时由于大灯干扰，路面白色分道线全无；采用截图重叠检验方法，即对无车辆通过时分道线清楚画面截图与乙车通过该点时画面截图重叠（图 7-1-4～图 7-1-6），直观再现事发时乙车右前轮在分道线左侧。通过视频录像中的固定参照物，观察乙车通过该路段时轨迹平直匀速。平均时速为 37km/h。

五、鉴定意见

1. 无号牌电动三轮车位于第二行车道上，车身左侧距分道线左 0.68m 开始侧翻，时速 24km/h；某号牌越野车通过事故路段时位于第一行车线上，车右侧车轮在分道线右边缘行驶，两车辆没有发生接触。

图 7-1-1　事故现场

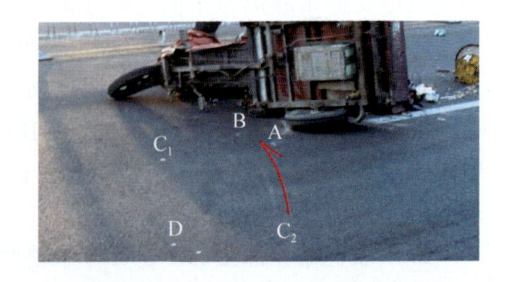

图 7-1-2　甲车在地面上侧滑痕迹

图 7-1-3　甲车侧滑时右后轮在路面的位置

图 7-1-4　两车在现场两时刻截图叠加图

图 7-1-5　可清楚表现分道线时刻

图 7-1-6　乙车通过分道线时刻

2.无号牌电动三轮车侧翻的原因是其车结构不合理和制动系统不合格且操作不当，无其他外力作用。

（李　强　冯陆成　文生祥）

点评　道路交通事故技术司法鉴定涵盖范围比较广，无论是法医类、物证类还是其他技术方面的检验鉴定，其目的是相同的，即根据现场信息，通过发现并检验与事故现场相关联的人或物，对事故前后产生变化的原因、形成机制进行分析，从而还原事故发生全过程，为办案机关判定或裁定案件提供客观依据。

本例交通事故案例的鉴定主要是通过制作透视图和图像叠加方法鉴定两车是否发生接触。之前形成多次重复鉴定（包括一家中途退出）的原因是没有从根本上给出让人信服结论依据，只是论述未见相符碰撞接触痕迹，是无号牌电动三轮车受到来车干扰导致三轮车驾驶员操作不当等分析判断性的推论。驾驶员已死亡，不能作为当事人陈述事发当时的情况。两车在并行的瞬间侧翻，为何侧翻的方向与对方车是同方向的？如果没有接触，对方车右侧上的灰尘痕迹又作何解释？因此作为家属提出上述问题是可以理解的。

鉴定关键点是要充分利用现场相关信息，针对委托要求进行有目的检验，发现并获取还原重建现场和还原事故发生过程的信息依据，从而形成证据。

通过现场照片显示的地面痕迹确定事故车辆位置是判断行驶事故车辆是否借道行驶、是否有路权行驶唯一证据。交警部门在勘查现场时，由于工作的出发点不同，现场照片或现场图中没有直接体现鉴定人所需数据或合适方位的照片，鉴定时一般会通过三角函数推导。本例中，鉴定人采取对不同角度现场照片中的车轮印痕照片，以路面上散落物、路面特定纹路、石块为参照点，进行转化，使之达到制作一点透视图的条件，通过确定"灭点"，在基线上选择合理的"距点"，应用几何画线方法，确定甲车痕迹在路面的准确位置。对乙车是否越线行驶则是采用了截图重叠方法，再现乙车当时的行驶轨迹。从而得出两车并行通过时两车左右间距不少于0.68m的结论，值得同行借鉴。

对于"对方车右侧上的灰尘痕迹又作何解释"这一问题，尽管办案部门做了大量的走访调查取证，证实某号牌越野车在事发当日确实在洗车行进行了清洗，不会有灰尘痕迹存在的结论；但还是说服不了死者家属。后经核实，该痕迹形成是前鉴定机构在做现场碰撞接触实验所致，是原鉴定人没有按操作规定做出实验标识说明，造成死者家属的误会，应引起鉴定人注意。

案例2　通过确定碰撞点和应用透视图方法准确判断事故车辆是否越线行驶

关键词　道路交通事故；路面痕迹；车速；透视图

一、基本情况

1. 委托鉴定事项　受某市中级人民法院的委托鉴定某号牌傲虎越野车、某号牌路虎越野车碰撞时路面位置和碰撞时两车行驶速度。

2. 鉴定材料　①现场照片（电子版）；②《道路交通事故现场图》。

3. 被鉴定对象　已修复正常使用中的某号牌傲虎越野车（甲车）、某号牌路虎越野车（乙车）。

二、基本案情

某日，在某市快速路上由西向东行驶的甲车与自东向西行驶的乙车发生碰撞道路交通事故。本次事故双方人员虽没有伤亡，但两车均为中高档车辆，双方修复车辆损失总额达到80万元。经两次鉴定和属地交警部门几经调解无效，遂至某市中级人民法院。

三、鉴定过程

依据中华人民共和国公共安全行业标准《交通事故痕迹物证勘验》（GA 41-2005）和《典型交通事故形态车辆行驶速度技术鉴定》（GA/T 643-2006）进行检验鉴定。

1. 甲车　根据现场照片及车辆信息资料，车身白色，整备质量2040kg，外廓尺寸477.5cm×182.0cm×161.5cm。左前轮缺失，前保险杠左端折断，裸露出的左前轮前侧内的机件无碰撞痕，轮胎压力面上可见碰撞破损痕迹，痕迹长约占轮圆周的1/4，轮辋1/4破裂解体。

2. 乙车 根据现场照片车辆信息资料，车身红色，整备质量2350kg，外廓尺寸435.5cm×190.0cm×163.5cm。左前轮外张形变，呈"外八形"，左前轮外边缘碰撞破损，左前翼板、保险杠无明显碰撞痕。

3. 事故现象 根据道路交通现场图，现场道路为东西走向，双向二车道，沥青路面，无明显坡度和弯度，主车道双向总宽"900cm"，路肩东西两侧宽各1.5m。图中标有挫地痕，挫地痕位于中央黄线南侧。

4. 现场实地勘验 主车道双向总宽应为720cm。分道线标志线宽0.15m，现场区域内分道线为虚线段，中心线段为黄色，黄色线段4.0m×0.15m，间隔4.0m。其中甲车从路面至静止位置落差为3.10m，乙车从路面至静止位置落差1.15m。两车下滑坡面均为枯黄草地。

事故车辆乙车、甲车分别由东向西和由西向东相反方向行驶。在事发地点路面上两车的左前轮发生碰撞，碰撞后两车均沿各自的原行驶方向以逆时针方向滑行旋转180°，落入排水沟内，距路面中央黄线南侧挫地痕迹、碰撞后两车质心滑移水平位移分别为25.8m（乙车）、26.8m（甲车）（图7-2-1，图7-2-2）。

图7-2-1 碰撞后乙车路面滑痕　　图7-2-2 碰撞后甲车路面滑痕

5. 确定两车在路面上碰撞点 根据现场图示标出的"挫地痕迹"的位置，依据"挫地痕迹"的照片痕迹形态，符合甲车左前轮分离车体时左前轮辋碰撞形成。根据现场照片两车开始侧滑起点在南北方向的水平线上，在乙车左前轮的起点痕迹上可见高速旋转轮胎无位移的空转形态，即俗称的"纺线"痕迹，在对应的西向东车道上可见甲车右侧轮"纺线"痕迹，符合两车碰撞接触点（图7-2-3，图7-2-4）。将甲车右前轮滑痕起点设为$O_{甲}$点，乙车左前轮滑痕起点设为$O_{乙}$点（图7-2-5）。选用现场照片采用一点透视方法分割画线，可见甲车右前轮外边缘距中央黄线中轴线180cm。根据甲车的前轮距、轮胎标识（压力面宽）的信息，碰撞时甲车左前轮外边缘辗轧中央黄线南边缘约2.0cm（减去中央黄线不居中的误差2.0cm），乙车左前轮超过中央黄线。

四、分析说明

根据检验两车碰撞点为$O_{乙}$点，参考现场图示，两车接触碰撞点到碰撞后两车头位

图 7-2-3　甲车左前轮辋挫地痕迹 　　　　图 7-2-4　两车碰撞时在路面上位置

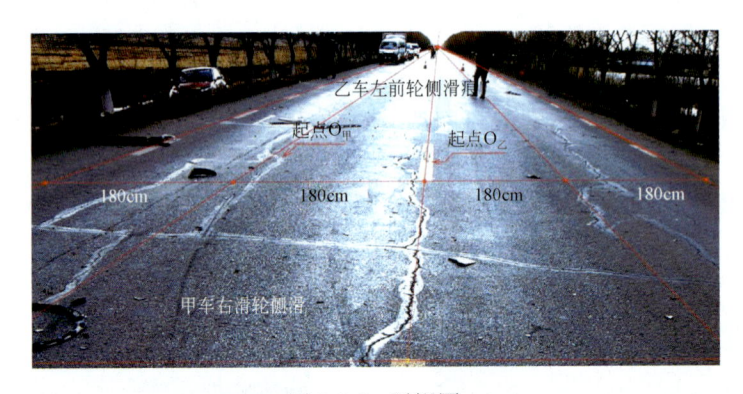

图 7-2-5　透视图

置的两点距离修正后分别为甲车 33.0m，乙车 26.0m。两车在黄草坡面滑移距离相对路面较短，因而系数视为路面 0.63。

设甲车碰撞后速度设为 $V_甲$

由能量守恒，碰撞后 $E_甲 = E_{摩擦功} - E_{重力势能}$

即　　　　$V_甲 = 2g(\mu S_甲 L - H_甲)^{1/2}$

　　　　　$V_甲 = 22.79 m/s = 82.04 km/h$

设乙车碰撞后速度设为 $V_乙$

由能量守恒，碰撞后 $E_乙 = E_{摩擦功} - E_{重力势能}$

即　　　　$V_乙 = 2g(\mu S_乙 L - H_乙)^{1/2}$

　　　　　$V_乙 = 20.85 m/s = 75.06 km/h$

其中，μ 为侧滑系数（0.63×0.97+0.08）。

$S_甲$、$S_乙$ 为甲车、乙车碰撞后两车车头的位移，方向为碰撞点到车静止（33.0m、26.0m）。

L 为车滑移轨迹与质心位移等效系数（1.3）。

$H_甲$、$H_乙$ 为两车从路面平面到路基下高度差（3.1m、1.15m）。

g 为重力加速度（9.8m/s²）。

由于碰撞事故发生是接触、挤压形变、分离过程，两车碰撞后甲车左前轮分离车体，乙车左前轮外张变形，无法计算碰撞时有效碰撞速度，即无法计算碰撞过程中的能量损失，因而不能得出两车碰撞前的行驶车速。

五、鉴定意见

1.某号牌傲虎越野车左前轮与某号牌路虎越野车左前轮行驶中瞬间发生接触碰撞；碰撞接触点位于路面中央黄线上。

2.某号牌傲虎越野车碰撞后时速为82km/h，某号路虎越野车碰撞后时速为75km/h。

（李　强　冯陆成　文生祥）

> **点评**　本案两事故车辆都涉嫌超速行驶，焦点是哪一方没有注意道路交通安全借路行驶，即事发当时越线行驶。按委托要求，鉴定的关键点是确定路面上碰撞位置。但鉴定人没有在事发当时到场，事故车辆已修复一新，只能根据原始照片发现信息。根据现场图示标出的"挫地痕迹"的位置，找到对应"挫地痕迹"的照片，对痕迹进行检验分析。挫地痕迹位于西向东方向车道中央黄线南侧边缘外，根据甲车碰撞后的滑行轨迹及散落车轮辋的位置，其痕迹形态符合甲车左前轮辋挫地形成。根据运动中物体在碰撞中损坏的散落物应滞后碰撞点的常识性道理，在其来的方向的路面上寻找痕迹，发现乙车发生旋转的起点处痕迹形态不仅是侧滑痕迹形态，还反映出了高速旋转轮胎无位移的空转状态，即俗称的"纺线"痕迹（图7-2-4）。痕迹处于中央黄线上，在对应的西向东甲车车道上找到了甲右侧前、后轮在地面上的同种痕迹，完全支持了乙车车轮"纺线"痕迹处是两事故车接触碰撞点。
>
> 该鉴定是从原始现场照片中选取符合采用一点透视画线法条件的一张照片，正确选定"灭点"为东方向远点，选择建立合理的距点，从而科学准确地鉴定出甲车碰撞时在路面位置。这是本案中的一个难点。鉴定人经与委托方核实，该路段由事发当时到现在没有修过，也没有重新画过分道路线信息，便远赴2千余千米，根据原始照片反映的路面特定纹路及其他固定的参照物，找到事故现场并确定准确的事发位置。经测量，现场路面总宽应为720cm，纠正了原"现场图"中的数据错误。
>
> 此案提示鉴定人员对于道路交通事故的技术鉴定，决不能忽视路面上痕迹，尤其是没有原始现场的案件，要认真仔细地分析检验现场原始照片所反映出的信息并到案发现场实地核实勘验。分析其前两次鉴定错误的原因，是没有正确地分析路面痕迹，误将甲车左前轮辋挫地痕视为碰撞点，又错误应用"现场图示数据"，使其鉴定结论"失之毫厘，谬之千里"。

案例3　通过痕迹形成机制排除嫌疑车辆碰撞

关键词　痕迹检验；道路交通；接触碰撞；痕迹

一、基本情况

1.委托事项　某市公安局交通警察大队委托鉴定无号牌两轮摩托车与某号牌越野车

是否发生接触碰撞，两轮摩托车反光镜、排汽筒上破损痕迹的形成原因。

2. 鉴定材料 ①无号牌两轮摩托车；②越野车及车辆信息复印件；③现场照片（电子版）；④《道路交通现场图》；⑤某某尸体检验照片及事故发生时所穿外衣外裤、帽子；⑥现场散落物。

3. 被鉴定对象 无号牌两轮摩托车（甲车）、某号牌越野车（乙车）、死者尸体及衣着。

二、基本案情

某日，甲驾驶甲车沿某村村通公路，由东向西行驶，由于路面湿滑，车辆驶出公路，造成甲死亡。其后乙驾驶乙车由于操作不当驶出公路，停于死者死亡现场位置。乙（第一发现现场人）称，当时途经现场（现场是一处呈"L"形水泥路面）发现排水沟内有1辆摩托车，由于分神，加上路面湿滑，来不及转向而冲出水泥路面。尔后救助伤者和通知伤者家属。

三、鉴定过程

依据中华人民共和国公共安全行业标准《交通事故痕迹物证勘验》（GA 41-2005）进行鉴定。

1. 根据事故现场图及实地勘验 事故现场为村村通水泥路面，事发时路面湿滑。路面为东向西右转南北方向，角度约呈90°，路面宽350cm，东向西方向路基下方是南北向的沟渠，沟渠底距路面90cm，底宽50cm，上宽170～190cm，东边缘距水泥路边缘210cm，沟渠边缘均为土质，东高西低（图7-3-1，图7-3-2）。

图 7-3-1　事故现场①　　　　图 7-3-2　事故现场②

2. 车辆检验

（1）甲车：车身红色，全长200cm，轮直径56cm，胎宽7.5cm，把宽77cm，把端距地面高103cm，把下方是铁质护杠，总宽77cm，上高65cm、下高28cm，凸出车体33cm，鞍座高70～73cm。经检验护杠固定完好，无松动。护杠左右侧未见刮擦、碰撞痕，油厢两侧、前后转向灯、后尾部均无碰撞、刮擦痕。

左前后视镜根部断离（图7-3-3），基座部的离合手柄松动，大灯开关、合风手柄破损，分离的左前后视镜上未见明显受力点。右后视镜杆向左后弯曲变形，镜杆外侧面可见刮擦痕11.0cm×0.5cm，痕迹表面反映出粗糙刮擦形态。镜面直径11.5cm，其外边缘沿弧长有蓝色附着物（图7-3-4），左侧踏板护套外端破损，左前减震器叉管外侧可刮擦（浅表）痕迹，右侧排气筒外侧可见擦划痕迹，痕迹表面可见白色物质附着。

图 7-3-3　甲车左侧后视镜缺失　　　　图 7-3-4　甲车右侧后视镜

（2）乙车：车身白色，越野型，轮直径 71cm，车前机盖前端距地面高 93cm，前保险杠上沿距地面 74cm，与前大灯下沿等高，两前雾灯上、下沿距地面高 62cm、47cm，车前号牌右侧封签处可见划痕，表面蓝色漆脱落。车底最低点距地面 21cm，前保险杠低点距地面高 27cm。前保险杠前护杠总体黑色，上、下沿距地面高 69cm、21cm。左右两侧门前踏板上、下沿距地面高 31cm、25cm，前左、右后视镜上沿高 123cm、下沿高 109cm，凸出身体 19cm，后保险杠上沿与后务箱下沿距地面等高，距地面 68cm，后保险杠低点距地面 33cm。事故后车前保险杠、前护杠已更换。其他部位未检见到碰撞破损痕迹。

（3）现场散落物：经拼接散落物为前护杠下部，根据碎裂的程度及碎裂形态，符合大面积物体碰撞挤压形成，未见集中受力点。在散落物中未检见有疑似血迹和纤维物质。

（4）死者衣着：黑色棉衣，衣长 84cm，黑色毛领。衣前左肩部至前襟、左袖前侧可见碰撞挤压搓痕迹（图 7-3-5），衣领后侧下方可见血迹 8.0cm×1.0cm；外裤灰色，裤长 96cm，无明显破损；黑色帽子，外侧黑色绒毛上可见血迹附着，范围为 18cm×16cm，内侧未检见血迹。

图 7-3-5　死者外衣左肩部碰撞痕迹

四、分析说明

根据现场实地勘验，对照现场照片、现场图，甲车左、右前后视镜高度、痕迹形态；左侧踏板外端、左前减震叉管刮擦痕迹、右侧排气筒外侧擦划痕迹形态，与乙车前端护杠碎裂痕迹的高度、相对位置、形态比对，均不符合与乙车接触碰撞形成；根据现场沟渠状况，结合甲车右前后视镜杆刮擦痕、左侧踏板外端、左前减震叉管刮擦痕迹形态，符合甲车直接驶入沟渠顺势碰撞沟渠西侧壁时形成，右侧排气筒上擦划痕不符合在本次事故形成。排除甲车受到其他外力作用下进入沟渠内；将甲车左前后视镜根部断离，基座部的离合手柄松动，大灯开关、合风手柄破损痕迹，与死者外衣左肩部、前衣襟、左袖碰撞挤压搓痕比较发现，符合甲车跌入沟渠过程中，车主甲瞬时失衡其左肩部碰撞左后视镜形成，不排除死者头部及双肩部在此翻滚过程中与甲车车体接触碰撞。

五、鉴定意见

（1）甲驾驶的无号牌两轮摩托车属操作不当跌入现场沟渠内，无其他外力作用。

（2）无号牌两轮摩托车右后视镜支杆擦痕、弯折，是两轮摩托车跌入沟渠时与沟渠西侧壁碰撞形成，左侧后视镜折断，是事故中死者甲跌入沟渠时失衡状态下左肩部碰撞形成。

（3）甲驾驶的无号牌二轮摩托车排气筒上擦痕不符合在本次事故中形成。

（刘　帆　冯陆成　文生祥）

点评　本例鉴定的焦点是甲车为什么左右两侧均有碰撞痕迹。死者家属提出的异议并非没有道理，于前几次鉴定中均未给出明确结论，导致多次重复鉴定，其结论如出一辙：未发现与乙车碰撞痕迹。道路交通事故碰撞过程是一复杂过程，碰撞一旦发生，其运动状态是不可抗拒的，但它的运动过程完全遵循牛顿定律。本案此次鉴定过程中始终本着从现场客观反映的痕迹物证着手，结合尸体解剖所见，根据其左前胸肩部有皮下淤血痕迹，事发时所穿外衣对应部位检验到刮擦痕迹形态，分析其符合与甲车后视镜镜面部位接触形成，与形成痕迹的形态一一对应，也与甲当时骑乘甲车跌入排水沟过程的运动状态相符合，从本质上排除了乙车或其他物体与甲车接触的可能性。死者为食物反流窒息死亡，也证实了沟内有多处血迹是乙车驾驶员救助伤者时其蠕动的陈述。

道路交通事故技术鉴定涉及知识面广，对于复杂鉴定，单一专业不可能完成，甚至不能完全正确地解读原始现场信息，因而不能客观地还原或是重建原始现场事故发生过程。所以要求痕迹鉴定工作者要与不同专业人员共同合作，从不同专业角度解读事物的成因，从而得出科学客观、实事求是的鉴定意见。

案例 4 通过对受害人尸体损伤痕迹推断逃逸车辆车型

关键词 *痕迹检验；道路交通；痕迹；逃逸*

一、基本情况

1. 委托鉴定事项 某自治县交警大队委托鉴定死者甲与乙驾驶的某号牌小型轿车碰撞痕迹，同时推断逃逸肇车辆的车型。

2. 鉴定材料 ①死者甲尸体；②道路交通事故现场图；③现场照片；④某号牌小型轿车。

二、基本案情

某日，某县城内发生一起机动车碰撞行人致行人死亡案件。事故发生后，在交警勘查现场和 120 急救人员查验伤者现场、交警示意过往车辆避让缓行疏导交通时，乙驾驶的某号牌小型轿车突然飞速从人车空地的中心现场驶过，并将此事故中已死亡受害人尸体拖走。警方一路追赶，终于在某小区内发现了该"逃逸"车辆（图 7-4-1），但车内无人，几经走访，才找到当时该车驾驶员乙。

图 7-4-1 停在小区内的某号牌小型轿车及尸体

三、鉴定过程

依据中华人民共和国公共安全行业标准《交通事故痕迹物证勘验》（GA 41-2005）进行鉴定。

1. 某号牌小型轿车 车身灰色，轮直径 62cm，前保险杠上沿距地面高 59cm，下沿高 21cm，宽 170cm，车前部车底盘最低点 15cm，前机盖前沿高 72cm，后保险杠下沿距地面高 30cm，最低点 29cm。车前左、右翼板，前大灯，前挡风玻璃，双 A 柱，后视镜未检见破损痕迹。

车底部排管有挤压弯曲变形痕迹，距车左侧 47cm。车前机器护板后沿距地面 15cm 处可见刮擦痕迹，左前轮托盘可见血迹附着，车底部排气管中部下沿面可见擦蹭痕迹。

2. 对尸体的检验 死者甲，男性，1982 年生，尸长 165cm，无衣着，胸围 93cm，臀围 85cm。顶枕部塌陷 14cm×13cm，头皮见条形挫裂创 10cm（图 7-4-2）。胸腹部见刮擦痕迹 60cm×48cm，右肘部见刮擦痕迹 5cm×4cm，左髂部见刮擦痕迹

7cm×2cm，肩背部、双小腿背侧、双踝部可见大面积与路面拖拉痕迹。右大腿内侧 11cm×10cm 挫裂创，中心点距足跟 55cm 处，右腘窝距足跟 41cm 可见碰撞痕迹 8.0cm×3.0cm，右小腿后侧可见散在擦伤痕迹（右小腿下段骨折，图 7-4-3），左大腿前跟部见灼伤痕迹 8cm×2cm。

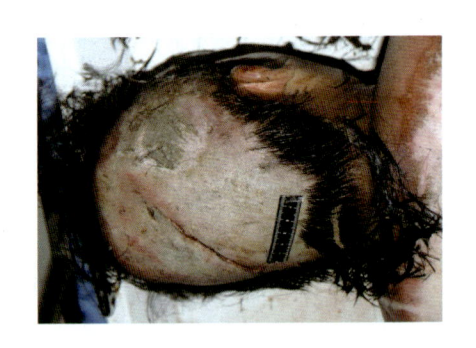

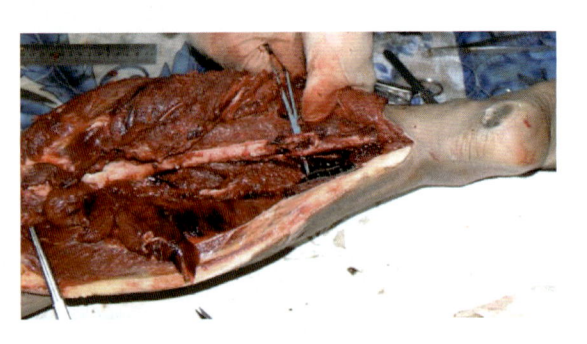

图 7-4-2　死者后枕部损伤　　　　图 7-4-3　死者右小腿下段骨折

四、分析说明

将某号牌小型轿车前保险杠下沿护板刮擦痕迹、车底部排管挤压变形碰撞痕迹、排气管擦蹭痕迹、护板及护板后沿刮擦痕迹，与死者胸腹部、左髂部刮擦痕迹、左大腿前侧灼伤痕迹比较时，发现死者在仰卧状态下，二者间痕迹的相对高度、对应空间功能位置、形态相吻合。

根据死者右大腿内侧挫裂创、右腘窝碰撞痕迹、右小腿下段损伤痕迹所处位置、高度、形成痕迹形态及顶枕部损伤，符合其站立或行走的状态受到一次性撞击倒地形成。在某号牌小型轿车前部对应高度、相对位置未检见与对应部位相符的痕迹。根据死者在行走的体态下一次形成典型损伤，逃逸车辆应为前端为楔形体车辆，从死者右后方碰撞，头部损伤符合与前风挡玻璃边框碰撞形成；结合现场散落物判断，应是一台黑色小型客车，肇事车辆损坏特征为前保险杠碎裂，前风挡玻璃边框碰撞变形或玻璃碎裂。

五、鉴定意见

死者右大腿内侧挫裂创、右腘窝碰撞痕迹、右小腿下段损伤痕迹和顶枕部损伤，不符合与某号牌小型轿车接触形成；死者其他处损伤痕迹，符合其倒地状态下与某号牌小型轿车的车底部接触在地面上抵压推进形成。

（刘　帆　冯陆成　文生祥）

点评　本案例据交警介绍，某号牌小型轿车驾驶人乙由于无证驾驶，以为交警夜查设卡，但当得知交警来意和亲眼看到车下卡着一具尸体时，吓得目瞪口呆，面如土色。虽然此交通事故致人死亡与其无关，但其"逃逸"使本来就疑难的案件更加复杂化。此案关键点是通过死者损伤形成机制和根据其行为方式推断车辆的车型，但首先要排除第 2 个"逃逸"车辆造成尸体的次生损伤，即生前伤和死后伤。

鉴定人根据法医尸表和解剖检验，确定死者的右大腿内侧挫裂创、右腘窝碰撞损伤、右小腿下段骨折、右肘部刮擦痕、头后枕部弧形挫裂创为生前损伤，再依据死者身高和当时为步行过马路行为综合分析，从而准确地推断出逃逸车辆的车型，为委托单位解决了办案难题。

案后证实，经侦察在外地抓获嫌疑人（系网上逃犯），对本案碰撞行人甲后逃逸犯罪供认不讳，并找到事发时驾驶的一辆黑色桑塔纳轿车。本例鉴定不失为交通事故技术鉴定中痕迹鉴定人与法医密切配合，并科学利用法医检验结果而成功鉴定的范例。

案例 5　应用建立坐标系方法对修复后事故车辆碰撞痕迹的认定

关键词　碰撞；痕迹形态；直角坐标系

一、基本情况

1. 委托鉴定事项　某市中级人民法院委托鉴定一起理赔纠纷案中 A 地某号牌小轿车与 B 地某号牌小轿车是否发生碰撞。

2. 鉴定材料　①A 地某号牌小轿车（甲车）；②B 地某号牌小轿车（乙车）；③经法院质证的保险公司、交警部门提供的事故现场照片。

二、基本案情

某日，甲车驾驶员在倒车时操作不当，尾部碰撞了与其呈 90°停放的乙车右侧。

三、鉴定过程

按照中华人民共和国公共安全行业标准《交通事故痕迹物证勘验》（GA 41-2005）进行鉴定。

1. 甲车　捷达车型，车身灰色，轮直径 57cm，后保险杠上沿距地面高 63cm，下沿高 36cm，宽 145cm（其中上沿外角呈坡面）。后备厢上沿高 105cm。其中后保险杠与后备厢间的护板上距车左侧面 24cm、距地面 74cm 处可见纵形碰撞凹陷痕迹，面积 6cm×5cm，向右 49cm 处可见面积为 10cm×13cm 挤压向内弯折痕迹，后保险杠上距右端 19cm 处，由后保险杠上平面经坡面（坡面宽 3.5cm）到垂直面有 15cm 长的斜向碰撞挤压痕迹，痕迹宽 4.5cm，痕迹下方垂直面上可见油漆表面挤压折皱痕迹，该痕迹向左 100cm 处的保险杠上可见相同形态挤压折皱痕迹，对应上方保险杠上由平面经坡面（坡面宽 3.5cm）到垂直面有 12cm 长的斜向碰撞挤压痕迹，后保险杠双侧面可见松动。

2. 乙车 凌志车型，检验时该车已修复，号牌变更，并且改变了车身颜色，现呈黑色，轮直径 70cm。经对委托方提供事故照片检验，该车右侧面右后轮轮眉前侧可见横行条状碰撞痕迹，但痕迹大小、距地面的高度和与本车上固定部件相对位置等数据信息均无体现。

将修复后的乙车右侧面拟拍摄同现场照片中能充分反映乙车破损痕迹的角度照片（图 7-5-1，图 7-5-2），选定车体上固定部件作为基点，在两张照片上分别建立相同直角坐标系。

图 7-5-1 拖方提供的乙车原始照片 　　图 7-5-2 修复后的乙车

四、分析说明

对照读取修复后的乙车坐标实际数据，可见委托方提供事故照片中该车右侧面右后轮轮眉前侧横行条状碰撞痕迹宽 3.3cm，上沿距地面高 55.1cm，下沿距地面高 51.8cm，呈水平向。将其与甲车后尾厢破损痕迹比对检验，二者碰撞印压痕迹距地面相对高度、痕迹面积、相对位置一致，对应痕迹形态吻合（图 7-5-3，图 7-5-4），符合甲车溜车时其尾部与静止的乙车右侧一次性接触碰撞形成。

图 7-5-3 甲车尾部碰撞痕迹照片 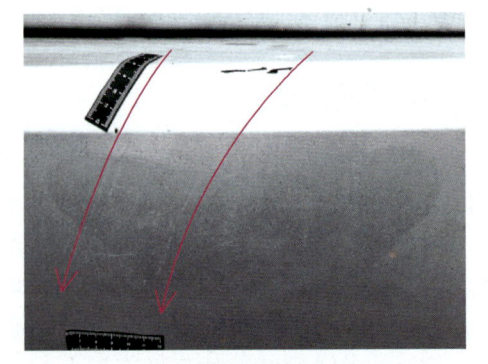　　图 7-5-4 乙车碰撞痕迹水平翻转照片

五、鉴定意见

A 地某号牌小轿车尾部破损碰撞痕迹与 B 地某号牌小轿车右侧碰撞痕迹，符合两

车一次性接触碰撞形成。

（冯陆成　文生祥）

> **点评**　痕迹鉴定是应用形态学的理论来确立造痕客体与承痕客体关系是否成立，它的充分必要条件是唯一性。本鉴定中的鉴定人采用了建立坐标的方法，客观科学地还原了修复后的乙车事发当时相关数据，从而认定了两车接触碰撞的事实。

案例6　误读道路交通事故现场图导致鉴定结论错误

关键词　道路交通；痕迹；车速

一、基本情况

1. 委托鉴定事项　某县公安交通警察大队委托鉴定某号牌小型普通客车、某号牌小型轿车事发时的车速。

2. 鉴定材料　①某号牌小型普通客车（甲车）；②某号牌小型轿车（乙车）；③事发现场照片；④《道路交通事故现场图》及事故车辆信息复印件。

二、基本案情

某日，某县城出城路上发生一起两车碰撞事故，造成两人死亡、两车辆严重损坏的重大交通事故。

三、鉴定过程

依据中华人民共和国公共安全行业标准《典型交通事故形态车辆行驶速度技术鉴定》（GA/T 643-2006）进行鉴定。

1. 甲车　车身黑色，发动机整体碰撞向右后移位，前保险杠、保险杠衬杠、水箱缺失，内防碰撞梁和发动机裸露，左侧大梁前端弯曲。时速表停在132km/h（图7-6-1）。

2. 乙车　车身白色，车后宽145cm，整备质量960kg，车右前角碰撞凹陷变形，右前轮与前轴折断脱离，发动机及机件向左后移位。碰撞方向与其车纵轴夹角40°。时速表停在40km/h（图7-6-2）。

图7-6-1　碰撞后甲车

3. 事故现场 根据《道路交通事故现场图》示事故现场为干燥沥青路面，现场路面为南北双向 4 车道及 2 边道，总宽 24m。图示甲车由碰撞点至静止位置两点间距离为 46.7m，乙车由碰撞点至静止位置两点间距离为 64m（图 7-6-3）。

图 7-6-2　碰撞后乙车　　　　　　　　图 7-6-3　事故现场

四、分析说明

根据两事故车辆碰撞痕迹的对应位置、形态、相对高度比对检验，碰撞时为乙车右前部与甲车左前部，两车质心纵轴夹角 40°碰撞。碰撞后甲车、乙车沿甲车原行驶方向偏东 10°、7°滑行碰撞防护栏后静止。分别对甲、乙车做出了 186km/h 和 50km/h 的鉴定结论。出具鉴定后当事人一方对甲车时速提出异议。

经重新复核检验并与委托方到现场实地勘验，发现由于原鉴定人对现场图中的甲车发生险情的制动起点误读为碰撞点，使甲车碰撞后滑移距离应为 21m，错误的读为 46.7m，乙车应为 37m，错误的读为 64m。经重新计算，得出碰撞时甲车为 148km/h、乙车为 43km/h 的鉴定结论。

五、鉴定意见

某日，某县城出城路上两车碰撞事故发生时，某号牌小型轿车的时速为 148km/h、某号牌小型普通客车为 43km/h。

（冯陆成　文生祥）

> **点评**　本例是复核检验，鉴定人通过到现场实地勘验，最终做出科学客观的鉴定意见。分析首次鉴定出现这样错误的原因，是原鉴定人认为这是一起典型两车成一定夹角的碰撞案件，只是根据现场图和对车辆的检验，应用能量守恒和动量守恒定理得出结论，而没有认真了解案情、读懂现场图，没有根据现场信息资料到事发现场实地勘验，其教训是深刻的。

案例 7　单方道路交通事故中肇事司机的鉴定

关键词　痕迹鉴定；交通事故；物体变化；行驶状态；形态分析

一、基本情况

1. 委托鉴定事项　某市中级人民法院委托鉴定谁是道路交通事故车辆的驾驶员。
2. 鉴定材料　交通事故案卷材料。

二、基本案情

某市中级人民法院委托本中心对一起单方道路交通事故案做痕迹鉴定，确认该起道路交通事故车辆的驾驶员。

因该起单方道路交通事故致一死一伤，已 1 月有余，先后经过了现场勘验、法医尸检、活检，甚至还做了交通事故鉴定，并认定甲为该起肇事车辆事发时的驾驶人员；但甲则拒不承认，并要求重新鉴定。

三、鉴定过程

依据中华人民共和国公共安全行业标准《交通事故痕迹物证勘验》（GA 41-2005）进行鉴定。

1. 查阅案件资料及现场照片　痕迹检验人员仔细查阅案件和现场资料及照片，发现事发时现场道路为某某国道，南北走向，沥青路面，路宽 7m。因雨雪天气路面湿滑，某重型 6 轴牵引厢式货车由南向北行驶，因失控偏离路面向西急转（即向左转），车辆驶出道外；牵引车及车厢倾覆于道路左侧路基下方，牵引车头直立面西南，车尾面东北，其牵引车头与货厢约呈 90°（似"7"字形）；牵引车上的牵引装置与货厢固定装置脱离，货厢呈东北向倾覆（图 7-7-1）。

现场照片可见：车头面部略有变形，由左稍向右倾斜，前保险杠右侧下部破损断裂，右侧大、小灯缺失，前面罩脱落缺失，前风挡破碎缺失。

图 7-7-1　某国道交通事故现场

现场勘验记录：尸体位于车辆头部左侧不远处。

法医尸检报告：死者乙，身长 175cm，发育正常，营养良好。口鼻溢血。枕部见 2cm 裂创。右上腹部见 7.0cm×2.5cm 皮肤挫伤。右前臂横断骨折。其余未见异常。

法医活体检验：伤者甲感头痛、右腿擦碰伤（事发时在驾驶室内）。

2. 勘查道路交通事故现场和事故车辆　事发现场位于某国道某路段，沥青路面，路面平直，路面与地基约呈 45°斜坡，路面与地基高度约 1.2m；事故车辆停放于某事故车辆停车场，该车辆的前保险杠右侧下端破损断裂，大、小灯缺失，保险杠左侧完好，右前轮胎失压，左前轮胎完好，两前轮均向左偏转。驾驶室前面罩脱落，前风挡玻璃、右车门玻璃、右后围板玻璃破裂缺失（图 7-7-2）。

车头面顶部的黑色塑料遮阳罩左侧完好，右侧破裂部分缺失，右侧残余的遮阳罩破裂口呈弧形，裂口边缘见贝壳纹，前风挡右支柱变形，上端由左向右、向外偏斜位移（图 7-7-3）。

驾驶室内宽 2m，司机座椅及方向盘未见异常，副驾驶座椅略向右偏移，驾驶室右

图 7-7-2　肇事车辆头部概貌　　　　　图 7-7-3　肇事车辆驾驶室前风挡右上部变形细目照片

侧顶部上方的顶饰见凹陷皱褶，直径约 14cm，该皱褶距驾驶室地面 150cm。

四、分析说明

根据案件现场资料及现场照片，事故车辆偏离路面，位于道路路基处，车辆呈头西南尾东北，与货厢约呈 90°倾覆状态。分析原因应为多方面，如雨雪天气、道路湿滑，加之驾驶操作不当偏离路面而发生事故。

痕迹鉴定关键是要吃透现场资料及现场照片，充分运用好第一手资料，针对事故车辆发生的一系列变化现象，即产生的痕迹物证，研究其形成机制，确定肇事车辆事发时的行驶状态；要透过事故现象看到事故发生的本质，哪些变化和现象与确认驾驶人员有密切联系，对确认驾驶人员具有证明作用，且具有必然性。如①为什么该事故车辆车头与货厢呈 90°倾覆状态；②条件因素；③必然会产生的物体变化及特征反映等。

本例事故车辆由南向北直行，事发时车辆头部与原行驶方向大相径庭、约呈 150°转向，巨大的货厢也偏离了原来的方向，并与牵引车相脱离向东北倾覆，是受到巨大的力的作用。力的来源非常明确，单方事故，说明事故车辆速度快，动能大，在湿滑路面操控不当；再者道路路面边缘是 45°斜坡，路面与地基高度差为 1.2m，驾驶人员操控不当致车辆失控偏离路面，跌入路基。速度、坡度、高度等都会发生力的作用，

这可能就是外部条件因素。

肇事车辆受速度、转向、坡度、地基高度等因素的作用产生特定的行驶状态，在此状态下车辆形态的变化都"写"在了驾驶室外表面、驾驶室室内、驾驶人和乘员的身上，这需要痕迹检验人员来解读。已知事故车辆由南向北行驶，后偏离路面，向左偏转（即向西）。现场照片显示车辆的左、右前轮的方向呈向左偏转就是证明。既是向左偏转，那么车辆的右前轮首先脱离路面，由高处以一定速度、角度、重量等跌入路基，右前轮胎着地致轮胎泄气，并累及前保险杠右端，造成保险杠右侧与地撞击破断及前大、小灯缺失。车辆右前轮、保险杠右侧的一系列变化等就是证明。由于牵引车偏离原方向，加之路面与地基的角度、高度差，牵引车头低尾高及力的作用致使货厢与牵引脱离并使货厢向东北（即向右倾覆），最终导致了事故车辆的车头与货厢呈 90° 倾覆状态、致一死一伤，这应是肇事车辆瞬间的运动状态。

肇事车辆是如此的运动状态，那么驾驶室内的物体变化更是检验、鉴定的核心，也是鉴别谁是驾驶人员的中心环节。驾驶人员和乘坐人员分别位于驾驶室内的驾驶座位和副驾驶座位，整个车辆发生如此大的运动变化，驾驶室内必然发生显著的物体运动的形态变化，所形成的痕迹物证就是变化的记录。案件资料、现场照片、现场查验、检查等都已记录、固定。前风挡玻璃破碎，驾驶室内几乎未见，缺失于车外。风挡玻璃的密封条抛于右侧，说明风挡受由左向右、由内向外的作用力；风挡外侧顶部的遮阳罩左侧完好，右侧部分缺失，残存的遮阳罩破断边缘的贝壳纹显示受力方向也系由内向外；风挡右支柱（金属制品）上端呈由左向右、向外变形位移。这三者的变化，共同指向，即力量来源，均由左向右、向外，且处于驾驶室右前顶端。

副驾驶座椅略向右偏转，驾驶室右顶部，即驾驶室右门上方，也系副驾驶位斜上方的顶饰呈凹陷皱褶痕，显然系柔韧物体撞击形成，力的方向由下至斜上。综观驾驶室内相关物体的形态变化，反映出一是力的作用点高，位于驾驶室右前顶端，力的方向是由左向右、向上、偏外，即力量来源于驾驶位；二是由下斜向上方至驾驶室右顶部，即力量来源于副驾驶位。这两个力的作用点，就说明有两个力，作用于两个不同的方面，且都是钝性。

驾驶室内的两人中，尸表检验显示乙口鼻溢血，枕部有 2cm 裂创。右上腹部有 7.0cm×2.5cm 皮肤挫伤，右前臂横断骨折，其余未见异常；而法医活体检查显示甲仅感头痛、右腿有擦碰伤。

根据两者的体表及损伤特征，对驾驶室的物体变化及形态与其作用关系等综合分析，死者乙的体表损伤及肇事后死亡位置与其驾驶室内驾驶位具唯一性；伤者甲的体表损伤及车辆肇事后的位置与其驾驶室内副驾驶位具唯一性。

五、鉴定意见

（1）死者乙是该车驾驶员。
（2）伤者甲处于该车副驾驶位置。

（刘　帆　文生祥）

> **点评** 本例鉴别驾驶人员的鉴定是重新鉴定，需仔细阅卷查验原现场资料，对事发现场的勘验记录和固定要仔细研究、甄别，谨防遗漏，从而掌握和用好第一手资料。同时，仔细查验现场、查验物证，认真研究物体变化、车辆运动状态、物体形态及形成机制。在对现场及驾驶室内的物体变化及形态分析时，始终要联系肇事车辆肇事时的运动状态，这既是前提，也是必然，只有在此前提下去研究造型客体和承痕客体，使两者对应吻合，无论是逻辑关系、力学原理和型态分析等均能环环相扣。此外，鉴定人在查验现场时还补充了道路环境、坡度、高度，对认识理解此次车辆肇事及车辆运动状态大有裨益，甚至天气也与此次车辆肇事息息相关。如果没有雨雪天气、道路湿滑，没有坡度、高度的差异，此次交通意外就可能不会发生。

案例 8 纠正指位判断错误

关键词 文件检验；可见指印；同一认定

一、基本情况

1. 委托鉴定项目 某市中级人民法院委托鉴定手写《借条》落款处的甲签名字迹上红色指印是否为其本人捺印。

2. 鉴定材料 ①手写《借条》原件1页；②当事人甲捺印的十指指印样本1份。

二、基本案情

委托方在审理一起民事债务纠纷案件中，对《借条》上甲签名字迹上红色指印进行司法鉴定后，因原告提出异议，要求重新鉴定。

三、鉴定过程

按照中华人民共和国公共安全行业标准《文书鉴定通用规范》（SF/Z JD0201001-2010）以及相关规范进行检验。

1. 检材 检材指印为红色印油捺印形成原件（图7-8-1）。检材指印不完整，油墨不匀，部分区域不清，但可见的指印三角区纹线流向清晰，细节特征稳定，数量足。具备同一认定条件。

2. 样本 甲捺印的十指指印样本为黑色印油捺印，清晰、完整，细节特征稳定，具备比对条件。

经比对检验发现，甲右手拇指印样本为双箕斗形纹，左三角部位与检材指印对应部位的纹线流向、形态相近（图7-8-2）。进一步检验，在二者对应部位出现的细节特征的种类、形态、方向相同，且相同的细节特征间组织关系一致。

图 7-8-1　检材指印　　　　　　　图 7-8-2　十指指印样本右手拇指指印

四、分析说明

二者对应部位出现的细节特征的种类、形态、方向相同，且相同的细节特征间组织关系一致，构成了二者相同的特征总和，本质地反映了二者是同一手指捺印。

五、鉴定意见

要求检验的手写《借条》落款处的甲签名字迹上红色指印，是甲的右手拇指捺印形成。

（冯陆成　刘　帆）

> **点评**　指印的同一性鉴定，属于文件上可见指印的检验司法鉴定。在刑事案件侦察中，对在现场获取的指印，在判断是否有鉴定同一价值的同时，还要考虑遗留的承受客体、提取方法及现场行为人遗留时功能性，是挪动、搬运物体还是支承人体重心时所留等，从而准确判断遗留指印人的指位。在文件上可见指印的司法鉴定中，需要检验的指印均为纸张上红色或黑色加层指印，人们习惯认为这类指印多数应是右手食指或是左手食指捺印，于是，主观臆断不是食指捺印，就得出否定的结论。人们在纸张上捺印指印是用哪一根手指具有很大的不确定性，因为它不受功能位的限制，十分随意。所以在实际工作中，样本指印中十个指印都要认真检验，尤其是在否定食指印后。以上案件中的指印可以说都不是疑难指印的检验，但两次鉴定中均围绕着右手食指印检验，认了又否，否了又认，故导致出具了错误的鉴定意见，值得鉴定人注意。

案例 9 协议上指纹复核鉴定

关键词 痕迹检验；指纹；复核鉴定

一、基本情况

1. 委托鉴定事项 某市中级人民法院委托鉴定《关于转让宅基地的协议》上甲签名处指印是否其本人捺印。

2. 送检材料 《关于转让宅基地的协议》原件 1 份。

3. 被鉴定材料 《关于转让宅基地的协议》甲签名处指印 1 枚。

二、基本案情

某市中级人民法院寄来一起宅基地纠纷案有关材料，包括《关于转让宅基地的协议》原件及当地 6 家鉴定机构对该协议上关键证据甲署名处的指印所做出的 7 份鉴定意见书。双方当事人对所有的鉴定意见均有争议，现委托方要求对《关于转让宅基地的协议》上甲署名处指印做复核鉴定。

三、鉴定过程

按照中华人民共和国公共安全行业标准《文书鉴定通用规范》（SF/Z JD0201001-2010）以及相关规范进行检验。

经对检材及检材指印初步检验，检材指印为红色油墨捺印形成。指印不完整，指印面积较小且有部分区域与其他指印重叠，但指印纹线较清晰，细节特征点稳定，具备同一认定条件（图 7-9-1，图 7-9-2）。

四、分析说明

同一案件的同一枚检材指印多次进行鉴定实属罕见。本例复核鉴定，经从指印纹线的流向、排列关系及指印整体轮廓分析该指印符合右手拇指指尖部位纹线特点，同时对 6 家鉴定机构的 7 份鉴定意见书复核检验与分析，其结论均为错误。问题在于手别、指位错误、部位分析不准确，比对时细节特点的种类、位置、距离等主要比对内容的鉴定方法没有很好地掌握，导致结论的错误。鉴定人在亲自重新提取当事人甲的指纹样本做进一步检验后发现，检材指印与甲的右手拇指指尖部位纹线流向一致，两者对应部位乳突纹线中细节特征点的种类、位置、距离及特征点间的相互关系均相吻合。根据人的指纹具有人各不同、各指不同的科学性，从而认定检材指印是甲的右手拇指指尖部位捺印形成的鉴定意见。

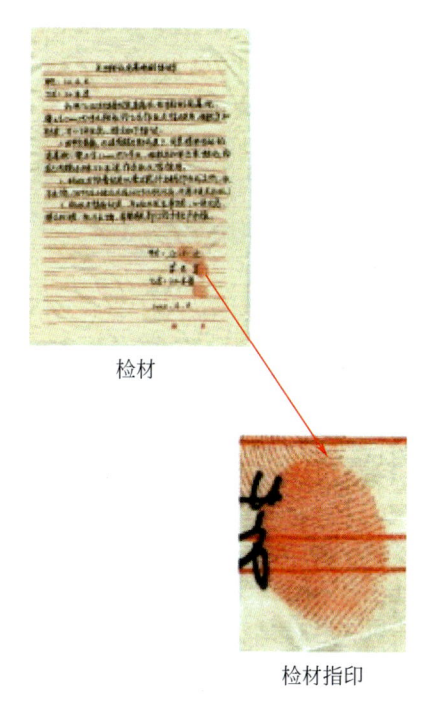

图 7-9-1　检材及检材指印原貌

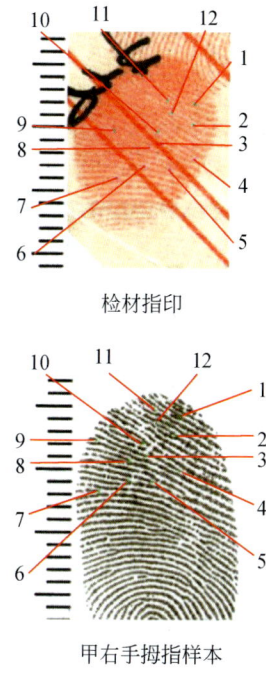

图 7-9-2　特征比对图

五、鉴定意见

《关于转让宅基地的协议》上甲署名处红色指印是甲右手拇指指尖捺印形成。

（迟丽秋　冯陆成　江凌娟）

点评　无论是刑事案件中现场提取的犯罪检材指印，还是民事案件中的契约合同上检材指印，在进行指印鉴定前鉴定人员必须对检材指印进行分析并做出判断。首先，对检材指印遗留情况进行初步检验确定是否具备鉴定条件。其次，要掌握并熟知人的手掌表面各个部位乳突纹线的弧度和流向的规律及排列关系等专业技术对检材指印的指位、部位及方向进行分析和判断。再次，根据检材指印的部位有针对性地提取当事人的指印样本。本例检材指印只有指尖局部纹线，面积小，没有中心花纹形态，如不能正确分析、判断出检材指印的方向、指位、部位，会给鉴定工作带来困难。当地多家鉴定机构所做的 7 次鉴定结论均错误，就是因为鉴定人员对人的手掌表面各部位纹线的分布流向不熟悉，指印检验的经验不足。对检材指印分析不到位、不准确，样本的提取没有针对性，从而做出错误结论，值得引起同行的注意。

附 录

附录 A 全国人民代表大会常务委员会关于司法鉴定管理问题的决定

（2005年2月28日第十届全国人民代表大会常务委员会第十四次会议通过）

为了加强对鉴定人和鉴定机构的管理，适应司法机关和公民、组织进行诉讼的需要，保障诉讼活动的顺利进行，特作如下决定：

一、司法鉴定是指在诉讼活动中鉴定人运用科学技术或者专门知识对诉讼涉及的专门性问题进行鉴别和判断并提供鉴定意见的活动。

二、国家对从事下列司法鉴定业务的鉴定人和鉴定机构实行登记管理制度：

（一）法医类鉴定；

（二）物证类鉴定；

（三）声像资料鉴定；

（四）根据诉讼需要由国务院司法行政部门商最高人民法院、最高人民检察院确定的其他应当对鉴定人和鉴定机构实行登记管理的鉴定事项。

法律对前款规定事项的鉴定人和鉴定机构的管理另有规定的，从其规定。

三、国务院司法行政部门主管全国鉴定人和鉴定机构的登记管理工作。省级人民政府司法行政部门依照本决定的规定，负责对鉴定人和鉴定机构的登记、名册编制和公告。

四、具备下列条件之一的人员，可以申请登记从事司法鉴定业务：

（一）具有与所申请从事的司法鉴定业务相关的高级专业技术职称；

（二）具有与所申请从事的司法鉴定业务相关的专业执业资格或者高等院校相关专业本科以上学历，从事相关工作五年以上；

（三）具有与所申请从事的司法鉴定业务相关工作十年以上经历，具有较强的专业技能。

因故意犯罪或者职务过失犯罪受过刑事处罚的，受过开除公职处分的，以及被撤销鉴定人登记的人员，不得从事司法鉴定业务。

五、法人或者其他组织申请从事司法鉴定业务的，应当具备下列条件：

（一）有明确的业务范围；

（二）有在业务范围内进行司法鉴定所必需的仪器、设备；

（三）有在业务范围内进行司法鉴定所必需的依法通过计量认证或者实验室认可的检测实验室；

（四）每项司法鉴定业务有三名以上鉴定人。

六、申请从事司法鉴定业务的个人、法人或者其他组织，由省级人民政府司法行政部门审核，对符合条件的予以登记，编入鉴定人和鉴定机构名册并公告。

省级人民政府司法行政部门应当根据鉴定人或者鉴定机构的增加和撤销登记情况，定期更新所编制的鉴定人和鉴定机构名册并公告。

七、侦查机关根据侦查工作的需要设立的鉴定机构，不得面向社会接受委托从事司法鉴定业务。

人民法院和司法行政部门不得设立鉴定机构。

八、各鉴定机构之间没有隶属关系；鉴定机构接受委托从事司法鉴定业务，不受地域范围的限制。

鉴定人应当在一个鉴定机构中从事司法鉴定业务。

九、在诉讼中，对本决定第二条所规定的鉴定事项发生争议，需要鉴定的，应当委托列入鉴定人名册的鉴定人进行鉴定。鉴定人从事司法鉴定业务，由所在的鉴定机构统一接受委托。

鉴定人和鉴定机构应当在鉴定人和鉴定机构名册注明的业务范围内从事司法鉴定业务。

鉴定人应当依照诉讼法律规定实行回避。

十、司法鉴定实行鉴定人负责制度。鉴定人应当独立进行鉴定，对鉴定意见负责并在鉴定书上签名或者盖章。多人参加的鉴定，对鉴定意见有不同意见的，应当注明。

十一、在诉讼中，当事人对鉴定意见有异议的，经人民法院依法通知，鉴定人应当出庭作证。

十二、鉴定人和鉴定机构从事司法鉴定业务，应当遵守法律、法规，遵守职业道德和职业纪律，尊重科学，遵守技术操作规范。

十三、鉴定人或者鉴定机构有违反本决定规定行为的，由省级人民政府司法行政部门予以警告，责令改正。

鉴定人或者鉴定机构有下列情形之一的，由省级人民政府司法行政部门给予停止从事司法鉴定业务三个月以上一年以下的处罚；情节严重的，撤销登记：

（一）因严重不负责任给当事人合法权益造成重大损失的；

（二）提供虚假证明文件或者采取其他欺诈手段，骗取登记的；

（三）经人民法院依法通知，拒绝出庭作证的；

（四）法律、行政法规规定的其他情形。

鉴定人故意作虚假鉴定，构成犯罪的，依法追究刑事责任；尚不构成犯罪的，依照前款规定处罚。

十四、司法行政部门在鉴定人和鉴定机构的登记管理工作中，应当严格依法办事，积极推进司法鉴定的规范化、法制化。对于滥用职权、玩忽职守，造成严重后果的直接责任人员，应当追究相应的法律责任。

十五、司法鉴定的收费项目和收费标准由国务院司法行政部门商国务院价格主管部门确定。

十六、对鉴定人和鉴定机构进行登记、名册编制和公告的具体办法，由国务院司法行政部门制定，报国务院批准。

十七、本决定下列用语的含义是：

（一）法医类鉴定，包括法医病理鉴定、法医临床鉴定、法医精神病鉴定、法医物证鉴定和法医毒物鉴定。

（二）物证类鉴定，包括文书鉴定、痕迹鉴定和微量鉴定。

（三）声像资料鉴定，包括对录音带、录像带、磁盘、光盘、图片等载体上记录的声音、图像信息的真实性、完整性及其所反映的情况过程进行的鉴定和对记录的声音、图像中的语言、人体、物体作出种类或者同一认定。

十八、本决定自 2005 年 10 月 1 日起施行。

附录 B 司法鉴定程序通则

中华人民共和国司法部令

第 132 号

《司法鉴定程序通则》已经 2015 年 12 月 24 日司法部部务会议修订通过，现将修订后的《司法鉴定程序通则》发布，自 2016 年 5 月 1 日起施行。

2016 年 3 月 2 日

司法鉴定程序通则

第一章 总 则

第一条 为了规范司法鉴定机构和司法鉴定人的司法鉴定活动，保障司法鉴定质量，保障诉讼活动的顺利进行，根据《全国人民代表大会常务委员会关于司法鉴定管理问题的决定》和有关法律、法规的规定，制定本通则。

第二条 司法鉴定是指在诉讼活动中鉴定人运用科学技术或者专门知识对诉讼涉及的专门性问题进行鉴别和判断并提供鉴定意见的活动。司法鉴定程序是指司法鉴定机构和司法鉴定人进行司法鉴定活动的方式、步骤以及相关规则的总称。

第三条 本通则适用于司法鉴定机构和司法鉴定人从事各类司法鉴定业务的活动。

第四条 司法鉴定机构和司法鉴定人进行司法鉴定活动，应当遵守法律、法规、规章，遵守职业道德和执业纪律，尊重科学，遵守技术操作规范。

第五条 司法鉴定实行鉴定人负责制度。司法鉴定人应当依法独立、客观、公正地进行鉴定，并对自己作出的鉴定意见负责。司法鉴定人不得违反规定会见诉讼当事人及其委托的人。

第六条 司法鉴定机构和司法鉴定人应当保守在执业活动中知悉的国家秘密、商业秘密，不得泄露个人隐私。

第七条 司法鉴定人在执业活动中应当依照有关诉讼法律和本通则规定实行回避。

第八条　司法鉴定收费执行国家有关规定。

第九条　司法鉴定机构和司法鉴定人进行司法鉴定活动应当依法接受监督。对于有违反有关法律、法规、规章规定行为的，由司法行政机关依法给予相应的行政处罚；对于有违反司法鉴定行业规范行为的，由司法鉴定协会给予相应的行业处分。

第十条　司法鉴定机构应当加强对司法鉴定人执业活动的管理和监督。司法鉴定人违反本通则规定的，司法鉴定机构应当予以纠正。

第二章　司法鉴定的委托与受理

第十一条　司法鉴定机构应当统一受理办案机关的司法鉴定委托。

第十二条　委托人委托鉴定的，应当向司法鉴定机构提供真实、完整、充分的鉴定材料，并对鉴定材料的真实性、合法性负责。司法鉴定机构应当核对并记录鉴定材料的名称、种类、数量、性状、保存状况、收到时间等。

诉讼当事人对鉴定材料有异议的，应当向委托人提出。

本通则所称鉴定材料包括生物检材和非生物检材、比对样本材料以及其他与鉴定事项有关的鉴定资料。

第十三条　司法鉴定机构应当自收到委托之日起七个工作日内作出是否受理的决定。对于复杂、疑难或者特殊鉴定事项的委托，司法鉴定机构可以与委托人协商决定受理的时间。

第十四条　司法鉴定机构应当对委托鉴定事项、鉴定材料等进行审查。对属于本机构司法鉴定业务范围，鉴定用途合法，提供的鉴定材料能够满足鉴定需要的，应当受理。

对于鉴定材料不完整、不充分，不能满足鉴定需要的，司法鉴定机构可以要求委托人补充；经补充后能够满足鉴定需要的，应当受理。

第十五条　具有下列情形之一的鉴定委托，司法鉴定机构不得受理：

（一）委托鉴定事项超出本机构司法鉴定业务范围的；

（二）发现鉴定材料不真实、不完整、不充分或者取得方式不合法的；

（三）鉴定用途不合法或者违背社会公德的；

（四）鉴定要求不符合司法鉴定执业规则或者相关鉴定技术规范的；

（五）鉴定要求超出本机构技术条件或者鉴定能力的；

（六）委托人就同一鉴定事项同时委托其他司法鉴定机构进行鉴定的；

（七）其他不符合法律、法规、规章规定的情形。

第十六条　司法鉴定机构决定受理鉴定委托的，应当与委托人签订司法鉴定委托书。司法鉴定委托书应当载明委托人名称、司法鉴定机构名称、委托鉴定事项、是否属于重新鉴定、鉴定用途、与鉴定有关的基本案情、鉴定材料的提供和退还、鉴定风险，以及双方商定的鉴定时限、鉴定费用及收取方式、双方权利义务等其他需要载明的事项。

第十七条　司法鉴定机构决定不予受理鉴定委托的，应当向委托人说明理由，退还鉴定材料。

第三章　司法鉴定的实施

第十八条　司法鉴定机构受理鉴定委托后，应当指定本机构具有该鉴定事项执业资格的司法鉴定人进行鉴定。

委托人有特殊要求的，经双方协商一致，也可以从本机构中选择符合条件的司法鉴定人进行鉴定。

委托人不得要求或者暗示司法鉴定机构、司法鉴定人按其意图或者特定目的提供鉴定意见。

第十九条　司法鉴定机构对同一鉴定事项，应当指定或者选择二名司法鉴定人进行鉴定；对复杂、疑难或者特殊鉴定事项，可以指定或者选择多名司法鉴定人进行鉴定。

第二十条　司法鉴定人本人或者其近亲属与诉讼当事人、鉴定事项涉及的案件有利害关系，可能影响其独立、客观、公正进行鉴定的，应当回避。

司法鉴定人曾经参加过同一鉴定事项鉴定的，或者曾经作为专家提供过咨询意见的，或者曾被聘请为有专门知识的人参与过同一鉴定事项法庭质证的，应当回避。

第二十一条　司法鉴定人自行提出回避的，由其所属的司法鉴定机构决定；委托人要求司法鉴定人回避的，应当向该司法鉴定人所属的司法鉴定机构提出，由司法鉴定机构决定。

委托人对司法鉴定机构作出的司法鉴定人是否回避的决定有异议的，可以撤销鉴定委托。

第二十二条　司法鉴定机构应当建立鉴定材料管理制度，严格监控鉴定材料的接收、保管、使用和退还。

司法鉴定机构和司法鉴定人在鉴定过程中应当严格依照技术规范保管和使用鉴定材料，因严重不负责任造成鉴定材料损毁、遗失的，应当依法承担责任。

第二十三条　司法鉴定人进行鉴定，应当依下列顺序遵守和采用该专业领域的技术标准、技术规范和技术方法：

（一）国家标准；

（二）行业标准和技术规范；

（三）该专业领域多数专家认可的技术方法。

第二十四条　司法鉴定人有权了解进行鉴定所需要的案件材料，可以查阅、复制相关资料，必要时可以询问诉讼当事人、证人。

经委托人同意，司法鉴定机构可以派员到现场提取鉴定材料。现场提取鉴定材料应当由不少于二名司法鉴定机构的工作人员进行，其中至少一名应为该鉴定事项的司法鉴定人。现场提取鉴定材料时，应当有委托人指派或者委托的人员在场见证并在提取记录上签名。

第二十五条　鉴定过程中，需要对无民事行为能力人或者限制民事行为能力人进行身体检查的，应当通知其监护人或者近亲属到场见证；必要时，可以通知委托人到场见证。

对被鉴定人进行法医精神病鉴定的，应当通知委托人或者被鉴定人的近亲属或者监护人到场见证。

对需要进行尸体解剖的，应当通知委托人或者死者的近亲属或者监护人到场见证。

到场见证人员应当在鉴定记录上签名。见证人员未到场的，司法鉴定人不得开展相关鉴定活动，延误时间不计入鉴定时限。

第二十六条 鉴定过程中，需要对被鉴定人身体进行法医临床检查的，应当采取必要措施保护其隐私。

第二十七条 司法鉴定人应当对鉴定过程进行实时记录并签名。记录可以采取笔记、录音、录像、拍照等方式。记录应当载明主要的鉴定方法和过程，检查、检验、检测结果，以及仪器设备使用情况等。记录的内容应当真实、客观、准确、完整、清晰，记录的文本资料、音像资料等应当存入鉴定档案。

第二十八条 司法鉴定机构应当自司法鉴定委托书生效之日起三十个工作日内完成鉴定。

鉴定事项涉及复杂、疑难、特殊技术问题或者鉴定过程需要较长时间的，经本机构负责人批准，完成鉴定的时限可以延长，延长时限一般不得超过三十个工作日。鉴定时限延长的，应当及时告知委托人。

司法鉴定机构与委托人对鉴定时限另有约定的，从其约定。

在鉴定过程中补充或者重新提取鉴定材料所需的时间，不计入鉴定时限。

第二十九条 司法鉴定机构在鉴定过程中，有下列情形之一的，可以终止鉴定：

（一）发现有本通则第十五条第二项至第七项规定情形的；

（二）鉴定材料发生耗损，委托人不能补充提供的；

（三）委托人拒不履行司法鉴定委托书规定的义务、被鉴定人拒不配合或者鉴定活动受到严重干扰，致使鉴定无法继续进行的；

（四）委托人主动撤销鉴定委托，或者委托人、诉讼当事人拒绝支付鉴定费用的；

（五）因不可抗力致使鉴定无法继续进行的；

（六）其他需要终止鉴定的情形。

终止鉴定的，司法鉴定机构应当书面通知委托人，说明理由并退还鉴定材料。

第三十条 有下列情形之一的，司法鉴定机构可以根据委托人的要求进行补充鉴定：

（一）原委托鉴定事项有遗漏的；

（二）委托人就原委托鉴定事项提供新的鉴定材料的；

（三）其他需要补充鉴定的情形。

补充鉴定是原委托鉴定的组成部分，应当由原司法鉴定人进行。

第三十一条 有下列情形之一的，司法鉴定机构可以接受办案机关委托进行重新鉴定：

（一）原司法鉴定人不具有从事委托鉴定事项执业资格的；

（二）原司法鉴定机构超出登记的业务范围组织鉴定的；

（三）原司法鉴定人应当回避没有回避的；

（四）办案机关认为需要重新鉴定的；

（五）法律规定的其他情形。

第三十二条 重新鉴定应当委托原司法鉴定机构以外的其他司法鉴定机构进行；因特殊原因，委托人也可以委托原司法鉴定机构进行，但原司法鉴定机构应当指定原司法鉴定人以外的其他符合条件的司法鉴定人进行。

接受重新鉴定委托的司法鉴定机构的资质条件应当不低于原司法鉴定机构，进行重新鉴定的司法鉴定人中应当至少有一名具有相关专业高级专业技术职称。

第三十三条　鉴定过程中，涉及复杂、疑难、特殊技术问题的，可以向本机构以外的相关专业领域的专家进行咨询，但最终的鉴定意见应当由本机构的司法鉴定人出具。

专家提供咨询意见应当签名，并存入鉴定档案。

第三十四条　对于涉及重大案件或者特别复杂、疑难、特殊技术问题或者多个鉴定类别的鉴定事项，办案机关可以委托司法鉴定行业协会组织协调多个司法鉴定机构进行鉴定。

第三十五条　司法鉴定人完成鉴定后，司法鉴定机构应当指定具有相应资质的人员对鉴定程序和鉴定意见进行复核；对于涉及复杂、疑难、特殊技术问题或者重新鉴定的鉴定事项，可以组织三名以上的专家进行复核。

复核人员完成复核后，应当提出复核意见并签名，存入鉴定档案。

第四章　司法鉴定意见书的出具

第三十六条　司法鉴定机构和司法鉴定人应当按照统一规定的文本格式制作司法鉴定意见书。

第三十七条　司法鉴定意见书应当由司法鉴定人签名。多人参加的鉴定，对鉴定意见有不同意见的，应当注明。

第三十八条　司法鉴定意见书应当加盖司法鉴定机构的司法鉴定专用章。

第三十九条　司法鉴定意见书应当一式四份，三份交委托人收执，一份由司法鉴定机构存档。司法鉴定机构应当按照有关规定或者与委托人约定的方式，向委托人发送司法鉴定意见书。

第四十条　委托人对鉴定过程、鉴定意见提出询问的，司法鉴定机构和司法鉴定人应当给予解释或者说明。

第四十一条　司法鉴定意见书出具后，发现有下列情形之一的，司法鉴定机构可以进行补正：

（一）图像、谱图、表格不清晰的；

（二）签名、盖章或者编号不符合制作要求的；

（三）文字表达有瑕疵或者错别字，但不影响司法鉴定意见的。

补正应当在原司法鉴定意见书上进行，由至少一名司法鉴定人在补正处签名。必要时，可以出具补正书。

对司法鉴定意见书进行补正，不得改变司法鉴定意见的原意。

第四十二条　司法鉴定机构应当按照规定将司法鉴定意见书以及有关资料整理立卷、归档保管。

第五章　司法鉴定人出庭作证

第四十三条　经人民法院依法通知，司法鉴定人应当出庭作证，回答与鉴定事项有关的问题。

第四十四条　司法鉴定机构接到出庭通知后，应当及时与人民法院确认司法鉴定人出庭的时间、地点、人数、费用、要求等。

第四十五条　司法鉴定机构应当支持司法鉴定人出庭作证，为司法鉴定人依法出庭提供必要条件。

第四十六条　司法鉴定人出庭作证，应当举止文明，遵守法庭纪律。

第六章　附　　则

第四十七条　本通则是司法鉴定机构和司法鉴定人进行司法鉴定活动应当遵守和采用的一般程序规则，不同专业领域对鉴定程序有特殊要求的，可以依据本通则制定鉴定程序细则。

第四十八条　本通则所称办案机关，是指办理诉讼案件的侦查机关、审查起诉机关和审判机关。

第四十九条　在诉讼活动之外，司法鉴定机构和司法鉴定人依法开展相关鉴定业务的，参照本通则规定执行。

第五十条　本通则自 2016 年 5 月 1 日起施行。司法部 2007 年 8 月 7 日发布的《司法鉴定程序通则》（司法部第 107 号令）同时废止。

附录 C　司法部关于印发司法鉴定文书格式的通知

司发通〔2016〕112 号

各省、自治区、直辖市司法厅（局），新疆生产建设兵团司法局：

　　为贯彻执行《全国人民代表大会常务委员会关于司法鉴定管理问题的决定》和修订后的《司法鉴定程序通则》（司法部令第 132 号），司法部制定了《司法鉴定委托书》等 7 种文书格式，现予印发，自 2017 年 3 月 1 日起执行。2007 年 11 月 1 日印发的《司法部关于印发〈司法鉴定文书规范〉和〈司法鉴定协议书（示范文本）〉的通知》（司发通〔2007〕71 号）同时废止。

司法部
2016 年 11 月 21 日

附件
1. 司法鉴定委托书
2. 司法鉴定意见书
3. 延长鉴定时限告知书
4. 终止鉴定告知书
5. 司法鉴定复核意见
6. 司法鉴定意见补正书
7. 司法鉴定告知书

附件2《司法鉴定意见书》

×××司法鉴定中心（所）

司法鉴定意见书

司法鉴定机构许可证号：_____

声　明

1. 司法鉴定机构和司法鉴定人根据法律、法规和规章的规定，按照鉴定的科学规律和技术操作规范，依法独立、客观、公正进行鉴定并出具鉴定意见，不受任何个人或者组织的非法干预。

2. 司法鉴定意见书是否作为定案或者认定事实的根据，取决于办案机关的审查判断，司法鉴定机构和司法鉴定人无权干涉。

3. 使用司法鉴定意见书，应当保持其完整性和严肃性。

4. 鉴定意见属于鉴定人的专业意见。当事人对鉴定意见有异议，应当通过庭审质证或者申请重新鉴定、补充鉴定等方式解决。

地　　址：××省××市××路××号（邮政编码：000000）

联系电话：000-00000000

×××司法鉴定中心（所）

司法鉴定意见书

编号：_____（司法鉴定专用章）

一、基本情况

二、基本案情

三、资料摘要

四、鉴定过程

五、分析说明

六、鉴定意见

七、附件

司法鉴定人签名（打印文本和亲笔签名）

及《司鉴定人执业证》证号（司法鉴定专用章）

×年×月×日

共　页第　页

注：

1. 本司法鉴定意见书文书格式包含了司法鉴定意见书的基本内容，各省级司法行政机关或司法鉴定协会可以根据不同专业的特点制定具体的格式，司法鉴定机构也可以根据实际情况作合理增减。

2.关于"基本情况",应当简要说明委托人、委托事项、受理日期、鉴定材料等情况。

3.关于"资料摘要",应当摘录与鉴定事项有关的鉴定资料,如法医鉴定的病史摘要等。

4.关于"鉴定过程",应当客观、详实、有条理地描述鉴定活动发生的过程,包括人员、时间、地点、内容、方法,鉴定材料的选取、使用,采用的技术标准、技术规范或者技术方法,检查、检验、检测所使用的仪器设备、方法和主要结果等。

5.关于"分析说明",应当详细阐明鉴定人根据有关科学理论知识,通过对鉴定材料,检查、检验、检测结果,鉴定标准,专家意见等进行鉴别、判断、综合分析、逻辑推理,得出鉴定意见的过程。要求有良好的科学性、逻辑性。

6.司法鉴定意见书各页之间应当加盖司法鉴定专用章红印,作为骑缝章。司法鉴定专用章制作规格为:直径4厘米,中央刊五角星,五角星上方刊司法鉴定机构名称,自左向右呈环行;五角星下方刊司法鉴定专用章字样,自左向右横排。印文中的汉字应当使用国务院公布的简化字,字体为宋体。民族自治地区司法鉴定机构的司法鉴定专用章印文应当并列刊汉字和当地通用的少数民族文字。司法鉴定机构的司法鉴定专用章应当经登记管理机关备案后启用。

7.司法鉴定意见书应使用A4纸,文内字体为4号仿宋,两端对齐,段首空两格,行间距一般为1.5倍。

缩 略 语

40Hz-AERP	40Hz-auditory event related potential	40赫兹相关电位

A

ABR	auditory brainstem response	听性脑干反应
AFI	amniotic fluid index	羊水指数
AMG	amelogenin	牙釉基因
AML	acute myelocytic leukemia	急性髓细胞白血病
ARDS	acute respiratory distress syndrom	急性呼吸窘迫综合征
ASSR	auditory steady-state evoked responses	听觉稳态诱发电位

B

BCR	bulbocavernosus reflex	球海绵体肌反射
BEecf	base excess extracellular fluid	标准剩余碱（细胞外液碱剩余）
BP	blood pressure	血压
BS	blood sugar	血糖

C

C/D	optic cup/optic disc	视杯/视盘（杯盘比）
CAG	coronary arteriography	冠状动脉造影术
CDFI	color doppler flow imaging	彩色多普勒表现
CDE	color doppler echocardiography	彩色多普勒超声心动图
CRP	C reactive protein	C反应蛋白
CK	creatine kinase	肌酸激酶
CKMB	creatine kinase isoenzymes	肌酸激酶同工酶
CMAP	compound muscle action potential	复合肌肉动作电位
COPD	chronic obstructive pulmonary disease	慢性阻塞性肺疾病
CPI	cumulative paternity index	累积亲权指数
CPR	cardiopulmonary resuscitation	心肺复苏术
CSEA	combined spinal epidural anesthesia	腰－硬联合麻醉
CT	computed tomography	电子计算机断层扫描
CTA	CT angiography	CT血管造影

D

DIC	disseminated intravascular coagulation	弥散性血管内凝血
DNA	deoxyribonucleic acid	脱氧核糖核酸
DP	discrimination power	个体识别率
DPOAE	distortion product otoacoustic emission	畸变产物耳声发射

E

ECochG	electrocochleogram	耳蜗电图
ED	erectile dysfunction	勃起功能障碍
EDV	end diastolic velocity	舒张末期血流速度
EMG	electromyogram	肌电图
ERCP	Endoscopic retrograde cholangio-pancreatography	经内镜逆行性胰胆管造影

F

FEV1	forced expiratory volume in 1 second	1秒钟用力呼气量
FS	full sibling	全同胞
FVC	forced vital capacity	用力肺活量
F-VEP	flash visual evoked potential	闪光视觉诱发电位

G

GI	grandparent index	祖孙关系指数

H

Hb	hemoglobin	血红蛋白
HCT	hematocrit	红细胞比容
HGB	hemoglobin	血红蛋白
HR	heart rate	心率
HU	hounsfield unit	亨氏单位
Hz	hertz	赫兹

I

IBS	identity by state	状态一致性评分
ICR	ischiocavernosus reflex	坐骨海绵体肌反射
ICU	intensive care unit	重症加强护理病房
IIEF	international index of erectile function	国际勃起功能指数
INR	international normalized ratio	国际标准化比值
IOP	intraocular pressure	眼内压
ITP	idiopathic thrombocytopenic purpura	特发性血小板减少性紫癜

K

KP	keratic precipitate	角膜后沉积物

L

LAC	lactic acid	乳酸
LAD	left anterior descending	左前降支
LCX	left circumflex	左回旋支
LM	left main coronary	左主干
LOA	left occipitoanterior	左枕前
LR	likelihood ratio	似然比
LVEF	left ventricular ejection fraction	左心室射血分数

M

MCV	motor nerve conduction velocity	运动神经传导速度
MEF	maximal expiratory flow	最大呼气流量
MR	magnetic resonance	磁共振
MRCP	magnetic resonance cholangiopancreatography	磁共振胰胆管成像

N

NICU	neurological intensive care unit	神经科重症加强护理病房
NPT	nocturnal penile tumescence	夜间阴茎勃起试验
NYHA	New York heart association	纽约心脏病协会

O

OCT	optical coherence tomography	光协调性体层摄影术

P

P	pulse rate	脉率
PCI	percutaneous coronary intervention	经皮冠状动脉介入治疗
PCR	polymerase chain reaction	聚合酶链式反应
PD	papillary diameter	视盘直径
PE	physical examination	体格检查
PI	paternity index	亲权指数
PMI	postmortem interval	死后经过时间
PSV	peak systolic velocity	收缩期流速峰值
PTA	pure tone audiometry	纯音听力测试
P-VEP	picture visual evoked potential	图像视觉诱发电位
PW（D）	pulsed-wave doppler	脉冲多普勒

R

R	respiratory rate	呼吸频率
RCA	right coronary artery	右冠状动脉

RCP	relative chance of paternity	父权相对机会
RGE	mean power of random grandparents excluded	平均非祖父母排除率
RI	resistant index	阻力指数
RMP	random match probability	随机个体匹配率

S

S/D	systolic/diastolic peak velocity	脐动脉血流速度峰谷比
SCV	sensory nerve conduction velocity	感觉神经传导速度
SPO$_2$	oxygen saturation	血氧饱和度
STR	short tandem repeat	短串联重复序列
SWI	susceptibility weighted imaging	磁敏感加权成像

T

T	temperature	体温
TAVI/TAVR	transcatheter aortic valve implantation	经导管主动脉瓣置入术
TIMI	thrombolysis in myocardial infarction	心肌梗死溶栓治疗
Tn		眼压指测法正常值

V

VOD	visus oclulus dexter	右眼视力
VOS	visus oculus sinister	左眼视力